2023 中国上市公司业绩评价报告

中国上市公司业绩评价课题组 

PERFORMANCE EVALUATION REPORTS OF CHINESE LISTED COMPANIES

中国市场出版社
China Market Press

·北京·

图书在版编目（CIP）数据

2023中国上市公司业绩评价报告 / 中国上市公司业绩评价课题组编著. — 北京：中国市场出版社有限公司，2023.6

ISBN 978-7-5092-2433-5

Ⅰ. ①2… Ⅱ. ①中… Ⅲ. ①上市公司-经济评价-中国-2023 Ⅳ. ①F279.246

中国国家版本馆CIP数据核字（2023）第101782号

2023中国上市公司业绩评价报告

2023 ZHONGGUO SHANGSHI GONGSI YEJI PINGJIA BAOGAO

编　　著：中国上市公司业绩评价课题组
责任编辑：张　瑶

出版发行：中国市场出版社
社　　址：北京市西城区月坛北小街2号院3号楼（100837）
电　　话：（010）68034118/68021338
网　　址：http：//www.scpress.cn

印　　刷：北京捷迅佳彩印刷有限公司
规　　格：210mm×285mm　　16开本
印　　张：25　　**字　　数**：515千字
版　　次：2023年6月第1版　　**印　　次**：2023年6月第1次印刷
书　　号：ISBN 978-7-5092-2433-5
定　　价：398.00元

中国上市公司业绩评价课题组

顾　问	孟建民	第十三届全国人大社会建设委员会委员、 国务院国有资产监督管理委员会原副主任
组　长	刘绍娓	国务院国有资产监督管理委员会 财务监管与运行评价局副局长、一级巡视员
	王子林	中联企业管理集团董事局主席
副组长	孙庆红	中国上市公司业绩评价课题组副组长
	冯增炜	中国上市公司协会资深研究员
	范树奎	中联资产评估集团有限公司董事长
	姚庚春	中兴财光华会计师事务所首席合伙人
	丁亚轩	财天下科技有限公司总裁
	沈　琦	中联产融链科技有限公司总裁
	高　忻	中联研究院理事长
	严晓健	中联国际工程管理有限公司董事长
	邓艳芳	中联税务师事务所董事长
	杨尚想	中联集团教育科技有限公司董事长
	穆东升	中联财联网科技有限公司总裁
	潘　明	中联国际咨询评估有限公司总裁
	刘建军	北京高等财经研修学院理事长

成　员　韩　荣　陈志红　周　良　唐章奇　金　阳

鲁杰钢　刘　松　吴晓光　蒋卫锋　陶　涛

目录

CONTENTS

第一部分　中国上市公司评价总报告

第二部分　中国上市公司评价各行业分析报告

第三部分　中国上市公司各板业绩评价

附　　录

第一部分

中国上市公司评价总报告

中国上市公司业绩评价宏观经济背景

2022年，国际环境风高浪急，乌克兰危机爆发并持续发酵，新冠疫情反复延宕，多重超预期因素叠加给中国经济社会发展带来巨大冲击，我国采取有效措施应对国内外各种风险挑战，在保持经济社会大局稳定同时，发展动能不断增强，创新驱动继续推进，就业物价保持平稳。在全面建设社会主义现代化国家、向第二个百年奋斗目标进军新征程上迈出坚实步伐。

一、国际经济大环境的影响

（一）疫情形势延宕反复，经济下行压力逐步加大

受新冠疫情延宕反复和地缘政治冲突升级等超预期因素影响，世界经济下行压力逐步加大。国际货币基金组织（IMF）2023年4月发布报告显示，2022年世界GDP总量超过100万亿美元，相比2021年的96.29万亿美元增长4.05%，相比2021年12.97%的增长率，经济增速较大放缓。G7集团中，美国和加拿大2022年GDP总量及人均GDP实现正增长，英、法、德、意、日五国出现负增长。全球范围来看，共有141个国家和地区的GDP总量实现正增长，134个国家和地区的人均GDP实现正增长，占全部统计国家和地区的7成。

（二）全球通胀水平节节攀升，消费者价格指数（CPI）快速上涨

受新冠疫情与乌克兰危机等因素影响，全球通胀水平持续攀升。联合国近日发布的《2023年世界经济形势与展望》报告称，2022年全球通胀水平创数十年来新高，约为9.0%。从全球范围来看，由于新冠疫情导致的供需矛盾尚未明显改善以及地缘政治冲突加剧，进一步给全球商品供给带来较大冲击，海外多数经济体CPI均创下自20世纪80年代以来新高。2022年，全球主要经济体中，美国、日本、印度、巴西、加拿大CPI和欧元区调和CPI分别平均同比增长8.0%、2.5%、5.9%、9.3%、6.8%和8.4%。

（三）国际贸易增速放缓，跨境投资增长乏力

2022年，国际贸易增速大幅放缓，全球外商直接投资（FDI）呈现下行趋势。联合国贸发会议（UNCTAD）发布的《全球贸易更新》报告称，全年全球贸易总额32万亿美元。其中，全球货物贸易总额、全球服务贸易总额分别为25万亿美元、7万亿美元，同比分别增长15%和10%。受多重因素影响，投资者投资意愿出现下滑，2022年全球外商直接投资流量未能延续2021年的强劲势头，出现下滑趋势。

（四）金融市场大幅波动，潜在风险加大

全球政治和经济形势日趋严峻，资本市场动荡有所加剧。2022年，全球股市价值下跌约20%，是2008年金融危机以来最大跌幅；债券下跌16%，创近30年来最大跌幅。美联储激进加息和担忧美国经济衰退导致本年美段道指、纳指、标普分别收跌8.8%、33.1%和19.4%，较年初高点分别跌超10%、35.4%和20%；欧洲STOXX600指数全年下挫12.8%；英国富时100指数本年微涨1.2%；法国CAC40指数下跌9.5%；德国DAX指数跌幅为12.5%。

二、国内宏观经济指标

（一）GDP突破120万亿元

2022年，我国国内生产总值（Gross Domestic Product，简称GDP）为1210207亿元，较2021年同期增长3.0%，经济总量突破120万亿元。（详见图1-1）分产业看，第一、二、三产业增加值分别较上年增长4.1%、3.8%、2.3%。

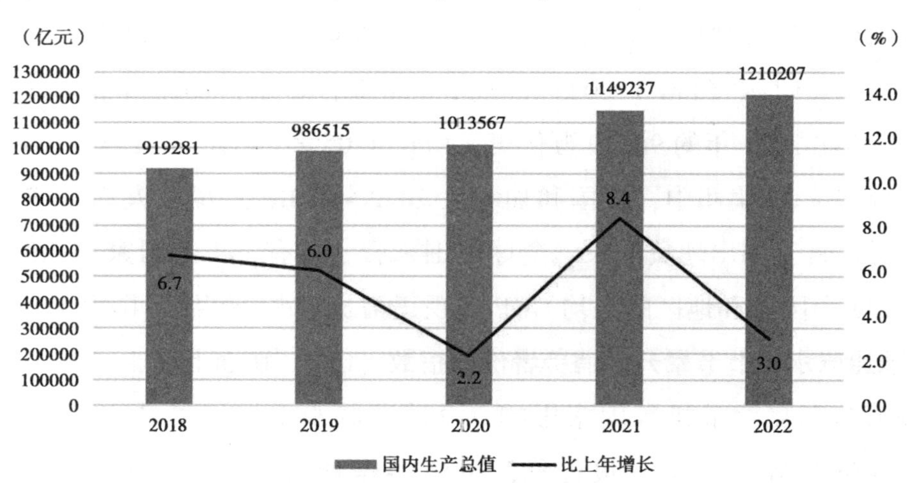

图1-1 2018—2022年国内生产总值及其增长速度

数据来源：国家统计局网站。

（二）固定资产投资有所增长

2022年全社会固定资产投资总额为579556亿元，比上年增长4.9%。其中，扣除农户的固定资产投资总额为572138亿元，比上年增长5.1%。2022年三次产业投资占固定资产投资（不含农产）比重详见图1-2。

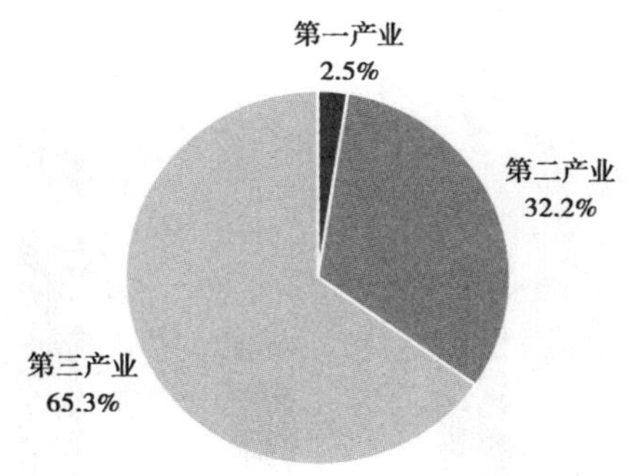

图1-2 2022年三次产业投资占固定资产投资（不含农户）比重

数据来源：国家统计局网站。

（三）进出口贸易增速放缓

2022年货物进出口总额达到420678亿元，比上年增长7.7%，增速较上年回落13.7个百分点。其中，进口181024亿元，比上年增长4.3%；出口239654亿元，比上年增长10.5%。（详见图1-3）货物进出口顺差58630亿元，比上年增加15330亿元。在所有对外贸易中，对“一带一路”倡议所涉及的国家进出口总额为138339亿元，较上年增长19.4%，其中，出口7.89万亿元，较上年增长20%；进口5.94万亿元，较上年增长18.7%。

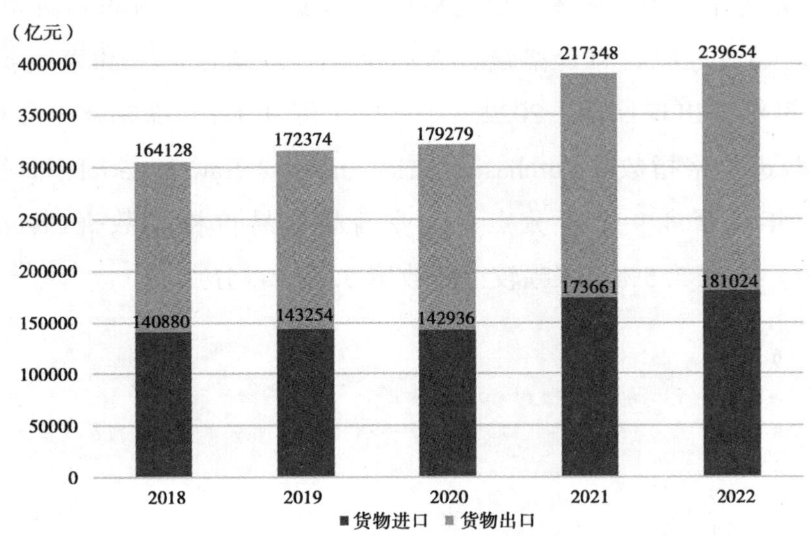

图1-3 2018—2022年货物进出口总额

数据来源：国家统计局网站。

（四）国内贸易增速下滑

2022年全社会消费品零售总额439733亿元，比上年下降0.2%。（详见图1-4）分城乡看，城镇地区消费品零售额为380448亿元，下降0.3%；乡村地区消费品零售额达到59285

亿元，与上年基本持平。分消费类型看，各类商品零售总额达到395792亿元，增长0.5%；餐饮收入额为43941亿元，下降6.3%。

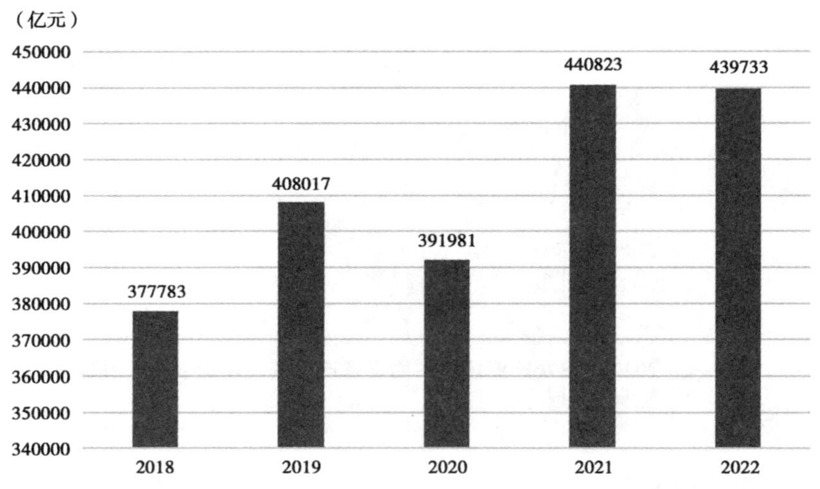

图1-4　2018—2022年社会消费品零售总额

数据来源：国家统计局网站。

（五）CPI温和上涨

2022年，居民消费价格指数（Consumer Price Index，简称CPI）、工业生产者出厂价格指数（Producer Price Index，简称PPI）涨幅分别呈现前升后降、由正转负的特征。其中，CPI全年仅上涨2.0%，低于3.0%左右的预期目标；核心CPI（除去食品和能源）上涨0.9%，大幅低于美欧等发达经济体，也明显低于印度、巴西、南非等新兴经济体。（详见图1-5）受政策对煤炭等原材料价格强有力调控和“双碳目标”约束减弱等因素的影响，PPI涨势自2021年年末出现回落。2022年，PPI上涨4.1%，涨幅比上年收窄4.0个百分点；工业生产者购进价格指数（Purchasing Price Index of Raw Material，简称PPIRM）上涨6.1%，涨幅比上年收窄4.9个百分点；企业商品交易价格指数（Corporate Goods Price Index，简称CGPI）上涨3.5%，涨幅较上年收窄3.6个百分点。

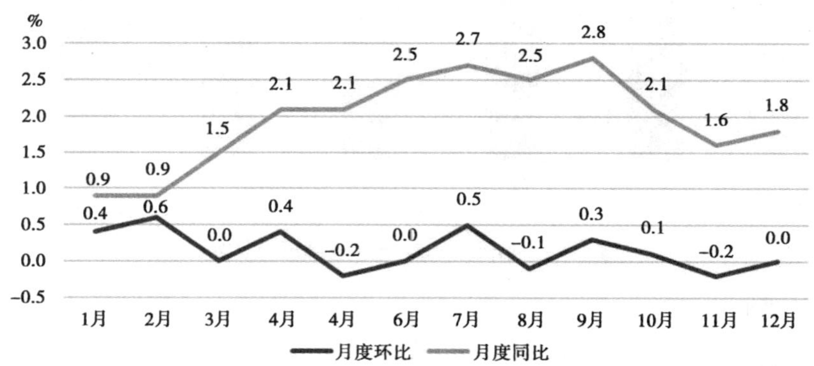

图1-5　2022年居民消费价格指数月度涨跌幅度

数据来源：国家统计局网站。

（六）就业形势总体稳定

截至2022年末，全国就业人口73351万人。其中，城镇就业人员45931万人，占全国就业人员的六成，与2021年基本持平。全年城镇新增就业人员1206万人，达到年度设定目标的109.6%。（详见图1-6）受疫情等因素影响，城镇调查失业率在部分月份有所上涨，全年平均值为5.6%。全国农民工总量29562万人，同比增加311万人。青年调查失业率从三季度开始出现回落，7月为19.9%，12月回落3.2个百分点至16.7%。

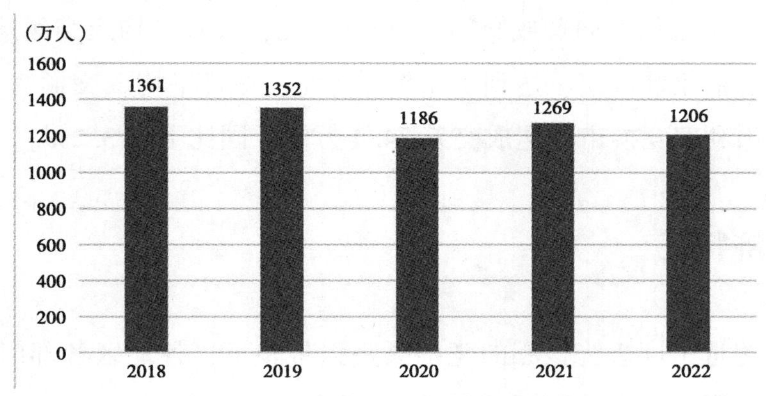

图1-6　2018—2022年城镇新增就业人数

数据来源：国家统计局网站。

（七）国际收支基本平衡

2022年，我国国际收支在海外俄乌冲突风险外溢、美联储激进紧缩，国内新冠疫情多点散发等各种不利因素影响下延续了自主平衡。经常账户顺差4175亿美元，创历史次高，较上年增长32%，与GDP之比为2.3%，处于合理区间。其中，由于出口增速快于进口，国际收支口径的货物贸易顺差同比扩大22%至6856亿美元；服务贸易逆差943亿美元，较上年收窄6%；直接投资跨境资金净流入323亿美元，继续保持顺差格局。截至2022年末，我国外汇储备31277亿美元，同比减少1225亿美元，降幅为3.8%。

（八）PMI维持稳定

制造业采购经理指数（Purchasing Managers' Index，简称PMI），是对企业采购经理发放月度问卷调查所统计出的扩散指数加权而成的综合指数，用来反映制造业整体行业的增长或者衰退情况，是行业运行情况的晴雨表。PMI以50%表示荣枯线。PMI>50%，通常可以理解为制造业经济扩张；PMI<50%，解释为制造业经济萎缩。2022年PMI各月指数见表1-1。

表1-1　PMI各月指数

月份	1月	2月	3月	4月	5月	6月	7月	8月	9月	10月	11月	12月
PMI（%）	50.1	50.2	49.5	47.4	49.6	50.2	49.0	49.4	50.1	49.2	48.0	47.0

数据来源：国家统计局网站。

（九）股票市场指数与成交量总体回落

2022年末，中国大陆股票市场指数回落，上证综合指数收于3089.3点，全年累计下跌15.1%；深证成分指数收于11016.0点，全年累计下跌25.9%。股票市场成交量也同比回落，沪、深两市全年成交额达到224.5万亿元，同比减少13.0%。日均成交量为9251.1亿元，比上年回落15.9个百分点。股票市场筹资额达到15109亿元，同比减少1634亿元。

（十）货币市场交易活跃

2022年，银行间市场债券回购成交额1380万亿元，每日平均成交额达5.5万亿元，同比增长32%；同业拆借累计成交额达到146.8万亿元，每日平均成交额为5873亿元，同比增长23.6%。人民币利率互换市场达成交易24.4万笔，同比下降3.2%。

三、宏观经济特征

2022年，在以习近平同志为核心的党中央坚强带领下，各地区各部门认真落实疫情防控和经济发展统筹兼顾的要求，实现了经济运行平稳、发展质量提升、社会大局稳定，我国发展取得来之不易的新成就。

（一）三大产业平稳恢复、增势较好

2022年，我国国民经济三大产业同比增速分别为4.1%、3.8%和2.3%，占GDP比重分别为7.3%、39.9%和52.8%。

1. 农业生产形势向好，粮食增产丰收

2022年，我国农业增加值为88345亿元，同比增长4.1%。全国粮食总产量达到13731亿斤，同比增长0.5%，已经连续8年超过1.3万亿斤。其中，早稻、夏粮、秋粮分别增产0.4%、1.0%、0.4%。农业基础地位进一步夯实。生猪生产发展稳定，全年猪肉产量增长4.6%。同时，牛羊禽肉、农产品等全面增产，瓜果蔬菜供应充足、价格稳定。

2. 工业生产稳步增长，高技术制造业和装备制造业较快增长

2022年，工业“压舱石”作用进一步凸显。全年我国全部工业增加值为401644亿元，同比增长3.4%，规模以上工业增加值同比增长3.6%。其中，制造业增加值同比增长3.0%，占GDP的比重为27.7%。工业对国民经济增长的贡献率达到36%，处于近年来较高水平；工业拉动经济增长1.1个百分点，其中制造业的贡献率达到72.7%，世界第一制造大国地位更加稳固。工业产能稳步恢复，重点行业运行稳健，为稳定我国宏观经济大盘提供了坚实支撑。

3. 服务业稳步恢复，现代服务业增势良好

2022年，我国全部服务业增加值为638698亿元，同比增长2.3%，占GDP的比重由53.3%下降为52.8%。服务业对经济增长的贡献率达到41.8%，推动GDP上升1.3个百分

点。规模以上服务业企业营业收入同比增长 2.7%，利润总额同比增长 8.5%，增幅较大。全年信息传输、软件和信息技术服务业增加值同比增长 9.1%，达到 47934 亿元，金融业增加值同比增长 5.6%，达到 96811 亿元，二者合计推动服务业增加值上升 1.5 个百分点，有力助力服务业复苏。

（二）消费基本稳定，投资稳定增长，进出口较快增长

1. 收入持续增加，消费稳步复苏

2022 年，全国居民人均可支配收入 36883 元，同比增长 5.0%，实际增长（扣除价格因素）2.9%，与经济增速基本持平。城镇居民人均可支配收入名义增速和实际增速分别低于农村居民 2.4 个和 2.3 个百分点，城乡居民人均收入比继续缩小。全年社会消费品零售总额 439733 亿元，同比下降 0.2%，消费基本稳定。线上实物商品销售额 119642 亿元，同比增长 6.2%，增速较快，吃、穿、用类商品分别增长 16.1%、3.5%、5.7%。

2. 固定资产投资平稳回升

2022 年，全国固定资产投资 579556 亿元，同比增长 4.9%。固定资产投资（不含农户）572138 亿元，同比增长 5.1%，投资规模不断扩大。从投资区域看，东部、中部、西部和东北地区投资同比分别增长 3.6%、8.9%、4.7%和 1.2%。从投资结构来看，制造业投资实现较快增长。2022 年制造业投资同比增长 9.1%，高于全国投资增速；基础设施投资同比增长 9.4%，实现快速增长；高技术产业投资同比增长 18.9%，增速较上年提高 1.8 个百分点，高于全国投资增速 13.8 个百分点。

3. 货物进出口快速增长，贸易结构不断优化

2022 年，我国货物进出口总额 42.1 万亿元，较 2021 年增长 7.7%，首次突破 40 万亿元大关，在高基数上实现了新突破。其中，进口总额 18.1 万亿元，增长 4.3%，出口总额达到 24 万亿元，增长 10.5%，贸易顺差 58630 亿元。一般贸易增长较快，外贸主体数量增加。全年我国一般贸易进出口额为 26.81 万亿元，同比增长 11.5%；有进出口实绩的外贸企业 59.8 万家，民营企业占比超过八成。贸易结构持续优化，增长势头持续向好。全年我国与前三大贸易伙伴东盟、欧盟、美国的进出口贸易额分别为 6.52 万亿元、5.65 万亿元和 5.05 万亿元，增速分别为 15%、5.6%和 3.7%；对“一带一路”倡议相关国家、RCEP 其他成员国进出口额分别增长 19.4%和 7.5%，贸易伙伴进出口持续增长。

（三）居民消费价格涨势温和，生产价格涨幅回落

2022 年，我国居民消费价格指数（CPI）同比上涨 2.0%，低于 3.0%的预期目标。外受俄乌战争等因素冲击导致国际能源和粮食价格大幅上涨带来的巨大输入性通胀压力，内受国内疫情不断反扑带来的巨大保供稳价压力，各级政府部门认真落实落细党中央、国务院的决策部署，建设攸关国计民生的粮食、能源等产供储销体系，调控日用物资和大宗商品价格，我国物价总体水平在 2022 年保持低位水平，成为全球物价的“调节器”。

受国际大宗商品价格冲高回落、需求偏弱和上年高基数等因素的影响，2022 年工业生产者出厂价格指数（PPI）上涨 4. 1%。其中，生活资料价格上涨 1. 5%，同比扩大 1. 1 个百分点。但因为我国作为世界第一制造大国，生活资料产品产能和产量较为充裕，因此后期价格大幅上涨的可能性较小。

（四）房地产市场投资由涨转降，贷款增速平稳增长

2022 年，全国房地产开发投资 13. 3 万亿元，同比下降 10. 0%。从房地产开发投资区域来看，西部及东北地区降幅较大。东部 10 个省市全年房地产开发投资 7. 25 万亿元，同比下降 6. 7%；中部地区 6 个省全年房地产开发投资 2. 89 万亿元，同比下降 7. 2%；西部地区 12 个省市区全年房地产开发投资 2. 75 万亿元，同比下降 17. 6%；东北 3 个省全年房地产开发投资 4005 亿元，同比下降 25. 5%。

房地产贷款增速放缓，房地产开发贷款增速加快。2022 年末，房地产贷款余额 53. 2 万亿元，同比增长 1. 5%；全年增加 7213 亿元，占全年所有贷款新增数量的 3. 4%。房地产开发贷款余额 12. 7 万亿元，同比增长 3. 7%。个人住房贷款余额和住房开发贷款余额分别为 38. 8 万亿元和 9. 5 万亿元。

四、宏观经济政策

（一）积极的财政政策

2022 年，财政部门认真学习、深入贯彻党的二十大精神，主动作为、勇面困难，分析研判经济形势和财政收支，强化财政资源统筹，兼顾防风险和稳增长需要，保证全年全国预算执行情况和经济发展状况基本匹配，为高效统筹疫情防控和经济社会发展提供了强大的财力支撑。

关于具体财政数据，在收入方面，2022 年，全国一般公共预算收入 20. 4 万亿元，同比增长 0. 6%，扣除留抵退税因素后累计增长 9. 1%。分中央和地方看，中央和地方一般公共预算收入分别为 94885 亿元、108818 亿元，分别较上年增长 3. 8%、下降 2. 1%，扣除留抵退税因素后分别累计增长 13. 1%、5. 9%。按收入类别划分，全国税收收入同比下降 3. 5%，扣除税收抵免和退税后增长 6. 6%。非税收入同比增长 24. 4%。其中，中央财政非税收入同比增长 96. 5%，扣除部分国有金融机构和专营机构上缴利润等特殊因素，累计增长 3%。地方非税收入同比增长 17. 8%。

在支出方面，2022 年，中央财政加强财政资源统筹，支出规模保持稳定。全国一般公共预算支出 26. 1 万亿元，同比增长 6. 1%，高于一般公共预算收入增速。分中央和地方看，中央本级支出 35570 亿元，同比增长 3. 9%；地方支出 225039 亿元，同比增长 6. 4%。分项目来看，科学技术、交通运输、教育、社会保障与就业、卫生健康领域支出同比分别增长

3.8%、5.3%、5.5%、8.1%和17.8%。

1. 大规模实施减税退税降成本

2022年，财政部门针对市场主体需求出招发力，持续加大企业减负纾困力度，实施减税退税降费缓费等各项措施，在保障市场主体就业、稳定宏观经济大盘中发挥了至关重要的作用。全年新增减税降费和退税缓税缓费超4.2万亿元，力度为近年之最。其中，新增减税超8000亿元，新增降费超2000亿元，办理缓税缓费超7500亿元，合计减税降费超1万亿元。累计退到纳税人账户的增值税留抵退税额为2.46万亿元，超过上年规模的3.8倍。

2. 常态化实施财政资金直达机制

2022年，财政部门继续扩大直达资金范围，全年中央直达资金规模达到4.1万亿元，超过中央对地方转移支付的40%。除由地方统筹用于支持退税减税降费的资金外，全国各地使用直达资金安排项目近50万个，支出总额超3.0万亿元，支出进度超93%，超过预期。财政资金拨付使用速度相比上年明显加快，资金使用也更加精准有效，从而实现管理效能和资金效益的“双提高”。

3. 地方政府专项债券加快发行使用并扩大支持范围

合理安排地方举债规模，尽早谋划发行使用工作，提升项目储备质量。2022年，经全国人大审批通过，地方政府专项债券额度新增3.7万亿元，同上年基本持平，政府整体杠杆率保持在合理稳定水平。坚持“资金跟着项目走”，做好专项债券项目储备，分批次审核把关各省份上报的专项债券项目资金需求，努力做到通过储备一批、发行使用一批、开工建设一批，杜绝“资金等项目”现象发生。截至2022年12月，全国发行新增专项债券达到4.0万亿元，为3万个补短板、增后劲、惠民生重点项目建设提供有力支持。

（二）积极稳健的货币政策

2022年，面对新冠疫情、国际局势变化等多重超预期因素冲击，央行采取积极稳健货币政策，发挥好结构性货币政策工具的引导功能，货币政策始终以稳增长为中心，经济社会实现了较高增长、较低通胀、较多就业的繁荣景象，高质量发展取得突出成效，宏观经济大盘保持稳定。

2022年，人民币汇率坚持市场导向，始终保持在合理均衡水平，货币信贷总量合理增长，社会融资规模稳步增长。全年，人民币对美元汇率中间价最高为6.3014元，最低为7.2555元，年末为6.9646元，比2021年末贬值8.5%。广义货币供应量（M2）、狭义货币供应量（M1）、流通中货币（M0）余额分别为266.4万亿元、67.2万亿元、10.5万亿元，同比分别增长11.8%、3.7%、15.3%。全年社会融资规模累计新增32.01万亿元，同比增加6689亿元，并表现出贷款合理增长、政府债券多增、企业债券少增等特点。

1. 灵活开展公开市场操作

2022年，为保持合理且充裕的流动性，人民银行综合运用降准、再贷款、7天期逆回购等多种方式开展公开市场操作。公开市场7天期逆回购操作中标利率两次下行共20个基点，有利于降低综合融资成本，有力支持实体经济发展。银行间市场存款类机构7天期回购加权平均利率（DR007）均值为1.76%。全年人民银行常态化在香港发行人民币央行票据12期合计1200亿元。

2. 调整金融机构准备金率

为推动实体经济的发展，降低综合融资成本，中国人民银行在4月25日和12月5日降低了金融机构人民币存款准备金率，各下调0.25个百分点（不包括已经实施了5%存款准备金率的金融机构），从而释放了总计1.03万亿元的长期流动性。与此同时，为了强化金融机构的外汇流动性管理，中国人民银行在5月15日和9月15日实施了一项政策，将外汇存款准备金率从9%下调至6%，从而释放了约270亿美元的外汇流动性。此次降息幅度之大、力度之大历史罕见。为了维持外汇市场的稳定预期，自9月28日起，远期售汇外汇风险准备金率从0%提高至20%。

3. 开展中期借贷便利（MLF）和常备借贷便利（SLF）操作

2022年，中国人民银行开展了总额为4.55万亿元的中期借贷便利操作，四个季度分别开展了1200亿元、4500亿元、9000亿元、2000亿元的业务，期限均为1年。1月至7月利率为2.85%，8月至12月利率为2.75%。为使货币市场安全运行，全年共开展常备借贷便利253亿元，四个季度分别为64亿元、20亿元、22亿元、147亿元。年末，隔夜、7天和30天的常备借贷便利利率分别为2.85%、3.00%和3.35%，与第三季度末持平。

五、对2023年宏观经济的几点展望

自今年年初我国进入疫情防控新阶段，防疫重心由“防感染”转向“保健康、防重症”以来，我国已较快度过了第一波疫情高峰。未来疫情对我国经济的直接影响将显著下降，我国经济将由“抗疫模式”转向疫后全面复苏。2023年，我们要全面统筹兼顾疫情防控、经济增长与安全发展三方面工作，认真落实细化经济一揽子政策措施，积极拓展需求，加强“六稳”工作，全面落实“六保”任务，努力维护就业物价稳定，确保经济运行在合理区间，力争实现最佳效果。

（一）积极的财政政策要加力提效、积极有为

1. 完善税费支持政策，持续释放政策红利

针对中小微企业、个体工商户以及特困行业企业，在落实落细已经出台政策的基础上，结合实际情况不断完善减税降费措施，提升政策精准性和连续性。实现财政政策与货币政策联动，加快政策性、开发性金融工具落地，推动扩大投资、带动就业和促进消费的全面实现。

2. 优化支出结构，提升支出效率

加强预算约束和绩效管理，加快预算管理一体化系统建设，不断规范支出管理。坚决不予缩减保障百姓基本民生的财政支出规模，同时扩大重点领域内的财政支出。以推动高质量发展为中心，大力支持科技攻关、乡村振兴、重大战略、教育医疗、绿色发展等重点领域发展建设。

3. 深化财税体制改革，提高财政管理水平

理顺各级政府间财政关系，建立健全权责配置合理、财力分布均衡、收入划分规范、基层保障有力的各级财政体制。完善财政转移支付体系，优化定期评估和退出机制。加强对国有资产和国有资本的经营管理，提高财政管理现代化水平。

（二）稳健的货币政策要精准有力、合理适度

1. 促进货币信贷适度稳定增长

在充分运用各种货币政策工具的基础上，保持银行体系流动性合理且充裕，使货币供给、社会融资的增长速度与名义经济增长速度相适应，使宏观杠杆水平保持在一个相对平稳的水平上；与此同时，根据形势变化和经济发展，对政策的力度、节奏和侧重点进行灵活调整。在坚持市场化和法治化原则的基础上，引导金融机构为实体经济提供有效的资金支持，实现信贷总量的长期稳定增长。

2. 发挥结构性货币政策工具的激励引导作用

坚持“聚焦重点、合理适度、有进有退”的原则，持续普惠、稳健地为涉农、小微企业和民营企业提供金融服务。充分发挥“普惠小微贷款支持工具”的作用，持续加大对小微企业的扶持，把稳定和促进就业作为优先保障方向。

3. 深化利率汇率市场化改革

发挥市场供求在汇率形成中的决定性作用以及汇率在宏观经济调节和国际收支稳定中的核心作用。建立健全市场化汇率形成机制和以市场供求为基础、参照一篮子货币管理的浮动汇率体系。对跨境资金流动加强监管，防范跨境资金流动风险，使人民币的汇率保持在相对平衡水平。加强金融风险防范、预警和处置机制，完善问责制度体系，确保金融安全，确保不发生系统性金融风险。

（三）坚持扩大国内需求，着力稳企业保就业

1. 推动恢复和扩大消费

以稳定大宗消费、提升服务消费、拓展农村消费、营造放心消费环境等方面为中心，制定和实施务实有效的恢复和扩大消费的政策措施，激活居民消费热情，释放居民消费潜力。实施城市更新行动，促进各区域之间优势互补、各展所长。支持和引导疫情影响较为严重地区的经济社会发展，鼓励和吸引民间资本参与、建设国家重大工程和补短板项目，激发民间投资活力和创造力。

2. 坚持就业优先导向

把稳就业作为衡量经济是否在合理区间运行的核心指标。大力推进市场化社会化就业，加大对企业稳岗扩岗的支持。实施失业保险基金稳岗返还、留工培训补助等政策。落实落细就业优先政策，促进退役军人、农民工等群体就业，鼓励青年尤其是高校毕业生以创业带动就业，使新就业形态和灵活就业成为就业增收的一条重要渠道。

（四）加快实施创新驱动战略，实现绿色可持续发展

1. 以创新驱动发展战略为导向，抢抓变革的历史性机遇

在实际工作中，必须坚持以问题为导向，聚焦核心领域存在的突出问题，着力克服重点领域"卡脖子"等困难，大力扶持各企业强化科技研发攻关，不断增强我国科技创新实力。加强科技创新与产业链供应链韧性建设，注重进行基础和应用方面的深入研究，实施补链强链行动，致力于培育一批专业突出、特色鲜明的中小企业。

2. 全面践行新发展理念，实现更加协调、高质量发展

加强农业基础设施建设，增强粮食生产基础能力。积极推进乡村发展、建设和治理等重点工作，坚决坚守保障国家粮食安全的底线。加快构建现代产业体系，推动绿色制造发展，积极发展可再生能源，保持能源供应和价格稳定。贯彻落实支持京津冀协同发展、粤港澳大湾区和海南自贸港建设等有关战略规划。建立完善的应急保障机制，健全国家储备体系和市场调节机制，以应对突发事件。

参考文献：

1. 国家统计局网站
2. 财政部网站
3. 中国人民银行网站
4. 2023 年政府工作报告
5. 《2022 年中国财政政策执行情况报告》
6. 《2022 年货币政策执行报告》

第二章

中国上市公司业绩评价结果综述

2022年，百年变局和世纪疫情交织叠加，地缘政治局势动荡不安，世界经济下行风险加大，国内经济受疫情反复跌宕、极端高温天气等多重超预期因素的反复冲击，需求收缩、供给冲击、预期转弱三重压力持续演化。我国加大宏观调控的统筹力度，加大对实体经济的支持力度，提高减税降费力度，有效应对超预期因素的冲击，宏观经济大盘总体稳定，高质量发展取得新的成效，经济社会大局保持稳定，国内生产总值增长3.0%。“放管服”改革持续推进，营商环境不断改善，坚持创新引领，持续推进数字化、高端化、绿色化发展，资本市场推动产业、资本、科技正向循环作用进一步凸显，上市公司整体质量、结构、生态进一步改善，整体业绩保持韧性增长，经济总量再上新台阶。2022年度，沪深北三市4931家A股上市公司共实现营业收入（不包括金融股，本文以下如无特指按此口径；本书除第二部分第十三、十四章，如无特指，以下简称“全部上市公司”或“上市公司”的也按此口径）61.52万亿元，同比增长8.8%，较2021年度22.02%的营业收入增速放缓；归属于母公司股东的净利润合计2.80万亿元，同比增长11.99%。A股市场活跃度继三年连续回升后，在2022年有所下降，A股市场日均成交额为9050.2亿元，较2021年1.06万亿元日均成交额，下降约14.7%，三大指数出现集体下跌，上证综指下跌15.13%；深证成指下跌25.85%；创业板指下跌29.37%。

一、上市公司业绩评价结果

按照上市公司业绩评价体系，本书以统一的评价标准为测算基准，运用功效系数法，同时结合上市公司的市场表现，对2022年度上市公司业绩进行评价。从整体综合评价得分情况来看，4931户上市公司的业绩评价得分在2022年整体小幅上涨。2022年综合得分63分，与2021年综合得分62.78分相比上涨了0.22分。

2022 年与 2021 年全部上市公司在财务效益、资产质量、偿债风险、发展能力和市场表现各方面得分情况如图 2-1 所示。从图 2-1 可以看出，2022 年全部上市公司各方面得分较 2021 年变动幅度较小，财务效益及资产质量得分较上年小幅上涨，偿债风险、发展能力、市场表现得分较上年小幅下降，综合得分较 2021 年略有上涨。2022 年面对多重压力，上市公司整体业绩增速相对 2021 年有所放缓，但仍守住了“稳健增长”的基本盘，在注册制改革不断深入释放活力的前提下，上市公司群体持续壮大，引领高质量发展态势明显，整体质量、结构改善明显。

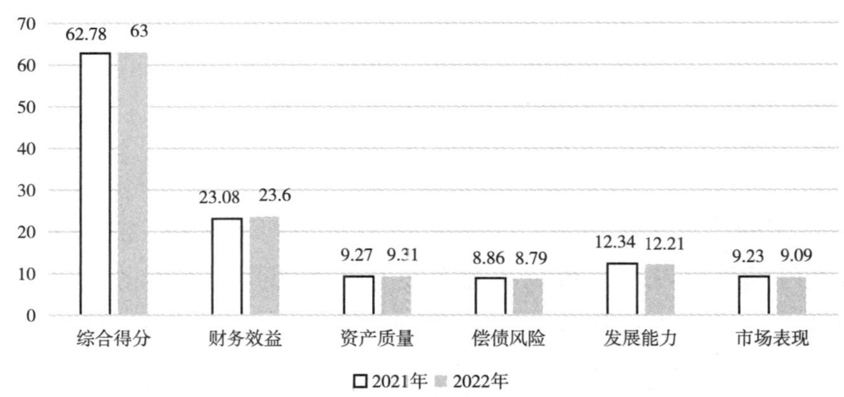

图 2-1　2021—2022 年全部上市公司各项能力得分情况对比

图 2-2 列示了 2021—2022 年各行业综合得分情况变化。从图 2-2 可以看到，A 股各行业表现相对平稳，部分行业呈现较大幅度变动，农林牧渔、电力设备、通信、商贸零售、公用事业、非银金融等行业得分较上年有不同程度提高，其中，农林牧渔行业增长最为显著，也是唯一实现利润翻倍的行业，2022 年全球变局深刻影响了农产品供需，在供需推动下，芝加哥期货交易所主要品种小麦、玉米、大豆价格持续高位，受益农产品价格行情、用种需求、饲料原料价格明显上升，相关企业盈利能力快速提升，整体得分大幅上涨；电力设备行业因国内动力电池产量、装机量大幅增长，整体呈现恢复态势，景气度也持续向好；通信行业充分发挥数字化、网络化和智能化在应对疫情时的独特优势，积极打造新基建、新业态、新模式等增长引擎，逆势上扬，整体得分较上年上涨显著；因资本市场制度改革发展成效逐渐显现，全面注册制落地预期下投行资本化业务带来增量等政策因素影响，非银金融行业综合得分小幅上涨；公用事业、商贸零售等行业同样复苏转暖。除此之外，钢铁、建筑材料、机械设备、电子、传媒、交通运输、社会服务、房地产、综合等行业综合得分较上年有不同程度下降，其中房地产行业延续低迷，出现大面积亏损，风险出清和资产负债表修复仍需时日，钢铁、建筑材料等地产产业链相关行业业绩释放同样受限，整体得分均较上年减幅较大。受疫情持续散发影响，2022 年航空运输、影视院线、酒店餐饮、旅游等接触性消费服务业仍处亏损状态，因而社会服务、交通运输等行业得分仍呈现下降态势，其中，社会服务得分下降最为显著，较 2021 年降低 41.16%；电子、传媒等行业整

体净利润较上年下滑明显。

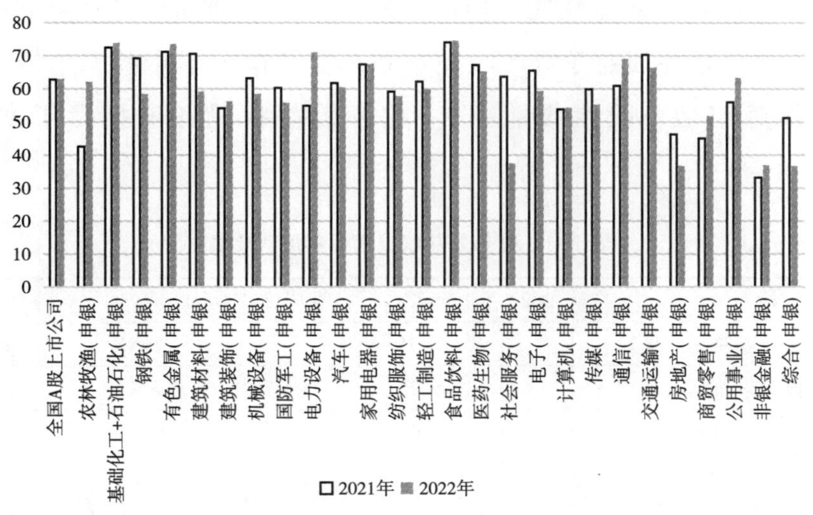

图 2-2 2021—2022 年各行业综合得分情况对比

图 2-3 列示了 2021—2022 年各规模上市公司综合得分情况。从图中可以看出，除 100 亿元以上规模的上市公司综合得分上涨 1. 22 分外，其余各规模上市公司综合得分均不同程度下降，其中 10 亿元以下的上市公司综合得分下降幅度最大，降低 3. 65 分。由此可见，面对复杂的政治经济局势，规模越小的企业相对受环境影响程度越高，综合的得分仍呈现随规模增大而增长的趋势。

2022 年上市公司的期末总资产为 968681. 64 亿元，同比增长 12. 16%，而当年的 GDP 为 1210207 亿元，占当年 GDP 的 80. 04%。

2022 年上市公司共实现营业收入 615229. 13 亿元，同比增长 12. 18%，占当年 GDP 的 50. 84%。2022 年实现营业利润 40891. 20 亿元，同比增长 9. 78%，占当年 GDP 的 3. 38%。

下面分别从财务效益、资产质量、偿债风险、发展能力和市场表现五个方面对评价结果逐一说明。

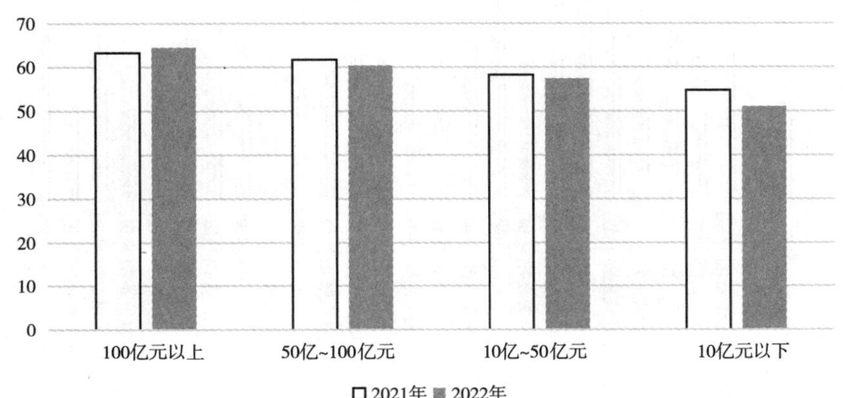

图 2-3 2021—2022 年各规模上市公司综合得分情况对比

（一）财务效益状况

2022 年上市公司的财务效益状况平均得分为 23.6 分。评价财务效益状况的指标包括两个基本指标（扣除非经常性损益净资产收益率和总资产报酬率）和三个修正指标（营业利润率、盈利现金保障倍数、股本收益率）。财务效益状况各项指标年度变化情况详见表 2-1。

表 2-1　财务效益状况指标年度对比表

分析指标		2022 年上市公司平均值	2021 年上市公司平均值	增长率（%）
基本指标	净资产收益率（%）	7.31	7.51	-2.66
	总资产报酬率（%）	5.28	5.47	-3.47
修正指标	营业利润率（%）	6.65	6.79	-2.06
	盈利现金保障倍数	1.84	1.75	5.14
	股本收益率（%）	45.68	46.81	-2.41
综合得分		23.6	23.08	2.25

由以上财务效益状况指标年度对比表可见，除盈利现金保障倍数较上年有所上涨外，其余各项指标均呈小幅下降，但 2022 年度整体财务效益状况较 2021 年小幅上涨，可以看出 2022 年上市公司整体资产收益率虽有所下降，但现金流状况较上年改善较为明显，总体财务效益状况有所改善。

1. **行业分析**

图 2-4 列示了各行业财务效益得分在 2021—2022 年度之间的变化。农林牧渔、电力设备、通信、商贸零售、公用事业等行业有较大程度的改善，钢铁、建筑材料、休闲服务、电子、交通运输、房地产和综合等行业有较大程度降低。

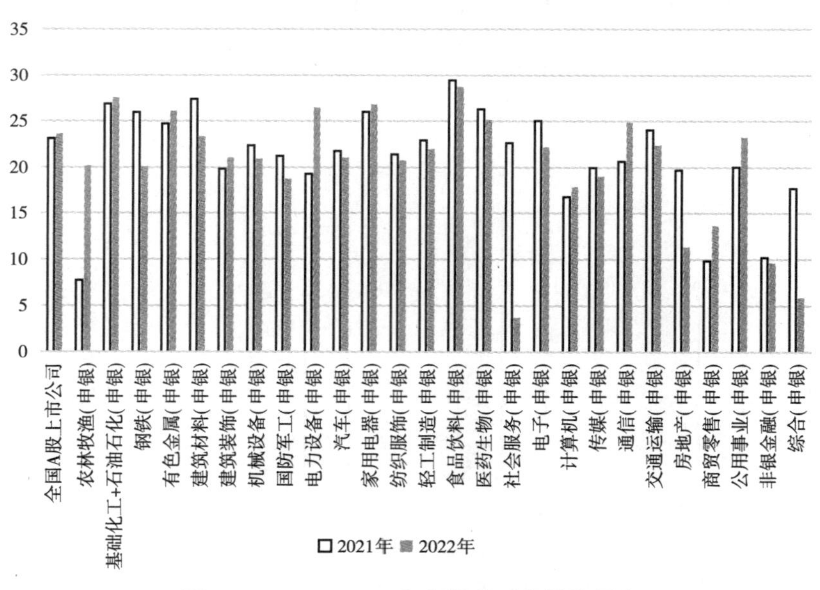

图 2-4　2021—2022 年各行业财务效益得分

从2022年各行业上市公司财务效益指标评分来看，食品饮料行业得分较上年小幅下降，但仍以28.7分高居各行业榜首，较全部上市公司平均财务效益指标评分高出5.1分，此外，基础化工+石油化工、家用电器、电力设备、有色金属、医药生物和通信行业也分别以27.52分、26.78分、26.45分、26.08分、25.13分和24.85分远超全部上市公司平均水平。2022年度，食品饮料行业121家上市公司实现营业利润2409.17亿元，占全部上市公司实现营业利润总额的5.89%，较2021年的2121.15亿元增长13.58%，涨幅相对平稳。从各项财务效益基本指标和修正指标看，食品饮料行业净资产收益率、总资产报酬率、营业利润率和总股本收益率指标均远高于其他行业，进而拔得头筹。位于食品饮料行业之后的是基础化工+石油化工行业，2022年度基础化工+石油化工行业上市公司实现的营业利润为8255.81亿元，占全部上市公司实现营业利润的20.19%，较2021年的4914.04亿元增长68.00%。从各项财务效益基本指标和修正指标情况看，基础化工+石油化工行业净资产收益率、总资产报酬率、营业利润率和总股本收益率指标均远高于上市公司平均水平。可以看出，2022年虽受诸多超预期因素的反复冲击，面临较为复杂的经济局势，但国家及时出台了稳经济一揽子政策，民生保障持续加强，石油石化等资源板块产品价格高位运行且需求旺盛，盈利普遍向好，使得上述两个行业在财务效益方面维持良好表现。

此外，家用电器、电力设备、有色金属、医药生物、通信等行业财务效益状况评分均高于全部上市公司平均评分。家用电器行业受房地产疲软影响，销量呈下降趋势，但因大宗原材料价格下行，家电企业成本压力缓解，龙头企业顺利完成产品提价，并持续优化产品结构，提升生产效率和费用投放效率，成本下降和产品提价剪刀差推动盈利能力修复，家用电器行业财务效益保持较高水平。电力设备行业整体发展态势平稳，发展动力充沛，市场也较为繁荣，2022年国内动力电池产量、装机均大幅增长，除4月受疫情扰动、12月受补贴退坡有所减产外，整体呈现恢复态势，财务效益得分较上年大幅提高。有色金属行业上半年受国内疫情、俄乌冲突和美联储加息预期影响，整体呈下降趋势，但因宏观环境由差向好，企业加速复工复产，国内经济持续好转，铜、铝板块业绩继续走高，同时随着新能源汽车销量持续走高，能源金属需求不断加大，价格持续走高，行业整体盈利能力继续提升。在疫情和人口老龄化两大背景下，医药生物的需求持续增长，同时，国家出台的“十四五”生物医药产业规划重点推动技术创新和高质量发展，研发投入和融资规模均持续高速增长，医药生物行业财务效益得分持续保持较高水平。通信行业着力深化数字经济与实体经济融合，5G、千兆光网等新型信息基础设施建设取得新进展，各项应用普及全面加速，电信业务收入和业务总量增长亮眼，同时龙头公司盈利能力增强带动行业整体净利率提升，财务效益得分较上年显著增长。

电子、交通运输、公用事业、建筑材料、建筑装饰、机械设备、汽车、纺织服装、轻工制造等行业财务效益状况评分与全部上市公司平均水平基本持平。从各项财务效益状况指标来看，以上各行业指标较全部上市公司平均水平略高或略低，与平均水平差距较小。其中公用事业行业较上年增长明显，扣除非经常性损益净资产收益率为5.18%，较2021年2.22%增长1.33倍。建筑材料、电子、交通运输行业得分较上年有明显下降，其中建筑材料下降最为显著，主要受房地产行业延续低迷影响，作为地产产业链相关行业需求持续疲软。

农林牧渔、钢铁、国防军工、社会服务、计算机、传媒、房地产、商贸零售、非银金融、综合等行业财务效益状况评分显著低于全部上市公司平均水平。其中农林牧渔得分较上年大幅上涨，用种需求、饲料原料价格明显上升，相关企业盈利能力快速提升。钢铁行业得分则下降显著，原材料价格上涨、需求不足导致的价格下降以及钢铁产量下降是导致钢铁企业利润下降的三大重要原因。房地产行业得分持续大幅下降，首度出现营收负增长，多家房企风险逐渐暴露，出现境内外信用债违约的情况，企业财务及经营状况也出现明显分化，盈利能力全面承压。社会服务主要受疫情持续散发影响，影视院线、酒店餐饮、旅游等接触性消费服务业仍处亏损状态，财务效益急剧降低。

2. 中联五强

从上市公司的财务效益指标来看，排在前五家的情况如表2-2所示。

表2-2　2022年度上市公司财务效益中联五强排行榜

名次	股票代码	股票简称	财务效益得分
1	600938	中国海油	35
2	601225	陕西煤业	35
3	600438	通威股份	35
4	601919	中远海控	35
5	601699	潞安环能	35

2022年度中联上市公司业绩评价中财务效益得分并列第一名的上市公司共有12家，得分均为35.00分，前五名按总体评分排序。财务效益得分排名前5家的上市公司企业规模均为100亿元以上企业，其中，2家来自煤炭行业、1家来自石油化工行业、1家来自电力设备行业、1家来自交通运输行业。

以上公司2022年度整体财务效益状况除盈利现金保障倍数外，均远高于全部上市公司平均水平，煤炭板块再创新高，陕西煤业、潞安环能两大煤炭龙头企业业绩亮眼。

（二）资产质量状况

2022年度上市公司的资产质量状况平均得分为9.31分。评价资产质量状况的指标包括两个基本指标（总资产周转率和流动资产周转率）和两个修正指标（存货周转率和应收账款周转率）。资产质量状况各项指标年度变化情况如表2-3所示。

表 2-3 资产质量状况指标年度对比表

分析指标		2022 年上市公司平均值	2021 年上市公司平均值	增长率（%）
基本指标	总资产周转率（次）	0.66	0.67	-1.49
	流动资产周转率（次）	1.27	1.25	1.60
修正指标	存货周转率（次）	3.25	3.07	5.86
	应收账款周转率（次）	8.67	8.97	-3.34
综合得分		9.31	9.27	0.43

从上表可以清晰地看出，2022 年上市公司总资产质量较 2021 年上涨明显，其中流动资产周转率和存货周转率不同程度增长，而总资产周转率和应收账款周转率不同程度降低，但降低幅度低于增长幅度，说明 A 股上市公司整体营运能力、存货管理情况在 2022 年度均有所提升，经营质量呈上升趋势。

1. 行业分析

图 2-5 列示了 2021—2022 年度各行业资产质量状况得分。基础化工+石油石化、电力设备、通信、交通运输、公共事业、非银金融等行业有不同程度小幅增长，钢铁行业位置基本维持不变外，其他各行业均呈现下降趋势，其中电力设备和非银金融行业变动幅度最大。

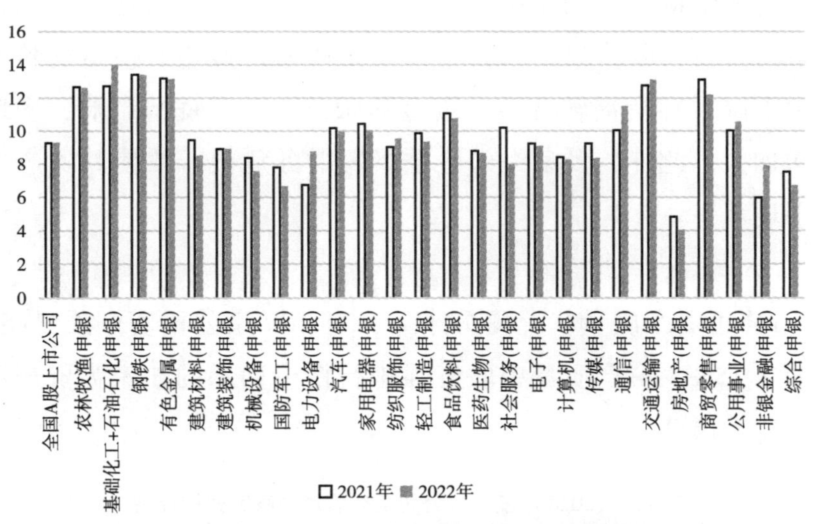

图 2-5 2021—2022 年各行业资产质量状况得分情况对比

2022 年资产质量状况表现最突出的行业为基础化工+石油石化行业，资产质量状况得分 14.01 分，流动资产、存货及应收账款周转率均处于较高水平，主要受益于 2022 年上半年原油价格大幅上行，油气开采、炼化等净利润大幅增长，行业整体周转率提升，资产质量良好。非银金融行业得分同样增长显著，其各项指标与上市公司整体平均水平差距较小，较上年得分上涨主要源于总资产上涨，但 2022 年的经济环境情况依旧限制该行业的高速发展。其他行业中，农林牧渔、有色金属、食品饮料、公共事业和交通运输等行业亦远远超出上市公司资产质量状况平均得分。这些行业各项资产质量状况指标均不同程度高于全部上市公司平均水平，其中应收账款周转率最为突出，分别是 27. 88 次、26. 32 次、40. 88 次和 21. 8 次，其余均高于全部上市公司平均水平 2 倍以上。

此外，钢铁、建筑材料、社会服务等行业的资产质量状况得分都高于全部上市公司平均水平。从各项资产质量状况指标来看，除建筑装饰、社会服务行业的流动资产周转率，社会服务行业的总资产周转率，社会服务行业的应收账款周转率略低于平均水平外，以上各行业的各项相关指标均高于全部上市公司平均水平或与其相当。社会服务行业因其应收账款占收入比重较小的行业特点而具备较高的应收账款周转率。由于其行业特点，钢铁行业大部分为先收款后发货，具有非常高的应收账款周转率。建筑材料行业近五年来存货周转率持续提升，因其高销量、低库存的特点而具备较高的存货周转率。

轻工制造、商贸零售、传媒、通信等行业资产质量状况得分与全部上市公司平均水平相近，除通信受行业特点影响存货周转率远高于全部上市公司平均水平，传媒和轻工制造行业由于行业的应收账款额快速增长，应收账转周转率远低于全部上市公司平均水平外，其余行业的各项指标在全部上市公司平均水平上下，波动不大。机械设备、国防军工、电气设备、房地产等行业资产质量状况指标均低于全部上市公司平均水平。其中，房地产行业的资产质量状况得分最低，从各项指标来看，除应收账款周转率维持在 11. 32%的较高水平外，其余各指标均大幅低于平均水平。其主要原因是房地产行业出台从传统的需求端抑制向供给侧增加进行转变，限购限贷限售叠加土拍收紧的政策，使得房价增速变缓，大量房屋搁置，成交率下降，存货周转变缓，资金紧张，同时受疫情影响，房地产销售面积和竣工面积降幅再次加大。此外，多家头部房企爆发财务危机，致使其资产质量指标明显低于全部上市公司平均水平。

2. 中联五强

从 2022 年上市公司资产质量状况得分来看，有 106 家公司资产质量指标得分为满分，占上市公司总数的 2. 15%。资产质量中联五强排行榜中列示的 5 家为资产质量得分相同情况下综合得分较高的上市公司。

表 2-4　2022 年度上市公司资产质量中联五强排行榜

名次	股票代码	股票简称	资产状况得分
1	601919	中远海控	15
2	600233	圆通速递	15
3	603529	爱玛科技	15
4	002714	牧原股份	15
5	600732	爱旭股份	15

位列上市公司资产质量中联五强的公司中，有 2 家为交通运输行业，1 家为农林牧渔行业，1 家为电力设备行业，1 家为汽车行业。2022 年，交通运输行业整体资产质量得分较上

年基本持平，保持在较高水平，中远海控优势最为显著，成为“中国海运王”，主要源于欧美等主要港口依旧拥堵，持续利好航运，同时存货变现能力增强，存货周转率 35.09 次、应收账款周转率 35.92 次均远高于上市公司平均水平；圆通速递因充分运用数字化管理工具，多维结合全链路时效监控与重点环节专项管控，减少快件遗失破损，快递服务履约能力稳步提升，市场份额加速提升，存货周转率高达 612.57 次。

（三）偿债风险状况

2022 年度上市公司的偿债风险状况平均得分为 8.79 分。评价偿债风险状况的指标包括两个基本指标（资产负债率、已获利息倍数）和三个修正指标（现金流动负债比率、速动比率和带息负债比率）。偿债风险状况各项指标年度变化情况见表 2-5。

表 2-5　偿债风险状况指标年度比较表

分析指标		2022 年上市公司平均值	2021 年上市公司平均值	增长率（%）
基本指标	资产负债率（%）	58.63	59.93	-2.17
	已获利息倍数	5.4	5.28	2.27
修正指标	速动比率	86.08	83.33	3.30
	现金流动负债比率	14.64	13.68	7.02
	带息负债比率（%）	41.74	38.47	8.50
综合得分		8.79	8.86	-0.79

从上表可以看出，2022 年度上市公司整体偿债能力较 2021 年小幅下降，但整体来看偿债风险仍处于较低水平，具有较好的负债偿付能力。资产负债率逐年下降，去杠杆效应明显，获利倍数指标较上年小幅增长，整体支付利息能力较强，同时速动比率和现金流动负债比率较上年小幅增长，说明 2022 年 A 股上市公司整体短期偿债能力有所加强，整体偿债能力较好。

1. 行业分析

图 2-6 列示了各行业在 2021—2022 年偿债风险得分情况。其中，农林牧渔、有色金属、电气设备、通信和公用事业等行业在偿债能力方面有较大程度的改善，化工、农林牧渔、建筑装饰、计算机、商业贸易、公用事业和非银金融等行业偿债风险上升明显。

在偿债风险控制方面，表现较好的行业有食品饮料、医药生物、传媒、通信等。以上行业的偿债风险得分均高于全部上市公司平均水平，偿债风险指标中除传媒行业已获利息倍数低于上市公司平均水平外，其余行业已获利息倍数和速动比率均高于或约等于全部上市公司均值，同时资产负债率和带息负债比率均基本低于全部上市公司均值，反映出较强的偿债能力。其中通信行业偿债能力增长较为显著，盈利能力涨速可观，同时资产负债率下降，负债占比有所下降。食品饮料行业偿债风险较上年有所增加，主要源于疫情反复导致家庭餐饮消费下降，同时原材料成本上升，负债占比增加。此外，基础化工+石油石化、国防军工、电力设备、汽车、家用电器、电子和计算机等行业的偿债风险得分也高于全部上市公司平均得分。其中汽车行业因疫情持续影响，导致消费持续疲软，营收增速放缓，已获利息倍数和现金流动负债比率较上年呈下降趋势，资产负债率呈上升趋势，整体获利情况和现金流状况下降明显，负债增加，偿债风险有所上升。

农林牧渔、钢铁、有色金属、建筑材料、建筑装饰、纺织服饰、轻工制造、社会服务、交通运输、房地产、商业贸易、公用事业、非银金融和综合等行业偿债风险得分低于全部上市公司平均水平。其中，非银金融、房地产和建筑装饰行业得分最低。房地产行业因坚持“房住不炒”基调，房企业务转向稳健化发展，同时因疫情影响，整体盈利能力持续下降，其已获利息倍数、速动比率和现金流动负债比率均远低于全部上市公司均值，并且资产负债率常年保持较高比率，因而其偿债能力一直保持在较低水平，且呈下降态势，现金流动负债比率最为突出，仅为 2.79%，与全部上市公司平均水平差距较大，说明行业内公司资金压力大，偿债风险高，从而导致偿债风险得分较低。休闲服务行业偿债风险较上年增长显著，主要由于行业已获利息倍数和现金流动负债比率大幅降低，而带息负债比率有所上升，受疫情持续散发影响，2022 年影视院线、酒店餐饮、旅游等接触性消费服务业仍处亏损状态，偿债能力有所减弱。农林牧渔和公用事业行业偿债风险较上年有所降低，已获利息倍数显著增加，经营现金流较为充足。

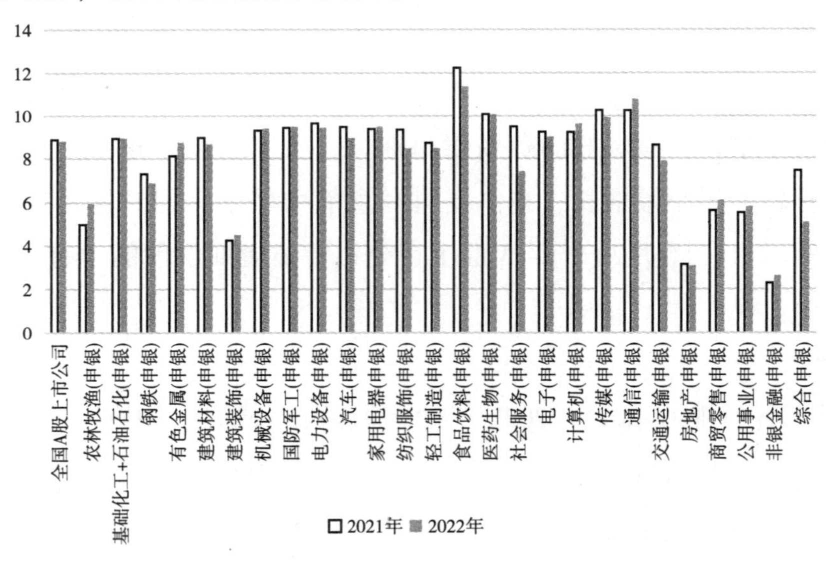

图 2-6　2021—2022 年各行业偿债风险得分情况对比

2. 中联五强

从上市公司的偿债风险指标来看，2022 年偿债风险指标得分并列最高分 15.00 分的共有 5 家，偿债风险状况中联五强排行榜中列示的 5 家为偿债风险得分相同情况下综合得分较高的上市公司。排在前五家的情况如表 2-6 所示。

表 2-6 2022 年度上市公司偿债风险状况中联五强排行榜

名次	股票代码	股票简称	偿债风险得分
1	300770	新媒股份	15
2	002351	漫步者	15
3	300107	建新股份	15
4	300726	宏达电子	15
5	600130	波导股份	15

总体来看，上市公司偿债能力得分排名前五的上市公司中，2 家来自电子行业，1 家来自传媒行业，1 家来自基础化工行业，1 家来自国防军工行业。从偿债能力分析指标来看，资产负债率普遍较低，最高仅为 20.67%。较低的负债导致速动比率和现金流动负债比率普遍较高，而由于付息债务较少，带息负债比率最高仅为 4.7%，已获利息倍数均高于上市公司平均水平超 10 倍。因此，以上上市公司具备优良的偿还债务能力，但过高的现金流动负债比率也会制约其盈利能力的发展。

（四）发展能力状况

2022 年度上市公司的发展能力状况平均得分为 11.95 分。评价发展能力状况的指标包括两个基本指标（营业收入增长率和资本扩张率）和四个修正指标（累计保留盈余率、三年营业收入增长率、总资产增长率和营业利润增长率）。2022 年发展能力各项指标年度变化情况见表 2-7。

表 2-7 发展能力状况指标年度比较表

分析指标		2022 年上市公司平均值	2021 年上市公司平均值	增长率（%）
基本指标	营业收入增长率（%）	8.8	22.02	-60.04
	资本扩张率（%）	9.1	11.29	-19.40
修正指标	累计保留盈余率（%）	43.64	41.52	5.11
	三年营业收入平均增长率（%）	11.1	11.08	0.18
	总资产增长率（%）	7.88	10.88	-27.57
	营业利润增长率（%）	0.85	26.49	-96.79
综合得分		11.95	12.34	-3.16

上市公司的发展能力是判断公司能否持续稳定经营的一个重要依据，2022 年度上市公司整体发展能力较上年有所下降，除累计保留盈余率小幅上涨外，其余各项指标均较上年不同幅度下跌，其中营业收入增长率和营业利润增长率较 2021 年下跌最为显著，跌幅分别为 60.04%和 96.79%，资本扩张率、累计保留盈余率和三年营业收入平均增长率较上年变化幅度较小，仅有小幅下降。整体来看，2022 年各行业上市公司营业收入及营业利润大幅降低，主要是受到国际形势、国内疫情、高温干旱等多重超预期因素冲击，A 股上市公司

整体发展大幅受挫。

1. 行业分析

图 2-7 列示了各行业在 2021—2022 年发展能力得分情况，可明显看出各行业变动幅度较大，农林牧渔、有色金属、电气设备、通信、商业贸易、公用事业、非银金融和综合等行业较上年有较大程度的改善，钢铁、建筑材料、机械设备、纺织服饰、轻工制造、社会服务、电子、传媒、交通运输、房地产和综合等行业发展能力得分有较大幅度下降。各行业发展能力得分波动明显，主要受政策变动及经济环境波动影响，非银金融、电气设备、建筑材料、钢铁、社会服务、农林牧渔、公用事业、通信和综合行业变动幅度最大，其中非银金融行业较往年发展能力得分上涨最为显著，主要受益于资本市场注册制等改革不断深入，多项利好政策出台，发展势头强劲；电气设备行业营业收入增速和营业利润增速均位居各行业榜首，国内动力电池产量、装机大幅增加，发展前景广阔；农林牧渔行业发展能力大幅上涨主要因俄乌冲突导致局部地区出现粮食危机，同时中国批发价格 200 指数持续上涨，农产品价格高居不下；建筑材料和钢铁行业受房地产行业持续低迷影响，整体呈现出“需求减弱、价格下跌、成本上升、利润下滑”的运行态势，整体发展能力得分较上年显著降低，营业收入增长率及营业利润增长率均呈负增长态势。

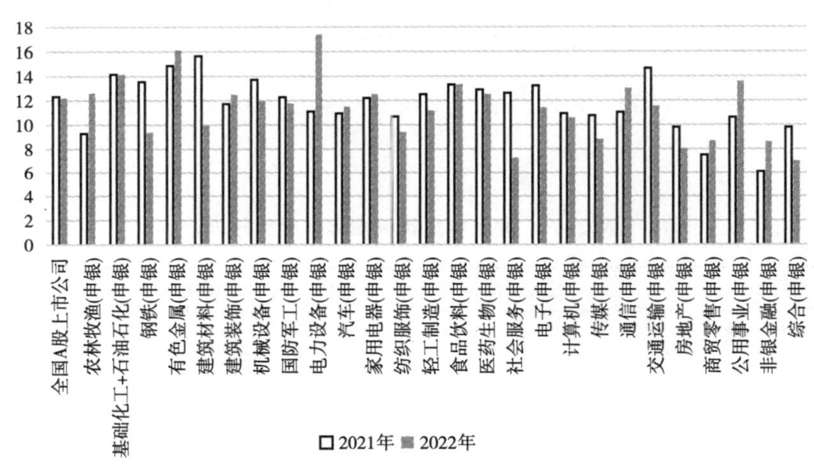

图 2-7　2021—2022 年各行业发展能力得分情况对比

2022 年发展能力评分较高的行业有基础化工+石油石化、食品饮料、有色金属、通信和公用事业、电气设备等，以上行业发展能力评分都在 13 分以上，各单项指标表现差异性较大，但以上行业营业收入增长率均超过全部上市公司平均水平，资本扩张率和总资产增长率指标中仅通信和公用事业行业略低于平均水平，营业利润增长率均远超平均水平。电气设备行业以 17.40 分高居榜首，除累计保留盈余率外，其各项指标均位列各行业之首，营业收入增长率和营业利润增长率均超 30%，整体发展能力持续保持较高水平。有色金属和公用事业行业同样较上年增长显著，其营业收入增长率和营业利润增长率均远超上市公司平均水平，其中公用事业因在“双碳政策”支持下新能源发电持续高增，火电盈利环比改善，行业整体发展能力涨幅凸显。

此外，农林牧渔、建筑装饰、家用电器、医药生物和通信等行业也高于全部上市公司平均水平。其中，除农林牧渔、通信行业较上年得分显著提高外，其他行业得分变动幅度较小。通信行业进入转型浪潮，发展能力涨幅较大，其营业利润增长率较上年增长明显，但资本扩张率和营业收入增长率小幅下降，整体业绩稳中向好，龙头公司盈利能力增强带动行业净利率提升。医药生物行业受研发投入成本增加影响，营业利润增长率为负，发展能力得分较上年小幅回落，但仍保持较高的总资产增长率，仍具有较高发展能力。

钢铁、建筑材料、纺织服装、轻工制造、社会服务、传媒、商贸零售、综合和房地产等行业发展能力得分较去年下降明显，均跌到平均值以下，其中社会服务、房地产和综合行业下降最为明显，营业利润增长率负增长。社会服务行业主要受疫情反复多发影响，影视院线、酒店餐饮、旅游等接触性消费服务业持续亏损，营业收入增长率和营业利润增长率均为负。机械设备、国防军工、汽车等行业发展能力得分较上年变化较小，仍处于整体平均值以下，行业发展能力具有较大增长空间。

2. 中联五强

从上市公司的发展能力指标来看，共有 16 家上市公司以 20 分的满分获得上市公司发展能力最高分。发展能力中联五强排行榜中列示的 5 家为发展能力得分相同情况下综合得分较高的上市公司。排在前五家的情况如表 2-8 所示。

表 2-8 2022 年度上市公司发展能力状况中联五强排行榜

名次	股票代码	股票简称	偿债风险得分
1	600938	中国海油	20
2	00983	山西焦煤	20
3	600438	通威股份	20
4	688303	大全能源	20
5	002714	牧原股份	20

发展能力得分排名前 5 家的上市公司企业规模均为 100 亿元以上企业，其中，1 家来自煤炭行业、1 家来自石油石化行业、2 家来自电气设备行业、1 家来自农林牧渔行业。上述上市公司发展能力状况得分较高的原因主要有：营业利润和营业收入增长率处于较高水平，远超全部上市公司平均值；企业核心竞争力提高；行业景气度回升；“双碳”背景下，全球能源价格上涨，能源安全问题凸显；光伏产品需求保持旺盛等。大全能源在光伏产业发展带动下，三年营业收入平均增长率为 133. 64%，成长属性突出。

（五）市场表现状况

2022 年度上市公司的市场表现状况平均得分为 9. 09 分，较上年得分有所下降。评价市场表现状况的指标包括市场投资回报率和股价波动率。

2022 年全部上市公司平均市场投资回报率降为负数，仅有-12.92%，较 2021 年 27.9% 的投资回报率下降显著，由此可见 2022 年受复杂的经济局势影响，A 股市场基本全线下跌，仅有农林牧渔、社会服务、交通运输、商贸零售和综合行业市场投资回报率为正，较 2015 年 74.18%的市场投资回报率水平差距再次拉大。股价波动率为 98.53%，较 2021 年的上市公司股价波动率 108.84%有所下降，说明 2022 年度上市公司股价较 2021 年波动幅度有所减小，整体处于“变中趋稳”的发展态势。

2014 年至 2016 年，上市公司的股价与其整体业绩之间的正相关关系逐渐减弱，甚至背离情况显著。2017 年以后上市公司股价与其整体业绩之间的正相关关系逐渐显现，2022 年二者关系再次扑朔迷离，国际形势和国内疫情等因素虽带来诸多不利影响，但随着“十四五”规划稳步推进，多数上市公司 2022 年业绩较上年不同幅度上涨，但市场投资回报率降为负数，说明国家政策支持为业绩表现提供了一定保障，但股价波动受经济形势影响仍然严重。

1. **行业分析**

图 2-8 列示了各行业在 2021—2022 年度的市场表现得分情况。如该图所示，综合行业较上年大幅上涨，摘得市场表现桂冠，交通运输、商贸零售、社会服务和农林牧渔行业紧随其后，均较 2021 年有不同幅度上涨，而 2021 年得分较高的有色金属行业则较上年有所下降，得分降至 9.45 分，较上年降低 8.34%，同样得分下降较为明显的还有电子、机械设备、家用电器、计算机等行业，其中电子行业下降幅度最大，较上年得分降低-13.5%。

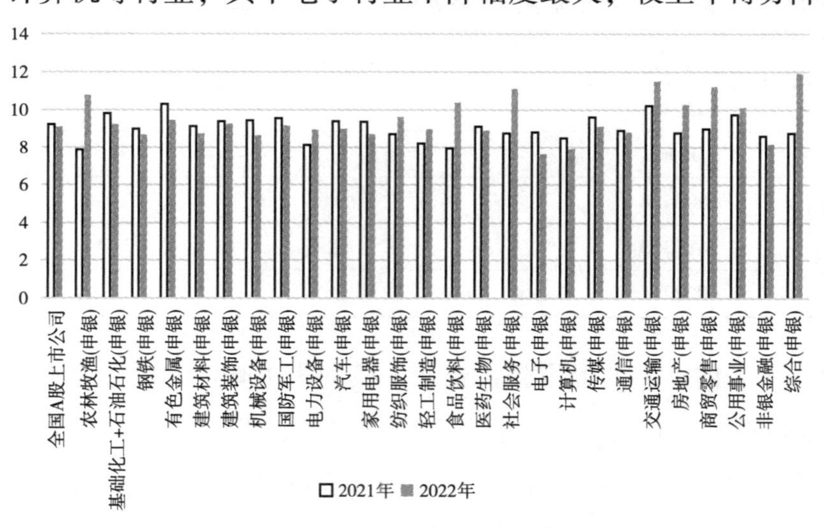

图 2-8 2021—2022 年各行业市场表现得分对比

2022 年，在市场表现方面，综合行业以 11.91 分摘得桂冠，较上年增长 36.11%，该行业市场投资回报率为 12.37%，同样位于各行业峰值，股价波动率为 92.4%，较上市公司平均值低 6.22%，充分展现出跨行业经营优势，在经济环境动荡的情况下保持相对稳定的投资收益。农林牧渔行业市场表现得分同样较上年增长显著，增长率达 36.80%，市场表现远超上市公司平均值，市场投资回报率为 0. 34%，股价波动率仅为 86. 53%，其相对较高的市场投资回报率主要源于全球干旱天气和地缘冲突背景下，粮食价格持续保持在相对高位，叠加转基因商业化政策有望取得进展，种业企业盈利向好，股价虽受周期性波动影响，但整体表现出较强的稳定性，行业整体市场表现及业绩表现均比较亮眼。

2022 年，市场表现得分较低的行业包括电子、计算机、非银金融、钢铁、家用电器等，且以上行业市场表现得分均较上年有不同程度下降，市场投资回报率均远低于全部上市公司平均水平，且除钢铁行业外，股价波动率均大于 100%，其中电子行业市场表现差的最主要原因是在国内经济疲软、海外加息的大背景下，手机等终端需求较差。

2. 中联五强

从上市公司的市场表现指标来看，2022 年共有 21 家上市公司以 15 分的满分获得上市公司市场表现最高分。市场表现中联五强排行榜中列示的 5 家为市场表现得分相同情况下综合得分较高的上市公司。排在前五家的情况如表 2-9 所示。

表 2-9 2022 年度上市公司市场表现状况中联五强排行榜

名次	股票代码	股票简称	市场表现得分
1	603182	嘉华股份	15
2	301267	华厦眼科	15
3	601022	宁波远洋	15
4	301299	卓创资讯	15
5	688114	华大智造	15

2022 年市场表现得分排名前 5 家的上市公司中，2 家来自医药生物业、1 家来自农林牧渔业、1 家来自交通运输业、1 家来自传媒行业。其中，1 家企业规模为 100 亿元以上、2 家企业规模为 50 亿~100 亿元、2 家企业规模为 10 亿~50 亿元。嘉华股份市场表现亮眼，主要源于健康饮食大潮兴起，全球植物蛋白市场需求稳定增长，盈利能力增强，同时发行 PE 低于行业均值凸显投资价值，市场投资回报率高达 62. 5%。

资料链接：

2022 年度中国资本市场十大关键词

A 股上市公司突破 5000 家：2022 年 11 月 22 日，随着鼎泰高科、矩阵股份在深交所上市，A 股上市公司数量正式突破 5000 家，资本市场日益成为“硬科技”、“三创四新”、专精特新“小巨人”的聚集地。

A股IPO融资额再创新高：截至2022年12月30日，2022年A股共计425家企业成功IPO，首发募集资金合计5869.66亿元，实现了8%的增长，IPO融资规模居首，是全球新股发行最大的市场。

房企股权融资恢复：在房企股权融资方面调整优化5项措施，支持房地产企业的信贷、债权、股权“三箭齐发”，合力促进房地产市场平稳健康发展。

民企债券融资支持机制持续完善：2022年《政府工作报告》提出“完善民营企业债券融资支持机制”，2022年5月民营企业债券融资专项支持计划和科技创新公司债券先后在交易所债市落地。

制度型开放举措落地：中国证监会发布《关于交易型开放式基金纳入互联互通相关安排的公告》，进一步深化了内地与香港股票市场交易互联互通机制；发布《境内外证券交易所互联互通存托凭证业务监管规定》，境外上市融资渠道不断拓宽；大连商品交易所首次在全品种链条同步引入境外交易者，期货市场对外开放不断深入。

期货和衍生品法正式实施：《中华人民共和国期货和衍生品法》正式实施，期货市场迎来高质量发展新阶段。

个人养老金业务上线：《个人养老金实施办法》《个人养老金投资公开募集证券投资基金业务管理暂行规定》上线，标志着个人养老金投资公募基金业务正式落地施行。

债券市场高水平对外开放统筹推进：对境外机构投资者投资中国债市的入市程序进一步简化，开展香港与内地利率互换市场互联互通合作，完善境外机构境内发行债券（即“熊猫债”）资金管理要求。

“财政部-中国地方政府债券收益率曲线”发布：为地方债一级发行定价提供有效参考，地方债定价市场化改革再迈重要一步。

智能交易机器人服务：中国外汇交易中心暨全国银行间同业拆借中心推出智能交易机器人服务，可实现报价商与投资者之间自动询价及成交，货币和债券市场询价交易迈入智能化阶段。

资料来源：新浪财经。

二、上市公司业绩评价结果总体分析

（一）A股业绩稳增，整体发展趋势向好

2022年，沪深北三市上市公司实现营业收入61.52万亿元，同比增长8.80%，归母净利润合计2.80万亿元，同比增长11.95%。面对国内国际错综复杂的宏观经济环境，沪深

北三市上市公司整体经营业绩保持稳定增长态势，其经济增长“动力源”的作用持续强化，作为实体经济基本盘的地位更加稳固。

具体来看，纳入本次业绩评价范围的4931家上市公司中，营业利润业绩同比增长的上市公司合计2279家，占比46.22%，较2021年的59.32%有所下降；3898家上市公司实现盈利，占比81.08%；2486家上市公司盈利过亿，超过半数。从沪深北三市情况看，能源行业营收、净利两项指标均位居各板块首位，中国石化和中国石油以超过3万亿元的营收领跑A股，领衔资本市场高质量增长。

1. 沪市业绩正增长，生产经营展现较强韧性，修复态势不断巩固

2022年，沪市公司共实现营业收入42.18万亿元，同比增长9.48%；共实现归母净利润1.99万亿元，同比增长23.37%。总体上看，沪市2079家上市公司实现超全国GDP三成的营业收入，充分展现了国民经济的中流砥柱作用。

沪市主板汇集了一批具有行业代表性的优质蓝筹企业，有力带动相关产业链上下游协同发展。沪市主板三大通信运营公司以5G基站为基点，辐射了整条从系统设备到手机芯片再到终端设备、具备完整性和竞争力的本土移动通信产业链。轨交设备、工控设备、能源重型设备、航空航天装备产品附加值明显提升，房地产行业业绩筑底，经营情况出现边际改善。稳外贸政策持续发力，沪市主板公司对外贸易实现较快增长。港口数据显示，上港集团、宁波港、青岛港等三大港口运营公司全年完成货物吞吐量22亿吨，同比增长3%；集装箱吞吐量11475万标箱，同比增长6%。

2022年科创板上市公司突破500家，整体营业收入首次突破万亿元，净利润首次突破千亿元，初步呈现“硬科技”企业的活力与韧性。2022年度科创板整体营业收入增长29.22%，营业利润增长4.99%。科创板立足创新驱动发展战略，服务于战略新兴产业和高新技术产业，集成电路、生物医药、新能源等先导产业集聚效应显著，展现出较强增长势头。新能源公司覆盖光伏、风电、储能、动力电池等产业链，依托技术优势和规模优势在行业高景气背景下，业绩增长亮眼。

2. 深市整体业绩平稳增长，板块特色更加鲜明

2022年，深市公司共实现营业收入19.22万亿元，同比增长7.28%，其中主板和创业板同比分别增长4.97%、19.40%，创业板高于上市公司整体平均水平。深市主板上市公司1462家，亏损户数379家，盈利户数1083家，创新蓝筹企业和细分行业冠军集聚效应凸显。在电子通信、医药生物、新能源等优势领域涌现出中兴通讯、华东医药、横店东磁等一批优质链主型企业，有力保障产业链供应链价值链稳定。光伏、锂电企业“出海”速度明显加快，宁德时代、阳光电源等公司均实现增长翻番。创新驱动发展的特色更加鲜明，板块汇聚了新一代信息技术、新能源、新材料、生物医药、高端装备等九大战略新兴产业。

3. 北交所业绩稳健增长，彰显创新型中小企业的发展活力

2022 年，北交所 162 家上市公司共实现营业收入 1226. 66 亿元，同比增长 21. 97%；共实现营业利润 130. 44 亿元，同比增长 2. 44%。面对需求收缩、供给冲击、预期转弱三重压力，中小企业继续实现稳定增长，体现了较强的经营韧性。部分中小市值公司充分发挥业务灵活优势，主动应变、积极转型，紧抓产业发展机遇，业绩稳中向好。其中，利通科技围绕超高压系列产品和新能源汽车领域开辟发展新赛道，研发推出超耐磨酸化压裂软管等高附加值产品，营业利润同比增长 186. 91%；锦好医疗主动优化高毛利率助听器产品结构，积极拓展海外市场，营业利润同比增长 71. 87%。技术创新推动产业升级，北交所新能源、新材料等相关产业链公司乘势快速发展。其中，碳纤维原丝龙头吉林碳谷打破国际碳纤维巨头在原丝生产技术上的垄断，盈利持续创下新高，营业利润同比增长 84. 08% 。电子级硅烷气生产商硅烷科技建成国内首家拥有自主知识产权的规模化生产高纯硅烷气装置，持续扩大生产规模，营业利润同比增长 170. 41%。

（二）财政政策早出早快，着力稳住宏观经济大盘

2022 年，各财政政策早出早快，推动稳住宏观经济大盘。大规模增值税留抵退税政策扩围加力提速，接连打出小规模纳税人免征增值税、阶段性缓缴社会保险费、缓缴部分行政事业性收费和保证金、减征部分乘用车购置税等一揽子政策“组合拳”，加快地方政府专项债券发行使用，依法盘活用好专项债务限额空间 5000 多亿元，带动扩大有效投资。为稳住宏观经济大盘，财政政策加大对小微企业和制造业等重点行业留抵退税力度。对小微企业和个体工商户扶持力度进一步加大，对小规模纳税人阶段性免征增值税，将“六税两费”减免适用范围扩大至小微企业和个体工商户，对小微企业年应纳税所得额 100 万元至 300 万元部分，再减半征收企业所得税。促进企业有效转型升级，高新技术企业在 2022 年第四季度购置设备、器具允许在税前 100%加计扣除。将科技型中小企业研发费用加计扣除比例提高至 100%。

从 A 股上市公司的税负情况看，2020—2022 年平均税负率（支付的各项税费/营业总收入）分别为 5. 70%、5. 41%、5. 91%，先降后升。其中，实体企业税负下降最为明显，尤其是石油石化、国防军工、食品饮料、有色金属等行业税负下降最大。（详见图 2-9）可见，2022 年财政政策早出早快颇有成效，在经济市场波动的情况下，稳住宏观经济大盘从各行业税负情况看，历年税负率最高的行业是食品饮料、银行和煤炭。

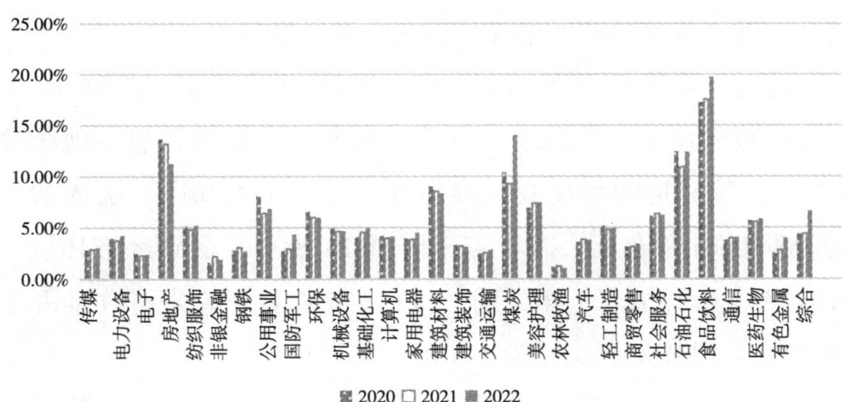

图 2-9 2020—2022 年 A 股各行业税负率

2022 年度，居于上市公司纳税榜首地位的大户仍然是中国石化和中国石油，支付税负总额分别为 3858. 18 亿元和 4490. 34 亿元，较上一年度税负率均有所上升。中国海油也突破了千亿元。排在前十名的除了“两桶油”、中国海油外，还有保利发展、贵州茅台、中国移动、中国神华、山西煤业、万科 A。

（三）A 股研发费用逾 16000 亿元，研发投入逐年增加

科技创新是现代企业提高竞争力的法宝，也是国家竞争的重要指标之一，上市公司作为最优秀的企业，是我国研发投入的主力军之一。2022 年，A 股上市公司研发费用支出为 16322. 56 亿元，同比增长 17. 52%。从研发费用占营业收入的比重来看，2020—2022 年分别为 2. 38%、2. 46%、2. 65%，不断增加。

如图 2-10 所示，分行业看，计算机、国防军工、电子行业的研发费用投入占比是最高的，中国石化、上汽集团、中国移动、中国铁建、中国中铁、中国建筑、中国电建、中国交建、中国石油、中兴通讯、比亚迪 11 家公司研发支出超过 200 亿元，中国建筑研发支出 497. 53 亿元，名列前茅，是 A 股上市公司研发投入的主力军。上市公司中有 19 家上市公司研发支出占营收比例超过 100%，其中医药生物行业 13 家、电子行业 2 家、计算机行业 3 家、通信行业 1 家，医药生物行业是由于部分企业处于研发阶段，营收较少，电子、计算机、通信行业随着科技型企业增长动力持续迸发，研发支出占比也逐年增加。

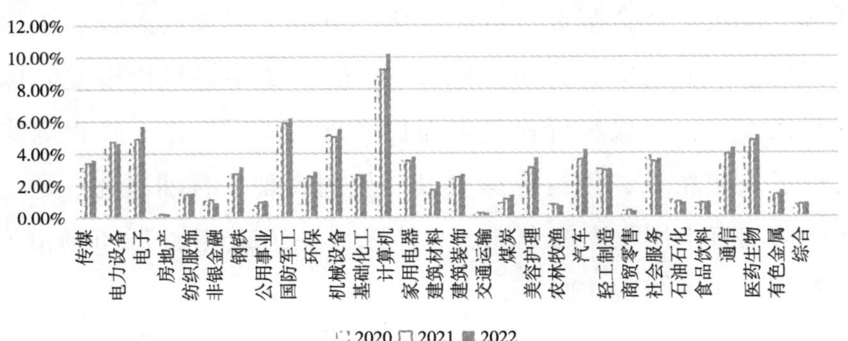

图 2-10 2020—2022 年研发费用占营业收入比重

（四）A 股市场总市值下降明显，震荡调整为全年主基调

从全年表现看，沪指累计下跌 15.13%，深证成指下跌 25.85%，创业板指下跌 29.37%，A 股三大指数涨跌互现。2022 年受疫情反复、美联储加息、地缘政治等诸多利空因素影响，投资者风险偏好持续受压制，震荡调整为全年主基调。从 A 股市值来看，2022 年末，A 股市值总额 70.61 万亿元，较上年末降低 13.84%，受到经济环境、疫情因素的影响，未延续 2021 年的市场行情。（详见图 2-11）市值上升的公司数量占比仅为 22.39%，市值上升超过 100%的公司数量占比仅为 1.40%。

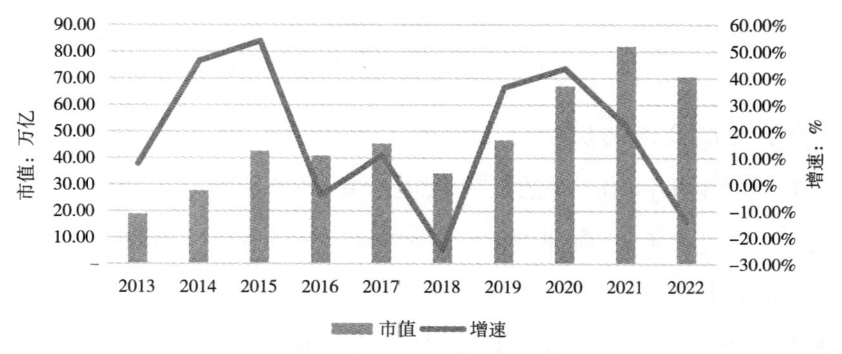

图 2-11　历年 A 股总市值变化

从行业来看，传媒、机械设备、基础化工、计算机、家用电器、建筑材料等二十四个行业的市值较上年度有所下降，其中电子、钢铁、建筑材料三个行业市值减值比例最大。电子行业：主要由于包括智能手机、PC 等为主的消费电子在 2022 年整体销售表现疲软，具体到细分公司，射频类、光学镜头类、屏幕厂、存储器等都是用于手机的关键器件，不可避免影响到身处其中的电子产业链公司业绩。钢铁行业：受到全球经济形势、市场供需变化等因素叠加影响，钢材市场呈现出需求不足、钢材价格大幅下跌、钢铁行业亏损面不断扩大的弱周期低景气度市场行情，导致行业惨淡。建筑材料行业：由于 2022 上半年，房地产行业整体规模增速较前两年明显放缓，下游地产行业需求减少、上游原材料价格高位运行以及部分房企客户违约增多等多重承压下，与房地产密切相关的房建供应链企业普遍面临着增长乏力、增速放缓的形势，从而业绩惨淡。

其他交通运输、煤炭、社会服务、石油石化、通信、综合六大行业市值都有不同程度的上涨。其中煤炭行业涨幅最大，为 20.09%，虽然 2022 年煤炭价格受到国际政局和新冠疫情的影响出现起伏波动，但煤炭行业基本面仍表现为供不应求，使得煤炭价格维持在高位，煤企业绩实现了大幅增长，创行业历史最佳盈利表现。石油石化、通信、综合、社会服务、交通运输市值均有不用程度的上涨。总体来看，2022 年 A 股市场市值下降明显，震荡调整为全年主基调。详见图 2-12。

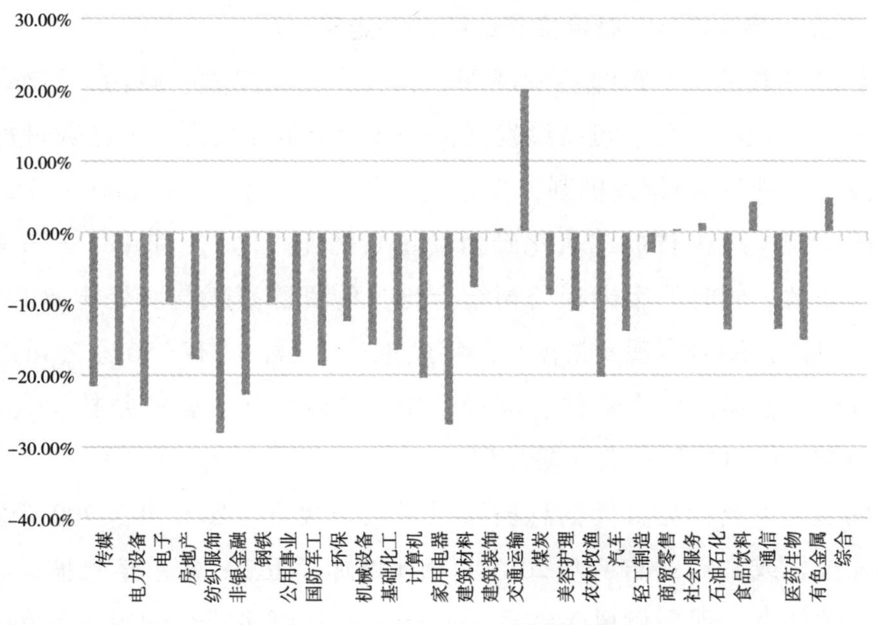

图 2-12　各行业 2022 年市值涨幅

（五）年报现金分红金额创历史年度新高，积极回报投资者已成全市场新风尚

截至 2022 年末，A 股 4931 家上市公司累计宣告分红总额为 1.47 万亿元，较上一年度增加 32.47%。共计 3260 家上市公司宣告分红，占全部上市公司数量的 66.11%；829 家上市公司的分红比例（分红送转/归母净利润）超过 50%；2028 家上市公司的分红比例超过 30%。

沪市共有约 1448 家公司推出分红方案，占全部盈利公司家数近 85.53%。其中，125 家公司分红 10 亿元以上，14 家公司分红 100 亿元以上，同时，690 家公司连续 3 年分红比例超 30%，113 家公司连续 3 年分红比例超 50%，现金分红创历史新高，积极回报投资者。

深市共有 1675 家公司推出现金分红预案，占全部盈利公司家数的 81.43%。其中，436 家公司的分红比例超过 50%，879 家公司的分红比例超过 30%，1466 家公司连续三年分红，格力电器、五粮液、美的集团三家上市公司宣告分红达百亿元。深市更加注重分享发展红利，持续加强与投资者交流沟通。

北交所共有 137 家公司推出现金分红预案，占全部盈利公司家数的 92.57%。其中，55 家公司的分红比例超过 50%，97 家公司的分红比例超过 30%，颖泰生物、同力股份、贝特瑞三家上市公司宣告分红达亿元。

17 家上市公司宣告分红高达百亿元，中国神华继 2021 年后持续分红“加码”，宣告分红金额为 506.65 亿元。中国海油宣告分红金额为 1080.96 万元，“两桶油”中国石油、中国石化宣告分红金额分别为 773.41 亿元、426.34 亿元。除此之外，招商银行、贵州茅台、邮储银行、中国人寿、格力电器、陕西煤业、五粮液等上市公司宣告分红金额也都超过了百亿元。

（六）“含绿量”持续提升，社会责任践行走深走实

2022年，沪市主板公司贯彻绿色发展理念，着力推动降碳、减污、扩绿、增长。全年有870余家公司披露ESG报告、可持续发展报告或社会责任报告，披露数量再创历史新高。超1300家公司建立环境保护相关机制，报告期内投入资金合计近1500亿元，超1200家公司积极采取减碳措施，减少排放二氧化碳当量超8亿吨。化工、装备、汽车等工业行业减碳降碳取得明显成效。同时沪市主板公司结合自身的资源禀赋与所处行业的特点，积极推动脱贫攻坚成果巩固，助力实现乡村振兴。年度报告显示，约有750家公司深入扶贫一线，合计投入近800亿元，通过资金帮扶、消费帮扶、产业帮扶、就业帮扶、人才振兴等多种举措，促进当地产业的可持续、高质量发展。

深市公司环境保护及社会责任信息披露质量明显提升。2022年，700余家公司披露了独立的社会责任报告或ESG报告，与2021年相比增加了近200家。信息披露的“量”“质”齐升，为识别、评估、管理环境风险夯实了基础，推动更多资金配置到绿色低碳领域，促进“双碳”目标实现。2022年深市公司积极依托自身产业优势，巩固拓展脱贫攻坚成果，探索助力乡村振兴的长效机制。据不完全统计，深市共有近1200家公司披露年度乡村振兴工作信息，涌现出大量创新案例。

北交所公司积极践行绿色发展理念，加大环保投入力度，为“双碳”目标实现贡献中小企业力量。4成公司已建立环境保护相关机制，广咨国际、太湖雪等多家公司主动披露ESG报告，积极展示公司可持续发展的实力和成果。富士达、龙竹科技已获评国家级“绿色工厂”；中纺标牵头起草国家级绿色纺织产品认证评价标准，为纺织服装行业绿色低碳发展提供技术支持。

（七）金融行业总体分析

1. 上市银行经营业绩稳步增长，风险抵补能力整体充足

截至2022年末，A股市场42家上市银行总资产达到252.47万亿元，同比增长11.36%，较上年度增速有所提升。营业收入合计5.85万亿元，同比增长0.71%；归母净利润合计2.06万亿元，同比增长7.59%，增速较上年度下降。

2022年末，上市银行整体不良贷款率平均值为1.21%，较上年末1.26%有所下降；拨备覆盖率平均值为313.65%，较上年末300.88%有所提升。这得益于银行业金融机构持续加强信贷风险管控、加大风险处置力度。同时，上市银行盈利回升，资本积累能力提升，年末一级资本充足率平均值达到10.21%，较上年末的10.28%有所下降。上市银行还通过永续债、二级资本债等常态化方式补充资本，资产质量存在一定改善。

2. 多重超预期因素冲击，上市证券公司经营业绩普遍承压

截至2022年末，A股市场50家证券公司总资产合计11.66万亿元，同比增长5.77%。2022年实现营业收入5013.66亿元，同比降低23.59%；实现归母净利润1343.58亿元，同

比降低 33.66%。上市证券公司业绩处于下降状态。

2022 年由于整体经济环境不景气，证券行业上市公司市值也存在部分下滑，50 家上市券商合计获得手续费及佣金净收入 2391.13 亿元，同比下降 12.80%。其中，有 7 家券商的净收入超 100 亿元，中信证券以 319.43 亿元拔得头筹。

50 家上市券商合计获得经纪业务手续费净收入 1151.52 亿元，同比下降 18.50%。其中，有 6 家券商的净收入超 60 亿元，中信证券以 111.69 亿元拔得头筹。2022 年，证券公司增强主动管理能力，压降低费率通道业务，资产管理业务结构持续改善，但由于整体经济环境影响，证券行业资管收入较以前年度下降，50 家上市券商共计实现资管业务净收入 449.41 亿元，同比下降 11.30%。其中，有 10 家券商资管业务净收入超 10 亿元。

（八）高 GDP 省市上市公司市值大、质量高、数量多

截至 2022 年末，全部上市公司总计 4931 家。按照地区分布分类（本书所指地区不包括我国台湾、香港、澳门），华东地区为 A 股上市公司最多的地区，占总数的 47.64%，其次是华南地区、华北地区。东北地区以及西北地区 A 股上市公司较少，两个地区皆不超过 200 家。详见图 2-13。

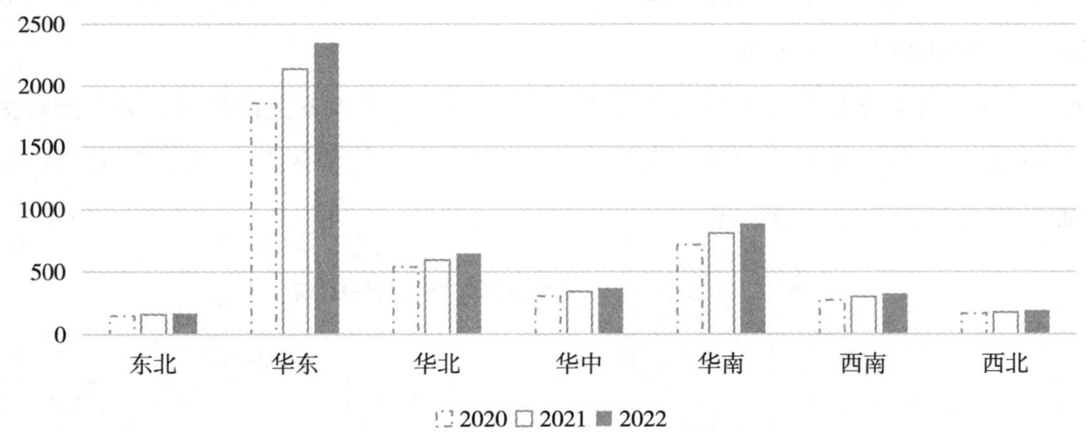

图 2-13　2020—2022 年各地区上市公司数量

从具体省市来看（不包括我国台湾、香港、澳门），截至 2022 年末，全国 31 个省份中，广东省、浙江省、江苏省、北京市、上海市五个地区上市公司数量最多，分别为 819 家、645 家、622 家、436 家、400 家，对应地区 GDP 分别为 12.91 万亿元、7.77 万亿元、12.29 万亿元、4.16 万亿元、12.29 万亿元，广东省、浙江省、江苏省 2022 年 GDP 位于全国前五名。全国上市公司总市值前五名的省份分别为：北京市、广东省、上海市、浙江省、江苏省，市值分别为 12.29 万亿元、11.11 万亿元、5.54 万亿元、6.62 万亿元、5.99 万亿元。北广沪浙苏五地成为上市公司聚集地。以 2022 年 GDP 为判断指标，GDP 5 万亿元以上的省市 A 股上市公司共计 2936 家，占总数的 59.54%。GDP 超过 4 万亿元的省市共计 13 个，其余 12 个省市 A 股上市公司皆超过 100 家，仅河北省没有达到 100 家。详见图 2-14。

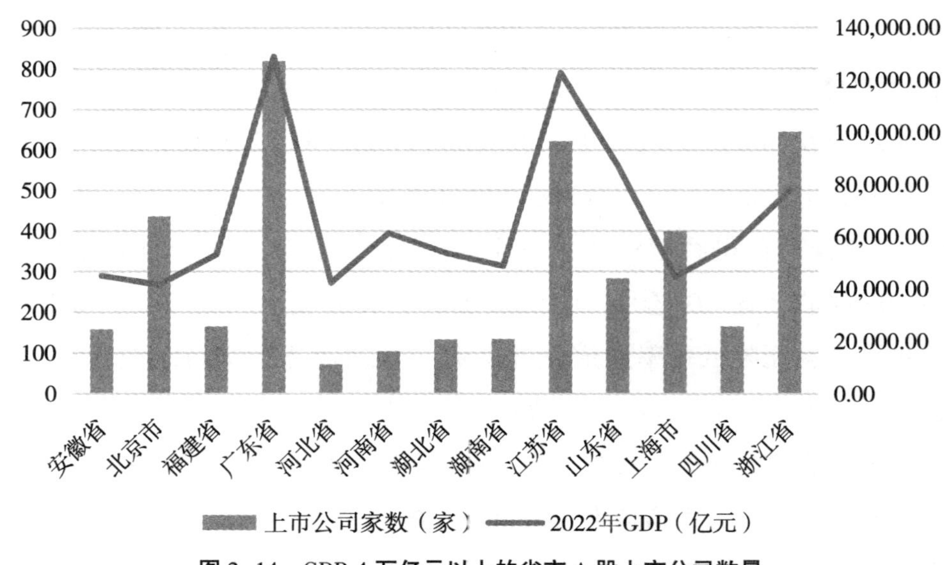

图 2-14　GDP 4 万亿元以上的省市 A 股上市公司数量

上市公司数量与公司所在地 GDP 有一定的关系，GDP 偏低的地区上市公司主要集中在省会城市，上市公司业绩与公司所在地 GDP 也有一定的关系，GDP 较高的地区上市公司业绩较好，而 GDP 偏低的地区上市公司业绩相对较差。地方政策及 GDP 会吸引上市公司，上市公司同时会带动地方经济发展。

（九）100 亿元以上规模上市公司得分稳定增长，10 亿元以下上市公司得分受到较大影响

2021—2022 年各规模上市公司财务效益、资产质量、偿债风险、发展能力及市场表现五个方面的得分情况如表 2-10 所示。

表 2-10　2021—2022 年各规模上市公司得分情况

项目	财务效益		资产质量		偿债风险		发展能力		市场表现	
年份	2021	2022	2021	2022	2021	2022	2021	2022	2021	2022
100 亿元以上	24. 32	24. 71	9. 52	9. 59	8. 15	8. 28	12. 35	12. 45	8. 93	9. 46
50 亿~100 亿元	21. 23	21. 31	8. 92	8. 65	9. 55	9. 5	12. 71	11. 69	9. 27	9. 22
10 亿~50 亿元	19. 01	19. 21	8. 37	8. 08	9. 76	9. 73	11. 72	11. 33	9. 34	9. 03
10 亿元以下	16. 39	16. 72	7. 95	7. 96	10. 14	10. 07	10. 88	8. 12	9. 32	8. 16

财务效益指标中各规模上市公司得分均呈小幅上涨趋势，其中 10 亿元以下规模上市公司涨幅相对最为显著；资产质量状况指标中 100 亿元以上、10 亿元以下的上市公司资产质量得分均小幅增长；偿债风险指标中除 100 亿元以上规模上市公司偿债风险得分较 2021 年增长显著外，其余各规模上市公司的偿债能力与 2021 年基本持平，且随上市公司规模减小，偿债能力逐步提升；发展能力指标及市场表现指标中 100 亿元以上规模上市公司得分较 2021 年存在小幅上涨，其余较 2021 年均存在不同程度下降，10 亿元以下规模上市公司得分变动幅度最大。

100 亿元以上规模上市公司各项指标较 2021 年均有所上涨，营收情况良好；10 亿元以下规模上市公司发展能力及市场表现得分变动幅度最大，受到经济环境影响，发展能力及市场表现均受损；50 亿~100 亿元、10 亿~50 亿元规模上市公司各项指标得分与 2021 年相比存在小幅波动。

第三章

2022 年度“中联价值”上市公司业绩评价

一、2022 年度“中联价值”上市公司评价结果

按照中国上市公司业绩评价体系，我们以统一测算的评价标准为基准，运用功效系数法，对截至 2023 年 4 月 29 日公布年报的 A 股 4931 家上市公司（不包括 B 股和金融行业，以下简称“评价范围内全部上市公司”）业绩进行了评价，得出了 2022 年度 100 家“中联价值”上市公司（以下简称“中联价值 100”），其中，山西焦煤以综合得分 91.90 获得第一，得分第 2~10 名的企业分别是陕西煤业、通威股份、中远海控、潞安环能、圆通速递、兖矿能源、华鲁恒升、中国石油、山西汾酒。具体信息见表 3-1。

表 3-1　“中联价值 100”评价得分表

序号	证券代码	证券名称	得分	序号	证券代码	证券名称	得分
1	000983. SZ	山西焦煤	91. 90	15	000933. SZ	神火股份	86. 30
2	601225. SH	陕西煤业	91. 20	16	601088. SH	中国神华	86. 30
3	600438. SH	通威股份	89. 80	17	002714. SZ	牧原股份	85. 90
4	601919. SH	中远海控	89. 70	18	002432. SZ	九安医疗	85. 80
5	601699. SH	潞安环能	89. 60	19	600089. SH	特变电工	85. 80
6	600233. SH	圆通速递	88. 60	20	601012. SH	隆基绿能	85. 50
7	600188. SH	兖矿能源	88. 30	21	601666. SH	平煤股份	85. 40
8	600426. SH	华鲁恒升	87. 90	22	603599. SH	广信股份	85. 20
9	601857. SH	中国石油	87. 80	23	601899. SH	紫金矿业	85. 00
10	600809. SH	山西汾酒	87. 40	24	600732. SH	爱旭股份	84. 80
11	688303. SH	大全能源	87. 20	25	600873. SH	梅花生物	84. 80
12	300760. SZ	迈瑞医疗	87. 10	26	600039. SH	四川路桥	84. 50
13	600985. SH	淮北矿业	86. 70	27	601898. SH	中煤能源	84. 40
14	603529. SH	爱玛科技	86. 40	28	600256. SH	广汇能源	84. 30

续　表

序号	证券代码	证券名称	得分	序号	证券代码	证券名称	得分
29	000858. SZ	五粮液	83. 80	65	600777. SH	新潮能源	80. 70
30	601872. SH	招商轮船	83. 70	66	301004. SZ	嘉益股份	80. 60
31	002756. SZ	永兴材料	83. 60	67	002128. SZ	电投能源	80. 40
32	600123. SH	兰花科创	83. 60	68	600780. SH	通宝能源	80. 40
33	002466. SZ	天齐锂业	83. 50	69	600989. SH	宝丰能源	80. 40
34	600160. SH	巨化股份	83. 50	70	000552. SZ	甘肃能化	80. 30
35	600508. SH	上海能源	83. 50	71	600096. SH	云天化	80. 30
36	600803. SH	新奥股份	83. 30	72	603077. SH	和邦生物	80. 30
37	600141. SH	兴发集团	83. 20	73	002517. SZ	恺英网络	80. 10
38	600995. SH	南网储能	83. 20	74	300750. SZ	宁德时代	80. 10
39	002459. SZ	晶澳科技	83. 00	75	603195. SH	公牛集团	80. 10
40	600395. SH	盘江股份	82. 90	76	300639. SZ	凯普生物	80. 00
41	002932. SZ	明德生物	82. 70	77	600600. SH	青岛啤酒	80. 00
42	000408. SZ	藏格矿业	82. 50	78	000915. SZ	华特达因	79. 90
43	002460. SZ	赣锋锂业	82. 50	79	002709. SZ	天赐材料	79. 90
44	000568. SZ	泸州老窖	82. 40	80	000807. SZ	云铝股份	79. 70
45	002311. SZ	海大集团	82. 40	81	300015. SZ	爱尔眼科	79. 70
46	603259. SH	药明康德	82. 30	82	603938. SH	三孚股份	79. 70
47	000893. SZ	亚钾国际	82. 20	83	600328. SH	中盐化工	79. 60
48	600971. SH	恒源煤电	82. 20	84	605499. SH	东鹏饮料	79. 60
49	000596. SZ	古井贡酒	82. 10	85	000878. SZ	云南铜业	79. 50
50	600519. SH	贵州茅台	82. 00	86	002136. SZ	安纳达	79. 50
51	000792. SZ	盐湖股份	81. 60	87	600348. SH	华阳股份	79. 50
52	000822. SZ	山东海化	81. 60	88	300661. SZ	圣邦股份	79. 40
53	601298. SH	青岛港	81. 50	89	300765. SZ	新诺威	79. 40
54	000937. SZ	冀中能源	81. 30	90	603871. SH	嘉友国际	79. 40
55	603185. SH	弘元绿能	81. 30	91	601216. SH	君正集团	79. 30
56	002030. SZ	达安基因	81. 20	92	002738. SZ	中矿资源	79. 20
57	002497. SZ	雅化集团	81. 20	93	600179. SH	安通控股	79. 10
58	300498. SZ	温氏股份	81. 20	94	601958. SH	金钼股份	79. 10
59	603288. SH	海天味业	81. 10	95	603392. SH	万泰生物	79. 10
60	002129. SZ	TCL 中环	80. 90	96	002304. SZ	洋河股份	79. 00
61	300124. SZ	汇川技术	80. 90	97	600236. SH	桂冠电力	79. 00
62	002594. SZ	比亚迪	80. 80	98	601156. SH	东航物流	79. 00
63	600309. SH	万华化学	80. 80	99	603369. SH	今世缘	79. 00
64	603605. SH	珀莱雅	80. 80	100	605117. SH	德业股份	78. 90

说明：当年 IPO 上市或借壳上市的公司未参与。

从评价得分结果来看，2022 年度“中联价值 100”表现优异，算数平均得分为 82.63 分，比评价范围内全部上市公司综合得分 63 分高出 19.63 分，高于评价范围内全部上市公司综合水平 31.16%。与 2021 年度相比，2022 年度“中联价值 100”算术平均分提升了 3.96%。

从市场价值来看，2022 年度“中联价值 100”总市值为 139734.38 亿元，同比增加了 24.04%，占评价范围内全部上市公司总市值的比重为 19.27%，提升了 5.59 个百分点；“中联价值 100”户均市值为 1397.34 亿元，评价范围内全部上市公司户均市值为 147.09 亿元，“中联价值 100”户均市值为评价范围内全部上市公司户均市值的 9.50 倍，远高于评价范围内全部上市公司的户均市值。以上数据表明，“中联价值 100”市场价值明显优于评价范围内全部上市公司平均水平。

从经营规模来看，“中联价值 100”2022 年度实现营业收入 88862.16 亿元，占评价范围内全部上市公司营业收入的 14.44%，户均水平为评价范围内全部上市公司户均水平的 7.12 倍；“中联价值 100”2022 年度净利润为 12308.04 亿元，占评价范围内全部上市公司净利润的 38.86%，户均水平为评价范围内全部上市公司户均水平的 19.17 倍，明显高于评价范围内全部上市公司平均水平。“中联价值 100”2022 年度经营活动产生的现金流量净额为 18335.42 亿元，占评价范围内全部上市公司现金流量净额的 31.51%，户均水平为评价范围内全部上市公司户均水平的 15.54 倍，明显高于评价范围内全部上市公司平均水平。“中联价值 100”2022 年度资产总额为 105171.70 亿元，占评价范围内全部上市公司资产总额的 10.86%，户均水平为评价范围内全部上市公司户均水平的 5.35 倍。

从经营质量来看，“中联价值 100”2022 年度平均净资产收益率为 24.40%，评价范围内全部上市公司平均水平为 7.31%；“中联价值 100”2022 年度整体总资产周转率为 0.92 次，为评价范围内全部上市公司平均水平的 1.39 倍，“中联价值 100”2022 年度整体资产负债率为 47.37%，低于评价范围内全部上市公司的平均水平 58.63%。“中联价值 100”2022 年度整体收入增长率为 31.43%，为评价范围内全部上市公司平均水平的 3.57 倍。可见，2022 年度“中联价值 100”整体经营质量明显优于评价范围内全部上市公司平均水平。

以上数据表明，2022 年度“中联价值 100”集聚了一批经营效益好、资产质量优、发展潜力大的上市公司。

二、2022 年度“中联价值 100”上市公司评价指标分析

本次业绩评价分别从财务效益状况、资产质量状况、偿债风险状况、发展能力状况、市场表现状况五个方面进行，“中联价值 100”上市公司整体优于评价范围内全部上市公司平均水平，下面分别从上述五个方面对“中联价值 100”上市公司的财务指标进行分析。

（一）财务效益

表 3-2 列示了“中联价值 100”上市公司财务效益状况评价结果。根据财务效益状况

指标具体分析，2022 年度“中联价值 100”上市公司财务效益指标中，除盈利现金保障倍数外，其他指标均高于评价范围内全部上市公司平均值；与 2021 年度“中联价值 100”情况相比较，2022 年度“中联价值 100”除盈利现金保障倍数有所下降，其他指标均有不同幅度的上升。总体而言，2022 年度“中联价值 100”上市公司财务效益状况较 2021 年度有所上升。就“中联价值 100”具体上市公司的财务效益得分情况而言，100 家上市公司财务效益全部超过评价范围内全部上市公司平均水平，其中，陕西煤业、通威股份、中远海控、潞安环能、兖矿能源、中国神华、特变电工、平煤股份、中煤能源、贵州茅台、万华化学 11 家上市公司在财务效益方面获得满分 35 分。

表 3-2　“中联价值 100”财务效益状况比较表

分析指标		2022 年上市公司平均值	2022 年“中联价值 100”平均值	与上市公司平均值比值	2021 年“中联价值 100”平均值	同比增长率（%）
基本指标	扣除非经常性损益净资产收益率	7.31%	24.40%	3.34	19.30%	26.42
	总资产报酬率	5.28%	16.59%	3.14	13.64%	21.63
修正指标	营业利润率	6.65%	17.54%	2.64	14.29%	22.74
	盈利现金保障倍数	1.84	1.49	0.81	1.62	-8.02
	总股本收益率	45.68%	225.16%	4.93	150.44%	49.67

（二）资产质量

表 3-3 列示了“中联价值 100”上市公司资产质量状况评价结果。从资产质量状况指标来看，2022 年度“中联价值 100”四项指标均高于评价范围内全部上市公司平均水平，与 2021 年度相比，基本指标中的总资产周转率与上年持平，流动资产周转率在下降，修正指标中的存货周转率有所下降，应收账款周转率略有上升。就资产质量得分情况而言，2022 年度“中联价值 100”中有 96 家上市公司超过评价范围内全部上市公司平均水平，其中，中远海控、圆通速递、爱玛科技、牧原股份、爱旭股份、招商轮船、新奥股份、南网储能、山东海化、温氏股份、通宝能源、嘉友国际 12 家上市公司在资产质量方面获得满分 15 分。

表 3-3　“中联价值 100”资产质量状况比较表

分析指标		2022 年上市公司平均值	2022 年“中联价值 100”平均值	与上市公司平均值比值	2021 年“中联价值 100”平均值	同比增长率（%）
基本指标	总资产周转率（次）	0.66	0.92	1.39	0.92	-
	流动资产周转率（次）	1.27	2.42	1.91	2.76	-12.32
修正指标	存货周转率（次）	3.25	9.31	2.86	10.27	-9.35
	应收账款周转率（次）	8.67	26.10	3.01	26.03	0.27

（三）偿债风险

表 3-4 列示了“中联价值 100”上市公司偿债能力状况评价结果。从偿债风险状况指标来看，2022 年度“中联价值 100”各项基本指标和修正指标均优于评价范围内全部上市公司平均水平。从具体公司得分情况来看，“中联价值 100”上市公司中有 81 家企业偿债能力综合得分高于评价范围内全部上市公司平均水平。其中，大全能源、华特达因、新诺威 3 家上市公司获得了 14.99 分，接近满分，明显优于“中联价值 100”其他公司水平。

表 3-4　“中联价值 100”偿债风险状况比较表

分析指标		2022 年上市公司平均值	2022 年“中联价值 100”平均值	与上市公司平均值比值	2021 年“中联价值 100”平均值	同比增长率（%）
基本指标	资产负债率	58.63%	47.37%	0.81	47.76%	-0.82
	已获利息倍数	5.40%	19.54	3.62	15.36	27.21
修正指标	速动比率	86.08%	105.80%	1.23	92.19%	14.76
	现金流动负债比率	14.64%	57.28%	3.91	50.77%	12.82
	带息负债比率	41.74%	37.44%	0.90	39.43%	-5.05

（四）发展能力

表 3-5 列示了“中联价值 100”上市公司发展能力状况评价结果。从具体指标来看，2022 年度“中联价值 100”发展能力水平与 2021 年度相比，资本扩张率、累计保留盈余率、三年营业收入增长率和总资产增长率均呈上升趋势，且基本指标和修正指标均优于评价范围内全部上市公司平均水平。从具体公司得分情况来看，“中联价值 100”上市公司全部企业发展能力得分高于评价范围内全部上市公司平均水平。其中，山西焦煤、通威股份、大全能源、牧原股份、特变电工、隆基绿能、四川路桥、天齐锂业、赣锋锂业、比亚迪、宁德时代 11 家上市公司发展能力综合得分为满分 20 分。

表 3-5　“中联价值 100”发展能力状况比较表

分析指标		2022 年上市公司平均值	2022 年“中联价值 100”平均值	与上市公司平均值比值	2021 年“中联价值 100”平均值	同比增长率（%）
基本指标	营业收入增长率	8.80%	31.43%	3.57	46.30%	-32.12
	资本扩张率	9.10%	22.58%	2.48	20.35%	10.96
修正指标	累计保留盈余率	43.64%	67.60%	1.55	65.30%	3.52
	三年营业收入增长率	11.10%	20.51%	1.85	15.06%	36.19
	总资产增长率	7.88%	20.02%	2.54	19.60%	2.14
	营业利润增长率	0.85%	57.72%	67.91	117.83%	-51.01

（五）市场表现

表 3-6 列示了“中联价值 100”上市公司市场表现状况评价结果。从具体指标来看，2022 年度“中联价值 100”上市公司投资回报率为 8.45%，明显高于纳入评价范围内全部上市公司平均值-12.92%，但明显低于 2021 年度“中联价值 100”上市公司的平均值 67.82%。100 家上市公司的市场投资回报率均高于评价范围内全部上市公司平均水平，说明“中联价值 100”具有较高的投资价值，投资回报率排前六名的是德业股份、爱旭股份、金钼股份、通宝能源、神火股份、中矿资源。2022 年度“中联价值 100”上市公司股价波动率高于评价范围内全部上市公司平均水平，说明股票活跃度较高。以上数据表明“中联价值 100”市场表现良好。2022 年度“中联价值 100”指数与沪深 300 指数波动情况见图 3-1。

表 3-6　“中联价值 100”市场表现状况比较表

分析指标	2022 年上市公司平均值	2022 年“中联价值 100”平均值	与上市公司平均值比值	2021 年“中联价值 100”平均值	同比增长率（%）
市场投资回报率	-12.92%	8.45%	-0.65	67.82%	-87.54
股价波动率	98.53%	89.74%	0.91	165.02%	-45.62

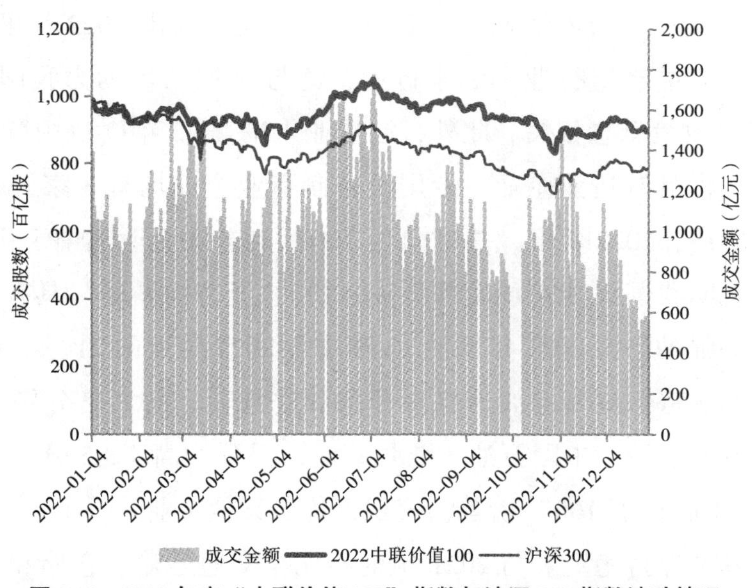

图 3-1　2022 年度“中联价值 100”指数与沪深 300 指数波动情况

三、2022 年度“中联价值 100”上市公司分布特点

2022 年，境内首发上市公司 424 家，总数增至 5079 家。注册制改革释放活力，上市公司群体持续壮大，引领高质量发展态势明显。数据显示，上市公司作为国民经济基本盘，

努力克服新冠疫情反复跌宕、“三重压力”持续等困难，整体业绩保持韧性增长。在A股上市公司市场，“中联价值100”表现出了更为明显的优势。下面主要从行业、地区、公司属性、规模分布、上市时间来介绍“中联价值100”的分布特点。

（一）“中联价值100”上市公司行业分布特点

制造业占比雄踞第一。2022年“中联价值100”上市公司中，行业分布更趋集中，主要表现为上榜的行业类别集中于制造业和采矿业，制造业依然是“中联价值100”的主力，其中，化工类制造业占比较大，体现了工业经济的可持续发展能力。

从企业层面来看，制造业上榜2022年度“中联价值100”上市公司为62家，持续领跑。入榜2022年度“中联价值100”的制造业上市公司中，主要行业类型包括化学原料和化学制品制造业，电气机械和器材制造业，酒、饮料和精制茶制药业等。其中，化学原料和化学制品制造业上市公司入围数量为19家，华鲁恒升以87.90分的成绩位列“中联价值100”榜单第八、制造业榜单第一；电气机械和器材制造业上市公司入围数量为10家，分别为大全能源、特变电工、隆基绿能、爱旭股份、晶澳科技、TCL中环、汇川技术、宁德时代、公牛集团、德业股份；酒、饮料和精制茶制造业上市公司入围数量为9家，分别为山西汾酒、五粮液、泸州老窖、古井贡酒、贵州茅台、青岛啤酒、东鹏饮料、洋河股份、今世缘；有色金属冶炼和压延加工业上市公司入围数量为6家，分别为神火股份、天齐锂业、赣锋锂业、云铝股份、云南铜业、中矿资源。可见，入围2022年度“中联价值100”的企业多为重工业、高端制造行业和酒水行业，这与A股市场助力我国制造业转型升级、改善民生及“双碳”政策息息相关。此外，制造业入围2022年度“中联价值100”上市公司的其他子行业中，食品制造业企业、专用设备制造业企业均有3家上榜，医药制造企业有5家上榜。综上所述，2022年度“中联价值100”制造业企业集中于化工、冶炼、设备、医疗及消费行业，说明我国A股市场发展势头强劲，“经济内循环”具有强大潜力。

采矿业占比势头强劲，由2021年度的12家增至2022年度的21家，涨幅为75%，强力巩固行业榜第二名的优势，主要增加为煤炭开采和洗选业。前六名分别为山西焦煤、陕西煤业、潞安环能、兖矿能源、中国石油、淮北矿业，得分均高于85分，其中山西焦煤得分为91.9分，位列“中联价值100”榜首，表现远优于其他企业。

其他行业占比基本保持稳定。与2021年度相比，交通运输、仓储和邮政业，电力、热力、燃气及水生产和供应业，农、林、牧、渔业，以及卫生和社会工作表现相对较好，入榜数量分别由4家、2家、0家、0家，增至7家、4家、2家、1家；建筑业、科学研究和技术服务业，基本持平，仍是1家入榜单；信息传输、软件和信息技术服务业则由4家降至1家；而租赁和商务服务业，水利、环境和公共设施管理业，则落榜。

近4年“中联价值100”行业分布情况如表3-7、图3-2所示。

表 3-7　“中联价值 100”行业分布情况表

行　　业	2022 年	2021 年	2020 年	2019 年
制造业	62	74	77	66
采矿业	21	12	3	3
信息传输、软件和信息技术服务业	1	4	4	5
交通运输、仓储和邮政业	7	4	3	7
电力、热力、燃气及水生产和供应业	4	2	3	1
租赁和商务服务业	0	1	2	1
水利、环境和公共设施管理业	0	1	0	1
建筑业	1	1	0	0
科学研究和技术服务业	1	1	2	1
卫生和社会工作	1	0	3	2
农、林、牧、渔业	2	0	2	6
教育	0	0	1	0
房地产业	0	0	0	7
文化、体育和娱乐业	0	0	0	0

说明：本行业分类标准参照证监会发布的《上市公司行业分类指引（2012 年修订）》。

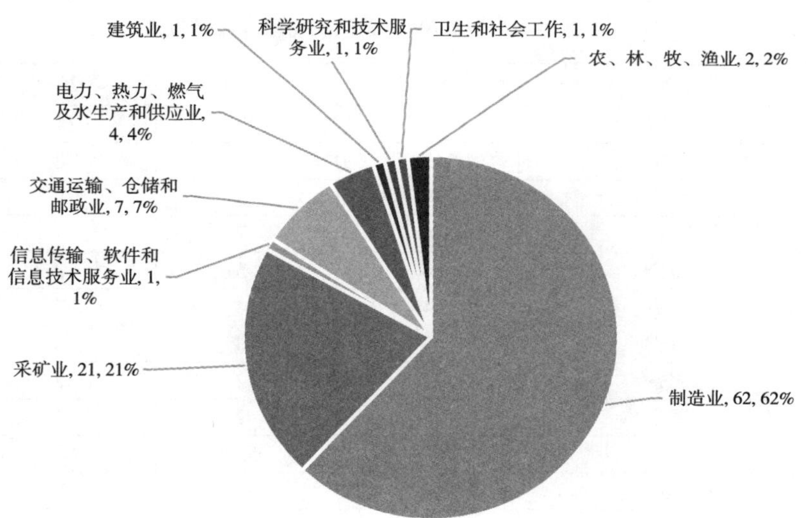

图 3-2　2022 年“中联价值 100”行业分布

（二）“中联价值 100”上市公司地区分布特点

东部地区入榜数量进一步收缩。“中联价值 100”上市公司地区分布有西部增长强势追赶东部地区的势头。2020 年度东部地区上榜企业 68 家的绝对优势，至 2021 年度已缩减至 55 家，到 2022 年度则进一步缩减至 52 家。西部地区与东部地区的差距也逐步缩小至 24 家。2022 年度东部地区共有 52 家企业上榜，较上年减少了 3 家，主要减少省份为浙江省和北京市，分别由 2021 年度的 13 家和 10 家骤降为 6 家和 7 家。东部地区中，广东省、河北省、天津市、山东省入榜企业增加，其他省份入榜企业基本持平。从“中联价值 100”省份分布来看，2022

年度广东省比上年度增加2家，以11家的优势位列榜首；山东省上榜8家，较上年度增加1家，位列第二；北京市、浙江省入围“中联价值100”的数量分别为7家和6家，分列第三、四位。东部地区继续成为“中联价值100”省份入围数量最多的地区。

西部地区涨势迅猛，国家政策战略支持西部地区发展效果显著。2022年度西部地区有28家企业上榜，较2021年度的22家增加了6家企业，涨幅达27.27%，较2020年增加了15家企业，涨幅为115.38%。西部地区入榜名单中，四川省入榜企业最多，共有7家企业入榜，分别为通威股份、四川路桥、五粮液、天齐锂业、泸州老窖、雅化集团、和邦生物；云南省有4家企业进入榜单；陕西省、内蒙古自治区和新疆维吾尔自治区各有3家企业入榜；与此同时，甘肃能化以80.30分的成绩成为甘肃省的首家上榜企业。

中部地区发展较为劣势，总数量由2021年度的22家缩减至18家，除河南省增加1家上榜企业外，中部地区其他省份均减少1家上榜企业。

东北地区企业发展较为稳定，由2021年度的1家增加至2家，黑龙江省重回“中联价值100”榜单。

“中联价值100”地区和省份数量、占比分布情况如表3-8、图3-3所示。

表3-8 “中联价值100”地区和省份分布情况表

地区	省份	2022年	2021年	2020年	2019年
东部地区	浙江省	6	13	11	13
	北京市	7	10	8	6
	广东省	11	9	26	21
	山东省	8	7	7	9
	上海市	4	5	2	4
	江苏省	4	4	7	5
	福建省	3	3	3	4
	河北省	5	2	2	2
	天津市	4	2	2	2
	小计	52	55	68	66
西部地区	内蒙古自治区	3	6	2	3
	新疆维吾尔自治区	3	4	0	1
	陕西省	3	3	2	2
	四川省	7	3	4	5
	重庆市	0	2	1	0
	宁夏回族自治区	1	1	1	0
	西藏自治区	1	1	1	0
	云南省	4	1	0	1
	青海省	2	1	0	0
	甘肃省	1	0	1	2
	贵州省	2	0	1	1
	广西壮族自治区	1	0	0	0
	小计	28	22	13	15

续　表

地区	省份	2022 年	2021 年	2020 年	2019 年
中部地区	山西省	6	7	1	2
	安徽省	5	6	3	3
	湖北省	2	3	3	2
	湖南省	1	2	4	3
	江西省	1	2	3	1
	河南省	3	2	2	3
	小计	18	22	16	14
东北地区	辽宁省	1	1	2	4
	黑龙江省	1	0	1	0
	吉林省	0	0	0	1
	小计	2	1	3	5

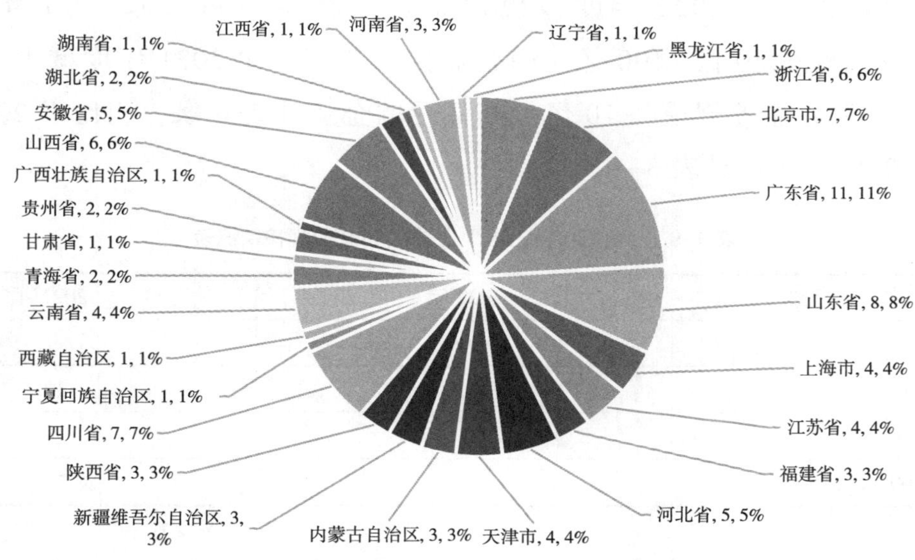

图 3-3　2022 年“中联价值 100”省份分布

（三）“中联价值 100”上市公司公司属性分布

2022 年度上榜“中联价值 100”的企业中，按照公司属性分布情况，民营企业上榜 44 家，排在第二的是地方国有企业，上榜 35 家，其次是中央国有企业、公众企业、外资企业。详见图 3-4。

外资企业有 2 家入围“中联价值 100”，分别为迈瑞医疗和凯普生物，均属于制造业，在榜单排名分别为 12 名和 76 名。总体来看，这两家企业势头很猛，但与其他同类型企业相比仍有一定差距。

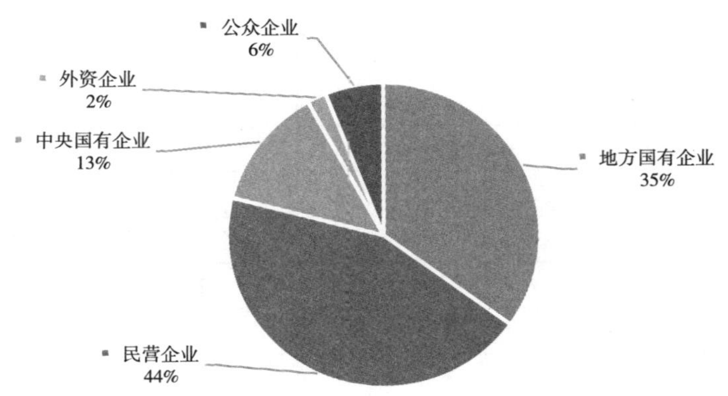

图 3-4　2022 年"中联价值 100"公司属性分布

（四）"中联价值 100"上市公司规模分布特点

2022 年度入榜的规模 100 亿元以上的企业为 87 家，较 2021 年度增加了 9 家。2022 年度与 2021 年度的"中联价值 100"都呈现出上市公司多集中于规模在 100 亿元以上的企业的特点，且 2022 年度该规模企业在榜单中占比较 2021 年度增加了 11.54%。企业规模在 50 亿~100 亿元的企业共有 7 家，比 2021 年度减少 2 家，上榜企业数量略有下降；企业规模在 10 亿~50 亿元的企业共有 6 家，相比于 2021 年的 12 家，减少了 50.00%。详见表 3-9。

表 3-9　"中联价值 100"上市公司企业规模情况表

企业规模（亿元）	2022 年	2021 年
1~10	0	1
10~50	6	12
50~100	7	9
100 以上	87	78

（五）"中联价值 100"上市公司上市时间分布特点

从中联百强的上市公司上市时间来看，2022 年度"中联价值 100"名单中，上市时间在 10 年以上的上市公司最多，占比 68%，上市 5 年以内的上市公司占比 21%，上市 6~10 年的上市公司占比 11%。1 年内上市的企业共有 6 家上榜，分别是大全能源、爱玛科技、嘉益股份、东鹏饮料、东航物流、德业股份。详见表 3-10、图 3-5。

与 2021 年度"中联价值 100"相比，上市 10 年以上上市公司增加了 8 家，上市 6~10 年的上市公司减少了 2 家，上市 4~5 年的企业减少了 5 家，上市 3 年内的企业减少了 1 家。

表 3-10 “中联价值 100”上市时间分布情况表

上市时间	2022 年	2021 年
1 年内	6	6
2~3 年	11	12
4~5 年	4	9
6~10 年	11	13
10 年以上	68	60

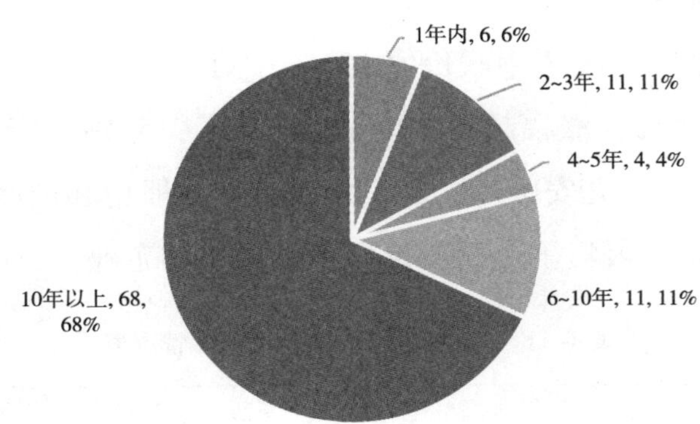

图 3-5 2022 年“中联价值 100”上市时间分布图

四、2022 年度“中联价值 100”亮点分析

(一) 不断推进高质量发展，营收与净利润均稳增

2022 年度“中联价值 100”上市公司中，有 98 家上市公司实现了营业收入增长，有 95 家上市公司实现了净利润增长，有 93 家上市公司实现了营业收入和净利润的双重增长。

营业收入方面，共有 21 家上市公司收入增长率实现翻番，其中，九安医疗增长率高达 997. 80%，其余上市公司分别为天齐锂业、亚钾国际、南网储能、赣锋锂业、明德生物、中矿资源、大全能源、雅化集团、甘肃能化、宁德时代、广汇能源、爱旭股份、藏格矿业、通威股份、永兴材料、嘉益股份、凯普生物、盐湖股份、天赐材料、弘元绿能；有 36 家上市公司收入增长率超过 50%；有 89 家上市公司收入增长率超过 10%。

净利润方面，共有 3 家上市公司净利润增长率超过 1000%，分别为南网储能、九安医疗和天齐锂业，其中，南网储能净利润增长率高达 10450. 50%；有 36 家上市公司净利润增长率超过 100%；有 91 家上市公司净利润增长率超过 10%。

(二) 核心资产持续增长，股价翻番受追捧

长期来看，入围 2022 年度“中联价值 100”上市公司的股价持续增长能力较强，其中有 29 家连续三年股价实现正增长，有 85 家上市公司三年涨幅为正，部分上市公司近几年股

价涨势迅猛。详见表 3-11。

从年度涨幅来看，“中联价值 100”中有 40 家上市公司 2022 年度股价实现增长，其中有 24 家上市公司 2022 年度股价涨幅超过 10%，金钼股份涨幅最大，为 68. 61%；有 29 家上市公司连续三年股价实现正增长，发展具有持续性。

从三年涨幅来看，2022 年度“中联价值 100”中有 85 家上市公司三年涨幅为正，其中，万泰生物三年涨幅最大，涨幅为 1348. 00%；共有 6 家涨幅超过 400%，分别是万泰生物、德业股份、九安医疗、比亚迪、晶澳科技和永兴材料，主要集中于制造业；共有 44 家上市公司实现三年涨幅翻番。

从五年涨幅来看，2022 年度“中联价值 100”中有 78 家上市公司五年涨幅为正，宁德时代涨幅最大，为 1464. 92%；涨幅超过 400%的有 9 家，分别为宁德时代、万泰生物、德业股份、迈瑞医疗、珀莱雅、九安医疗、晶澳科技、爱旭股份和山西汾酒。

可见，“中联价值 100”聚集了一批股价可持续增长的企业。

表 3-11 “中联价值 100”涨跌幅情况表

序号	股票代码	股票简称	三年涨幅（%）	序号	股票代码	股票简称	2022 年涨幅（%）
1	603392. SH	万泰生物	1348. 00	1	601958. SH	金钼股份	68. 61
2	605117. SH	德业股份	906. 10	2	000933. SZ	神火股份	64. 58
3	002432. SZ	九安医疗	906. 10	3	600732. SH	爱旭股份	61. 90
4	002594. SZ	比亚迪	439. 06	4	600780. SH	通宝能源	57. 35
5	002459. SZ	晶澳科技	437. 48	5	601225. SH	陕西煤业	52. 30
6	002756. SZ	永兴材料	413. 48	6	000915. SZ	华特达因	49. 38
7	600732. SH	爱旭股份	385. 49	7	601699. SH	潞安环能	48. 98
8	000893. SZ	亚钾国际	347. 04	8	301004. SZ	嘉益股份	45. 41

（三）持续加大研发投入，推动高水平科技自立自强

“中联价值 100”在研发支出上持续保持较大投入，平均研发人员占比保持平稳，表明相关企业积极加大研发积蓄动能，推动高水平科技自立自强。详见图 3-6。

从平均研发支出上看，“中联价值 100”2022 年度平均研发支出达 16. 35 亿元，同比增长了 7. 57%。这 100 家上市公司中，有 82 家研发支出同比实现增长，有 22 家研发支出同比增长超过 100%，分别是山东海化、赣锋锂业、电投能源、中矿资源、甘肃能化、大全能源、贵州茅台、明德生物、山西汾酒、弘元绿能、九安医疗、天赐材料、冀中能源、永兴材料、通威股份、德业股份、爱旭股份、和邦生物、凯普生物、青岛啤酒、宁德时代、山西焦煤，山东海化涨幅最大，为 2766%；另有 29 家研发支出连续四年保持增长。从绝对数来看，2022 年度“中联价值 100”中，研发支出最高的是中国石油，高达 287. 18 亿元，比亚迪、宁德时代、隆基绿能、中国神华紧随其后。

从平均研发人员占比上看，“中联价值 100”2022 年度平均研发人员占比为 11.82%，与之前年度相比略有下降，但总体保持平稳。这 100 家上市公司中，有 60 家上市公司研发人员占比实现增长，研发人员占比增长最快的五家公司分别为四川路桥、弘元绿能、电投能源、万泰生物和宝丰能源；研发人员占比增长最大的是四川路桥，增长了 8.45 个百分点；共有 82 家研发人员数量较 2021 年度实现增长，有 7 家上市公司研发人员数量实现翻番，其中，研发人员数量增长较大的上市公司为山东海化，由 2021 年度的 55 人增长到了 2022 年度的 320 人，涨幅为 482%。从绝对数来看，研发人数最多的上市公司是比亚迪，研发人数合计为 69697 人，中国石油、药明康德、宁德时代、淮北矿业紧随其后。

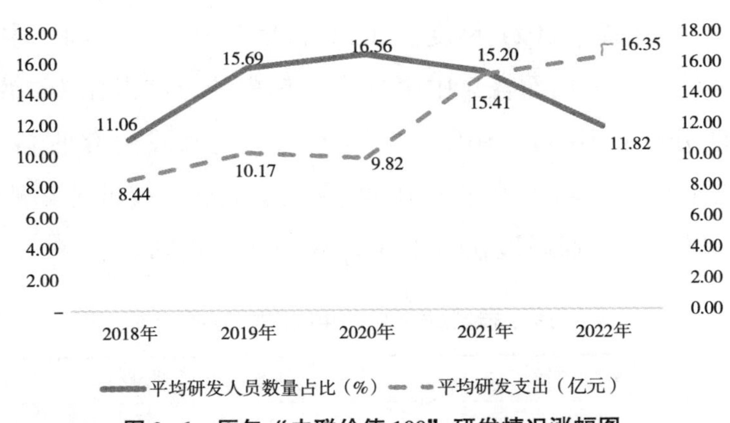

图 3-6 历年“中联价值 100”研发情况涨幅图

（四）积极披露 ESG 相关报告，重视可持续发展和长期价值

2021 年是 ESG“元年”，2022 年度 A 股上市公司大量披露 ESG 相关报告，占比 34%左右，较上年大幅增加。观察 2022 年度“中联价值 100”，有 75 家上市公司披露了 ESG 报告、可持续发展报告或社会责任报告，占比 75%，更加集中体现了优质上市公司对于披露 ESG 相关报告的重视程度。其中，央企、国企有 40 家，占比 53%，彰显央企、国企在披露 ESG 相关报告方面的引领示范作用；民营企业 31 家，占比 41%；另有公众企业 3 家、外资企业 1 家。

央企、国企 ESG 报告披露比例高，也揭示出受到市场极大关注的中国特色估值体系（简称“中特估”）与“ESG 发展理念”有着相通或者重叠的内在逻辑，即两者都重视上市公司的长期价值，考虑上市公司的环境影响、社会责任和公司治理以及长期可持续发展。毕竟，ESG 表现较好的央企、国企，更值得估值重塑。

随着“双碳”战略落地和 ESG 发展理念受到关注，很多上市公司纷纷建立环境保护相关机制，开展绿色低碳转型，甚至主动布局新能源产业。2022 年度“中联价值 100”中，有 27 家上市公司布局了新能源产业，包括氢能源、硅能源等。2022 年度“中联价值 100”布局氢能源上市公司市盈率情况见表 3-12。

表 3-12　2022 年度“中联价值 100”布局氢能源上市公司市盈率情况统计表

序号	证券代码	证券名称	市盈率
1	601012. SH	隆基绿能	21. 6318
2	600989. SH	宝丰能源	14. 0442
3	600803. SH	新奥股份	8. 5368
4	000822. SZ	山东海化	6. 3738
5	600256. SH	广汇能源	5. 2236

（五）连续三年蝉联百强榜单，彰显可持续发展定力

连续三年入围“中联价值 100”的上市公司中，三年分红与股价均实现增长。

表 3-13 显示，2020 年度、2021 年度、2022 年度连续三年入围“中联价值 100”的有 13 家公司。就三年累计分红占比而言，中国神华三年累计分红占比为 209. 17%，位居第一，君正集团以三年累计分红占比 173. 56%，位列第二；就每股留存收益而言，迈瑞医疗以 20. 10 元/股的优势占据榜首，高出第二名山西汾酒 26. 42%；就近三年涨幅而言，山西汾酒以 217. 71%的涨幅位居第一，通威股份以 193. 83%的涨幅紧随其后。

表 3-13　连续三年入围“中联价值 100”公司

证券简称	三年累计分红占比（%）	每股留存收益（元/股）	近三年涨幅（%）
中国神华	209. 17	14. 64	51. 34
君正集团	173. 56	2. 00	27. 48
宝丰能源	158. 83	2. 65	26. 92
陕西煤业	153. 16	8. 86	106. 67
迈瑞医疗	141. 09	20. 10	73. 71
通威股份	124. 31	8. 50	193. 83
紫金矿业	96. 96	2. 13	117. 86
山西汾酒	91. 61	15. 90	217. 71
圆通速递	79. 31	3. 52	58. 81
新奥股份	67. 50	4. 45	51. 32
圣邦股份	64. 11	5. 83	-31. 64
隆基绿能	49. 84	5. 54	70. 20
中远海控	31. 18	9. 51	95. 26

第二部分

中国上市公司评价各行业分析报告

第四章

煤炭行业上市公司业绩评价

2022年，政策、疫情、天气、国际局势等因素加剧了中国煤炭市场的波动，煤炭市场在高供应的背景下，整体运行相对平稳。根据中国煤炭工业协会数据，2022年，全国规模以上煤炭企业营业收入4.02万亿元，同比增长19.5%；利润总额1.02万亿元，同比增长44.3%。2022年煤炭行业指数整体呈现先涨后跌的走势，年初为2448.38点，年末涨至2672.19点，涨幅为9.14%，全年煤炭行业指数仍低于沪深300指数。2023年预计供需维持紧平衡，在政策的调控下，价格中枢预计会有所下移。在碳中和大背景之下，能源行业的转型将是未来长期的主线，煤炭行业将面临供给收紧、需求转向、价格趋稳的格局。

一、煤炭行业上市公司业绩评价结果

截至2022年末，煤炭行业相关上市公司共计38家，其中沪市为32家，深市为6家。除安源煤业、安泰集团、*ST未来和云煤能源外，全部实现盈利，盈利企业占比89%，2020年和2021年该比例分别为84%和91%，说明煤炭行业上市公司在2021年度受供需不平衡影响后2022年供需关系趋于平衡，业绩略有回落。

煤炭行业2022年度综合评分分值为80.61分，较2021年度的77.75分大幅攀升，除金融和B股外，超过同年的其他上市公司（本文以下如无特指按此口径）的综合评价分值63分，说明煤炭行业自2017年开始扭转低迷态势后，近几年一直保持着较好的业绩；共16家煤炭行业上市公司业绩评价综合得分进入2022年“中联价值100”，其中山西焦煤、陕西煤业、潞安环能和兖矿能源分别位列第1名、第2名、第5名和第7位。

煤炭行业38家上市公司（在业绩排名时，剔除2022年上市、2022年借壳及2022年证监会立案处罚虚假财务报告公司）业绩评价等级如下：7家AAA、8家AA、7家A、2家

BBB、2家BB、2家B、4家CCC、2家CC和3家C。

2022年全部上市公司共4931家，其资产总额为96.87万亿元，其中，煤炭行业上市公司资产总额为2.62万亿元，占全部上市公司资产总额的2.70%；全部上市公司实现营业收入61.52万亿元，其中，煤炭行业上市公司营业收入为1.67万亿元，占全部上市公司营业收入的2.72%；全部上市公司实现净利润3.17万亿元，其中，煤炭行业上市公司净利润为0.30万亿元，占全部上市公司净利润的9.62%。2022年度煤炭行业评价得分前十的公司见表4-1。

表4-1　2022年度煤炭行业评价得分前十的公司

序号	股票代码	股票简称	在A股上市公司中评价得分排序
1	000983	山西焦煤	1
2	601225	陕西煤业	2
3	601699	潞安环能	5
4	600188	兖矿能源	7
5	600985	淮北矿业	13
6	601088	中国神华	15
7	601666	平煤股份	21
8	601898	中煤能源	27
9	600123	兰花科创	31
10	600508	上海能源	33

基于对煤炭行业上市公司的整体评价，下面分别从财务效益、资产质量、偿债风险、发展能力、市场表现五个方面对煤炭行业上市公司进行具体分析。

（一）财务效益

表4-2列示了2022年煤炭行业上市公司财务效益评价结果（满分35分）。从基本指标来看，煤炭行业上市公司财务效益状况得分35分，较2021年得分34.06分上升2.76%，扣除非经营性损益净资产收益率、总资产报酬率两项基本指标也有一定上升，涨幅分别为23.95%和25.65%。上述指标小幅上涨的主要原因为：2022年，国内供需情况基本持平，缺煤现象得到显著缓解，煤炭价格基本维持稳定，企业盈利基本维持稳定。

从修正指标来看，煤炭行业营业利润率和总股本收益率分别上涨25.77%和21.13%，盈利现金保证倍数指标下降19.77%，上述三项指标与2021年度相比，波动较小，说明国内供需情况基本持平，煤炭行业上市公司盈利能力增长放缓。

财务效益指标综合得分高于全部上市公司平均水平23.6分的共有25家，其中兖矿能源、中国神华、陕西煤业、平煤股份、潞安环能和中煤能源该指标得分最高，均为35.00分，其特点在于该批煤炭上市公司对产品结构和资本结构布局合理，业务均衡发展，综合实力突出，抗风险能力优于同行。如陕西煤业，年报显示，煤炭产量1.57亿吨，同比增加

11%。煤炭产品实现收入 1668.48 亿元，同比增长 9.55%。实现归母净利润 351.23 亿元，同比增长 63.98%，各项指标均达历史最好水平。

表 4-2 煤炭行业财务效益状况比较表

评价指标		2022 年全部上市公司平均值	2022 年行业值	2021 年行业值	增长率（%）
基本指标	扣除非经常性损益净资产收益率（%）	7.31	22.15	17.87	23.95
	总资产报酬率（%）	5.28	16.31	12.98	25.65
基本得分		21.13	35	34.06	2.76
修正指标	营业利润率（%）	6.65	23.38	18.59	25.77
	盈利现金保障倍数	1.84	1.42	1.77	-19.77
	总股本收益率（%）	45.68	183.18	151.23	21.13
综合得分		23.6	29.58	30.14	-1.86

（二）资产质量

表 4-3 列示了煤炭行业上市公司资产质量状况评价结果（满分 15 分），基本指标与修正指标变化趋势一致，2022 年度煤炭行业上市公司资产质量状况综合得分为 14.34 分，与上一年度 13.96 分相比增长 2.72%。

基本指标中，总资产周转率为 0.66 次，与 2021 年的 0.65 次相比上涨 1.54%，与全部上市公司平均值 0.66 次持平。而流动资产周转率从 2021 年的 2.11 次降低为 2.04 次，表明企业流动资产周转速度变慢，资金利用效率下降，企业盈利能力降低。

修正指标中，应收账款周转率略有上升，平均为 25.7 次，比 2021 年升高 7.04%，说明煤炭行业上市公司收账速度小幅上升，平均收账期、坏账损失和偿债能力都略有改善。存货周转率平均为 17.78 次，比上一年降低 3.89%，高于全部上市公司平均值 3.25 次，表示煤炭流动性较为平稳，煤炭供需平衡使得库存煤炭维持高位的状况进一步缓解，2022 年度煤炭销售情况与上一年度相比基本保持平稳。

2022 年度煤炭行业上市公司资产质量综合得分 14.34 分，已经超过 2022 年全部上市公司平均得分 9.31 分及 2021 年行业得分 13.96 分，煤炭企业销售收入受供需平衡影响基本保持稳定，回款保持稳定，库存降低等因素是导致资产质量上升的主要原因。该指标表现较好的有安泰集团和淮河能源，均为 15.00 分，公司在销售渠道开拓、去库存等方面处理较为出色。

表 4-3 煤炭行业资产质量状况比较表

评价指标		2022 年全部上市公司平均值	2022 年行业值	2021 年行业值	增长率（%）
基本指标	总资产周转率（次）	0.66	0.66	0.65	1.54
	流动资产周转率（次）	1.27	2.04	2.11	-3.32
	基本得分	9.8	11.75	11.63	1.03
修正指标	应收账款周转率（次）	8.67	25.7	24.01	7.04
	存货周转率（次）	3.25	17.78	18.5	-3.89
	综合得分	9.31	14.34	13.96	2.72

（三）偿债风险

表 4-4 列示了煤炭行业上市公司偿债风险状况评价结果（满分 15 分）。从综合得分来看，2022 年煤炭行业上市公司偿债风险状况高于全部上市公司平均水平 8.79 分，与 2021 年得分 10.19 相比上升 6.77%。

基本指标中，资产负债率小幅下降 6.54%，已获利息倍数大幅上升 39.20%，国际上通常认为，该指标为 3 时较为适当，煤炭行业上市公司已获利息倍数 15.02 与之相比较高，说明煤炭行业上市公司长期偿债能力较强。

从修正指标来看，速动比率和现金流动负债比率指标较上年均出现小幅升高，涨幅分别为 4.69%和 15.97%，表明企业将流动资产立即变现用于偿还流动负债的能力增强。带息负债比率较上年下降 9.51%，反映企业负债中带息负债的比重进一步下降，减小了企业未来的偿债（尤其是偿还利息）压力。在综合得分上，陕西煤业该项指标得分为 13.19 分，表现较好。

表 4-4 煤炭行业偿债风险状况比较表

评价指标		2022 年全部上市公司平均值	2022 年行业值	2021 年行业值	增长率 v（%）
基本指标	资产负债率（%）	58.63	45.61	48.8	-6.54
	已获利息倍数	5.4	15.02	10.79	39.20
	基本得分	8.81	10.47	9.92	5.54
修正指标	速动比率（%）	86.08	106.65	101.87	4.69
	现金流动负债比率（%）	14.64	58.59	50.52	15.97
	带息负债比率（%）	41.74	38.81	42.89	-9.51
	综合得分	8.79	10.88	10.19	6.77

（四）发展能力

表 4-5 列示了煤炭行业上市公司发展能力状况评价结果（满分 20 分），下游行业需求增加，煤炭消费稳中有升，发展能力综合得分由 2021 年度的 14.32 分上涨至 14.44 分。

各项指标中，累计保留盈余率指标连续三年表现较为稳定，营业收入增长率大幅下降70.97%至9.34%，主要原因是供需状况趋于平衡，煤炭价格基本保持稳定。三年营业收入增长率上升至13.97%，营业利润增长率降幅为42.09%。

从综合得分来看，山西焦煤发展能力得分在煤炭行业中排名第一，发展能力综合评分20.00分，山西焦煤为国内焦煤龙头企业，国企改革推动优质资产不断注入，公司产能增长空间较大，同时后续稳增长政策有望发力，恰逢市场旺盛的机遇，实现了良好的效益。

表4-5　煤炭行业发展能力状况比较表

评价指标		2022年上市公司平均值	2022年行业值	2021年行业值	增长率（%）
基本指标	营业收入增长率（%）	8.8	9.34	32.17	-70.97
	资本扩张率（%）	9.1	14.47	12.50	15.76
	基本得分	12.01	13.08	13.41	-2.46
修正指标	累计保留盈余率（%）	43.64	59.7	58.03	2.88
	三年营业收入增长率（%）	11.1	13.97	12.86	8.63
	总资产增长率（%）	7.88	7.25	11.96	-39.38
	营业利润增长率（%）	0.85	46.33	80.01	-42.09
	综合得分	12.21	14.44	14.32	0.84

（五）市场表现

图4-1为煤炭行业（申万）指数与沪深300指数波动对比图，可以看到煤炭行业指数的走势与沪深300指数变化趋势相比差异较大。

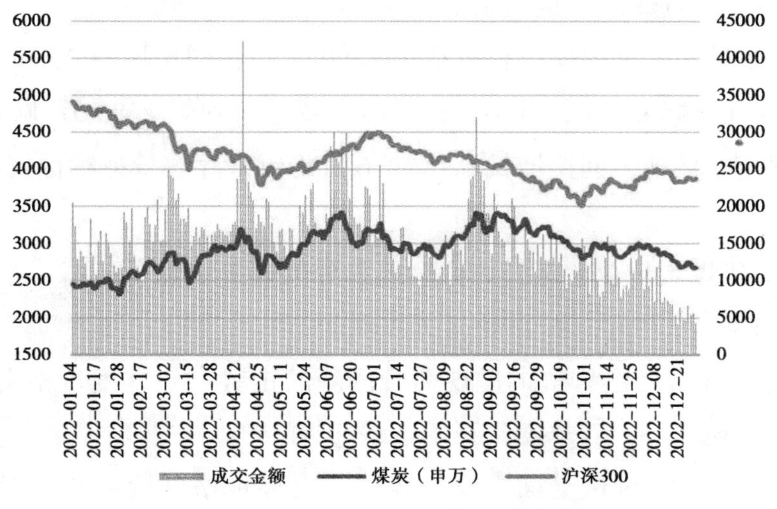

图4-1　煤炭（申万）与沪深300指数波动

数据来源：同花顺。

表4-6列示了煤炭行业上市公司市场表现状况评价结果（满分15分）。其中市场投资回报率指标2022年度行业值为6.98%，降幅为84.03%，大盘表现比较不理想。股价波动

率指标与全部上市公司平均值较为接近，说明煤炭行业股票市场走势紧跟大盘脚步。从综合得分来看，煤炭行业上市公司市场表现综合得分 11.37 分，总体比 2021 年度略有上升。

表 4-6 煤炭行业市场表现状况比较表

评价指标	2022 年全部上市公司平均值	2022 年行业值	2021 年行业值	增长率（%）
市场投资回报率（%）	-12.92	6.98	43.70	-84.03
股价波动率（%）	98.53	89.31	156.71	-43.01
综合得分	9.09	11.37	9.14	24.40

二、2022 年度煤炭行业上市公司业绩影响因素分析

2022 年，政策、疫情、天气、国际局势等因素加剧了中国煤炭市场的波动，煤炭市场在高供应的背景下，整体运行相对平稳。具体来看，供应方面，2022 年煤炭增产保供政策持续发力，国内煤炭产量稳步增加，并创历史新高，保供长协资源占比不断提升，电煤供应得到有效保障；进口方面，受国际能源价格偏高影响，2022 年中国进口煤炭总量有所下降；需求方面，电力及化工行业用煤需求继续保持增长态势，煤炭需求端韧性较强。

据中国煤炭工业协会数据，2022 年度，全国原煤产量 45.6 亿吨，同比增长 10.5%，国内产量再创历史新高。全国进口煤炭 2.93 亿吨，同比下降 9.2%；出口煤炭 400 万吨，同比增长 53.7%；煤炭净进口 2.89 亿吨，同比下降 9.8%。同时，煤炭转运能力提高。全国铁路累计发运煤炭 26.8 亿吨以上，同比增长 3.9%；其中，电煤发运量 21.8 亿吨，同比增长 8.7%。全国主要港口内贸煤发运量约 7.3 亿吨，同比下降 1.8%。

截至 2022 年 12 月末，全国煤炭企业存煤 6600 万吨，同比增长 26.6%；全国主要港口存煤 5530 万吨，同比下降 6.8%，其中，环渤海主要港口存煤 2385 万吨，同比增长 7.5%；全国统调电厂存煤 175 亿吨，同比增长 6.0%。6 月份以来存煤量持续保持在 17 亿吨以上的历史高位。

现对影响 2022 年煤炭行业上市公司业绩因素分析如下。

（一）动力煤方面

2022 年国内动力煤市场走势整体呈现两升两降的走势：一季度价格上涨，二季度价格出现下跌，三季度再现涨势，四季度又开始下跌。

1 月下旬，全国各煤种价格全面上涨。全国动力煤价格延续涨势，无烟煤价格止跌反弹，炼焦煤价格继续上涨。3 月下旬，全国各煤种价格各有涨跌。动力煤价格涨跌不一，相对来看，低卡煤小幅下跌，高卡煤继续上涨；炼焦煤价格再次转弱。4 月上旬，全国动力煤价格大幅下跌。5 月下旬，全国炼焦煤价格持续下跌，动力煤价格再次走低，无烟煤价格涨幅进一步扩大。7 月，全国动力煤价格涨幅再次扩大。9 月中旬，全国动力煤价格全线上

涨；9月下旬，全国动力煤、炼焦煤价格持续上涨，前者涨幅进一步扩大，后者有所收窄；无烟煤价格转而下跌。11月下旬，全国动力煤价格跌幅明显扩大。12月中旬，全国动力煤价格以跌为主。

从产量上看，2022年度，规模以上企业生产原煤44.96亿吨，同比增长9%。山西地区仍是产煤主力，多数省份产煤量大幅增长，但山东产量下降5.1%。

当印度尼西亚于2022年1月发布出口禁令后，国际市场价格再次上涨。2月下旬，俄乌冲突爆发引发天然气价格飙升，推高了煤炭价格。自2022年夏季以来，随着对供应担忧的缓解，国际市场煤炭价格有所回落。然而，澳大利亚降雨进一步加剧了市场紧张，特别推高了优质动力煤价格，优质动力煤价格一度超过炼焦煤价格。随着欧盟从4月至8月逐步实施对俄罗斯煤炭的禁运令，俄罗斯煤炭价格大幅下降。

俄乌冲突爆发导致全球动力煤价格在2022年3月飙升至每吨380美元的历史新高，欧洲动力煤价格赶上澳大利亚动力煤价格。相比之下，由于需求下降，国内产量增加，中国华南地区进口煤价格受到的影响较小。随着北半球供暖季结束，全球海运动力煤价格在4月短暂走低。5月，欧洲和澳大利亚的动力煤价格再次回升，澳大利亚高品质动力煤价格直接攀升至每吨425美元的历史高点，原因是洪水阻碍了该国煤炭的生产和运输。

欧洲动力煤进口价格在初夏低于澳大利亚，但在7月俄罗斯减少对欧洲天然气供应时上涨。对俄罗斯可能完全断供的担忧加剧，导致欧洲天然气价格飙升，促使该地区公用事业公司购买更多煤炭，并将煤价推高至每吨400美元以上。澳大利亚高品质动力煤价格继续呈上升趋势，反映了使用这种煤炭的日本公用事业公司的强劲需求以及澳大利亚出口商无法大幅增加出口量。9月，高品质动力煤价格达每吨443美元。在欧洲，天然气和煤炭价格在9月下跌。11月，随着供暖季开始，欧洲和澳大利亚煤炭价格下跌的趋势开始扭转。

（二）炼焦煤方面

2022年炼焦煤价格重心整体下移，涨跌空间不再像去年大起大落，但涨跌节奏和频率依然不低。随着竞拍市场逐渐活跃，越来越多的市场参与者将注意力转到线上，因此也间接提高了价格波动的频次，可以说“价格涨跌，竞拍先行”，产地线下成交略显滞后。纵观2022年炼焦煤市场变化，总体可以分为三个阶段：第一阶段从1月到4月下旬，炼焦煤价格波动上涨且创下年内高点；第二阶段从4月下旬到8月初，炼焦煤价格大幅下跌至年内低点；第三阶段从8月初至年末，炼焦煤价格表现出窄幅震荡反弹趋势。总结来看，贯穿全年价格涨跌的核心在于供需面的强弱变化。

2022年煤炭产量波动趋缓，随着炼焦煤核增产能加速投放以及进口改善，炼焦煤总供应量年同比增长1.4%，但流入炼焦环节原料煤总供应量变动区间较小。2022年产地端炼焦煤供应增量来源于新建煤矿、产能核增、停限产煤矿复产等方式。由于新增煤矿建设周期较长，新建煤矿审批严格，需要淘汰落后产能指标，部分则为配套煤化工项目而建，因此实际开建的产能较少，即使有些项目落地也需要部分煤炭用作配套煤化工项目，实际贡献通过新建煤矿在2022年体现的增量有限。2022年国内供应增量来源于山西主产区产能核增煤矿释放量以及部分停限产煤矿阶段性复产。

2022年中国累计进口炼焦煤6383.84万吨，同比增长16.71%，蒙古国炼焦煤在进口炼焦煤国别中全年领跑，保持首位，同比涨幅达到82.45%。俄罗斯位居第二，同比涨幅95.58%，近乎超过一倍。

三、2023年煤炭行业前景分析

2023年在地缘冲突、气候变化、汇率波动等多种因素影响下，全球能源市场依然充满不确定性。在国内，一揽子稳经济措施持续发力，疫情防控政策调整优化，经济稳步复苏。随着煤炭产能的不断释放，煤炭产量或将再度提高，煤炭市场供应偏紧的局面或将得到彻底缓解，煤炭价格重心亦有望下移。

（一）2023年1月经济明显回暖，预计全年经济增长势头向好

2023年1月份，随着疫情防控转入新阶段，生产生活秩序逐步恢复，制造业PMI、非制造业商务活动指数和综合PMI产出指数分别为50.1%、54.4%和52.9%，分别高于2022年12月3.1个、12.8个、10.3个百分点，三大指数均升至扩张区间，我国经济景气水平明显回升。1月制造业PMI实现2021年9月以来首次回升，制造业生产指数49.8%、新订单指数50.9%，均出现回升，意味着市场制造业产需回暖。企业生产经营活动预期指数55.6%，升至较高景气区间，反映出企业对市场恢复发展预期向好。建筑业商务活动指数56.4%，建筑业新订单指数大幅提升至57.4%，为2021年3月以来的最高值，行业预期向好。1月制造业PMI实现超预期回升，既是对经济的修复，也反映了宏观政策的有力支撑。

2022年底召开的中央经济工作会议强调，要突出做好稳增长、稳就业、稳物价工作，有效防范化解重大风险，推动经济运行整体好转。2023年伊始，各地各部门相继召开重要会议，均结合实际部署了2023年重点工作，提出了一系列提振举措。这些举措是确保2023年我国经济增速持续回升的重要保障。随着中国传统新年的结束，各项政策效应将持续释放，各行各业陆续开工，预计2023年我国经济将快步复苏。日前，惠誉评级将2023年中国经济增长预测值自4.1%上调至5.0%。国际货币基金组织（IMF）预估2023年中国经济增长为5.2%。

（二）增煤保供持续发力，原煤产量继续增长

2023年全国能源工作会议提出，全力提升能源生产供应保障能力，其中煤炭将继续发挥兜底保障作用，并明确“十四五”煤炭规划将加快实施，智能化煤矿核准建设将积极推进，在建煤矿投产达产将尽快推动，煤炭安全增产保供的能力和韧性将全面增强。

1月份以来，地方两会陆续召开，各省、自治区、直辖市2023年政府工作报告相继出炉。多个地区明确提出了2023年的煤炭计划产量。其中，山西、内蒙古、陕西依旧是主要的保产地区，2023年计划煤炭产量分别达到13.65亿吨、12.5亿吨、7.5亿吨以上，新疆更是提出进一步释放煤炭优质产能，全年预计原煤产量4.13亿吨，增长25%。根据地方两会的政府工作报告，预计2023年国内原煤产量将继续增长。

（三）煤炭进口关税恢复，全球煤炭需求保持强劲

虽然从长期来看，煤炭将被可再生能源取代，使用量减少，但短期内全球能源危机仍在，国际能源署预计，2023年煤炭需求仍将保持强劲，全球煤炭产量将达到峰值。日本经济产业省的一份报告指出，2026年之前可以按稳定价格供应的长期LNG合同，目前都已经售罄；美国和卡塔尔2026年之前也几乎不会再有新的产能上线，这将导致未来三年内全球LNG市场需求端竞争加剧。另一方面，2022年因乌克兰危机导致天然气短缺，欧盟26座燃煤电厂重启，涉及发电能力11吉瓦。2023年1月，北半球气温偏温和，且各大主要进口国库存均较为充足，需求低迷，国际动力煤市场弱势运行。2月5日，西方国家对俄罗斯成品油实施限价令，以进一步限制俄能源收入，后续或带动国际煤价上涨。

据财政部消息，自2023年4月1日起，我国将恢复实施煤炭最惠国税率3%~6%不等。关税恢复后，印度尼西亚、澳大利亚仍为零关税，影响不大。而蒙古、俄罗斯、美国和加拿大等国的关税，执行3%、5%或6%税率，其中炼焦煤税率为3%，税率恢复导致煤炭成本增加，或将对进口量产生一定影响。另外，进入2023年，中澳关系有所缓和，澳煤正逐步恢复向中国的出口。澳煤煤质优异，低硫、低灰且高粘结性，若价格有优势，则将进一步丰富我国进口煤来源，补充国内市场需求，并对国内煤炭价格产生一定影响。短期看，受春节长假影响，当前国内终端用煤和用电需求有所减弱，抑制了终端对进口动力煤的采购需求。而随着国内煤炭产量增加，长协合同覆盖范围扩大，煤炭进口市场或将保持相对平稳，但具体情况还要视国内外价差而定。

（四）随着经济复苏，煤炭需求或将增长

宏观经济及气候等均是影响电力消费需求增长的重要因素。中电联预计2023年我国经济运行有望总体回升，拉动电力消费需求增速比2022年有所提高。正常气候情况下，预计2023年全国全社会用电量9.15万亿千瓦时，比2022年增长6%左右。当前，我国能源结构调整持续推进，风电和光伏发电正处于高增长阶段，但其绝对增量有限；火电发电量占比逐步下降，而总量连续多年保持同比上升。基于确保电力能源供应安全、统筹能源安全和绿色低碳转型的综合考量，煤电仍是我国电力供应的主体，其增长将带动动力煤消费需求的增长。

2023年，随着房地产被重申为“国民经济支柱产业”，“保交楼、保民生、保稳定”政策不断出台，无论刚性还是改善性需求都将得到更有力支持，地产行业基本面有望筑底并

逐步修复。据报道，广东、上海等14省市公布2023年省级重点项目投资计划，合计14235个项目，总投资达28万亿元（不包括江苏、贵州、黑龙江、广西四省区），年度计划完成投资超6.12万亿元。此外，《共建成渝地区双城经济圈2023年重大项目清单》正式印发，共纳入标志性重大项目248个、总投资3.25万亿元，2023年计划投资3395.3亿元，涵盖现代基础设施、现代产业、科技创新、文化旅游、生态屏障、对外开放、公共服务等七大重点领域。2023年基建将成为支撑经济的重要动力之一，这将利好钢铁、水泥等行业需求的企稳和复苏，进而拉动煤炭消费需求。

（五）中长期合同全力保电煤，煤炭价格重心或将回归

国家发展改革委办公厅2022年10月31日印发《2023年电煤中长期合同签约履约工作方案通知》（以下简称《通知》）。根据《通知》要求，电煤在长期合同供应方的范围扩大至所有在产的煤炭生产企业；而需求方范围缩小至发电和供暖用煤企业，在2022年中长协中受到支持的冶金、建材、化工等行业在2023年均不再享受中长协煤炭供应。同时中长期合同基准价格自2022年的700元/吨下调至675元/吨。

国家发展改革委在2023年初召开的年度电煤中长期合同签订部署会议上再次强调，将对2月8日前未实现100%签约全覆盖影响能源安全保供的单位进行严肃追责问责。此外，还提出“超一减二”政策，即2023年合同签订量每超过公示量1万吨，相应削减2024年电煤中长期合同签订量2万吨。由于重点用煤企业长协煤全覆盖政策不断趋紧，2023年煤电企业普遍加大了长协煤的采购力度。随着国内煤炭产量的增加，长协煤兑现率会明显提升，煤电企业市场煤采购量将进一步减少，发电成本有望下降。冶金、建材、化工等非电企业煤炭需求对煤炭市场价格的影响将提升。

综合来看，2023年疫情的扰动逐渐褪去，在经济刺激和市场信心恢复的背景下，煤炭市场将呈现供需两增的态势，且供应端的增量可能会大于需求，动力煤市场供需面将向适度宽松转化。若不发生“黑天鹅”事件及重大外部冲击，煤炭价格或将维持区间震荡，并重心下移。

附表　2022 年煤炭行业上市公司业绩评价结果排序表

序号	A 股上市公司评价得分排序	股票代码	股票简称	综合得分	评价等级	每股收益（元）	总资产报酬率（%）	净资产收益率（%）	总资产周转率（次）	流动资产周转率（次）	资产负债率（%）	已获利息倍数	营业收入增长率（%）	资本扩张率（%）	市场投资回报率（%）	股价波动率（%）	年末资产总额（万元）	营业收入（万元）	净利润（万元）
1	1	000983	山西焦煤	91.93	AAA	2.09	23.11	34.30	0.78	3.08	54.99	15.94	43.94	65.78	47.30	102.65	9573779.41	6518345.30	1323367.28
2	2	601225	陕西煤业	91.21	AAA	3.62	32.18	37.52	0.83	2.01	35.93	160.85	9.58	20.33	56.25	133.53	21525983.35	16684772.60	5308946.88
3	5	601699	潞安环能	89.59	AAA	4.74	22.10	38.33	0.57	1.20	48.08	20.03	20.27	47.18	53.52	89.42	9478912.48	5429707.41	1564400.00
4	7	600188	兖矿能源	88.33	AAA	6.30	20.63	34.85	0.69	2.25	56.70	9.85	32.13	32.75	54.88	145.11	29579552.40	20082926.90	3943834.60
5	13	600985	淮北矿业	86.66	AAA	2.83	11.18	20.34	0.88	3.68	54.78	16.07	6.31	19.52	17.78	66.67	8403548.13	6906164.37	713880.69
6	15	601088	中国神华	86.27	AAA	3.50	16.19	18.20	0.56	1.64	26.13	30.76	2.78	3.04	33.33	78.04	62170100.00	34453300.00	8165500.00
7	21	601666	平煤股份	85.4	AAA	2.47	13.72	28.19	0.52	2.10	66.59	8.08	21.37	28.91	33.33	96.62	7415727.69	3604430.36	618135.37
8	27	601898	中煤能源	84.39	AA	1.38	11.16	16.42	0.67	1.93	51.47	9.13	-4.56	15.91	37.50	115.01	34010926.20	22057685.90	2537793.20
9	31	600123	兰花科创	83.62	AA	2.82	16.69	25.53	0.48	1.83	49.58	13.00	10.08	18.62	45.45	102.13	3034218.85	1415561.12	329610.94
10	33	600508	上海能源	83.47	AA	2.41	13.26	12.88	0.68	3.28	37.24	24.11	24.40	15.30	28.21	147.85	1934025.27	1263385.44	172217.33
11	40	600395	盘江股份	82.92	AA	1.11	11.38	21.23	0.47	1.65	58.12	16.26	21.77	58.29	-4.88	73.04	3004475.68	1184305.93	223963.34
12	47	600971	恒源煤电	82.17	AA	2.09	15.60	22.92	0.43	0.81	42.89	32.68	24.25	18.29	15.15	62.54	2083317.94	838611.38	250631.98
13	54	000937	冀中能源	81.34	AA	1.26	14.90	20.87	0.71	2.01	51.58	14.23	14.68	1.82	29.79	71.82	5148641.22	3603636.09	522050.00
14	68	002128	电投能源	80.38	AA	2.07	14.72	18.03	0.67	3.46	35.15	20.63	8.70	16.29	-11.63	63.52	4212091.69	2679290.03	470640.90
15	71	000552	甘肃能化	80.31	AA	0.78	19.40	6.35	0.59	1.29	50.98	12.92	153.27	50.93	-14.81	68.13	2718007.28	1226133.70	319500.08
16	86	600348	华阳股份	79.54	A	2.92	16.88	30.74	0.51	1.58	57.65	17.42	-7.80	21.28	23.89	174.03	6991979.59	3504248.95	796495.93
17	112	600546	山煤国际	78.29	A	3.52	34.43	67.73	1.02	3.01	58.66	26.73	-3.46	30.34	92.75	158.61	4527617.77	4639051.05	1099464.02
18	114	601001	晋控煤业	78.17	A	1.82	15.93	22.26	0.39	0.77	49.81	11.39	-11.95	18.95	30.00	108.64	4221598.84	1608169.16	441040.76
19	119	601101	昊华能源	78.1	A	0.93	10.37	18.37	0.32	1.60	53.96	14.55	10.97	-1.32	4.17	70.82	2980490.83	928675.36	217622.62
20	176	600403	大有能源	76.05	A	0.65	11.06	21.85	0.39	1.20	61.18	8.55	8.57	12.68	13.04	73.40	2229772.25	858858.34	184438.61
21	187	600997	开滦股份	75.79	A	1.17	8.52	8.86	0.88	1.77	45.84	9.13	16.33	0.94	-3.23	42.93	2905356.08	2600393.38	153865.55
22	208	601918	新集能源	75.28	A	0.80	11.57	20.90	0.37	3.88	63.18	7.22	-3.89	24.08	–	70.03	3370593.12	1200286.20	233537.22
23	390	000983	山西焦化	71.94	BBB	1.01	12.75	18.74	0.55	3.70	37.46	11.98	7.55	18.34	-12.94	51.18	2345708.14	1207458.15	257324.03
24	534	600157	永泰能源	70.23	BBB	0.09	4.73	2.96	0.34	3.59	54.19	2.16	31.30	3.21	-14.29	33.93	10386108.95	3555565.00	162914.30
25	675	000723	美锦能源	68.74	BB	0.52	10.20	14.70	0.75	2.74	54.76	9.12	15.56	15.80	-44.04	105.23	3656465.36	2460001.58	222916.93
26	904	600575	淮河能源	66.24	BB	0.09	4.80	4.10	1.38	4.96	35.66	5.12	11.33	4.12	-4.35	94.96	1824220.18	2535685.59	52483.48
27	1227	000571	ST 大洲	63.35	B	-0.05	6.58	13.03	0.46	2.78	66.00	3.39	10.89	14.99	-10.00	60.09	297483.19	131681.63	11438.04
28	1496	603071	物产环能	61.18	B	1.90	12.96	22.78	4.65	7.55	52.72	56.25	-7.82	17.65	-29.17	60.47	1146450.69	5519982.46	117915.53
29	1662	600758	辽宁能源	59.89	CCC	0.15	6.07	3.73	0.44	1.28	64.54	3.15	11.91	4.46	–	65.09	1493206.26	661912.67	19338.94

续 表

序号	A股上市公司评价得分排序	股票代码	股票简称	综合得分	评价等级	每股收益（元）	总资产报酬率（%）	净资产收益率（%）	总资产周转率（次）	流动资产周转率（次）	资产负债率（%）	已获利息倍数	营业收入增长率（%）	资本扩张率（%）	市场投资回报率（%）	股价波动率（%）	年末资产总额（万元）	营业收入（万元）	净利润（万元）
30	1705	600121	郑州煤电	59.48	CCC	0.06	5.09	12.20	0.32	0.87	80.65	3.40	37.69	6.61	4.17	107.06	1392144.76	442310.02	31754.25
31	1797	601015	陕西黑猫	58.79	CCC	0.14	3.43	2.32	1.10	4.40	48.49	2.32	22.78	2.10	-31.25	82.23	2135346.19	2320001.62	23658.68
32	2093	600725	云维股份	56.46	CCC	0.02	5.15	6.30	2.43	2.55	23.27	19.77	-31.71	6.60	-13.33	69.06	46281.63	115891.63	2197.64
33	2615	603113	金能科技	52.57	CC	0.29	2.66	0.13	1.14	2.75	46.66	2.69	40.29	-0.52	-41.18	119.73	1632581.29	1680067.57	24917.46
34	2699	601011	宝泰隆	52.03	CC	0.08	2.39	1.57	0.30	2.01	37.46	2.77	5.43	19.13	-35.71	82.81	1339346.94	377291.16	12385.42
35	3185	600792	云煤能源	46.69	C	-0.18	-1.15	-4.86	0.96	2.19	65.43	-1.02	23.60	-5.72	-20.69	63.87	940164.47	754097.85	17491.43
36	3676	600397	安源煤业	38.31	C	-0.08	2.17	-16.29	1.06	2.41	94.69	0.73	-4.98	-16.41	-	59.20	888805.11	891617.91	7082.40
37	3811	600408	安泰集团	35.02	C	-0.30	-2.96	-11.05	2.42	11.92	51.49	-1.11	-2.26	-10.29	-26.67	72.44	520823.17	1269631.35	29753.72
38	4136	600532	*ST未来	26.16	C	-0.01	0.37	-0.75	0.06	0.11	41.93	0.43	-76.25	-0.77	-37.21	152.01	255291.76	16565.05	1155.38

第五章

钢铁行业上市公司业绩评价

钢铁行业是以从事黑色金属矿物采选和黑色金属冶炼加工等工业生产活动为主的工业行业，是国家重要的原材料工业之一。过去的一年，面对复杂多变的国际环境和艰巨的国内改革发展稳定任务，钢铁行业表现尚可，完成了产量压减任务，但是钢铁市场运行仍相对低迷，全年钢铁 PMI 均值为 42.6%，较 2021 年均值下降 0.8%，钢铁行业运行压力有所加大。2022 年，全国粗钢产量 101795.9 万吨，同比下降 1.7%；钢材产量 134033.5 万吨，同比增长 0.3%。我国钢材累计进口 1056.6 万吨，同比减少 25.9%，为 1993 年以来年度最低水平。2022 年初行业股票指数收盘价 2048.34 点，年末 1590.26 点，2022 年度下跌 22.36% 。2022 年，国内钢铁行业运行呈现“高开低走”态势，供需双弱格局导致钢材价格明显回落，大宗原材料价格虽有下滑，但整体仍处于历史高位，供销两端市场价差持续收窄，钢铁行业的利润空间受到持续挤压，虽然完成了产量压减任务，但需求疲软和原材料成本的双重压力一直存在，2023 年，钢铁企业预计仍将面临较大的经营压力。

一、钢铁行业上市公司业绩评价结果

截至 2022 年末，钢铁行业 A 股上市公司共计 45 家，其中 34 家盈利，11 家亏损；钢铁行业上市公司总资产共计 23112.93 亿元，占全部上市公司总资产的 2.39%。2022 年全国 4931 家上市公司共计完成营业收入 615229.13 亿元，45 家钢铁行业上市公司完成营业收入 23337.70 亿元，占全部上市公司总收入的 3.79%；全部上市公司共计实现净利润 31671.85 亿元，钢铁行业上市公司实现净利润 384.02 亿元。

2022 年钢铁行业整体评价结果为 58.45 分，45 家钢铁行业上市公司业绩评价综合得分均未进入 2022 年度“中联价值 100”。行业中业绩为 A 的有 3 家，业绩为 BBB 的有 3 家，业绩为 BB 的有 7 家，业绩为 B 的有 4 家，业绩为 CCC 的有 9 家，业绩为 CC 的有 5 家，业绩为 C 的有 14 家。表 5-1 为 2022 年度钢铁行业评价得分前十名的公司。

表 5-1 2022 年度钢铁行业评价得分前十名的公司

序号	股票代码	股票简称	在 A 股上市公司中评价得分排序
1	000708	中信特钢	124
2	600295	鄂尔多斯	137
3	000932	华菱钢铁	148
4	002318	久立特材	261
5	000629	钒钛股份	486
6	002478	常宝股份	486
7	605158	华达新材	588
8	600019	宝钢股份	648
9	600282	南钢股份	724
10	600507	方大特钢	746

基于对钢铁行业上市公司的整体评价，下面分别从财务效益、资产质量、偿债风险、发展能力、市场表现五个方面对钢铁行业上市公司进行具体分析。

（一）财务效益

2022 年钢铁行业上市公司财务效益状况劣于全部上市公司平均水平。财务状况评价是通过基本指标扣除非经常性损益净资产收益率、总资产报酬率进行基本评分，然后再用营业利润率、盈利现金保障倍数、股本收益率进行修正，得出综合得分。

从综合得分看，2022 年钢铁行业上市公司财务效益状况平均得分为 20. 10 分，低于上市公司平均得分 23. 60 分。

表 5-2 列示了 2022 年钢铁行业上市公司财务效益状况评价结果。在钢铁行业上市公司财务效益状况指标中，鄂尔多斯财务效益排名第一。2022 年，在国际形势严峻复杂，全球经济陷入低迷，国内需求收缩、供给冲击、预期转弱，发展环境的复杂性、严峻性、不确定性上升的背景下，鄂尔多斯作为全球最大的硅铁合金产销龙头企业，全年实现营业收入 363. 93 亿元，比 2021 年减少 0. 22%；其中，电力冶金化工业务板块整体抗风险波动的能力相对较强，实现营业收入 326. 05 亿元，比 2021 年增长 0. 72%，占整体总营业收入之比达 89. 59%，电冶化工板块的良好经营为公司财务效益表现提供了保障。2022 年，鄂尔多斯实现归属于上市公司股东的净利润 47. 32 亿元，同比减少 22. 30%。

表 5-2 钢铁行业财务效益状况比较表

分析指标		2022 年上市公司平均值	2022 年行业值	2021 年行业值	增长率（%）
基本指标	净资产收益率（%）	7.31	3.16	13.01	-75.71
	总资产报酬率（%）	5.28	2.86	7.93	-63.93
基本得分		21.13	17.15	26.53	-35.36
修正指标	营业利润率（%）	6.65	1.96	5.98	-67.22
	盈利现金保障倍数	1.84	3.95	1.86	112.37
	股本收益率（%）	45.68	15.39	56.9	-72.95
综合得分		23.60	20.10	21.77	-7.67

与 2021 年的情况相比，2022 年钢铁行业上市公司除盈利现金保障倍数指标高于 2021 年行业值，其他指标均低于 2021 年行业值。

（二）资产质量

2022 年钢铁行业上市公司资产质量状况优于全部上市公司平均水平。资产质量评价是通过基本指标总资产周转率、流动资产周转率进行基本评分，再用应收账款周转率和存货周转率进行修正，得出综合得分。

表 5-3 列示了钢铁行业上市公司资产质量状况评价结果。在钢铁行业上市公司资产质量状况指标中，新钢股份、三钢闽光、中南股份、甬金股份、杭钢股份、山东钢铁和友发集团并列排名第一，7 家钢铁上市公司资产质量状况得分均为 15 分，远高于 2022 年上市公司平均值。

表 5-3 钢铁行业资产质量状况比较表

分析指标		2022 年上市公司平均值	2022 年行业值	2021 年行业值	增长率（%）
基本指标	总资产周转率（次）	0.66	1.02	1.17	-12.82
	流动资产周转率（次）	1.27	2.7	3.07	-12.05
基本得分		9.8	14.36	14.84	-3.23
修正指标	应收账款周转率（次）	8.67	45.31	60.62	-25.26
	存货周转率（次）	3.25	8.08	8.5	-4.94
综合得分		9.31	13.4	13.4	0.00

与 2021 年比较可知，从综合得分来看，2022 年钢铁行业上市公司资产质量保持不变，均为 13.4 分。钢铁行业上市公司 2022 年平均应收账款周转率 45.31 次，比 2021 年低 25.62%。

（三）偿债风险

2022 年钢铁行业上市公司偿债风险状况劣于全部上市公司平均水平。偿债风险评价是通过基本指标资产负债率和已获利息倍数进行基本评分，再用速动比率、现金流动负债比率和带息负债比率进行修正，得出综合得分。

表 5-4 列示了钢铁行业上市公司偿债风险状况评价结果。在钢铁行业上市公司偿债风险状况指标中，金岭矿业排名第一，得分为 14.99 分，远高于 2022 年上市公司平均值 8.79 分，以及 2022 年行业值 6.88 分。2022 年，各钢铁企业加强资金管理，努力去杠杆，年末资产负债率行业值为 55.63%，同比下降 0.36%。例如杭钢股份资产负债率连续两年低于 50%，流动比率 1.78，变现能力持续提升。

表 5-4 钢铁行业偿债风险状况比较表

分析指标		2022 年上市公司平均值	2022 年行业值	2021 年行业值	增长率（%）
基本指标	资产负债率（%）	58.63	55.63	55.83	-0.36
	已获利息倍数	5.4	3.15	7.32	-56.97
	基本得分	8.81	8.28	9.32	-11.16
修正指标	速动比率（%）	86.08	58.99	55.67	5.96
	现金流动负债比率（%）	14.64	14.95	22.43	-33.35
	带息负债比率（%）	41.74	43.64	40.88	6.75
	综合得分	8.79	6.88	7	-1.71

与 2021 年比较可知，2022 年钢铁行业上市公司偿债风险状况平均得分有所下降。钢铁行业上市公司 2022 年带息负债比率为 43.64%，比 2021 年高 6.75%。

（四）发展能力

2022 年钢铁行业上市公司发展能力状况劣于全部上市公司平均水平。发展能力评价是通过基本指标营业收入增长率和资本扩张率进行基本评分，再用累计保留盈余率、三年营业收入平均增长率、总资产增长率和营业利润增长率进行修正，得出综合得分。

表 5-5 列示了钢铁行业上市公司发展能力状况评价结果。在钢铁行业上市公司发展能力状况指标中，除了翔楼新材（2022 年 6 月 6 日上市），久立特材年度排名第一，得分为 14.45 分。久立特材是国内高端用无缝管和焊接管领域的龙头企业之一，具有显著的技术优势，公司是国内唯二两家核电蒸汽发生器 U 型管供应商之一。随着碳中和碳达峰政策的出台，能源装备受国家政策明确支持，油气管道、核电等领域发展空间较大，公司作为龙头企业紧紧抓住油气等能源领域的发展机遇。

表 5-5 钢铁行业发展能力状况比较表

分析指标		2022 年上市公司平均值	2022 年行业值	2021 年行业值	增长率（%）
基本指标	营业收入增长率（%）	8.8	-6.32	40.45	-115.62
	资本扩张率（%）	9.1	0.54	9.58	-94.36
基本得分		12.01	8.99	13.88	-35.23
修正指标	累计保留盈余率（%）	43.64	38.76	42.04	-7.80
	三年营业收入平均增长率（%）	11.1	10.49	15.41	-31.93
	总资产增长率（%）	7.88	2.33	7.34	-68.26
	营业利润增长率（%）	0.85	-72.13	78.97	-191.34
综合得分		12.21	9.4	13.57	-30.73

2022 年钢铁行业上市公司营业收入增长率从 2021 年的 40.45%下降到-6.32%，营业收入规模大幅下降，主要是 2022 年上游炼焦煤价格走高以及下游钢厂利润微薄夹击下，钢价跌幅超越成本所致。

（五）市场表现

钢铁行业上市公司市场表现状况低于全部上市公司的平均水平。市场表现是通过市场投资回报率和股价波动率两个指标对上市公司进行评价得出综合得分。钢铁指数与沪深 300 指数波动见图 5-1。

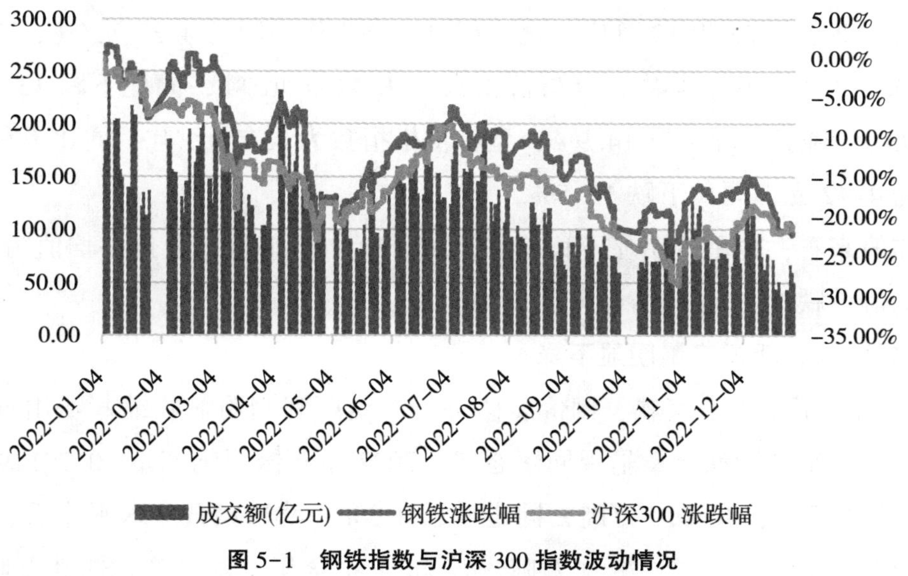

图 5-1 钢铁指数与沪深 300 指数波动情况

表 5-6 列示了钢铁行业上市公司市场表现状况评价结果。在钢铁行业上市公司市场表状况指标中，重庆钢铁名列第一，得分为 12.41 分。2020 年 9 月，宝武集团成为重庆钢铁实控人后，通过五大措施提高公司生产管理水平，公司管理改善明显，同时重庆钢铁享受

宝武集团协同优势，降本增收效果明显。在此背景下，2022 年，重庆钢铁在复杂严峻的外部环境下，有力应对冲击挑战，多项经营指标取得了突破性进步，盈利水平和综合竞争力在市场中表现相对较好。

表 5-6 钢铁行业市场表现状况比较表

分析指标	2022 年上市公司平均值	2022 年行业值	2021 年行业值	增长率（%）
投资回报率（%）	-12.92	-19.84	30.9	-164.21%
股价波动率（%）	98.53	90.05	128.79	-30.08%
得分	9.09	8.67	8.99	-3.56%

二、2022 年度钢铁行业上市公司业绩影响因素分析

钢铁行业是我国国民经济的支柱性产业，是关系国计民生的基础性行业，在我国工业现代化进程中发挥了不可替代的作用。钢铁工业作为一个原材料的生产和加工部门，处于工业产业链的中间位置。它的发展与国家的基础建设以及工业发展的速度关联性很强。2022 年全年产量整体呈现“前高中低后抬头”态势，影响钢铁行业的业绩因素主要如下。

（一）市场震荡幅度收窄，均价明显下移

2022 年，受到国外经济环境复杂多变，国内需求疲软等因素影响，国内钢材市场呈现震荡下行局面。截至 2022 年 12 月底，全国钢材综合价格指数为 4337 元/吨，较上年底下跌 719 元/吨，跌幅为 14.2%。其中，建材价格指数为 4205 元/吨，同比下跌 13.0%；板材价格指数为 4375 元/吨，同比下跌 14.9%；型材价格指数为 4317 元/吨，同比下跌 15.7%；管材价格指数为 4842 元，同比下跌 15.5%。

从年度均值来看，也呈现明显下移趋势，2022 年全国钢材综合价格均值为 4726 元/吨，较上年全年均值下跌 719 元/吨，年同比跌幅为 13.2%。

（二）需求疲软，粗钢产量明显下降

2022 年，由于下游需求疲软、钢价震荡下行、钢厂利润明显收缩甚至出现亏损，钢厂生产积极性下降，带动钢铁产量呈现回落态势。2022 年我国粗钢产量 101795.9 万吨，同比下降 1.7%；钢材产量 134033.5 万吨，同比增长 0.3%。就粗钢日产水平来看，年度日产略有下降，2022 年粗钢平均日产 278.9 万吨，较 2021 年全年平均日产 283.0 万吨减少了 4.1 万吨，下降 1.5%。

（三）去库存速度放缓，年末库存同比下降

2022 年，钢材社会库存动态变化表现出三个特点：一是社会库存峰值时间与上年相当，但最高库存低于 2021 年同期水平。2022 年 3 月 4 日，钢材社会库存到达年内高点，为

1659.8万吨，较上年高点减少314.9万吨，同比下降15.9%。二是整体去库存速度继续低于上年，其中板材去库存速度略有加快。2022年钢材社会库存最高点到最低点降速为52.4%，较上年收缩4.5个百分点。其中，建材库存降速为66.3%，较上年收缩3.7个百分点；板材库存降速为27.0%，较上年扩大2.2个百分点。三是年末库存低于上年同期。2022年由于库存最高点相对较低，叠加钢铁贸易企业对后市的预期相对悲观，蓄水池功能有所削弱，钢材社会库存低于上年同期。2022年12月底，钢材社会库存为793.5万吨，同比下降6.7%。其中，建材社会库存为387.2万吨，同比下降7.9%；板材社会库存为406.3万吨，同比下降5.6%。

（四）钢材出口再现增长，进口大幅回落

2022年，在俄乌冲突及其引发的地缘政治格局演变影响下，俄罗斯、乌克兰、欧盟和欧洲其他国家钢铁生产持续受到较大制约，中国以外的地区钢铁产量的持续下滑，叠加中国钢铁出口供应链稳定、价格相对优势，海外订单指数阶段性好转，使得钢材出口保持韧性。2022年，我国钢材累计进口1056.6万吨，同比减少25.9%，为1993年以来年度最低水平；钢坯累计进口637.5万吨，同比下降53.5%；钢材累计出口6732.3万吨，同比增长0.9%；钢坯累计出口102.7万吨，同比增长99.1万吨；折合粗钢净出口5336.0万吨，同比增长30.3%。

（五）国内需求有所萎缩，粗钢表观消费量继续下降

2022年，房地产投资明显下滑拖累用钢需求疲软，钢铁产量呈现下滑态势，粗钢表观消费量同比继续下降。2022年度全国粗钢表观消费量9.59亿吨，同比下降3.5%，其中，板材消费表现平稳，建筑钢材消费下降幅度较大，房地产为主要拖累项。

（六）原料价格中线理性回归，钢铁市场年均成本有所下降

2022年，在上游炼焦煤价格走高以及下游钢厂利润微薄夹击下，焦企和钢企之间频繁博弈，价格持续波动，从趋势来看，全年呈现先扬后抑翘尾走势，整体均价与上年同期基本持平。2022年，唐山地区二级冶金焦价格均值2894元，较上年全年仅下跌3元。

2022年废钢价格呈现冲高回落、触底反弹行情，全年均价有所下移，废钢价格（唐山重废）均值3065元，同比下跌9.3%。

在原料均价下移带动下，钢铁企业吨钢生产成本有所下降。2022年，生铁成本指数均值在150.5，同比下降7.9%；三级螺纹钢和热轧卷板吨钢含税生产成本分别为4204元和4346元，较上年同期分别减少264元和231元，同比分别下降5.9%和5.0%。

（七）吨钢毛利明显下降，钢企盈利再创新低

2022年，尽管成本小幅下行，但因钢价跌幅超越成本，吨钢盈利明显下降，行业整体盈利显著下滑，超越2015年创近20年来新低。2022年，三级螺纹钢和热轧卷板吨钢毛利分别为58元和-53元，较上年同期分别下降290元和560元，同比分别下降83.3%

和 110.5%。

从行业整体盈利来看，2022 年国内黑色金属冶炼和压延加工业实现营收 8.72 万亿元，同比减少 9.8%；利润总额 365.5 亿元，同比减少 91.3%。2022 年会员钢铁企业营收同比下降 6.35%，利润总额则下降了 72.27%。

资料链接：

行业重大事件

太钢 SUS630 不锈钢冷轧板成功替代进口，解决了我国印刷电路板产业“卡脖子”问题

2022 年 2 月 21 日，太钢发布消息称，经过近 3 年的系统攻关和持续改进，太钢实现沉淀硬化 SUS630 不锈钢冷轧板产品批量稳定供货，成为国内首家可提供该类产品的企业。该产品解决了我国电子电路行业关键基础材料的“卡脖子”问题，助力中国电子电路印刷电路板产业迈向高端。

天津钢管助力中石化突破 9300 米钻井深度

2022 年 8 月 10 日，中国石化在油气勘探开发领域实施的“深地工程”获得重大突破：“深地一号”顺北深层油气田重点井——顺北 803X 井测试获高产工业油气流。天津钢管 4 种规格 TP-CQ 特殊扣套管成功应用于顺北 803X 井，6 种规格 TP-CQ 特殊扣套管、P110 BC 套管成功应用于完钻井深达 9300 米的顺北 56X 井，助力我国在“地下珠峰”采油获得重大突破。

攀长特“叶片钢”助力我国重型燃气轮机领域实现零的突破

2022 年 11 月 25 日，历时 13 年自主研发，被誉为“争气机”的首台国产 F 级 50 兆瓦重型燃气轮机在四川德阳发运交付，进入工程应用阶段，标志着我国在重型燃气轮机领域实现了零的突破。鞍钢集团攀钢江油长城特殊钢有限公司生产的叶片钢用于制造该重型燃气轮机核心部件。

资料来源：中国冶金报。

三、2023 年钢铁行业前景分析

2023 年在俄乌冲突、能源危机、高通胀、汇率波动风险等多重因素影响下，全球经济面临较大的下行压力，全球钢材市场存在较大的不确定性。随着国内疫情防控政策的逐渐优化，我国经济活力将进一步释放，稳经济政策效应逐渐显现，利好钢铁行业，对钢铁消费形成支撑，但房地产市场持续低迷和制造业出口增速回落可能拖累钢铁消费。因此，

2023 年预计我国钢材进出口总体基本保持平稳，同时受国内外各种政策、风险等因素影响，钢材进出口不排除出现阶段性的波动。

（一）钢铁供需下降有所缓和

2023 年是全面贯彻落实党的二十大精神的开局之年，中国经济在扩大内需的稳增长政策中将逐步回归正常增长轨道。钢铁行业仍将坚持绿色低碳发展，“产能减量置换”“超低排放改造”“极致能效工程”推进仍将制约钢铁产量释放，钢材需求下滑局面有一定缓和，钢材出口小幅下降；原料价格进一步下移对市场支撑作用继续减弱。

（二）铁矿石产量有所增加，焦炭市场价格有所下降

2022 年全球铁矿供应减量明显，我国铁矿石产量为 9.68 亿吨，同比下降 1.33%，主要系我国钢铁生产环保要求上升、钢铁限产政策延续等因素影响所致；我国铁矿石的进口量为 11.07 亿吨，同比下降 1.77%，主要系我国“碳达峰、碳中和”政策持续推进，钢铁行业向高质量发展，行业产能受限，产品结构优化调整等因素的影响，叠加国内经济恢复不及预期，下游应用市场需求收缩所致。2023 年国内铁矿石市场供需结构将趋于宽松，港口库存再度累库。澳巴主流矿的到港量将温和增加，以印度矿和乌克兰矿为代表的非主流矿供应有望迎来明显恢复，同时 2022 年缺失的部分国产矿产量 2023 年也有望回补。2022 年受进口矿价格波动影响，国内铁矿石价格大幅波动，整体呈“N”字形走势，2023 年铁矿石价格仍将宽幅波动。

2022 年，我国焦炭价格整体呈现下降的趋势，新冠疫情散点多发，叠加俄乌冲突加剧，地缘政治紧张，导致全球能源价格大涨，推动了焦炭价格上涨。2023 年，随着焦化产能进一步投放，焦炭供应继续释放，同时焦煤供应在蒙古、俄罗斯等地供应仍有增量下将继续改善，而钢铁产量小幅下降也将对焦炭需求有所收缩，焦炭供需关系趋向宽松；焦煤价格下移使得焦炭原料成本继续回落，焦炭价格也将进一步下移。

（三）基建投资、制造业投资将保持增长

2023 年，国家将进一步落实稳经济一揽子政策及接续政策，稳定经济运行、扩大内需、促进消费，同时“十四五”各类规划中明确的重大战略、重大项目和重大工程相继开工。地方政府债券资金继续成为基础设施投资的重要资金来源。

2023 年，制造业投资方面也将继续发力，国家发展改革委要求促进外资在制造业领域的投资；加大民间投资支持力度，为民间投资的修复创造更加良好的政策环境。此外，将继续加大对产业优化升级。产业政策将继续释放效能，加快国内新旧动能转换，叠加信贷支持政策发力，将利好高技术制造业投资的快速发展。在相关政策支持和推动下，2023 年基建投资、制造业投资有望保持增长态势，但因 2022 年基数偏高，增速或将有所回落，但增长态势仍将对建筑钢材及相关设备用钢需求产生一定带动作用。

（四）房地产投资下行态势有望放缓企稳

2022 年，房地产政策进入全面宽松周期，国家及各地政府不断解绑房地产调控政策，随着政策举措更加丰富、力度不断加大，房企融资环境预计将出现改善。随着政策效应的逐步显现，预计 2023 年内全国房地产投资较 2022 年的下降局面有所改观，地产企稳对建筑钢材需求拖累将有所缓解。

附表 2022年钢铁行业上市公司业绩评价结果排序表

序号	A股上市公司评价得分排序	股票代码	股票简称	综合得分	评价等级	每股收益（元）	扣除非经常性损益净资产收益率（%）	总资产报酬率（%）	总资产周转率（次）	流动资产周转率（次）	资产负债率（%）	已获利息倍数	营业收入增长率（%）	资本扩张率（%）	市场投资回报率（%）	股价波动率（%）	年末资产总额（万元）	营业收入（万元）	净利润（万元）
1	185	000629	钒钛股份	70.6	BBB	0.16	15.41	13.28	1.36	4.76	23.15	145.28	7.31	15.44	8.82	165.13	1193299.58	1508754.64	136571.81
2	198	000655	金岭矿业	60.4	B	0.34	6.81	6.87	0.4	0.71	12.09	0	-24.69	6.2	-24	69.6	352899.94	137275.07	20758.9
3	233	000708	中信特钢	77.8	A	1.41	17.53	10.47	1.12	2.78	59.86	11.97	1.04	10.52	-22.35	65.49	9077461.73	9834470.56	710926.86
4	234	000709	河钢股份	58.8	CCC	0.13	1.6	2.64	0.58	1.98	73.76	1.33	-4.11	9.14	-7.41	47.92	25323102.53	14347012.57	157984.63
5	240	000717	中南股份	30.4	C	-0.54	-12.47	-7.08	1.93	7.68	54.35	-15.28	-13.58	-16.1	-37.5	111.32	2013149.62	3930374.33	-129768.69
6	267	000761	本钢板材	39.5	C	-0.3	-6.55	-0.97	1.26	3.35	56.08	-0.8	-19.63	-16.01	-22.22	66.79	4411465.24	6261662.16	-120605.17
7	273	000778	新兴铸管	62.8	B	0.42	5.93	5.06	0.87	1.92	50.66	5.65	-10.4	4.75	-29.73	83.65	5591687.91	4776005.83	191828.69
8	308	000825	太钢不锈	53.3	CC	0.03	0.22	0.78	1.39	4.32	48.74	1.62	-3.73	5.09	-40.68	135.25	7285939.27	9765437.7	14513.1
9	350	000898	鞍钢股份	54.9	CC	0.02	0.07	0.16	1.35	4.25	39.34	0.37	-4.1	-2.32	-25	80.35	9693500	13107200	18600
10	371	000923	河钢资源	63.3	B	1.02	8.58	8.79	0.34	0.79	22.74	0	-23.05	11.04	-12	95.76	1544013.46	505310.42	96726.49
11	379	000932	华菱钢铁	76.9	A	0.92	13.85	7.95	1.49	3.1	51.88	28.38	-1.8	13.26	-15.38	70.59	11968994.8	16809851.02	767482.24
12	393	000959	首钢股份	55.1	CCC	0.15	2.9	2.53	0.81	3.3	65.03	1.96	-11.86	1.82	-35.71	122.28	14317344.5	11814218.35	150941.54
13	427	001203	大中矿业	67	BB	0.65	16.95	13.07	0.42	1.44	43.5	9.57	-17.09	24.3	-18.75	102.56	1098328.77	405840.85	97672.51
14	560	002075	沙钢股份	59.3	CCC	0.21	6.84	5.73	1.13	2.07	41.91	19.44	-1.7	1.7	-35.29	111.78	1685905.53	1817323.76	80185.29
15	595	002110	三钢闽光	49.9	C	0.06	0.96	0.98	1.12	2.61	53.78	1.6	-17.68	-8.1	-25	89.94	4632471.32	5165797.02	15002.51
16	797	002318	久立特材	74	BBB	1.34	21.87	15.88	0.74	1.36	34.87	67.84	9.43	22.2	-1.98	47.76	987058.93	653732.23	129769.81
17	920	002443	金洲管道	54.3	CC	0.45	7.37	6.78	1.33	1.77	30.19	19.98	-13.55	1.26	-31.58	84.16	473498.75	608903.45	26399.29
18	950	002478	常宝股份	70.6	BBB	0.52	10.13	7.77	0.87	1.33	35.4	53.66	47.25	8.04	25	117.48	733539.4	622336.5	48407.67
19	2305	300881	盛德鑫泰	56.7	CCC	0.73	8.85	5.66	0.78	0.95	47.43	11.22	7.47	8.11	14.29	129.59	159595.13	120688.98	7345.05
20	2555	301160	翔楼新材	65.3	BB	2.11	14.55	13.18	0.95	1.21	21.78	22.82	14	93.99	-24.06	66.28	158279.21	121183.69	14115.07
21	2708	600010	包钢股份	46.4	C	-0.02	-2.47	0.47	0.49	1.81	58.16	0.36	-16.26	-4.37	-30.43	81.74	14672208.83	7217175.39	-144494.05
22	2713	600019	宝钢股份	69	BB	0.55	5.75	4.28	0.94	2.27	45.79	10.26	0.94	2.45	-22.73	78.31	39824885.51	36777824.24	1402891.59
23	2716	600022	山东钢铁	62.1	B	0.05	3.72	2.89	1.45	5.64	53.9	3.81	-7.72	-2.39	-18.18	44.99	6901148.36	10228942	141746.48
24	2783	600117	*ST西钢	19.5	C	-1.1	-116.98	-6	0.44	1.12	96.65	-1.96	-36.57	-74.27	-25	62.42	1678547.42	775723.28	-162571.77
25	2790	600126	杭钢股份	57.2	CCC	0.14	2.08	2.09	1.5	2.91	29.44	14.29	-13.28	-1.77	-17.24	73.75	2861510.63	4332492.76	48009.9
26	2875	600231	凌钢股份	32.6	C	-0.29	-8.37	-5.9	1.26	2.99	51.01	-12.19	-17.57	-11.95	-20	56.1	1662908.05	2155841.11	-83366.31
27	2914	600282	南钢股份	68.1	BB	0.35	7.57	4.95	1.07	2.52	58.83	5.07	-6.62	13.27	-11.54	48.48	7467483.36	7066692.38	232353.82
28	2924	600295	鄂尔多斯	77.4	A	2.37	26.43	17.02	0.75	2.47	45.95	24.07	-0.22	7.86	-1.28	67.07	4777289.74	3639342.92	667595.61

续 表

序号	A股上市公司评价得分排序	股票代码	股票简称	综合得分	评价等级	每股收益（元）	扣除非经常性损益净资产收益率（%）	总资产报酬率（%）	总资产周转率（次）	流动资产周转率（次）	资产负债率（%）	已获利息倍数	营业收入增长率（%）	资本扩张率（%）	市场投资回报率（%）	股价波动率（%）	年末资产总额（万元）	营业收入（万元）	净利润（万元）
29	2934	600307	酒钢宏兴	24.8	C	-0.4	-22.41	-5.52	1.08	3.57	72.29	-4.33	-8.34	-18.83	-30	95.18	4038399.39	4461057.95	-247639.62
30	2994	600382	ST广珠	41	C	0.38	6.51	9.98	0.2	0.35	11.6	18.19	-46.35	-11.83	-18.75	44.89	417214.59	93524.95	29222.28
31	3007	600399	抚顺特钢	53.8	CC	0.1	5.56	3.12	0.71	1.28	48.64	4.61	5.4	3.33	-32.88	84.84	1178761.13	781479.42	19650.83
32	3077	600507	方大特钢	67.9	BB	0.43	7.96	7.08	1.24	1.86	49.58	6.39	7.19	-10.77	-15.91	57.73	1735293.91	2323863.23	89643.99
33	3085	600516	方大炭素	55.6	CCC	0.22	5.05	6.14	0.28	0.49	16.79	34.18	14.37	6.59	-39.71	120.55	2017529.07	532029.34	93364.05
34	3127	600569	安阳钢铁	19.7	C	-1.05	-32.04	-5.87	0.89	1.86	80.98	-4.04	-24.59	-30.31	-25	113.06	4262783.26	3923491.39	-313077.29
35	3138	600581	八一钢铁	17.3	C	-0.89	-32.11	-3.89	0.76	2.74	89.94	-2.27	-25.37	-32.03	-39.53	141.55	2969526.68	2304431.62	-140606.98
36	3308	600782	新钢股份	59.9	CCC	0.33	3.31	2.47	1.77	3.16	49.26	8.02	-5.63	-2.27	-21.74	89.56	5325518.05	9900132.03	104886.04
37	3329	600808	马钢股份	46.4	C	-0.12	-3.03	-0.07	1.09	2.47	65.6	-0.14	-10.27	-10.92	-22.22	98.24	9688731.02	10215360.24	-81985.37
38	3456	601003	柳钢股份	27.1	C	-0.91	-14.66	-4.31	1.12	3.16	68.41	-2.77	-12.49	-15.06	-27.59	116.14	7141225.53	8072526.73	-353429.3
39	3457	601005	重庆钢铁	49	C	-0.11	-4.97	-2.18	0.89	3.34	45.78	-2.97	-8.25	-4.62	0	0	3936480.04	3656153.12	-101940.94
40	3560	601686	友发集团	51.5	CC	0.21	1.91	3.47	4.13	6.77	56.01	2.93	0.74	1.95	-50	156.52	1678037.7	6736035.04	21856.99
41	3613	601969	海南矿业	58.7	CCC	0.3	8.93	8.1	0.42	0.85	38.27	11.05	17.26	11.67	-41.67	119.11	1194557.07	482987.18	69930.74
42	4092	603878	武进不锈	56.6	CCC	0.54	7	6.87	0.77	1.05	32.39	34.32	4.86	4.39	62.5	179.12	381708.38	283036.57	21514.95
43	4164	603995	甬金股份	65.4	BB	1.45	12.51	7.98	3.87	9.65	54.44	9.2	26.11	10.46	-32.81	96.95	1055175.32	3955514.52	60267.91
44	4212	605158	华达新材	69.6	BB	0.4	9.28	5.73	1.94	2.24	57.9	61.7	-4.63	7.5	-10	52.48	514458.79	811203.57	20228.26
45	4443	688186	广大特材	45.8	C	0.48	2.91	2.31	0.37	0.72	63.99	2.57	23.02	9.06	-40.48	109.81	1046356.21	336729.53	11295.16

第六章

有色金属行业上市公司业绩评价

有色金属是国民经济发展的基础材料，广泛应用于航空航天、电子信息、新能源、交通运输、建筑装饰等领域，随着现代化工、农业和科学技术的突飞猛进及新能源汽车进入加速发展新阶段，有色金属在人类发展中的地位愈来愈重要。2022 年，我国有色金属工业生产稳中有升，十种常用有色金属产量为 6774.3 万吨，主要有色金属价格呈区间震荡，镍、钴、电池级碳酸锂价格同比上涨明显，规模以上有色金属企业实现营业收入 79971.9 亿元，比上年增长 10.5%，实现利润总额 3315 亿元，为历史第二高值。2022 年有色金属价格指数全年震荡运行，年初开盘为 6617.13 点，年末收盘为 5300.84 点，全年平均 6053.49 点，最高 7173.03 点，最低 4881.16 点。随着国家出台的扩大内需、稳定房地产等一系列稳增长政策逐步显效，预计有色金属工业生产总体仍会保持平稳运行，有色金属价格或呈稳中有降趋势。

一、有色金属行业上市公司业绩评价结果

截至 2022 年末，有色金属行业（含铝、铅锌、铜、黄金、锂、钨、稀土等采掘、制造子行业）的 A 股上市公司共 134 家，其中盈利 120 家，占 89.55%；亏损 14 家，占 10.45%。按照中国上市公司业绩评价指标体系，有色金属行业综合评价结果为 73.53 分，比全部上市公司综合评价结果 71.16 分高 2.37 分。在有色金属行业的 134 家上市公司中，业绩评价综合得分 70 分以上的有 28 家，60~70 分的有 55 家，50~60 分的有 32 家，50 分以下的有 19 家。134 家有色金属行业上市公司年末资产总额 27017.17 亿元，归属母公司的所有者权益 11502.89 亿元，资产负债率为 50.67%。2022 年度有色金属行业上市公司完成营业收入 31863.20 亿元，比上年增加 14.91%；实现净利润 2243.98 亿元，比上年增加 68.56%。与全部上市公司相比，有色金属行业总资产、营业收入和净利润所占比例分别为 2.79%、5.18%和 7.09%。有色金属行业 134 家上市公司业绩评价等级如下：1 家 AAA、5

家 AA、8 家 A、14 家 BBB、26 家 BB、29 家 B、16 家 CCC、16 家 CC、19 家 C。2022 年有色金属行业评价得分前十名的公司如表 6-1 所示。

表 6-1　2022 年度有色金属行业评价得分前十名的公司

序号	股票代码	股票简称	在 A 股上市公司中评价得分排序
1	000933	神火股份	15
2	601899	紫金矿业	23
3	002756	明泰铝业	31
4	002466	北方稀土	33
5	002460	云铝股份	42
6	002497	建龙微纳	56
7	000807	华友钴业	81
8	000878	赣锋锂业	86
9	002738	锡业股份	93
10	601958	西部矿业	94

基于有色金属行业上市公司的整体评价，下面分别从财务效益、资产质量、偿债风险、发展能力、市场表现五个方面对有色金属行业上市公司进行具体分析。

（一）财务效益

从综合得分来看，2022 年有色金属行业上市公司财务效益状况相比 2021 年有所增长，同时高于全部上市公司平均水平。

表 6-2 列示了有色金属行业上市公司财务效益状况评价结果。从综合得分来看，有色金属行业上市公司财务效益平均得分为 26.08 分，比全部上市公司平均分 23.6 分高 2.48 分。其中，神火股份、紫金矿业、永兴材料、天齐锂业、赣锋锂业等 47 家公司超过全部上市公司平均水平。

表 6-2　有色金属行业财务效益状况比较表

评价指标		2022 年上市公司平均值	2022 年行业值	2021 年行业值	增长率（%）
基本指标	扣除非经常性损益净资产收益率（%）	7.31	18.11	12.63	43.39
	总资产报酬率（%）	5.28	12.18	9.21	32.25
基本得分		21.13	34.68	27.03	28.30
修正指标	营业利润率（%）	6.65	8.53	6.08	40.30
	盈利现金保障倍数	1.84	1.15	1.17	-1.71
	股本收益率（%）	45.68	95.5	59.69	59.99
综合得分		23.6	26.08	24.68	5.67

从具体指标看，除盈利现金保障倍数外，其余各项指标均有较大幅度增长，总体情况优于 2021 年。其中扣除非经常性损益净资产收益率由 12.63%增长至 18.11%；营业利润率从 6.08%增长至 8.53%；股本收益率从 59.69%增长至 95.5%，尤其是扣除非经常性损益净资产收益率和股本收益率增长幅度均超过 40%。这些指标的大幅增长导致有色金属行业的整体财务效益状况评分优于上年。

在有色金属行业上市公司财务效益状况指标中，神火股份的财务效益得分为 34.83 分，位居行业前列。神火股份是一家以电解铝生产及深加工、煤炭的生产、加工和销售及发供电为主的大型企业集团。2022 年，主营产品煤炭、电解铝、铝箔产销量同比增加，价格同比上涨，公司盈利能力大幅增强，实现营收 427.04 亿元，同比增长 23.80%，扣除非经常性损益后的加权平均净资产收益率为 49.36%，总资产报酬率为 20.38%，营业利润率为 25.53%，盈利现金保障倍数为 1.64。

（二）资产质量

从综合得分来看，2022 年有色金属行业上市公司资产质量状况与 2021 年基本持平，仍高于全部上市公司平均值的水平。

从表 6-3 可以看出，2022 年有色金属行业上市公司资产质量状况基本指标平均得分 15 分，大幅高于全部上市公司 9.80 分的平均水平。其中有 92 家企业超过全部上市公司平均水平，云铝股份、云南铜业、洛阳钼业、中国铝业、铜陵有色等 32 家企业的资产质量状况评分获得 15 分。

表 6-3 有色金属行业资产质量状况比较表

评价指标		2022 年上市公司平均值	2022 年行业值	2021 年行业值	增长率（%）
基本指标	总资产周转率（次）	0.66	1.29	1.32	-2.27
	流动资产周转率（次）	1.27	2.92	3.12	-6.41
	基本得分	9.80	15.00	15.00	0
修正指标	应收账款周转率（次）	8.67	26.32	28.48	-7.58
	存货周转率（次）	3.25	7.13	7.54	-5.44
	综合得分	9.31	13.14	13.17	-0.23

从修正指标来看，2022 年有色金属行业上市公司资产质量状况（满分为 15 分）平均得分 13.14 分，高于全部上市公司 9.31 分的平均水平，同时与 2021 年资产质量状况得分基本持平。

在有色金属行业上市公司资产质量指标中，云南铜业的资产质量得分为 14.7 分，位居行业排名前列。2022 年，云南铜业通过新旧动能转换，经营业绩大幅增长，实现营收 1349.15 亿元，同比增长 6.18%，归属于上市公司股东的净利润 18.09 亿元，同比增长

178.63%，再创历史新高，总资产周转率3.41次，流动资产周转率6.21次，应收账款周转率1245.03次，存货周转率12.13次，好于行业平均水平。

（三）偿债风险

从综合得分来看，2022年有色金属行业上市公司偿债风险状况得分较2021年小幅增长，与全部上市公司平均水平基本持平。

从表6-4可以看出，2022年有色金属行业上市公司偿债风险状况（满分为15分）基本指标平均得分9.74分，高于全部上市公司8.81分的平均水平。其中有86家企业超过全部上市公司平均水平，金钼股份、屹通新材、银河磁体、海星股份、丽岛新材等8家企业得分为满分15分。基本指标得分较2021年同比增长2.63个百分点。有色金属行业2022年已获利息倍数较2021年增长42.84%，可见有色金属行业上市公司在2022年获利能力增强。

表6-4　有色金属行业偿债风险状况比较表

评价指标		2022年上市公司平均值	2022年行业值	2021年行业值	增长率（%）
基本指标	资产负债率（%）	58.63	50.67	51.73	-2.05
	已获利息倍数	5.4	9.57	6.7	42.84
	基本得分	8.81	9.74	9.49	2.63
修正指标	速动比率（%）	86.08	89.22	81.19	9.89
	现金流动负债比率（%）	14.64	28.98	20.45	41.71
	带息负债比率（%）	41.74	58.08	59.37	-2.17
	综合得分	8.79	8.73	8.12	7.51

从修正指标来看，2022年有色金属行业上市公司偿债风险状况（满分为15分）平均得分8.73分，与全部上市公司8.79分的平均水平基本持平。速动比率相比2021年小幅增长，带息负债比率较2021年略有降低，反映有色金属行业流动资产及经营现金净流量较2021年有所增加，偿债压力有所降低。

在有色金属行业上市公司偿债风险指标中，金钼股份的偿债风险得分为14.69分，排名靠前。2022年钼价上行，带动金钼股份业绩大涨，公司实现归母净利润13.3亿元，同比增长170%，偿债能力大大增加。2022年，金钼股份资产负债率13.54%，已获利息倍数144.47倍，速动比率373.08%，现金流动负债比率167.16%。

（四）发展能力

从综合得分来看，2022年有色金属行业上市公司发展能力状况得分较2021年小幅增长，同时高于全部上市公司平均水平。

从表6-5可以看出，有色金属行业上市公司发展能力状况（满分为20分）基本指标平均得分为 15. 88 分，高于全部上市公司 12. 01 分的平均水平。其中有 88 家公司高于全部上市公司平均水平，永兴材料、天齐锂业、赣锋锂业、雅化集团、中矿资源等 15 家企业得分为满分 20 分。

表 6-5 有色金属行业发展能力状况比较表

评价指标		2022 年上市公司平均值	2022 年行业值	2021 年行业值	增长率（%）
基本指标	营业收入增长率（%）	8. 8	15. 66	36. 93	-57. 60
	资本扩张率（%）	9. 1	26. 19	18. 75	39. 68
	基本得分	12. 01	15. 88	14. 87	6. 79
修正指标	累计保留盈余率（%）	43. 64	41. 37	35. 18	17. 60
	三年营业收入增长率（%）	11. 1	22. 65	20. 5	10. 49
	总资产增长率（%）	7. 88	21. 25	13. 65	55. 68
	营业利润增长率（%）	0. 85	64. 14	143. 67	-55. 36
	综合得分	12. 21	16. 13	14. 88	8. 40

从修正指标来看，2022 年有色金属行业上市公司发展能力状况（满分为 20 分）平均得分 16. 13 分，高于全部上市公司 12. 21 分的平均水平；各项修正指标中，三年营业收入增长率、累计保留盈余率得分均实现增长，总资产增长率增幅较大，但营业利润率较 2021 年大幅降低，反映 2022 年有色金属行业公司的整体发展势头较好，但利润增速放缓。

在有色金属行业上市公司发展能力状况指标中，华友钴业的发展能力得分为 19. 41 分，排名靠前。2022 年，该公司上游资源开发纵深布局和下游产业链高度协同，构建高质量发展新格局，经营质量稳步提升，实现营业收入 630. 34 亿元，同比增长 78. 48%，三年营业收入增长率 49. 53%，总资产增长率 90. 71%，再创历史最好经营业绩。

（五）市场表现

如图 6-1 所示，2022 年有色金属行业上市公司股价总体呈现区间震荡下行，波动较大，整体走势与大盘走势接近，上半年冲高后大幅回落下探，后逐步回升，下半年整体维持高位震荡至年底回落。从评价指标来看，2022 年有色金属行业上市公司的平均市场回报率为 -10. 73%，较 2021 年大幅下跌。在 134 家有色金属行业上市公司中，仅有 31 家上市公司的市场投资回报率大于 0，市场投资回报率整体表现较差。有色金属行业上市公司市场表现状况得分情况如表 6-6 所示。

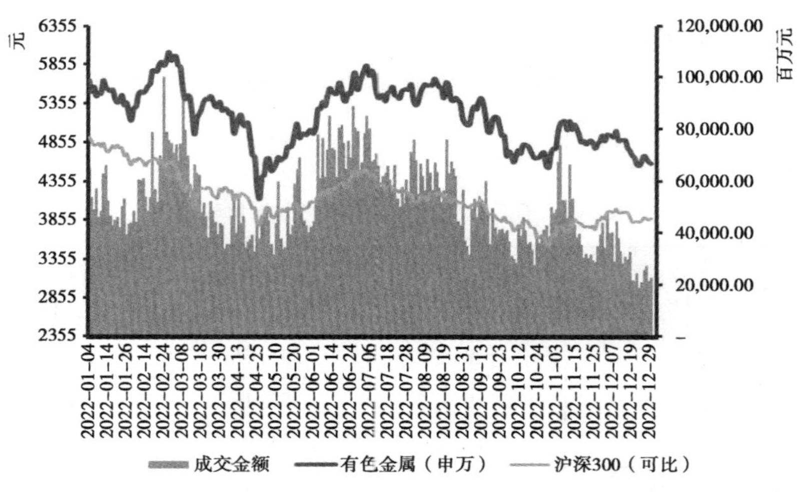

图 6-1　2022 年有色金属行业指数与沪深 300 指数走势图

数据来源：同花顺 iFinD。

表 6-6　有色金属行业市场表现状况比较表

评价指标	2022 年上市公司平均值	2022 年行业值	2021 年行业值	增长率（%）
市场投资回报率（%）	-12. 92	-10. 73	56. 91	-118. 85
股价波动率（%）	98. 53	93. 71	138. 10	-32. 14
得分	9. 09	9. 45	10. 31	-8. 34

二、2022 年度有色金属行业上市公司业绩影响因素分析

2022 年，大宗有色金属产品价格呈区间震荡态势，其中铜、铝、铅、锌现货均价分别为 67470 元/吨、20006 元/吨、15260 元/吨、25154 元/吨，同比涨幅为 -1. 5%、5. 6%、0. 1%、11. 4%。镍、钴、电池级碳酸锂价格同比上涨明显，2022 年现货均价同比分别上涨 44. 1%、18. 2%、301. 2%。2022 年我国有色金属工业运行呈现出平稳向好态势。具体影响有色金属行业业绩的因素主要有以下几方面：

（一）大宗有色金属价格整体高位宽幅波动，碳酸锂价格年度上涨幅度最大

1. 基本金属分析

伦敦金属交易所六种基本金属现货结算价 2018—2022 年平均价格见表 6-7。

表 6-7 2018—2022 年基本金属 LME 现货结算年平均价统计表

	现货结算价：LME 铜（美元/吨）	现货结算价：LME 铝（美元/吨）	现货结算价：LME 锌（美元/吨）	现货结算价：LME 铅（美元/吨）	现货结算价：LME 锡（美元/吨）	现货结算价：LME 镍（美元/吨）
2018 年平均价格	6523.04	2110.08	2921.95	2242.43	20153.22	13122.27
2019 年平均价格	5999.73	1791.13	2546.34	1999.68	18642.89	13935.57
2020 年平均价格	6180.63	1704.02	2267.00	1825.58	17158.70	13789.31
2021 年平均价格	9317.49	2479.62	3007.38	2206.23	32678.16	18487.78
2022 年平均价格	8797.01	2703.18	3478.32	2150.17	31219.02	26147.87
同比涨幅	-5.59%	9.02%	15.66%	-2.54%	-4.47%	41.43%

2022 年，全球铜价表现为大幅冲高又急剧回落再震荡上行的“过山车”走势。2022 年 3 月份一度触及年内高点 77000 元/吨，最低在 7 月份下探至近两年低位 53000 元/吨附近。LME 铜价年内累计跌幅 14%，其间一度触及历史新高 10845 美元/吨。

2022 年，铅价多数时间保持在 14700~16000 元/吨的宽幅区间震荡走势。由于地缘政治局势影响，铅价一度升至上半年高点 16465 元/吨，但很快回归区域间震荡局面，下半年受需求旺季推动支持，且外盘铅价受到低库存以及彭博大宗商品指数加入铅的影响，铅价有所回升。

2022 年，全球锌价表现为大幅升高再急速回落后宽幅震荡的走势，截至 2022 年 12 月 23 日，沪锌主力年内累跌幅约 3%，2022 年 4 月份一度上涨至 2018 年以来的新高近 28995 元/吨；LME 3 个月锌年内累计跌幅 16%，一度触及 4896 美元/吨的高位，刷新历史新高。

以紫金矿业为例，该公司是一家以金铜等金属矿产资源勘查和开发为主的大型跨国矿业集团。2022 年，紫金矿业矿产铜约 87.7 万吨，同比增长 48.72%。2022 年紫金矿业实现营业收入约 2703.29 亿元，同比增加 20.09%；归属于上市公司股东的净利润约 200.42 亿元，净利首次突破 200 亿元大关，同比增加 27.88%。

2. 稀有金属分析

2018—2022 年主要稀有金属价格统计如表 6-8 所示。

表 6-8 2018—2022 年主要稀有金属年平均价格统计表

年份	碳酸稀土：REO 42.0%~45.0%：上海（元/吨）	金属锂：≥99%工业级，电池级（元/吨）	最低价：金属钴：国产（元/吨）	铌：≥99%：上海（元/千克）	1#钼：≥99.95%：国产（元/千克）
2018	23000.00	893539.10	525808.60	629.55	257.86
2019	23202.48	694975.20	266846.30	578.68	277.06
2020	21206.79	516687.20	257026.80	521.32	262.28
2021	41184.98	723642.00	368485.60	591.03	317.93
2022	66735.33	2831887	420662.00	608.84	391.94
增幅	62.04%	291.34%	14.16%	3.01%	23.28%

2022 年碳酸锂市场行情大涨小跌，最终价格仍处于高位运行。上半年在大涨过后出现小幅下调，随后价格再回上行。进入下半年涨势持续，在 11 月迎来全年价格最高点，11 月 13 日工业级碳酸锂混合均价 591000 元/吨，电池级碳酸锂混合均价 609000 元/吨，高点过后价格再次回落，直至年末都处于走跌状态。

2022 年以来，钼精矿和钼铁基本上维持“跳涨-稳定-再跳涨”的走势，2022 年钼精矿价格创近十五年新高，最高价约为 4290 元/吨度，较最低价 2320 元/吨度，约涨 84. 91%；钼铁最高价约为 29. 20 万元/吨，较最低价 15. 20 万元/吨，约涨 92. 11%。

以天齐锂业为例，天齐锂业是中国和全球领先、以锂为核心的新能源材料企业。受益于 2022 年锂价大好行情，2022 年营业收入约 404. 49 亿元，同比大增 427. 82%；归属于上市公司股东的净利润约 241. 25 亿元，同比暴增 1060. 47%；基本每股收益 15. 52 元，同比暴增 1000. 71%；归属于上市公司股东的净资产 484. 94 亿元，同比增长 280. 01%。

3. **贵金属分析**

在贵金属方面，从均价来看，金价略有增长，其余贵金属小幅下跌。2018—2022 年主要贵金属平均价格见表 6-9。

表 6-9　2018—2022 年主要贵金属年平均价格统计表

年份	金：99.99%（元/克）	1#银：99.99%（元/千克）	铂：99.95%（元/克）	钯：99.95%（元/克）	钌：99.95%（元/克）	铑：99.95%（元/克）	铱：99.95%（元/克）
2018	271. 08	3592. 43	202. 97	251. 89	68. 84	561. 82	325. 96
2019	312. 92	3880. 98	203. 50	389. 79	75. 60	1027. 50	387. 01
2020	387. 51	4678. 78	207. 77	557. 28	77. 34	2887. 17	432. 52
2021	374. 50	5196. 22	237. 78	566. 72	139. 27	4859. 29	1236. 77
2022	392. 24	4710. 34	219. 82	523. 85	128. 89	3835. 07	1079. 45
增幅	4. 74%	-9. 35%	-7. 55%	-7. 56%	-7. 45%	-21. 08%	-12. 72%

2022 年，黄金价格表现内强外弱。受复杂多变的国际环境、紧缩的美欧货币政策及预期转弱的全球经济形势影响，国际现货金价最高 2070 美元/盎司，最低 1614 美元/盎司，最大波幅达 456 美元/盎司。因人民币兑美元汇率大幅贬值，国内人民币金价走势明显强于国际金价。2022 年上海黄金交易所 Au9999 合约最高 418 元/克，最低 275. 05 元/克，收于 410. 49 元/克，较上年度收盘价 373. 85 元/克上涨约 9. 8%。2022 年 12 月有色大宗商品白银价格为 5345 元/千克，同比增加 12. 05%，环比增加 5. 52%，白银价格整体呈震荡上涨趋势。

以山东黄金为例，受益于 2022 年全年金银价格高位运行，2022 年山东黄金实现营业收入 503. 06 亿元，同比增长 48. 24%；净利润 14. 23 亿元，同比增长 828. 42%；实现归属于上市公司股东的净利润 12. 46 亿元，同比增长 743. 23%。

（二）2022 年疫情得到有效控制，国内外经济复苏带动需求增长

2022 年，随着疫情得到有效控制，国内外经济复苏带动需求增长，推动有色金属行业业绩上涨。

贵金属方面，由于全球央行采取宽松货币政策，通胀预期上升，避险需求增加，而且随着经济复苏和疫苗普及，消费者对珠宝首饰等产品的需求也将恢复，从而支撑贵金属价格和需求。

基本金属方面，国内外基建投资的加速，汽车、家电等制造业的复苏，铜、铝、锌等基本金属的需求增长明显。同时，由于供应链受到疫情和环保政策的影响，供给端出现紧张局面，导致基本金属价格上涨。随着全球经济进一步恢复和绿色转型的推进，基本金属的需求将保持旺盛，而供给端仍然存在不确定性，因此基本金属价格和行业利润空间有望维持高位。

（三）国家产业政策支持助力有色金属产业发展

2022 年，国家出台了一系列政策措施，支持有色金属产业的发展。其中，2022 年 11 月发布了《三部门关于印发有色金属行业碳达峰实施方案的通知》（以下简称《通知》）。《通知》设立的主要目标为："十四五"期间，有色金属产业结构、用能结构明显优化，低碳工艺研发应用取得重要进展，重点品种单位产品能耗、碳排放强度进一步降低，再生金属供应占比达到 24%以上；"十五五"期间，有色金属行业用能结构大幅改善，电解铝使用可再生能源比例达到 30%以上，绿色低碳、循环发展的产业体系基本建立；确保 2030 年前有色金属行业实现碳达峰。

以铝为例，2022 年，随着国家对新能源汽车、高铁、城市轨道交通等领域的政策扶持和投资加大，对铝的需求日益增加。同时，由于国家对有色金属行业的节能减排要求提高，部分高耗能低效率的铝冶炼企业被淘汰或限产，供给端出现紧张，这导致铝市场出现供不应求的局面，推动了铝价上涨。中国铝业是中国最大的铝冶炼企业之一，2022 年，公司受益于铝价上涨，实现了业绩增长，全年实现营业收入 2910 亿元，实现净利润 108 亿元，经营性净现金流 278 亿元，报告期末归母权益 544. 03 亿元。

三、2023 年有色金属行业前景分析

2023 年有色金属行业的前景充满机遇和挑战，需要有色金属企业不断提高自身竞争力和创新能力，抓住发展机遇，应对发展挑战，实现高质量发展。预计 2023 年有色金属工业生产总体仍会保持平稳运行。

（一）国内外供应格局发生变化，有色金属价格波动加大

国内供应方面，由于环保政策的持续实施，有色金属行业将面临更严格的准入门槛和

生产限制，部分低效、高污染、高能耗的产能将被淘汰或整合，从而抑制有色金属产量的增长。同时，由于国内矿产资源开发难度加大、成本上升、品位下降等原因，有色金属自给率将继续下降，进口依存度将进一步提高。国外供应方面，由于全球疫情的不确定性、地缘政治风险的加剧、交通运输成本的上升等因素，有色金属进口供应将面临不稳定性和不确定性。例如，在2022年底至2023年初，俄罗斯和乌克兰之间的军事冲突升级，导致欧洲天然气供应紧张，油价飙升，从而影响了俄罗斯等有色金属出口国的生产和运输。2023年有色金属行业需要加强对国内外供需形势的分析和预判，及时调整采购和销售策略，降低价格波动带来的风险。

（二）绿色低碳转型推动有色金属结构优化

2023年，随着全球气候变化问题日益突出，各国都将加大力度实施绿色低碳转型战略，以实现碳达峰和碳中和目标。绿色低碳转型将对有色金属行业产生深远影响，既是挑战也是机遇。一方面，绿色低碳转型要求有色金属行业加强节能减排、清洁生产、循环利用等措施，降低环境污染和碳排放，提高资源利用效率和可持续发展能力。另一方面，绿色低碳转型也将带来新的市场需求和发展空间，尤其是对于那些具有轻质、高强度、耐腐蚀、导电导热等特性的有色金属而言。例如，在新能源汽车、风力发电、太阳能发电等领域，铝、铜、镍、钴等有色金属的需求将大幅增加。根据国际铜协会（ICA）的预测，到2023年，全球新能源汽车对铜的需求将达到150万吨，是2019年的3倍多；风力发电对铜的需求将达到100万吨，是2019年的1.5倍；太阳能发电对铜的需求将达到80万吨，是2019年的1.3倍。因此，有色金属行业需要根据市场变化，优化产品结构和品种，提高高端、高附加值、高技术含量的有色金属产品的供给能力，满足绿色低碳转型的需求。

（三）科技创新驱动有色金属质量效益提升

2023年，科技创新将成为有色金属行业提升质量效益、增强核心竞争力、实现高质量发展的重要驱动力。

一方面，科技创新可以帮助有色金属行业解决资源约束、环境压力、安全隐患等突出问题，提高资源利用效率、节能减排水平、安全生产能力。例如，在矿山勘查方面，利用遥感、地球物理、地球化学等先进技术和手段，提高勘查精度和效率；在矿山开采方面，利用智能化、自动化、数字化等现代技术和装备，提高开采率和回收率。

另一方面，科技创新可以帮助有色金属行业开拓新的市场需求和发展空间，增强产品竞争力和抗风险能力。例如，在新材料方面，研发具有特殊功能和性能的有色金属材料，满足航空航天、电子信息、生物医药等领域的高端需求。

（四）国际合作拓展有色金属资源保障渠道

2023年，随着“一带一路”倡议的深入推进，中国与沿线国家和地区的经贸合作将进一步深化，为有色金属行业拓展国际合作提供了广阔的机遇。

一方面，国际合作可以帮助有色金属行业拓展海外资源开发和利用渠道，增加资源供给保障。例如，在非洲、拉美等地区，利用中国的资金、技术、装备等优势，与当地政府和企业开展矿业投资合作，建设矿山项目，获取稀有金属、贵金属等战略性资源；在中亚、东南亚等地区，利用中国的市场、品牌、管理等优势，与当地政府和企业开展矿业贸易合作，建立稳定的进口渠道，获取铜、铝、镍等基础性资源。

另一方面，国际合作可以帮助有色金属行业拓展海外市场开拓和服务渠道，增加产品销售收入。例如，在欧洲、北美等地区，利用中国的产品质量、价格、服务等优势，与当地政府和企业开展矿业市场合作，提供高端、高附加值、高技术含量的有色金属产品，满足绿色低碳转型的需求；在非洲、中东等地区，利用中国的项目承建、工程咨询、技术培训等优势，与当地政府和企业开展矿业服务合作，提供全方位、一体化、定制化的有色金属解决方案，满足基础设施建设的需求。

附表　2022年度有色金属行业上市公司业绩评价结果排序表

序号	A股上市公司评价得分排序	股票代码	股票简称	综合得分（100分）	评价等级	每股收益（元）	净资产收益率（%）	总资产报酬率（%）	总资产周转率（次）	流动资产周转率（次）	资产负债率（%）	已获利息倍数	营业收入增长率（%）	资本扩张率（%）	市场投资回报率（%）	股价波动率（%）	年末资产总额（万元）	营业收入（万元）	净利润（万元）
1	15	000933	神火股份	86.30	AAA	3.39	49.36	20.38	0.75	2.17	64.98	12.15	23.95	47.34	59.84	110.17	6047737.95	4270385.33	757120.28
2	23	601899	紫金矿业	85.00	AA	0.76	22.32	13.09	1.05	4.27	59.33	9.11	20.09	33.97	5.26	75.03	30604413.95	27032899.85	2004204.6
3	31	002756	明泰铝业	83.60	AA	15.59	71.86	70.35	1.43	2.04	18.48	3950.11	116.39	145.69	-26.62	105.83	1542337.55	1557873.17	631974.44
4	33	002466	北方稀土	83.50	AA	15.52	84.37	71.27	0.7	2.49	25.09	37.85	427.82	192.36	-14.41	119.91	7084649.21	4044888.4	2412458.87
5	42	002460	云铝股份	82.50	AA	10.18	53.07	39.27	0.71	1.8	38.27	53.72	274.68	86.75	-23.74	79.37	7915991.01	4182250.89	2050356.79
6	56	002497	建龙微纳	81.20	AA	3.94	50.8	46.62	1.22	1.86	22.65	352.02	175.82	68.45	-9.41	71.55	1464622.54	1445683.79	453825.79
7	81	000807	华友钴业	79.70	A	1.32	21.85	16.08	1.26	7.12	35.29	22.55	16.31	20.88	-1.3	96.91	3905947.33	4846302.49	456864.49
8	86	000878	赣锋锂业	79.50	A	1.03	18.14	10.01	3.41	6.21	59.84	5.57	6.18	21	-10.53	51.15	3996501.49	13491529.85	180874.66
9	93	002738	锡业股份	79.20	A	7.21	55.5	44.01	0.91	1.72	34.38	58.3	235.88	85.08	58.89	158.86	1148245.12	804122.39	329483.38
10	94	601958	西部矿业	79.10	A	0.41	11.92	12.44	0.63	1.81	13.54	144.47	19.53	8.55	70	111.79	1580550.82	953128.16	133474.39
11	104	300390	神火股份	78.70	A	11.22	96.74	78.23	1.28	1.93	30.57	176.45	401.26	246.24	-25.85	97.04	2026742.66	1703045.48	658579.49
12	124	002056	联瑞新材	77.80	A	1.03	21.99	11.13	1.26	1.94	55.87	32.14	54.28	14.82	9.03	135.77	1760989.28	1945063.82	166926.55
13	147	603993	中国铝业	77.00	A	0.28	13.04	8.26	1.14	2.21	62.41	4.65	-0.5	28.54	-15.79	64.78	16501921.95	17299085.72	606694.66
14	148	002192	江西铜业	76.90	A	9.4	126.95	103.39	1.15	1.96	16.81	526.17	225.05	352.39	-13.87	105.86	386045.91	299239.63	243993.93
15	238	002176	博迁新材	74.70	BBB	1.36	73.57	44.6	1.04	1.73	40.5	43.33	120.37	116.46	-4.24	93.26	722926.57	657190.18	232637.83
16	238	002240	海星股份	74.70	BBB	6.4	62.75	53.01	0.94	1.58	29.48	85.6	310.3	154.21	-24.69	98.49	1843074.45	1203923.37	555245.54
17	238	300855	西藏珠峰	74.70	BBB	0.85	18.42	17.48	0.63	0.98	21.11	118.18	47.93	21.39	12.7	116.22	188638.17	103237.54	25479.95
18	251	601168	中矿资源	74.50	BBB	1.45	25.26	12.42	0.77	2.64	61.07	8.86	3.55	12.51	-25	98.57	5281666.69	3976248.39	344599.21
19	289	601600	横店东磁	73.60	BBB	0.24	12.19	8.42	1.44	5.64	58.67	4.45	7.87	20.57	-16.67	94.24	21234803.1	29098794.2	419192.7
20	300	000831	图南股份	73.40	BBB	0.42	14.42	15.96	1.04	1.21	7.68	25.21	27.33	15.5	-7.04	84.95	337970.08	378596	41563.67
21	307	600111	银泰黄金	73.20	BBB	1.66	29.72	21.86	1.04	1.38	31.69	21.55	22.53	30.21	-39.66	129.91	3664524.62	3726003.58	598364.74
22	323	600888	盛新锂能	73.00	BBB	1.16	19.11	12.46	0.55	1.31	40.94	14.11	-5.96	22.08	1.96	70.2	1434147.99	773542.48	154784.5
23	350	000762	天齐锂业	72.60	BBB	1.53	43.21	33.77	0.43	0.99	45.94	58.47	242.98	56.4	-23.81	110.51	751394.65	220919.42	79533.57
24	359	603799	新疆众和	72.40	BBB	2.48	20.42	8.75	0.75	1.65	70.45	5.49	78.48	36.74	-25.56	106.84	11059241.87	6303378.55	390988.07
25	414	000630	菲利华	71.60	BBB	0.26	11.01	8.07	2.17	3.58	51.19	8.6	-7.01	28.14	-10.31	82.2	6143572.1	12184546.63	273036.55
26	444	002155	盛和资源	71.20	BBB	0.36	7.15	6.89	2.87	14.45	19.31	30.45	6.02	6.39	25	100.41	731645.68	2104083.19	43735.71
27	486	600362	铜陵有色	70.60	BBB	1.73	6.9	5.75	2.92	5.05	51.02	4.84	8.4	5.32	-19.44	73.24	16733053.85	47993804.52	599396.43
28	523	603876	ST中孚	70.30	BBB	2.82	25.56	9.65	1.13	1.74	71.23	7.85	18.92	28.08	13.51	183.39	2195406.09	2160525.5	138155.96
29	578	000975	银河磁体	69.70	BB	0.41	9.18	10.4	0.52	1.59	21.57	27.66	-7.29	2.76	32.18	133.19	1616679.96	838154.4	112445.61

续 表

序号	A股上市公司评价得分排序	股票代码	股票简称	综合得分（100分）	评价等级	每股收益（元）	净资产收益率（%）	总资产报酬率（%）	总资产周转率（次）	流动资产周转率（次）	资产负债率（%）	已获利息倍数	营业收入增长率（%）	资本扩张率（%）	市场投资回报率（%）	股价波动率（%）	年末资产总额（万元）	营业收入（万元）	净利润（万元）
30	598	002978	金博股份	69.50	BB	2.73	21.07	21.29	0.33	0.61	16.65	201.37	-13.35	13.49	-18.18	77.97	654590.64	199593.87	109474.08
31	598	603399	中金岭南	69.50	BB	0.96	26.76	22.88	1.97	2.75	45.42	17.15	82.88	31.15	81.82	165.13	455817.51	706073.1	49228.34
32	605	002532	厦门钨业	69.40	BB	0.57	11.51	7.77	0.6	1.39	59.73	4.67	14.83	7.39	-6.45	78.89	5671576.73	3300841.83	265047.53
33	615	600988	盛屯矿业	69.30	BB	0.27	7.16	7.8	0.49	1.59	57.77	5.66	65.67	48.14	22.22	88.02	1754429.45	626678.73	45111.54
34	628	600547	洛阳钼业	69.20	BB	0.2	4.33	3.62	0.6	2.81	59.55	2.91	48.24	15.46	0.96	50.33	9072164.08	5030575.43	124585.86
35	637	600489	和胜股份	69.10	BB	0.44	8.57	7.3	1.19	2.6	42.43	7.53	1.87	4.02	2.02	41.85	4864231.31	5715095.13	211713.98
36	658	000060	西部超导	68.90	BB	0.33	8.23	5.34	1.84	5.82	53.16	7.03	24.5	11.13	-15.26	42.75	3265219.44	5533945.46	121228.94
37	658	600549	金力永磁	68.90	BB	1.03	13.7	8.68	1.34	2.4	59.65	5.58	51.4	26.18	-9.59	100.27	3979877.01	4822278.7	144618.67
38	704	000603	三祥新材	68.30	BB	0.53	14.95	13.01	0.35	1.16	34.3	8.55	14.73	12.37	5.88	70.9	538192.62	187920.97	36460.51
39	708	601069	云南铜业	68.20	BB	0.22	4.78	7.53	0.99	3.38	23.42	7.89	6.01	161.25	0	73.45	620097.4	440801.27	17619.29
40	732	002203	嘉元科技	68.00	BB	0.62	9.07	5.7	2.25	3.65	60.05	5.12	16.67	14.17	-6.52	56.29	3348579.99	7386532.88	120826.14
41	746	002182	龙磁科技	67.90	BB	0.95	15	10.76	1.11	2.29	49.05	8.48	12.17	15.86	-1.39	82.41	906327.76	910460.98	61131.3
42	762	600392	国城矿业	67.80	BB	0.91	16.1	13.2	1.09	1.73	35.54	19.69	57.85	0.22	-24.04	91.91	1554096.12	1675792.7	159347.78
43	767	603527	石英股份	67.70	BB	0.58	11.09	9	3.49	4.82	45.37	9.52	5.16	10.99	25	180.13	216621.27	712942.22	14040.57
44	798	688786	南山铝业	67.40	BB	1.16	13.55	13.3	0.52	0.77	24.31	274.45	6.54	8.7	-20.75	104.13	88275.73	42766.28	9879.53
45	840	600338	沃尔核材	66.90	BB	0.45	14.03	13.91	0.42	3.43	35.14	9.03	-3.71	27.18	-29.51	106.59	537693.81	197260.09	40691.03
46	850	300748	有研新材	66.80	BB	0.84	14.03	9.67	0.83	1.05	39.51	12.24	75.61	128.83	-26.15	105.38	1122045.58	716518.69	70268.67
47	854	300811	怡球资源	66.70	BB	1.85	14.09	12.93	0.62	1.11	27.55	21.15	46.81	64.43	-3.68	99.75	224858.69	106567.74	19306.21
48	869	600219	海亮股份	66.50	BB	0.29	8.72	7.11	0.55	1.08	22.72	15.62	21.68	5.25	-31.43	100.88	6472599.5	3495122.25	351552.31
49	869	600595	众源新材	66.50	BB	0.27	10.62	8.58	0.76	2.94	40.41	7.26	14.61	24.15	-35.14	91.02	2419137.04	1751667.97	104995.75
50	882	600768	北矿科技	66.40	BB	1.28	-1.86	51.8	0.68	1.11	29.88	2221.63	-27.3	77.63	0	53.83	55978.88	30311.78	17153.49
51	967	002057	盛达资源	65.60	BB	0.52	11.84	9.66	0.56	0.82	32.86	24.29	6.74	10.82	24.49	116.29	497944.09	276237.23	38977.38
52	990	000737	楚江新材	65.40	BB	0.34	15.18	10.7	1.27	2.74	49.29	6.57	7.18	13.45	-29.63	111.3	849219.92	1067985.21	61003.34
53	990	002237	正海磁材	65.40	BB	0.43	7.41	4.77	2.55	3.54	58.78	2.43	20.94	5.4	-10.2	57.85	1987378.92	5004677.68	49911.08
54	1013	300224	广晟有色	65.20	BB	0.49	11.88	6.3	0.9	1.23	58.65	46.22	87.52	29.68	-21.05	74.79	887952.52	631901.68	40411.08
55	1030	300127	云海金属	65.00	B	0.53	12.15	12.97	0.66	0.86	7.69	593.52	15.21	1.27	-32.76	91.16	151706.46	99211.73	17145.37
56	1030	300930	索通发展	65.00	B	0.92	10.21	12.62	0.48	0.76	5.53	0	-25.87	11.35	-22.58	112.86	84680.49	38693.72	9156.09
57	1052	000970	鼎胜新材	64.80	B	0.71	13.88	12.73	0.93	1.2	34.96	21.97	35.97	28.52	1.68	126.3	1171294.04	971580.8	84786.24
58	1052	601702	中金黄金	64.80	B	0.67	18.78	13.35	1.41	2.14	40.61	9.35	32.51	18.84	25	193.8	628500.24	854476.67	66577.15

续 表

序号	A股上市公司评价得分排序	股票代码	股票简称	综合得分（100分）	评价等级	每股收益（元）	净资产收益率（%）	总资产报酬率（%）	总资产周转率（次）	流动资产周转率（次）	资产负债率（%）	已获利息倍数	营业收入增长率（%）	资本扩张率（%）	市场投资回报率（%）	股价波动率（%）	年末资产总额（万元）	营业收入（万元）	净利润（万元）
59	1075	601212	中钢天源	64.60	B	0	3.1	3.8	1.9	3.42	61.76	2.6	21.52	6.3	0	0	4666330.96	8783534.81	3330.92
60	1167	603115	金田铜业	63.90	B	0.95	9.52	10.73	0.74	0.99	16.1	640.5	7.29	2.04	-30.77	92.7	241975.2	176523.05	22771.42
61	1186	000657	中钨高新	63.80	B	0.5	10.28	7.7	1.22	2.05	47.58	8.76	8.16	8.66	7.94	98.65	1167943.17	1307996.99	53455.09
62	1194	601609	锐新科技	63.70	B	0.29	2.4	4.66	5.18	7.62	61.16	2.37	24.68	1.83	-22.22	65.37	2000821.1	10118971.19	42025.18
63	1277	600497	金钼股份	62.90	B	0.13	3.08	3.17	0.79	7.31	35.26	4.42	0.85	0.14	1.82	41.85	2659951.43	2190024.51	66959.8
64	1277	688456	华峰铝业	62.90	B	0.53	3.62	4.42	1.93	2.61	22.27	16.26	-0.01	3.74	25	99.12	145703.56	278057.43	5544.43
65	1306	600459	宝钛股份	62.70	B	0.69	5.89	5.9	3.38	3.9	52.62	3.84	12.13	54.72	-25.62	121.49	1307541.78	4075865.43	40698.87
66	1306	600673	大地熊	62.70	B	0.43	10.46	7.59	0.5	0.96	58.42	6.49	-8.59	12.44	7.02	117.05	2448820.26	1169899.06	124331.8
67	1329	000688	铂科新材	62.50	B	0.17	5.19	3.01	0.23	4.07	58.4	6.93	-9.5	7.57	21.21	79.67	775694.25	154706.9	18538.58
68	1345	000962	湖南黄金	62.40	B	0.39	8.64	9.61	0.54	1.17	24.66	64.03	24.09	15.05	-18.92	53.08	199921.78	98621.75	17055.46
69	1357	600980	赤峰黄金	62.30	B	0.45	5.19	6.2	0.57	0.77	33.21	144.22	23.45	29.94	-19.35	59.07	182740.2	87021.2	8347.48
70	1357	603937	中科三环	62.30	B	0.42	5.37	6.16	0.85	1.19	16.29	121.74	-8.13	3.02	8.33	76.46	187719.72	160277.99	8786.66
71	1385	002540	格林美	62.10	B	0.55	7.82	12.53	1.1	1.73	12.78	374.71	11.84	10.79	-31.75	104.85	638187.6	672893.05	67612.79
72	1443	688190	驰宏锌锗	61.60	B	1.89	10.34	10.49	0.6	0.75	20.05	304.99	54.68	10.2	-20	101.06	252496.33	144738.24	22670.57
73	1482	601137	株冶集团	61.30	B	0.68	9.66	5.68	1.02	1.79	58.46	5.09	33.97	11.02	-34	120.58	1448343.84	1344783.73	53706.69
74	1515	000960	顺博合金	61.10	B	0.82	8.52	6.33	1.34	3.92	52.76	3.86	-3.43	1.16	-27.27	153.42	3667021.79	5199784.41	134625.6
75	1532	601677	贵研铂业	61.00	B	1.66	10.95	10.61	1.47	2.27	33.33	33.95	12.87	14.17	-40.43	152.21	1895451.66	2778113.34	159858.84
76	1555	601388	锌业股份	60.70	B	0.17	8.98	9.64	1.35	1.99	25.01	14.42	-7.52	9.41	-25	81.15	563806.25	765981.36	38140.71
77	1583	002824	宁波韵升	60.50	B	1.08	14.74	9.49	1.13	1.78	46.68	12.42	24.44	39.75	-29.69	174.86	304115.18	299927.43	20459.72
78	1598	000612	亚太科技	60.40	B	0.25	4.8	4.22	0.85	2.98	32.46	5.8	35.75	3.96	-29.73	72.34	784038.68	667609.43	30308.07
79	1772	002378	天通股份	59.00	CCC	0.22	8.75	6.28	0.68	1.27	58.14	4.09	20.23	6.75	-11.76	53.24	479173.88	320337.3	20334.46
80	1797	003038	焦作万方	58.80	CCC	1.36	10.82	8.33	1.29	2.24	57.44	3.98	62.58	97.5	-25.35	86.76	443594.12	422140.69	18802.67
81	1835	600259	*ST金泰	58.50	CCC	0.7	8.2	5.54	3.48	5.67	51.31	3.68	42.03	81.21	-14.29	81.64	732247.56	2286425.81	23231.06
82	1875	002996	安泰科技	58.10	CCC	0.46	3.28	6.19	2.03	2.55	55.75	3.65	10.83	11.7	-7.14	117.14	589903.33	1106630.82	19975.87
83	1875	600531	方大炭素	58.10	CCC	0.39	9.14	5.05	1.99	2.8	68.45	2.67	0.82	7.21	-12.5	44.6	1381331.2	2711239.98	42494.45
84	1891	300835	白银有色	58.00	CCC	0.88	8.82	8.47	0.64	1.35	40.01	12.37	15.3	4.41	-10.14	99.65	165838.65	92782.97	10512.95
85	1921	000795	章源钨业	57.80	CCC	0.23	7.44	6.5	1	1.28	44.93	7.99	25.85	8.07	-17.65	60.84	495443.35	473220.49	25854.27
86	1944	000969	恒邦股份	57.60	CCC	0.21	4.37	3.13	0.7	1.22	42.62	12.18	18.09	3.72	-26.76	70.45	1089960.32	740600.63	21109.34
87	1975	002379	兴业矿业	57.40	CCC	0.02	3.93	0.98	1.28	2.37	46.53	2.06	10.62	3.39	30.77	111.8	259532.41	352926.99	2284.27

续 表

序号	A股上市公司评价得分排序	股票代码	股票简称	综合得分（100分）	评价等级	每股收益（元）	净资产收益率（%）	总资产报酬率（%）	总资产周转率（次）	流动资产周转率（次）	资产负债率（%）	已获利息倍数	营业收入增长率（%）	资本扩张率（%）	市场投资回报率（%）	股价波动率（%）	年末资产总额（万元）	营业收入（万元）	净利润（万元）
88	2033	300697	寒锐钴业	57.00	CCC	0.34	12.07	9.84	1.44	1.76	35.07	7.72	-2.16	6.62	-18.52	56.77	150855.63	212685.81	11303.95
89	2080	600366	东方锆业	56.60	CCC	0.36	6.96	5.27	0.76	1.07	36.72	6.03	70.74	26.08	-12.41	87.09	969426.26	640937.89	35569.03
90	2118	300963	五矿稀土	56.30	CCC	0.51	8.71	7.27	0.7	0.86	31.87	62.31	27.38	7.18	-16.67	92.06	135857.83	87239.2	8000.6
91	2210	000426	坤彩科技	55.70	CCC	0.09	3.68	3.52	0.22	3.08	42.27	2.25	3.84	3.46	-15.57	84.13	962398.21	208588.87	17390.05
92	2220	600961	豫光金铅	55.60	CCC	-0.03	15.27	4.7	2.78	6.88	83.98	2.32	-4.82	1.54	-21.43	101.99	549606.36	1567717.31	5621.08
93	2276	002149	宏达股份	55.10	CCC	0.38	6.73	5.26	0.48	0.76	50.04	6.12	22.83	5.97	-5.36	95.05	639530.89	294130.31	18489.97
94	2290	600456	豪美新材	55.00	CC	1.17	9.51	7.26	0.55	0.77	45.7	6.62	26.47	4.35	-36.36	75.51	1245912.97	663463.19	55715.8
95	2331	600255	东方铝业	54.70	CC	0.05	2.91	4.47	0.86	1.57	54.96	5.91	-4.74	14.22	-16.67	68.01	385708.99	309345.37	9771.27
96	2361	300618	*ST园城	54.50	CC	0.69	4.57	5.09	0.69	1.06	31.82	5.32	16.95	7.11	-47.13	138.75	743248.02	508702.06	21241.1
97	2407	300057	精艺股份	54.20	CC	0.29	4.33	3.38	0.65	1.15	46.28	3.01	7.3	57.15	-4.17	116.67	1031198.86	583440.65	20446.6
98	2441	000758	博威合金	54.00	CC	0.07	6.22	3.65	0.38	0.75	59.58	4.1	12.86	-4.15	-13.98	48.65	2005039.65	737240.87	14676.03
99	2462	688077	华锋股份	53.90	CC	1.86	10.78	7.18	0.84	1.25	56.93	6.97	28.1	11.98	-29.17	135.62	282607.12	211948.06	14982.78
100	2512	000633	吉翔股份	53.50	CC	0.02	3.11	3.19	0.93	1.67	32.3	37.98	39.36	3.34	35.56	133	25673.77	22932.09	589.28
101	2521	002167	英洛华	53.40	CC	0.14	6.61	4.76	0.52	1.28	55.37	7.04	6.48	14.37	-22.95	64.14	312935.88	136963.67	9900.06
102	2556	301026	电工合金	53.10	CC	1.29	9.54	10.74	1.65	2.16	14.14	226.97	14.87	13.95	-32.26	192.51	169786.12	256926.1	14593.26
103	2565	002578	鑫科材料	53.00	CC	0.05	3.32	3.07	1.28	1.97	36.26	7.26	24.41	3.48	15	85.65	238290.54	279130.63	4992.1
104	2604	002171	罗平锌电	52.70	CC	0.1	-0.33	2.14	2.91	4.51	54.22	2.33	8.69	2.67	-36.07	100.75	1462750.57	4059587.96	13366.85
105	2604	002295	ST华钰	52.70	CC	0.12	1.03	2.91	1.96	2.36	43	2.19	-28.5	2.23	-9.09	59.12	229048.39	480165.73	2894.71
106	2648	300337	银邦股份	52.40	CC	0.08	1.86	4.25	1.02	1.61	61.19	1.67	23.44	4.01	2.94	191.92	403000.62	394430.25	6730.37
107	2673	000751	福达合金	52.20	CC	0.05	0.97	3.42	2.27	3.46	63.56	1.41	-18.33	2.25	-23.08	66.38	822162.15	1865696.59	6583.79
108	2811	605208	鹏欣资源	51.00	CC	0.37	4.59	4.03	1.13	2.05	38.2	4.98	7.43	3.26	-14.29	122.97	335442.06	353396.08	9419.42
109	2848	601020	西部黄金	50.40	CC	0.27	4.55	3.99	0.11	1.6	34.52	3.48	-59.93	4.67	-7.69	82.37	532961.32	56422.34	14968.96
110	2940	600711	闽发铝业	49.40	C	-0.03	4.68	3.88	0.86	1.66	47.49	2.98	-43.95	21.82	-41	124.17	3195302.62	2535654.74	-9553.85
111	2967	600807	常铝股份	49.10	C	0.02	5.77	6.71	0.34	0.51	79.15	2.62	33.96	30.15	-15.38	89.75	399991.15	171670.54	1835.32
112	2984	603045	*ST丰华	48.90	C	0.22	2.26	4.19	1.08	1.69	52.15	1.55	-25.19	3.42	-16.67	50.51	187948.77	219280.06	2976.99
113	3082	300328	东睦股份	48.00	C	0	-1.88	0.02	0.65	1.38	55.7	0.02	51.06	-0.44	-25	92.84	279472.28	161598.65	325.56
114	3243	600615	宁波富邦	46.00	C	-0.04	-1.63	-0.92	0.21	1.17	8.94	-8.64	-2.96	0.42	10.14	64.71	69945.95	15240.07	-805.87
115	3387	605376	中色股份	43.70	C	0.59	9.21	9.31	0.39	0.72	18.7	50.86	-23.02	6.38	-38.16	120.35	207755.36	74655.4	15348.12
116	3499	000506	西部材料	41.80	C	0.27	-31.24	15.34	0.16	0.73	60.87	6.1	-69.42	67.39	-10	74.63	171770.01	27714.92	25299.72

续 表

序号	A股上市公司评价得分排序	股票代码	股票简称	综合得分（100分）	评价等级	每股收益（元）	净资产收益率（%）	总资产报酬率（%）	总资产周转率（次）	流动资产周转率（次）	资产负债率（%）	已获利息倍数	营业收入增长率（%）	资本扩张率（%）	市场投资回报率（%）	股价波动率（%）	年末资产总额（万元）	营业收入（万元）	净利润（万元）
117	3609	002842	深圳新星	39.80	C	-0.15	-5.22	0.68	0.72	1.23	57.04	0.28	9.78	-5.51	-15.38	71.81	222642.22	167355.32	-4126.25
118	3619	002806	翔鹭钨业	39.60	C	-0.05	-3.49	0.75	0.34	0.8	38.5	0.57	-4.39	-3.76	-25	78.43	193954.15	65792.18	-960.55
119	3634	002716	合金投资	39.20	C	-0.08	-10.62	-2.06	0.82	1.97	55.25	-1.04	70.59	-8.48	-8.33	70.96	411234.18	339372.71	-16703.12
120	3649	603978	山东黄金	38.90	C	-0.29	-3.25	-0.28	0.52	1.01	45.68	-0.17	10.8	-3.17	-28.85	95.9	318909.52	152430.27	-4808.49
121	3732	002988	金贵银业	36.80	C	-0.48	-4.28	-0.33	1.05	1.66	58.53	-0.14	-3.34	-1.76	-36.36	110.42	527527.34	541257.68	-11141.93
122	3818	002428	宏创控股	34.80	C	-0.1	-5.58	-1.91	0.23	0.69	38.31	-1.73	-3.57	-3.67	-20.97	81.67	241298.2	53659.77	-6240.29
123	3879	600281	云南锗业	32.60	C	-0.07	-8.34	-2.2	0.33	0.7	58.45	-1.14	17.09	-7.7	-18.18	60.13	107049.07	32790.69	-3709.99
124	3903	600490	光智科技	31.90	C	-0.28	-12.08	-8.82	0.96	2.48	33.54	-15.33	-2.74	-6.9	-38.24	105.66	878797.29	835228.46	-62298.1
125	3921	002114	龙宇燃油	31.40	C	-0.73	-15.15	-8.63	0.81	3	48.71	-8.46	7.89	-15	-20	68.96	249466.79	196869.08	-23647.35
126	3921	002160	ST荣华	31.40	C	-0.47	-11.34	-2.91	0.88	1.35	57.12	-1.62	8.85	13.91	-20	94.63	837056.09	678480.87	-37541.24
127	3921	002501	宜安科技	31.40	C	-0.11	-17.81	-19.06	0.24	0.76	33.16	-47.25	38.45	-24.45	-6.67	86	187801.51	50806.62	-40618.28
128	4136	300139	*ST利源	26.20	C	-0.3	-8.68	-4.4	0.18	0.36	11.72	0	13.09	-0.86	-36.51	102.41	120246.4	21852.06	-8288.78
129		301217	屹通新材	64.00	B	0.33	5.45	7.11	0.8	1.43	8.94	12.67	-5.07	172.02	-29.55	93.3	620067.32	387482.09	26510.8
130		301219	凯立新材	62.40	B	1.29	4.11	5.12	0.68	0.93	10.72	27.81	15.39	154.8	-38.23	76.64	948985.52	480084.66	27447.94
131		603132	浩通科技	60.70	B	0.49	17.14	12.8	0.26	2.92	37.31	8.27	-1.04	41.25	-48.7	82.93	504538.32	123947.35	46994.38
132		688102	长江材料	60.70	B	0.2	6.48	6.24	0.72	1.52	32.51	6.36	2.61	72.07	16.26	90.86	149711.37	99360.52	7801.49
133		688231	悦安新材	56.90	CCC	0.45	3	3.82	0.44	0.76	11.61	6.57	31.11	456.05	-5.88	29.98	316831.97	95159.66	9444.1
134		871634	志特新材	62.10	B	0.4	10.83	10.26	2.63	3.73	13.02	11.03	-2.66	126.16	-9.09	43.67	27822.1	58524.18	2004.17

第七章

石油石化行业上市公司业绩评价

2022年是世界极具动荡的一年，俄乌冲突引发的地缘政治冲突加剧了世界粮食危机、能源危机的情形出现；2022年同时也是疫情复杂的一年，从年初的新型变异毒株的散发，到12月份防控“新十条”政策的出台，人们逐步摆脱疫情影响。这些事件都对我国的经济走势有着明显的冲击，但是石油石化行业对上述不利事项采取了积极的应对措施。纵观全年数据，2022年度石油石化行业实现营业收入10.59万亿元、利润总额0.63万亿元。从石油和化工行业景气指数（PCPI）看，2022年行业景气总体呈高位回落态势，三季度滑落至偏冷和过冷区间。但从四季度开始，尽管行业价格和效益仍在下滑，但景气度已经呈现趋稳回升。

一、石油石化行业上市公司业绩评价结果

2022年全部上市公司共计4931家，石油石化行业涉及的石油化工、化学原料、化学制品、塑料、橡胶等行业上市公司共432家，其中375家公司为盈利状态。

2022年石油石化行业432家上市公司平均评价分值73.9分，高于全部上市公司的平均评价分值63分；其中有20家石油石化行业上市公司进入2022年上市公司业绩评价综合得分的“中联价值100”名单。石油石化行业432家上市公司（包含借壳上市）业绩评价等级如下：4家AAA、13家AA、36家A、41家BBB、53家BB、66家B、71家CCC、50家CC、98家C。

石油石化行业上市公司资产总额合计10.28万亿元，占全部上市公司资产总额的10.62%；实现业务收入10.59万亿元，占全部上市公司营业收入的17.21%；实现净利润0.63万亿元，占全部上市公司净利润的19.82%。该行业上市公司2022年度市场投资回报率-13.68%，略低于全部上市公司-12.92%的市场投资回报率；股价波动率为91.45%，略

低于全部上市公司98.53%的股价波动率。石油石化行业扣除非经常性损益净资产收益率的平均值为12.38%，高于全部上市公司7.31%的平均水平；总资产报酬率8.91%，高于全部上市公司5.28%的平均水平。上述数据说明，2022年石油石化行业整体保持稳定增长态势，股价较全部上市公司平均水平波动性小，较为稳定；净资产收益率以及总资产报酬率高于全部上市公司平均水平。

2022年，石油化工行业按评价体系，行业综合排名评价得分前十强见表7-1。

表7-1 2022年度石油石化行业评价得分前十名的公司

序号	股票代码	股票简称	在A股上市公司中评价得分排序
1	600426	华鲁恒升	8
2	601857	中国石油	9
3	603599	广信股份	22
4	600873	梅花生物	24
5	600256	广汇能源	28
6	600160	巨化股份	33
7	600141	兴发集团	37
8	000408	藏格矿业	42
9	000893	亚钾国际	47
10	000792	盐湖股份	51

下面将从财务效益、资产质量、偿债风险、发展能力及市场表现等五个方面对石油石化行业上市公司进行具体分析。

（一）财务效益

2022年石油化工行业整体财务效益与2021年基本保持稳定，表7-2显示，全部上市公司净资产收益率、总资产报酬率平均值分别为7.31%、5.28%，分别低于石油化工行业12.38%和8.91%的平均值。2022年石油石化行业上市公司相比于2021年，除盈利现金保障倍数、营业利润率外，其余数据指标较2021年行业水平均有小幅上升；除盈利现金保障倍数外，2022年数据也高于全部上市公司平均水平。上述财务指标表明，2022年虽然受多方不良因素的影响，但通过对总资产和净资产的合理布局，石油石化行业整体呈现出上升趋势。财务收益排名前五的是中国石油、万华化学、新潮能源、宝丰能源、中国海油。

表 7-2　石油石化行业财务效益状况比较表

评价指标		2022 年上市公司平均值	2022 年行业值	2021 年行业值	增长率（%）
基本指标	净资产收益率（%）	7.31	12.38	11.59	6.82
	总资产报酬率（%）	5.28	8.91	8.43	5.69
基本得分		21.13	27.52	25.76	-1.90
修正指标	营业利润率（%）	6.65	7.8	7.84	-0.51
	盈利现金保障倍数	1.84	1.71	1.83	-6.56
	股本收益率（%）	45.68	76.88	63.58	20.92
综合得分		23.6	27.52	26.71	3.03

（二）资产质量

从表 7-3 可以看出，2022 年石油石化行业上市公司资产质量数据指标都略高于 2022 年全部上市公司平均值和 2021 年同行业上市公司数据。横向比较来看，2022 年石油石化行业依托于自身的积极转型以及对企业主营业务的合理规划，资产利用率以及收入回流能力较上市公司平均水平更为强劲；纵向比较来看，2022 年行业值较 2021 年也有了小规模增长，增长得益于行业对于整体经济环境的正确认识及自身交易结构的优化。资产质量评价并列第一的是山东海化、宇新股份、双环科技、镇洋发展、岳阳兴长、天原股份、大庆华科、隆华新材、恒通股份、新凤鸣、ST 实华。

表 7-3　石油石化行业资产质量状况比较表

评价指标		2022 年上市公司平均值	2022 年行业值	2021 年行业值	增长率（%）
基本指标	总资产周转率（次）	0.66	1.08	1.02	5.88
	流动资产周转率（次）	1.27	3.36	3.13	7.35
基本得分		9.8	14.84	14.04	6.84
修正指标	应收账款周转率（次）	8.67	25.96	22.71	14.31
	存货周转率（次）	3.25	10.06	9.72	3.50
综合得分		9.31	14.01	13.23	5.90

（三）偿债风险

从表 7-4 可知，2022 年石油石化行业的资产负债率、已获利息倍数指标明显优于上市公司平均水平，速动比率低于全部上市公司平均值。造成上述现象的主要原因在于：2022 年，石油石化行业资产受现金及现金等价物、定期存款增加以及原油、成品油等存货受国际原油价格的上行影响，企业流动资产比例增加，偿债能力增强；加之，国家积极制定相关政策，保证我国经济的后续恢复和稳定，其中对于企业的帮扶政策，保证了各企业现金流的稳定，保证企业资产和负债之间呈现出健康发展的态势，维持企业的稳定发展；石油石化行业作为资产型行业，付息债务比例相较于整体行业而言较高，故表现为相关指标相较于全部上市公司表现较差的现象；但从纵向来看，2022年行业值相比于2021年有明显提高，表明石油石化行业正积极转型，优化相关数据指标。偿债风险评分第一名的上市公司是建新股份；评分并列第二的上市公司是晨光新材、石英股份、三美股份、兴化股份、百龙创园、新瀚新材、新亚强、洪汇新材、龙高股份、中船汉光、金牛化工、宁波色母、广聚能源、金瑞矿业、联合化学、天新药业。

表7-4　石油石化行业偿债风险状况比较表

评价指标		2022年上市公司平均值	2022年行业值	2021年行业值	增长率（%）
基本指标	资产负债率（%）	58.63	48.62	49.97	-2.70
	已获利息倍数	5.4	10.32	9.8	5.31
	基本得分	8.81	9.92	9.79	-0.92
修正指标	速动比率（%）	86.08	77.05	75.98	1.41
	现金流动负债比率（%）	14.64	34.29	32.48	5.57
	带息负债比率（%）	41.74	47.43	39.19	21.03
	综合得分	8.79	8.93	9.29	-3.88

（四）发展能力

从表7-5可知，2022年石油石化行业营业发展能力指标，除营业收入增长率外，均优于全行业上市公司指标。指标的优异表现得益于2022年石油石化行业通过传统化工和新能源建设相互补充的方式，优化企业成本结构，积极开展化工新产品新材料研发与成果产业化，促使企业营业收入不断提高。发展能力评分排名前五的上市公司是广信股份、广汇能源、兴发集团、海油工程、中国海油。

表7-5　石油石化行业发展能力状况比较表

评价指标		2022年上市公司平均值	2022年行业值	2021年行业值	增长率（%）
基本指标	营业收入增长率（%）	8.8	22.23	32.86	-32.35
	资本扩张率	9.1	11.04	10.79	2.32
	基本得分	12.01	14.61	13.24	7.48
修正指标	累计保留盈余率（%）	43.64	60.57	55.1	9.93
	三年营业收入增长率（%）	11.1	9.98	4.7	112.34
	总资产增长率（%）	7.88	10.3	11.97	-13.95
	营业利润增长率（%）	0.85	8.93	127.18	-92.98
	综合得分	12.21	14.17	14.03	1.00

（五）市场表现

图7-1列示了石油化工行业指数与沪深300指数在2022年的变动情况。从整体来看，

2022年全年石油化工指数除3、4月份出现与沪深300指数基本保持持平的现象外，其余时间均保持高于沪深300指数；年初石油化工指数处于高位，2月份后，呈现出剧烈波动，波动原因受地缘政治、俄乌战争以及石油供需等多方面影响。

图7-1 2022年度石油化工指数与沪深300指数对比折线图

资料来源：同花顺 iFinD。

从表7-6可知，2022年石油石化行业的股价波动率为91.45%，低于上市公司98.53%的平均值，低于行业2021年平均值122.88%，表明石油石化行业上市公司对于公司的经营管理较为合理；但是受地缘政治因素、疫情对我国经济的影响以及人们对新能源行业的逐步认可，2022年石油石化行业市场投资回报率较2022年上市公司平均水平以及2021年石油石化行业水平，都有一定程度的下降，这就更加促使传统石油石化行业加快企业转型升级的脚步，逐步向清洁能源、新型化工材料的方向迈进。市场表现排名前五的上市公司是中国石化、博菲电气、聚胶股份、中国海油、鼎际得。

表7-6 石油石化行业市场表现状况比较表

评价指标	2022年上市公司平均值	2022年行业值	2021年行业值	增长率（%）
市场投资回报率（%）	-12.92	-13.68	43.03	-131.79
股价波动率（%）	98.53	91.45	122.88	-25.58
综合得分	9.09	9.23	9.82	-6.01

二、2022年度石油石化行业上市公司业绩影响因素分析

2022年度，石油石化行业涵盖的432家上市公司总体表现平稳。中国石油、中国石化仍是石油石化行业上市公司业绩的决定性因素，其他数量渐增的新上市的石油石化类上市公司在行业的影响力也正日渐显现。

表7-7数据显示，2022年中国石油、中国石化两家上市公司资产总额、营业收入、净

利润占比较2021年有所上升。究其原因是石油石化行业发展整体呈现向好态势，基础化工产业和新能源产业通过改革自身的资产负债结构，积极开展化工新产品新材料研发，分区域制定化工产品营销策略等方式促使销售收入提高，市场表现突出；中国石油、中国石化等龙头上市公司也不断进行改革创新，推动社会认可度不断增加。

表7-7 2022年度中国石油、中国石化与石化行业上市公司指标表

企业名称	资产总额（万亿元）		营业收入（万亿元）		净利润（亿元）	
	数额	比例（%）	数额	比例（%）	数额	比例（%）
中国石化	1.95	18.97	3.32	31.35	757.58	12.07
中国石油	2.67	25.97	3.24	30.59	1639.77	26.12
小计	4.62	44.94	6.56	61.95	2397.35	38.18
石化行业上市公司	10.28	100.00	10.59	100.00	6278.75	100.00

从图7-2可以看出，2022年度，国际油价波动明显。2022年一季度石油价格呈现高速上涨的趋势，但这种涨幅状态并不持续，整个二季度轻质燃油结算价都持续处于巨大波动之中。在经历了上半年的剧烈价格波动后，2022年三季度、四季度国际原油价格急转直下，从120美元/桶下降至80美元/桶。究其原因是2022年上半年，地缘政治冲突加上全球原油库存低，2022年原油价格升至2014年以来经济通胀调整后的最高价格。2022年下半年，美国和国际战略石油储备（Strategic Petroleum Reserve）释放计划也增加了原油供应，从而增加了全球原油供应，加之市场对于高油价的担心，原油价格大规模下降。

图7-2 2022年WTI电子盘连续合约

资料来源：同花顺iFinD。

（一）俄乌冲突影响石化供给和价格

1. 俄乌冲突导致天然气、石油价格大幅震荡

2022年，受俄乌冲突、对俄制裁事件等因素影响，石油行业产量下降，加之美国增产

有限、“OPEC+”产量持续增长后于年底启动大幅减产，全球液体燃料供应整体偏紧，导致石油价格高位震荡。

天然气市场方面，2022 年 3 月和 9 月，俄罗斯管道天然气的“消失”迫使欧洲国家在全球疯抢液化天然气（LNG），日本、韩国等 LNG 进口大国也加快囤气，LNG 市场一时供不应求，价格持续飙升。但随着欧洲天然气储备完成，以及欧洲遭遇暖冬，全球 LNG 价格和天然气期现货价格均在 2022 年 12 月暴跌。

2. 国际局势紧张，引发全球化肥危机愈演愈烈

随着俄乌冲突升级造成天然气价格飙升和供应短缺，以天然气为原料的合成氨和氮肥价格也受到牵连。此外，由于俄罗斯和白俄罗斯是全球重要的钾肥出口国，遭遇制裁后，全球钾肥价格也居高不下。

3. 能源危机环境下，各国政府调整能源战略

欧盟能源总署的数据显示，2022 年欧盟进口的能源中，来自俄罗斯的天然气和煤炭占比分别高达 45%和 46%，原油占比为 27%。已经脱欧的英国，也有 36%左右的煤炭来自俄罗斯。当欧洲开始对俄煤炭、原油、天然气等能源实施大规模制裁后，俄出口至欧洲的能源越来越少，欧洲能源供给缺口越来越大，物价越来越高，经济指标不断恶化。零部件工厂产能中断、海运贸易延误、用能成本高企。这导致多国风电、光伏装机不及预期。

在这种情况下，全球能源转型仍在前进。国际能源署的报告显示，随着越来越多国家开始加速能源转型，全球清洁能源产业进入一个快速发展期，未来可再生能源发电量有望增长 20%。

（二）我国石油石化行业继续保持高速、创新发展，业绩创历史新高

2022 年我国石油石化产业不断迈向规模化、高端化发展，原油产量创“十三五”以来新高，天然气和页岩油气量增速喜人，一批“炼化一体化”重点项目实现投产。我国油气管网保供能力日益增强，国家管网累计焊接管道里程突破 3000 公里。中俄东线的泰安至泰兴段正式投产，俄气入沪，“北气南下”东部能源通道全面贯通；西气东输四线开建，为“西气”再添东输通道；苏皖管道将江苏滨海 LNG 送至安徽；东北最大天然气枢纽压气站——沈阳联络压气站投运，管网系统调峰调压更加灵活。国家管网集团统筹运行“全国一张网”，撬动形成“X+1+X”新格局。

1. 传统石油行业稳定发展，主导石油石化行业的平稳增长

（1）原油。

2022 年，我国全年油气产量当量创历史新高，原油产量稳中有升，全年生产原油 10500 万吨，创“十三五”以来最大增幅；国家发展改革委资料显示，2022 年国内原油产量 20467 万吨，同比增长 2.9%。中国石化加快推进顺北、塔河等原油重点产能建设，加强老区精细开发；全年油气当量产量 488.99 百万桶，同比增长 1.9%，其中，境内原油产量

250.79百万桶，同比增长0.5%；中国石油围绕新区新领域强化风险勘探，抓好重点增储领域和战略接替领域集中勘探、精细勘探，取得一批重大突破和重要发现，形成一批油气规模储量区；大力加强老区稳产，优化新区产能建设布局，油气产量持续增长。2022年，国内业务实现原油产量767.4百万桶，比上年同期增长1.9%。

（2）成品油。

国家发展改革委资料显示，2022年成品油表观消费量3.45亿吨，同比增长0.9%，其中，汽油同比下降4.6%，柴油同比增长11.8%，航空煤油同比下降32.4%。国内成品油价格走势与国际市场油价变化趋势基本保持一致，国家23次调整国内汽、柴油价格，汽、柴油标准品价格累计分别上调人民币550元/吨和530元/吨。2022年中国石化优化加油（气）站布局，加快建设新能源服务网络，充换电站、碳中和加油站、碳中和油库持续投营，拥有加氢站数量全球首位，积极向“油气氢电服”综合能源服务商转型。全年成品油总经销量2.07亿吨，其中境内成品油总经销量1.63亿吨；中国石油加强整体研究和顶层设计，年末国内可销售天然气产量4471.3十亿立方英尺，比上年同期增长5.9%；油气当量产量1512.6百万桶，比上年同期增长3.8%。

（3）天然气。

2022年天然气生产增速相较以往年度有所放缓，进口降幅扩大，国内天然气消费量出现负增长，但城市燃气消费量持续保持增长。国家发展改革委等部门资料显示，2022年国内天然气产量2178亿立方米，同比增长6.4%；天然气进口量10925万吨，同比下降9.9%；表观消费量3663亿立方米，同比下降1.7%。2022年1—12月，我国天然气总进口量约10925万吨，累计同比下降9.9%。进口金额总计4682.87亿元，同比上涨30.3%。中国石化积极推进顺北二区、川西陆相等天然气重点产能建设，拓展LNG中长约，提高资源保障能力，加强天然气经营系统优化，全产业链盈利水平持续提升。天然气产量12488亿立方英尺，同比增长4.1%。

2. 化工行业优化创新，助力石油石化行业稳定增长

2022年，国内化工市场需求增速下滑，化工市场价格宽幅波动，部分产品出现分化，烯烃及下游合成树脂、合成橡胶价格小幅下跌，芳烃价格小幅上涨；国内化工成本高企，毛利空间收窄，行业开工率同比下降。我国石油化工企业着眼高水平科技自立自强和高质量转型升级，全面部署全力推进新材料产业发展，围绕聚烯烃弹性体、高端聚烯烃材料、生物可降解材料、碳材料等新领域关键核心材料开展攻关，成功研发生产出一批高端石油化工新材料，填补多项国内空白。中国石油把握行业发展和市场需求变化，持续推进转型升级，及时优化生产装置负荷和产品结构，坚持减油增化、减油增特，健全产销研用一体化技术服务体系，发挥“中油e化”平台作用，加强化工产品市场营销，化工产品商品量3156.8万吨，比上年同期增长2.5%，乙烯、合成树脂、尿素产量分别比上年同期增长

10.5%、6.6%、5.2%，化工新材料产量 85.5 万吨，比上年同期增长 56.3%。

3. 传统能源行业和新能源行业相互促进，助力行业可持续发展

2022 年 3 月 23 日，国家发展改革委、国家能源局联合印发《氢能产业发展中长期规划（2021—2035 年）》（以下简称《规划》）。《规划》明确了氢能的能源属性、产业定位及应用领域等关键问题，将进一步激活市场潜力，为企业创造良好的政策环境，为氢能产业高质量发展注入前所未有的强心剂。对于加快氢能产业发展、促进氢能在绿色低碳能源体系中发挥更重要的作用、服务“双碳”目标等方面具有重要意义。

中国石油全面提速新能源业务，加快推进重点项目建设，生产用能清洁替代和对外清洁供能市场开拓成效明显。积极获取清洁电力并网指标，大力发展风力、光伏发电、地热供暖以及碳捕集、利用和封存（CCUS）业务，首个风光储一体化开发项目——大庆油田葡二联小型分布式电源集群应用示范一期工程并网发电，累计建成风光发电装机规模超过 140 万千瓦，累计地热供暖面积达到 2500 万平方米，新能源开发利用能力达到 800 万吨标煤/年。

三、2023 年石油石化行业前景分析

展望 2023 年，中国经济运行有望实现整体好转。预计境内天然气、成品油和化工产品需求快速增长。综合考虑全球供需变化、地缘政治、库存水平等影响，预计国际油价在中高位震荡。

（一）国际油价仍将处于中高位波动状态

综合分析来看，受 OPEC+减产稳价、俄油出口受阻等多重因素影响，2023 年原油市场或将维持紧平衡，油价保持在中高位波动。但相比于 2022 年油价的过山车式状态，2023 年如果没有其他特殊事件发生，油价走势或将相对平稳。美国能源信息署（EIA）预测，2023 年布伦特原油均价为每桶 83 美元。路透社对多位分析人士的调查显示，布油均价为每桶 89.37 美元。高盛则认为，全球石油需求增长将推动油价突破 100 美元，布油到第四季度可能达到每桶 105 美元。摩根士丹利表示，布油年中将反弹至每桶 110 美元左右。欧佩克秘书长日前对媒体表示，欧佩克决心在 2023 年“不惜一切代价”，保持石油市场平衡。

（二）国内传统石油石化产业持续发展

伴随着疫情影响的逐步消散，我国经济逐步恢复，这将势必带动原油需求。中国石化将加强战略性领域风险勘探，全力推进“深地工程”，增加优质规模储量；加强效益开发，在稳油增气降本上取得新成效。在原油开发方面，聚焦提产能、控递减、增可采、降成本，加快济阳、塔河等产能建设，加强老区精细开发。在天然气开发方面，加快川西海相、鄂北等产能建设，推动天然气效益上产；多元化拓展天然气资源渠道，培育发展优质客户，

持续完善天然气产供储销体系。全年计划生产原油 280.23 百万桶，其中境外 29.03 百万桶；计划天然气生产 12918 亿立方英尺。

（三）我国新型化工助力石油石化行业平稳增长

随着我国不断倡导炼化行业“降油增化”及高端材料端进口替代，近期行业资本支出逐步呈现增长的态势。随着经济修复预期的不断加强，同时炼化行业也在倡导“降油增化”和高端材料进口替代，我国新型化工将出现量价齐升的态势。中国石化在未来坚持“基础+高端”，培育“成本+附加值+绿色低碳”新优势。持续推进原料多元化，增强成本优势；以市场需求为导向，及时调整装置负荷和产品结构；持续加大新材料、高附加值产品开发力度，拓展创效空间；加快推进大乙烯布局发展和芳烃链转型升级，不断增强市场竞争力。同时，紧贴市场优化营销策略，大力推进市场开发，通过为客户提供一揽子解决方案提高产品价值。全年计划生产乙烯 1400 万吨。坚定实施创新驱动战略，全力攻坚关键核心技术、纵深推进科技体制机制改革，加快向世界领先洁净能源化工公司迈进。围绕油气资源增储上产、降本增效产业化技术攻关，大力攻坚油气地质理论与勘探开发关键技术。持续加强油化一体化技术开发，优化炼油产品结构，提升资源清洁高效低碳利用水平。积极开展“油转化”、“油转特”和氢能关键技术攻关与应用开发。围绕化工与材料升级需求，聚力攻关多元化、过程绿色化基础化学品生产技术，加快高附加值合成材料生产关键核心技术突破。

（四）加强数字化赋能传统产业，巩固提升市场份额

展望 2023 年，各上市公司将积极运用数字化产品赋能现有产业模式，以完善市场监测体系，动态优化量价策略，持续提升零售量效水平；精准布局增量网络，增强网络完整性、稳定性。中国石化表示将巩固提升低硫船燃市场优势，加快拓展海外市场和零售终端；加强自有品牌商品建设，提升非油业务经营质量和效益；积极创新商业模式，加快发展新能源终端，推动“油气氢电服”综合能源服务商建设取得更大突破。

（五）传统能源和新能源相互融合，促进石油石化行业向清洁化转型

2022 年，我国正式发布了《氢能产业发展中长期规划（2021—2035 年）》，明确了氢的“能源属性”，即是未来国家能源体系的组成部分。相关统计显示，2022 年国家部委共计发布 50 余条氢能相关政策，地方发布 300 多条氢能相关政策。从中央到地方，有关氢能发展的政策框架基本完善，未来有望陆续走向落地阶段，中国石化等各大能源央企也在氢能领域展开积极布局。进入 2023 年，我国氢能产业发展有望进入一个新的历史时期。中国石油将继续积极推动 CCS/CCUS 产业化发展，加强全产业链技术研究攻关，在国内率先开展 CCUS 示范项目建设，布局 CCUS 区域产业中心，打造 CCUS 产业链，加快实现能源供应清洁化和碳产业的规模化，推动绿色低碳转型，助力“双碳”目标实现。

附表 2022年度石油石化行业上市公司业绩评价结果排序表

序号	A股上市公司评价得分排序	股票代码	股票简称	综合得分	评价等级	每股收益（元）	净资产收益率（%）	总资产报酬率（%）	总资产周转率（次）	流动资产周转率（次）	资产负债率（%）	已获利息倍数	营业收入增长率（%）	资本扩张率（%）	市场投资回报率（%）	股价波动率（%）	年末资产总额（万元）	营业收入（万元）	净利润（万元）
1	8	600426	华鲁恒升	87.9	AAA	2.97	25.34	23.57	0.95	3.56	20.24	82.36	13.55	22.97	11.98	46.18	3500544.57	3024528.34	628752.29
2	9	601857	中国石油	87.8	AAA	0.82	12.59	9.12	1.25	5.92	42.47	10.32	23.9	9.15	0	30.09	267375100	323916700	16397700
3	22	603599	广信股份	85.2	AAA	3.56	28.63	22.64	0.76	1	36.36	736.18	63.29	26.67	20.27	71.79	1385151.43	906237.01	237753.78
4	24	600873	梅花生物	84.8	AA	1.44	34.97	23.35	1.23	3.19	44.81	35.5	22.33	27.25	47.17	99.58	2449022.25	2793715.28	440631.24
5	28	600256	广汇能源	84.3	AA	1.73	44.1	24.09	0.98	4.15	53.54	16.62	138.93	37.68	42.7	159.57	6157543.72	5940872.55	1115634.23
6	33	600160	巨化股份	83.5	AA	0.88	15.9	13.51	1.06	3.07	30.24	240.91	19.48	15.79	28.03	102.53	2262669.12	2148912.44	239631.16
7	37	600141	兴发集团	83.2	AA	5.31	37.9	21.64	0.8	3.37	48.73	22.6	27.86	36.84	-10.81	81.79	4161249.53	3031065.37	679639.19
8	42	000408	藏格矿业	82.5	AA	3.57	52.81	54.58	0.68	2.16	10.44	11975.23	126.19	28.24	-22.77	70.91	1353645.99	819391.35	565487.29
9	47	000893	亚钾国际	82.2	AA	2.46	24.52	23.85	0.38	2.09	9.49	614.28	316.12	136.99	7.84	110.18	1284637.12	346611.68	202787.05
10	51	000792	盐湖股份	81.6	AA	2.93	96.86	64.36	0.91	1.48	32.17	75.51	108.06	144.42	-28.94	76.58	4198283.6	3074785.87	1967803.6
11	51	000822	山东海化	81.6	AA	1.24	23.58	23.22	1.56	2.74	40.19	116.61	66	17.27	11.76	82.53	689931.61	971237.01	110857.22
12	62	600309	万华化学	80.8	AA	5.17	21.7	11.28	0.85	2.67	59.5	8.74	13.76	13.45	-7.01	44.9	20084319.89	16556548.44	1704190.69
13	66	600777	新潮能源	80.7	AA	0.46	25.38	15.76	0.33	3.26	46.06	10.74	94.07	38.39	-5.63	88.77	3131850.08	935696.95	312797.65
14	68	600989	宝丰能源	80.4	AA	0.86	20.81	15.18	0.56	7.26	41.17	18.05	22.02	10.38	-27.78	66.97	5757831.43	2842984.83	630250.24
15	71	600096	云天化	80.3	AA	3.28	43.24	18	1.42	3.4	63.53	9.13	19.07	54.1	13.04	106.45	5322279.96	7531329.25	704567.01
16	71	603077	和邦生物	80.3	AA	0.44	21.83	21.56	0.62	1.82	18	88.07	32.15	35.02	-6.52	74.7	2410262.72	1303894.8	381023.89
17	81	603938	三孚股份	79.7	A	2.74	37.72	30.57	0.94	1.93	31.08	143.89	65.64	45.16	41.3	154.05	333616.7	264832.1	74310.43
18	84	600328	中盐化工	79.6	A	1.91	23.99	17.84	0.99	3.45	39.29	25.41	35.41	45.63	-4	97.02	1991369.13	1816251.94	237829.79
19	86	002136	安纳达	79.5	A	1.25	32.05	24.58	1.65	2.81	28.03	185.67	32.6	39.07	-14.71	72.94	191168.13	271426.47	37039.67
20	92	601216	君正集团	79.3	A	0.49	13.4	13.77	0.57	1.78	32.31	24.69	11.22	13.58	-20.51	54.41	3884493.27	2145966.05	425331.7
21	102	605399	晨光新材	78.8	A	2.67	32.95	33.76	0.9	1.18	10.36	7270.73	14.69	34.43	0	80.78	244927.9	194674.36	63866.97
22	104	000731	四川美丰	78.7	A	1.06	17.42	18.23	1.02	1.89	16.98	111.95	20.01	19.11	-20.87	50.96	517394.16	490970.42	73517.27
23	111	300910	瑞丰新材	78.4	A	3.92	22.44	22.98	1.04	1.35	18.95	1863.79	181.77	27.56	58.75	298.58	339639.91	304623.78	58794.19
24	114	603227	雪峰科技	78.2	A	0.81	28.26	24.54	1.1	2.34	45.28	27.68	164.86	127.36	13.33	125.2	834302.55	690251.57	125792.19
25	114	688639	华恒生物	78.2	A	2.95	22.74	19.62	0.81	1.65	26.91	635.92	48.69	25.23	35.34	115.15	202708.58	141865.19	31934.16
26	119	002986	宇新股份	78.1	A	1.94	18.24	15.19	1.91	6.74	33.61	76.05	95.62	18.9	-13.73	56.02	383876.55	626341.82	42444.95
27	122	002258	利尔化学	78	A	2.43	28.98	21.15	0.88	2.06	34.85	32	56.08	43.93	-22.31	62.01	1286634.57	1013614.42	202497.08
28	124	600596	新安股份	77.8	A	2.58	27.24	19.37	1.2	2.41	34.88	61.39	14.89	27.44	-9.23	84.03	1924528.36	2180274.1	302424.28

续 表

序号	A股上市公司评价得分排序	股票代码	股票简称	综合得分	评价等级	每股收益（元）	净资产收益率（%）	总资产报酬率（%）	总资产周转率（次）	流动资产周转率（次）	资产负债率（%）	已获利息倍数	营业收入增长率（%）	资本扩张率（%）	市场投资回报率（%）	股价波动率（%）	年末资产总额（万元）	营业收入（万元）	净利润（万元）
29	129	600389	江山股份	77.7	A	6.13	65.95	36.63	1.37	2.21	49.14	88.05	28.76	37.91	15	104.71	651309.81	834877.28	186362.49
30	133	301035	润丰股份	77.6	A	5.12	26.11	16.22	1.32	1.65	44.93	73.67	47.6	26.65	45.9	105.75	1159887.42	1446017.52	148751.16
31	135	600929	雪天盐业	77.5	A	0.55	14.59	11.26	0.73	2.12	29.26	33.7	34.74	27.15	0	102.41	934582.05	644073.34	83798.48
32	140	688722	同益中	77.3	A	0.76	13.19	15.38	0.48	0.72	16.59	571.45	86.26	24.25	38.46	143.17	149089.04	61635	17149.21
33	144	600273	嘉化能源	77.2	A	1.15	16.71	15.09	0.95	2.73	20.19	135.36	28.43	8.51	−21.05	51.95	1227030.55	1150267.51	159738.23
34	148	603688	石英股份	76.9	A	2.94	36.63	40.15	0.65	1.05	10.88	6928.46	108.62	50.64	134.83	247.85	368564.83	200416.57	105837.18
35	154	603217	元利科技	76.8	A	2.86	15.83	16.21	0.81	1.19	15.48	77767.67	14.49	16.6	7.35	94.02	354994.92	268298.18	46932.5
36	159	603948	建业股份	76.6	A	2.44	20.25	18.35	1.13	1.54	25.85	6129.01	−0.12	18.93	−17.86	55.11	267113.48	279606.02	39023.93
37	163	002597	金禾实业	76.5	A	3.05	26.8	20.66	0.76	1.19	31.96	33.42	24.04	20.45	−23.72	59.34	1034084.39	725049.84	169459.99
38	163	600063	皖维高新	76.5	A	0.68	19.25	12.75	0.8	1.84	41.2	22.17	22.69	22.49	−2.38	106.92	1324545.18	994200.17	135991.24
39	176	300801	泰和科技	76.1	A	1.84	17.41	17.49	1	1.69	18.35	80.87	23.44	12.22	−2.44	64.75	290778.55	272701.61	39735.62
40	176	600618	氯碱化工	76.1	A	1.19	17.36	14.72	0.62	1.43	25.86	749.59	−4.5	16.59	−16.01	54.77	1117075.83	636422.39	133737.37
41	176	603360	百傲化学	76.1	A	1.61	31.81	27.16	0.73	1.41	16.71	125.13	24.88	39.21	39.29	78.15	175439.23	125665.99	40256.55
42	182	600028	中国石化	76	A	0.55	7.19	5.34	1.73	6.14	51.91	13	21.06	2.3	13.33	44.27	194864000	331816800	7575800
43	187	600866	星湖科技	75.8	A	0.51	15.89	18.05	1.89	5.17	56.69	6.85	1315.84	290.24	17.57	60.63	1599845.34	1748631.67	118298.52
44	187	603299	苏盐井神	75.8	A	1.04	16.11	12	0.67	1.41	45	21.99	25.37	19.27	10	99.5	972175.57	596909.6	82141.59
45	195	002407	多氟多	75.7	A	2.54	27.48	16.05	0.82	1.77	56.17	18.65	58.47	37.35	−19.57	87.66	1823753.83	1235800.61	202271.68
46	199	002588	史丹利	75.6	A	0.38	7.47	5.47	0.99	1.68	41.79	232.76	40.43	15.91	5.36	48.87	1034051.31	903834.93	45416.1
47	199	600583	海油工程	75.6	A	0.33	3.49	4.59	0.76	1.35	39.77	150.77	48.31	12.85	27.55	82.5	4263867.49	2935836.83	144968.98
48	207	000707	双环科技	75.4	A	1.88	84.44	36.77	1.77	5.26	46.33	28.63	42.45	148.82	20.83	138.63	273185.64	436430.18	87304.36
49	213	300487	蓝晓科技	75.2	A	1.63	20.14	16.12	0.5	0.75	40.03	99.04	60.69	30.35	14.04	131.24	456261.85	192008.67	53459.94
50	213	600378	昊华科技	75.2	A	1.29	12.53	10.14	0.67	1.22	46.69	36.71	22.13	13.56	13.48	54.55	1542490.7	906752.97	116991.15
51	221	002648	卫星化学	75	BBB	0.91	15.09	8.19	0.71	2.61	62.49	5.01	29.72	9.13	−26.82	113.91	5638542.26	3704399.86	307677.09
52	223	688196	卓越新能	74.9	BBB	3.76	18.24	16.18	1.56	2.76	6.76	194.93	40.91	12.7	−11.59	91.95	298549.63	434497.3	45172.89
53	230	600486	扬农化工	74.8	BBB	5.79	24.98	15.74	1.13	1.84	42.28	36.92	33.52	22.93	−16	82.42	1479346.36	1581075.92	179565.32
54	238	603968	醋化股份	74.7	BBB	1.96	20.49	16.13	1.21	1.83	34.04	41.23	19.71	16.9	10.87	82.44	317196.44	359047.64	40149.14
55	251	002895	川恒股份	74.5	BBB	1.54	18.43	12.55	0.4	1.25	51.06	8.51	36.26	32.73	16.67	113.79	1013844.3	344746.54	78856.11
56	251	603213	镇洋发展	74.5	BBB	0.87	22.77	21.5	1.11	2.24	32.45	526.54	25.42	8.15	−33.33	83.08	254569.93	256267.88	37958.67

续 表

序号	A股上市公司评价得分排序	股票代码	股票简称	综合得分	评价等级	每股收益（元）	净资产收益率（%）	总资产报酬率（%）	总资产周转率（次）	流动资产周转率（次）	资产负债率（%）	已获利息倍数	营业收入增长率（%）	资本扩张率（%）	市场投资回报率（%）	股价波动率（%）	年末资产总额（万元）	营业收入（万元）	净利润（万元）
57	257	300575	中旗股份	74.3	BBB	1.35	23.28	13.89	0.83	1.83	49.1	38.61	35.42	23.67	44.62	113.18	404020.46	296958.17	42378.48
58	257	603867	新化股份	74.3	BBB	1.79	17.63	13.02	0.82	1.51	41.64	46.45	5.03	24.14	29.41	89.37	373273.28	268336.17	36960.86
59	261	002312	川发龙蟒	74	BBB	0.59	13	11.55	0.81	2.67	40.7	13.96	50.85	32.5	-15.42	97.04	1533686.39	1002348.6	106456.1
60	261	002539	云图控股	74	BBB	1.48	22.58	12.01	1.27	2.52	58.52	10.65	37.62	70.09	-13.75	81.74	1870479.63	2050177.27	149174
61	303	600968	海油发展	73.3	BBB	0.24	9.96	8.02	1.25	2.23	43.35	40.62	23.35	9.62	0	33.22	4067087.2	4778448.65	249727.13
62	307	000902	新洋丰	73.2	BBB	1.04	15.27	11.3	1.06	2.37	46.47	37.51	35.22	9.66	-31.15	99.48	1683919.87	1595773.29	135250.1
63	307	300121	阳谷华泰	73.2	BBB	1.34	21.45	20.72	1.13	1.94	21.52	42.43	30.01	44.16	-5.8	77.21	354125.19	351719.58	51537.29
64	307	603379	三美股份	73.2	BBB	0.8	8.2	10.31	0.76	1	11.2	2050.19	17.84	7.97	32.26	110.47	642977.47	477065.13	48557.32
65	316	300596	利安隆	73.1	BBB	2.4	15.7	9.53	0.74	1.64	48.2	13.95	40.59	49.58	29.23	86.03	758282.32	484278.35	52584.3
66	316	605183	确成股份	73.1	BBB	0.92	14.1	14.89	0.58	0.89	13.95	201.1	16.2	7.67	0	62.86	308868.53	174647.22	38046.21
67	323	301090	华润材料	73	BBB	0.56	10.79	10.94	1.78	2.44	33.52	585.78	37.68	12.5	-23.08	56.04	1045287.76	1732685.03	82238.75
68	323	603585	苏利股份	73	BBB	1.75	12.75	10.39	0.69	1.13	37.11	21.72	37.46	23.8	-7.69	48.21	531446.28	315017.08	38888.93
69	330	000683	远兴能源	72.9	BBB	0.73	18.88	14.02	0.39	1.33	44.01	14.35	-9.57	-2.22	-6.25	73.71	2986221.97	1098650.61	319011.17
70	330	000830	鲁西化工	72.9	BBB	1.64	17.18	12.15	0.91	10.78	49.27	16.03	-4.52	-3.4	-9.26	72.73	3440742.05	3035669.86	315575.69
71	338	601568	北元集团	72.8	BBB	0.36	10.53	9.57	0.75	1.37	18.42	13767.12	-4.29	1.36	-12.5	46.51	1673781.76	1258956.92	144680.35
72	368	836077	吉林碳谷	72.3	BBB	1.98	54.11	23.57	0.71	3.12	58.06	17.07	72.28	73.94	-6	64.04	354310.51	208368	62956.58
73	374	300839	博汇股份	72.2	BBB	0.86	15.13	9.93	1.48	3.09	55.87	5.4	103.36	15.65	23.08	96.17	227048.02	296521.49	15176.92
74	376	300586	美联新材	72.1	BBB	0.6	28.03	21.41	0.87	1.98	35.94	19.6	27.53	23.57	46.55	185.09	300807.53	239850.65	50067.54
75	376	603086	先达股份	72.1	BBB	1.23	20.9	13.69	1.03	1.69	34.95	124.49	41.92	18.67	55.88	182.96	335280.97	312592.35	38100.61
76	408	000422	湖北宜化	71.7	BBB	2.41	42.87	16.3	1.02	3.23	65.38	9.88	11.69	71.57	-25.09	91.73	1966657.91	2071252.24	272948.3
77	408	300796	贝斯美	71.7	BBB	0.79	11.81	11	0.44	0.95	22.34	20.65	44.91	49.8	70.59	127.53	210074.34	76807.23	15717.64
78	444	603067	振华股份	71.2	BBB	0.83	18.41	13.77	0.94	2.12	35.79	15.31	18.06	17.86	22.73	142.46	398126.22	353380.05	42367.98
79	444	688269	凯立新材	71.2	BBB	1.69	23.59	18.89	1.4	1.9	36.58	66.15	18.43	15.18	-0.81	75.99	152921.7	188220.32	22110.69
80	473	300927	江天化学	70.9	BBB	0.44	9.94	10.7	0.94	1.63	19.8	55.44	3.85	6.82	-6.25	57.66	79427.54	73729.5	6379.45
81	473	833819	颖泰生物	70.9	BBB	0.86	20.02	13.6	0.67	1.44	52.72	7.39	10.98	22.68	0	39.83	1254660.18	816094.59	105776.61
82	477	603260	合盛硅业	70.8	BBB	4.79	22.83	15.84	0.56	2.06	55.38	19.6	10.84	18.46	-27.38	108.99	5373324.44	2365690.44	514124.52
83	486	002064	华峰化学	70.6	BBB	0.58	12.69	10.73	0.84	1.41	29.33	23.62	-8.75	21.76	-34.17	83.11	3275476.86	2588410.56	284194.01
84	486	832225	利通科技	70.6	BBB	0.79	16.32	15.36	0.6	1.23	28.49	174.78	13.05	20.28	-18.18	91.71	67133.57	37481.74	8308.76

续 表

序号	A股上市公司评价得分排序	股票代码	股票简称	综合得分	评价等级	每股收益（元）	净资产收益率（%）	总资产报酬率（%）	总资产周转率（次）	流动资产周转率（次）	资产负债率（%）	已获利息倍数	营业收入增长率（%）	资本扩张率（%）	市场投资回报率（%）	股价波动率（%）	年末资产总额（万元）	营业收入（万元）	净利润（万元）
85	501	002109	兴化股份	70.5	BBB	0.37	8.59	9.29	0.66	1.49	6.49	0	14.82	5.12	-13.64	41.36	501885.06	325768.22	39383.3
86	501	605166	聚合顺	70.5	BBB	0.77	14	7.73	1.62	2.19	55.54	31.01	11.7	13.07	-23.53	65.26	399302.52	603702.04	24040.18
87	511	600230	沧州大化	70.4	BBB	1.02	10.04	7.27	0.69	3.2	39.68	8.79	105.81	3.68	9.09	91.8	704775.58	491357.88	42118.05
88	523	300505	川金诺	70.3	BBB	1.54	20.48	15.91	0.93	2.29	38.22	25.85	64.07	21.28	17.95	110.4	305665.73	251984.41	36210.69
89	534	605366	宏柏新材	70.2	BBB	0.81	17.98	16.34	0.65	1.24	30.21	20.13	32.32	15.27	42.86	209.23	287597.16	169762.8	35237.63
90	540	300174	元力股份	70.1	BBB	0.72	10.01	8.19	0.56	0.96	17.42	145.42	21.33	40.75	22.22	128.1	365955.63	195099.49	25602.52
91	550	600500	中化国际	70	BB	0.46	7.33	5.77	1.36	3.17	62.22	3.39	8.43	33.18	-18.31	55.59	7025720.59	8744902.57	218046.67
92	550	603970	中农立华	70	BB	1.1	17.1	6.42	2.13	2.23	76.22	13.17	32.61	15.9	12.5	71.56	624402.62	1169877.45	24790.88
93	561	601808	中海油服	69.9	BB	0.49	6.12	4.98	0.47	1.34	48.31	4.9	22.11	4.4	11.11	76.63	7718409.06	3565889.57	249311.89
94	567	002538	司尔特	69.8	BB	0.62	9.57	9.2	0.68	1.55	23	25.81	22.4	6.11	-17.39	73.44	694349.62	488383.41	53056.95
95	578	002768	国恩股份	69.7	BB	2.44	12.46	7.8	1.18	1.83	53.73	8.86	37.28	13.78	12.35	86.75	1275311.14	1340643.94	72343.99
96	578	605016	百龙创园	69.7	BB	0.85	11.07	12.57	0.52	0.86	8.63	2623.64	10.49	11.76	-14.29	88.1	147195.34	72189.36	15080.15
97	588	603722	阿科力	69.6	BB	1.37	16.26	15.17	0.78	1.33	19.54	491.56	-18.99	14.72	-28.57	60.23	94742.62	71309.46	11955.35
98	598	600731	湖南海利	69.5	BB	0.76	18.19	12.39	0.87	1.65	44.12	27.06	15.83	16.39	-8.82	53.69	392542.96	313011.38	37446.03
99	615	603639	海利尔	69.3	BB	1.35	14.35	8.4	0.83	1.55	44.98	60.34	22.6	5.65	7.04	71.01	583760.22	453499.9	46000.99
100	637	002748	世龙实业	69.1	BB	0.75	13.83	11.67	1.29	4.18	34.97	14.06	19.18	14.36	-8.7	88.67	211974.44	259172.43	18026
101	637	301076	新瀚新材	69.1	BB	1.03	8.8	10.48	0.34	0.48	13.68	14465.16	16.39	6.72	-13.89	61.72	125273.14	39808.81	10694.69
102	637	603155	新亚强	69.1	BB	1.34	12.42	13.3	0.44	0.55	12.15	1484.53	28.82	8	-25.93	92.51	270516.38	113359.87	30163.54
103	648	002601	龙佰集团	69	BB	1.46	15.37	8.61	0.46	1.34	60.69	10.59	17.25	11.92	-28.04	100.9	5918598.66	2411296.85	353682.36
104	668	603181	皇马科技	68.8	BB	0.82	13.38	17.43	0.69	1.55	23.58	48.7	-6.6	11.9	-20	54.17	330562.02	218235.06	47714.38
105	675	002274	华昌化工	68.7	BB	0.92	18.74	13.92	1.1	2.81	38.74	42.41	-3.91	16.57	-37.5	100.12	831096.32	904497.34	85386.53
106	683	000819	岳阳兴长	68.6	BB	0.27	9	8.05	2.5	6.83	22.18	151.34	65.03	13.65	18.35	210.17	138674.02	322192.06	9125
107	683	301071	力量钻石	68.6	BB	3.57	14.05	14.26	0.24	0.32	15.3	71.05	81.85	448.45	-10.49	143.55	620565.43	90627.51	46024.14
108	683	603619	中曼石油	68.6	BB	1.26	23.58	11.97	0.47	1.37	67.88	8.39	74.77	16.62	12.5	106.3	715451.29	306515.56	50274.39
109	746	003002	壶化股份	67.9	BB	0.61	8.46	8.18	0.59	1.1	25.83	117.9	30.64	9.6	58.33	165.86	171978.77	96385.23	12579.82
110	746	600367	红星发展	67.9	BB	0.74	12.44	10.84	1.1	1.88	32.44	43.13	29.97	11.76	-8.22	106.35	286286.03	285339.16	24008.04
111	746	605077	华康股份	67.9	BB	1.4	12.51	10.33	0.64	1.12	31.99	25.08	38.02	9.09	3.33	107.41	390503.89	220002.31	31927.78
112	798	600409	三友化工	67.4	BB	0.48	9.11	7.29	0.88	2.49	47.2	7.39	2.15	5.85	-22.95	83.9	2760658.39	2367982.11	132425.79

续 表

序号	A股上市公司评价得分排序	股票代码	股票简称	综合得分	评价等级	每股收益（元）	净资产收益率（%）	总资产报酬率（%）	总资产周转率（次）	流动资产周转率（次）	资产负债率（%）	已获利息倍数	营业收入增长率（%）	资本扩张率（%）	市场投资回报率（%）	股价波动率（%）	年末资产总额（万元）	营业收入（万元）	净利润（万元）
113	808	603612	索通发展	67.3	BB	1.97	18.47	11.73	1.32	2.05	57.87	6.37	105.12	36.25	30	207.81	1735406.83	1940058.59	117470.72
114	808	605020	永和股份	67.3	BB	1.13	11.77	8.11	0.86	2.56	53.11	13.33	31.22	23.16	37.93	165.03	535399.56	380363.62	30036.55
115	818	002802	洪汇新材	67.2	BB	0.61	11.84	12.92	0.69	0.96	7.68	0	-31.07	11.23	-19.23	85.07	74768.93	51649.43	8455.07
116	824	603041	美思德	67.1	BB	0.47	6.15	6.73	0.37	0.55	12.88	1679.54	0.37	48.84	-5.56	43.01	157887.82	49678.74	7891.84
117	824	688300	联瑞新材	67.1	BB	1.51	12.91	13.73	0.47	0.79	20	97.42	5.96	12.46	-34.55	103.02	153762.32	66195.42	18824.05
118	840	301092	争光股份	66.9	BB	1.33	4.93	12.48	0.39	0.44	7.31	1086.33	49.78	10.88	-27.03	90.86	184731.03	67604.05	17782.5
119	869	002360	同德化工	66.5	BB	0.46	11.5	9.81	0.42	1.28	41.64	8.22	27.86	18.17	-23.44	66.75	300150.56	109009.55	18418.86
120	882	002683	广东宏大	66.4	BB	0.75	11.2	7.55	0.69	1.16	53.51	7.94	19.26	5.63	-6.33	85.99	1533288.42	1016884.14	83858.66
121	904	600370	三房巷	66.2	BB	0.21	12.2	8.4	1.76	3.11	53.08	13.21	17.24	3.61	-4.55	60.65	1438176.65	2283712.78	81822.8
122	912	301059	金三江	66.1	BB	0.54	11.01	11.34	0.42	1.08	17.42	1418.28	37.7	6.72	-9.52	118.49	69182.21	27949.24	6602.96
123	921	002825	纳尔股份	66	BB	1.47	7.18	23.04	0.87	1.56	29.02	129.14	-7.98	22.03	-21.88	92.48	196889.61	161831.48	36349.59
124	921	601678	滨化股份	66	BB	0.59	10.8	9.97	0.51	1.77	36.78	9.22	-4.06	11.04	-33.33	76.15	1807560.75	889206.54	120228.26
125	928	300821	东岳硅材	65.9	BB	0.43	9.85	7.92	0.98	2.04	29.26	6923.05	55.4	2.24	-33.33	98.55	740802.13	673400.02	51098.24
126	928	600078	ST 澄星	65.9	BB	0.79	24.55	15.33	0.7	1.53	55.14	7.91	36.12	36.59	11.59	139.35	563711.64	453755.32	78036.36
127	958	001217	华尔泰	65.7	BB	0.66	9.3	9.68	0.81	1.64	28.86	0	10.97	7.99	-35	103.48	291699.29	210147.89	21976.58
128	958	605086	龙高股份	65.7	BB	0.8	9	10.18	0.24	0.45	7.08	0	3.39	5.79	-16.67	64.87	119329.54	27805.32	10285.93
129	958	688625	呈和科技	65.7	BB	1.46	17.38	13.45	0.39	0.89	55.77	21.03	20.6	16.31	-7.41	88.75	238978.36	69490.38	19519.73
130	967	000968	蓝焰控股	65.6	BB	0.58	10.28	7	0.22	0.73	54.4	7.02	26.5	10.97	0	83.56	1142773.38	250177.37	54914.22
131	978	002749	国光股份	65.5	BB	0.26	6.48	7.83	0.78	1.08	27.16	9.59	21.34	16.17	-9.23	47.1	225875.17	164841.47	11525.83
132	990	300848	美瑞新材	65.4	BB	0.56	7.93	6.48	0.82	1.21	37.37	21.16	13.66	24.41	26.98	123.51	191507.81	147506.28	11082.92
133	1001	300717	华信新材	65.3	BB	0.39	6.1	6.02	0.47	1.01	14.54	437478	6.39	6.26	-11.54	54.67	76422.37	34425.58	4006.56
134	1013	603810	丰山集团	65.2	BB	0.62	6.42	4.91	0.73	1.11	40.04	8.23	12.59	12.57	25	109.76	266719.74	170917.05	9903.48
135	1024	301069	凯盛新材	65.1	BB	0.56	16.8	17.37	0.65	1.23	14.84	0	14.88	11.44	-39.13	109.22	166852.56	101048.49	23461.34
136	1030	002942	新农股份	65	B	0.65	7.95	6.9	0.78	1.41	28.62	810.68	7.36	2.8	-8.33	41.48	164081.32	124816.72	10141.04
137	1030	600075	新疆天业	65	B	0.5	7.16	6.47	0.64	1.85	45.51	6.48	-3.07	10.25	-31.03	82.16	2005134.59	1164627.19	80229.73
138	1052	605033	美邦股份	64.8	B	1.07	12.81	10.14	0.6	0.76	30.38	156.56	7.54	12.35	-10.53	92.84	156049.48	90604.56	14508.83
139	1067	603505	金石资源	64.7	B	0.52	14.47	11.73	0.4	1.3	48.13	9.34	0.66	17.59	66.67	212.76	305853.23	105013.8	22188
140	1075	002545	东方铁塔	64.6	B	0.66	9.8	9.28	0.29	0.81	35.04	15.93	29.99	6.34	-10.2	92.27	1303617.03	361610.84	82173.79

续 表

序号	A股上市公司评价得分排序	股票代码	股票简称	综合得分	评价等级	每股收益（元）	净资产收益率（%）	总资产报酬率（%）	总资产周转率（次）	流动资产周转率（次）	资产负债率（%）	已获利息倍数	营业收入增长率（%）	资本扩张率（%）	市场投资回报率（%）	股价波动率（%）	年末资产总额（万元）	营业收入（万元）	净利润（万元）
141	1084	000059	华锦股份	64.5	B	0.33	3.7	3.6	1.52	2.72	53.72	3.39	27.26	1.47	-7.69	88.65	3263325.78	4906214.44	60078.48
142	1084	300214	日科化学	64.5	B	0.42	8.12	8.16	0.93	1.68	17.1	1154.97	-0.48	6.99	-15.38	57.61	304698.79	275952.03	19639.85
143	1099	600623	华谊集团	64.4	B	0.6	5.05	4.19	0.69	1.51	56	10.05	-2.97	4.91	-28.62	73.18	5920089.14	3851110.75	169257.82
144	1140	300847	中船汉光	64.1	B	0.37	8.98	9.15	0.79	1.17	9.84	549.48	7.9	7.61	-11.11	113.89	140570.5	108522.99	11255.48
145	1158	002226	江南化工	64	B	0.17	9.17	6.63	0.45	1.03	38.66	6.2	8.67	2.34	-13.7	47.53	1592562.14	704303.61	62051.72
146	1167	000912	泸天化	63.9	B	0.23	5.38	4.93	0.75	1.47	39.91	20	11.57	6.5	-21.43	59.55	1041837.81	753443.09	36654.55
147	1194	300858	科拓生物	63.7	B	0.74	7.36	8.9	0.26	0.36	5.25	311.03	1.25	75.37	-25.97	100.09	179055.67	36916.53	10989.12
148	1204	300107	建新股份	63.6	B	0.11	3.63	3.99	0.46	0.89	12.38	85.77	18.2	1.24	-13.79	42.4	166701.19	74246.55	6127.45
149	1216	002549	凯美特气	63.5	B	0.27	13.19	10.75	0.44	0.86	44.66	9.53	27.66	13.67	-4.51	96.66	223626	85210.59	16785.85
150	1216	600722	金牛化工	63.5	B	0.07	8.27	7.94	0.48	0.56	10.45	0	16.19	4.97	-27.5	64.05	140124.07	65952.88	10259.62
151	1227	300109	新开源	63.4	B	0.88	9.41	10.15	0.39	0.82	16.06	149.41	21.75	-8.32	17.2	183.61	371352.31	148569.39	28143.24
152	1227	301019	宁波色母	63.4	B	0.84	7.95	10.57	0.43	0.47	5.3	2243.14	-5.73	6.15	-29.27	61.34	110225.77	46414.55	10047.16
153	1227	600143	金发科技	63.4	B	0.77	7.71	5.63	0.78	2.01	67.01	3.28	0.53	9.38	-24.14	71.1	5542866.51	4041233.12	200041.35
154	1244	301118	恒光股份	63.3	B	1.89	12.29	12.54	0.6	0.99	26.44	98.16	15.75	9.11	-47.46	122.9	201190.42	108003.9	20179.42
155	1244	603663	三祥新材	63.3	B	0.5	12.96	11.65	0.58	1.5	28.1	24.38	23.2	9.35	-25.71	105.62	180639.5	97230.53	16672.93
156	1251	002915	中欣氟材	63.2	B	0.56	9.84	9.21	0.61	1.4	34.96	12.07	5	23.42	2.33	77.07	300733.42	160239.9	18751.69
157	1251	300041	回天新材	63.2	B	0.68	11.02	6.54	0.72	1.09	54.46	15.36	25.71	23.51	-9.17	121.6	598974.97	371394.73	29044.13
158	1258	002440	闰土股份	63.1	B	0.54	4.56	7.15	0.52	1.01	22.18	29.58	12.49	2.66	-22	43.49	1265031.17	626796.78	63037.97
159	1267	000920	沃顿科技	63	B	0.34	8.58	6.4	0.54	1.15	35.63	8.69	5.83	34.66	-21.62	78.28	292170.67	146134.01	15510.09
160	1267	603906	龙蟠科技	63	B	1.42	23.89	12.62	1.35	2.2	61.82	8.7	247.15	123.02	-31.94	88.87	1469067.15	1407164.3	102997.29
161	1277	000525	ST红太阳	62.9	B	1.26	74.65	11.61	0.64	1.37	86.4	3.31	37.51	136.36	12.99	170.23	1028080.26	643991.27	72723.84
162	1277	600299	安迪苏	62.9	B	0.46	7.96	7.52	0.69	2.31	29.94	33.91	12.9	-3.07	-31.58	80.23	2134340.19	1452901.56	124984.28
163	1294	000677	恒天海龙	62.8	B	0.06	11.44	13.29	0.89	1.5	18.93	51.45	-7.17	12.23	-9.84	56.05	116756.7	99095.78	10313.54
164	1306	002386	天原股份	62.7	B	0.54	8.28	5.29	1.3	3.65	59.47	4.66	8.05	6.88	-23.81	70.29	1543440.21	2033944.39	51674.87
165	1329	002250	联化科技	62.5	B	0.75	8.08	7.48	0.57	1.36	51.91	11.51	19.41	14.04	-12.15	100.42	1500866.01	786546.56	73616.58
166	1345	002053	云南能投	62.4	B	0.36	3.65	3.76	0.23	0.75	42.12	4.66	15.64	37.39	20	105.18	1336325.92	261207.15	27500.18
167	1345	688350	富淼科技	62.4	B	1.04	7	6.56	0.77	1.2	37.79	36.98	16.83	13.42	-26.09	53.01	254197.98	169676.18	12728.44
168	1357	300610	晨化股份	62.3	B	0.56	9.15	9.66	0.81	1.21	16.66	3085.29	-9.58	5.15	-42.86	122.82	135212.86	107841.39	11683.9

续表

序号	A股上市公司评价得分排序	股票代码	股票简称	综合得分	评价等级	每股收益（元）	净资产收益率（%）	总资产报酬率（%）	总资产周转率（次）	流动资产周转率（次）	资产负债率（%）	已获利息倍数	营业收入增长率（%）	资本扩张率（%）	市场投资回报率（%）	股价波动率（%）	年末资产总额（万元）	营业收入（万元）	净利润（万元）
169	1371	600746	江苏索普	62.2	B	0.43	8.43	8.99	1.08	2.62	11.58	307.81	-10.39	-10.86	-36.54	109.19	619770.72	717206.37	50514.25
170	1405	300727	润禾材料	61.9	B	0.71	11.45	8.39	0.9	1.5	42.94	16.74	7.16	21.58	-5.71	106.97	144382.12	118278.97	9013.1
171	1418	603823	百合花	61.8	B	0.67	8.74	7.54	0.71	1.2	31.9	26.46	0.44	5.84	9.09	90.27	351651.91	246804.49	21929.32
172	1428	000859	国风新材	61.7	B	0.26	5.35	6.13	0.71	1.57	20.99	55.7	28.81	7.86	-23.08	67.83	368024.51	246037.65	22971.79
173	1443	301057	汇隆新材	61.6	B	0.37	5.74	5.89	0.85	1.53	18.17	81.94	0.29	3.76	0	68.5	76121.47	61524.27	4057.67
174	1455	001218	丽臣实业	61.5	B	0.95	5.19	4.86	1.19	1.83	23.09	279.13	10.77	2.02	-31.11	84.72	268058.03	304448	11992.21
175	1466	300019	硅宝科技	61.4	B	0.64	10.61	9.73	0.93	1.3	21.08	57.08	5.43	6.89	-17.61	95.39	281915.6	269449.77	25032.32
176	1482	002254	泰和新材	61.3	B	0.64	7.99	6.6	0.41	0.88	54.12	11.44	-14.85	1	13.04	91.4	1003313.43	375012.7	48483.35
177	1496	002391	长青股份	61.2	B	0.4	5.57	4.63	0.59	1.34	37.79	5.62	12.72	3.1	-8.7	29.25	747398.44	424359.28	26355.52
178	1515	000096	广聚能源	61.1	B	0.1	1.78	2.85	0.72	1.26	5.48	380.49	29.67	-10.75	-4.17	45.38	275180.18	210024.76	5870.08
179	1515	002632	道明光学	61.1	B	0.5	5.27	12.62	0.4	0.67	16.39	1098.67	0.22	13.07	-17.78	70.94	280119.4	128659.89	31387.4
180	1537	600352	浙江龙盛	60.9	B	0.94	9.1	6.54	0.32	0.49	46.66	15.18	27.41	5.46	-21.31	68.76	6516173.95	2122564.27	332655.43
181	1543	002493	荣盛石化	60.8	B	0.33	5.24	2.91	0.83	3.12	73.2	2.23	63.31	2.02	-33.09	99.66	36258741.67	28909484.16	636977.21
182	1543	688157	松井股份	60.8	B	1.05	5.73	6.26	0.36	0.55	10.4	1218.87	-1.8	5.43	-19.27	79.39	141053.16	49909.2	8237.75
183	1555	430489	佳先股份	60.7	B	0.44	8.33	8.46	0.64	1.4	41.96	11.34	18.33	8.99	-31.82	101.94	94161.2	56734.59	6390.17
184	1572	300200	高盟新材	60.6	B	0.33	6.91	7.23	0.46	0.83	14.9	285.85	-7.61	8.43	-22.22	64.92	231727.22	101589.02	13780.87
185	1616	002562	兄弟科技	60.3	B	0.29	9.17	7.61	0.6	1.65	40.81	7.96	24.82	12.61	-5.88	71.78	569925.74	341135.79	30552.56
186	1626	000985	大庆华科	60.2	B	0.12	2	2.15	3.7	7.47	14.57	0	25.83	1.84	20.83	96.23	70607.38	260903.69	1540.89
187	1626	600470	六国化工	60.2	B	0.37	11.46	5.58	1.22	2.18	72.59	5.34	26.15	15.76	-11.76	75.03	699502.51	754921.96	27548.88
188	1643	600714	金瑞矿业	60.1	B	0.19	7.51	7.95	0.47	0.61	9.41	0	2.93	3.86	-28.13	115.95	80109.6	37195.29	5474.04
189	1653	000553	安道麦A	60	CCC	0.26	2.22	2.93	0.69	1.22	60.12	1.92	20.44	9.73	8.57	98.97	5798048.9	3738191.5	60939.1
190	1662	301149	隆华新材	59.9	CCC	0.3	7.02	8.23	1.74	2.69	14.1	2414.46	-25.9	6.23	-42.11	111.75	190228.33	316784.11	12698.54
191	1677	600319	亚星化学	59.8	CCC	0.31	3.05	8.98	0.46	2.69	66.69	3.55	339.36	175.09	0	64.28	191463.35	84665.33	10884.41
192	1687	003017	大洋生物	59.7	CCC	1.39	5.58	4.37	0.73	1.44	34.68	11.49	35.1	-0.57	-25.64	81.27	150797.39	105810.49	8072.69
193	1694	600935	华塑股份	59.6	CCC	0.12	6.08	4.66	0.75	4.59	27.66	37.77	-0.04	2.59	-37.5	95.5	895724.69	673636.64	42211.65
194	1718	002092	中泰化学	59.4	CCC	0.28	3.32	3.24	0.73	2.38	59.02	2.15	-10.49	5.37	-18.75	122.77	8038186.39	5591054.49	109585.26
195	1742	603928	兴业股份	59.2	CCC	0.58	7.15	6.88	0.92	1.36	26.01	58.68	-9.38	-2.15	-7.69	57.56	201408.18	178733.53	11624.18
196	1757	002170	芭田股份	59.1	CCC	0.14	3.95	4.12	0.7	2.19	53.47	5.92	14.89	5.99	-3.85	51.07	472139.78	285534.3	12162.31

续 表

序号	A股上市公司评价得分排序	股票代码	股票简称	综合得分	评价等级	每股收益（元）	净资产收益率（%）	总资产报酬率（%）	总资产周转率（次）	流动资产周转率（次）	资产负债率（%）	已获利息倍数	营业收入增长率（%）	资本扩张率（%）	市场投资回报率（%）	股价波动率（%）	年末资产总额（万元）	营业收入（万元）	净利润（万元）
197	1757	600871	石化油服	59.1	CCC	0.02	5.28	2.12	1.09	2.16	89.57	2.04	6.1	8.25	0	39.92	7120051.7	7377268.8	46381.4
198	1757	603681	永冠新材	59.1	CCC	1.19	9.11	5.82	0.9	1.55	61.51	4.41	30.91	11.12	-43.59	113.07	645718.13	502695.22	22712.64
199	1772	001207	联科科技	59	CCC	0.61	7.04	6.27	0.95	1.44	30.33	0	26.81	2.28	-36.36	85.83	194522.81	183505.29	11276.78
200	1772	605008	长鸿高科	59	CCC	0.28	8.35	6.79	0.66	1.6	47.35	4.38	36.83	10.05	9.52	122.73	381012.67	237175.7	18039.49
201	1772	688571	杭华股份	59	CCC	0.25	4.54	4.88	0.64	0.77	20.73	0	-0.8	1.37	-22.22	45.59	176665.18	113948.09	7917.84
202	1797	688357	建龙微纳	58.8	CCC	3.36	11.13	11.2	0.44	0.83	29.12	227.79	-2.72	26.55	-31.55	144.49	218605.97	85378.7	19785.77
203	1808	002838	道恩股份	58.7	CCC	0.36	5.27	4.62	1.12	1.69	37.16	10.22	6.21	41.98	7.32	134.92	494456.97	452569.72	16630.89
204	1835	603010	万盛股份	58.5	CCC	0.65	10.83	9.2	0.76	1.45	33.53	24.78	-13.38	69.95	-50	141.61	605380.91	356421.12	34137.47
205	1849	000973	佛塑科技	58.4	CCC	0.14	5.01	5.31	0.62	1.42	28.15	6.78	7.24	16.23	-15	54.87	453820.7	263511.69	18077.81
206	1849	002381	双箭股份	58.4	CCC	0.28	6.17	5.31	0.74	1.16	43.81	7.99	21.86	2.83	-17.39	67.86	351258.12	233512.93	11322.7
207	1849	002998	优彩资源	58.4	CCC	0.24	4.7	3.96	1.02	2.07	36.83	10.36	39.11	10.99	-22.22	60.54	258650.24	225414.11	7761.02
208	1860	688089	嘉必优	58.3	CCC	0.54	1.99	5.13	0.28	0.46	11.53	214.44	23.44	3.13	-18.97	129.6	161082.84	43342.45	6158.63
209	1891	300230	永利股份	58	CCC	0.3	8.75	8.29	0.59	0.98	26.92	32.32	-34.62	12.22	-18.18	57.04	374907.38	210071.51	24585.12
210	1891	603353	和顺石油	58	CCC	0.6	5.19	6.55	1.7	4.08	27.59	11.99	1.55	0.99	-26.47	65.44	232857.99	399404	10372.13
211	1906	002324	普利特	57.9	CCC	0.2	6.64	4.15	1.02	1.5	63.89	4.21	38.76	18.75	14.91	112.03	860827.43	675848.16	21657.78
212	1906	300876	蒙泰高新	57.9	CCC	0.52	5.35	5.56	0.36	0.57	28.02	12.89	-0.59	10.17	0	91.93	123687.75	39438.64	4961.88
213	1906	603033	三维股份	57.9	CCC	0.3	7.42	6.17	0.58	1.48	54.71	3.89	15.12	8.73	-11	82.14	747250.71	387292.79	25391.48
214	1921	300721	怡达股份	57.8	CCC	1.28	8.55	5.84	0.58	1.9	54.41	4.3	7.16	10.2	-8.51	107.94	285532.05	155430.13	10349.86
215	1944	002971	和远气体	57.6	CCC	0.47	6.58	4.82	0.5	1.68	58.95	3.36	33.25	5.52	-25	73.35	293977.63	132160.74	7516.69
216	1962	002145	中核钛白	57.5	CCC	0.22	9.01	6.79	0.48	0.85	40.15	28.98	1.99	0.45	-32.5	101.46	1168033.27	548127.23	64549.82
217	1975	002734	利民股份	57.4	CCC	0.6	6.9	4.67	0.72	1.83	59.75	4.63	5.88	-1.35	-27.91	72.49	705612.38	501635.99	22738.14
218	1975	300305	裕兴股份	57.4	CCC	0.49	6.83	6.55	0.72	1.49	35.76	9.56	36.69	8.6	-14.49	93.55	307342.52	186596.81	13872.58
219	1989	002427	*ST尤夫	57.3	CCC	0.52	571.33	27.81	0.71	1.44	57.71	2.07	-15.53	0	27.27	95.85	248044.19	244710.1	51819.31
220	1989	002442	龙星化工	57.3	CCC	0.22	6.75	4.89	1.48	2.23	52.99	4.07	32.62	5.44	-18.75	58.85	337998.64	456011.48	10369.1
221	1989	300587	天铁股份	57.3	CCC	0.38	14.49	11.31	0.37	0.59	40.68	11.46	0.42	16.25	13.79	95.98	512306.01	172042.68	39987.59
222	1989	600955	维远股份	57.3	CCC	1.11	6.16	8.29	0.81	1.87	12.96	124.63	-19.06	4.79	-53.33	161.47	993121.79	779811.32	60777.35
223	2007	002166	莱茵生物	57.2	CCC	0.29	6.33	6.9	0.36	0.63	30.12	9.6	32.99	63.79	1.47	102.81	445536.09	140073.73	18829.99
224	2007	301003	江苏博云	57.2	CCC	1.15	9.31	11.49	0.44	0.51	4.05	41.95	-26.39	2.91	-31.03	125.93	114922.49	51642.84	11347.53

续 表

序号	A股上市公司评价得分排序	股票代码	股票简称	综合得分	评价等级	每股收益（元）	净资产收益率（%）	总资产报酬率（%）	总资产周转率（次）	流动资产周转率（次）	资产负债率（%）	已获利息倍数	营业收入增长率（%）	资本扩张率（%）	市场投资回报率（%）	股价波动率（%）	年末资产总额（万元）	营业收入（万元）	净利润（万元）
225	2019	002263	大东南	57.1	CCC	0.04	2.24	2.58	0.54	1.03	8.22	40.28	-5.35	2.56	-23.53	68.39	295921.29	158421.03	6772.15
226	2033	002096	南岭民爆	57	CCC	0.13	2.88	3.01	0.62	1.25	44.29	3.54	19.33	4.31	4.84	62.87	353689.69	230421.22	5541.49
227	2033	002206	海利得	57	CCC	0.29	9	6.29	0.76	1.6	52.91	6.12	8.77	8.28	-27.96	86.63	748527.66	551205.48	33421.8
228	2040	002999	天禾股份	56.9	CCC	0.31	9.41	3.9	2.35	2.95	78.32	5.89	11.57	7.24	40	111.04	664346.39	1450383.86	14676.38
229	2053	000936	华西股份	56.8	CCC	0.24	4.25	4.44	0.45	1.65	20.98	7.3	21.07	-1.6	-17.07	57.81	638793.48	292743.79	22408.85
230	2053	002408	齐翔腾达	56.8	CCC	0.22	3.9	3.89	1.08	3.3	51.42	3.03	-14.56	4.96	-34.74	81.95	2899855.09	2981049.28	59758.93
231	2080	002326	永太科技	56.6	CCC	0.63	18.51	8.83	0.6	1.57	67.01	7.05	41.79	0.3	-52.65	132.95	1135449.02	633621.93	65960.95
232	2093	000818	航锦科技	56.5	CCC	0.34	4.43	4.89	0.83	1.95	24.95	10.48	-11.66	3.65	-16.18	63.52	511476.26	429191.48	19778.91
233	2093	832089	禾昌聚合	56.5	CCC	0.85	9.43	8.39	0.92	1.07	31.62	125.38	14.74	7.6	-28.57	99.18	133490.94	112089.89	9133.95
234	2107	603977	国泰集团	56.4	CCC	0.24	4.67	5.09	0.46	1.14	33.24	10.53	8.27	7.58	-26.09	52.72	494512.82	215248.91	17986.15
235	2118	002810	山东赫达	56.3	CCC	1.04	20.27	14	0.58	2.07	43.51	53.53	10.44	21.54	-58.33	186.51	333134.27	172348.33	35379.89
236	2118	301077	星华新材	56.3	CCC	0.82	7.49	7.21	0.46	0.58	25.99	20.66	-7.4	-1.71	-22.41	67.42	164748.8	73334.61	9814.49
237	2118	600346	恒力石化	56.3	CCC	0.33	1.9	3.36	0.98	3.14	78.08	1.46	12.3	-7.64	-32.52	89.35	24143047.46	22232358.4	231803.7
238	2118	688398	赛特新材	56.3	CCC	0.8	6.23	6.11	0.55	0.99	19.4	95.61	-10.35	3.22	-28	131.77	116545.44	63770.82	6386.17
239	2137	600277	亿利洁能	56.2	CCC	0.21	4.86	4.07	0.32	1.26	43.14	3.48	-10.13	1.63	-25.81	90.92	3507262.85	1117816.08	93115.81
240	2153	605488	福莱新材	56.1	CCC	0.43	6.38	4.55	1.1	1.69	40.35	46.34	10.85	1.84	-25.93	67.85	186160.02	190143.94	7536.28
241	2179	002215	诺普信	55.9	CCC	0.34	5.42	5.02	0.48	1	56.32	4.56	-5.23	18.2	-12	41.71	979352.26	426516.87	32717.74
242	2179	600423	柳化股份	55.9	CCC	0.02	6.46	3.18	0.28	0.32	14.87	0	10.35	3.39	-29.41	69.17	51314.19	14046.3	1585.63
243	2179	605589	圣泉集团	55.9	CCC	0.91	7.71	6.69	0.73	1.5	30.07	12.92	8.76	7.57	-38.89	150.98	1249278.89	959773.87	71113.57
244	2193	000510	新金路	55.8	CCC	0.02	0.48	2.73	1.36	3.63	36.47	5.9	2.04	7.14	-1.61	61.06	229748.98	303882.05	1325.38
245	2210	688179	阿拉丁	55.7	CCC	0.65	9.37	9.16	0.31	0.43	33.98	23.62	31.44	13.56	-28.17	92.92	147647.67	37810.4	9233.15
246	2231	002522	浙江众成	55.5	CCC	0.17	5.15	5.37	0.52	1.28	38.23	4.8	4.92	9.21	-23.33	71.1	366643.44	188427.33	12356.78
247	2231	600339	中油工程	55.5	CCC	0.13	2.84	1.29	0.79	0.86	76.16	13.8	4.71	2.57	-7.69	39.6	10705887.45	8358962.42	71839.15
248	2231	603223	恒通股份	55.5	CCC	0.23	2.78	4.07	1.67	2.7	18	9.38	-25.6	191.33	-11.94	56.03	455514.57	526942.82	10216.11
249	2242	300387	富邦股份	55.4	CCC	0.19	4.35	4.98	0.5	1.08	26	5.79	24.09	5.24	0	123.63	170523.22	84751.98	5773.65
250	2253	600810	神马股份	55.3	CCC	0.41	4.48	3.31	0.51	0.96	62.07	2.27	1.07	24.43	-35.09	95.61	2735388.61	1355884.21	44048.03
251	2260	300191	潜能恒信	55.2	CCC	0.13	3.13	3.73	0.27	0.73	36.38	8.64	18.42	2.73	-38.05	91.56	199044.25	48122.17	4145.8
252	2276	601208	东材科技	55.1	CCC	0.46	6.39	6.98	0.48	1.13	51.77	7.76	12.57	17.95	-29.17	87.27	905465.5	364027.61	42437.76

续 表

序号	A股上市公司评价得分排序	股票代码	股票简称	综合得分	评价等级	每股收益（元）	净资产收益率（%）	总资产报酬率（%）	总资产周转率（次）	流动资产周转率（次）	资产负债率（%）	已获利息倍数	营业收入增长率（%）	资本扩张率（%）	市场投资回报率（%）	股价波动率（%）	年末资产总额（万元）	营业收入（万元）	净利润（万元）
253	2276	688386	泛亚微透	55.1	CCC	0.45	3.96	5.54	0.42	0.91	27.42	8.2	15.11	5.09	-21.13	129.17	89172.78	36446.43	3137.33
254	2317	002054	德美化工	54.8	CC	0.18	2.32	1.28	0.5	1.21	58.26	2.2	63.96	4.49	-21.21	81.62	750030.18	327454.13	7747.42
255	2317	300980	祥源新材	54.8	CC	0.53	4.91	5.53	0.34	0.62	17.96	47.51	-18.32	4.11	-34.15	104.6	116380.06	37363.64	5666.5
256	2331	002783	凯龙股份	54.7	CC	0.35	3.74	4.56	0.48	1.49	69.78	2.39	24.25	8.38	-23.4	65.75	746305.71	340594.58	15572.05
257	2331	603790	雅运股份	54.7	CC	0.22	2.52	3.02	0.47	0.8	22.45	9.84	-17.36	1.24	0	35.28	162169.57	76822.1	3929.94
258	2350	002108	沧州明珠	54.6	CC	0.18	5.8	6	0.45	1.05	25.44	11.97	-1.89	36.85	-40.3	101.57	701242.77	283461.64	29494.11
259	2350	002827	高争民爆	54.6	CC	0.19	5.5	4.79	0.61	1.16	52.93	4.56	21.61	7.62	-5.88	55.22	211775.52	113425.69	6631.06
260	2350	300539	横河精密	54.6	CC	0.13	4.87	3.73	0.6	1.1	53.98	3.03	-4.02	2.92	21.05	98.18	113597.71	66803.86	2815.84
261	2350	603020	爱普股份	54.6	CC	0.29	3.07	4.41	0.83	1.34	14.31	35.87	-4.26	-0.24	-26.67	72.22	387046.07	320224.15	12464.68
262	2361	300641	正丹股份	54.5	CC	0.11	3.4	3.36	0.86	1.27	30.48	7.41	9.38	2.55	-25	64.58	221976.85	192437.38	5583.5
263	2361	600331	宏达股份	54.5	CC	0.03	5.47	6.15	1.28	2.85	82.4	2.07	1.14	18.48	-10.34	58.59	234998.69	294025.38	6025.74
264	2393	000301	东方盛虹	54.3	CC	0.09	0.24	1.69	0.43	2.18	78.56	1.22	23.39	21.39	-36.17	121.44	16651171.34	6382231.57	54269.71
265	2393	600135	乐凯胶片	54.3	CC	0.07	-0.36	1.55	0.61	0.84	23.01	9.03	-7.48	2.13	-8.33	58.62	349930.1	206778.11	4091.32
266	2419	300218	安利股份	54.1	CC	0.67	-0.54	7.67	0.87	1.65	37.81	10.25	-4.55	13.47	-42.11	115.17	229076.33	195274.47	15561.95
267	2419	688087	英科再生	54.1	CC	1.73	11.09	10.19	0.8	1.49	28.87	40	3.32	12.26	-61.11	165.45	292068.16	205605.56	23077.09
268	2441	002224	三力士	54	CC	0.09	3.02	3.27	0.28	0.49	16.82	6.12	-11.64	2.56	-18.92	53.58	301841.43	86456	6725.03
269	2441	002246	北化股份	54	CC	0.17	1.88	2.16	0.55	0.81	35.75	21.31	-2.84	4.31	0	101.52	472360.84	255866.49	8888.84
270	2462	300644	南京聚隆	53.9	CC	0.52	5.7	4.25	1.09	1.59	51.63	5.25	2.9	5.41	-31.43	72.29	163566.97	170754.13	5372.07
271	2462	600610	中毅达	53.9	CC	0.01	6.84	4.94	1.03	2.88	88.89	1.57	-2.01	8.44	6.6	72.84	128677.85	136600.38	1111.59
272	2462	603110	东方材料	53.9	CC	0.1	1.02	2.79	0.49	0.63	19.48	1218.19	2.1	-2.41	-15.48	66.69	82846.41	40420.92	1971.52
273	2462	688133	泰坦科技	53.9	CC	1.58	5.3	5.43	0.79	1	30.34	6.6	20.5	71.2	-27.23	73.78	397160.49	260789.43	13171.84
274	2494	603650	彤程新材	53.7	CC	0.5	6.5	6.26	0.39	1.11	54.2	4.18	8.3	10.51	-25.58	94.82	686112.11	250005.18	28083.13
275	2504	000691	亚太实业	53.6	CC	0	5.12	4.29	0.76	2.18	55.26	2.56	5.11	4.93	-6.67	53.11	70431.69	54819.6	1659.46
276	2512	301100	风光股份	53.5	CC	0.48	4.14	4.34	0.32	0.44	13.56	20.85	10.75	-6.92	-32.35	99.83	244720.77	83467.22	9459.62
277	2532	002809	红墙股份	53.3	CC	0.43	4.27	5.01	0.42	0.51	24.41	16.14	-39.52	6.17	-13.79	47.97	200602.13	93839.59	8994.59
278	2565	000554	泰山石油	53	CC	0.02	1.75	1.85	1.77	4.2	52.12	3.67	9.66	1.41	-18.18	55.66	195831.9	306989.37	914.04
279	2565	300829	金丹科技	53	CC	0.73	8.1	6	0.65	2.36	38.47	10.95	6.69	7.32	-49.28	133.19	250633.63	153461.58	12399.6
280	2576	003042	中农联合	52.9	CC	0.51	4.2	2.86	0.57	1.17	52.52	3.79	18.97	3.22	41.67	147.77	353677.76	193342.38	7313.79

续 表

序号	A股上市公司评价得分排序	股票代码	股票简称	综合得分	评价等级	每股收益（元）	净资产收益率（%）	总资产报酬率（%）	总资产周转率（次）	流动资产周转率（次）	资产负债率（%）	已获利息倍数	营业收入增长率（%）	资本扩张率（%）	市场投资回报率（%）	股价波动率（%）	年末资产总额（万元）	营业收入（万元）	净利润（万元）
281	2615	000565	渝三峡A	52.6	CC	0.12	3.75	3.62	0.29	0.82	19.32	7.12	-4.18	2.8	-10	65.56	161021.63	46884.37	5244.54
282	2615	002554	惠博普	52.6	CC	0.12	2.8	5.33	0.45	0.74	49.1	5.4	24.63	7.18	0	65.17	500904.96	198691.44	16515.81
283	2615	601233	桐昆股份	52.6	CC	0.06	0.04	0.52	0.78	3.01	61.16	0.56	4.84	-2.77	-31.34	109.91	9014002.75	6199334.94	13641.76
284	2615	688585	上纬新材	52.6	CC	0.21	7.71	5.93	0.99	1.34	37.14	25.3	-10.27	8.89	-20	74.52	182374.64	185976.47	8414.59
285	2661	002476	宝莫股份	52.3	CC	0.05	2.93	3.11	0.58	0.78	16.38	65.42	-9.87	3.53	7.69	81.6	103996.89	59228.48	2963.04
286	2682	300806	斯迪克	52.1	CC	0.55	7.75	4.24	0.33	0.96	67.67	4.17	-5.39	44.43	-28.24	97.53	667268.97	187719.31	16698.47
287	2682	830832	齐鲁华信	52.1	CC	0.34	6.3	5.6	0.57	0.93	27.98	10.97	-0.42	4.26	-23.08	122.08	106055.26	57722.82	4687.79
288	2706	300320	海达股份	51.9	CC	0.17	4.79	4.14	0.81	1.17	36.95	10.66	4.24	4.23	-24.14	106.91	333258.39	262996.62	10728.97
289	2740	000990	诚志股份	51.6	CC	0.04	0.69	1.49	0.48	1.98	24.52	1.86	-3.83	0.27	-43.75	110.73	2452569.08	1171728.44	15818.2
290	2740	603739	蔚蓝生物	51.6	CC	0.28	3.23	4.78	0.48	1.2	32.76	9.22	1.07	2.87	-29.63	79.81	257884.76	116316.28	8541.13
291	2750	002669	康达新材	51.5	CC	0.18	1.34	2.08	0.54	0.94	41.06	2.28	8.57	37.17	-20	86.15	533256.2	246636.18	5068.21
292	2750	603683	晶华新材	51.5	CC	0.03	2.96	2.45	0.79	1.67	44.88	2.04	1.37	2.66	-26.32	72.74	184017.83	141388.44	2767.02
293	2762	000881	中广核技	51.4	CC	0.21	1.82	4.55	0.55	0.89	43.69	3.7	-13.18	1	-20.41	64.82	1197242.31	694490.72	38812.93
294	2762	600800	渤海化学	51.4	CC	-0.03	-1.59	0.1	1.25	2.75	39.69	0.1	42.42	-1.2	-25	65.12	482515.87	604812.86	-3823.78
295	2773	600727	鲁北化工	51.3	CC	-0.17	0.74	0.89	0.71	1.69	58.19	3.4	8.11	-2.88	-36.84	102.34	764511.59	489794.9	2550.07
296	2779	603225	新凤鸣	51.2	CC	-0.14	-2.36	0.81	1.29	4.44	61.99	0.41	13.44	-4.41	-25.81	103.54	4130405.97	5078733.06	-20505.89
297	2779	688199	久日新材	51.2	CC	0.4	0.56	1.99	0.35	0.71	31.16	3.57	12.66	-0.42	-21.43	62.04	410578.97	141095.86	4300.79
298	2811	300522	世名科技	51	CC	0.11	3.54	3.24	0.64	1.47	20.84	15.77	-7.08	0.7	-41.43	105.68	101354.07	62266.01	2928.61
299	2838	300741	华宝股份	50.6	CC	1.18	6.89	10.24	0.22	0.29	13.97	38.52	-2.45	-1.12	-44.44	119.99	901036.02	189388.32	73309.84
300	2876	002917	金奥博	50.1	CC	0.07	-2.29	0.49	0.46	0.83	44.66	0.39	46.36	64.22	11.11	87.03	306067.78	119299.49	-2025.18
301	2876	300261	雅本化学	50.1	CC	0.21	10.11	7.23	0.51	1.17	37.39	7.42	-3.42	9.7	-26.62	242.52	400841.84	200097.59	21953.48
302	2876	603798	康普顿	50.1	CC	0.2	2.61	3.41	0.61	0.97	14.48	462.76	-28.57	3.16	-7.41	56.8	131395.68	79160.16	3895.34
303	2899	000420	吉林化纤	49.8	C	-0.04	-0.73	1.74	0.38	1.6	58.81	0.66	2.5	46.41	-12.5	80.41	1051418.24	366964.03	-8648.06
304	2899	002455	百川股份	49.8	C	0.23	3.73	2.47	0.48	1.5	70.34	2.5	2.74	21.95	-32.56	94.85	1006992.95	413102.74	12956.05
305	2899	300321	同大股份	49.8	C	0.13	1.22	1.64	0.65	1.08	8.56	173.81	-10.71	1.38	-25.58	61.57	68804.14	46437.07	1138.64
306	2909	603192	汇得科技	49.7	C	0.5	4.11	2.55	1.24	1.62	39.08	9.79	-5.46	2.09	-39.22	127.03	229113.89	301725.84	6176.71
307	2917	603826	坤彩科技	49.6	C	0.19	4.75	4	0.25	0.82	49.69	3.62	-8.27	4.52	43.75	95.15	357300.78	81924.4	9309.75
308	2928	603916	苏博特	49.5	C	0.69	7.46	5.93	0.49	0.74	40.7	7.76	-17.84	7.7	-40	112.26	774646.75	371493.41	35813.64

续 表

序号	A股上市公司评价得分排序	股票代码	股票简称	综合得分	评价等级	每股收益（元）	净资产收益率（%）	总资产报酬率（%）	总资产周转率（次）	流动资产周转率（次）	资产负债率（%）	已获利息倍数	营业收入增长率（%）	资本扩张率（%）	市场投资回报率（%）	股价波动率（%）	年末资产总额（万元）	营业收入（万元）	净利润（万元）
309	2940	688718	唯赛勃	49.4	C	0.18	3.75	3.96	0.38	0.9	15.5	88.8	-18.76	4.8	-28.57	137.38	84875.51	30804.84	3137.84
310	2949	000703	恒逸石化	49.3	C	-0.3	-2.86	1.45	1.4	3.75	70.83	0.59	17.89	-0.86	-33.33	100.52	11196479.77	15205027.49	-92439.88
311	2973	300637	扬帆新材	49	C	0.02	0.41	1.29	0.57	1.86	45.5	0.98	9.86	-1.15	-23.53	52.27	138942.95	79193.69	567.63
312	2973	301037	保立佳	49	C	0.06	0.92	1.78	1.27	1.71	66.99	1.07	6.32	0.63	-28	68.23	251813.25	316288.07	573.72
313	2984	836675	秉扬科技	48.9	C	0.36	11.42	9.93	0.61	0.94	35.92	15.34	54.05	4.69	-45.45	114.46	84316.46	46560.37	6139.79
314	3007	001296	长江材料	48.6	C	0.67	3.79	4.28	0.51	0.76	16.38	48.58	1.43	2.7	-47.92	92.37	188518.28	94649.63	7337.57
315	3007	002753	永东股份	48.6	C	0.1	1.68	2.99	1.45	2.55	34.3	1.74	19.82	-0.62	-11.43	86.9	335356.65	450402.08	3938.37
316	3007	300767	震安科技	48.6	C	0.41	7	6.19	0.39	0.56	36.66	6.24	33.85	24.14	-40.59	127.71	256256.36	89724.92	10113.78
317	3023	002666	德联集团	48.5	C	0.05	1.08	1.64	1.02	1.52	33.38	2.87	-5.99	0.78	-11.54	67.23	506995.53	488190.86	4201.47
318	3058	002585	双星新材	48.2	C	0.61	5.5	6.15	0.5	1.14	20.64	79.01	2.2	3.42	-44.94	172.1	1224820.33	606169.68	69851.06
319	3058	688669	聚石化学	48.2	C	0.48	3.77	3.22	1.03	1.71	57.77	2.04	55.7	3.19	-46.34	113.15	408495.57	395741.55	6884.39
320	3069	002068	黑猫股份	48.1	C	0.01	-0.05	1.94	1.28	2.34	59.16	1.61	24.75	1.07	16.39	165.94	840935.12	989309.99	1178.1
321	3082	300905	宝丽迪	48	C	0.33	3.13	3.95	0.55	0.97	9.38	1261.57	2.51	0.77	-40.38	95.4	142977.81	79179.38	4747.45
322	3090	300163	先锋新材	47.9	C	0	-1.61	-0.07	0.46	0.82	7.89	-0.42	-0.52	-0.25	-20	59.92	64374.15	30466.45	-187.58
323	3090	300995	奇德新材	47.9	C	0.19	1.47	2.09	0.33	0.67	16.14	12.77	-19.86	-0.94	-35.71	94.23	76113.22	25634.45	1580.53
324	3108	600387	ST海越	47.7	C	0.12	1.48	2.29	1.51	2.52	26.11	32.51	-20.4	-2.2	0	109.34	450397.53	659267.56	5927.46
325	3125	300243	瑞丰高材	47.5	C	0.26	5.14	5.14	1.01	2.01	51.82	4.39	-1.45	4.64	-42.62	102.9	194150.32	183152.75	6113.87
326	3148	688065	凯赛生物	47.2	C	0.95	3.97	4.21	0.14	0.25	15.64	35.78	11.09	2.39	-49.42	145.76	1782728.06	244110.4	61265.49
327	3148	688323	瑞华泰	47.2	C	0.22	3.05	2.7	0.15	0.68	55.47	3.77	-5.36	16.96	-35.14	104.19	231660.66	30171.16	3887.41
328	3162	300164	通源石油	47	C	0.04	0.24	2.12	0.45	0.98	36.2	3.02	2.87	16.05	-30.56	106.44	174210.01	76882.93	2187.19
329	3162	688219	会通股份	47	C	0.13	1.64	1.91	0.89	1.43	72.31	1.64	5.68	5.07	-33.33	77.04	644258.93	517931.11	5746.39
330	3195	300082	奥克股份	46.6	C	0.01	-0.4	1.13	0.86	1.88	45.55	1.44	-16.05	-5.67	-43.97	108.07	641645.26	563915.18	1891.85
331	3203	002909	集泰股份	46.5	C	0.03	0.33	1.93	0.77	1.38	54.78	1.47	-13.44	1.17	23.81	206.26	188979.4	145038.06	1016.78
332	3223	300758	七彩化学	46.3	C	-0.01	0.32	0.93	0.43	0.99	43.56	0.88	-10.27	-6.33	-11.36	87.85	300944.81	120855.27	1131.28
333	3267	600691	阳煤化工	45.6	C	0.03	-0.75	2	0.69	1.35	72.64	1.06	-9.08	-0.95	-34.78	91.34	2472685.23	1703565.83	1367.58
334	3279	002211	ST宏达	45.4	C	0.09	-63.15	9.25	0.85	1.14	73.16	155.56	-34.16	74.68	-33.33	139.92	34505.02	36460.76	3959.93
335	3290	300891	惠云钛业	45.2	C	0.04	1.11	0.77	0.71	1.28	45.14	1.61	-2.59	2.88	-41.18	106.23	244789.32	151248.13	1436.28
336	3290	603727	博迈科	45.2	C	0.23	0.48	1.37	0.62	0.9	35.39	3.1	-21.18	-0.14	-42.86	121.64	515163.37	321687.27	6461.74

续 表

序号	A股上市公司评价得分排序	股票代码	股票简称	综合得分	评价等级	每股收益（元）	净资产收益率（%）	总资产报酬率（%）	总资产周转率（次）	流动资产周转率（次）	资产负债率（%）	已获利息倍数	营业收入增长率（%）	资本扩张率（%）	市场投资回报率（%）	股价波动率（%）	年末资产总额（万元）	营业收入（万元）	净利润（万元）
337	3310	300221	银禧科技	44.9	C	-0.01	-0.85	0.55	0.99	1.36	28.34	1.18	-18.07	8.83	-33.33	90.19	177276.82	184615.46	-311.47
338	3335	605566	福莱蒽特	44.5	C	0.33	1.12	1.87	0.41	0.54	22.83	6.53	-12.81	-2.15	-20	68.18	258519.21	102989.9	2789.24
339	3335	688129	东来技术	44.5	C	0.18	0.68	2.54	0.35	0.39	31.99	7.47	-20.27	-2.28	-27.78	73.83	124110.89	39364.62	2150.92
340	3351	603822	嘉澳环保	44.3	C	-0.44	-3.19	-0.6	1.18	2.69	63.7	-0.33	67.59	15.43	-21.74	111.82	297894.99	321145.61	-3110.19
341	3398	600506	统一股份	43.6	C	-0.56	-59.22	-0.72	0.65	1.27	82.06	-0.23	475.22	85.71	6.67	50.75	251120.02	201059.92	-8422.24
342	3415	603580	艾艾精工	43.3	C	-0.02	-0.99	-0.48	0.33	0.72	14.15	-2.94	-30.09	-5.23	25	96.75	52993.3	17651.79	-351.2
343	3420	688659	元琛科技	43.2	C	0.04	-2.7	0.72	0.5	0.82	49.53	1.18	15.35	-2.07	28.57	227.59	127385.25	57903.24	623.16
344	3465	300920	润阳科技	42.4	C	0.33	2.22	3.11	0.28	0.45	16.64	9.9	-22.29	-3.55	-52.94	140.89	136023.55	38970.45	3346.62
345	3512	600759	ST 洲际	41.6	C	-0.33	2.53	-0.16	0.22	4.25	69.21	-0.04	15.61	-12.66	-28.57	85.92	1302058.1	283621.84	-72626.34
346	3522	301190	善水科技	41.5	C	0.47	4.04	5.51	0.18	0.2	9.06	66.28	-27.5	3.51	-47.06	98.66	224744.17	40043.64	10042.03
347	3527	002221	东华能源	41.4	C	0.03	0.21	1.76	0.76	1.51	70.84	0.99	10.74	-3.85	-35.85	93.14	4136062.72	2919899.86	4843.75
348	3535	002361	神剑股份	41.3	C	0.03	0.19	1.36	0.56	0.9	46.79	1.5	-2.9	-2.93	-26	74.3	453827.62	251623.95	2218.2
349	3544	002637	赞宇科技	41.1	C	-0.15	-3.6	0.47	1.4	2.94	52.02	0.45	0.3	-15.81	-34.52	121.44	766744.8	1123525.76	-13284.34
350	3550	300798	锦鸡股份	41	C	0.02	0.38	0.45	0.41	0.64	38.08	0	-9.37	-0.36	-30	99.37	221406.04	90038.37	757.83
351	3550	301036	双乐股份	41	C	0.29	1.36	1.9	0.66	2.43	19.64	4.06	-4.89	-3.05	-45.16	118.74	191518.67	127070.55	2865.92
352	3565	002629	仁智股份	40.8	C	0.03	-204.24	5.7	0.56	0.83	84.57	7.03	33.76	437.19	-11.76	69.33	23816.08	16853.17	1405.59
353	3565	603330	天洋新材	40.8	C	-0.17	-6.18	-2.26	0.7	1.31	55.41	-1.69	33.55	-9.85	11.29	98.22	229783.63	142599.98	-5611.38
354	3576	002395	双象股份	40.5	C	-0.17	-6.04	-2.25	0.68	1.28	57.82	-13.07	-5.24	-5.02	-8.57	86.81	203731.93	139296.02	-4545.3
355	3576	300535	达威股份	40.5	C	-0.02	-2.47	-0.5	0.4	0.82	28.03	-0.99	-18.96	-2.67	-18.52	60.55	129164.63	51038.5	-1720.19
356	3588	000782	美达股份	40.2	C	-0.1	-3.54	-1.18	0.92	1.61	54.91	-1.7	-12.24	-4.44	-30	69.63	314787.51	291367.29	-5520.75
357	3588	300538	同益股份	40.2	C	0.08	1.63	2.5	1.32	1.71	50.42	2.14	-6.97	0.82	-59.15	187.91	211859.77	271506.76	2174.32
358	3599	002886	沃特股份	40	C	0.06	1.44	1.85	0.62	1.19	51.6	1.47	-3.21	5.63	-48.19	144.56	265881.02	149017.35	2597.52
359	3654	000637	ST 实华	38.8	C	-0.25	-11.79	-3.45	2.1	5.61	64.34	-1.92	8.74	-11.46	10.84	47.54	289330.25	605933.57	-12585.85
360	3719	603332	苏州龙杰	37.1	C	-0.3	-5.15	-4.2	0.67	1.05	17.91	0	-0.55	-6.35	-11.11	174.87	154643.75	106620.71	-5040.66
361	3732	300067	安诺其	36.8	C	0.03	0.9	1.68	0.27	0.56	19.96	5.59	-28.57	2.3	-28.57	73.74	294556.57	75142.11	3598.35
362	3780	000545	金浦钛业	35.8	C	-0.15	-8.2	-4.79	0.81	1.6	39.14	-6.61	-4.2	-2.19	-15.79	71.48	308413.89	250999.65	-14607.62
363	3780	300716	泉为科技	35.8	C	0.05	-17.45	2.34	0.84	1.41	73.62	1.21	-32.86	7.6	50	146.53	136956.23	127688.06	1206.46
364	3811	603980	吉华集团	35	C	-0.3	-5.7	-3.83	0.36	0.56	19.88	-29.85	-14.29	-7.08	-20	64.95	523971.99	193169.39	-21385.95

续 表

序号	A股上市公司评价得分排序	股票代码	股票简称	综合得分	评价等级	每股收益（元）	净资产收益率（%）	总资产报酬率（%）	总资产周转率（次）	流动资产周转率（次）	资产负债率（%）	已获利息倍数	营业收入增长率（%）	资本扩张率（%）	市场投资回报率（%）	股价波动率（%）	年末资产总额（万元）	营业收入（万元）	净利润（万元）
365	3828	002002	鸿达兴业	34.5	C	0.1	3.13	3.57	0.26	0.87	45.06	2.08	-26.07	2.93	-48.53	140.69	1878655.94	482244.77	28819.13
366	3837	002165	红宝丽	34.3	C	-0.11	-3.47	-0.35	0.46	0.81	63.7	-0.15	-26.53	-4.82	-34.04	81.92	560371.28	251894.58	-8310.62
367	3841	300135	宝利国际	34.1	C	-0.19	-10.71	-6.1	1.03	1.52	58.38	-3.27	8.17	-15.25	-2.86	50.75	235940.15	246862.58	-17716.97
368	3849	600688	上海石化	33.6	C	-0.27	-9.82	-7.88	1.87	4.5	36.06	-28.35	-7.57	-13.24	-23.53	69.21	4124274	8251831.5	-286821.6
369	3872	002207	准油股份	32.9	C	-0.04	-34.85	-1.95	0.6	1.11	65.19	-1.71	2.49	-31.78	25	99.61	30700.42	19671.98	-982.1
370	3888	000635	英力特	32.4	C	-1.28	-16	-16.01	0.65	1.45	16.92	0	-18.3	-14.62	-25	67.76	273137.07	187505.57	-38886.92
371	3888	603879	永悦科技	32.4	C	-0.11	-8.03	-10.33	0.54	0.74	7.72	-119.97	-25.21	-5.09	-15.79	63.73	55168.29	29632.84	-4082.79
372	3894	600227	圣济堂	32.2	C	-0.22	-12.96	-7.52	0.55	1.78	39.38	-17.32	15.4	-11.71	-19.05	52.08	461662.54	251734.03	-37148.35
373	3932	600844	丹化科技	31.1	C	-0.29	-26.44	-10.27	0.45	3.6	31.08	-16.19	-14.13	-23.13	-18.52	52.84	186215.25	93381.93	-37797.01
374	3936	300180	华峰超纤	31	C	-0.2	-7.95	-3.55	0.52	1.72	40.42	-3.46	2.34	-7.47	-25	86.23	799032.56	423913.16	-35578.16
375	3961	603991	至正股份	30.4	C	-0.23	-13.07	-4.35	0.31	0.75	25.44	-5.7	1.08	-5.3	-9.52	51.51	40337.63	12952.39	-1682.06
376	3994	300478	杭州高新	29.6	C	-0.17	-42.69	-2.78	0.99	1.94	79.45	-0.92	-4.99	-17.38	-10	43.76	33387.37	36780.55	-2165.33
377	3994	600889	南京化纤	29.6	C	-0.48	-16.28	-9.08	0.26	0.75	41.12	-55.65	10.7	-15.75	-20.69	58.62	192362.21	51989.06	-18878.6
378	3998	002513	蓝丰生化	29.5	C	-0.86	-50.06	-14.57	0.9	3.19	75.77	-17.22	0.09	-46.36	0	64.28	147554.44	144524	-32069.25
379	4009	600589	*ST榕泰	29.2	C	-1.06	219.72	-39.9	0.28	0.53	160.36	-3.84	-46.01	-986.34	-10	60.22	110966.33	42107.34	-74531.03
380	4024	002319	乐通股份	28.9	C	-0.16	-35.1	-2.07	0.63	1.43	88.39	-0.83	4.05	-30.61	-11.11	75.57	63409.36	40345.97	-3142.92
381	4056	603725	天安新材	28.1	C	-0.79	-30.25	-6.08	0.92	1.65	78.4	-3.43	31.56	-25.43	-16.67	47.81	286414.09	271622.85	-20402.41
382	4087	600165	宁科生物	27.4	C	-0.21	-15.97	-2.19	0.2	2.46	72.73	-0.8	254.04	-26.91	-46.03	98.21	327869.78	68113.36	-17010.89
383	4133	603188	亚邦股份	26.3	C	-1.23	-43.76	-24.35	0.32	0.98	46.08	-19.55	14.95	-36.03	-33.33	85.84	252997.12	96631.39	-76791.81
384	4147	002591	恒大高新	26	C	-0.21	-7.76	-5.64	0.35	0.62	28.61	-11.4	-29.22	-8.21	36.84	131.5	100865.91	37382.34	-6344.6
385	4155	300731	科创新源	25.7	C	-0.21	-7.42	-2.97	0.54	1.04	33.6	-2.34	-8.47	2.45	-48.94	132.46	94768.42	52029.14	-3842.74
386	4177	300157	恒泰艾普	25.2	C	-0.16	-44.43	-1.26	0.21	0.46	84.75	-0.36	10.28	26.67	-37.5	116.01	223678.12	46380.33	-10728.24
387	4182	000698	沈阳化工	25.1	C	-2.16	-58.2	-19.34	0.7	1.4	70.53	-13	-41.36	-51.25	-5.56	80.26	681750.68	594134.63	-177226.47
388	4210	300665	飞鹿股份	24.6	C	-0.58	-20.7	-4.97	0.38	0.69	69.97	-2.62	6.27	-5.79	-22.73	72.33	181350.35	66431.76	-10982.68
389	4216	002037	保利联合	24.5	C	-1.62	-21.9	-3.83	0.4	0.61	76.82	-1.94	5.57	-19.15	41.18	139.61	1627643.89	636392.97	-90690.79
390	4224	002470	ST金正	24.3	C	-0.3	-25	-4.97	0.72	1.53	77.43	-2.49	7.09	-25.69	-30.77	85.96	1348191.97	997671.6	-98581.03
391	4236	300530	达志科技	23.9	C	-1.5	-167.79	-12.6	0.28	0.92	90.37	-8.02	228.15	-19.09	-29.27	60.04	157759.55	47915.97	-24135.34
392	4247	000949	新乡化纤	23.6	C	-0.3	-7.96	-4.29	0.65	1.76	50.74	-3.49	-16.77	-11.18	-42.86	127.6	1118553.37	727442.57	-43468.28

续 表

序号	A股上市公司评价得分排序	股票代码	股票简称	综合得分	评价等级	每股收益（元）	净资产收益率（%）	总资产报酬率（%）	总资产周转率（次）	流动资产周转率（次）	资产负债率（%）	已获利息倍数	营业收入增长率（%）	资本扩张率（%）	市场投资回报率（%）	股价波动率（%）	年末资产总额（万元）	营业收入（万元）	净利润（万元）
393	4289	002453	华软科技	22.4	C	-0.2	-21.28	-4.91	0.83	1.45	46.36	-7.87	-31.58	-21.19	-33.85	111.65	310816.23	269735	-18755.68
394	4361	300405	科隆股份	20.4	C	-0.41	-19.92	-7.98	0.5	0.76	55.89	-4.49	-28.34	-17.54	-25	74.92	147720.75	78024.83	-11872.62
395	4425	002496	辉丰股份	18.3	C	-0.3	-11.41	-9.49	0.08	0.41	43.44	-18.2	-75.58	-16.74	-17.5	61.43	326893.4	26753.55	-37350.7
396	4439	002828	贝肯能源	17.7	C	-1.59	-26.29	-12.64	0.28	0.45	69.47	-12.06	-41.48	-39.28	-6.25	99.62	202317.01	66913.51	-33113.09
397	4477	300225	金力泰	16	C	-0.22	-12.93	-10.38	0.53	0.78	31.24	-454.41	-24.6	-16.88	-61.68	198.78	111986.85	64689.93	-10598.47
398	4533	300169	天晟新材	12.8	C	-0.58	-53.46	-9.99	0.4	0.62	80.24	-3.53	-23.17	-40.39	-35	91.39	136410.82	58465.96	-18774
399	4548	002341	新纶新材	11.8	C	-1.07	-70.76	-18.69	0.18	0.81	75.92	-4.76	-26.52	-51.63	-34.09	94.46	480205.27	97877.38	-123870.5
400	0	001231	农心科技	66.7	BB	1.12	11.37	11.13	0.65	0.97	28.47	160.02	16.46	103.1	-30.36	31.81	129175.05	63386.05	9221.46
401	0	001255	博菲电气	65.3	BB	1.07	11.26	9.93	0.42	0.62	22.09	22.24	-7.34	107.36	68.68	31.16	99996.52	35353.18	7166.18
402	0	001316	润贝航科	61.6	B	1.13	8.73	11.43	0.66	0.72	7.11	377.04	-19.33	120.12	-13.23	39.62	112858.26	56206.05	7909.1
403	0	001333	光华股份	58.2	CCC	1.38	11.62	8.55	0.75	0.94	31.05	13.34	3.41	142.89	-386.9	34.4	223244.37	135834.38	13229.2
404	0	300834	星辉环材	64.7	B	0.74	6	7.44	0.87	2.6	11.92	165.44	-5.36	289.33	-46.77	114.91	339614.36	186987.46	14002.36
405	0	301131	聚赛龙	48.8	C	0.77	3.94	3.89	0.98	1.23	45.53	3.01	0.03	69.98	-38.62	78.44	142428.22	130351.14	3289.21
406	0	301156	美农生物	61	B	0.75	9.06	8.33	0.68	1.06	11.88	84.96	-11.52	141.14	-66.33	71.12	88704.66	48331.68	5249.2
407	0	301196	唯科科技	60.9	B	1.31	6.08	7.5	0.4	0.62	11.85	132.28	-17.34	162.3	-40.09	90.39	338265.42	95809.77	16486.92
408	0	301206	三元生物	50.8	CC	0.82	5.73	5.66	0.21	0.92	5.12	0	-59.71	342.04	-57.39	187.77	486991.93	67490.56	16368.66
409	0	301209	联合化学	64.6	B	0.96	10.4	11.09	0.85	1.04	14.78	0	-1.8	93.62	-78.13	53.16	78402.26	54198.44	6415.49
410	0	301212	联盛化学	64.6	B	1.85	21.05	17.48	0.82	1.27	18.41	113.7	24.98	196.35	-57.04	83.63	164890.73	104113.37	19116.4
411	0	301216	万凯新材	74.6	BBB	2.97	25.11	14.13	2.09	3.18	51.72	9.21	102.22	212.44	-12.02	42.9	1158465.59	1938604.31	95690.84
412	0	301220	亚香股份	68	BB	1.86	10.64	11.3	0.51	0.77	10.56	31.86	13.58	107.83	-25.84	29.23	172691.26	70539.6	13112.01
413	0	301237	和顺科技	56.7	CCC	0.87	5.46	6.64	0.44	0.77	6.92	38.84	-21.28	217.49	-46.88	87.77	161125.48	50352.52	6534.94
414	0	301256	华融化学	59.6	CCC	0.27	8.37	9.8	0.76	0.93	25.44	30.53	76.14	152.74	-50	89.75	221720.41	113500.83	12214.82
415	0	301283	聚胶股份	68.4	BB	1.31	8.68	8.87	1.17	1.4	15.8	30.55	28.18	296.92	43.8	38.88	167935.55	135073.98	8635.63
416	0	301286	侨源股份	69.4	BB	0.31	9.58	10.47	0.55	2.01	15.81	9.74	10.31	91.46	7.44	57.93	185521.51	91839.16	11704.29
417	0	301300	远翔新材	62	B	1	8.88	8.41	0.52	0.63	14.46	84.41	-9.38	191.49	-122.5	64.33	96691.98	36697.64	5326.23
418	0	600938	中国海油	92.9	AAA	3.03	25.96	23.41	0.49	1.79	35.59	33.32	71.56	24.15	18.52	41.14	92903100	42223000	14167700
419	0	603051	鹿山新材	58.7	CCC	0.87	5.11	4.89	1.36	1.77	46.82	4.14	54.63	75.59	77.7	147.21	249356.6	261823.1	7484.94
420	0	603150	万朗磁塑	62.9	B	1.84	13.11	8.6	0.82	1.3	44.52	14.18	15.7	115.73	-35.46	70.05	251866.82	170934.26	14892.49

续 表

序号	A股上市公司评价得分排序	股票代码	股票简称	综合得分	评价等级	每股收益（元）	净资产收益率（%）	总资产报酬率（%）	总资产周转率（次）	流动资产周转率（次）	资产负债率（%）	已获利息倍数	营业收入增长率（%）	资本扩张率（%）	市场投资回报率（%）	股价波动率（%）	年末资产总额（万元）	营业收入（万元）	净利润（万元）
421	0	603235	天新药业	68.2	BB	1.51	19.03	19.2	0.6	0.97	13.29	105.75	-8.63	112.6	-64.48	44.77	467996.29	230479.1	62211.51
422	0	603255	鼎际得	69.8	BB	0.99	9.51	8.77	0.61	1.13	14.46	15.21	23.07	105.32	75.19	60.92	176165.02	89978.76	11010.97
423	0	688203	海正生材	60.2	B	0.28	3.14	4	0.39	0.78	24.68	6.46	3.49	122	-41.55	41.56	192758.39	60543.24	4701.71
424	0	688267	中触媒	63.1	B	0.9	7.29	8.25	0.32	0.52	11.85	27.26	21.37	216.97	-15.5	92.8	299448.55	68066.2	15177.16
425	0	688295	中复神鹰	79.4	A	0.69	19.29	12.79	0.36	1.14	36.29	17.33	70	273.76	45.23	86.2	724737.19	199480.78	60508.37
426	0	831834	三维股份	59.8	CCC	0.37	12.64	13.05	0.76	1.07	18.81	83.13	-9.59	112.17	-66.67	270.59	41461.44	25724.42	3695.55
427	0	834033	康普化学	75.7	A	1.4	27.92	23.16	0.67	0.79	29.95	267.4	55.44	131.94	87.5	132.02	72482.76	35008.1	10404.98
428	0	835179	凯德石英	66.7	BB	0.75	8.66	9.9	0.29	0.44	19.07	10845.57	9.41	86.28	-17.39	62.38	85173.22	18152.32	5592.81
429	0	836957	汉维科技	64.1	B	0.39	9.52	7.38	0.9	1.22	31.07	227.8	-7.2	43.87	-36.08	78.95	58457	48788.04	3538.75
430	0	838971	天马新材	58.3	CCC	0.76	11.11	11.84	0.53	0.72	10.35	24.29	-10.57	265.64	-24.14	107.3	48798.03	18593.32	3563.5
431	0	870866	绿亨科技	63.4	B	0.34	7.55	7.55	0.59	1.13	8.52	95.53	-1.13	80.9	-42.86	73.44	81817.09	38752.87	4606.01
432	0	873527	夜光明	64.4	B	0.66	9.84	6.79	0.72	1.04	35.46	40.8	-8.02	73.54	0	52.48	58675.23	36895.25	3202.81

第八章

机械行业上市公司业绩评价

机械行业与国民经济密切相关，是资本、技术及劳动力密集型且受内需和固定投资拉动的周期性和政策性行业，具有内部子行业众多、产品覆盖范围广泛、内部竞争激烈、地区发展不平衡等主要特点。2022 年中国机械制造行业规模以上单位数量为 11.1 万个，总资产为 32.5 万亿元。2022 年机械工业经济运行虽经历起伏，但运行态势总体向好，全年主要经济指标实现平稳增长。预计 2023 年机械工业经济运行将呈现平稳向好的态势，主要经济指标前低后高，全年工业增加值、营业收入、利润总额等指标增速在 5%左右，外贸进出口基本稳定。

一、机械行业上市公司业绩评价结果

机械行业上市公司细分为机械设备、电气设备和国防军工三个子行业。截至 2022 年末，A 股机械行业上市公司共计 964 家，其中盈利 824 家、亏损 140 家，85%的公司实现盈利，比 2021 年降低了 2 个百分点。

2022 年，机械行业上市公司资产总额 9.96 万亿元，占全部上市公司资产总额的 10.28%，占比较 2021 年末提高了 1.45 个百分点；归属于母公司股东的所有者权益 4.14 万亿元，比 2021 年末增加了 0.92 万亿元，占全部上市公司归属于母公司的所有者权益的 12.00%。

2022 年，机械行业上市公司实现营业收入 5.52 万亿元，占全部上市公司营业收入的 8.98%，比 2021 年实现的营业收入增加了 1.02 万亿元；实现营业利润 0.49 万亿元，占全部上市公司实现营业利润的 11.99%（比 2021 年上升了 3.02 个百分点），比 2021 年实现的营业利润增加了 0.13 万亿元，收入和营业利润均呈现增长趋势。

2022 年，机械行业上市公司整体评价结果为 C，行业业绩综合得分 65.2 分，比全市场得分高 3.49%。其中，业绩评价等级为 AAA 的有 4 家、为 AA 的有 6 家、为 A 的有 10 家、为 BBB 的有 54 家、为 BB 的有 97 家、为 B 的有 164 家、为 CCC 的有 150 家、为 CC 的有 158 家、为 C 的有 321 家。表 8-1 列示了机械行业上市公司评价得分前十名的公司。

表 8-1 2022 年度机械行业上市公司评价得分前十名的公司

序号	股票代码	股票简称	A 股上市公司中评价得分排序
1	600438	通威股份	3
2	688303	大全能源	11
3	600089	特变电工	18
4	601012	隆基绿能	20
5	600732	爱旭股份	24
6	002459	晶澳科技	39
7	603185	弘元绿能	54
8	002129	TCL 中环	60
9	300124	汇川技术	60
10	300750	宁德时代	74

基于对机械行业上市公司的整体评价，下面分别从财务效益、资产质量、偿债风险、发展能力、市场表现五个方面对机械行业上市公司进行具体分析。

（一）财务效益

从综合得分来看，机械行业上市公司 2022 年的财务效益状况高于全部上市公司平均水平，与 2021 年本行业相比，扣除非经常性损益净资产收益率、总资产报酬率、营业利润率、总股本收益率指标均大幅提升；盈利现金保障倍数指标有所下降。

2022 年财务效益排名通威股份和特变电工并列第一。通威股份为太阳能电池行业的龙头企业，高度重视电池技术的变化，持续加大科研投入，是业内最早一批投入 GW 级 HJT 和 TOPCon 技术中试线的企业，并重点围绕新技术的规模化量产进行研发攻关。据 InfoLink Consulting 公布数据，2022 年通威股份太阳能电池出货量继续蝉联全球第一，并成为行业内首家累计出货量突破 100GW 的电池生产企业。2022 年，实现营业收入 1424.23 亿元，同比增长 119.69%；实现归属于上市公司股东净利润 257.26 亿元，同比增长 217.25%；实现归属于上市公司股东扣除非经常性损益的净利润 265.47 亿元，同比增长 216.50%。全年公司加权平均净资产收益率 52.36%，截至 2022 年底资产负债率为 49.57%，较 2021 年底下降 3.44 个百分点。表 8-2 列示了 2022 年机械行业上市公司财务效益状况评价结果。

表 8-2 机械行业财务效益状况比较表

分析指标		2022 年上市公司平均值	2022 年行业值	2021 年行业值	增长率（%）
基本指标	净资产收益率（%）	7.31	9.10	6.47	40.65
	总资产报酬率（%）	5.28	6.03	4.95	21.82
	基本得分	21.13	22.96	20.05	14.51
修正指标	营业利润率（%）	6.65	8.88	7.6	16.84
	盈利现金保障倍数	1.84	1.02	1.25	-18.4
	总股本收益率（%）	45.68	57.11	39.86	43.28
	综合得分	23.60	23.69	21.37	10.86

（二）资产质量

从综合得分来看，机械行业上市公司 2022 年资产质量状况低于 2022 全部上市公司的平均水平，但与行业去年相比都有不同程度的增长。表 8-3 列示了 2022 年机械行业上市公司资产质量状况评价结果。

表 8-3 机械行业资产质量状况比较表

分析指标		2022 年上市公司平均值	2022 年行业值	2021 年行业值	增长率（%）
基本指标	总资产周转率（次）	0.66	0.61	0.57	7.02
	流动资产周转率（次）	1.27	0.94	0.88	6.82
	基本得分	9.8	8.73	8.33	4.8
修正指标	应收账款周转率（次）	8.67	4.07	3.87	5.17
	存货周转率（次）	3.25	3.15	3.04	3.62
	综合得分	9.31	8.11	7.84	3.44

机械行业上市公司 2022 年总资产及流动资产周转率分别为 0.61 次和 0.94 次，分别比 2021 年增长 7.02%和 6.82%。机械行业上市公司应收账款周转率远远低于上市公司平均水平，这主要与机械行业上市公司交易结算方式有关。机械行业上市公司 2022 年存货周转率为 3.15 次，比 2021 年 3.04 次增长 3.62%。

资产质量状况指标中，爱旭股份及钧达股份的质量状况得分均为 15 分，资产质量在机械行业中并列最高。爱旭股份成功突破了全背接触电池的技术壁垒，还全球首创光伏电池无银化技术，为光伏产业未来高速发展解除了“银耗”障碍，将推动行业进入崭新的无银化时代。2022 年，爱旭股份经营业绩大幅增长，销售规模持续扩大，全年电池销量 34.42GW，同比增长 82.65%。爱旭股份 2022 年实现营业收入 350.75 亿元，同比增长 126.72%，实现归属于上市公司股东的净利润 23.28 亿元，其中归属于上市公司股东的扣除非经常损益的净利润 21.65 亿元，盈利水平大幅增长，总资产周转率 1.65 次，流动资产周转率 3.97 次，应收账款周转率 165.84 次，存货周转率 16.29 次。

（三）偿债风险

从综合得分来看，2022 年机械行业上市公司偿债风险状况得分较 2021 年有所上升。与 2021 年相比较，资产负债率和带息负债比率有所上升，但都低于 2022 年全部上市公司平均水平，说明机械行业在疫情的持续影响下，公司的还款压力有所增加。大部分公司都会选择通过变现流动资产的方式去偿还债务，2022 年整个行业资产结构，尤其是流动资产结构质量上升，流动资产的周转率提升，促使偿债能力增强。

在机械行业上市公司偿债风险状况指标中，宏达电子得分为 15 分，在行业中最高。宏达电子全年实现营业收入 21.58 亿元，较上年同期增长 7.89%；实现利润总额 10.95 亿元，较上年同期增长 4.28%。宏达电子 2022 年资产负债率 18.26%、速动比率 444.04%、带息负债率 1.87%、现金流动负债比率 65.61%，均好于全部上市公司及行业平均水平。宏达电子偿债能力一直较为稳定，2022 年销售收款情况良好，并且通过开具票据支付部分供应商货款。表 8-4 列示了 2022 年机械行业上市公司偿债风险状况评价结果。

表 8-4　机械行业偿债风险状况比较表

分析指标		2022 年上市公司平均值	2022 年行业值	2021 年行业值	增长率（%）
基本指标	资产负债率（%）	58.63	55.05	54.64	0.75
	已获利息倍数	5.4	9.33	7.79	19.77
基本得分		8.81	9.49	9.42	0.74
修正指标	速动比率（%）	86.08	113.76	111.63	1.91
	现金流动负债比率（%）	14.64	10.1	9.55	5.76
	带息负债比率（%）	41.74	29.35	26.16	12.19
综合得分		8.79	9.42	9.37	0.53

（四）发展能力

从综合得分来看，2022 年机械行业上市公司发展能力状况略高于全部上市公司的平均水平，营业收入增长率、资本扩张率、累计保留盈余率、三年营业收入增长率、总资产增长率、营业利润增长率均高于所有上市公司平均水平。2017 年以来，受基建投资需求增加、国家环保政策力度加强、设备更新需求、人工替代、出口增长等多重因素的影响，机械行业市场高速增长，行业整体盈利水平大幅提升。表 8-5 列示了 2022 年机械行业上市公司发展能力状况评价结果。

表 8-5 机械行业发展能力状况比较表

分析指标		2022 年上市公司平均值	2022 年行业值	2021 年行业值	增长率（%）
基本指标	营业收入增长率（%）	8.8	22.7	22.33	1.66
	资本扩张率（%）	9.1	20.66	14.82	39.41
基本得分		12.01	16.39	12.66	29.46
修正指标	累计保留盈余率（%）	43.64	37.43	34.13	9.67
	三年营业收入增长率（%）	11.1	20.65	15.52	33.05
	总资产增长率（%）	7.88	22.05	16.95	30.09
	营业利润增长率（%）	0.85	34.79	15.72	121.31
综合得分		12.21	15.16	12.72	19.18

在机械行业上市公司发展能力状况指标中，通威股份、大全能源、特变电工、隆基绿能、宁德时代、晶盛机电、天合光能、晶科能源发展能力得分均为 20 分，排名并列第一。大全能源的主要产品为高纯多晶硅，主要应用于光伏行业，处于光伏产业链的上游环节，2022 年以来，整体光伏市场持续增长，下游需求旺盛、高纯硅料市场紧俏，使得销售单价一路大幅上涨，至目前价格仍处于高位。并且大全能源成本优势明显，2022 年产销两旺，分别实现多晶硅产量 13.38 万吨、销量 13.29 万吨。同时，产品质量维持在高水平，单晶硅片用料占比为 99%以上，并实现 N 型高纯硅料的批量销售，已获下游主流客户验证通过。大全能源 2022 年实现营业收入 309.40 亿元，较上年同期增长 85.64%；归属于上市公司股东的净利润 191.21 亿元，较上年同期增长 234.06%，其中扣除非经常性损益后归属于上市股东的净利润 191.49 亿元，较上年同期增长 235.55%。

（五）市场表现

2022 年机械行业指数一直低于大盘的表现，全年机械行业指数位于沪深 300 指数下方。具体情况见图 8-1。

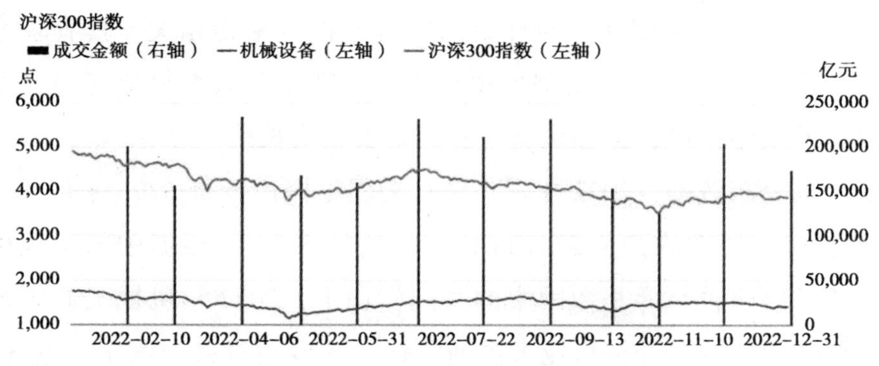

图 8-1 机械行业指数与沪深 300 指数波动

资料来源：同花顺 iFinD。

从综合得分来看，机械行业上市公司市场表现状况明显低于全部上市公司的平均水平，市场投资回报率为-13.62%，略低于全部上市公司-12.92%的平均水平，比 2021 年机械行业 35.82%的平均水平下降了 138.02%。2022 年机械行业上市公司有 195 家市场投资回报率为正值，比上年减少了 400 家，其中最高的为欧晶科技，市场投资回报率达到 1270.9%。市场表现得分最高的为骄成超声、瑞晨环保、振华风光、思科瑞，得 15 分。表 8-6 列示了 2022 年机械行业上市公司市场表现状况评价结果。

表 8-6 机械行业市场表现状况比较表

分析指标	2022 年上市公司平均值	2022 年行业值	2021 年行业值	增长率（%）
市场投资回报率（%）	-12.92	-13.62	35.82	-138.02
股价波动率（%）	98.53	105.06	124.57	-15.66
得分	9.09	8.81	9.37	-5.98

二、2022 年度机械行业上市公司业绩影响因素分析

机械制造行业是具有较长发展历史的传统行业。随着社会经济和科学技术的不断发展和进步，中国的机械制造行业保持良好发展势头。2022 年，机械工业景气指数 2 月份高开，在疫情冲击的综合影响下 5 月份为年内低点，此后逐步回升，2022 年末两月虽有所回落，但全年总体保持在景气区间，12 月机械工业景气指数为 105.98。2022 年，机械行业上市公司实现营业收入 5.52 万亿元，占全部上市公司营业收入的 8.98%，比 2021 年机械行业上市公司实现的营业收入增加了 1.02 万亿元；机械行业上市公司实现营业利润 0.49 万亿元，占全部上市公司实现营业利润的 11.99%（比 2021 年上升了 3.02 个百分点），比 2021 年机械行业上市公司实现的营业利润增加了 0.13 万亿元，收入和营业利润均呈现增长趋势。影响机械行业业绩的主要因素如下：

（一）固定资产投资持续增加拉动机械行业收入平稳增长

机械行业与宏观经济紧密相连，与社会固定资产投资密切相关，具有较强的周期性特征。随着“一带一路”倡议、国家新型城镇化规划、铁路及城市轨道交通规划、社会保障性住房建设等政策的实施推进，工程机械行业迎来黄金增长期。

根据国家统计局公布数据，2022 年全年全社会固定资产投资 579556 亿元，比上年增长 4.9%。固定资产投资（不含农户）572138 亿元，增长 5.1%。根据中国工程机械工业协会公开数据，在投资意愿改善与低基数因素的共同作用下，2022 年机械工业固定资产投资呈现较快增长，主要涉及的国民经济行业大类通用设备、专用设备、汽车、电气机械及器材、仪器仪表制造业固定资产投资同比分别增长 14.8%、12.1%、12.6%、42.6%、37.8%。其中汽车制造业固定资产投资由 2020 年、2021 年的负增长转为 2022 年的正增长。

近 20 年来，全社会固定资产投资规模不断扩大，我国工程机械行业抓住机遇快速发

展，规模上已经处于全球领先地位，已成为全球工程机械的重要市场和制造基地。根据《全球工程机械制造商50强排行榜》，有12家中国企业进入50强，总销售额达到578.81亿美元。以进入《全球工程机械制造商50强排行榜》的12家中国企业中排名第一的徐工机械为例。徐工机械2022年实现收入938.17亿元人民币，同比增长11.25%，工程机械产品销售量15.42万台，同比增长39.14%。全社会固定资产投资增加，带动工程机械需求数量增长。

（二）海外业务需求持续增加促使行业对外贸易量增质升

2013—2022年，我国工程机械出口额呈现波动上升趋势。2022年，工程机械行业经受多重考验，实现了稳定发展，其中出口起到重要支撑作用，连续两年大幅度增长。2022年，中国工程机械行业国际市场竞争优势继续提升，出口额大幅度增长。2022年工程机械出口额达到443.02亿美元，2021年工程机械出口额340亿美元，2022年较2021年增长30.30%，两年净增额为233.4亿美元。详见图8-2。

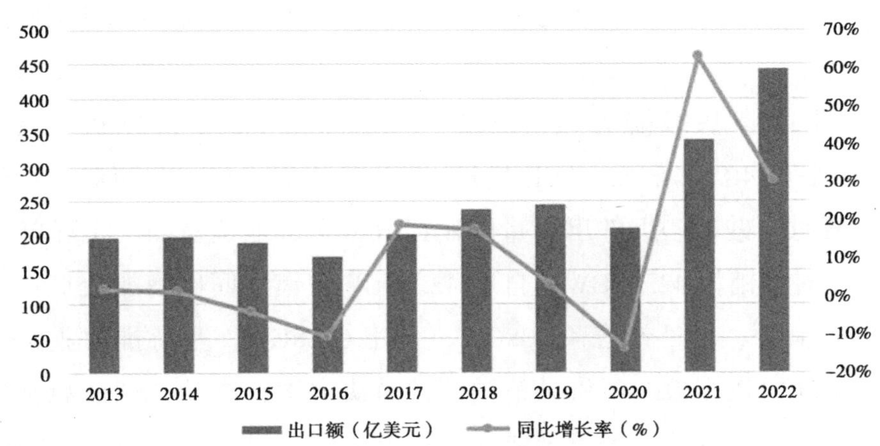

图8-2　2013—2022年中国工程机械出口贸易规模（单位：亿美元，%）

资料来源：中国工程机械工业协会、前瞻产业研究院。

随着新冠疫情得到控制以及海外市场需求的加快恢复，我国的出口市场强势复苏，迅速带动我国机械工业在海外市场的销量。根据中国工程机械工业协会数据，2022年机械工业外贸进出口总额为1.07万亿美元，同比增长3%，连续两年超过万亿美元。汽车整车、工程机械、发电设备、矿山设备等整机、主机对出口的带动作用持续增强。2022年汽车整车出口超过300万辆，其中新能源汽车出口近67.9万辆，同比增长1.2倍；金属轧机、挖掘机、电动叉车、起重机等产品出口量分别增长51.8%、41.9%、33.7%和20.1%。

以行业龙头上市公司隆基绿能（601012.SH）、中联重科（000157.SZ）及柳工机械（000528.SZ）为例。在海外业务快速增长和海运费用大幅上涨的背景下，隆基绿能积极调整和应对，加强与主要船东的战略合作，海外基地工艺水平进步显著，疫情情况下保持了整体的稳定经营。隆基绿能2022年实现海外收入443.19亿元，同比增长16.78%。中联重科2022年实现海外收入99.92亿元，同比增长72.60%。柳工机械2022年实现海外收入81.19亿元，同比增长35.69%。这三家公司2022年的业绩增长印证了海外市场需求持续增加的行业景气。

（三）新兴产业引领机械行业提质增效

半导体和新能源作为新兴产业的代表孕育了产业革命和重大的发展机遇，带动半导体设备、锂电设备、光伏设备等需求持续增长。关键领域自主可控，新兴产业风云际会，智能装备结构性的高景气将持续，推行战略性新兴产业，相关装备制造业先行。

新兴产业的带动引领作用使得2022年机械工业主要经济指标增速明显高于生产指标。根据中国工程机械工业协会数据，2022年机械工业战略性新兴产业相关行业合计实现营业收入23.1万亿元，同比增长13%，拉动机械工业营业收入增长10.1个百分点；实现利润总额1.4万亿元，同比增长15.5%，拉动机械工业利润总额增长11.7个百分点。特别是能源存储与光伏设备行业合计对机械工业营业收入增长的贡献率为62.9%、对利润总额增长的贡献率为55.1%。新能源汽车作为新兴产业的代表，2022年产销量同比增长96.9%和93.4%，再创纪录。

光伏设备行业以隆基绿能为例，2022年实现营业收入1289.98亿元，同比增长60.03%；归母净利润148.12亿元，同比增长63.02%。2022年，在面对硅料价格波动与海外贸易壁垒等因素时，硅片、组件出货量同比提升，龙头地位稳固。实现单晶硅片出货量85.06GW，其中，对外销售42.52GW，自用42.54GW，销量同比增加25%；实现单晶组件出货量46.76GW，其中，对外销售46.08GW，自用0.68GW。坚持推动业务创新，加快推进氢能业务，为全球提供高效、经济的清洁能源解决方案，推动全球能源结构转型。2022年，隆基绿能成功中标了我国首个万吨级光伏绿氢示范项目——中国石化新星新疆库车绿氢示范项目。

新一代信息技术、人工智能、工业互联网、5G等新技术与机械领域加速融合，推动机械行业转型升级。潍柴集团建立由供应商协同研发平台、发动机智慧云平台和大数据分析决策平台三部分组成的工业云服务平台，为开展智能制造系统建设提供数据支撑。2021年，潍柴集团实现营业收入2035.5亿元，同比增长了3.2%。在行业下行、需求收缩等多重不利因素冲击下，2022年公司营业收入1751.6亿元，归母净利润为49.1亿元。由于2022年重卡行业需求较弱，叠加2021年行业销量基数达历史高点，导致2022年行业产销量同比大幅下滑，营业收入也相应减少。潍柴集团2022年智能物流业务收入实现增长。

（四）践行绿色发展推动传统产业转型升级

在碳中和的时代背景下，中国提出“2030年碳达峰、2060年碳中和”的总体目标。根据中国工程机械工业协会数据，2022年机械工业能源装备制造业营业收入与利润总额同比分别增长20.4%和33.9%，拉动机械工业营业收入增长3.9个百分点、利润总额增长5.1个百分点。代表性产品风电机组的产量占全年发电设备总产量的比重超过 50%。绿色低碳装备不断涌现，有力推动传统产业减碳发展。工程机械电动化发展提速，产品体系日趋完善，全年电动装载机销量已突破一千台，将推动工程建设领域绿色发展。

特变电工新一代百万伏变压器试验成功，对提升我国清洁能源消纳、保障电网稳定运行具有重要作用。特变电工是我国输变电行业的龙头企业，在超、特高压交直流输变电，大型水电及核电等关键输变电设备研制方面已达到世界领先水平。销售区域以国内销售为主，对外出口为辅。2022 年，特变电工实现营业收入 958.87 亿元、净利润 228.53 亿元；与 2021 年度相比分别增长 39.03%、126.32%。中国铁建为上海市静安区地下智慧车库项目不仅打造了我国自主研制的全球最大竖井掘进机“梦想号”，并创新提出了利用装配式垂直掘进技术在城市零星土地建造地下立体智慧停车库的全系统解决方案，对优化城市地下空间利用、推进智慧城市建设具有积极意义。中国铁建 2022 年新签合同额增长 15%，绿色环保产业新签合同额 1907 亿元，占全部新签的 6%，增长 50%；聚焦抽水蓄能、海上风电、光伏、污水处理等开展投建营，逐步成为其新的重要增长点。

三、2023 年机械行业前景分析

展望 2023 年，机械工业内需市场逐步改善、发展环境优化，但外需市场挑战加剧，预计机械工业经济运行将呈现平稳向好的态势，主要经济指标前低后高，预计全年工业增加值、营业收入、利润总额等指标增速在 5%左右，外贸进出口基本稳定。

（一）政府基础设施建设增加有望带动机械行业内需增加

据中国工程机械工业协会资料，工程机械行业经历 2011 年至 2015 年的市场深度调整后，自 2016 年以来，受益于国家加大基础设施建设投资力度，连续六年呈现增长态势。

2022 年机械行业国内市场需求总体偏弱。国家统计局数据显示，与机械产品市场需求密切相关的全国设备工器具投资 2022 年同比增幅为 3.5%，低于同期全国固定资产投资增速 1.6 个百分点，全社会设备采购投资偏弱。机械工业主要涉及的国民经济行业大类中，通用设备、专用设备、汽车、电气机械及器材制造业产能利用率分别为 79.2%、77.6%、72.7%、77.3%，较上年下降 1.8 至 3.7 个百分点。中国工程机械工业协会重点联系企业数据显示，2022 年机械企业累计订货金额持续处于负增长，下半年降幅有收窄趋势，2022 年末同比仍下降 2%。

2023 年政府预计投入地方政府专项债券 3.65 万亿元，支持在建项目后续融资，开工一批具备条件的重大工程、新型基础设施、老旧公用设施改造等建设项目。根据国家统计局数据，2023 年 1—2 月，全国固定资产投资同比增长 5.5%，增速比 2022 年全年明显提高。2023 年政府部门基础设施建设数量增加，有望带动机械行业国内市场需求。

（二）新能源产业发展带动机械行业持续前进

近年来，全球新能源发电装机占比大幅提升，2022年均增长率为20.2%。在《新能源的发展前景计划》中，明确了2050年可再生能源将成为能源供应的主体力量，在电力消费中的比重有望达80%。新能源发电和新能源汽车均为中国制造核心产业，国家对此的政策支持力度较大。经过多年支持和发展，国内已涌现出一批如隆基绿能、宁德时代等全球领先的龙头公司。

根据国家能源局网站数据，2022年，全国风电、光伏发电新增装机突破1.2亿千瓦，连续三年突破1亿千瓦，再创历史新高。风电、光伏发电量首次突破1万亿千瓦时，达到1.19万亿千瓦时，同比增长21%，占全社会用电量的13.8%，接近全国城乡居民生活用电量。我国生产的光伏组件、风力发电机、齿轮箱等关键零部件占全球市场份额70%。在新能源发展良好的趋势下，电力电气新能源、新技术及新服务模式，如储能、微电网、电网安全、能源互联网、电力电气互联网等将在未来受到市场热捧，可持续促进机械行业的发展势头。

（三）新时代强军目标促进军工行业发展加速上升

党的十八大以来，中国特色社会主义进入新时代，国防和军队建设也进入新时代。进入新时代，党中央立足统筹“两个大局”的战略高度，鲜明提出新时代的强军目标，确立新时代军事战略方针，制定了新的“三步走”战略。二十大报告明确要求“机械化信息化智能化融合发展”，明确提出“实施国防科技和武器装备重大工程，加速科技向战斗力转化”，为国防和军队现代化“三步走”蓝图划出了重点，即通过以科技强军、加快机械化信息化智能化融合发展为导向的装备建设，和全面加强练兵备战为目标的军队建设两大途径，共同引领武器装备“质”与“量”的需求快速提升。这也为军工行业带来较大的增长机遇。军工科技的先进性和商业应用有望在民用领域获得更大价值的发挥，尤其是航天航空领域，以航天商业应用、北斗导航和C919大飞机为代表。

附表 2022年机械行业上市公司业绩评价结果排序表

序号	A股上市公司评价得分排序	股票代码	股票简称	综合得分（100）	评价等级	每股收益（元）	净资产收益率（%）	总资产报酬率（%）	总资产周转率（次）	流动资产周转率（次）	资产负债率（%）	已获利息倍数	营业收入增长率（%）	资本扩张率（%）	市场投资回报率（%）	股价波动率（%）	年末资产总额（万元）	营业收入（万元）	净利润（万元）
1	3	600438	通威股份	89.80	AAA	5.71	57.78	33.67	1.22	2.73	49.57	40.41	124.32	75.83	-6.48	109.46	14524379.36	14242251.8	3237288.55
2	11	688303	大全能源	87.20	AAA	9.4	61.76	60.44	0.83	1.35	12.86	179.13	185.64	176.54	-18.64	80.16	5226488.62	3094030.64	1912075.13
3	18	600089	特变电工	85.80	AAA	4.12	33.33	18.87	0.65	1.5	52.94	19.37	56.48	40.72	4.24	91.61	17033400.33	9588674.67	2285290.8
4	20	601012	隆基绿能	85.50	AAA	1.95	26.16	14.23	1.09	1.72	55.39	35.56	59.39	30.82	-26.02	79.21	13955559.3	12899811.16	1476283.21
5	24	600732	爱旭股份	84.80	AA	1.34	29.58	12.85	1.65	3.97	63.31	10.34	126.72	62.29	96.81	251.89	2468973.15	3507495.71	232857.37
6	39	002459	晶澳科技	83.00	AA	2.4	23.73	10.53	1.13	2.09	58.31	13.79	76.72	80.43	-0.88	71.91	7234862.56	7298940.06	553953.12
7	54	603185	弘元绿能	81.30	AA	7.82	25.46	19.51	1.23	2.35	40.4	25.67	100.72	68.47	-2.81	152.28	2103408.14	2190943.66	303316.11
8	60	002129	TCL中环	80.90	AA	2.12	15.19	9.08	0.72	2.38	56.88	8.16	63.02	12.94	0	85.73	10913376.81	6701015.7	707304.27
9	60	300124	汇川技术	80.90	AA	1.64	18.63	13.92	0.69	1.04	48.71	30.25	28.23	23.16	5.14	58.44	3921161.03	2300831.24	432449.31
10	74	300750	宁德时代	80.10	AA	12.92	22.96	8.56	0.72	1.16	70.56	17.71	152.07	91	-26.94	93.55	60095235.19	32859398.75	3345714.35
11	79	002709	天赐材料	79.90	A	2.99	56.11	35.25	1.13	1.83	49.72	89.84	101.22	74.19	-16.3	92.88	2553092.89	2231693.56	584404.16
12	124	688599	天合光能	77.80	A	1.72	14.64	6.03	1.11	1.65	68	7.15	91.21	58.53	-4.41	90.83	8997606.39	8505179.28	365256.88
13	148	600406	国电南瑞	76.90	A	0.97	15.72	10.62	0.63	0.87	40.84	170.05	10.42	11.88	-19.32	52.1	7666555.75	4682896.29	690473.64
14	154	300316	晶盛机电	76.80	A	2.26	31.58	14.99	0.46	0.59	61.18	310.62	78.45	57.56	8.69	90.7	2888665.78	1063831.03	307779.25
15	167	000733	振华科技	76.30	A	4.6	26.82	22.63	0.59	0.81	28.08	70.13	28.48	31.13	-1.94	54.41	1356017.96	726686.57	238304.45
16	195	002179	中航光电	75.70	A	1.72	16.31	10.52	0.54	0.65	41.84	81.56	23.09	16.39	-12.14	43.21	3181073.32	1583811.67	290101.04
17	199	300442	润泽科技	75.60	A	1.57	66.14	15.13	0.31	1.52	81.49	15.74	292.5	525.49	2.33	39.85	1600844.94	271474.07	119702.16
18	208	002801	微光股份	75.30	A	1.34	20.03	20.74	0.72	0.89	13.4	14868.97	8.38	14.74	29.63	108.94	177097.77	120477.09	30703.8
19	208	600582	天地科技	75.30	A	0.47	9.74	7.21	0.64	0.88	42.32	143.28	16.31	6.02	24.71	66.34	4342005.14	2741615.54	253338.41
20	223	300037	新宙邦	74.90	BBB	2.37	22.59	15.9	0.73	1.15	43.19	40.35	38.98	25.04	-26.4	83.2	1539511.49	966071.35	182274.52
21	261	300395	菲利华	74.00	BBB	0.96	16.2	14.95	0.45	0.81	19.56	1099.84	40.52	30.77	39.36	157.83	432415.47	171936.52	51277.21
22	269	002871	伟隆股份	73.90	BBB	0.81	13.46	16.56	0.57	0.85	22.4	130.16	30.1	19.4	28.57	130.2	99396.71	54014.16	13362.71
23	269	300861	美畅股份	73.90	BBB	3.07	30.49	30.72	0.65	0.8	24.56	413.92	97.99	26.89	-16.67	111.54	675746.16	365824.54	147467.69
24	269	688063	派能科技	73.90	BBB	8.22	34.64	24.38	0.97	1.32	46.72	62.84	191.55	45.12	87.57	289.23	808953.88	601317.48	127272.9
25	274	300274	阳光电源	73.80	BBB	2.42	19.14	8.31	0.77	0.91	67.97	20.77	66.79	18.16	-12.76	125.79	6162621.15	4025723.92	369543.59
26	274	300833	浩洋股份	73.80	BBB	4.22	17.12	19.07	0.54	0.62	11.28	277.17	97.8	15.61	10.39	113.23	244163.28	122270.05	36022.15
27	274	603339	四方科技	73.80	BBB	0.99	14.44	11.57	0.67	0.97	31.25	51.57	22.7	13.2	-5	73.15	320784.51	202441.24	30566.07
28	274	603659	璞泰来	73.80	BBB	2.24	25.8	13.38	0.54	0.8	60.87	25.24	71.9	30.93	-27.67	91.57	3569730.92	1546390.6	332434.05
29	289	002518	科士达	73.60	BBB	1.13	18.88	14.3	0.79	1.15	41.92	230.57	56.84	16.43	151.54	286.37	622021.41	440068.95	68202.81

续表

序号	A股上市公司评价得分排序	股票代码	股票简称	综合得分(100)	评价等级	每股收益(元)	净资产收益率(%)	总资产报酬率(%)	总资产周转率(次)	流动资产周转率(次)	资产负债率(%)	已获利息倍数	营业收入增长率(%)	资本扩张率(%)	市场投资回报率(%)	股价波动率(%)	年末资产总额(万元)	营业收入(万元)	净利润(万元)
30	300	688390	固德威	73.40	BBB	5.27	31.04	14.63	0.99	1.31	60.66	120.79	75.88	35.96	16.03	172.86	579874.63	471023.65	63625.31
31	303	300073	当升科技	73.30	BBB	4.46	22.21	14.08	1.18	1.4	46.69	13309.96	157.5	21.61	-29.61	121.07	2155547.53	2126414.27	225859.87
32	303	601038	一拖股份	73.30	BBB	0.61	11.74	5	0.98	1.6	49.97	29.86	35.25	8.61	-25	80.97	1298614.23	1245546.51	64195.81
33	307	300360	炬华科技	73.20	BBB	0.94	12.71	14.95	0.41	0.58	23.16	3551.9	24.47	16.05	30.14	150.6	403777.74	150631.75	48314.98
34	316	688707	振华新材	73.10	BBB	2.87	35.56	17.29	1.55	2.13	63.07	15.45	152.69	39.68	-2.17	116.14	1107174.05	1393559.36	127221.21
35	323	601100	恒立液压	73.00	BBB	1.79	20.41	18.54	0.57	0.76	21.75	160.41	-11.95	37.22	-26.69	118.1	1620107.62	819671.39	234885.46
36	354	600499	科达制造	72.50	BBB	2.23	48.43	29.09	0.6	1.09	36.97	50.15	13.89	66.74	-30.05	96.87	2115242.31	1115719.66	520219.25
37	359	002430	杭氧股份	72.40	BBB	1.25	14.26	10.05	0.73	1.29	53.43	14.36	7.79	14.05	32.84	111.59	1923844.64	1280321.08	128354.77
38	359	600760	中航沈飞	72.40	BBB	1.18	16.85	4.3	0.68	0.77	76.5	416.11	22.03	12.3	-4.88	62.73	5879230.08	4159774.39	231288.84
39	376	301029	怡合达	72.10	BBB	1.06	19.87	18.66	0.81	1.08	22.18	1020.7	39.49	17.83	-8.14	76.23	342597.13	251482.07	50640.13
40	376	688777	中控技术	72.10	BBB	1.61	13.99	7.66	0.57	0.62	59.3	34.5	46.56	16.05	26.03	79.07	1306262.3	662385.65	80731.24
41	384	688819	天能股份	72.00	BBB	1.96	11.01	8.76	1.42	2.03	56.53	11.82	8.18	10.47	-11.63	95.12	3237756.67	4188237.46	183889.76
42	390	300014	亿纬锂能	71.90	BBB	1.84	10.67	6.32	0.57	1.32	60.35	7.31	114.82	62.65	-16.47	90.71	8363781.32	3630394.78	367189.4
43	390	300777	中简科技	71.90	BBB	1.39	18.03	19.5	0.26	0.46	13.93	0	93.58	189.71	-15.52	45.83	452456.14	79715.99	59556.08
44	400	603032	德新科技	71.80	BBB	1.02	17.18	12.21	0.35	0.78	43.92	24.31	114.64	36.88	12.77	103.2	187748.99	58228.26	16265.64
45	400	605123	派克新材	71.80	BBB	4.36	15.12	11.44	0.61	0.79	35.54	46.03	60.5	111.69	12.61	79.86	599162.07	278198.32	48561.6
46	414	603203	快克智能	71.60	BBB	1.11	17.51	17.35	0.51	0.64	23.85	425.23	15.48	10.46	6.17	77.03	187784.82	90141.07	27461.59
47	414	688122	西部超导	71.60	BBB	2.33	16.73	12.91	0.42	0.52	43.73	22.48	44.41	16.86	18.29	91.65	1130586.5	422717.81	109544.74
48	414	688556	高测股份	71.60	BBB	3.47	46.58	20.33	0.8	1.04	63.39	49.09	127.92	79.1	76.67	184.77	564636.49	357055.95	78861.2
49	432	300354	东华测试	71.40	BBB	0.88	21.45	21.98	0.59	0.77	13.36	41214.97	42.81	21.25	-2.34	98.77	69231.07	36708.24	12177.5
50	432	601717	郑煤机	71.40	BBB	1.45	12.28	8.33	0.79	1.09	57.93	11.92	9.38	19.09	-6.67	79.5	4430117.56	3202090.81	262800.48
51	440	300775	三角防务	71.30	BBB	1.26	17.25	12.95	0.34	0.42	32.56	380.37	60.06	91.37	-15.56	62.7	697068.03	187649.1	62467.54
52	444	300568	星源材质	71.20	BBB	0.6	10.97	8.58	0.27	0.6	37.36	13.78	54.81	95.86	-4.43	99.83	1370118.37	288027.02	74756.28
53	444	300880	迦南智能	71.20	BBB	0.73	17.06	14.71	0.72	0.93	28.86	1130.84	20.23	17.03	-25	78	119170.13	80430.63	13972.03
54	454	601615	明阳智能	71.10	BBB	1.59	13.25	6.27	0.47	0.84	58.86	17.72	13.22	53.37	8.33	80.66	6894022.49	3074777.5	344921.23
55	465	002353	杰瑞股份	71.00	BBB	2.27	14.02	11.08	0.47	0.62	37.99	31.11	30	41.4	-35.47	98.78	2922582.94	1140901.21	228803.57
56	477	002595	豪迈科技	70.80	BBB	1.51	16.91	16.76	0.82	1.28	14.53	181.51	10.55	12.79	-13.85	80.77	859223.67	664222.99	119981.94
57	486	600885	宏发股份	70.60	BBB	1.2	17.57	13.32	0.79	1.33	37.76	17.1	17.07	13.92	-27.69	82.21	1599079.91	1173339.11	168927.43
58	486	601882	海天精工	70.60	BBB	1	25.99	13.62	0.74	0.91	56.1	166.93	16.37	20.66	16.67	131.42	452285.18	317748.23	52064.91

续 表

序号	A股上市公司评价得分排序	股票代码	股票简称	综合得分（100）	评价等级	每股收益（元）	净资产收益率（%）	总资产报酬率（%）	总资产周转率（次）	流动资产周转率（次）	资产负债率（%）	已获利息倍数	营业收入增长率（%）	资本扩张率（%）	市场投资回报率（%）	股价波动率（%）	年末资产总额（万元）	营业收入（万元）	净利润（万元）
59	486	603556	海兴电力	70.60	BBB	1.36	10.28	10.45	0.43	0.52	25.74	18.66	22.99	9.52	30	118.58	804569.96	330972.36	66386.87
60	501	300693	盛弘股份	70.50	BBB	1.09	22.29	13.41	0.8	1.07	53	39.35	47.16	25.53	61.54	226.82	226072.02	150310.17	22354.55
61	523	300820	英杰电气	70.30	BBB	2.37	24.14	15.83	0.52	0.56	47.34	523.03	94.34	26.99	36.29	213.83	286752.77	128257.23	33890.42
62	534	600761	安徽合力	70.20	BBB	1.22	12.59	9.19	1.19	1.62	50.05	24.47	1.66	15.17	10.83	96.54	1477363.71	1567314.01	102547.53
63	534	603277	银都股份	70.20	BBB	1.08	16.87	15.97	0.78	1.24	26.45	40.88	8.3	10.77	-9.52	57.23	344168.79	266285.16	44896.54
64	550	300438	鹏辉能源	70.00	BB	1.42	16.5	7.11	0.88	1.48	65.6	14.51	59.26	41.12	92.43	195.16	1211540.8	906670.4	64909.91
65	567	688059	华锐精密	69.80	BB	3.77	15.74	13.25	0.4	0.85	41.15	13.37	23.93	25.29	10.81	91.15	189316.98	60163.57	16592.32
66	578	300751	迈为股份	69.70	BB	4.99	12.38	6.93	0.34	0.38	55.74	164.28	34.01	10	21.74	129.59	1452683.77	414824.85	82444.22
67	578	603298	杭叉集团	69.70	BB	1.14	16.36	11.47	1.3	2.02	41.76	14.46	-0.53	12.98	0	76.37	1169357.7	1441241.64	107368.6
68	588	300763	锦浪科技	69.60	BB	2.86	32.15	12.47	0.55	1.48	71.55	9.45	77.8	89.54	30.6	161.68	1492486.55	588960.14	105996.5
69	598	688779	长远锂科	69.50	BB	0.77	19.63	12.31	1.33	1.84	54.01	125.28	162.75	24.5	-34.78	91.88	1765720.98	1797539.79	148949.87
70	605	002960	青鸟消防	69.40	BB	1.17	12.04	10.41	0.67	0.83	25.6	31.76	19.13	61.04	-13.64	67.56	805780.38	460237.46	59961.01
71	605	300179	四方达	69.40	BB	0.32	10.94	12.54	0.4	0.7	18.9	0	23.24	22.25	14.86	129.01	141439.7	51379.51	14997.67
72	605	603757	大元泵业	69.40	BB	1.57	18.07	14.48	0.83	1.18	36.01	261.7	13.05	21.07	7.5	173.3	240839.25	167801.15	26075.58
73	605	605060	联德股份	69.40	BB	1.03	11.6	11.82	0.46	0.76	21.42	39.54	40.29	9.78	58.82	123.91	263386.19	112061.86	24571.34
74	615	002006	精工科技	69.30	BB	0.64	22.48	13.05	0.92	1.12	46.71	39.12	36.37	28.34	0.52	116.98	258756.88	235711.87	29897.16
75	615	601865	福莱特	69.30	BB	0.99	16.06	9.5	0.59	1.45	56.67	7.37	77.44	18.82	-33.33	92.06	3238172.26	1546084.32	212278.04
76	615	688516	奥特维	69.30	BB	4.88	32.27	12.66	0.55	0.61	69.57	55.26	72.94	81.31	42.11	164.19	850844.3	353964.73	69483.55
77	628	002690	美亚光电	69.20	BB	0.83	27.27	25.52	0.64	0.87	20.08	0	16.79	5.75	-12.68	96.42	331491.97	211725.57	73011.27
78	628	600765	中航重机	69.20	BB	0.82	12.75	7.97	0.52	0.67	48.8	17.83	20.25	9.75	-0.75	57.18	2108467.14	1056969.09	133044.86
79	637	002028	思源电气	69.10	BB	1.59	13.7	9.02	0.71	0.98	39.94	264.77	21.18	9.74	-14.43	88.5	1571054.56	1053709.76	128748.61
80	637	002850	科达利	69.10	BB	3.86	16.38	10.35	0.8	1.57	58.89	13.37	93.7	25.57	-14.81	124.7	1417423.11	865350	91293.86
81	637	300450	先导智能	69.10	BB	1.48	21.91	9	0.49	0.56	66.2	127.16	38.82	17.47	-39.94	112.74	3290654.59	1393235.21	231758.09
82	637	300882	万胜智能	69.10	BB	0.66	14.28	12.21	0.67	0.93	30.99	2202.63	54.52	15.05	-13.04	82.65	138418.11	84414.1	13518.8
83	658	600481	双良节能	68.90	BB	0.58	21.08	9.19	0.94	1.72	68.49	7.2	277.99	181.27	32.63	142.74	2194339.5	1447635.86	104606.77
84	658	605259	绿田机械	68.90	BB	2.44	14.54	11.72	0.8	1.05	31.12	1955.38	0.84	9.5	-5.41	70.5	214732.53	161896.05	21504.9
85	668	300470	中密控股	68.80	BB	1.51	12.1	13.05	0.45	0.58	14.04	1974.82	7.34	5.77	-14.04	51.75	278070.39	121468.35	30952.37
86	683	000009	中国宝安	68.60	BB	0.45	11.55	7.67	0.72	1.09	63.97	6.14	82.29	20.33	-12.9	89.2	5229331.04	3199872.09	246801.21
87	689	300341	麦克奥迪	68.50	BB	0.51	17.37	17.31	0.88	1.2	24.16	186.36	22.48	22.76	-27.45	80.06	223063.76	179396.63	27275.56

续 表

序号	A股上市公司评价得分排序	股票代码	股票简称	综合得分(100)	评价等级	每股收益(元)	净资产收益率(%)	总资产报酬率(%)	总资产周转率(次)	流动资产周转率(次)	资产负债率(%)	已获利息倍数	营业收入增长率(%)	资本扩张率(%)	市场投资回报率(%)	股价波动率(%)	年末资产总额(万元)	营业收入(万元)	净利润(万元)
88	689	300724	捷佳伟创	68.50	BB	3.01	14.49	7.39	0.38	0.41	62.36	162.54	18.98	16.12	7.48	192.06	1913582.06	600504.23	104655.9
89	708	300118	东方日升	68.20	BB	1.06	10.4	4.24	0.87	1.51	72.82	3.94	56.05	9.03	-9.57	100.29	3826159.83	2938472.31	95578.5
90	708	300769	德方纳米	68.20	BB	14.25	32.01	15.86	1.19	1.9	63.36	15.75	365.87	166.68	-12.21	115.37	2909424.43	2255707.81	240740.47
91	708	688308	欧科亿	68.20	BB	2.4	11.34	10.67	0.41	0.69	22.22	111.6	6.56	65.11	5.48	96.14	317254.73	105532.27	24208.45
92	708	688697	纽威数控	68.20	BB	0.8	16.64	9.78	0.61	0.73	56.28	64.19	7.76	14.48	35.29	150.48	324962.84	184557.12	26223.22
93	724	002812	恩捷股份	68.10	BB	4.48	24.27	15.61	0.39	1.03	51.18	17.57	57.73	29.7	-41.85	133.73	3862273.15	1259092.55	421213.46
94	724	603806	福斯特	68.10	BB	1.19	11.03	10.17	1.11	1.39	30.62	81.5	46.82	14.93	-13.51	87.36	2019469.3	1887749.51	157920.71
95	732	002843	泰嘉股份	68.00	BB	0.62	17.14	11.02	0.66	1.34	60.52	15.61	85.64	31.65	84.21	262.13	196918.54	97775.14	13864.06
96	732	003036	泰坦股份	68.00	BB	0.6	9.44	6.52	0.71	0.84	47.47	158.25	28.74	9.86	-7.69	75.89	242645.78	160056.21	12461.8
97	732	300699	光威复材	68.00	BB	1.8	18.28	17.66	0.42	0.74	21.1	176.83	-3.69	17.1	-5.41	107.46	633010.34	251110.95	90615.39
98	746	002158	汉钟精机	67.90	BB	1.21	21.29	15.52	0.64	0.89	44.55	30.14	9.55	16.88	-1.01	121.94	554383.68	326573.39	64618.33
99	746	002667	鞍重股份	67.90	BB	0.36	19.26	15.34	0.67	1.04	51.42	18.93	417.95	78.36	32.26	136.98	260804.77	118594.68	19342.96
100	767	002759	天际股份	67.70	BB	1.31	12.9	11.51	0.61	1.4	33.38	90.92	45.37	12.62	-41.67	112.97	621809.34	327462.4	50261.93
101	767	300008	天海防务	67.70	BB	0.08	7.2	5.33	0.89	1.46	52.59	12.68	93.75	6.57	-21.05	56.02	376172.14	275461.28	14332.83
102	767	603606	东方电缆	67.70	BB	1.22	16.15	11.31	0.8	1.07	40.2	29.62	-11.64	12.45	48.65	137.62	918780.76	700892.56	84239.31
103	767	688700	东威科技	67.70	BB	1.45	23.45	14.43	0.62	0.73	46.94	1438.74	25.74	22	137.7	274.78	176768.9	101172.7	21329.78
104	786	603100	川仪股份	67.50	BB	1.47	16.06	9.25	0.9	1.15	54.09	50.65	16.1	7.18	50	232.3	745421.94	637017.81	58106.75
105	786	688187	时代电气	67.50	BB	1.8	5.93	6.39	0.39	0.51	27.24	141.31	19.26	6.02	-17.91	75.63	4850955.48	1803377.86	259197.28
106	808	002606	大连电瓷	67.30	BB	0.41	11.84	11.01	0.64	1	26.93	56.05	29.12	12.05	0	90.21	207523.51	120602.22	17995.94
107	808	833509	同惠电子	67.30	BB	0.53	14.82	15.75	0.49	0.75	18.3	7174.85	28.77	9.54	-26.32	90.73	40116.62	19046.91	5607.03
108	824	000400	许继电气	67.10	BB	0.75	8.77	6.09	0.81	0.99	42.47	36.42	24.41	7.38	-19.27	85.76	1895619	1491744.94	96946.37
109	833	002444	巨星科技	67.00	BB	1.24	12.11	9.86	0.7	1.27	26.67	17.33	15.48	26	-35.66	119.5	1857955.48	1261018.96	144464.34
110	840	834599	同力股份	66.90	BB	1.04	24.18	10.55	0.99	1.16	64.37	71.88	27.04	14.53	-19.44	58.89	576597.52	520156.93	46850.48
111	850	300286	安科瑞	66.80	BB	0.82	14.54	12.32	0.68	0.92	27.25	0	0.16	17.12	-14.58	110.28	157665.52	101858.49	17058.56
112	854	000738	航发控制	66.70	BB	0.52	5.46	5.51	0.34	0.47	23.58	79.77	18.88	7.53	0	57.8	1503174.85	494164.19	69225.37
113	854	688628	优利德	66.70	BB	1.06	10.46	10.31	0.73	1.1	13.02	903.23	5.85	11.56	-14.71	86.39	121765.37	89142.13	11497.28
114	864	603088	宁波精达	66.60	BB	0.33	22.27	13.54	0.52	0.66	51.68	68	21.85	17.49	2.27	112.46	134207.56	65044.56	14345.34
115	869	002837	英维克	66.50	BB	0.64	12.7	9.12	0.78	0.97	47.84	15.47	31.19	13.88	16.9	127.25	404233.25	292318.19	27711.56
116	882	002025	航天电器	66.40	BB	1.23	9.52	7.48	0.63	0.73	34.02	68.99	19.49	9.11	-6.05	58.32	996846.83	601969.52	65138.42

续 表

序号	A股上市公司评价得分排序	股票代码	股票简称	综合得分（100）	评价等级	每股收益（元）	净资产收益率（%）	总资产报酬率（%）	总资产周转率（次）	流动资产周转率（次）	资产负债率（%）	已获利息倍数	营业收入增长率（%）	资本扩张率（%）	市场投资回报率（%）	股价波动率（%）	年末资产总额（万元）	营业收入（万元）	净利润（万元）
117	882	688789	宏华数科	66.40	BB	3.2	15.17	14.6	0.46	0.61	16.09	1296.83	-5.15	14.81	-29.96	81.61	204276.23	89453.86	25059.33
118	893	600875	东方电气	66.30	BB	0.92	6.86	3.05	0.5	0.79	66.49	0	15.88	9.16	6.35	150.29	11526506.05	5417906.04	301035.65
119	893	601567	三星医疗	66.30	BB	0.67	11.59	7.8	0.59	1.13	40.71	19.78	29.55	7.64	-21.98	106.03	1622771.89	909820.26	96500.5
120	893	688598	金博股份	66.30	BB	6.45	7.5	13.16	0.3	0.47	12.41	26.98	8.39	216.64	-30.94	108.01	683661.67	145013.43	55078.35
121	912	003025	思进智能	66.10	BB	0.85	13.12	13.26	0.42	0.63	20.41	0	6.4	9.69	-8.51	58.9	126120.56	50822.48	13931.83
122	928	000039	中集集团	65.90	BB	0.59	9.47	5.51	0.94	1.79	57.06	6.2	-13.54	9.96	-35.37	82.72	14589994.9	14153665.4	460114.2
123	928	002706	良信股份	65.90	BB	0.4	12.31	9.28	0.82	1.4	34.38	56.09	3.23	69.68	-13.37	94.28	570454.94	415706.8	42176.74
124	928	600241	ST 时万	65.90	BB	0.17	8.32	5.75	0.66	0.98	32.11	0	19.88	12.33	13.64	76.9	145864.01	93609.19	8182.32
125	948	002270	华明装备	65.80	BB	0.42	11.23	10.32	0.4	0.63	24.98	19.8	11.7	17.15	-10	85.03	445014.31	171166.69	36385.2
126	948	002865	钧达股份	65.80	BB	5.08	44.99	13.57	1.5	4.42	88.93	6.56	304.95	-34.5	245.45	315.76	948930.43	1159538.63	82098.84
127	948	600862	中航高科	65.80	BB	0.55	14.16	12.33	0.61	0.88	26.06	281.73	16.77	15.56	-29.13	69.83	762722.6	444611.27	76749.85
128	948	688005	容百科技	65.80	BB	3	19.13	8.27	1.49	2.28	66.67	19.41	193.62	57.41	-41.03	160.02	2566004.63	3012299.51	137432.1
129	958	300838	浙江力诺	65.70	BB	0.78	10.59	9.14	0.76	1.1	34.9	35.11	47.14	9.66	-5.56	58.22	141197.58	101282.88	10680.67
130	967	603416	信捷电气	65.60	BB	1.58	10.34	9.38	0.52	0.7	27.11	1058.85	2.75	10.49	-1.52	121.67	269376.17	133509.88	22199.68
131	978	002150	通润装备	65.50	BB	0.42	10.23	11.43	0.8	1.1	17.73	347.99	-12.65	6.99	223.68	375.2	214693.78	167803.36	17816.1
132	978	002334	英威腾	65.50	BB	0.36	11.5	6.62	0.98	1.38	52.49	20.63	36.16	24.63	10.47	140.8	488673.45	409687.7	26037.69
133	978	688698	伟创电气	65.50	BB	0.78	12.16	10.78	0.66	0.9	33.46	315.31	10.64	12.95	-19.23	92.48	147135.71	90599	13806.02
134	990	000425	徐工机械	65.40	BB	0.36	7.53	4.59	0.66	0.88	68.78	4.27	11.25	47.04	-14.46	43.65	17508559.74	9381712.24	429466.6
135	990	300034	钢研高纳	65.40	BB	0.7	10.12	7.96	0.51	0.76	46.27	16.37	43.77	10.21	-4.44	109.94	629194.85	287928.17	38217.29
136	990	688239	航宇科技	65.40	BB	1.31	14.74	8.76	0.56	0.85	58.29	9.93	51.49	19.82	25.81	130.57	298882.08	145400.16	18338.74
137	1001	688032	禾迈股份	65.30	BB	9.51	8.31	8.93	0.22	0.24	12.42	714.71	93.23	7.07	109.22	235.52	731773.32	153651.26	53225.45
138	1024	600884	杉杉股份	65.10	BB	1.23	11.33	9.46	0.51	1.14	46.29	6.35	4.84	24.7	-36.59	112.53	4492549.12	2170161.73	282540.09
139	1024	688009	中国通号	65.10	BB	0.33	8.38	4.3	0.36	0.45	59.52	43.73	4.81	4.2	0	0	11680654.45	4020320.78	410064.39
140	1030	300700	岱勒新材	65.00	B	0.77	14.55	8.6	0.49	1.03	50.88	10.39	137.42	65.68	161.11	196.76	153186.59	64269.97	9020.15
141	1030	300813	泰林生物	65.00	B	0.96	12.7	10.24	0.47	0.59	29.83	91.67	32	30.17	-25.49	154.02	92266	37387.81	7968.62
142	1030	300837	浙矿股份	65.00	B	1.87	16.03	13.95	0.45	0.67	23.29	2598.03	21.2	14.61	-19.61	78.36	159913.63	69480.13	18655.09
143	1047	601126	四方股份	64.90	B	0.67	13.38	8.28	0.64	0.72	52.1	666.65	18.15	4.49	-16.33	99.76	845165.12	507849.46	54369.71
144	1052	603338	浙江鼎力	64.80	B	2.48	18.91	13.82	0.51	0.67	40.13	87.96	10.24	18.18	-42.74	148.98	1180180.85	544515.26	125724
145	1067	300488	恒锋工具	64.70	B	0.67	7.9	8.4	0.35	0.86	17.64	62.69	4.2	6.02	-18.06	72.49	154658.2	53068.77	11159.34

续表

序号	A股上市公司评价得分排序	股票代码	股票简称	综合得分（100）	评价等级	每股收益（元）	净资产收益率（%）	总资产报酬率（%）	总资产周转率（次）	流动资产周转率（次）	资产负债率（%）	已获利息倍数	营业收入增长率（%）	资本扩张率（%）	市场投资回报率（%）	股价波动率（%）	年末资产总额（万元）	营业收入（万元）	净利润（万元）
146	1067	603800	道森股份	64.70	B	0.51	14.31	8.02	0.8	1.01	67.32	10.69	86.39	36.72	26.09	138.9	369693.56	218955.29	16788.58
147	1075	603187	海容冷链	64.60	B	1.15	9.58	7.71	0.66	0.87	28.16	0	9.12	53.67	-24.79	69.8	511928.65	290463.64	30413.15
148	1075	688630	芯　微装	64.60	B	1.13	11.75	10.58	0.46	0.55	32.17	686.75	32.51	12.67	31.25	148.49	154666.15	65227.66	13658.5
149	1084	003022	联泓新科	64.50	B	0.65	10.24	7.65	0.62	2.31	47.54	7.04	7.6	12.06	-6.98	187.42	1405426.92	815699.07	87389.53
150	1084	300101	振芯科技	64.50	B	0.54	12.43	14.66	0.49	0.65	34.25	36.25	49.01	21.83	17.65	145.3	260587.09	118236.67	30840.83
151	1084	300776	帝尔激光	64.50	B	2.42	15.69	11.58	0.31	0.34	43.08	13.67	5.37	16.12	-7.08	146.58	470698.39	132431.11	41119.4
152	1084	603283	赛腾股份	64.50	B	1.66	19.03	8.77	0.68	0.95	63.92	15.35	26.36	22.7	10.34	188.39	484200.5	292977.65	32132.82
153	1099	300828	锐新科技	64.40	B	0.59	11.44	12.27	0.85	1.33	14.76	97.58	33.28	7.63	-22.22	70.91	97957.28	76571.49	9723.19
154	1099	600528	中铁工业	64.40	B	0.79	6.92	4.09	0.56	0.75	54.14	97.67	6.11	5.5	-10.26	32.3	5350783.5	2881709.85	188316.59
155	1099	603090	宏盛股份	64.40	B	0.53	9.84	8.26	0.88	1.38	36.25	20.86	27.7	4.13	20.83	76.09	86126.26	71427.01	5423.55
156	1111	300092	科新机电	64.30	B	0.52	13.83	8.73	0.67	0.8	53.39	703.51	13.42	13.39	9.38	106.25	181784.06	107539.53	12084.82
157	1111	600330	天通股份	64.30	B	0.66	5.74	8.11	0.47	0.84	28.06	17.27	10.35	52.99	-24.64	96.58	1088705.18	450771.68	67405.87
158	1111	600475	华光环能	64.30	B	0.78	8.13	5.83	0.43	1.02	56.99	7.15	5.52	6.99	0	70.17	2112579.44	883929.87	87479
159	1111	603026	胜华新材	64.30	B	4.39	21.29	18.63	1.5	2.76	30.49	114.86	17.86	24.46	-49.49	156.28	640556.5	831610.3	88830.01
160	1111	688686	奥普特	64.30	B	2.66	11.25	12.63	0.4	0.46	6.07	809.66	30.39	10.5	-23.05	120.09	295840.66	114095.05	32486.48
161	1123	002175	东方智造	64.20	B	0.08	5.96	17.83	0.43	1.13	26.08	177.07	17.02	50.25	43.75	106.65	66040.04	27361.06	10666.27
162	1123	002884	凌霄泵业	64.20	B	1.18	18.77	20.66	0.63	0.74	5.84	0	-28.09	3.18	-31.4	85.49	234732.79	148346.42	42193.83
163	1140	002487	大金重工	64.10	B	0.8	8.78	6.13	0.57	0.72	42.21	22.06	15.21	116.98	12.35	148.93	1125910.33	510611.36	45027.65
164	1140	002580	圣阳股份	64.10	B	0.3	5.43	5.29	1.01	1.41	34.03	23.44	33.76	14.19	21.21	137.49	303105.41	279626.01	13517.8
165	1140	601766	中国中车	64.10	B	0.41	5.72	3.96	0.51	0.78	56.8	15.61	-1.24	4.77	-12.5	59.78	44214014.6	22293863.7	1435217.5
166	1140	603267	鸿远电子	64.10	B	3.48	21.36	19.76	0.52	0.62	24.8	45.49	4.12	21.4	-35.71	99.52	534192.44	250220.07	80316.31
167	1140	688160	步科股份	64.10	B	1.08	12.44	12.36	0.64	0.75	18.7	126.14	0.37	9.61	-16.67	148.69	89401.92	53930.65	9078.3
168	1140	688248	南网科技	64.10	B	0.36	7.71	6.48	0.52	0.57	29.94	188.64	29.2	6.49	159.09	358.5	369591.16	178968.36	20571.82
169	1140	688768	容知日新	64.10	B	2.12	14.85	14.03	0.62	0.72	23.92	320.82	37.76	19.89	14.14	145.65	100000.27	54703.16	11605.62
170	1158	300445	康斯特	64.00	B	0.36	9.35	7.11	0.38	0.75	13.47	281.3	17.16	7.95	-14.08	70.6	117089.3	41399.1	7585.81
171	1158	688569	铁科轨道	64.00	B	1.12	9.95	9.3	0.4	0.51	17.97	227.94	-0.78	8.24	-10	50.31	348053.4	134014.54	27687.93
172	1167	002698	博实股份	63.90	B	0.44	13.04	9.3	0.39	0.45	46.2	101.31	1.93	9.8	14.71	116.99	622027.39	215374.62	44774.93
173	1167	002979	雷赛智能	63.90	B	0.72	11.69	13.23	0.7	1	44.53	14.3	11.2	11.19	-12.82	107.83	219366.38	133786.21	22534.05
174	1167	300515	三德科技	63.90	B	0.45	12.34	11.21	0.4	0.51	32.55	157481.43	2.38	11.56	-7.14	101.66	107023.92	39363.65	9727.18

续 表

序号	A股上市公司评价得分排序	股票代码	股票简称	综合得分（100）	评价等级	每股收益（元）	净资产收益率（%）	总资产报酬率（%）	总资产周转率（次）	流动资产周转率（次）	资产负债率（%）	已获利息倍数	营业收入增长率（%）	资本扩张率（%）	市场投资回报率（%）	股价波动率（%）	年末资产总额（万元）	营业收入（万元）	净利润（万元）
175	1167	300722	新余国科	63.90	B	0.35	12.56	11.3	0.52	0.84	21.35	0	16.17	7.83	-26.44	68.77	68824.76	34074.86	6590.74
176	1167	600525	长园集团	63.90	B	0.51	11.39	10.87	0.6	1.04	59.68	6.36	25.56	53.36	-21.33	72.2	1377486.98	761310.06	112136.08
177	1186	000922	佳电股份	63.80	B	0.59	10.16	6.64	0.61	0.71	52.72	550.67	17.52	11.81	-21.88	79.88	635450.17	357914.07	35112.18
178	1186	688560	明冠新材	63.80	B	0.63	5.19	5.07	0.61	0.76	15.98	35.73	35.1	120.77	38.24	196.04	374927.51	174153.4	12776.37
179	1194	000049	德赛电池	63.70	B	2.89	20.97	10.42	1.87	2.57	66.24	5.42	11.7	23.18	-11.14	107.63	1251455.34	2174912.61	85234.83
180	1194	688559	海目星	63.70	B	1.9	16.09	5.95	0.57	0.72	77.01	12.03	106.89	32.59	5.45	146.15	886949.07	410541.55	37549.32
181	1194	688778	厦钨新能	63.70	B	4.18	16.29	10.7	2.22	3.22	45.71	9.58	84.71	120.19	-20.41	153.3	1538036.53	2875131.11	112988.05
182	1204	603025	大豪科技	63.60	B	0.47	17.41	18.93	0.59	0.81	30.78	248.53	6.16	7.17	-23.73	83.65	312652.67	159762.4	45629.75
183	1204	603628	清源股份	63.60	B	0.4	10.81	7.76	0.67	1.2	51.08	5.95	41.65	10.73	23.08	123.72	226195.97	144193.22	10930.46
184	1204	605286	同力日升	63.60	B	0.86	7.74	6.81	1	1.38	36.62	13.56	6.83	25.43	44.83	178.69	291747.46	245236.95	13183.84
185	1204	835185	贝特瑞	63.60	B	3.17	16.69	11.71	1.08	1.85	63.69	13.79	144.76	42.21	-54.25	155.99	3101327.51	2567867.64	228989.89
186	1216	002533	金杯电工	63.50	B	0.51	9.88	6.66	1.76	2.55	48.01	10.22	2.89	6.11	-20.51	78.58	764263.42	1320273.85	41825.99
187	1216	301179	泽宇智能	63.50	B	1.72	8.97	10.99	0.31	0.33	23.6	85.4	22.76	9.13	-27.78	81.6	286285.53	86343.63	22648
188	1216	603337	杰克股份	63.50	B	1.08	11.46	7.24	0.68	1.22	48.56	9.04	-9.12	31.05	-20	86.19	855498.81	550166.13	50113.42
189	1216	688116	天奈科技	63.50	B	1.83	17.57	15.37	0.55	0.91	37.76	14.05	39.51	26.28	-42.11	132.14	406273.42	184152.76	42732.21
190	1227	301016	雷尔伟	63.40	B	0.76	9.42	9.51	0.41	0.52	15.04	842.41	-11.74	8.97	-23.08	81.06	114837.58	45034.04	9081
191	1244	603699	纽威股份	63.30	B	0.62	14.33	8.78	0.63	0.87	52.34	33.9	2.46	11.38	0	103.05	697034.65	405921.7	47431.1
192	1258	002125	湘潭电化	63.10	B	0.63	17.87	10.15	0.44	1.16	52.73	8.06	12.22	18.41	30.23	156.84	513444.77	210030.29	40340.31
193	1258	002276	万马股份	63.10	B	0.41	7.14	4.78	1.22	1.55	61.34	4.53	14.94	7.19	0	106.72	1262981.6	1467496.15	41311.54
194	1258	002340	格林美	63.10	B	0.26	6.79	5.77	0.75	1.51	52.7	3.15	52.28	31.99	-25.52	72.32	4412960.74	2939177.27	133249.79
195	1258	300718	长盛轴承	63.10	B	0.34	11.02	6.99	0.64	1.02	13.69	34.86	8.77	3.26	37.04	183.31	168788.94	107139.24	10107.62
196	1267	300990	同飞股份	63.00	B	1.37	6.62	7.65	0.57	0.77	12.23	1482.4	21.48	5.09	50.89	256.18	185903.77	100756.8	12781.53
197	1267	603712	七一二	63.00	B	1	18.58	8.51	0.44	0.49	55.47	55.6	17.06	21	-16.67	80.3	982334.52	403962.36	77648.67
198	1267	603915	国茂股份	63.00	B	0.63	11.94	9.75	0.58	0.87	29.41	531.51	-8.41	10.77	-21.05	109.23	464337.31	269678.74	41186.45
199	1277	000682	东方电子	62.90	B	0.33	8.87	6.27	0.62	0.76	52.3	35.16	21.73	8.46	1.59	91.06	956371.81	546025.28	49396.7
200	1277	600379	宝光股份	62.90	B	0.17	8.52	5.21	0.94	1.16	54.89	24.67	21.65	6.32	-17.5	75.27	150200.4	122854.95	5972.59
201	1277	603016	新宏泰	62.90	B	0.45	8.14	7.9	0.6	0.73	18.45	2514.87	10.79	3.49	-16	65.3	103364.93	61456.2	7300.6
202	1294	601877	正泰电器	62.80	B	1.89	10.61	7.54	0.48	0.89	60.18	5.88	18.29	20.52	-44.09	133.8	10433442.18	4597433.13	471980.22
203	1306	600835	上海机电	62.70	B	0.96	9.5	4.48	0.63	0.77	58.45	309.08	-4.64	6.48	-26.83	68.8	3750664.68	2356952.89	153391.87

续 表

序号	A股上市公司评价得分排序	股票代码	股票简称	综合得分（100）	评价等级	每股收益（元）	净资产收益率（%）	总资产报酬率（%）	总资产周转率（次）	流动资产周转率（次）	资产负债率（%）	已获利息倍数	营业收入增长率（%）	资本扩张率（%）	市场投资回报率（%）	股价波动率（%）	年末资产总额（万元）	营业收入（万元）	净利润（万元）
204	1320	605378	野马电池	62.60	B	0.74	6.69	7.64	0.7	0.9	20.03	18268.38	-14.03	4.61	-24.14	76.24	148793.59	102009.89	9866.54
205	1320	688329	艾隆科技	62.60	B	1.33	10.21	9.38	0.37	0.62	39.9	30.44	22.61	5.2	0	121.73	141293.3	47735.17	10204.14
206	1320	688558	国盛智科	62.60	B	1.41	10.82	10.11	0.58	0.74	24.19	0	2.32	8.37	-18.18	89.83	201640.73	116316.08	18621.62
207	1329	301168	通灵股份	62.50	B	0.96	5.15	4.79	0.47	0.54	32.46	141.73	10.28	5.85	46.94	192.56	287943.18	124875.58	11570.66
208	1329	600562	国睿科技	62.50	B	0.44	10.68	8.16	0.42	0.49	37.42	154.9	-6.04	8.48	-3.94	47.11	818729.1	322490.63	55319.32
209	1329	688425	铁建重工	62.50	B	0.35	11.56	8.97	0.43	0.69	34.81	32.79	6.14	9.26	-20	69.41	2378664.65	1010154.78	184422.93
210	1345	300619	金银河	62.40	B	0.76	8.28	4.46	0.68	1.06	70.51	3.54	58.21	32.21	-13.7	75.31	321937.58	181908.58	6622.08
211	1345	603855	华荣股份	62.40	B	1.06	19.8	9.63	0.73	0.89	56.86	119.14	0.52	2.31	-9.68	57.74	425077.12	304292.62	35934.82
212	1357	688616	西力科技	62.30	B	0.42	8.21	7.46	0.56	0.89	24.35	0	32.03	4.23	-21.43	64.01	100859.5	54234.26	6543.37
213	1371	002833	弘亚数控	62.20	B	1.07	15.14	16.33	0.59	1.09	30.05	16.05	-10.26	14.2	-45.45	100.74	376537.24	212748.61	48374.57
214	1371	688665	四方光电	62.20	B	2.08	16.42	15.01	0.56	0.75	21.1	126.11	10.04	7.2	-35.48	131.06	113195.67	60244.46	14669.09
215	1385	000988	华工科技	62.10	B	0.9	8.99	7.06	0.78	1.12	50.79	14.58	18.14	11.23	-37.5	94.25	1679271.29	1201102.88	89056.64
216	1396	002882	金龙羽	62.00	B	0.51	11.2	10.25	1.33	1.62	28.16	24.01	-13.43	7.5	9.09	111.4	279948.13	397297.33	22186.73
217	1396	300260	新莱应材	62.00	B	1.52	23.92	13.21	0.79	1.21	56.41	10.33	27.53	25.82	40.27	240.96	368159.57	262006.41	34497.39
218	1405	000680	山推股份	61.90	B	0.42	5.23	6.61	0.9	1.23	55.05	25.8	9.15	10.21	-4.17	77.5	1152316.27	999783.49	63627.84
219	1405	002829	星网宇达	61.90	B	1.39	17.11	12.65	0.5	0.72	37.25	38.56	39.88	22.77	-9.09	100.13	233831.83	107438.26	23859.06
220	1405	002935	天奥电子	61.90	B	0.42	7.39	5.12	0.53	0.61	41.67	344.04	16.1	6.27	-1.45	78.74	257413.77	121089.74	11249.99
221	1405	300066	三川智慧	61.90	B	0.21	9.17	9.2	0.49	0.76	18.95	89.81	42.13	11.96	1.94	75.29	300363.21	133167.97	23368.7
222	1405	300415	伊之密	61.90	B	0.86	16.56	10.16	0.74	1.22	55.46	15.64	4.16	8.4	-12.2	146.91	543696.88	367989.44	42185.29
223	1405	830839	万通液压	61.90	B	0.55	11.5	10.29	0.88	1.35	26.22	38.37	50.38	10.3	-26.67	96.16	62195.9	50472.29	6333.7
224	1418	301028	东亚机械	61.80	B	0.42	12.04	11.31	0.5	0.71	27.94	0	-11.01	7.65	-35.71	87.78	164116.74	79488.04	15978.26
225	1418	688776	国光电气	61.80	B	2.14	9.6	8.79	0.43	0.47	22.44	154.94	54.38	7.3	2.92	123.86	224836.83	91138.15	16604.83
226	1428	301129	瑞纳智能	61.70	B	2.71	10.45	12.33	0.34	0.39	17.33	991.16	22.27	10.92	-5.19	82.24	199873.68	64749.89	20092.66
227	1428	603500	祥和实业	61.70	B	0.27	7.34	7.54	0.54	0.81	18.61	40.72	24.21	4.72	26.32	115.56	115458.11	60668.64	7357.61
228	1428	688597	煜邦电力	61.70	B	0.45	8.58	7.66	0.49	0.69	38.96	17.71	59.1	10.65	-21.05	113.55	141860.74	62247.4	7925.93
229	1443	600262	北方股份	61.60	B	0.7	9.45	6.6	0.84	1.03	46.6	68.72	35.79	7.89	-38.46	76.03	278136.07	223493.97	14777.14
230	1455	002300	太阳电缆	61.50	B	0.32	10.42	7.37	2.68	4.24	59.88	6.08	16.74	16.37	-5.45	73.56	540783.92	1310324.44	22960.34
231	1455	002779	中坚科技	61.50	B	0.21	3.51	3.19	0.59	0.98	26.42	224.47	-5.13	3.94	44	90.95	89009.31	51243.2	2737.88
232	1455	300802	矩子科技	61.50	B	0.61	10.02	11.18	0.51	0.63	13.27	323.98	16.24	14.42	-22.58	105.99	139603.27	68354.7	12880.36

续 表

序号	A股上市公司评价得分排序	股票代码	股票简称	综合得分（100）	评价等级	每股收益（元）	净资产收益率（%）	总资产报酬率（%）	总资产周转率（次）	流动资产周转率（次）	资产负债率（%）	已获利息倍数	营业收入增长率（%）	资本扩张率（%）	市场投资回报率（%）	股价波动率（%）	年末资产总额（万元）	营业收入（万元）	净利润（万元）
233	1455	603095	越剑智能	61.50	B	3.41	7.3	16.03	0.39	0.56	20.57	193.79	-18.43	14.1	-7.69	56.54	320998.89	126445.93	45009.7
234	1455	603966	法兰泰克	61.50	B	0.68	11.84	7.98	0.59	0.89	55.69	12.15	17.71	11.56	10	97.54	326579.64	187039.75	20507.45
235	1466	001696	宗申动力	61.40	B	0.34	7.82	5.66	0.87	1.59	40.8	5.59	-12.82	3.18	-15.96	52.72	863223.38	800026.33	40595.11
236	1466	002498	汉缆股份	61.40	B	0.24	10.51	9.39	1.03	1.38	27.08	44.27	9.58	10.41	-15	61.58	985544.81	984193.33	77776.28
237	1466	300593	新雷能	61.40	B	0.75	12.06	9.8	0.49	0.64	28.42	11.37	15.96	139.64	21.62	116.21	447308.39	171351.16	29096.71
238	1466	600482	中国动力	61.40	B	0.15	0.35	0.9	0.52	0.74	46.83	3.09	35.77	23.39	-19.64	45.83	8586779.27	3829803.67	36993.5
239	1466	600580	卧龙电驱	61.40	B	0.62	8.17	5.6	0.66	1.24	56.75	4.63	7.14	12.76	-25.2	73.24	2344563.51	1499804.67	83856.46
240	1466	603012	创力集团	61.40	B	0.63	11.08	8.6	0.42	0.58	45.97	17.79	-0.25	8.48	-15.38	47.09	624646.13	260791.11	41945.64
241	1466	688557	兰剑智能	61.40	B	1.25	7.63	6.54	0.62	0.82	34.49	0	51.59	7.18	16.67	58.05	151870.7	91544.63	9052.38
242	1482	002757	南兴股份	61.30	B	0.98	11.83	9.86	0.8	1.83	37.8	13.35	6.61	8.16	-25	114.22	392144.9	296032.75	29926.06
243	1482	300629	新劲刚	61.30	B	0.72	10.65	10.98	0.31	0.55	16.11	65.58	19.46	12.15	21.95	115.01	147199.9	43039.53	13151.83
244	1482	300988	津荣天宇	61.30	B	0.63	7.64	6.91	1.05	1.54	33.62	17.05	6.51	5.83	8.57	116.78	141285.13	142854.81	8332.62
245	1496	002957	科瑞技术	61.20	B	0.76	12.33	8.16	0.59	0.81	50.22	29.6	50.2	13.21	-37.5	103.17	617740.58	324624.41	38377.24
246	1532	601698	中国卫通	61.00	B	0.23	3.65	4.44	0.13	0.37	14.39	129.79	3.76	21.72	-26.67	69.18	2242811.16	273333.88	108403
247	1532	605389	长龄液压	61.00	B	0.93	6.03	7.04	0.44	0.65	10.05	0	-1.12	3.85	-22.92	71.78	205728.76	89635.34	12712.71
248	1532	688113	联测科技	61.00	B	1.28	9.78	8.71	0.35	0.42	29.94	11970.86	10.2	15.82	-30	85.65	113450.05	37350.23	8137.66
249	1543	300349	金卡智能	60.80	B	0.64	7.53	5.28	0.47	0.92	34.89	89.45	19.03	6.99	-22.97	70.64	604651.05	273911.47	27510.41
250	1543	300950	德固特	60.80	B	0.44	9.58	8.96	0.38	0.47	30.53	110.88	9.84	9.94	-33.33	105.34	90875.69	32352.74	6556.44
251	1555	300080	易成新能	60.70	B	0.22	8.77	6.52	0.95	1.95	51.78	5.07	94.63	16.35	-20	86.49	1344613.37	1124516.1	56221.48
252	1555	300897	山科智能	60.70	B	1.19	7.68	7.5	0.48	0.66	24.46	74.42	16.55	3.72	-20.59	48.09	123123.11	56415.08	8096.53
253	1555	601369	陕鼓动力	60.70	B	0.57	11.09	5.22	0.39	0.48	68.53	10.92	3.91	8.42	-3.85	118.1	2751207.63	1076604.7	105287.85
254	1572	002980	华盛昌	60.60	B	0.74	8.42	8.99	0.51	0.58	12.19	135.46	-19.36	-4.14	21.88	125.05	115975.45	59677.54	9840.25
255	1572	600894	广日股份	60.60	B	0.6	6.61	4.12	0.56	1.01	30.62	85.71	-9.05	3.71	-11.11	38.13	1285328	706366.98	50185.95
256	1572	603662	柯力传感	60.60	B	0.92	8.04	9.9	0.32	0.48	31.91	18.48	2.85	13.75	-13.04	76.73	353908.52	106050.22	27559.13
257	1583	688517	金冠电气	60.50	B	0.58	9.95	7.82	0.54	0.64	39.03	0	13.99	3.48	-7.69	70.11	120940.01	60622.16	7884.26
258	1583	688663	新风光	60.50	B	0.92	10.25	6.74	0.62	0.67	52.69	781.7	38.23	7.54	4.65	166.83	242000.71	130326.2	12806.94
259	1598	000811	冰轮环境	60.40	B	0.57	7.28	4.83	0.59	0.95	51.49	13.03	13.34	6.62	-25.75	85.51	1089216.02	610167.19	42269.14
260	1598	002851	麦格米特	60.40	B	0.95	7.47	7.44	0.75	1.06	54.67	13.61	31.81	20.05	-16.67	108.61	845355.09	547775.86	47938.88
261	1616	002335	科华数据	60.30	B	0.54	6.89	4.28	0.58	1.36	60.76	4.15	16.09	5.28	52.6	187.47	997776.33	564849.79	26477.05

续 表

序号	A股上市公司评价得分排序	股票代码	股票简称	综合得分（100）	评价等级	每股收益（元）	净资产收益率（%）	总资产报酬率（%）	总资产周转率（次）	流动资产周转率（次）	资产负债率（%）	已获利息倍数	营业收入增长率（%）	资本扩张率（%）	市场投资回报率（%）	股价波动率（%）	年末资产总额（万元）	营业收入（万元）	净利润（万元）
262	1616	600435	北方导航	60.30	B	0.12	6.68	4.16	0.6	0.74	48.87	133.15	-3.82	4.54	16.3	62.78	632609.06	383944.7	25696.6
263	1616	603829	洛凯股份	60.30	B	0.47	10.28	6.63	0.8	1.15	51.57	8.74	25.46	12.63	-8.33	73.92	213657.08	160932.56	11080.04
264	1626	300371	汇中股份	60.20	B	0.65	10.51	10.93	0.44	0.75	16.52	5119.74	-3.06	6.31	-24.56	73.58	119309.39	50749.27	10854.88
265	1626	300726	宏达电子	60.20	B	2.07	19.36	20.55	0.4	0.5	18.26	1323.96	7.89	17.01	-47.13	158.5	575622.65	215818.03	94193.64
266	1626	603063	禾望电气	60.20	B	0.61	6.24	5.78	0.51	0.73	41.69	13.26	33.52	8.15	-9.68	113.14	586890.69	280914.28	26773.81
267	1626	688006	杭可科技	60.20	B	1.21	15.33	7.92	0.5	0.6	57.98	0	39.09	18.51	-54.17	156.75	796608.71	345413.31	49059.44
268	1643	000519	中兵红箭	60.10	B	0.59	8.25	6.7	0.46	0.67	35	337.63	-10.65	8.22	-14.29	140.62	1500319.17	671359.3	81907.17
269	1643	002446	盛路通信	60.10	B	0.27	7.66	6.96	0.36	0.63	23.54	51.56	47.89	10	65.52	151.24	411235.21	142283.65	24246.17
270	1643	002953	日丰股份	60.10	B	0.27	6.43	4.76	1.28	1.69	53.1	2.8	9.62	7.92	12.5	109.84	287112.21	352607.4	8162.11
271	1653	000821	京山轻机	60.00	CCC	0.49	9.75	4.56	0.55	0.7	66.26	13.94	19.14	12.5	29.03	231.54	996400.68	486770.53	32804.5
272	1653	002730	电光科技	60.00	CCC	0.25	5.7	5.59	0.69	0.91	31.34	15.71	33.79	43.25	-30.77	86.86	222088.06	122983.63	8415.27
273	1653	688097	博众精工	60.00	CCC	0.82	9.95	6.53	0.73	0.87	50.41	8.14	25.72	55.18	-32.56	102.55	762017.38	481150.83	32835.54
274	1653	688128	中国电研	60.00	CCC	0.9	11.91	7.05	0.68	0.92	57.17	42.98	11.36	8.59	-41.94	124.64	624883.06	379453.13	35808.48
275	1662	003009	中天火箭	59.90	CCC	0.93	9.67	6.29	0.51	0.69	48.48	35.19	21.74	13.76	-31.03	82.32	297645.34	123573.96	14428.83
276	1662	300514	友讯达	59.90	CCC	0.49	13.51	10.35	0.91	1.14	33.84	107.8	17.98	12.22	-16	72.38	109101.06	102157.11	9876.06
277	1662	688586	江航装备	59.90	CCC	0.43	9.14	7.71	0.31	0.39	34.46	93.07	16.96	13.27	-25.81	73.9	360209.46	111492.85	24399.1
278	1677	002338	奥普光电	59.80	CCC	0.34	1.89	6.64	0.4	0.7	30.31	63.86	14.67	30.8	1.39	108.26	193104.77	62706.39	10385.5
279	1677	300772	运达股份	59.80	CCC	1	14.69	2.46	0.65	0.87	82.88	12.05	8.37	77.98	-32.5	115.14	2898534.53	1738388.93	61729.02
280	1687	300720	海川智能	59.70	CCC	0.21	6.68	7.4	0.32	0.4	7.65	1727.37	-20.76	1.65	2.7	75	63532.24	20022.7	4041.24
281	1694	603728	鸣志电器	59.60	CCC	0.59	9.14	8.33	0.83	1.37	29.72	25.79	9.05	11.11	57.14	283.63	386554.44	295996.24	24907.01
282	1694	688028	沃尔德	59.60	CCC	0.72	4.04	4.7	0.28	0.6	8.78	31.25	27.17	117.93	-31.25	119.26	206201.86	41431.61	6173.51
283	1705	300900	广联航空	59.50	CCC	0.71	9.13	7.4	0.24	0.59	40.8	7.25	179.55	10.39	-17.14	74.68	311882.6	66364.02	17043.72
284	1705	839167	同享科技	59.50	CCC	0.48	11.57	8.97	1.62	1.82	54.05	4.01	55.37	34.9	-35.14	121.22	99487.01	124704.72	5019.86
285	1718	300457	赢合科技	59.40	CCC	0.75	8.72	3.68	0.62	0.78	64.62	37	73.4	4.4	-38.04	112.73	1637250.73	901982.2	51121.29
286	1718	603489	八方股份	59.40	CCC	4.27	18.47	16.6	0.8	0.98	20.38	569.19	7.66	6.86	-47.37	155.51	359037.49	284996.36	51213.02
287	1718	688596	正帆科技	59.40	CCC	1.01	10.13	6.05	0.57	0.73	59.47	15.69	47.26	29.24	41.67	231.28	595400.1	270474.26	26118.8
288	1731	300660	江苏雷利	59.30	CCC	0.99	12.97	7.95	0.61	0.84	35.6	40.15	-0.65	13.49	-13.33	169.44	494341.51	289994.37	30786.5
289	1731	603159	上海亚虹	59.30	CCC	0.22	6.18	4.91	0.93	1.53	24.78	1440.93	-11.9	3.51	-20.83	51.06	63772.22	59769.27	3014.12
290	1731	688360	德马科技	59.30	CCC	0.95	6.54	5.57	0.86	1.05	42.36	18.91	3.17	6.32	-26.47	59.85	172411.2	152974.76	8167.84

续 表

序号	A股上市公司评价得分排序	股票代码	股票简称	综合得分（100）	评价等级	每股收益（元）	净资产收益率（%）	总资产报酬率（%）	总资产周转率（次）	流动资产周转率（次）	资产负债率（%）	已获利息倍数	营业收入增长率（%）	资本扩张率（%）	市场投资回报率（%）	股价波动率（%）	年末资产总额（万元）	营业收入（万元）	净利润（万元）
291	1742	002184	海得控制	59.20	CCC	0.4	10.32	6.85	0.95	1.22	50.48	21.18	8.62	8.99	-15.91	81.64	312957.92	270564.43	16575.36
292	1742	002598	山东章鼓	59.20	CCC	0.35	10.31	5.92	0.78	1.02	56.65	8.89	10.54	8.66	12.5	118.74	255037.52	187473.66	11421.36
293	1742	002896	中大力德	59.20	CCC	0.47	5.55	5.36	0.61	1.15	28.98	5.92	-5.81	37.46	29.03	254.21	147828.65	89759.55	6634.18
294	1742	300351	永贵电器	59.20	CCC	0.4	6.48	5.44	0.53	0.69	25.14	0	31.41	6.1	11.29	134.68	303959.95	151036.05	15207.39
295	1742	301018	申菱环境	59.20	CCC	0.69	9.24	5.74	0.65	1.05	55.92	12.18	23.53	10.51	40	195.06	361918.88	222116.86	16925.17
296	1757	605056	咸亨国际	59.10	CCC	0.52	13.45	12.26	0.9	1.12	38.43	187.37	6.59	5.23	-31.58	78.79	255669.15	212374.74	21825.46
297	1757	688112	鼎阳科技	59.10	CCC	1.32	8.95	10.04	0.26	0.27	7.03	186.67	30.9	6.91	-3.09	169.11	159989.12	39770.74	14077.36
298	1772	002367	康力电梯	59.00	CCC	0.35	7.67	4.49	0.74	1.01	52.08	41.67	-1.07	0.47	-4.55	47.13	674089.84	511457.97	27422.46
299	1772	300780	德恩精工	59.00	CCC	0.84	7.04	7.89	0.34	0.84	44.98	6.78	20.1	9.63	-12.5	59.92	221554.81	69669.89	12125.09
300	1772	603698	航天工程	59.00	CCC	0.31	5.2	3.75	0.53	0.68	35.28	604.79	3.07	3.84	-33.33	72.3	484772.9	250626.02	16710.21
301	1787	300817	双飞股份	58.90	CCC	0.42	5.7	5.58	0.58	1.14	19.19	16.53	-21.16	5.35	-3.13	83.43	126830.6	71618.35	6101.79
302	1797	002611	东方精工	58.80	CCC	0.37	10.71	7.82	0.59	0.86	38.43	37.56	10.44	10.7	-26.32	74.61	692857.71	389270.85	48374.1
303	1808	002441	众业达	58.70	CCC	0.54	6.43	5.9	1.75	2.1	36.51	290.03	-3.43	2.84	-8.7	68.87	714911.65	1212812.68	29271.05
304	1808	002943	宇晶股份	58.70	CCC	0.97	5.71	7.01	0.45	0.67	43.75	15.59	75.92	61.32	14.29	192.21	223622.22	80381.62	10718.97
305	1808	300946	恒而达	58.70	CCC	0.79	8.48	7.93	0.4	0.61	14	286.18	6.03	6.83	-22.39	64.18	123364.97	48287.57	9514.44
306	1808	688676	金盘科技	58.70	CCC	0.67	8.79	4.54	0.74	0.96	61.51	10.87	43.69	16.73	27.59	203.13	746712.88	474559.94	28327.81
307	1823	002249	大洋电机	58.60	CCC	0.18	3.84	3.97	0.72	1.08	44.51	17.77	9.11	2.62	-34.34	76.04	1516156.5	1093014.37	42484.17
308	1823	300557	理工光科	58.60	CCC	0.29	2.89	2.13	0.4	0.48	37.86	22.82	22.7	81.89	3.23	57.74	159185.31	54452.28	2805.8
309	1835	300484	蓝海华腾	58.50	CCC	0.4	8.82	9.69	0.46	0.53	30.59	163.51	-12.7	6.84	-26.67	74.25	98795.86	44692.02	8298.38
310	1835	600478	科力远	58.50	CCC	0.11	4.24	5.02	0.53	1.77	58.04	3.35	23.78	9.44	31.51	164.88	797686.94	378583.22	19994.5
311	1849	603678	火炬电子	58.40	CCC	1.75	15.44	14.03	0.49	0.76	27.53	23.73	-24.83	13.35	-38.86	118.4	754160.72	355871.51	82569.33
312	1849	605222	起帆电缆	58.40	CCC	0.88	9.77	6.45	1.92	2.24	65.69	3.5	9.36	12.48	12	95.83	1221747.56	2064419.71	37018.15
313	1849	836260	中寰股份	58.40	CCC	0.43	10.24	9.77	0.52	0.64	27.86	139.37	25.55	4.9	-36.36	94.4	55648.66	26935.3	4464.28
314	1860	002389	航天彩虹	58.30	CCC	0.31	3.46	3.79	0.4	0.72	18.17	41.15	32.4	2.19	-16.99	99.72	984860.26	385790.33	31273.96
315	1860	300499	高澜股份	58.30	CCC	1	-1.12	16.92	0.83	1.23	31.99	11.01	13.4	29.95	-29.31	107.42	215556.71	190434.09	32723.76
316	1860	300890	翔丰华	58.30	CCC	1.48	11	6.28	0.7	1.04	62.23	7.07	110.77	43.75	-24.07	102.02	440018.43	235686.54	15263.18
317	1875	600558	大西洋	58.10	CCC	0.08	3	3	1.06	1.98	24.57	7.11	-3.05	1.94	-11.54	42.66	313916.55	334002.59	7868.17
318	1875	603036	如通股份	58.10	CCC	0.39	5.42	7.11	0.23	0.27	11.08	0	13.78	4.69	0	72.47	137401.76	30693.38	7969.14
319	1891	002255	海陆重工	58.00	CCC	0.4	10.04	6.42	0.41	0.64	43.32	105.74	-6.63	11.43	-29.63	71.53	600509.46	236480.78	34942.86

续 表

序号	A股上市公司评价得分排序	股票代码	股票简称	综合得分（100）	评价等级	每股收益（元）	净资产收益率（%）	总资产报酬率（%）	总资产周转率（次）	流动资产周转率（次）	资产负债率（%）	已获利息倍数	营业收入增长率（%）	资本扩张率（%）	市场投资回报率（%）	股价波动率（%）	年末资产总额（万元）	营业收入（万元）	净利润（万元）
320	1891	002560	通达股份	58.00	CCC	0.23	2.76	3.6	1.24	1.74	51.6	4.01	133.53	4.92	11.54	93.38	523162.53	549864.31	9839.99
321	1891	002805	丰元股份	58.00	CCC	0.82	7.4	6.29	0.51	0.94	38.17	6.32	116.14	176.62	38.64	173.27	495969.9	173573.25	15084.38
322	1891	300154	瑞凌股份	58.00	CCC	0.19	4.58	4.84	0.5	0.63	18.69	31.2	−0.92	2.38	−11.76	56.33	210605.65	107267.23	8590.11
323	1891	300259	新天科技	58.00	CCC	0.21	8.78	8.03	0.33	0.44	16.43	0	−5.99	1.45	−31.51	87.11	343577.77	112167.35	24558.24
324	1891	688001	华兴源创	58.00	CCC	0.75	8.27	6.77	0.43	0.66	31.5	12.28	14.84	7.59	−27.03	106.54	554712.07	231998.53	33103.95
325	1891	688682	霍莱沃	58.00	CCC	0.97	7.53	6.75	0.38	0.45	25.21	137.31	2.02	8.79	−24.32	98.84	90427.75	33619.98	6181.82
326	1906	301023	江南奕帆	57.90	CCC	1.42	8.55	10.02	0.2	0.23	8.7	7422.87	−11.26	5.42	−25.68	74.95	93243.49	18318.67	7923.69
327	1906	600537	亿晶光电	57.90	CCC	0.11	5.33	1.99	1.01	1.52	75.68	2.74	145.47	7.4	19.05	149.41	1179879.52	1002308.25	14879.04
328	1906	688377	迪威尔	57.90	CCC	0.63	6.9	6.58	0.47	0.76	29.51	31.7	86.16	8.75	109.52	158.42	230136.15	98281.85	12146.26
329	1921	600232	金鹰股份	57.80	CCC	0.14	5.01	4.18	0.76	1.01	34.06	10.35	7.76	0.93	6.25	52.24	167048.14	130271.94	5529.54
330	1921	603321	梅轮电梯	57.80	CCC	0.15	2.3	2.71	0.52	0.94	42.22	45.68	−4.09	2.24	0	53.58	197886.9	101624.55	4578.74
331	1944	001288	运机集团	57.60	CCC	0.54	4.38	4.03	0.37	0.45	29.73	138.59	16.06	4.04	−16.67	54.49	262080.19	91448.27	8582.67
332	1944	601218	吉鑫科技	57.60	CCC	0.16	5.51	5.14	0.45	0.84	27.38	6.9	−5.21	2.57	−25	76.41	386783.4	176177.55	15472.36
333	1944	871642	通易航天	57.60	CCC	0.28	10.91	8.51	0.45	0.77	44.35	8.69	80.46	8.9	−35.29	125.31	49399.16	18771.79	3299.98
334	1962	600268	国电南自	57.50	CCC	0.22	9.22	4.98	0.76	1.04	60.26	15.02	18.92	2.88	−16.42	74.2	920104.27	700775.97	35491.76
335	1962	688685	迈信林	57.50	CCC	0.38	4.9	5.69	0.37	0.55	19.63	39.38	1.03	5.97	−14.81	97.16	90363.67	32401.05	4286.64
336	1975	601179	中国西电	57.40	CCC	0.12	1.59	2.32	0.45	0.61	43.82	15.98	26.98	3	−16.67	64.55	4084331.47	1800649.18	71355.15
337	1975	603331	百达精工	57.40	CCC	0.38	5.75	5.37	0.61	1.39	52.47	3.5	5.66	3.42	−5.26	41.28	211266.63	128745.43	6545.48
338	1989	002164	宁波东力	57.30	CCC	0.62	4.96	15.47	0.63	1.22	44.15	17.72	−9.06	34.13	−5	87.98	230993.86	146841.1	32813.98
339	1989	002890	弘宇股份	57.30	CCC	0.24	3.1	3.14	0.55	0.73	21.45	0	−3.08	2.52	0	87.82	73936.1	39757.5	2261.12
340	1989	300607	拓斯达	57.30	CCC	0.37	6.18	3.83	0.77	0.94	63.79	4.46	51.36	6.4	−11.36	99.14	665172.82	498377.26	16827.27
341	1989	688092	爱科科技	57.30	CCC	0.77	7.83	8.18	0.47	0.61	14.31	59.85	−6.83	2.78	−38.46	99.12	62529.75	29704.96	4536.1
342	1989	688395	正弦电气	57.30	CCC	0.53	4.49	6.74	0.43	0.51	13.5	581.46	−21.99	3.61	−35.71	95.2	78926.64	34751.23	4582.43
343	2007	301053	远信工业	57.20	CCC	0.91	13.13	9.29	0.6	0.87	35.34	93.94	−2.3	10.78	−32.26	85.27	90657.4	56415.2	7694.86
344	2007	835368	连城数控	57.20	CCC	1.94	10.91	7.36	0.59	0.75	60.16	46.85	84.9	37.87	−42.79	101.02	877202.25	377224.8	42503.41
345	2019	300306	远方信息	57.10	CCC	0.3	3.99	5.29	0.26	0.4	10.68	1388.01	−2.6	0.67	−6.82	107.75	169460.51	44118.37	8097.33
346	2019	600207	安彩高科	57.10	CCC	0.09	3.24	3.57	0.69	1.56	55.89	4.02	24.14	67.15	0	80.74	738849.59	414428.8	11108.38
347	2033	688577	浙海德曼	57.00	CCC	1.11	5.9	5.17	0.48	0.86	37.3	61.17	16.68	6.36	−16.98	93.46	137887.65	63100	5907.35
348	2040	002022	金风科技	56.90	CCC	0.52	5.32	3.36	0.36	0.84	70.51	2.8	−8.17	10.77	−26.45	80.19	13682237.8	4643684.99	243687.51

续 表

序号	A股上市公司评价得分排序	股票代码	股票简称	综合得分（100）	评价等级	每股收益（元）	净资产收益率（%）	总资产报酬率（%）	总资产周转率（次）	流动资产周转率（次）	资产负债率（%）	已获利息倍数	营业收入增长率（%）	资本扩张率（%）	市场投资回报率（%）	股价波动率（%）	年末资产总额（万元）	营业收入（万元）	净利润（万元）
349	2040	300393	中来股份	56.90	CCC	0.37	7.94	5.73	0.66	1.14	72.76	4.17	64.56	13.87	-11.65	85.23	1700327.58	957679.45	46796.12
350	2040	603320	迪贝电气	56.90	CCC	0.26	3.38	4.24	0.79	1.26	36.91	3.3	-12.09	1.07	-11.11	61.9	125889.99	100045.76	3431.14
351	2053	002046	国机精工	56.80	CCC	0.44	5.29	5.59	0.68	1.26	39.21	9.42	3.25	5.9	-25.68	92.61	525172.23	343599.64	23832.28
352	2053	600577	精达股份	56.80	CCC	0.19	7.34	6.2	1.67	2.15	50.54	4.79	-4.3	13.46	-37.95	116.45	1085572.56	1754240.44	41342.65
353	2053	688499	利元亨	56.80	CCC	3.29	11.26	4.36	0.56	0.74	72.41	6.74	80.31	30.41	-35.25	110.42	944398.16	420376.09	28952.04
354	2070	002972	科安达	56.70	CCC	0.7	8.33	9.38	0.25	0.29	18.16	90.24	-8.54	1.74	-15	40.82	154318.43	36660.95	12229.98
355	2080	300885	海昌新材	56.60	CCC	0.23	6.74	8.02	0.27	0.34	6.03	0	-30.08	7.81	-25	70.31	83980.65	22006.63	5720.13
356	2080	600764	中国海防	56.60	CCC	0.82	6.81	6.28	0.41	0.5	27.11	27.12	-11.95	4.55	-34.69	101.29	1067373.74	429153.79	58497.57
357	2080	600967	内蒙一机	56.60	CCC	0.48	7.43	3.3	0.52	0.77	52.79	519.28	3.85	5.45	-26.67	57.77	2327721.26	1434887.01	82358.3
358	2080	603969	银龙股份	56.60	CCC	0.12	4.78	4.67	0.78	0.97	34.56	6.63	-21.78	5.46	15	66.46	324468.74	246353.19	10230.42
359	2093	600118	中国卫星	56.50	CCC	0.24	3.32	2.61	0.61	0.83	40.76	28.5	16.76	2.62	-18.61	63.44	1374788.49	824232.99	35908.73
360	2093	600879	航天电子	56.50	CCC	0.23	3.52	2.3	0.45	0.54	56.63	4.17	9.3	35.9	-11.39	44.68	4423485	1747565.15	65499.9
361	2093	688633	星球石墨	56.50	CCC	1.93	9.66	8.67	0.35	0.46	34.83	368.28	26.57	11.74	-26.98	81.87	208210.24	65123.45	14168.82
362	2093	834682	球冠电缆	56.50	CCC	0.52	10.28	7.84	1.41	1.79	45.86	5.01	-1.18	4.76	-20	60.59	185804.57	265622.62	10810.43
363	2107	300992	泰福泵业	56.40	CCC	0.67	6.87	6.81	0.51	0.88	40.81	12.34	-1.37	16.44	-28	84.95	133709.99	55365.55	6116.27
364	2107	301050	雷电微力	56.40	CCC	1.59	10.91	9.44	0.25	0.27	39.71	276.09	17.04	13.19	-37.67	100.87	388019.55	86028.4	27723.14
365	2107	603667	五洲新春	56.40	CCC	0.48	4.79	5.14	0.74	1.37	45.38	4.87	32.07	17.53	-13.64	110.48	440707.44	320033.79	15888.98
366	2137	300207	欣旺达	56.20	CCC	0.62	2.49	1.89	0.89	1.46	64.69	1.66	39.63	91.35	-42.75	112.14	7449446.25	5216226.93	75821.53
367	2137	300382	斯莱克	56.20	CCC	0.38	10.9	8.74	0.51	0.8	39.9	10.25	72.53	83.16	-10.88	163	409016.96	173131.87	21159.01
368	2137	300827	上能电气	56.20	CCC	0.34	7.28	2.71	0.64	0.73	77.72	4.39	114.08	15.71	32.64	168.62	461501.65	233854.18	8156.49
369	2137	600312	平高电气	56.20	CCC	0.16	3	1.96	0.5	0.74	45.43	11.19	0.01	2.6	-7.14	65.93	1784679.41	927427.6	30040.34
370	2137	601616	广电电气	56.20	CCC	0.07	3.15	3.17	0.32	0.58	15.05	33.14	-2.08	2.86	-12.5	51.32	306020.45	98380.78	8559.7
371	2137	688518	联赢激光	56.20	CCC	0.89	14.55	6.37	0.58	0.68	68.55	82.66	101.64	17.19	-32.56	114.5	566121.86	282240.62	26707.51
372	2137	688551	科威尔	56.20	CCC	0.78	4.33	5.05	0.3	0.34	24.25	89.18	51.56	6.09	-12.5	101.69	135980.2	37514.17	6084.56
373	2153	605196	华通线缆	56.10	CCC	0.51	10.33	7.45	1.06	1.32	54.51	5.21	18.1	12.9	-36.36	127.27	544435.05	519282.13	25591.22
374	2153	688310	迈得医疗	56.10	CCC	0.8	8.49	9.11	0.4	0.62	20.1	890.09	21.54	8.78	-46.94	163.88	103826.07	38348.99	7702.09
375	2153	834475	三友科技	56.10	CCC	0.46	8.17	10.3	0.64	0.81	41.62	21.67	20.34	5.22	-38.89	132.87	58186.76	34566.53	4768.62
376	2165	000528	柳工	56.00	CCC	0.31	3.13	2.46	0.64	0.91	59.36	4.51	-7.74	6.4	-24.74	55.93	4225798.65	2647973.7	64686.3
377	2179	300035	中科电气	55.90	CCC	0.52	11.7	5.91	0.59	0.9	53.82	3.17	139.61	116.89	-28.28	105.95	1146512.39	525675.04	35813.73

续 表

序号	A股上市公司评价得分排序	股票代码	股票简称	综合得分(100)	评价等级	每股收益(元)	净资产收益率(%)	总资产报酬率(%)	总资产周转率(次)	流动资产周转率(次)	资产负债率(%)	已获利息倍数	营业收入增长率(%)	资本扩张率(%)	市场投资回报率(%)	股价波动率(%)	年末资产总额(万元)	营业收入(万元)	净利润(万元)
378	2179	300257	开山股份	55.90	CCC	0.41	7.28	4.93	0.3	1.07	55.66	3.93	7.73	18.05	-7.69	87.58	1311231.98	375425.24	41561.81
379	2193	002245	蔚蓝锂芯	55.80	CCC	0.35	5.66	4.96	0.6	1.23	36.46	7.43	-5.92	65.82	-35.63	120.36	1132384.23	628511.67	40671.72
380	2193	600685	中船防务	55.80	CCC	0.49	-0.31	1.88	0.28	0.51	59.66	5.57	9.63	0.43	-8.51	117.93	4647978.66	1279512.49	71005.9
381	2193	603289	泰瑞机器	55.80	CCC	0.33	7.27	5.75	0.61	0.9	32.15	127.34	8.05	1.42	-7.14	83.57	198953.44	118589.73	9663.87
382	2210	603901	永创智能	55.70	CCC	0.57	5.21	6.25	0.51	0.75	58.57	10.4	1.54	19.22	1.54	60.31	637038.03	274893.98	27184.1
383	2210	833523	德瑞锂电	55.70	CCC	0.57	12.85	9.97	0.57	0.86	19.92	492.23	26.39	3.64	-52.94	156.91	51375.91	27981.4	4413.61
384	2231	300553	集智股份	55.50	CCC	0.33	3.15	2.55	0.33	0.62	23.59	16.24	5.01	93.57	64.1	182.66	90512.78	23691.21	1766.71
385	2231	300919	中伟股份	55.50	CCC	2.52	7.1	5.4	0.74	1.16	62.24	4.2	51.17	91.51	-51.82	159.96	5387467.87	3034374.16	153434.54
386	2231	301056	森赫股份	55.50	CCC	0.19	6.16	4.47	0.54	0.7	42.76	191.61	17.73	-0.26	-33.33	94.85	130365.74	67796.66	5026.82
387	2231	688378	奥来德	55.50	CCC	1.1	4.76	5.37	0.21	0.38	22.27	363.63	13.03	0.87	5.71	111.8	214837.95	45884.95	11237.14
388	2242	002465	海格通信	55.40	CCC	0.29	5.01	4.89	0.37	0.6	25.94	70.05	2.58	3.54	-21.13	45.09	1520797.39	561561.14	69657.59
389	2242	300062	中能电气	55.40	CCC	0.07	3.6	3	0.57	0.81	51.58	3.18	27.45	53.18	-22.45	88.48	256967.78	131216.33	4108.91
390	2242	300112	万讯自控	55.40	CCC	0.33	7.52	7.4	0.62	1.03	28.87	8.9	15.85	3.66	-33.96	80.71	179609.66	109784.04	10252.18
391	2253	301063	海锅股份	55.30	CCC	1.09	8.63	6.73	0.82	1.01	40.6	9.66	27.73	8.46	-10.53	110.38	170514.94	135308.77	9166.94
392	2260	002903	宇环数控	55.20	CCC	0.37	5.11	5.72	0.36	0.49	22.64	0	-18.39	4.58	14.81	177.69	99649.43	35781.92	5219.33
393	2260	300376	易事特	55.20	CCC	0.16	5.23	5.16	0.34	0.62	51.18	3.03	10.35	6.93	-27.4	79.1	1407629.09	474164.08	41168.65
394	2260	300669	沪宁股份	55.20	CCC	0.27	5.06	6.22	0.43	0.63	11.62	84.63	-0.08	2.91	-36	79.08	97494.81	40462.31	5162.96
395	2276	002282	博深股份	55.10	CCC	0.26	2.82	3.68	0.38	0.93	9.98	45.35	-8.18	2.37	-20	73.95	387055.32	145389.42	14391.02
396	2276	301006	迈拓股份	55.10	CCC	0.78	8.45	9.9	0.28	0.32	12.01	0	-12.27	7.69	-36	122.26	132066.26	35847.54	10915.64
397	2276	603269	海鸥股份	55.10	CCC	0.66	6.17	4.59	0.54	0.67	63.84	7.32	19.85	6.44	0	66.61	264204.64	135418.76	7868.65
398	2290	300400	劲拓股份	55.00	CC	0.37	10.12	7.72	0.64	0.87	39.25	0	-20.02	-0.7	-31.58	100.71	123890.98	79117.78	8893.78
399	2290	300407	凯发电气	55.00	CC	0.29	5.39	4.16	0.67	0.81	46.01	6.95	0.74	7.62	-14.29	64.47	290247.3	191373.97	8925.51
400	2290	688333	铂力特	55.00	CC	0.7	2.11	2.69	0.36	0.7	49.55	5.42	66.32	18.8	6.38	91.86	303156.6	91807.86	7949.88
401	2299	001208	华菱线缆	54.90	CC	0.21	9.78	8.25	1.69	2.26	58.51	6.38	18.56	0	-28.57	97.93	357145.31	301533.37	10982.37
402	2299	002074	国轩高科	54.90	CC	0.18	-2.1	1.67	0.4	0.73	66.27	1.36	122.59	26.44	-35.96	110.53	7262736.53	2305170.15	36564.02
403	2299	002747	埃斯顿	54.90	CC	0.19	3.8	4.42	0.51	0.96	62.79	4.55	28.49	6.54	-8.22	109.96	825064.42	388077.85	18285.79
404	2299	300099	精准信息	54.90	CC	0.16	4.86	4.45	0.3	0.5	14.51	91	1	25.34	-33.59	90.88	281884.91	76152.88	10102
405	2299	600215	派斯林	54.90	CC	0.32	1.37	5.66	0.32	0.66	54.72	6.23	-21.31	16.3	-27.78	79.91	358578.01	111861.85	14254.31
406	2299	601177	杭齿前进	54.90	CC	0.52	8.41	5.69	0.48	1.13	50.01	6.69	2.62	7.81	-11.11	49.69	444091.07	219606.51	21805.63

续　表

序号	A 股上市公司评价得分排序	股票代码	股票简称	综合得分（100）	评价等级	每股收益（元）	净资产收益率（%）	总资产报酬率（%）	总资产周转率（次）	流动资产周转率（次）	资产负债率（%）	已获利息倍数	营业收入增长率（%）	资本扩张率（%）	市场投资回报率（%）	股价波动率（%）	年末资产总额（万元）	营业收入（万元）	净利润（万元）
407	2299	601890	亚星锚链	54.90	CC	0.16	4.17	4.26	0.35	0.43	27.32	18.29	14.93	3.51	-10.71	92.95	461493.12	151647.63	15197.94
408	2299	605305	中际联合	54.90	CC	1.02	6.04	7.04	0.33	0.35	13.61	1805.28	-9.45	4.99	-43.82	151.24	250398.52	79939.96	15512.94
409	2317	002819	东方中科	54.80	CC	2.87	-3.22	16.91	0.58	0.74	25.61	278.41	63.54	-11.18	-28.89	105.89	515403.98	302281.43	87877.65
410	2317	301083	百胜智能	54.80	CC	0.35	5.49	7.53	0.44	0.54	16.2	2643.75	-22.46	7.82	-35.29	95.62	94534.06	40720.37	6263.03
411	2317	688733	壹石通	54.80	CC	0.79	6.81	7.78	0.27	0.44	24.39	42.77	42.65	84.28	-44.93	139.5	298668.43	60298.6	14689.41
412	2317	836720	吉冈精密	54.80	CC	0.66	12.96	13.17	0.75	1.13	23.68	89.54	6.03	6.29	-51.67	162.74	55357.67	40025.03	6084.24
413	2331	688226	威腾电气	54.70	CC	0.45	7.64	5.95	0.98	1.17	49.41	5.29	30.48	5.79	80	225.72	186781.61	163631.28	7385.52
414	2350	688305	科德数控	54.60	CC	0.66	4.13	5.69	0.27	0.37	22.81	73.47	24.39	26.92	-13.59	139.63	133634.44	31544.12	6034.37
415	2361	002623	亚玛顿	54.50	CC	0.42	2	2.23	0.64	1.04	34.79	4.6	55.92	-1.27	-8.82	160.11	498373.6	316835.35	8628.32
416	2361	002760	凤形股份	54.50	CC	0.58	3.71	4.59	0.48	0.82	44.36	7.32	-13.64	6.72	-27.59	66.46	177463.04	81611.68	6253.96
417	2361	600520	文一科技	54.50	CC	0.17	6	4.82	0.53	0.94	48.64	11.65	0.12	-2.79	76.19	157.06	83882.64	44449.31	3411.07
418	2376	002625	光启技术	54.40	CC	0.17	4.56	4.9	0.13	0.16	10.57	476.59	35.88	1.04	-19.15	71.96	920195.29	116764.35	37630.72
419	2376	002927	泰永长征	54.40	CC	0.31	6.02	5.28	0.61	0.81	32.89	73.39	-6.05	4.44	-13.79	68.29	154107.09	89574.29	7135.58
420	2376	300696	爱乐达	54.40	CC	0.73	11.4	12.26	0.28	0.36	12.48	163.63	-8.6	10.21	-31.21	111.66	214491.68	56122.78	21263.02
421	2376	301048	金鹰重工	54.40	CC	0.57	13.97	7.97	0.75	0.98	51.49	51.29	6.81	14.4	-35.71	105.47	464583.74	326014.67	30221.86
422	2376	600372	中航电子	54.40	CC	0.45	5.97	4.06	0.41	0.54	55.55	6.06	13.69	8.34	-19.67	40.26	2840246.81	1118625.97	90190.4
423	2376	600468	百利电气	54.40	CC	0.11	6.13	4.59	0.6	0.91	43.34	9.96	-4.56	3.85	-20.63	59.38	378578.51	223301.41	13470.25
424	2376	603212	赛伍技术	54.40	CC	0.41	6.16	4.84	0.85	1.11	40.33	4.3	36.39	33.25	6.67	119.81	497430.16	411528.44	17070.19
425	2393	601399	国机重装	54.30	CC	0.06	1.66	1.72	0.34	0.48	50.63	15.99	1.55	4.52	-25	99.35	2841745.04	965518.82	43236.44
426	2407	300447	全信股份	54.20	CC	0.61	9.97	8.03	0.42	0.53	31.01	26.45	16.13	7.03	-25.35	70.66	271935.32	109165.85	18910.56
427	2407	688056	莱伯泰科	54.20	CC	0.67	5.11	5.53	0.38	0.47	14.02	836.1	-3.76	5.12	-28.07	115.26	96152.94	35500.48	4462.45
428	2419	300549	优德精密	54.10	CC	0.21	4.11	4.38	0.53	0.77	26.26	15.16	1.7	-0.39	-27.78	78.68	74306.68	39670.73	2850.88
429	2419	300690	双一科技	54.10	CC	0.49	6.57	5.58	0.61	0.91	21.82	118.96	2.97	2.45	-35.82	119.75	173955.7	103133.69	8064.22
430	2419	600444	国机通用	54.10	CC	0.28	5.66	4.23	0.66	0.78	42.48	70.27	-6.42	3.52	-18.18	53.54	114776.38	78784.29	4123.44
431	2419	603488	展鹏科技	54.10	CC	0.14	3.99	3.89	0.42	0.55	17.46	0	2.86	0.39	-33.33	86.28	119197.11	49914.79	4149.16
432	2441	002877	智能自控	54.00	CC	0.25	9.4	5.6	0.45	0.86	57.64	4.97	17.47	8.67	0	60.32	212501.62	86250.16	8362.98
433	2441	003021	兆威机电	54.00	CC	0.88	4.42	4.75	0.34	0.47	17.18	51.69	1.09	4.25	-31.58	160.51	355847.31	115245.86	15049.62
434	2441	603507	振江股份	54.00	CC	0.73	2.17	4.48	0.56	1.01	58.14	2.2	19.77	38.33	-18.42	115.79	546799.83	290408.55	10578.88
435	2441	688002	睿创微纳	54.00	CC	0.7	5.47	5.72	0.47	0.8	31.4	19.67	48.62	14.68	-49.32	154.66	632564.63	264588.78	28653.31

续 表

序号	A股上市公司评价得分排序	股票代码	股票简称	综合得分(100)	评价等级	每股收益(元)	净资产收益率(%)	总资产报酬率(%)	总资产周转率(次)	流动资产周转率(次)	资产负债率(%)	已获利息倍数	营业收入增长率(%)	资本扩张率(%)	市场投资回报率(%)	股价波动率(%)	年末资产总额(万元)	营业收入(万元)	净利润(万元)
436	2462	002008	大族激光	53.90	CC	1.15	7.63	5.21	0.51	0.7	51.69	6.77	-8.4	27.86	-46.67	150.62	3191202.79	1496118.5	128179.19
437	2462	002073	软控股份	53.90	CC	0.21	3.71	2.05	0.47	0.63	62.89	7.95	5.15	7.89	-14.93	96.51	1372514.52	573591.5	23246.26
438	2462	002692	ST 远程	53.90	CC	0.09	1.99	3.84	1.21	1.5	57.27	3.06	0.56	6.93	14.29	53.63	245527.67	301819.53	6795.69
439	2462	002733	雄韬股份	53.90	CC	0.41	2.39	4.31	0.72	1.01	51.62	3.1	31.12	7.8	-19.61	104.11	565118.5	407827.49	14387.84
440	2462	603029	天鹅股份	53.90	CC	0.47	5.47	3.8	0.4	0.53	57.26	14.55	24.08	6.61	160	280.24	186819.71	64726.26	5738.79
441	2462	603700	宁水集团	53.90	CC	0.63	7.08	6.34	0.68	0.89	34.8	50.6	-9.45	-4	-29.63	73.89	235042.13	155495.84	12562.28
442	2483	000777	中核科技	53.80	CC	0.45	8.49	6.06	0.5	0.78	40.6	24.79	-3.69	7.88	-30.19	77.66	302325.6	150005.04	17194.11
443	2483	300823	建科机械	53.80	CC	0.38	3.72	3.5	0.36	0.5	19.66	43.48	-9.12	-1.31	-29.17	91.47	121251.94	43728.63	3774.71
444	2483	430510	丰光精密	53.80	CC	0.56	7.55	18.45	0.58	1.5	21.87	102.37	-4.41	22.95	-54.55	179.3	50311.63	25165.68	7318.44
445	2483	688003	天准科技	53.80	CC	0.8	7.55	5.6	0.58	0.82	42.49	18.47	25.6	9.35	-19.51	102.2	292810.55	158916.74	15210.36
446	2483	688285	高铁电气	53.80	CC	0.38	9.02	5.78	0.48	0.61	49.59	17.45	5.18	7.21	-20	67.8	317507.57	148836.73	14701.96
447	2494	603218	日月股份	53.70	CC	0.35	2.9	2.89	0.41	0.66	24.3	36.75	3.25	10.34	-32.76	109.25	1266700.64	486501.85	34418.23
448	2504	002204	大连重工	53.60	CC	0.15	2.93	1.5	0.5	0.61	69.24	54.82	13.71	2.99	25	194.9	2167352.46	1035737.47	28488.78
449	2504	603111	康尼机电	53.60	CC	0.27	7.61	5.49	0.56	0.62	37.74	29.8	-6.53	8.76	-21.43	61.69	599194.21	329492.62	29050.91
450	2512	300105	龙源技术	53.50	CC	0.17	1.25	3.61	0.3	0.36	26.14	2761.22	35.25	4.9	13.64	112.93	257580.32	73272.51	8852.82
451	2521	000856	冀东装备	53.40	CC	0.06	3.03	2.55	1.53	1.81	80.92	6.03	-7.26	2.73	6.67	94.49	219182.98	319954.09	1951.26
452	2521	300265	通光线缆	53.40	CC	0.22	3.59	4.77	0.77	1.12	49.37	4.03	8.33	5.35	-19.23	66.83	282659.56	208312.29	8711.16
453	2532	002514	宝馨科技	53.30	CC	0.05	1.71	2.47	0.37	0.86	39.13	1.97	7.81	121.39	118.75	341.1	234186.46	68402.67	2718.16
454	2532	002857	三晖电气	53.30	CC	0.1	1.49	1.91	0.3	0.39	19.62	0	-11.06	2.52	-17.86	51.04	65600.19	19521.77	1294.47
455	2532	300068	南都电源	53.30	CC	0.38	-0.92	3.24	0.79	1.36	68.53	2.06	-0.84	21.83	61.76	212.83	1601200.26	1174860	27477.38
456	2532	300193	佳士科技	53.30	CC	0.36	7.64	7.26	0.44	0.56	23.75	74.61	-1.38	-7.3	-36.36	104.31	274922.85	123209.6	17815.23
457	2532	600416	湘电股份	53.30	CC	0.22	4.17	3.31	0.33	0.46	50.77	3.13	10.58	51.46	-4.48	130.5	1404612.13	445160.21	28189.96
458	2532	603308	应流股份	53.30	CC	0.59	4.66	5.4	0.23	0.6	51.83	3.96	7.73	7.28	3.33	114.14	989944.86	219770.23	38855.19
459	2532	688367	工大高科	53.30	CC	0.59	7.72	7.74	0.41	0.5	29.96	2138.77	20.4	8.09	-38.46	101.52	81262.48	30157.64	5107.38
460	2549	300443	金雷股份	53.20	CC	1.35	10.49	9.23	0.43	0.82	26.62	30.55	9.74	10.85	-23.53	133.56	491396.79	181158.17	35242.1
461	2549	600869	远东股份	53.20	CC	0.25	10.79	5.26	1.18	1.6	76.74	3.09	3.87	15.79	-25	121.21	1906505.57	2167965.01	57925.15
462	2556	603050	科林电气	53.10	CC	0.71	7.16	4.02	0.62	0.81	70.37	4.43	28.61	6.67	-4.76	101.33	467624.12	262259.78	11976.43
463	2565	000852	石化机械	53.00	CC	0.06	1.6	2.06	0.86	1.09	69.28	1.7	11.51	52.12	-20.51	67.27	994127.62	775191.3	6766.86
464	2576	002438	江苏神通	52.90	CC	0.45	7.41	5.5	0.38	0.66	49.08	11.52	2.37	23.6	-43.21	107.48	580014.41	195505.4	22755.03

续 表

序号	A股上市公司评价得分排序	股票代码	股票简称	综合得分（100）	评价等级	每股收益（元）	净资产收益率（%）	总资产报酬率（%）	总资产周转率（次）	流动资产周转率（次）	资产负债率（%）	已获利息倍数	营业收入增长率（%）	资本扩张率（%）	市场投资回报率（%）	股价波动率（%）	年末资产总额（万元）	营业收入（万元）	净利润（万元）
465	2576	300430	诚益通	52.90	CC	0.46	5.95	5.13	0.32	0.63	36.37	10.55	6.47	6.93	-10	99.91	313332.96	97444.53	12581.68
466	2576	300818	耐普矿机	52.90	CC	1.95	3.77	9.25	0.37	0.65	39.33	6.5	-28.92	13.86	-36.96	98.75	209011.36	74852.61	13527.47
467	2576	688345	博力威	52.90	CC	1.1	10.49	5.08	0.96	1.35	52.93	10.01	3.79	6.62	-5.36	144.19	259088.8	230086.99	11114.63
468	2592	000768	中航西飞	52.80	CC	0.19	2.62	1.05	0.49	0.61	80.37	4.06	15.17	2.49	-22.3	65.2	8217355.2	3766002.58	52335.25
469	2592	300007	汉威科技	52.80	CC	0.85	2.81	6.12	0.4	0.75	48.78	9.23	3.4	4.6	-33.96	106.94	608967.17	239506.42	27623.67
470	2592	603081	大丰实业	52.80	CC	0.69	8.1	5.86	0.38	0.7	62.2	4.06	-3.93	8.95	-7.14	65.93	765899.1	284241.48	27756.51
471	2604	600320	振华重工	52.70	CC	0.07	3.58	2.22	0.39	0.76	76.83	1.6	16.22	2.68	-20	40.72	7821316.87	3019179.3	59756.23
472	2604	688388	嘉元科技	52.70	CC	2.12	9.35	8.9	0.55	1.11	31.42	6.72	65.5	105.17	-60.34	205.32	1079577.2	464084.54	52002.95
473	2615	002931	锋龙股份	52.60	CC	0.24	5.6	4.79	0.49	0.82	38.51	7.14	-18.39	5.93	-25.81	89.65	115031.3	58732.98	4859.24
474	2615	300001	特锐德	52.60	CC	0.26	1.78	2.25	0.55	0.86	67.09	2.25	23.18	3.93	-38.01	99.95	2200320.9	1162963.76	24874.63
475	2615	601311	骆驼股份	52.60	CC	0.4	5.57	4.23	1.02	2.04	32.43	6.78	8.24	3.91	-42.86	129.29	1350261.26	1342536.09	45595.67
476	2632	002531	天顺风能	52.50	CC	0.35	7.7	5.25	0.38	0.88	58.19	3.5	-17.49	5.91	-11.43	129.98	1988263.53	673805.84	61553.63
477	2632	300114	中航电测	52.50	CC	0.33	7.99	6.26	0.55	0.87	35.92	53.94	-1.95	6.4	-34.41	104.71	365338.63	190500.09	19639.73
478	2632	600110	诺德股份	52.50	CC	0.21	5.75	5.3	0.42	0.76	44.55	3.21	5.93	101.76	-44.88	125.25	1397231.41	470933.57	35338.72
479	2648	300278	华昌达	52.40	CC	0.07	4.98	4.66	1.2	1.7	42.42	71.74	66.29	1.06	-10.53	81.35	283561.85	358274.89	10628.42
480	2648	301128	强瑞技术	52.40	CC	0.52	2.68	3.92	0.48	0.58	16.31	54.33	8.08	0.49	-43.48	114.73	98451.7	45662.16	3848.94
481	2648	600560	金自天正	52.40	CC	0.2	5.09	2.51	0.37	0.46	54.01	0	4.02	3.62	-2.17	67.78	196412.22	73520.44	4795.65
482	2648	871396	常辅股份	52.40	CC	0.42	7.93	7.45	0.54	0.64	32.25	34.19	-8.78	5.63	-42.86	108.93	39480.52	20753.87	2470.48
483	2661	300554	三超新材	52.30	CC	0.13	1.32	1.97	0.46	0.86	33.34	1.36	63.63	34.3	50	189.95	99766.26	40653.24	1243.26
484	2673	000837	秦川机床	52.20	CC	0.31	2.84	4.05	0.5	0.87	51.63	7.92	-18.83	6.43	-2.5	86.66	852087.34	410109.14	32600.47
485	2673	002112	三变科技	52.20	CC	0.16	8.83	4.87	0.92	1.21	71.51	2.62	26.44	8.49	19.05	116.62	158840.26	130695.07	4268.22
486	2673	300402	宝色股份	52.20	CC	0.3	8.17	3.85	0.7	0.94	68.45	4.21	12.14	6.34	-7.69	80.83	213599.8	140918.99	6036.68
487	2682	002526	山东矿机	52.10	CC	0.07	3.54	4.19	0.6	0.83	33.23	14.57	5.22	3.82	-7.14	57.66	436351.07	240499.84	11992.79
488	2682	600031	三一重工	52.10	CC	0.51	4.97	3.7	0.54	0.8	58.42	8.31	-24.59	1.4	-34.67	88.7	15875460.1	8001809.8	440458.5
489	2682	603577	汇金通	52.10	CC	0.12	1.69	3.34	0.76	1	69.83	1.28	44.46	1.2	10	53.84	593448.64	360934.37	4216.21
490	2682	831856	浩淼科技	52.10	CC	0.41	5.51	5.6	0.67	0.85	40.39	15.67	8.97	6.26	-40	120.64	73695.26	44976.49	3221.94
491	2699	300018	中元股份	52.00	CC	0.02	0.93	2.15	0.32	0.47	12.03	81.04	5.3	-1.73	-21.57	82.17	138795.63	44280.76	606.13
492	2699	600893	航发动力	52.00	CC	0.48	2.27	1.92	0.41	0.6	54.11	9.85	8.78	3.38	-24.73	69.3	8996591.27	3709714.89	135195.91
493	2699	688015	交控科技	52.00	CC	1.22	8.79	4.94	0.45	0.57	54.51	44.15	-4.43	8.07	-30.56	120.65	561836.92	246769.82	25870.63

续 表

序号	A股上市公司评价得分排序	股票代码	股票简称	综合得分(100)	评价等级	每股收益(元)	净资产收益率(%)	总资产报酬率(%)	总资产周转率(次)	流动资产周转率(次)	资产负债率(%)	已获利息倍数	营业收入增长率(%)	资本扩张率(%)	市场投资回报率(%)	股价波动率(%)	年末资产总额(万元)	营业收入(万元)	净利润(万元)
494	2706	002767	先锋电子	51.90	CC	0.22	3	3.5	0.54	0.73	25.33	248.1	18.31	4.4	-10.53	78.36	108336.31	56263.36	3515.25
495	2716	002651	利君股份	51.80	CC	0.21	8.45	7.79	0.31	0.44	25.09	409.76	6.36	8.9	-50	134.03	346686.66	101992.98	21911.93
496	2716	002686	亿利达	51.80	CC	0.07	2.11	2.18	0.65	1.2	42.41	2.79	0.09	2	-12.9	61.82	298037.93	190815.82	4406.14
497	2716	300048	合康新能	51.80	CC	0.02	1.46	2.06	0.54	0.86	31.43	8.75	18.23	4.22	-31.03	97.95	277801.68	142377.53	3295.58
498	2716	300083	创世纪	51.80	CC	0.24	5.94	6.17	0.51	0.87	47.65	4.15	-13.97	47.7	-36.94	91.81	879856.37	452690.27	33416.75
499	2716	301070	开勒股份	51.80	CC	0.47	2.48	4.13	0.32	0.44	17.53	85.08	-11.43	0	-33.33	95.39	95902.29	30393.59	3181.6
500	2716	688218	江苏北人	51.80	CC	0.27	2.71	2.49	0.46	0.58	47.74	13.39	25.63	0.43	0	265.08	166717.74	73798.01	3540.52
501	2732	002849	威星智能	51.70	CC	0.44	2.45	4.07	0.49	0.63	40.67	12.55	-16.84	43.6	40	134.46	216150.61	95253.46	6569.31
502	2732	600501	航天晨光	51.70	CC	0.18	2.76	2.01	0.68	0.97	60.61	4.48	1.63	3.21	-16.13	56.02	630108.09	414544.09	8738.71
503	2732	603656	泰禾智能	51.70	CC	0.14	-0.77	1.58	0.37	0.63	26.16	0	-7.56	-1.75	-8	77.69	132622.74	47934.68	1913.33
504	2732	688636	智明达	51.70	CC	1.5	7.58	5.28	0.39	0.53	34.8	89.88	20.35	10.81	-15.87	107.46	150683.45	54086.64	7538.27
505	2740	300129	泰胜风能	51.60	CC	0.33	5.47	4.86	0.48	0.61	43.41	17.92	-18.84	46.09	-15.38	85.42	717154.47	312669	27014.69
506	2740	300491	通合科技	51.60	CC	0.26	3.1	3.25	0.45	0.63	34.99	12.6	51.79	4.42	-24.24	89.9	155648.08	63915.69	4392.73
507	2740	835174	五新隧装	51.60	CC	0.86	12.68	10.85	0.7	0.83	24.78	0	-21.63	6.92	-60.87	190.66	76520.59	54106.53	7774.47
508	2750	600114	东睦股份	51.50	CC	0.25	5.26	4.26	0.59	1.57	55.7	2.35	3.76	-3.21	-22.22	112.79	648243.5	372634.19	16945.29
509	2750	600973	宝胜股份	51.50	CC	0.05	0.38	2.92	1.98	3.02	77.1	1.18	-3.26	4.26	-14.29	91.65	2119281.52	4148157.36	6438.13
510	2750	688611	杭州柯林	51.50	CC	1.02	4.71	7.35	0.21	0.31	7.15	724.52	-21.83	-2.69	-32.84	79.33	87769.38	19001.09	5698.21
511	2762	300567	精测电子	51.40	CC	0.99	1.62	4.49	0.4	0.67	52.82	5.13	13.35	-0.46	-20.92	106.43	747391.36	273057.18	20818.64
512	2762	300971	博亚精工	51.40	CC	0.74	5.81	5.82	0.34	0.48	23.87	45.53	5.63	6.55	-51.22	138.76	125908.63	41459.44	6462.6
513	2762	301012	扬电科技	51.40	CC	0.78	10.31	8.94	0.7	0.88	34.45	9.58	24.09	10.19	-23.91	88.96	94912.84	63490.67	6593.56
514	2773	605186	健麾信息	51.30	CC	0.85	9.81	11.34	0.28	0.38	9.64	0	-34.18	11.04	-18.92	94.75	119884.41	32235.98	11996.19
515	2779	002209	达意隆	51.20	CC	0.11	1.9	2.21	0.66	0.94	65.59	2.48	8.02	2.92	9.09	73.98	172367.57	114808.14	2359.76
516	2779	002975	博杰股份	51.20	CC	1.46	10.67	9.37	0.48	0.62	32.89	9.08	0.23	7.42	-48	143.41	260054.28	121679.92	19982.25
517	2779	300227	光韵达	51.20	CC	0.16	4.91	4.6	0.43	0.9	37.78	5.65	10.71	9.27	-30.19	81.17	255216.01	102986.12	8119.13
518	2779	600072	中船科技	51.20	CC	0.15	2.1	2.12	0.44	0.61	42.24	3.65	39.01	1.48	-17.74	73	752889.53	334945.17	10879.91
519	2779	603583	捷昌驱动	51.20	CC	0.86	7.38	6.07	0.45	0.8	42.1	10.02	14.02	6.86	-44.44	113.88	686070.76	300659.18	32402.1
520	2797	000533	顺钠股份	51.10	CC	0.05	3.41	3.43	0.72	0.95	66.53	5.18	21.6	5.06	-10	81.94	255136.34	177376.81	5154.37
521	2797	600458	时代新材	51.10	CC	0.44	1.13	2.1	0.9	1.32	63.33	5.25	7.01	26.86	-31.48	102.9	1725703.92	1503488.03	25067.27
522	2797	688257	新锐股份	51.10	CC	1.58	6.02	6.67	0.41	0.53	28.09	44.51	32.35	10.8	-42.86	157.77	313028.98	118373.1	16604.18

续 表

序号	A股上市公司评价得分排序	股票代码	股票简称	综合得分(100)	评价等级	每股收益(元)	净资产收益率(%)	总资产报酬率(%)	总资产周转率(次)	流动资产周转率(次)	资产负债率(%)	已获利息倍数	营业收入增长率(%)	资本扩张率(%)	市场投资回报率(%)	股价波动率(%)	年末资产总额(万元)	营业收入(万元)	净利润(万元)
523	2811	300474	景嘉微	51.00	CC	0.64	8.46	8.08	0.32	0.44	16.57	38.42	5.56	14.99	-40.5	102.05	394864.01	115393.49	28896.4
524	2820	300581	晨曦航空	50.90	CC	0.11	1.8	3.5	0.21	0.26	19.45	659.88	3.97	37.83	-24.84	87.91	127576.24	23308.23	3567.9
525	2820	601608	中信重工	50.90	CC	0.03	-2.32	1.5	0.44	0.73	59.79	2.3	16.91	1.35	-14.29	62.6	1950246.92	882699.57	16533.25
526	2820	688383	新益昌	50.90	CC	2.01	13.98	9.93	0.49	0.59	43.65	13.82	-1.08	9.54	-20.17	121.31	244475.02	118365.59	20338.19
527	2828	300850	新强联	50.80	CC	0.96	9	5.93	0.34	0.59	56.92	3.9	7.13	12.73	-48.33	121.72	917986.88	265345.39	32843.74
528	2828	603912	佳力图	50.80	CC	0.12	2.53	2.53	0.31	0.42	50.43	4.25	-6.33	-1.56	23.81	107.19	202012.98	62475.45	3650.22
529	2834	300151	昌红科技	50.70	CC	0.26	9.19	8.04	0.59	1.07	39.65	6.57	8.95	12.53	-47.19	171.13	223471.97	122831.14	12566.14
530	2834	688215	瑞晟智能	50.70	CC	0.24	2.17	2.05	0.46	0.75	34.9	7.74	53.16	5.48	-11.43	48.14	71765.35	30603.78	1227.8
531	2848	000576	甘化科工	50.40	CC	0.28	5.75	6.86	0.23	0.5	10.85	43.29	-17.46	9.71	-15.79	69.02	200668.29	44538.2	11868.92
532	2848	002823	凯中精密	50.40	CC	0.09	0.46	2.52	0.73	2.12	62.06	1.37	8.77	5.27	-17.39	74.47	370288.53	266203.32	2482.1
533	2848	300427	*ST红相	50.40	CC	0.18	3.24	3.67	0.41	0.64	60.39	2.03	18.77	3.39	27.27	83.65	422358.74	163668.08	7226.9
534	2848	300480	光力科技	50.40	CC	0.19	4.3	5.05	0.35	0.53	21.14	11.35	15.89	4.1	-36.59	133.08	178001.56	61449.87	6755.72
535	2848	300923	研奥股份	50.40	CC	0.64	3.81	4.22	0.31	0.39	16.17	132.32	3.41	1.28	-33.33	95.35	136353.39	42263.43	4992
536	2848	301082	久盛电气	50.40	CC	0.49	7.33	5.04	0.82	0.95	57.43	5.25	-2.18	1.63	-33.33	97.56	251608.72	191130.7	8370.59
537	2848	600391	航发科技	50.40	CC	0.14	3.25	2.17	0.6	0.93	65.73	2.81	8.47	8.88	-27.59	66.79	639342.28	380135.43	8336.81
538	2863	300984	金沃股份	50.30	CC	0.59	5.2	4.99	0.96	1.72	45.49	9.78	16.61	6.69	-48.48	142.78	124587.24	104436.4	4528.31
539	2863	301043	绿岛风	50.30	CC	0.61	4.32	4.95	0.49	0.67	22.82	21.81	-14.16	4.9	-33.33	80.2	100560.3	47337.86	4169.9
540	2863	600843	上工申贝	50.30	CC	0.1	0.89	3.33	0.59	0.92	40.92	4.25	6.54	3.49	-26.32	70.55	583753.58	332900.39	8080.12
541	2870	000561	烽火电子	50.20	CC	0.16	4.08	2.6	0.39	0.51	55.09	11.44	6.5	5.27	15	67.89	430947.87	160001.57	10037.2
542	2870	002445	中南文化	50.20	CC	0.01	3.31	1.04	0.25	0.41	27.34	422.46	36.25	2.24	-21.74	73.44	268070.96	65610.57	2773.21
543	2870	688529	豪森股份	50.20	CC	0.7	7.64	3.73	0.44	0.54	71.06	3.1	31.29	9.26	-24.14	103.16	415299.66	156677.87	8837.59
544	2884	300589	江龙船艇	50.00	C	0.03	0.33	0.57	0.45	0.69	49.1	14.56	-1.47	1.27	-23.64	77.1	154948.31	68051.11	1405.66
545	2890	000927	中国铁物	49.90	C	0.12	8.13	3.95	1.9	2.25	65.79	10.65	-7.88	8.05	-33.33	97.64	2765397.04	5448504.4	75484.6
546	2890	300411	金盾股份	49.90	C	0.03	3.81	1.3	0.31	0.42	35.04	13.68	-13.02	1.6	-20.69	67.14	143617.8	42655.2	1395.81
547	2890	300960	通业科技	49.90	C	0.29	3.35	3.59	0.32	0.36	29.04	11.08	0.4	0.29	-28	80.4	90089.43	29556.43	2940.67
548	2890	600022	哈空调	49.90	C	0.1	3.13	2.89	0.48	0.66	66.27	2.74	29.35	6.9	-7.41	62.67	245908.77	110308.82	4093.05
549	2890	688022	瀚川智能	49.90	C	0.68	2.57	3.52	0.45	0.65	65.97	5.3	50.77	10.19	-15.52	117.01	300576.52	114280.42	7277.59
550	2899	300943	春晖智控	49.80	C	0.37	8.27	7.41	0.42	0.51	22.96	2694.26	-7.19	9.22	-62.5	164.98	120215.13	49263.41	7861.34
551	2899	300953	震裕科技	49.80	C	1.09	4.73	2.31	0.96	1.62	69.38	1.8	89.59	60.7	-31.4	130.65	780679.23	575233.2	10364.04

续 表

序号	A股上市公司评价得分排序	股票代码	股票简称	综合得分(100)	评价等级	每股收益(元)	净资产收益率(%)	总资产报酬率(%)	总资产周转率(次)	流动资产周转率(次)	资产负债率(%)	已获利息倍数	营业收入增长率(%)	资本扩张率(%)	市场投资回报率(%)	股价波动率(%)	年末资产总额(万元)	营业收入(万元)	净利润(万元)
552	2909	002977	天箭科技	49.70	C	0.73	6.82	6.55	0.27	0.33	20.37	0	23.11	5.06	-39.53	103.08	133787.83	34276.35	7273.77
553	2909	301138	华研精机	49.70	C	0.7	6.7	7.05	0.38	0.42	22.64	152.6	-2.47	1.41	-52.94	150.01	145888.9	54490.26	8655.18
554	2909	603617	君禾股份	49.70	C	0.15	-1.82	4.2	0.33	0.56	47.75	2.94	-22.72	2.67	3.85	52.87	250171.97	75377	5339.85
555	2909	603680	今创集团	49.70	C	0.25	2.77	2.61	0.4	0.57	45.82	4.24	-6.86	-0.29	-5.88	46.51	876083.45	353420.18	17180.41
556	2917	605100	华丰股份	49.60	C	0.14	1.16	1.52	0.33	0.58	20.13	860.59	-45.01	-3.16	-25	80.97	222150.51	74478.16	2292.11
557	2928	002892	科力尔	49.50	C	0.23	3.82	4.65	0.7	0.91	28.37	22.36	-17.5	2.37	-45.07	126.85	179165.08	118343.3	6842.4
558	2928	300145	中金环境	49.50	C	0.06	4.05	3.98	0.65	1.11	72.15	2.41	1.5	5.78	-28.36	57.18	826285.02	526416.02	13542.43
559	2928	300606	金太阳	49.50	C	0.18	3.92	3.13	0.46	0.7	27.57	19.8	-11.59	-0.25	-5.26	74.84	83354.97	39522.63	2627.74
560	2928	688071	华依科技	49.50	C	0.5	6.41	5.54	0.3	0.61	61.04	2.54	5.02	8.57	3.64	177.34	130001.61	33679.96	3766.68
561	2940	002535	ST林重	49.40	C	0.02	2.71	3.38	0.27	0.68	90	1.16	146.46	4.47	28.57	110.66	419797.84	111978.1	1759.27
562	2949	002090	金智科技	49.30	C	0.08	1.69	0.77	0.6	0.71	51.67	4.11	-6.89	-3.4	34.62	179.49	260870.22	152777.16	3162.16
563	2949	002346	柘中股份	49.30	C	1.03	2.6	12.74	0.16	0.79	33.65	81.55	5.32	-19.66	-32.56	103.84	408448.33	72561.3	43222.18
564	2949	002985	北摩高科	49.30	C	0.95	12.57	11.4	0.25	0.31	14.84	185.12	-11.88	34.44	-50	118.77	419001.6	99785.17	39631.24
565	2949	600495	晋西车轴	49.30	C	0.01	-1.18	0.27	0.31	0.51	17.94	0	3.15	0.17	-12.9	49.86	394722.03	124526.13	1051.82
566	2949	831832	科达自控	49.30	C	0.78	6.55	6.04	0.42	0.5	30.14	28.03	31.59	8.2	-42.11	122.99	89643.94	34655.87	5673.76
567	2960	300153	科泰电源	49.20	C	0.09	1.14	2.78	0.6	0.82	46.69	4.98	-8.16	4.96	-30.95	86.37	151496.68	87520.37	2728.42
568	2960	301079	邵阳液压	49.20	C	0.6	6.68	6.33	0.41	0.51	38.28	15.71	-19.84	9.51	-43.75	117.3	77862.67	30082.64	5013.12
569	2960	688033	天宜上佳	49.20	C	0.37	3.79	4.38	0.19	0.37	24.57	8.47	47.05	95.61	-21.43	109.93	685657.5	98711.78	18968.2
570	2967	300421	力星股份	49.10	C	0.26	4.24	4.14	0.56	1.19	29.01	12.13	0.71	3.03	-37.5	134.81	178791.79	98085.12	6234.37
571	2973	002523	天桥起重	49.00	C	0.03	0.63	1.14	0.37	0.51	41.32	3.33	-10.59	-2.06	4.55	73.07	415561.68	158634.16	3585.41
572	2984	600150	中国船舶	48.90	C	0.04	-3.95	1.72	0.37	0.5	68.92	4.57	-0.31	-4.94	-9.76	109.82	16243750.09	5955773.91	87245.22
573	2994	000925	众合科技	48.80	C	0.11	1.59	2.5	0.35	0.59	58.44	2.03	-11.93	8.79	-19.23	92.56	730611.55	255956.18	7780.38
574	2994	688680	海优新材	48.80	C	0.6	1.19	2.39	1.05	1.26	61.69	1.37	70.9	7.6	-23.14	104.43	647782.78	530684.97	5009.34
575	2998	300907	康平科技	48.70	C	0.31	3.68	2.96	0.82	1.21	35.94	6.32	-13.81	5.14	-37.93	84.77	116921.28	99417.81	3014.06
576	2998	301002	崧盛股份	48.70	C	0.63	7.93	6.28	0.53	0.79	47.84	14.08	-32.42	13.87	-44.44	146.46	162503.74	74395.54	7795.43
577	2998	831305	海希通讯	48.70	C	0.43	7.51	9.22	0.27	0.29	4.57	210.39	-22.84	-0.69	-41.03	132.19	81765.9	22054.57	6495.79
578	3007	002483	润邦股份	48.60	C	0.06	-3.21	2.95	0.56	0.93	60.36	3.25	34.51	-5.19	-40.74	104.82	1036454.16	517419.67	9834.99
579	3007	300424	航新科技	48.60	C	0.11	1.68	2.81	0.61	0.97	67.78	1.55	20.41	2.78	-18.52	74.37	237664.83	139691.72	2638.22
580	3007	300932	三友联众	48.60	C	0.43	3.68	2.58	0.7	1.2	37.32	11.84	9.45	2.25	-44.74	113.6	276421.7	185232.15	7522.17

续　表

序号	A股上市公司评价得分排序	股票代码	股票简称	综合得分(100)	评价等级	每股收益(元)	净资产收益率(%)	总资产报酬率(%)	总资产周转率(次)	流动资产周转率(次)	资产负债率(%)	已获利息倍数	营业收入增长率(%)	资本扩张率(%)	市场投资回报率(%)	股价波动率(%)	年末资产总额(万元)	营业收入(万元)	净利润(万元)
581	3007	688162	巨一科技	48.60	C	1.08	4.03	2.32	0.54	0.58	65.25	167.71	64.07	1.9	-53.19	165.67	737378.21	348283.88	14851.74
582	3023	002297	博云新材	48.50	C	0.04	0.07	1.23	0.21	0.38	21.36	11.31	16.48	1.66	-24.14	70.33	268595.83	55741.66	2431.56
583	3033	002358	森源电气	48.40	C	0.04	0.42	2.66	0.39	0.69	50.67	1.54	40.89	1.29	28.57	120.73	627492.15	240666.21	3941.77
584	3033	603618	杭电股份	48.40	C	0.21	5.63	3.68	0.9	1.2	69.25	1.92	9.38	3.99	-22.73	67.13	937487.53	814073.66	15242.41
585	3033	688017	绿的谐波	48.40	C	0.92	6.83	7.68	0.2	0.29	19.9	74.35	0.54	5.47	-15.53	236.33	241519.82	44574.54	15640.26
586	3043	002132	恒星科技	48.30	C	0.14	3.9	3.47	0.58	1.42	53.39	4.85	30.07	3.44	-18.75	121.28	804137.27	441741.66	18957.31
587	3043	002691	冀凯股份	48.30	C	0.04	0.69	1.48	0.29	0.49	22.17	6.98	-7.66	3.06	0	62.94	117823.66	32891.98	1405.89
588	3043	301021	英诺激光	48.30	C	0.15	1.53	1.93	0.29	0.4	7.79	58.21	-18.21	1.95	-35	142.12	107882.28	31976.12	2387.16
589	3043	605066	天正电气	48.30	C	0.11	1.82	0.73	0.77	1.04	42.05	5.13	-16.6	2.57	-33.33	88.37	305524.02	243687.91	4443.85
590	3058	688330	宏力达	48.20	C	3.18	7.89	9.21	0.27	0.3	14.89	62.14	-5.35	5.83	-38.1	136.12	415056.11	107150.25	31844.47
591	3069	002009	天奇股份	48.10	C	0.53	2.17	4.54	0.65	0.95	68.3	3.52	15.16	4.71	-35.59	90.79	726087.09	435121.64	19380.68
592	3069	002111	威海广泰	48.10	C	0.45	6.04	5.41	0.44	0.63	43.36	11.95	-23.81	-4.21	-15	62.56	541478.06	234589.63	23501.71
593	3069	301032	新柴股份	48.10	C	0.09	0.81	0.75	0.86	1.18	55.01	4.75	-15.64	0.53	-38.46	106.79	239910.7	209425.73	2217.18
594	3069	605298	必得科技	48.10	C	0.34	4.14	3.93	0.2	0.28	15.03	0	-23.66	0.37	-10.53	39.85	114490.71	22954.3	4676.14
595	3069	688025	杰普特	48.10	C	0.82	3.01	3.54	0.49	0.71	25.07	19.11	-2.17	6.04	-27.42	104.3	244443.6	117330.96	7608.76
596	3082	300185	通裕重工	48.00	C	0.06	3.45	3.56	0.4	0.73	55.98	2.4	2.86	5.92	-30	69.68	1577425.58	591289.07	24995.84
597	3082	300441	鲍斯股份	48.00	C	0.17	9.4	5.44	0.63	1.26	36.46	5.7	-5.42	8.74	-50	123.5	326339.6	205414.3	15994.52
598	3090	000157	中联重科	47.90	C	0.27	2.38	2.77	0.34	0.51	53.89	3.64	-37.98	-2.27	-25.17	59.35	12355302.56	4163149.77	238463.81
599	3099	300626	华瑞股份	47.80	C	0.14	3.59	3.3	0.56	1.13	45.11	2.41	-31.96	3.28	-22.22	57.29	111605.45	66886.04	2484.89
600	3108	300466	赛摩智能	47.70	C	0.04	-0.44	2.84	0.57	0.83	42.54	4.79	36.62	2.82	-32.43	86.27	147033.34	80251.29	2137.45
601	3108	603897	长城科技	47.70	C	0.66	4.79	3.13	1.99	2.53	51.22	7.6	-6.53	1.22	-53.06	161.88	562787.95	1002642.76	13617.95
602	3116	300617	安靠智电	47.60	C	0.91	4.96	6.02	0.24	0.27	26.07	15.74	-4.05	-1.84	-41.73	111.97	343308.73	77296.64	15645.44
603	3116	600860	京城股份	47.60	C	0.04	-0.77	1.71	0.69	1.55	42.23	2.65	16.03	46.29	-43.9	92.15	243458.91	137226.12	1405.42
604	3116	688191	智洋创新	47.60	C	0.18	0.6	2.06	0.54	0.63	31.73	137.56	2.32	1.8	-35	104.28	121765.18	67123.33	2771.64
605	3125	002576	通达动力	47.50	C	0.41	5.46	4.64	0.95	1.15	37.04	15.48	-12.76	5.09	-23.81	104.61	175816.04	175241.68	6680.04
606	3125	300409	道氏技术	47.50	C	0.15	0.9	1.7	0.7	1.21	45.53	1.5	4.46	38.15	-33.6	115.45	1170330.16	686212.98	7384.92
607	3125	603169	兰石重装	47.50	C	0.13	4.03	2.98	0.42	0.61	71.42	2.09	23.37	5.01	-28.57	66.85	1170612.81	498033.09	18251.92
608	3125	603356	华菱精工	47.50	C	-0.07	-1.84	1.04	0.85	1.37	55.86	0.72	-21.53	12.65	0	78.31	219417.37	175285.63	-1293.5
609	3125	603396	金辰股份	47.50	C	0.55	4.38	3.34	0.57	0.65	61.08	7.19	21.24	3.15	-12.95	171.9	383519.22	195169.62	8232.13

续 表

序号	A股上市公司评价得分排序	股票代码	股票简称	综合得分(100)	评价等级	每股收益(元)	净资产收益率(%)	总资产报酬率(%)	总资产周转率(次)	流动资产周转率(次)	资产负债率(%)	已获利息倍数	营业收入增长率(%)	资本扩张率(%)	市场投资回报率(%)	股价波动率(%)	年末资产总额(万元)	营业收入(万元)	净利润(万元)
610	3136	002337	赛象科技	47.40	C	0.09	2.74	3.01	0.28	0.34	30.89	47.33	-33.68	4.67	4.55	153.98	182161.2	48113.66	5422.16
611	3136	603011	合锻智能	47.40	C	0.03	-1.63	1.25	0.49	0.74	45.38	1.75	43.78	24.46	0	130.21	400011.23	173444.03	1206.96
612	3143	002795	永和智控	47.30	C	-0.09	-3.57	0.47	0.65	1.6	46.86	0.41	-1.86	3.32	4	64.79	154872.59	98973.66	-3235.08
613	3143	688408	中信博	47.30	C	0.33	0.58	0.82	0.69	0.88	55.31	4.51	53.29	2.32	-30.28	160.78	559235.89	370259.09	4563.06
614	3148	300159	ST新研	47.20	C	0.05	42.29	7.03	0.67	1.35	95.1	1.63	57.28	70.75	-50	217.56	329901.42	214366.09	6559.19
615	3148	601700	风范股份	47.20	C	0.03	1.11	1.95	0.55	0.71	45	1.85	-14.34	-0.14	-13.51	68.41	478661.54	273898.92	3402.61
616	3153	002452	长高电新	47.10	C	0.09	1.58	2.12	0.37	0.51	35.38	18.22	-19.61	0.5	-32.69	90.58	325498.01	122290.01	4863.83
617	3153	601106	中国一重	47.10	C	0.02	0.1	2.04	0.6	0.92	71.24	1.28	3.28	2.81	-25	32.78	4126081.94	2388591.28	10334.9
618	3153	603960	克来机电	47.10	C	0.25	5.25	5.79	0.54	0.86	22.36	71.11	20.74	-1.82	-46.15	141.94	128922.8	67727.57	6751.4
619	3162	002350	北京科锐	47.00	C	0.03	0.36	1.07	0.64	1.06	41.86	2.64	-6.71	-6.65	-21.43	95.12	335419.15	217668.42	1546.77
620	3162	601606	长城军工	47.00	C	0.11	1.44	2.11	0.41	0.65	37.11	7	1.07	1.99	-8.33	52.43	417677.29	171449.16	7998.89
621	3172	603988	中电电机	46.90	C	0.22	8.2	5.1	0.72	0.84	46.27	32.47	4.95	7.03	-41.51	100.34	117869.67	85994.48	5158.44
622	3177	002339	积成电子	46.80	C	-0.06	-0.5	0.86	0.57	0.73	46.68	1.15	7.91	0.03	-13.64	100.44	387209.36	219911.19	774.98
623	3177	300420	五洋停车	46.80	C	0.05	0.35	1.7	0.39	0.59	29.24	5.18	-6.3	1.87	-32.43	82.02	355887.99	145790.4	5079.4
624	3177	600038	中直股份	46.80	C	0.66	3.44	1.57	0.71	0.81	63.69	9.51	-10.63	1.29	-35.43	104.04	2769424.61	1947285.85	38720.68
625	3185	000720	新能泰山	46.70	C	-0.11	-5.32	-0.68	0.72	0.83	52.47	-0.4	-4.71	-4.86	5.71	62.04	557385.17	398363.89	-13558.04
626	3185	300509	新美星	46.70	C	0.12	8.35	2.8	0.4	0.49	63.35	8.18	7.5	1.65	-11.54	53.68	189196.19	76338.59	4178.38
627	3195	002218	拓日新能	46.60	C	0.07	1.83	3.28	0.19	0.43	40.7	2.02	-7.08	0.74	-25	84.63	714160.59	132287.88	9623.97
628	3195	300281	金明精机	46.60	C	0	-1.59	-0.31	0.32	0.62	14.36	-1030.98	-9.72	-1.38	-18.42	55.34	148005.01	47240.86	-157.92
629	3195	605288	凯迪股份	46.60	C	0.69	1.84	2.2	0.43	0.66	16.67	18.81	-31.8	1.32	-40	133.48	249794.93	117194.65	4857.21
630	3203	002342	巨力索具	46.50	C	0.01	-0.85	1.13	0.5	0.83	44.5	1.34	-11.89	0.21	-23.08	59.78	447911.12	217261.37	908.48
631	3212	002414	高德红外	46.40	C	0.15	6.1	6.41	0.28	0.39	19.85	60.68	-27.75	-6.2	-30.64	83.94	888779.75	252859.42	50323.93
632	3212	300486	东杰智能	46.40	C	0.11	2.54	2.13	0.36	0.59	52.46	3.57	-12.04	7.71	-29.63	76.55	347531.01	114328	4559.66
633	3212	600316	洪都航空	46.40	C	0.2	0.36	0.87	0.41	0.46	69.25	513.42	0.5	1.12	-30.38	84.1	1723418.26	725064.32	14136.1
634	3212	600992	贵绳股份	46.40	C	0.09	0.93	1.42	0.72	1.22	55.8	1.8	-5.63	0.96	131.25	246.98	334102.94	238686.41	2305.67
635	3223	002451	摩恩电气	46.30	C	0.03	1.02	3.08	0.71	1.1	48.27	1.98	-5.59	1.75	-18.18	63.97	164437.83	107848.72	1747.81
636	3223	601002	晋亿实业	46.30	C	0.12	2.49	1.65	0.51	0.88	18.68	14.29	-5.45	3.09	-16.67	67.48	526452.14	271724.14	11511.12
637	3231	300040	九洲集团	46.20	C	0.25	2.33	4.61	0.17	0.48	61.84	1.96	-5.56	-3.6	-33.33	87.27	757216.08	133155.72	16501.35
638	3231	300263	隆华科技	46.20	C	0.07	2.37	2.94	0.37	0.69	47.44	2.41	4.17	-3.71	-25.32	88.97	608869.65	230110.16	8086.37

续 表

序号	A股上市公司评价得分排序	股票代码	股票简称	综合得分（100）	评价等级	每股收益（元）	净资产收益率（%）	总资产报酬率（%）	总资产周转率（次）	流动资产周转率（次）	资产负债率（%）	已获利息倍数	营业收入增长率（%）	资本扩张率（%）	市场投资回报率（%）	股价波动率（%）	年末资产总额（万元）	营业收入（万元）	净利润（万元）
639	3239	300757	罗博特科	46.10	C	0.24	2.27	2.41	0.43	0.65	60.12	2.25	-16.83	3	-16.87	139.29	218239.18	90319.75	2560.71
640	3246	002151	北斗星通	45.90	C	0.29	-0.08	1.51	0.52	0.92	36.73	3.51	-0.9	2.86	-27.11	65.97	760855.41	381607.77	7331.22
641	3246	002366	*ST海核	45.90	C	0.48	-30.01	7.5	0.08	0.14	32.68	6.61	22.24	4051.77	0	108.86	691588.3	49910.33	37308.58
642	3246	002552	宝鼎科技	45.90	C	-0.1	-2.67	-1.33	0.46	0.83	48.97	-2.26	290.91	292.09	0	66.48	519810.18	138056.55	-4462.54
643	3246	300667	必创科技	45.90	C	0.02	-0.38	0.64	0.43	0.76	25.82	4.61	-15.04	-1.42	-31.37	111.1	166513.84	71830.5	603.22
644	3246	601727	上海电气	45.90	C	-0.23	-3.59	-0.04	0.4	0.57	67.3	-0.07	-10.48	-4.02	0	47.09	28802085.2	11698580.7	-231300.6
645	3258	300870	欧陆通	45.80	C	0.86	4.36	3.66	0.77	1.25	51.24	6.88	5.1	3.43	-47.67	163.25	333860.99	270312.47	8784.52
646	3263	300902	国安达	45.70	C	0.12	0.45	1.76	0.28	0.43	13.38	89.34	4.64	-0.07	-30	106.52	94097.8	26535.92	1384.77
647	3263	300906	日月明	45.70	C	0.38	2.59	3.79	0.12	0.14	10.26	854.73	-7.54	0.81	-36.36	89.67	91851.27	11395.99	3061.27
648	3267	300862	蓝盾光电	45.60	C	0.53	1.76	3.13	0.29	0.42	26.58	20.57	-11.83	1.22	-27.27	74.26	271121.03	76395.8	7422.41
649	3279	688528	秦川物联	45.40	C	0.01	-0.65	-0.35	0.36	0.58	28.11	-1.06	20.36	-1.15	-23.08	66.47	104313.95	36790.11	137.12
650	3282	300527	中船应急	45.30	C	0	2.68	0.88	0.38	0.5	37.18	1.97	-0.52	-1.06	-38.1	90.55	460283.22	168949.68	1248.52
651	3282	688510	航亚科技	45.30	C	0.08	1.37	1.47	0.26	0.46	30.59	4.68	15.95	-0.45	-40.74	124.16	144240.34	36251.37	1859.98
652	3290	300307	慈星股份	45.20	C	0.12	1.04	2.78	0.45	0.78	38.69	4.64	-10.81	3.38	-31.25	105.6	442094.94	190084.85	7707.46
653	3290	600184	光电股份	45.20	C	0.14	2.39	1.78	0.57	0.85	41.49	42.98	-24.12	1.99	-24.49	60.96	426273.52	251293.51	7108.39
654	3290	600592	龙溪股份	45.20	C	-0.02	3.82	-0.66	0.49	0.71	37.68	-1.49	19.81	-2.96	-29.41	87.93	356940.69	171942.33	-1883.77
655	3297	002546	新联电子	45.10	C	0.01	2.93	-0.1	0.17	0.21	10.61	-4.28	33.53	-2.65	-9.52	60.39	362432.79	62069.13	860.51
656	3297	300512	中亚股份	45.10	C	0.23	5.23	4.44	0.39	0.53	36.39	142.18	-12.9	3.99	-30.3	93.61	251232.82	92591.35	9083.27
657	3297	688311	盟升电子	45.10	C	0.23	0.62	1.2	0.19	0.29	32.29	3.79	0.65	-2.37	22.39	97.72	262557.17	47889.76	2736.02
658	3305	603015	弘讯科技	45.00	C	0.12	2.21	3.37	0.34	0.58	36.89	5.24	-21.61	0.43	-17.65	112.61	210384.46	73295.88	4909.77
659	3310	002026	山东威达	44.90	C	0.47	6.79	5.49	0.5	0.67	34.49	16.24	-25.46	5.82	-45.31	137.22	504904.69	246717.66	22792.98
660	3310	300933	中辰股份	44.90	C	0.17	4.34	4.67	0.82	0.96	53.88	2.36	1.91	14.51	-36.36	107.03	342858.66	257922.06	7647.56
661	3320	603861	白云电器	44.80	C	0.08	0.58	1.25	0.42	0.73	64.64	1.34	-1.36	0.56	-33.33	95.67	851073.86	346511.76	2480.68
662	3329	002248	华东数控	44.70	C	0.04	7.13	3.31	0.47	0.59	86.39	2.8	-19.24	20.44	0	106.91	56074.04	25446.29	1160.29
663	3329	600169	太原重工	44.70	C	0.06	1.82	2.69	0.26	0.35	79.77	1.41	-3.37	9.79	-17.24	53.85	3158630.13	803961.36	22964.4
664	3332	688312	燕麦科技	44.60	C	0.57	4.63	5.96	0.22	0.24	10.76	39.27	-25.65	0.88	-42.86	133.67	149602.26	31788.34	7968.17
665	3335	603076	乐惠国际	44.50	C	0.18	1.43	1	0.39	0.48	60.27	1.22	21.71	3.41	8.16	122.17	336038.36	120420.38	1792.27
666	3345	300477	合纵科技	44.40	C	0.01	0.94	1.5	0.48	0.86	58.88	1.53	21.86	28.05	-35.29	104.91	727137.27	296185.58	3302.8
667	3345	300510	金冠股份	44.40	C	0.06	0.1	1.57	0.34	0.61	23.73	3.79	8.53	1.77	-13.16	82.26	348472.51	116590.7	4597.56

续 表

序号	A股上市公司评价得分排序	股票代码	股票简称	综合得分（100）	评价等级	每股收益（元）	净资产收益率（%）	总资产报酬率（%）	总资产周转率（次）	流动资产周转率（次）	资产负债率（%）	已获利息倍数	营业收入增长率（%）	资本扩张率（%）	市场投资回报率（%）	股价波动率（%）	年末资产总额（万元）	营业收入（万元）	净利润（万元）
668	3345	603530	神马电力	44.40	C	0.11	2.19	2.66	0.36	0.59	24.59	35.86	0.85	0.37	-21.05	125.29	210945.26	73740.32	4912.62
669	3351	002879	长缆科技	44.30	C	0.15	0.48	1.04	0.46	0.59	24.07	88.25	-6.51	3.08	-36.36	140.11	221975.84	98891.09	2975.45
670	3360	300965	恒宇信通	44.20	C	0.55	2.31	2.44	0.12	0.16	12.48	11423.21	-3.76	1.97	-34.33	112.46	157698.03	18377.78	3311.69
671	3360	688355	明志科技	44.20	C	0.3	0.92	2.52	0.43	0.54	26.85	13.96	-14.17	-0.37	-5.41	162.05	146254.7	61266.45	3702.52
672	3365	600990	四创电子	44.10	C	0.31	0.94	2.02	0.36	0.52	63.01	1.83	-13.44	0.97	-28.57	64.29	744876.29	272068.36	6909.59
673	3369	300851	交大思诺	44.00	C	0.43	1.74	2.43	0.21	0.27	8.89	492.85	-19.17	0.36	-26.67	75.09	135991.19	29283.33	3480.88
674	3374	300283	温州宏丰	43.90	C	0.07	1.44	3.81	0.95	1.75	59.84	1.42	-9.33	19.66	-33.33	77.06	246583.19	213358.52	2884.69
675	3378	300569	天能重工	43.80	C	0.28	5.35	4.36	0.4	0.77	63.79	2.25	2.49	6.1	-38.94	133.6	1116479.15	418276.59	23415.03
676	3378	300809	华辰装备	43.80	C	0.3	1.97	2.83	0.17	0.2	28.56	163.34	-17.86	2.21	-26.19	81.9	207273.85	33631.34	5476.2
677	3408	300879	大叶股份	43.40	C	0.07	2.87	1.45	0.57	1.01	63.58	1.16	-8.43	-0.28	-19.05	100.4	261934.71	147157.5	1125.11
678	3408	836239	长虹能源	43.40	C	0.86	8.27	3.97	0.77	1.4	72	3.46	4.37	-0.07	-65.52	243.45	442082.63	320576.98	11749.12
679	3420	002774	快意电梯	43.20	C	0.22	4.4	4.23	0.67	0.87	40.71	0	-25.81	-11.54	-22.22	85.86	202956.5	147203.55	7568.26
680	3426	600151	航天机电	43.10	C	-0.07	-5.04	-0.38	0.8	1.82	48.38	-0.52	39.91	-1.46	-40	77.81	1117375.41	880446.38	-13462.75
681	3426	600815	厦工股份	43.10	C	0.15	-16.9	10.49	0.35	0.46	39.2	13.28	-35.07	17.65	-26.09	46.87	275492.73	100720.21	26709.67
682	3426	601989	中国重工	43.10	C	-0.1	-3.25	-1.03	0.24	0.34	55.49	-2.91	11.67	-2.34	-14.29	48.4	18889737.45	4415493.47	-243271.64
683	3433	002506	协鑫集成	43.00	C	0.01	-16.01	2.62	0.86	1.45	77.84	1.47	77.68	-4.11	-21.05	79.42	1018127.59	835360.92	5712.89
684	3433	300201	海伦哲	43.00	C	0.07	5.4	3.99	0.46	0.79	37.08	11.25	-38.52	5.8	-14.29	182.36	216520.4	102417.69	7274.34
685	3438	603985	恒润股份	42.90	C	0.22	1.98	2.87	0.47	0.73	21.24	41.74	-15.2	1.81	-38.04	146.85	431430.18	194479.43	9479.64
686	3438	688121	卓然股份	42.90	C	0.89	8.02	3.06	0.41	0.6	71.7	13.47	-24.74	9.22	-35.14	163.3	769173.45	293572.03	17651.5
687	3446	300747	锐科激光	42.70	C	0.07	0.82	0.48	0.62	0.84	42.22	1.9	-6.48	2.37	-45.55	130.92	546985.92	318866.99	5788.48
688	3454	002272	川润股份	42.60	C	0.03	-1.69	1.31	0.54	0.89	54.71	1.23	10.92	-0.28	0	126.72	327768.96	169863.22	1232.57
689	3461	688379	华光新材	42.50	C	0.1	0.06	1.6	0.76	0.97	46.88	1.04	0.78	-2.26	-26.09	77.24	168761.05	122034.88	871.82
690	3478	300503	昊志机电	42.20	C	0.07	-0.35	1.89	0.37	0.77	51.73	1.49	-13.46	-2.84	-38.24	112.17	270377.73	98674.99	2457.76
691	3478	835508	殷图网联	42.20	C	0.13	1.05	2.52	0.28	0.28	17.69	47.94	-19.16	0.67	-46.67	151.12	26973.62	7339.64	648.15
692	3489	603638	艾迪精密	42.10	C	0.3	7.44	6.53	0.4	0.83	43.57	8.8	-24.55	10.98	-53.38	190.21	554756.55	202499.32	24930.8
693	3497	688511	天微电子	41.90	C	0.56	3.44	5.56	0.12	0.14	8.7	701.41	-45.94	-5.52	-45.28	129.42	87200.31	11247.2	4483.87
694	3499	300084	海默科技	41.80	C	0.04	0.66	2.09	0.31	0.5	49.69	1.27	3.09	1.37	-28.57	111.08	206670.26	62744.1	1492.83
695	3522	002023	海特高新	41.50	C	0.02	0.66	1.51	0.13	0.57	40.22	1.18	8.19	3.01	-37.04	89.39	703818.8	90965.29	219.46
696	3535	300600	国瑞科技	41.30	C	0	-1.06	0.39	0.22	0.35	28.47	0.66	24.66	-0.08	-29.03	67.14	121646.56	27437.21	-172.78

续 表

序号	A股上市公司评价得分排序	股票代码	股票简称	综合得分（100）	评价等级	每股收益（元）	净资产收益率（%）	总资产报酬率（%）	总资产周转率（次）	流动资产周转率（次）	资产负债率（%）	已获利息倍数	营业收入增长率（%）	资本扩张率（%）	市场投资回报率（%）	股价波动率（%）	年末资产总额（万元）	营业收入（万元）	净利润（万元）
697	3539	600405	动力源	41.20	C	-0.03	-1.94	1.49	0.53	0.91	65.54	0.89	30.16	-1.41	-24.07	94.89	259698.74	135617.23	-1409.81
698	3544	301040	中环海陆	41.10	C	0.4	2.92	2.26	0.62	0.9	44.22	118.74	-2.55	11.23	-50	148.41	192804.78	104170.47	3969.55
699	3544	600847	万里股份	41.10	C	-0.21	-5.21	-4.26	0.61	0.89	9.32	0	-17.8	-0.73	-19.44	94.66	75917.57	46952.88	-3268.32
700	3544	688255	凯尔达	41.10	C	0.47	1.07	3.22	0.32	0.36	7.76	0	-27.37	-0.26	-35	131.62	121040.7	39385.37	3711.48
701	3550	300521	爱司凯	41.00	C	-0.04	-1.36	-1.44	0.22	0.43	12.9	0	-14.14	-1.07	-28	109.08	58950.13	13170.21	-556.53
702	3550	600590	泰豪科技	41.00	C	0.09	-4.76	3.12	0.44	0.62	68.49	1.65	2.11	1.87	-25.71	59.26	1399540.46	619055.6	14356.17
703	3560	300126	锐奇股份	40.90	C	0.01	-0.57	0.25	0.32	0.59	17.59	246.75	-30.55	-1.45	-18.52	55.89	132487.43	43470.46	393.37
704	3570	002169	智光电气	40.70	C	0.05	-9.76	2.16	0.37	0.83	46.75	2.55	24.5	2.22	-29.41	98.6	643681.7	235196.07	3210.55
705	3570	300161	华中数控	40.70	C	0.08	-5.52	1.31	0.47	0.62	50.3	1.42	1.81	1.73	-20.45	100.38	373494.38	166339.87	584.69
706	3574	300095	华伍股份	40.60	C	0.21	2.51	3.97	0.38	0.54	39.23	3.38	0.75	1.65	-50	121.15	384846.53	144624.37	8314.94
707	3576	300865	大宏立	40.50	C	0.21	1.4	1.99	0.42	0.55	26.52	44.43	-28.38	1.24	-35.71	85.26	123267.37	49727.34	2034.1
708	3576	301155	海力风电	40.50	C	0.94	1	3.43	0.24	0.31	20.36	34.68	-70.09	1.47	-24.58	140.03	709514.17	163273.54	21198.77
709	3588	688772	珠海冠宇	40.20	C	0.08	-0.22	-0.06	0.61	1.17	66.34	-0.12	6.14	5.89	-59.57	186.61	1980759.17	1097440.73	5819.16
710	3599	002122	天马股份	40.00	C	0.04	-68.83	1.93	0.18	0.43	34.6	2.42	-16.12	145.07	8.33	97.51	351992.53	70266.33	6362.26
711	3599	300648	星云股份	40.00	C	0.06	-1.02	-0.24	0.56	0.84	58.26	-0.29	57.92	-1.17	-38.33	134.83	254056.18	128022.54	897.49
712	3599	600550	保变电气	40.00	C	0.02	1.37	2.61	0.62	0.91	84.16	1.65	-16.76	5.84	-12.2	69.29	542662.08	344563.28	4804.56
713	3599	688148	芳源股份	40.00	C	0.01	1.1	0.91	0.83	1.24	63.94	1.19	41.83	13.28	-48.28	146.96	420403.9	293518.65	461.51
714	3626	300842	帝科股份	39.40	C	-0.17	-1.76	-0.55	1.34	1.48	71.82	-0.85	33.83	1.44	-29.17	145.5	335518.91	376667.4	-2122.6
715	3629	002031	巨轮智能	39.30	C	0.02	-2.82	2.22	0.22	0.6	43.79	1.5	-55.19	1.07	48.39	231.79	438772.51	98980.82	3920.13
716	3639	300004	南风股份	39.10	C	0.05	-0.06	1.51	0.16	0.21	10.98	10.85	-63.34	3.65	-21.43	64.92	191193.63	30874.09	2264.21
717	3645	832885	星辰科技	39.00	C	0.31	3.24	5	0.26	0.32	24.16	26.78	-12.47	0.02	-45.45	113.21	48528.35	12417.93	2151.51
718	3654	000530	冰山冷热	38.80	C	0.02	-8.9	0.59	0.43	0.74	59.74	2.13	38.48	0.35	-38.89	127.73	760193.53	289308.53	1988.9
719	3654	002471	中超控股	38.80	C	-0.04	-6.41	0.98	1.04	1.35	75.22	0.45	0.19	-0.58	-5.26	70.52	566291.78	589097.86	-4901.13
720	3654	002534	西子洁能	38.80	C	0.28	1.7	2.3	0.49	0.71	74.18	4.18	11.64	2.61	-52.86	173.21	1595316.25	734364.61	26245.69
721	3661	300922	天秦装备	38.70	C	0.17	2.48	3.33	0.16	0.2	6.59	0	-38.63	-1.33	-44.44	126.3	92711.85	14790.66	2689.18
722	3665	300762	上海瀚讯	38.50	C	0.14	2.53	2.22	0.12	0.14	20.09	13.88	-45.07	2.93	-21.74	93.29	336652.02	40061.11	8557.91
723	3671	300810	中科海讯	38.40	C	0.11	0.5	1.3	0.19	0.22	11.36	84.88	7.81	1.13	-33.33	83.19	116356.49	21804.5	1302.11
724	3697	300345	华民股份	37.60	C	-0.08	-6.68	-4.55	0.26	0.4	24.76	-66.3	59.15	95.4	91.3	179.33	133129.89	25127.44	-3900.49
725	3712	002364	中恒电气	37.30	C	-0.1	-2.82	-1.85	0.49	0.71	31.2	-9.83	-11.53	-3.73	-22.03	86	327366.12	160910.09	-5649.44

续 表

序号	A股上市公司评价得分排序	股票代码	股票简称	综合得分（100）	评价等级	每股收益（元）	净资产收益率（%）	总资产报酬率（%）	总资产周转率（次）	流动资产周转率（次）	资产负债率（%）	已获利息倍数	营业收入增长率（%）	资本扩张率（%）	市场投资回报率（%）	股价波动率（%）	年末资产总额（万元）	营业收入（万元）	净利润（万元）
726	3713	688567	孚能科技	37.20	C	-0.86	-9.41	-3.61	0.44	0.7	62.6	-5.01	231.08	29.57	-15.63	106.92	3212717.47	1158809.67	-92698.88
727	3719	300024	机器人	37.10	C	0.03	-14.55	1.43	0.31	0.46	63.74	2.07	8.42	2.06	-21.98	75.7	1204039.87	357574.56	2891.19
728	3729	002347	泰尔股份	37.00	C	-0.08	-4.51	-1.12	0.42	0.53	50.39	-5.41	2.21	-8.14	-10	72.99	254449.95	108282.48	-3585.85
729	3729	600152	维科技术	37.00	C	-0.2	-7.01	-1.94	0.62	1.08	45.66	-2.97	12.03	-4.41	87.5	279.8	349189.43	232515.44	-10617.42
730	3732	603333	尚纬股份	36.80	C	0.03	0.65	1.21	0.55	0.7	40.83	1.72	-13.94	1.38	-55.56	184.96	356224.79	201682.12	1728.03
731	3732	688070	纵横股份	36.80	C	-0.3	-5	-3.45	0.32	0.5	29.21	-21.44	14.77	-3.63	34.38	235.88	94971.23	28730.76	-2634.26
732	3741	002278	神开股份	36.70	C	-0.08	-3.23	-0.69	0.34	0.46	36.64	-2.07	-22.11	-2.53	-7.69	61.24	181310.79	60395.99	-1944.64
733	3745	600343	航天动力	36.60	C	-0.06	-2.04	-0.64	0.37	0.59	39.12	-2.08	4.02	-11.47	-30.77	81.98	314737.97	127528.06	-3373.02
734	3750	688681	科汇股份	36.50	C	-0.07	-2.84	-1.19	0.4	0.54	26.91	-54.53	-16.05	-2.6	-31.58	94.89	77953.05	31004.78	-780.46
735	3756	300141	和顺电气	36.40	C	-0.04	-1.76	-0.87	0.31	0.49	32.3	-1.82	-4.44	-2.25	-33.33	105.34	99415.56	31060.12	-1165.86
736	3763	600172	黄河旋风	36.20	C	0.02	0.48	3.8	0.24	0.73	65.83	1.11	-9.13	0.94	-47.67	149.2	963513.1	241019.38	3081.89
737	3774	300417	南华仪器	35.90	C	-0.24	-1.65	-6.39	0.25	0.39	6.44	-2870.3	-29.66	-7.13	-18.18	56.66	49431.87	12812.1	-3313.38
738	3789	000410	*ST沈机	35.60	C	0.01	-101.51	2.89	0.51	0.87	72.99	1.55	-1.68	0	14.29	83.2	360568.42	167028.82	1080.06
739	3793	002689	远大智能	35.50	C	-0.11	-11.89	-5.63	0.48	0.74	42.2	0	20.23	-7.96	38.46	142.88	197024.06	98824.42	-11139.75
740	3793	600984	建设机械	35.50	C	-0.04	-0.91	1.49	0.22	0.48	66.6	0.9	-17.71	-1.47	-39.13	130.71	1799163.61	388766.78	-4477.06
741	3798	300195	长荣股份	35.40	C	-0.18	-3.7	0.33	0.2	0.56	57.6	0.22	-10.57	-3.38	-25	65.59	638506.55	131214.04	-7060.94
742	3800	301199	迈赫股份	35.30	C	0.16	0.34	0.71	0.24	0.26	42.77	0	-13.4	0.68	-41.18	124.97	305055.37	70239.61	2149.59
743	3813	300756	金马游乐	34.90	C	-0.17	-3.63	-1.42	0.22	0.3	43.96	-15.7	-19.46	3.54	-14.29	85.31	194595.85	40584.17	-2422.71
744	3818	000547	航天发展	34.80	C	0.02	0.29	0.55	0.24	0.44	30.46	1.89	-16.59	1.99	-44.44	115.51	1465632.66	345620.3	6028.32
745	3845	300875	捷强装备	33.90	C	-0.17	-1.83	-0.42	0.14	0.24	17.08	-6.73	21.06	-0.89	-34.43	80.1	168002.75	23988.59	-988.2
746	3856	002227	奥特迅	33.40	C	-0.16	-4.47	-1.88	0.19	0.44	29.22	-2.98	8.31	-3.57	-21.21	66.96	155473.55	31191.84	-4063.31
747	3861	600545	卓郎智能	33.30	C	-0.18	-19.43	-0.93	0.46	0.73	59.18	-0.69	-6.6	-3.92	-7.69	80.15	986024.9	510934.2	-37187.9
748	3866	300719	安达维尔	33.10	C	-0.18	-5.02	-4.74	0.33	0.38	21.77	-19.13	-13.23	-4.34	-10	58.02	124092.99	41254.61	-4581.54
749	3872	002633	申科股份	32.90	C	-0.26	-9.77	-5.22	0.35	0.59	33.51	-7.22	7.77	-8.27	15.38	70.53	64863.78	22866.77	-3888.45
750	3888	688011	新光光电	32.40	C	-0.25	-3.47	-2.61	0.11	0.14	11.86	-218.26	4.22	-3.29	-31.25	89.85	135686.91	14987.01	-2650.06
751	3917	002480	新筑股份	31.70	C	-0.74	-20.85	-1.63	0.18	0.51	75.83	-0.47	32.06	16.79	-19.23	55.74	1177143.34	164941.76	-50094.13
752	3932	300594	朗进科技	31.10	C	-0.64	-7.1	-3.97	0.49	0.59	48.21	-5.22	14.05	-3.86	-10.53	65.85	173681.26	77072.72	-5784.04
753	3932	688211	中科微至	31.10	C	-0.9	-5.14	-2.57	0.4	0.47	35.73	-40.97	4.76	-7.36	-40.85	146.46	555346.86	231489.59	-11871.97
754	3936	600421	华嵘控股	31.00	C	-0.03	-14.21	-5.59	1.01	1.19	63.65	-6.75	-3.96	-11.38	0	63.78	12743.33	12519.14	-614.84

续 表

序号	A股上市公司评价得分排序	股票代码	股票简称	综合得分（100）	评价等级	每股收益（元）	净资产收益率（%）	总资产报酬率（%）	总资产周转率（次）	流动资产周转率（次）	资产负债率（%）	已获利息倍数	营业收入增长率（%）	资本扩张率（%）	市场投资回报率（%）	股价波动率（%）	年末资产总额（万元）	营业收入（万元）	净利润（万元）
755	3944	002121	科陆电子	30.90	C	-0.07	-58.07	0.88	0.41	0.9	92.11	0.3	10.65	-28.67	75.61	217.17	879729.15	353881.63	-11927.28
756	3952	300836	佰奥智能	30.60	C	-0.74	-8.62	-3.52	0.59	0.73	35.82	-23.42	19.64	-10.47	-25.71	66.63	84460.15	49953.43	-4898.37
757	3965	301213	观想科技	30.30	C	0.22	0.82	1.76	0.11	0.12	9.07	41.68	-34.72	-0.8	-39.29	152.17	89059.18	10272.31	1750.99
758	3969	300293	蓝英装备	30.20	C	-0.19	-14.76	-0.73	0.59	1.07	77.03	-0.38	14.11	-4.21	-31.67	81.08	215504.4	126343.52	-5449.71
759	3969	603819	神力股份	30.20	C	-0.37	-24.69	-5.11	0.91	1.34	49.57	-3.07	1.94	-13.03	11.54	109.54	151893.56	146978.53	-11643.45
760	3976	002622	皓宸医疗	30.10	C	-0.31	-15.88	-13.27	0.29	1.38	65.22	-3.63	197.82	-35.28	-15.38	91.15	163540.89	50065.02	-28021.93
761	3981	600302	标准股份	30.00	C	-0.33	-11.81	-6.15	0.57	0.67	30.66	-15.33	-37.59	-10.05	12.5	64.1	154404.42	105077.99	-12793.05
762	3984	002383	合众思壮	29.90	C	-0.32	-21.77	1.08	0.4	0.76	68.13	0.25	-8.73	-13.5	-8.82	77.64	454343.5	192363.61	-25332.33
763	3987	605001	威奥股份	29.80	C	-0.29	-5.88	-2.17	0.18	0.28	43.5	-2.24	29.58	-4.12	0	129.71	444513.79	79685.72	-11222.21
764	3989	600192	长城电工	29.70	C	-0.27	-10.17	-1.83	0.45	0.62	67.85	-1.66	4.6	-8.35	0	85.85	492521.61	216102.08	-13287.1
765	3998	688165	埃夫特-U	29.50	C	-0.33	-12.73	-6.21	0.41	0.59	47.16	-7.35	15.73	-6.73	-27.27	88.15	332577.3	132750.76	-17607.92
766	4003	002559	亚威股份	29.30	C	0.01	-10.82	-3.23	0.44	0.63	56.78	-6.62	-8.45	-10.47	-8.62	78.7	421826.35	183014.69	-17027.84
767	4009	002021	*ST中捷	29.20	C	-0.6	3.6	-28.29	0.62	0.79	121.6	-32.84	-8.99	-350.72	-18.18	67.38	135467.24	87312.24	-41000.29
768	4012	688090	瑞松科技	29.10	C	-0.93	-10.62	-4.87	0.58	0.79	49.97	-20.98	8.03	-9.68	-21.88	107.94	177597.66	100593.45	-8598.22
769	4024	300489	光智科技	28.90	C	-0.84	-37.12	-1.64	0.34	0.9	89.84	-0.44	29.24	-24.83	-22.86	105.74	293943.53	93572.56	-11390.72
770	4039	002933	新兴装备	28.60	C	-0.51	-4.88	-3.67	0.11	0.13	17.52	-14.73	-22.47	-2.03	-8.57	106.34	174806.47	19076.57	-6054.52
771	4049	300713	英可瑞	28.30	C	-0.38	-9.84	-4.19	0.34	0.59	34.56	-20.25	34.18	-7.58	-33.33	91.48	103475.94	34252.63	-6465.7
772	4068	002610	爱康科技	27.90	C	-0.19	-19.77	-6.75	0.65	1.26	72.26	-3.24	164.34	-14.69	-33.33	88.15	1156101.05	669054.83	-82700
773	4068	300065	海兰信	27.90	C	-1.2	-43.33	-28.65	0.27	0.39	25.58	-27.39	-19.72	1.03	-8.66	87.95	260361.12	72441.48	-80302.26
774	4068	603278	大业股份	27.90	C	-0.88	-14.23	-2.02	0.69	1.36	71.53	-0.95	2.48	5.39	-41.18	100.73	720230.04	521302.99	-27046.05
775	4076	688155	先惠技术	27.80	C	-1.24	-6.36	-2.29	0.54	0.73	69.97	-4.46	63.81	13.4	-51.82	177.72	455724.25	180515.56	-5796.22
776	4080	300444	双杰电气	27.60	C	-0.24	-13.14	-4.47	0.51	0.89	69.44	-4.42	60.69	-0.91	-34.62	75.74	391912.48	188218.57	-18267.56
777	4083	300116	保力新	27.50	C	-0.04	-63.32	-26.18	0.27	0.45	56.31	-31.63	17.04	16.01	-34.78	69.17	69376.84	19137.1	-18871.59
778	4093	002665	首航高科	27.30	C	-0.1	-5.34	-2.49	0.08	0.26	31.53	-1.74	-9.23	-5.36	-26.87	116.38	764290.9	65220.55	-26368.37
779	4098	000595	宝塔实业	27.20	C	-0.08	-13.3	-6.36	0.19	0.39	41.49	-17.08	43.28	-10.48	120	256.92	124403.71	25041.31	-8865.04
780	4104	002058	威尔泰	27.00	C	-0.15	-7.62	-5.02	0.4	0.51	45.92	-10.45	-39.7	-7.85	-3.57	67.22	37315.75	14765.01	-1520.29
781	4143	000806	*ST银河	26.10	C	-0.31	-13.89	-15.21	0.82	1.18	161.94	-15.01	33.56	0	-31.82	70.06	200652.3	152799.53	-33660.05
782	4143	600243	青海华鼎	26.10	C	-0.35	-19.42	-10.28	0.33	0.61	33.9	-14.93	-18.78	-16.59	0	70.62	137352.23	53511.07	-16545.17
783	4158	002685	华东重机	25.60	C	-0.18	-8.05	-4.65	0.39	0.58	33.68	-10.55	-79.09	-7.22	0	108.3	337730.47	147581.51	-17858.52

续 表

序号	A股上市公司评价得分排序	股票代码	股票简称	综合得分(100)	评价等级	每股收益(元)	净资产收益率(%)	总资产报酬率(%)	总资产周转率(次)	流动资产周转率(次)	资产负债率(%)	已获利息倍数	营业收入增长率(%)	资本扩张率(%)	市场投资回报率(%)	股价波动率(%)	年末资产总额(万元)	营业收入(万元)	净利润(万元)
784	4163	002196	方正电机	25.50	C	-0.65	-24.54	-9.09	0.67	1.17	66.94	-20.41	23.26	-16.85	-37.5	121.76	380814.71	233064.2	-32570.86
785	4163	601798	蓝科高新	25.50	C	-0.52	-13.9	-5.94	0.3	0.47	49.6	-8.25	4.57	-11.18	-30	82.01	285056.08	86993.66	-18364.81
786	4169	300165	天瑞仪器	25.40	C	-0.21	-7.02	-1.31	0.36	0.45	58.81	-0.93	-16.39	-7.29	-40.74	143.85	379261.32	128963.1	-10808.18
787	4173	603028	赛福天	25.30	C	-0.28	-19.84	-4.9	0.63	1.21	43.41	-6.21	-13.06	-15.62	-33.33	99.75	120881.85	79594.56	-7941.65
788	4177	000697	*ST炼石	25.20	C	-1.19	-8479.71	-19.96	0.41	1.56	114.39	-3.44	25.32	-195.53	-13.33	52.19	278725.73	123570.19	-80317.96
789	4177	002529	海源复材	25.20	C	-0.58	-23.75	-12.53	0.31	0.72	53.32	-21.33	43.32	-20.11	-41.03	153.57	127415.76	36394.19	-14962.64
790	4182	300140	中环装备	25.10	C	-0.35	-12.67	-4.22	0.27	0.39	49.89	-6.09	-25.19	-9.45	0	60.43	290169.3	84838.36	-15690.23
791	4205	300276	三丰智能	24.70	C	-0.36	-24.36	-12.45	0.33	0.46	52.11	-52.98	-6.51	-20.91	-24.66	66.15	400541.72	133366.57	-50781.67
792	4221	688081	兴图新科	24.40	C	-1.07	-13.43	-13.51	0.2	0.27	11.91	0	-8.39	-11.35	-32	80.43	67585.14	14351.02	-8167
793	4224	002231	奥维通信	24.30	C	-0.15	-16.37	-7.31	0.3	0.33	39.69	-677.79	-66.05	-13.2	44.44	128.68	58005.82	19061.97	-5318.2
794	4228	600579	克劳斯	24.10	C	-3.24	-39.69	-8.06	0.56	1.21	82.6	-7.22	5.83	-28.08	-20	57.97	2006593.63	1042959.26	-161792.42
795	4235	002189	中光学	24.00	C	-0.71	-14.51	-4.7	0.9	1.25	60.37	-8.27	-20.43	-14.64	-31.82	84.05	363817.83	328511.45	-18876.92
796	4236	300397	天和防务	23.90	C	-0.29	-9.68	-5.42	0.2	0.42	28.41	-50.21	-10.16	-7.66	-36.54	96.46	255831.18	50182.9	-16606.09
797	4236	300461	田中精机	23.90	C	-0.51	-15.07	-10.42	0.26	0.36	28.35	-21.42	-44.59	171.55	-41.86	99.47	93047.01	19053.61	-6592.44
798	4242	002786	银宝山新	23.80	C	-0.52	-69.41	-4.29	0.63	1.12	93.98	-1.95	-2.88	-52.92	5	75.59	400686.73	259700.35	-27022.99
799	4250	688328	深科达	23.50	C	-0.44	-5.41	-1.84	0.36	0.48	55.46	-2.25	-35.36	-1.23	-47.5	136.14	180744.72	58881.4	-2984.7
800	4253	000584	ST工智	23.40	C	-0.98	-48.55	-15.97	0.39	0.71	75.87	-14.58	5.8	-43.07	17.86	125.68	462227.8	182236.98	-78209.41
801	4253	300370	*ST安控	23.40	C	-0.26	-152.33	-11.51	0.21	0.41	55.18	-1.65	-17.44	0	10.81	123.37	192455.78	46183.92	-40241.99
802	4269	002520	日发精机	23.00	C	-1.82	-25.36	-25.52	0.32	0.74	62.9	-13.09	-2.09	-37.08	-24.1	104.22	595783.34	213915.97	-152891.35
803	4271	603895	天永智能	22.90	C	-1.17	-30.74	-9.91	0.37	0.43	74.09	-22.98	14.79	-26.44	3.03	92.87	169337.5	57824.39	-15591.04
804	4276	002816	*ST和科	22.80	C	-0.81	-23.33	-14.68	0.19	0.26	23.01	0	-56.91	-19.34	-27.78	70.77	43910.63	8625.62	-8107.05
805	4276	300931	通用电梯	22.80	C	-0.33	-11.79	-9.22	0.4	0.47	35.16	-80.37	-9.54	-12.96	-36.36	103.88	107009.46	42687.76	-7977.5
806	4289	300412	迦南科技	22.40	C	-0.15	-8.25	-3.38	0.46	0.63	56.66	-13.97	4.14	-8.78	-42.53	158.61	250002.79	110343.1	-8344.18
807	4296	300011	鼎汉技术	22.30	C	-0.35	-14.81	-4.32	0.37	0.54	62.01	-2.52	-8.15	-12.16	-19.3	73.28	343758.94	126916.54	-19641.8
808	4296	300472	新元科技	22.30	C	-0.28	-11.27	-5.89	0.33	0.55	54.42	-11.49	-17.1	-10.42	-33.33	116.56	174640.35	56735.85	-9824.05
809	4302	300228	富瑞特装	22.20	C	-0.39	-10.91	-5.09	0.44	0.68	53.67	-7.23	1.14	-10.61	-45	111.83	379052.23	160489.2	-21221.14
810	4302	300540	蜀道装备	22.20	C	-0.16	-6.89	-1.59	0.18	0.25	33.67	-6.07	-55.18	83.46	-46.81	121.99	147097.59	23899.82	-2530.43
811	4308	300423	辉科技	22.10	C	-1.97	-27.34	-13.98	0.32	0.44	44.35	-31.64	-20.79	-23.82	-32.61	71.16	572896.54	214653.19	-98159.67
812	4312	300177	中海达	22.00	C	-0.15	-9.88	-2.43	0.34	0.5	39.38	-4.73	-26.58	-14.3	-34.21	80.11	380024.1	131844.54	-15306.51

续 表

序号	A股上市公司评价得分排序	股票代码	股票简称	综合得分（100）	评价等级	每股收益（元）	净资产收益率（%）	总资产报酬率（%）	总资产周转率（次）	流动资产周转率（次）	资产负债率（%）	已获利息倍数	营业收入增长率（%）	资本扩张率（%）	市场投资回报率（%）	股价波动率（%）	年末资产总额（万元）	营业收入（万元）	净利润（万元）
813	4316	002639	雪人股份	21.90	C	-0.26	-10.31	-3.71	0.43	0.74	44.93	-3.83	-2.12	-7.23	-48	96.51	452476.41	196602.71	-21598.43
814	4323	603956	威派格	21.70	C	-0.3	-8.46	-4.09	0.36	0.56	39	-4.25	-16.39	58.5	-55.56	176.25	346583.42	105687.46	-12674.75
815	4335	300252	金信诺	21.30	C	-0.66	-19.94	-6.95	0.4	0.7	64.26	-4.44	-22.04	-18.62	-15.91	64.14	544416.78	213138.6	-39239.71
816	4337	300123	亚光科技	21.20	C	-1.19	-33.06	-13.96	0.23	0.5	57.37	-5.84	6.21	-29.55	-33.33	96.57	680648.65	168644.27	-119715.17
817	4343	002413	雷科防务	20.90	C	-0.7	-20.26	-15.15	0.22	0.41	29.03	-40.83	-15.93	-14.89	-35.29	76.27	594844.27	136372.44	-94107.79
818	4345	300173	福能东方	20.80	C	-0.42	-27.84	-5.13	0.31	0.41	79.07	-5.04	21.15	-30.89	-32.35	85.35	444182.41	141068.25	-31515.9
819	4345	300853	申昊科技	20.80	C	-0.44	-6.25	-3.85	0.2	0.27	40.19	-6.35	-49.12	1.3	-43.84	107.24	220956.04	39147.44	-6496.05
820	4351	300410	正业科技	20.60	C	-0.27	-17.57	-4.23	0.51	0.74	63.01	-5.4	-32.15	-10.37	-10.53	122.18	180600.28	99050.92	-10207.19
821	4356	002309	ST 中利	20.50	C	-0.56	-62.86	-1.64	0.71	1.31	89.73	-0.73	-21.34	-31.97	-40	150.87	955169.65	816589.18	-48996.32
822	4361	300045	华力创通	20.40	C	-0.17	-7.22	-5.7	0.17	0.26	24.17	-26.73	-42.09	14.06	-41.94	104.1	227915.95	38509.62	-11032.26
823	4361	688660	电气风电	20.40	C	-0.25	-6.62	-1.19	0.4	0.62	76.33	-4.17	-49.63	-6.22	-45.45	132	3020798.58	1207513.98	-33809.64
824	4365	300091	金通灵	20.30	C	-0.21	-14.46	-4.72	0.25	0.39	60.53	-4.04	-11.73	-12.56	-37.68	83.76	610247.29	156704.5	-33578.09
825	4365	300222	科大智能	20.30	C	-0.37	-18.37	-4.12	0.54	0.68	66.73	-8.86	15.34	-13.04	-43.06	125.45	578586.36	333232.35	-29730.68
826	4373	600112	ST 天成	20.00	C	-0.26	-51.78	-5.62	0.1	0.55	91.62	-1.25	15.83	-21.55	35.71	164.32	132442.98	13663.11	-13730.51
827	4384	688339	亿华通-U	19.60	C	-1.67	-7.55	-6.19	0.2	0.32	27.37	-31.21	17.28	-5.13	-58.89	165.18	377897.66	73811.66	-19472.59
828	4393	000008	神州高铁	19.40	C	-0.31	-17.93	-6.11	0.15	0.32	60.17	-4.11	-19.95	-16.04	-18.75	44.65	1124808.49	177295.29	-84726.08
829	4399	300340	科恒股份	19.30	C	-2.17	-107.41	-8.75	0.92	1.19	94.49	-4.93	18.96	-67	-41.54	114.68	423051.64	396215	-46014.23
830	4410	002490	山东墨龙	18.60	C	-0.53	-33.92	-7.72	0.65	1.58	77.46	-2.78	-25.94	-33.05	-18.18	89.23	403860.56	276564.53	-44893.54
831	4416	301013	利和兴	18.50	C	-0.18	-5	-3.78	0.23	0.4	36.53	-6.17	-29.26	-6.24	-50	149.67	137964.22	30653.76	-4272.08
832	4420	002214	大立科技	18.40	C	-0.25	-7.24	-7.21	0.14	0.19	16.72	-112.59	-50.24	-8.95	-31.63	88.58	277284.57	40078.34	-15934.45
833	4420	300471	厚普股份	18.40	C	-0.35	-13.87	-5.5	0.32	0.65	51.68	-6.96	-18.41	2.05	-53.08	140.62	230502.47	71373.66	-14209.12
834	4451	002527	新时达	17.30	C	-1.61	-37.69	-14.95	0.5	0.72	68.27	-9.39	-27.37	-48	-29.17	94.88	597977.25	309729.6	-105970.78
835	4451	300670	大烨智能	17.30	C	-0.54	-23.09	-10.26	0.16	0.51	58.38	-5.37	-47.9	-16.74	-16	89.19	210909.83	26730.28	-17503.7
836	4466	603789	星光农机	16.40	C	-0.61	-29.64	-11.99	0.2	0.38	52.27	-10.56	-39.3	-22.55	-35.29	92.03	107571.25	24391.12	-16009.65
837	4475	300103	达刚控股	16.20	C	-1.06	-30.7	-18.67	0.2	0.37	42.11	-20.08	-61.02	-26.63	-38.78	89.73	173778.93	39281.14	-36756.98
838	4483	300985	致远新能	15.80	C	-0.39	-5.11	-3.83	0.11	0.21	26.63	-14.47	-57.87	-7.99	-53.33	140.84	161204.99	16583.72	-5179.55
839	4486	603131	上海沪工	15.70	C	-0.4	-11.44	-4.11	0.42	0.6	45.47	-4.49	-24.4	-9.94	-57.33	164.31	232047.92	99151.52	-13252.92
840	4490	300356	*ST 光一	15.60	C	-0.66	-38.83	-14.35	0.16	0.45	68.89	-5.16	-37.23	-36.89	53.85	219.2	148015.86	24115.76	-27008.2
841	4494	300069	金利华电	15.40	C	-0.23	-19.99	-5.67	0.28	0.48	35.43	-5.02	-47.55	-10.55	-44.44	112.65	38725.65	12040.95	-2948.16

续 表

序号	A股上市公司评价得分排序	股票代码	股票简称	综合得分(100)	评价等级	每股收益(元)	净资产收益率(%)	总资产报酬率(%)	总资产周转率(次)	流动资产周转率(次)	资产负债率(%)	已获利息倍数	营业收入增长率(%)	资本扩张率(%)	市场投资回报率(%)	股价波动率(%)	年末资产总额(万元)	营业收入(万元)	净利润(万元)
842	4499	688622	禾信仪器	14.90	C	-0.9	-18.52	-8.55	0.29	0.45	47.46	-17.05	-39.63	-13.93	-42.11	138.05	97185.02	28025.68	-7337.38
843	4513	300490	华自科技	14.30	C	-1.28	-19.16	-8.22	0.33	0.51	61.79	-9.46	-23.3	-15.09	-40	126.41	566040.21	173995.82	-43718.87
844	4523	002630	华西能源	13.40	C	-0.64	-54.09	-4.1	0.08	0.16	89.64	-1.23	-43.38	-42.17	21.43	134.31	1016269.53	85913.84	-76492.41
845	4528	603666	亿嘉和	13.10	C	-0.48	-6.55	-3.12	0.19	0.28	35.32	-5.26	-47.96	-9.24	-54.36	167.25	371993.84	66870.95	-9795.09
846	4536	000976	ST 华铁	12.60	C	-0.76	-29.6	-15.93	0.08	0.15	50.18	-9.54	-69.33	-40.98	-30	83.48	627832.98	57349.5	-121245.96
847	4538	300097	智云股份	12.50	C	-0.99	-30.3	-19.62	0.27	0.41	63.55	-19.82	-36.56	-34.28	-42.42	123.54	141364.63	45024.24	-29563.1
848	4545	002097	山河智能	11.90	C	-1.05	-24.14	-4.73	0.37	0.6	76.94	-2.54	-35.99	-17.07	-36.96	90.41	2058027.76	730227.57	-116969.73
849	4553	688788	科思科技	10.90	C	-1.86	-7.25	-7.11	0.08	0.08	5.46	-240.36	-61.77	-8.92	-60.31	212.85	284280.68	23330.56	-19595.14
850	4559	600290	*ST 华仪	10.70	C	-0.64	-266.95	-10.31	0.08	0.16	102.66	-4.39	-19.51	-124.47	-26.67	74.39	358463.43	29649.97	-48452.34
851	4578	688272	*ST 富吉	6.60	C	-1.15	-14.76	-10.42	0.14	0.15	22.05	-22.09	-65.12	-13.97	-58.7	183.02	74896.14	11089.11	-8764.14
852		001223	欧克科技	63.00	B	3.66	13.5	15.4	0.37	0.48	8.76	233.07	-7.44	207.23	-128.21	11.79	194164.16	51690.26	18321.71
853		001226	拓山重工	51.70	CC	0.9	8.24	7.65	0.79	1	31.18	23.21	-20.79	124.18	-64.6	55.93	110406.99	70237.98	5883.45
854		001256	炜冈科技	64.10	B	0.74	9.22	10.09	0.43	0.61	8.95	0	-13.81	94.76	-129.31	24.49	114644.82	38911.21	8096.05
855		001266	宏英智能	58.10	CCC	0.72	6.69	9.12	0.47	0.51	11.58	66.92	-18.95	158.95	-46.14	103.98	116691.62	40725.44	7150.72
856		001269	欧晶科技	74.80	BBB	2.14	29.43	18.33	0.95	1.25	43.13	64.25	69.01	142.65	1270.9	109.66	200722.2	143384.44	23838.62
857		001270	铖昌科技	64.70	B	1.33	10.88	13.12	0.26	0.3	3.77	14513.45	31.69	95.6	284.86	81.14	141779.23	27778.84	13274.95
858		001283	豪鹏科技	59.40	CCC	2.39	11.58	4.33	0.83	1.5	54.14	5.7	5.65	95.2	-76.99	35.76	490816.61	350561.24	15912.63
859		001301	尚太科技	68.50	BB	6.62	36.4	26.96	0.76	1.1	41.41	18.03	104.7	181.87	0	0	887003.15	478184.62	128945.45
860		001332	锡装股份	60.40	B	3.55	14.31	11.75	0.52	0.65	27.87	3115.33	15.49	114.18	-100.17	33.44	294380.32	116956.05	23050.05
861		301105	鸿铭股份	58.30	CCC	1.05	4.68	5.69	0.28	0.38	14.27	19.44	-28.86	103.33	0	0	106916.01	23015.19	3936.74
862		301107	瑜欣电子	61.80	B	1	8.19	8.57	0.65	1.06	12.66	35.52	-14.48	119.61	-60.02	85.11	103467.16	56020.48	6560.53
863		301112	信邦智能	54.90	CC	0.67	6.66	6.64	0.43	0.53	25.99	105.08	6.32	138.5	-73.08	95.98	164269.62	54983.19	6650.27
864		301120	新特电气	64.80	B	0.43	7.36	8.65	0.36	0.46	6.63	0	10.75	105.47	7.72	135.8	167216.04	45183.94	9754.2
865		301121	紫建电子	48.60	C	0.71	2.07	2.64	0.55	0.95	27.28	4.8	15.42	163.23	-120	106.22	223712.46	92221.14	4183.54
866		301125	腾亚精工	64.10	B	0.78	8.93	9.69	0.72	1.64	12.64	18.09	-9.41	100.29	-45.64	67.82	71812.87	43461.39	5066.15
867		301137	哈焊华通	48.10	C	0.27	1.87	3.28	0.89	1.27	36.3	5.31	-8.43	107.97	-64.81	97.2	203478.59	157094.09	4605.39
868		301150	中一科技	65.40	BB	4.46	14.42	14.77	0.9	1.25	15.63	19.04	31.81	273.9	-22.55	81.85	466244.83	289536.45	41313.86
869		301151	冠龙节能	53.40	CC	0.66	6.78	6.76	0.47	0.54	23.69	16.12	-10.84	159.67	-39.41	69.63	263214.64	93334.19	10180.7
870		301152	天力锂能	53.00	CC	1.3	6.91	6.17	0.96	1.22	32.57	7.05	60.47	205.56	-50.71	29.32	370980.7	266828.07	13249.93

续 表

序号	A股上市公司评价得分排序	股票代码	股票简称	综合得分(100)	评价等级	每股收益(元)	净资产收益率(%)	总资产报酬率(%)	总资产周转率(次)	流动资产周转率(次)	资产负债率(%)	已获利息倍数	营业收入增长率(%)	资本扩张率(%)	市场投资回报率(%)	股价波动率(%)	年末资产总额(万元)	营业收入(万元)	净利润(万元)
871		301158	德石股份	55.20	CCC	0.52	7.72	6.84	0.39	0.46	18.41	352.41	10.59	92.71	-31.7	141.57	154666.68	49228.2	7649.73
872		301161	唯万密封	59.20	CCC	0.47	6.19	6.14	0.41	0.51	10.21	11.24	-17.11	142.03	-13.33	46.74	101985.45	34043.33	4620.49
873		301163	宏德股份	53.30	CC	0.68	5.29	4.19	0.67	1.02	27.44	21.07	6.93	86.09	-29.46	118.81	149229.85	80821.32	5108.07
874		301197	工大科雅	44.90	C	0.4	3.08	3.7	0.28	0.32	12.2	49.55	-22.52	124.53	-98.48	55.33	149329.1	31249.29	4107.69
875		301200	大族数控	57.80	CCC	1.05	10.3	8.3	0.46	0.55	19.87	33.71	-31.72	139.4	-45.81	75.08	715181	278614.99	43201.12
876		301222	浙江恒威	66.60	BB	1.29	13.12	15.42	0.64	0.71	5.36	0	6.1	186.14	-54.56	86.53	133144.43	58026.89	12273.28
877		301226	祥明智能	61.10	B	1.02	8.82	8.22	0.74	0.97	15.71	1040.2	-12.54	103.62	-51.02	68.5	107224.8	64268.06	6474.3
878		301238	瑞泰新材	68.00	BB	1.21	17.49	13.12	0.78	0.91	31.24	181.46	17.91	152.64	-66.33	85.71	1020421.31	613495.58	86103.65
879		301255	通力科技	72.10	BBB	1.9	11.2	11.42	0.51	0.71	19.62	227.27	0.04	175.37	0	0	128039.84	46751.51	9676.55
880		301266	宇邦新材	65.80	BB	1.1	9.32	7.85	1.18	1.33	36.74	7.89	62.29	106.61	125.39	79.56	218314.4	201083.38	10042.47
881		301268	铭利达	68.00	BB	1.03	22.35	12.91	0.94	1.61	52.83	17.91	75.16	177.3	131.58	177.98	469019.88	321895.2	40295.66
882		301273	瑞晨环保	65.80	BB	0.89	6.17	6.25	0.45	0.58	22.25	16.92	7.6	197.01	121.21	24.65	127204.56	43863.62	5034.95
883		301278	快可电子	77.00	A	2.22	16.31	11.93	0.96	1.06	32.56	343.11	49.43	158.44	16.18	50.56	148914.85	109963.53	11839.81
884		301279	金道科技	62.60	B	0.89	7.85	5.96	0.49	0.98	22.09	349.69	2.15	148.15	-32.62	43.48	169328.9	65355.3	8163.86
885		301302	华如科技	61.60	B	1.45	7.41	6.79	0.42	0.45	8.36	219.4	21.39	147.39	5.97	54.51	258058.56	83324.2	13370.89
886		301306	西测测试	61.60	B	0.9	5.94	8.75	0.31	0.4	11.65	23.61	23.87	247.12	-39.34	42.59	141193.58	30415.06	6578.42
887		301309	万得凯	67.20	BB	1.54	12.77	12.45	0.68	0.91	9.97	54.57	4.08	243.01	-59.52	17.37	154814.04	77684.06	12486.59
888		301311	昆船智能	48.70	C	0.58	6.06	3.07	0.52	0.59	61.02	8.85	7.78	99.29	-142.86	21.46	458133.29	206365.04	10678.99
889		301312	智立方	71.30	BBB	3.34	14.76	16.06	0.62	0.69	8.12	196.94	-7.35	229.9	5.02	99.62	122188.35	50819.54	11667.05
890		301327	华宝新能	62.70	B	3.69	7.83	7.2	0.72	0.75	15.17	62.79	38.35	1152.06	-66.48	39.9	754523.67	320290.63	28668.08
891		301338	凯格精机	60.60	B	2.01	12.92	9.95	0.55	0.59	24.56	0	-2.26	208.82	-62.84	34.27	186322.77	77933.81	12880.46
892		301349	信德新材	56.20	CCC	2.7	8.32	9.31	0.49	0.63	7.57	28.24	83.69	475.06	-97.66	44.48	303172	90371.91	14898.63
893		301361	众智科技	62.40	B	0.67	9.31	9.83	0.29	0.37	6.39	0	-1.46	313.48	-172.41	22.83	108293.91	20044.31	5995.58
894		301368	丰立智能	52.00	CC	0.5	5.82	5.2	0.44	0.73	24.57	37.88	-24.55	194.44	-217.39	11.66	127443.39	42882.41	4489.9
895		301377	鼎泰高科	60.60	B	0.61	13.35	10.83	0.51	0.88	25.43	20.64	-0.31	137.89	-166.67	21.55	293596.07	121864.68	22262.61
896		301388	欣灵电气	56.50	CCC	0.75	8.14	7.04	0.48	0.69	22.23	20.64	-7.64	178.97	-161.29	27.56	132313.43	48134.45	6478.23
897		430476	海能技术	70.20	BBB	0.6	7	7.91	0.53	1.15	17.95	36.68	16.34	35.73	59.46	126.87	60226.86	28736.85	3932.65
898		430685	新芝生物	67.80	BB	0.55	12.54	13.09	0.44	0.52	8.94	477.93	13.12	212.89	-33.71	104.05	63661.13	19022.82	5007.53
899		603070	万控智造	66.60	BB	0.53	12.05	9.96	0.86	1.12	33.52	14.29	2.86	50.01	23.81	125.69	293741.48	222204.09	20495.17

续 表

序号	A股上市公司评价得分排序	股票代码	股票简称	综合得分（100）	评价等级	每股收益（元）	净资产收益率（%）	总资产报酬率（%）	总资产周转率（次）	流动资产周转率（次）	资产负债率（%）	已获利息倍数	营业收入增长率（%）	资本扩张率（%）	市场投资回报率（%）	股价波动率（%）	年末资产总额（万元）	营业收入（万元）	净利润（万元）
900		603097	江苏华辰	62.40	B	0.64	10.65	8.66	0.93	1.21	38.57	23.14	17.62	64.79	32.47	96.48	135426.24	102450.02	9125.69
901		603191	望变电气	74.40	BBB	0.98	16.08	12.03	0.88	1.3	35.34	33.5	30.68	103.29	22.56	85.12	350651.72	252647.97	29360.79
902		603201	常润股份	61.30	B	2.55	17.6	11.74	1.32	1.75	42.07	19.33	-9.6	108.87	-72.31	46.29	228432.04	276226.81	17954.8
903		603261	立航科技	52.80	CC	0.48	5.24	4.61	0.39	0.5	26.09	16.95	21.2	67.03	-9.63	95.69	118447.17	36976.7	3509.48
904		603280	南方路机	55.70	CCC	1.37	10.98	7	0.68	0.73	41.76	1614.71	-5.23	133.55	-104.17	22.37	200436.32	121726.33	11441.41
905		688053	思科瑞	68.50	BB	1.14	8.8	10.13	0.23	0.28	3.75	64.55	9.35	424.75	29.63	47.9	173273.17	24282.18	9742.6
906		688084	晶品特装	41.70	C	0.8	3.27	3.27	0.18	0.2	15.3	93.93	-33.7	192.25	-97.22	8.73	199278.83	27980.95	4300.51
907		688115	思林杰	51.70	CC	0.86	5.32	6.5	0.27	0.3	4.41	125.46	9.01	306.09	-18.56	103.13	139443.44	24227.88	5403.22
908		688125	安达智能	68.70	BB	2.12	11.59	11.88	0.45	0.48	7.58	881.11	3.69	173.85	-5.88	131.96	205780.85	65131.55	15592.56
909		688132	邦彦技术	53.60	CC	0.33	1.9	3.23	0.21	0.39	22.16	2.27	20.04	177.92	-14.29	39.32	203504.02	37007.89	3988.96
910		688147	微导纳米	48.80	C	0.13	1.39	1.99	0.26	0.28	48.61	9.65	59.96	122.16	-185.19	5.44	381974.17	68451.19	5415.05
911		688170	德龙激光	61.00	B	0.71	5.46	5.28	0.44	0.52	18.85	2674.76	3.48	126.02	80.95	141.67	161402.18	56845.3	6740.15
912		688175	高凌信息	55.80	CCC	1.02	3.32	6.42	0.35	0.37	8.17	442.3	4.48	169.1	-28.54	79.68	200833.68	51745.41	8801.57
913		688184	帕瓦股份	60.60	B	1.34	4.82	5.27	0.54	0.87	23.93	2445.3	93.06	125.98	-52.26	16.9	410576.28	165625.51	14582.02
914		688223	晶科能源	72.00	BBB	0.3	13.15	4.7	0.93	1.44	74.73	3.92	103.79	96.87	38.68	119.26	10563943.38	8267607.61	293619.92
915		688237	超卓航科	58.60	CCC	0.75	4.87	6.79	0.15	0.3	10.7	0	-1.13	205.08	-38.46	58.12	144599.74	13970.46	5908.6
916		688275	万润新能	62.40	B	13.85	18.05	8.69	1.01	1.65	56.08	11.21	454.03	454.83	-54.68	24.64	1985857.15	1235145.23	95389.82
917		688281	华秦科技	74.00	BBB	3.81	14.21	15.18	0.27	0.32	8.47	536.25	31.37	620.56	45.31	102.69	421938.55	67239.51	33338.43
918		688282	理工导航	47.20	C	0.68	4.47	5.2	0.17	0.23	13.83	1844.54	-35.67	480.7	-19.96	65.46	175552.09	20470.85	5580.26
919		688287	观典防务	66.70	BB	0.28	8.8	10.04	0.29	0.51	3.89	45535.68	26.61	8.15	-18.98	40.85	103967.68	29104.07	8719.3
920		688290	景业智能	70.90	BBB	1.61	14.54	13.18	0.45	0.52	23.7	541.12	32.92	241.9	178.57	164.92	138416.06	46349.15	12162.44
921		688297	中无人机	66.30	BB	0.61	10.49	7.88	0.53	0.56	26.13	112.15	12.01	395.47	-34.97	30.24	779295.93	277310.11	37009.62
922		688306	均普智能	44.90	C	0.04	1.08	2.15	0.49	0.73	58.69	1.74	-6.75	315.41	-20.83	77.69	480771.8	199534.67	4163.24
923		688320	禾川科技	58.10	CCC	0.65	7.02	5.77	0.61	0.8	27.66	71.74	25.66	142.11	210.53	184.77	212074.14	94428.68	8690.42
924		688337	普源精电	66.40	BB	0.83	2.83	5.38	0.34	0.46	8.08	174.05	30.3	240.14	190.79	182.5	278898.2	63057.1	9248.84
925		688348	昱能科技	68.90	BB	5.15	16.84	15.22	0.48	0.51	24.84	182.53	101.27	1177.01	116.13	76.95	495841.5	133839.16	36019.64
926		688349	三一重能	66.50	BB	1.52	21.33	9.08	0.56	0.87	57.67	16.56	21.13	191.22	-57.32	97.97	2641538.88	1232458.68	165293.42
927		688353	华盛锂电	60.90	B	2.78	9.59	9.93	0.28	0.42	13.36	182.62	-14.97	271.87	-95.49	104.18	453869.78	86197.09	25621.79
928		688375	国博电子	65.30	BB	1.38	12.09	8.43	0.52	0.67	32.31	62.56	37.93	120.92	0	37.58	832514.51	346051.11	52058.78

续 表

序号	A 股上市公司评价得分排序	股票代码	股票简称	综合得分（100）	评价等级	每股收益（元）	净资产收益率（%）	总资产报酬率（%）	总资产周转率（次）	流动资产周转率（次）	资产负债率（%）	已获利息倍数	营业收入增长率（%）	资本扩张率（%）	市场投资回报率（%）	股价波动率（%）	年末资产总额（万元）	营业收入（万元）	净利润（万元）
929		688392	骄成超声	68.30	BB	1.66	7.88	8.78	0.38	0.4	18.14	38.71	40.97	409.41	146.52	46.61	214309.84	52248.94	10961.81
930		688400	凌云光	57.50	CCC	0.46	6.07	3.67	0.72	0.89	22.17	14.07	12.83	148.79	-20.69	53.68	500704.51	274878.27	18694.71
931		688420	美腾科技	63.60	B	1.88	11.58	11.09	0.39	0.41	19.5	0	27.57	319.13	-225	16.97	179464.87	48928.17	12465.42
932		688439	振华风光	65.20	BB	1.82	13.45	12.83	0.26	0.27	11.91	41.53	55.05	570.66	52.78	38.15	481673.53	77887.4	33847.58
933		688448	磁谷科技	56.40	CCC	0.82	5.5	5.36	0.36	0.45	25.7	80.14	10.45	160.29	-51.02	18.75	126513.26	34417.42	4763.73
934		688455	科捷智能	53.70	CC	0.6	10.3	4.85	0.79	0.85	47.41	26.88	30.69	291.33	-74.07	27.83	252512.46	166939.7	8903.8
935		688459	哈铁科技	60.90	B	0.3	4.61	4.67	0.3	0.33	13.27	527.51	4.26	93.23	0	16.22	386967.17	90891.94	12392.59
936		688503	聚和材料	65.90	BB	4.66	12.43	9.95	1.5	1.58	21.75	112.18	27.94	267.96	0	7.01	581127.68	650421.06	39120.77
937		830879	基康仪器	61.50	B	0.47	11.65	11.13	0.49	0.56	17.41	0	15.32	28.85	-40.74	57.39	69737.03	29884.22	6054.98
938		831152	昆工科技	55.40	CCC	0.48	7.94	9.03	0.99	1.42	37.52	9.44	-0.58	76.4	-11.76	88.79	72767.84	56321.62	4207.75
939		831689	克莱特	62.30	B	0.71	13.1	10.6	0.75	1.01	34.81	34.68	7.74	42.02	-38.89	120.74	62957.34	42187.75	5020.72
940		831855	浙江大农	57.50	CCC	0.75	8.77	8.89	0.44	0.73	15.43	0	-19.84	48.03	-74.07	250.99	60762.77	23471.05	4201.82
941		832110	雷特科技	73.10	BBB	1.17	14.04	15.46	0.61	0.86	9.79	1155.73	13.85	84.12	-19.05	72.05	35771.63	17252.64	3918.76
942		832491	奥迪威	55.10	CCC	0.42	6.57	7.28	0.46	0.6	7.89	95.42	-9.15	57.84	-47.37	177.29	95553.44	37795.16	5261.57
943		832662	方盛股份	63.40	B	0.83	16.37	13.12	0.77	1	28.16	251.19	19.31	79.49	-56.59	282.84	55777	35295.71	5397.28
944		833781	瑞奇智造	60.70	B	0.51	16.71	8.23	0.53	0.6	53.25	31.06	16.64	158.87	69.23	177.49	81088.17	33861.22	4475.66
945		833914	远航精密	56.00	CCC	0.69	8.6	7.82	1.16	1.4	11.26	17.97	0.62	93.9	-50	93.28	97739.59	90561.22	5345.7
946		833943	优机股份	55.70	CCC	0.89	12.92	9.78	1	1.44	39.46	21.91	14.85	30.87	-60	291.6	89557.1	81082.92	6874.33
947		834062	科润智控	58.70	CCC	0.37	9.4	6.68	0.83	1.12	51.35	10.12	33.5	44.5	-12.5	50	123629.86	86940.15	5774.76
948		834639	晨光电缆	40.80	C	0.37	7.49	5.05	1.18	1.39	48.15	3.3	-11.84	37.68	-50	171.66	159456.81	186475.8	5764.27
949		835237	力佳科技	63.10	B	0.93	11.9	8.95	0.69	0.99	34.09	60.01	17.56	78.75	-40.74	149.03	63145.19	33461.03	3918.68
950		835985	海泰新能	62.50	B	0.44	9.03	4.89	1.84	2.31	66.59	8.23	41.05	99.23	-14.29	102.76	382707.63	638716.53	11907.04
951		836395	朗鸿科技	60.20	B	1.03	22.63	23.85	0.56	0.75	13.6	619.69	-21.36	115.9	-48.08	160.94	25221.02	11311.72	4213.33
952		836414	欧普泰	59.40	CCC	1.06	12.24	11.22	0.46	0.48	19.35	57.04	6.96	121.04	-37.66	102.98	36524.76	13295.43	2915.9
953		836807	奔朗新材	50.00	C	0.44	6.77	6	0.63	0.87	25.3	32.54	-8.11	53.15	-61.11	214.78	127801.8	71041.03	5768.58
954		836942	恒立钻具	54.50	CC	0.66	9.14	7.17	0.41	0.44	28.19	170.53	-5.91	89.95	-32.14	61.05	58980.25	20399.38	3125.26
955		837046	亿能电力	44.60	C	0.29	8.67	6.58	0.63	0.7	38.6	10.55	-2.25	70.79	-45.45	129.61	37095.12	20075.08	1694.11
956		838670	恒进感应	61.80	B	1.05	20.62	19.36	0.44	0.47	9.31	0	12.87	267.16	-70.67	363.21	50536.54	15948.28	6116.82
957		838810	春光药装	73.90	BBB	0.78	19.39	14.97	0.64	0.83	35.03	18.79	21.02	190.37	45.45	94.61	43399.26	21608.25	4101.32

续 表

序号	A股上市公司评价得分排序	股票代码	股票简称	综合得分（100）	评价等级	每股收益（元）	净资产收益率（%）	总资产报酬率（%）	总资产周转率（次）	流动资产周转率（次）	资产负债率（%）	已获利息倍数	营业收入增长率（%）	资本扩张率（%）	市场投资回报率（%）	股价波动率（%）	年末资产总额（万元）	营业收入（万元）	净利润（万元）
958		839725	惠丰钻石	56.00	CCC	0.95	17.51	14.24	0.74	0.88	28	59.38	96.71	191.52	-43.94	163.81	82576.85	43144.26	7500.82
959		870299	灿能电力	57.20	CCC	0.31	10.39	11.27	0.39	0.48	12.17	0	8.83	77.57	-47.83	206.42	31368.46	9786	2511.62
960		870508	丰安股份	48.50	C	0.74	6.55	8.5	0.33	0.49	17.24	0	-11.58	65.35	-57.58	157.35	53663.08	14766.05	3532.14
961		871245	威博液压	54.60	CC	0.62	8.18	7.75	0.67	1.44	32.18	36.06	-6.09	14.03	-50	141.07	45540.06	29753.94	3022.24
962		873169	七丰精工	60.10	B	0.51	13.5	14.93	0.71	0.96	17.09	172.03	-7.88	95.64	-45.45	190.08	36423.99	20183.19	3713.12
963		873223	荣亿精密	45.00	C	0.06	0.79	2.23	0.6	0.93	29.87	3.85	-5.92	67.22	-66.67	292.79	46251.61	24556.16	819.42
964		873305	九菱科技	60.40	B	0.61	8.36	7.88	0.47	0.58	16.29	92.39	-14.15	84.18	-26.67	226.32	35780.05	13365.89	2056.58

第九章

汽车行业上市公司业绩评价

汽车行业是国民经济的支柱产业之一，作为经济产业中重要的中游行业，其上游承载零部件、钢铁、橡胶原料行业及生产设备制造行业，下游衔接矿山开采、公路交通运输、特种用途等国民经济相关产业领域。2022 年汽车销量呈现逆势上扬的态势，全年汽车销量同比上升 2.1%。但受新冠疫情、宏观经济增速放缓、新能源补贴退坡等政策相关因素影响，2022 年申万汽车股票指数从 6686.64 下降至 5342.91，全年跌幅为 20.10%，显著高于上证综指全年 3.91%的涨幅。2022 年市场规模已经完成行业拐点开始上扬，智能汽车赛道市场关注度提升明显。预计 2023 年汽车行业将进一步呈现复苏态势，仍然具备长期配置价值。

一、汽车行业上市公司业绩评价结果

截至 2022 年末，汽车行业包括汽车整车、汽车零部件、汽车服务、其他交运设备等全部上市公司 260 家，其中 208 家盈利。汽车行业的综合评价分值为 60.50 分，略低于同年全部上市公司的综合评价分值 63.00 分。

2022 年末汽车行业上市公司资产总额为 3.96 万亿元，占纳入评价 4931 家上市公司资产总额的 4.41%；实现营业收入共 3.26 万亿元，占全部上市公司营业收入的 5.30%；实现净利润 0.10 万亿元，占全部上市公司净利润的 3.04%。

在纳入评价的 244 家汽车行业上市公司中（剔除了其中 16 家当年上市或借壳上市的公司），业绩为 AAA 的有 1 家，业绩为 AA 的有 1 家，业绩为 A 的有 2 家，业绩为 BBB 的有 8 家，业绩为 BB 的有 26 家，业绩为 B 的有 34 家，业绩为 CCC 的有 39 家，业绩为 CC 的有 42 家，业绩为 C 的有 91 家。

2022 年汽车行业上市公司整体净利润率水平为 2.95%，低于上年同期 3.50%，低于全部上市公司5.15%的平均水平，说明汽车行业在2022年的经营收益水平低于全部上市公司平均水平。

2022年，按评价体系，汽车行业评价排名前十的公司见表9-1。

表9-1　2022年度汽车行业评价排名前十的公司

序号	股票代码	股票简称	A股全部上市公司中评价得分排序
1	603529	爱玛科技	14
2	002594	比亚迪	62
3	601689	拓普集团	167
4	600660	福耀玻璃	213
5	603596	伯特利	230
6	000625	长安汽车	251
7	603129	春风动力	289
8	000913	钱江摩托	307
9	002758	浙农股份	338
10	603787	新日股份	414

下面分别从财务效益、资产质量、偿债风险、发展能力及市场表现等五个方面对汽车行业上市公司进行具体分析。

（一）财务效益

从综合得分来看，2022年汽车行业上市公司财务效益除盈利现金保障倍数以外，全部低于上市公司当年平均水平，但总体来看稳定在一定水平。表9-2列示了2022年汽车行业上市公司财务效益状况评价结果。与2021年的情况相比较，2022年汽车行业上市公司财务效益中净资产收益率、总资产报酬率、营业利润率和总股本收益率降幅较大，盈利现金保障倍数较上年有所提升，但总体来看综合得分有所下降。从财务效益指标分析中可以看出，汽车行业在2022年受到新冠疫情、中美贸易摩擦、新能源补贴退坡等相关政策影响，业绩方面有所下滑。

在汽车行业上市公司财务效益状况指标中，得分前五的分别为福耀玻璃、比亚迪、爱玛科技、华域汽车和拓普集团。如拓普集团2022年实现营收159.93亿元，同比增长39.5%，同时毛利率同比增长1.74%，提升至21.6%。拓普集团坚定平台化发展，实现了产品扩张、制造升级和客户突破，其8大单车配套产品分获一汽、吉利、华为、金康、理想、比亚迪、小米、合创、高合等客户定点；同时布局机器人执行器，样品获得客户认可。在客户突破方面，已经成功绑定北美客户，并与理想、蔚来签订战略合作协议深化合作。产能方面，通过投资波兰和墨西哥产线，未来可根据订单需求灵活布局，且还通过规划按照前湾新区模式，建设千亩智能制造产业园。

表 9-2 汽车行业财务效益状况比较表

分析指标		2022 年上市公司平均值	2022 年行业值	2021 年行业值	增长率（%）
基本指标	净资产收益率（%）	7.31	3.64	4.76	-23.53
	总资产报酬率（%）	3.64	3.26	4.02	-18.91
	基本得分	21.13	17.73	18.29	-3.06
修正指标	营业利润率（%）	6.65	3.43	4.15	-17.35
	盈利现金保障倍数	1.84	2.46	2.35	4.68
	总股本收益率（%）	45.68	35.93	42.10	-14.66
	综合得分	23.60	21.06	21.75	-3.17

（二）资产质量

从综合得分来看，除应收账款周转率以外，汽车行业上市公司资产质量略高于全部上市公司平均水平。同比来看，所有指标均较上年有所下降。表 9-3 列示了汽车行业上市公司资产质量状况评价结果。整体指标下降也和汽车行业整体销量增速下降有关，导致企业经营压力有所提升。

在汽车行业上市公司资产质量指标中，得分前五的公司分别是爱玛科技、中路股份、新日股份、长安汽车和塞力斯。如爱玛科技通过全面赋能提效数智化管理体系，实现了企业营销系统端到经销商门店终端的拉通，使得经销商协同业务线上化，提效显著。公司营业总收入、营业利润、利润总额、归属于上市公司股东的净利润、归属于上市公司股东的扣除非经常性损益的净利润、基本每股收益、加权平均净资产收益率及归属于上市公司股东的所有者权益，较上年分别同比增长 35.09%、202.45%、193.85%、177.89%、185.61%、81.01%、13.29 个百分点、34.45%，主要原因是公司主要产品市场需求旺盛，整体市场动销良好，量价齐升，同时公司持续发挥竞争优势，全面提升运营效率，经营业绩呈现加速增长的态势，盈利能力进一步提升从而提升了公司资产质量。

表 9-3 汽车行业资产质量状况比较表

分析指标		2022 年上市公司平均值	2022 年行业值	2021 年行业值	增长率（%）
基本指标	总资产周转率（次）	0.66	0.78	0.83	-6.02
	流动资产周转率（次）	1.27	1.36	1.41	-3.55
	基本得分	9.8	10.69	18.29	-41.55
修正指标	应收账款周转率（次）	8.67	8.34	8.71	-4.25
	存货周转率（次）	3.25	6.02	6.89	-12.63
	综合得分	9.31	9.98	10.18	-1.96

（三）偿债风险

从综合得分来看，2022 年汽车行业上市公司偿债风险状况优于全部上市公司平均水平，但低于去年同期水平。可见在因疫情、宏观经济增速放缓、新能源补贴退坡等相关政策影响下，行业销量增速下滑，行业发展承受了一定压力。

表 9-4 列示了汽车行业上司公司偿债风险状况评价结果。从指标平均得分来看，所有指标较上年同比水平均有所恶化。从汽车行业 2022 年速动比率和带息负债比例来看，虽然较上年有所恶化，但依然优于全部上市公司平均水平，证明行业短期偿债能力有着较高的保障。

在汽车行业上市公司偿债风险状况指标中，得分前五的公司分别为朗博科技、新坐标、标榜股份、雪龙集团和泰祥股份。如新坐标与大众和比亚迪加深合作，2 家客户合计占比近 7 成。其中，大众在公司欧洲与墨西哥工厂近两年建成后，伴随新项目获取、产能爬坡，营收及盈利端有望继续为公司贡献增量，对冲大众中国压力。比亚迪作为公司产品品类配套最全客户，其营收贡献在 2023 年有望随产销继续大幅扩增，从而进一步提升偿债能力。

表 9-4 汽车行业偿债风险状况比较表

分析指标		2022 年上市公司平均值	2022 年行业值	2021 年行业值	增长率（%）
基本指标	资产负债率（%）	58.63	60.06	58.37	2.90
	已获利息倍数	5.40	6.26	7.54	-16.98
	基本得分	8.81	8.53	10.95	-22.10
修正指标	速动比率（%）	86.08	91.13	101.15	-9.91
	现金流动负债比率（%）	14.64	10.86	13.82	-21.42
	带息负债比率（%）	41.74	29.17	28.76	1.43
	综合得分	8.79	8.93	9.46	-5.60

（四）发展能力

从综合得分来看，除总资产周转率以外，汽车行业 2022 年各项指标低于上市公司平均水平。总资产增长率较 2021 年有所提升，主要可能是因为 2021 年汽车行业实现 U 型反转后增加了上市公司进一步投资的信心。表 9-5 列示了汽车行业上市公司发展能力状况评价结果。

汽车行业发展能力中得分前五的上市公司分别为比亚迪、爱玛科技、广汽集团、拓普集团和祥鑫科技。如比亚迪公司通过减价增配和完善产品矩阵的方式积极抢占市场份额，预计 2023 年销量将继续保持快速增长，全年销量有望超过 300 万辆。公司积极布局海外市场，加速开拓欧洲、亚太、美洲等市场，新品周期开启，高端化可期。比亚迪掌握刀片电池、DM 混动、e 平台 3.0、易四方、云辇等核心技术。随着产能迅速释放和海鸥、驱逐舰 07、宋 L、腾势 N7/N8、仰望 U8/U9 等新车陆续上市，公司有望迎来量利齐升。

表 9-5 汽车行业发展能力状况比较表

分析指标		2022 年上市公司平均值	2022 年行业值	2021 年行业值	增长率（%）
基本指标	营业收入增长率（%）	8.80	4.55	9.78	-53.48
	资本扩张率（%）	9.10	6.31	11.35	-44.41
	基本得分	12.01	11.09	9.21	20.41
修正指标	累计保留盈余率（%）	43.64	43.00	45.36	-5.20
	三年营业收入增长率（%）	11.10	5.53	3.62	52.76
	总资产增长率（%）	7.88	11.17	6.86	62.83
	营业利润率增长率（%）	0.85	-8.59	14.51	-159.20
	综合得分	12.11	11.51	12.34	-6.73

（五）市场表现

表 9-6 列示了汽车行业市场表现情况。2022 年由于新能源汽车赛道受到市场广泛关注，汽车行业的股票整体表现略逊于整体市场市值变动情况。从市值增长率和股价波动率来看，均高于上市公司整体平均值。

综合来看，汽车行业上市公司市场表现评价得分前五的公司为隆基机械、浙农股份、奥联电子、伯特利和青岛双薪。如隆基机械通过三十多年的发展，形成了国内、国外两个市场齐头并进的稳健市场架构，产品销往全球五十多个国家和地区，积累了丰富的优质客户资源，根据客户需求建立起一整套成熟的汽车制动部件研发、生产与销售工作标准和供应体系，能够伴随客户的技术升级进行不断的优化改进。国外主要客户有：Brembo、PE、GPC（NAPA）、Meritor、Advance、PHC VALEO、BPI、CENTRIC、印度 TATA、MANINDRA 等零部件和汽车厂。国内客户涵盖绝大部分民族品牌和合资品牌，包括：比亚迪、广汽、长安、奇瑞、吉利、北汽、长城、东风、雷诺、宝骏、江铃、宇通、金龙、重汽、北奔、陕汽、柳汽等。

表 9-6 汽车行业市场表现状况比较表

分析指标	2022 年上市公司平均值	2022 年行业值	2021 年行业值	增长率（%）
市值增长率（%）	-12.92	-9.81	31.4	-131.24
股价波动率（%）	98.53	110.55	110.85	-0.27
得分	9.09	9.00	9.40	-4.26

二、2022 年度汽车行业上市公司业绩影响因素分析

从汽车行业整体来看，汽车销量基本保持持平略有下降，但行业整体利润规模略有回升。根据中国汽车工业协会统计，2022 年，汽车产销分别完成 2702.1 万辆和 2686.4 万辆，

同比增长 3.4%和 2.1%。但从增速来看，产量增速与 2021 年持平，销量增速与上年相比下降 1.7 个百分点。汽车行业上市公司作为汽车行业领头羊，其 2022 年收入总合计 32605.53 亿元，同比增长 7.24%。业绩提升的主要因素如下：

（一）整体复苏向好，汽车市场景气度回升

2022 年，虽然受到疫情散发频发、芯片结构性短缺、动力电池原材料价格高位运行、局部地缘政治冲突等诸多不利因素冲击，但在一系列稳增长、促销费政策的有效拉动下，中国汽车市场在逆境下整体复苏向好，实现了产销正增长，为稳定工业发展贡献了重要力量。

2022 年乘用车销量达到 2356.3 万辆，同比增长 9.5%，较 2021 年同比增速高出 2.4 个百分点，实现连续八年乘用车超过 2000 万辆的成绩，并呈现出“传统燃油车高端化、新能源车全面化”的发展特征。在乘用车主要品种中，与上年同期相比，轿车和 SUV 产销呈现较快增长，继续占据主导地位；其他两大类车型呈现不同程度下降。

商用车处于叠加因素的运行低位，整体需求放缓，但海外市场表现亮眼，累计出口达到 56.2 万辆，同比增长 44.9%。其中新能源商用车出口 2.7 万辆，同比增长 1.3 倍。综合体现出中国商用车品牌海外影响力不断提升的现象。

（二）新能源汽车持续爆发式增长，市场渗透率不断提升

2022 年，我国新能源汽车产销分别完成 705.8 万辆和 688.7 万辆，同比增长分别达到 96.9%和 93.4%，市场占有率达到 25.6%，高于 2021 年 12.1%。从全年来看，同比增速在受疫情影响较大的 4 月份仍超 40%，随后也快速恢复至高位。在新能源汽车主要品种中，纯电动汽车、插电式混合动力汽车和燃料电池汽车产销继续保持同比高速增长。2022 年，纯电动汽车销量 536.5 万辆，同比增长 81.6%；插电式混动汽车销量 151.8 万辆，同比增长 1.5 倍。

2022 年新能源市场前十厂商的市场份额达到 69.4%，其中比亚迪、上汽通用五菱和特斯拉中国位居前三。（见表 9-7）和 2021 年情况对比来看，前十排名格局基本稳定。

表 9-7　2022 年新能源市场前十名公司

新能源车企	2022 年累计销量	占比
比亚迪	1583220	30.2%
上汽通用五菱	446762	8.5%
特斯拉中国	441697	8.4%
长安汽车	221781	4.2%
广汽埃安	213838	4.1%
奇瑞新能源	174675	3.3%
吉利汽车	157945	3.0%
合众汽车	146099	2.8%
理想	135296	2.6%
小鹏汽车	120449	2.3%

资料来源：乘联会。

（三）动力电池装机量不断提升，中国厂商占六成市场

2022年，全球电动汽车市场产销“狂飙”，带动动力电池装机量大增。据SNE Research统计，2022年全年，全球动力电池装机量517.9GWh，同比增长71.8%。在装机量前十的企业中，中国动力电池企业占据6个席位，合计市场份额达到60.4%。详见表9-8。

表9-8 动力电池装机量全球排名前十的公司

排名	电池企业	2022年装机量（GWh）	2021年装机量（GWh）	同比增长	2022年市占率
1	宁德时代	191.6	99.5	92.5%	37.0%
2	比亚迪	70.4	26.4	167.1%	13.6%
3	LG新能源	70.4	59.4	18.5%	13.6%
4	松下电池	38	36.3	4.6%	7.3%
5	SKOn	27.8	17.3	61.1%	5.4%
6	三星SDI	24.3	14.5	68.5%	4.7%
7	中创新航	20	8	151.6%	3.9%
8	国轩高科	14.1	6.7	112.2%	2.7%
9	欣旺达	9.2	2.6	253.2%	1.8%
10	孚能科技	7.4	2.4	215.1%	1.4%
	其他	44.5	28.5	55.9%	8.6%
	总计	517.9	301.5	71.8%	100.0%

资料来源：SNE Research。

2022年国内电池装机量已经超过全球装机量50%，宁德时代以较大的优势排在全球动力电池企业装机量第一。

据中国汽车动力电池产业创新联盟统计，2022年我国动力电池累计销量达465.5GWh，累计同比增长150.3%。其中三元电池累计销量193.5GWh，累计同比增长143.2%；磷酸铁锂电池累计销量271.0GWh，占总销量58.2%，累计同比增长155.7%。

（四）产业政策频出，保障汽车行业稳健复苏

汽车产业作为中国经济的支柱产业之一，上游承载零部件、钢铁、橡胶原料行业及生产设备制造行业，下游衔接矿山开采、公路交通运输、特种用途等国民经济相关产业领域，其发展态势将对我国国民经济产生深远的影响。

2022年，疫情散发频发等多重因素叠加，深刻影响了汽车行业的发展。为引导汽车行业高质量发展，政府陆续出台相关政策。如国务院发布的《关于印发扎实稳住经济一揽子政策措施的通知》第18项提到“稳定增加汽车、家电等大宗消费”，财政部和税务总局发布《关于减征部分乘用车车辆购置税的公告》，商务部等17部门印发《关于搞活汽车流通扩大汽车消费若干措施的通知》等系列支持汽车，尤其是新能源汽车相关政策及措施，有利汽车行业企稳复苏。

三、2023 年汽车行业前景分析

汽车行业在 2021 年实现 U 型反转，并在 2022 年呈现复苏向好态势后，有望在 2023 年保持温和增长。目前宏观经济适度恢复，且各项支持汽车消费的政策频繁出台，海外需求及新能源出口继续发展，为后续行业发展奠定坚实基础。从目前行业发展动向来看，新能源电动车将是未来行业发展的重中之重，甚至大多数传统龙头车企已经公布了停止生产燃油车的相关计划。值此变革之际，掌握新能源汽车市场将成为行业内各家企业未来的核心战略。

（一）新能源汽车发展强势延续，市场认可度不断提升

2023 年一季度国内汽车市场受到促销政策转换、传统燃油车购置税优惠政策退出、新能源汽车补贴结束等因素影响，消费者在 2022 年年底提前消费。据中国汽车工业协会统计，2023 年一季度，我国汽车产销累计完成 621 万辆和 607.6 万辆，同比下降 4.3%和 6.7%。但同时可以看到，新能源板块作为近期车市亮点依然在 2023 年一季度得以延续，其市场占有率在同期高基数基础上继续保持较快增长，达到了 26.1%，较去年同期 19.3%的市场占有率又提升了近 7 个百分点。

根据乘联会预测，2023 年我国新能源乘用车批发销量预计将达到 840 万辆，与 2022 年中汽协销售统计的 535.6 万辆相比，预计新能源汽车板块在 2023 年的增长幅度将达到 56.6%。

在 2023 年 4 月 18 日举办的上海车展中，新能源车展出超过 750 余辆，占总展出整车数量超过 50%。在上海车展发布的 150 多款新车中（包含首发和上市新车），其中约三分之二是新能源车。新能源车在总体车型数量及新发布车型数量两个维度均超过燃油车，可见新能源汽车或将作为未来汽车主流的动力类型。

资料链接：

比亚迪 Q1 保持销量领跑，新车型备受关注

公司 2023 年一季度总批发量为 547917 辆，同比增长 89%，市场份额达到 10.8%，正式登顶国内汽车季度销量排行榜；总零售量为 508706 辆，同比增长 80%，占新能源厂商零售份额 38.8%。其中，秦、汉、唐、宋、元家族销量分别达到 85575 辆、38109 辆、33052 辆、144373 辆、97243 辆，海豚、海豹、护卫舰 07、驱逐舰 05 销量分别为 70567 辆、20372 辆、19622 辆、13847 辆，腾势 D9 销量达 24162 辆。此外，公司 Q1 出口乘用车 38723 辆，月度出口量稳定在万辆以上。

4月18日，公司旗下高端品牌仰望汽车携旗下产品U8、U9及仰望架构亮相上海车展。仰望U8正式开启预售，推出豪华版和越野玩家版两个版本，官方预售价格为109.8万元。仰望U8定位为百万级高端新能源硬派越野车，基于两大自主研发的核心技术成果——易四方技术和云辇-P智能液压车身控制系统打造而成，为用户带来极致安全和极致性能，彰显高端新能源品牌的技术底色。

资料来源：国海证券研究报告。

（二）新势力车型供给丰富，豪华合资品牌市场受到侵蚀

2022年新势力销量的快速增长对豪华合资品牌的销量影响较小，部分原因可能是新势力车型较少，在其所处细分市场与豪华合资品牌主力车型存在一定错位。但目前随着比亚迪仰望系列、理想、高合、东风、AITO问界等品牌均已发布50万元以上的车型，新势力与豪华合资品牌的正面竞争将不断加剧。单从车型配置与价格方面看，新势力车型竞争力强于豪华合资品牌，其中智能化优势尤为明显。预计随着新势力新车型陆续上市，豪华合资品牌市场将被进一步侵蚀。新势力车型供给情况见表9-9。

表9-9 新势力车型供给情况

公司	车型	燃料类型	预计上市时间	价位/预估价（万元）	定位与特点
特斯拉	Model3换代	纯电	2023年H1	27~35	中型轿跑
	ModelQ	纯电	2023年H2	2.5万美元左右	A级两厢掀背车型
理想	L8	增程式	2022年10月	33.98/35.98/39.98	中大型6座增程式SUV
	L7	增程式	2023年2月	31.98/33.98/37.98	中大型5座增程式SUV
	L6	增程式	2024年Q2	25~30	中型5座增程式SUV
	W平台纯电新车01	纯电	2023年Q3	暂无	暂无
蔚来	ET5	纯电	2022年Q4	32.8~38.6（电池租用25.8）	A+级纯电轿跑
	ES5	纯电	2023年Q1	35~40	中型SUV
	阿尔卑斯新品牌车型	纯电	2024年	20~30	SUV
小鹏	G9	纯电	2022年10月	30~35	中大型纯电SUV
	全新平台车型	纯电	2023年Q3	暂无	暂无
	P7全新换代（新平台）	纯电	2023年Q2	22~30	B级轿跑
问界	M9	纯电+增程	2023年Q2	40~50	全尺寸SUV
奇瑞（华为合作）	E03	纯电	2023年H2	30~40	中大型轿车
	E0Y	纯电	2023年Q4	30~40	中大型SUV

资料来源：各公司官网、搜狐汽车、国泰君安证券研究。

（三）AI 模型加速汽车 GPT，智能化竞争态势激烈

当前新车型的电动化竞争趋于同质化，智能化竞争态势逐渐加剧，领先车企将牵引智能化需求、培育智能化消费者。智能座舱竞争不断加剧，逐渐从选配走向标配，且有望利用 AI 模型进行交互升级。小鹏汽车认为 GPT 可以优化智能座舱，以 GPT 大脑打造更类人的智能座舱，实现智能语音和智慧决策（不用联网即可语音交互，思考方式更贴近人类）、全域感知（屏幕为主的交互变成场景交互）。长安逸达作为首款搭载文心一言的量产车型于 2023 年 3 月上市，已经有集度、吉利、岚图、红旗、长城、东风日产、爱驰、零跑、海马等多家车企确认将优先内测体验并接入文心一言。车展上，斑马智行宣布通义千问上车，首搭智己。

（四）自主品牌强势崛起，逐步迈向海外市场

我国自主品牌抓住汽车新能源化、智能化大变革下的机遇，紧紧把握住先发优势，在产品设计能力与生产制造效率上逐渐赶超传统合资品牌。同时自主品牌对新型营销模式的探索也较传统合资品牌更积极，进一步增强了自身市场竞争力。在 2022 年全球新能源市场销量前十的主机厂中，自主品牌占据 6 个席位，合计市场份额达到 33%，占前十市场份额的 58%。据 CleanTechica 统计，全球最热销单车产品中，宋、秦、汉、元、Aion 等系列明星车型销量超过 10 万辆。（详见图 9-1）各自主品牌主机厂向全球展现了其产品竞争优势，并逐渐在全球树立起中国自主品牌的形象。未来我国本土汽车产业链有望依靠其产品力与品牌声誉加速自身全球化进程，助力“中国制造”打开海外市场，推动汽车产品出口量高速增长。

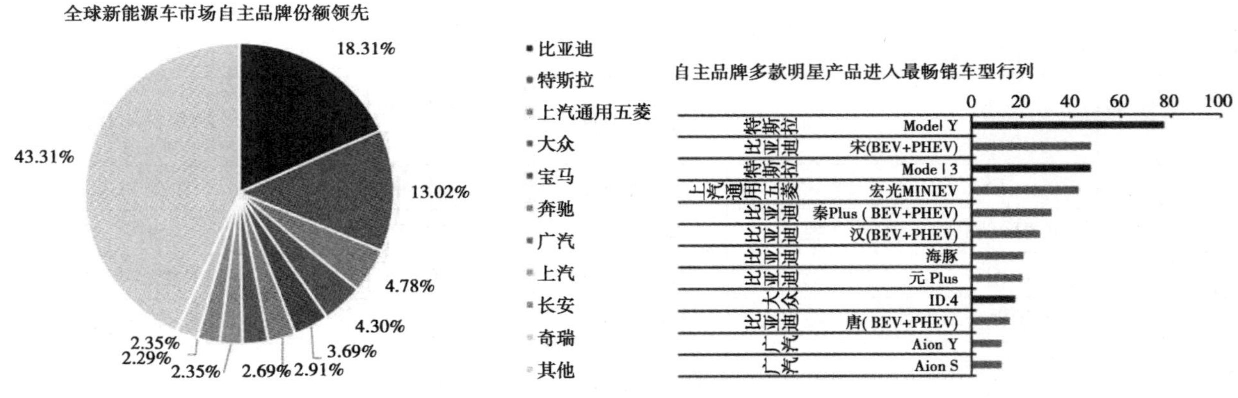

图 9-1　全球新能源车自主品牌份额情况

资料来源：CleanTechnica，中国银河证券研究院。

附表 2022 年度汽车行业上市公司业绩评价结果排序表

序号	A 股上市公司评价得分排序	股票代码	股票简称	综合得分	评价等级	每股收益（元）	净资产收益率（%）	总资产报酬率（%）	总资产周转率（次）	流动资产周转率（次）	资产负债率（%）	已获利息倍数	营业收入增长率（%）	资本扩张率（%）	市场投资回报率（%）	股价波动率（%）	年末资产总额（万元）	营业收入（万元）	净利润（万元）
1	14	603529	爱玛科技	86.40	AAA	3.31	32.04	11.56	1.31	2.44	63.54	257.16	35.09	35.23	41.3	194.17	1847135.52	2080221.3	187254.28
2	62	002594	比亚迪	80.80	AA	5.71	16.13	5.21	1.07	2.08	75.42	17.01	96.2	16.45	3.97	94.41	49386064.6	42406063.5	1771310.4
3	167	601689	拓普集团	76.30	A	1.54	14.97	8.92	0.69	1.51	55.8	15.51	39.52	14.5	19.74	127.71	2751013.08	1599282.17	169896.67
4	213	600660	福耀玻璃	75.20	A	1.82	17.2	11.73	0.59	1.03	42.9	19.66	19.05	10.25	-23.3	72.02	5076749.88	2809875.42	475279.56
5	230	603596	伯特利	74.80	BBB	1.71	18.13	9.89	0.74	0.97	47.17	21.99	58.61	30.64	26.56	115.21	864441.49	553914.86	70069.28
6	251	000625	长安汽车	74.50	BBB	0.8	13.15	4.79	0.86	1.26	56.9	159.33	15.32	12.68	11.88	175.8	14604855.6	12125286.41	774468.24
7	289	603129	春风动力	73.60	BBB	4.68	17.87	8.11	1.3	1.61	55.05	411.33	44.73	16.72	-33.33	103.97	955415.81	1137801.69	73993.96
8	307	000913	钱江摩托	73.20	BBB	0.92	12.87	6.69	0.95	1.4	47.82	296.32	31.07	16.59	31.58	199.31	673450.29	564838.67	39721.91
9	338	002758	浙农股份	72.80	BBB	1.24	15.84	9.57	2.33	2.99	66.32	16.05	18.98	11.14	23.91	88.16	1950443.58	4181327.25	127359.45
10	414	603787	新日股份	71.60	BBB	0.8	15.04	4.66	1.6	2.54	65.09	1653.59	14.55	15.32	5.56	146.61	331698.47	490361.9	16172.06
11	440	603040	新坐标	71.30	BBB	1.17	15.04	16.52	0.44	0.78	11.3	12905.31	21.93	14.67	-16.67	68.37	128208.06	52680.52	16616.7
12	511	605088	冠盛股份	70.40	BBB	1.47	14.95	9.52	1.02	1.33	45.77	74.1	18.26	15.07	20	129.05	313853.65	294134.56	23787.97
13	561	301119	正强股份	69.90	BB	1.23	11.9	9.94	0.44	0.49	20.28	265.78	20.81	11.83	-31.58	71.44	109100.92	42779.47	9804.31
14	637	601965	中国汽研	69.10	BB	0.71	12.07	10.58	0.43	1	22.88	588.49	-14.2	8.35	9.38	95.56	804061.02	329059.86	72846.29
15	658	002984	森麒麟	68.90	BB	1.23	11.22	8.41	0.59	1.28	31.41	10.99	21.53	14.71	-8.82	71.8	1111555.72	629218.52	80085.58
16	689	603179	新泉股份	68.50	BB	0.97	12.09	6.6	0.83	1.25	55.75	13.01	50.6	10.07	11.36	136.72	933262.34	694669.5	47294.57
17	696	603013	亚普股份	68.40	BB	0.97	13.75	10.3	1.41	2.08	35.32	28.13	4.79	7.65	-5.56	63.13	603931.42	844342.89	54019.77
18	704	300969	恒帅股份	68.30	BB	1.82	17.11	15.57	0.7	0.99	22.12	1277.03	26.4	16.32	-30.21	144.53	117452.44	73875.45	14553.07
19	708	601238	广汽集团	68.20	BB	0.78	7.93	4.25	0.64	1.43	35.67	23.75	45.57	32.03	-24	90.58	19002074.74	10933468.46	799805.27
20	724	600933	爱柯迪	68.10	BB	0.74	13	8.97	0.52	0.98	43.43	14.51	33.05	20.95	5.26	135.3	992429.43	426524.12	67395.23
21	732	003033	征和工业	68.00	BB	2.08	16.72	10.86	1.03	1.83	37.66	29.9	17.95	15.02	58.62	200.21	174398.23	160691.84	16992.1
22	732	300547	川环科技	68.00	BB	0.56	12.68	11.25	0.77	1.12	20.68	0	16.81	6.74	15.69	122.75	125708.67	90700.15	12242.11
23	762	600741	华域汽车	67.80	BB	2.29	14.05	5.67	1	1.59	64.95	18.96	13.09	6.3	-35.36	104.16	16279693.94	15826790.68	806120.51
24	782	430418	苏轴股份	67.60	BB	0.87	14.22	13.26	0.83	1.42	12.29	0	5.87	10.78	-25.81	93.47	70566.33	56334.77	8371
25	798	002472	双环传动	67.40	BB	0.73	9.52	6.33	0.6	1.45	41.96	6.25	26.84	49.9	-8.39	123.89	1289507.99	683794.63	58573.66
26	798	300643	万通智控	67.40	BB	0.58	15.01	12.32	0.79	1.37	30.33	33.05	4.55	16.65	15.38	125.39	138324.83	106936.78	13904.44
27	824	002085	万丰奥威	67.10	BB	0.39	14.5	8.94	0.95	1.89	53.94	5.13	31.73	15.49	6.82	113.28	1818694.8	1638230.99	103172.65
28	824	603035	常熟汽饰	67.10	BB	1.37	11.72	7.41	0.46	1.31	45.69	11.9	37.67	12.72	26.32	127.19	853823.19	366567.22	50332.14
29	833	605151	西上海	67.00	BB	0.87	9.27	8.32	0.63	0.87	30.84	42.09	16.04	7.31	0	82.28	198773.88	124205.75	13678.84

续 表

序号	A股上市公司评价得分排序	股票代码	股票简称	综合得分	评价等级	每股收益（元）	净资产收益率（%）	总资产报酬率（%）	总资产周转率（次）	流动资产周转率（次）	资产负债率（%）	已获利息倍数	营业收入增长率（%）	资本扩张率（%）	市场投资回报率（%）	股价波动率（%）	年末资产总额（万元）	营业收入（万元）	净利润（万元）
30	840	002965	祥鑫科技	66.90	BB	1.55	11.12	6.36	0.92	1.27	50.51	10.83	80.93	43.73	140	279.27	550212.38	428946.83	25549.78
31	869	601058	赛轮轮胎	66.50	BB	0.44	11.61	6.83	0.78	1.73	56.94	4.79	21.69	14.57	-21.21	82.83	2963221.22	2190221.39	142777.89
32	904	603305	旭升集团	66.20	BB	1.1	15.14	9.44	0.5	0.92	41.55	11.82	47.31	53.82	2.22	163.21	962370.39	445371.06	70018.34
33	904	603306	华懋科技	66.20	BB	0.65	6.84	6.37	0.47	0.93	11.85	149.11	35.75	21.14	12.16	87.78	378428.55	163714.91	19546.08
34	928	601163	三角轮胎	65.90	BB	0.92	6.46	4.83	0.54	0.79	33.89	23.71	2.97	4.94	-6.67	46.06	1769331.74	922012.38	73728.23
35	928	601633	长城汽车	65.90	BB	0.91	12.98	4.62	0.76	1.27	64.82	13.29	0.69	4.97	-33.92	113.74	18535730.05	13733998.52	825280.76
36	967	603109	神驰机电	65.60	BB	1	13.05	8.88	0.94	1.23	43.08	33.09	6.67	12.1	-25	104.16	292051.05	260025.16	20528.18
37	1001	300432	富临精工	65.30	BB	0.54	17.62	11.54	1.08	1.8	42.04	11.85	176.57	90.79	-20.14	116.73	833341.17	734673.24	64598.69
38	1013	000700	模塑科技	65.20	BB	0.54	18.86	7.75	0.87	1.58	68	4.42	3.7	29.38	-7.23	65.01	932356.99	766356.66	50170.87
39	1030	837242	建邦科技	65.00	B	0.81	11.35	11.73	0.73	0.81	22.81	761.04	-12.05	10.95	-29.63	91.9	60474.57	42328.25	5026.61
40	1052	600742	一汽富维	64.80	B	0.78	7.44	4.12	1.01	1.62	53.52	39.66	-2.75	11.77	-26.11	68.15	2017189.67	1997164.26	82632.63
41	1075	601799	星宇股份	64.60	B	3.3	11.49	8.25	0.66	0.96	35.62	3784.51	4.28	8.43	-34.27	89.09	1323667.16	824799.46	94142.43
42	1099	603730	岱美股份	64.40	B	0.61	13.82	10.79	0.93	1.51	26.76	72.02	22.27	6.96	-2.33	137.01	581830.21	514579.71	56981.15
43	1123	002048	宁波华翔	64.20	B	1.24	9.18	6.7	0.88	1.55	44.75	31.63	11.59	3.86	-33.13	99.34	2294004.47	1962612.39	133839.39
44	1123	600480	凌云股份	64.20	B	0.39	6	4.8	0.97	1.59	52.67	6.64	5.96	26.88	-13.33	57.29	1787455.24	1668880.63	60378.93
45	1140	603766	隆鑫通用	64.10	B	0.26	6.93	4.36	0.96	1.59	35.42	31.56	-4.96	4.7	-6.25	60.18	1258541.37	1241017.26	48736.65
46	1216	002662	京威股份	63.50	B	0.29	12.53	10.73	0.74	1.71	24.31	25.58	1.98	13.37	-20	60.7	489538.91	357841.9	43696.37
47	1216	300893	松原股份	63.50	B	0.52	14.34	9.53	0.75	1.28	43.52	21.11	33.12	13.1	16.98	190.68	154647.34	99186.77	11804
48	1216	603266	天龙股份	63.50	B	0.62	9.63	7.24	0.69	1.11	30.04	57.82	5.87	11.06	0	73.82	191863.26	125446.35	12283.64
49	1251	002976	瑞玛精密	63.20	B	0.56	8.7	5.42	0.79	1.2	55.51	11.05	59.78	7.73	7.69	99.41	191119.95	120616.89	7330.22
50	1277	002101	广东鸿图	62.90	B	0.88	9.54	6.31	0.8	1.85	42.77	16.13	11.13	2.92	79.59	265.3	914677.68	667174.67	48050.12
51	1277	300652	雷迪克	62.90	B	1.07	9.22	8.29	0.44	0.61	18.09	20.83	9.6	23.2	-8.33	116.04	151691.79	64789.64	10375.27
52	1294	603586	金麒麟	62.80	B	0.97	9.15	8.28	0.65	1.07	22.07	18.51	31.28	10.84	0	85	284895.16	182883.87	19325.86
53	1294	605005	合兴股份	62.80	B	0.47	12.54	10.86	0.77	1.28	19.36	261.15	2.7	11.68	-31.82	85.29	198630.72	146074.9	19038.93
54	1306	300863	卡倍亿	62.70	B	2.54	19.32	9.33	1.3	1.81	66.98	4	30.01	18.87	3.7	68.86	238533.06	294840.82	14005.17
55	1329	301000	肇民科技	62.50	B	0.98	8.48	8.15	0.42	0.49	12.5	79.34	-8.52	1.26	-21.88	46.4	127724.6	53459.05	9391.88
56	1329	603037	凯众股份	62.50	B	0.75	8.9	7.68	0.6	0.99	19.67	42.97	17.07	-0.97	-13.79	48.58	110036.43	64201.93	7086.19
57	1329	603758	秦安股份	62.50	B	0.43	6.82	5.8	0.4	0.65	16.65	7472.91	-11.03	0.37	0	129.5	319352.17	126256.66	18122.45
58	1345	603006	联明股份	62.40	B	0.58	10.48	8.24	0.54	0.94	24.84	2954.69	0.95	3.43	-13.04	56.27	229044.37	123116.52	15354.9

续 表

序号	A股上市公司评价得分排序	股票代码	股票简称	综合得分	评价等级	每股收益（元）	净资产收益率（%）	总资产报酬率（%）	总资产周转率（次）	流动资产周转率（次）	资产负债率（%）	已获利息倍数	营业收入增长率（%）	资本扩张率（%）	市场投资回报率（%）	股价波动率（%）	年末资产总额（万元）	营业收入（万元）	净利润（万元）
59	1357	300507	苏奥传感	62.30	B	0.35	15.7	16.1	0.42	0.51	18.77	53.21	12.13	14.57	-25.32	84.71	246780.96	96131.62	30884.82
60	1371	600104	上汽集团	62.20	B	1.4	5.83	2.94	0.76	1.28	66.03	11.1	-5.12	2.29	-27.4	60.27	99010738.12	72098752.83	2284265.28
61	1371	603348	文灿股份	62.20	B	0.92	8.24	5.15	0.79	2.06	58.55	4.02	27.18	12.08	1.72	205.49	735064.41	522957.4	23757.79
62	1385	002870	香山股份	62.10	B	0.69	7.23	4.04	0.7	1.66	63.02	3.63	-1.5	43.62	-27.03	70.73	740388.61	481684.9	20927.12
63	1428	000887	中鼎股份	61.70	B	0.74	9.44	6.17	0.75	1.37	46.97	9.82	18.09	20.39	-29.33	123.27	2112430.94	1485189.14	94603.64
64	1482	603239	浙江仙通	61.30	B	0.47	12.49	10.51	0.7	1.14	19.98	57.22	18.96	-0.9	-13.33	92.25	125714.8	93644.42	12619.55
65	1515	002906	华阳集团	61.10	B	0.8	9.43	5.44	0.86	1.31	39.74	24.82	25.61	8.18	-33.33	120.53	699699.75	563792.85	38457.07
66	1515	603788	宁波高发	61.10	B	0.52	5.91	4.85	0.45	0.57	15.13	140.69	10.13	1.89	-17.39	53.61	231456.97	103746.21	11473.13
67	1532	002328	新朋股份	61.00	B	0.41	10.29	8.55	1.07	1.87	37.31	52.94	28.07	7.43	-16.67	79.38	580195.27	604697.9	37890.98
68	1537	000880	潍柴重机	60.90	B	0.42	8.01	2.57	0.71	1.19	64.19	0	1.29	7.85	0	94.65	509300.06	345451.58	14075.41
69	1583	300926	博俊科技	60.50	B	1.02	13.31	7.53	0.57	1.02	58.66	11.9	72.68	34.66	-8.7	95.68	308388.96	139090.93	14790.87
70	1583	603358	华达科技	60.50	B	0.59	8.44	5.03	0.86	1.37	45.16	31.07	9.46	8.16	-8.2	58.18	639511.49	516260.96	26107.25
71	1616	000559	万向钱潮	60.30	B	0.24	9.38	4.8	0.78	1.21	53.52	6.83	-2.14	1.54	-17.59	54.32	1918827.55	1401495.53	81774.33
72	1643	603786	科博达	60.10	B	1.12	10.93	11	0.67	0.89	18.73	129.79	20.57	2.19	-15.19	121.89	529505.3	338391.76	50160.56
73	1705	000589	贵州轮胎	59.50	CCC	0.38	6.93	3.36	0.59	1.21	58.88	4.56	15	9.1	-3.23	50.58	1576157.85	843986.04	43162.18
74	1705	002126	银轮股份	59.50	CCC	0.48	8.44	4.41	0.66	1.11	61.31	5.43	8.48	7.36	2.94	133.2	1352353.23	847963.79	44892.02
75	1705	002516	旷达科技	59.50	CCC	0.14	5.59	5.61	0.42	0.83	14.94	46.84	3.51	8.51	-17.31	94.18	440586.8	178402.91	19661.84
76	1718	689009	九号公司-WD	59.40	CCC	6.34	9.82	6.48	1.19	1.52	47.35	113.95	10.7	15.74	-53.13	151.48	939287.45	1012431.8	44860.34
77	1731	300428	立中集团	59.30	CCC	0.8	9.12	5.05	1.36	1.92	64.93	2.94	14.69	12.46	15.85	162.61	1694472.5	2137140.99	50122.54
78	1757	300258	精锻科技	59.10	CCC	0.52	7.63	6.19	0.36	0.92	38.03	7.49	27.04	6.49	-20	99.31	540909.42	180827.38	24782.17
79	1757	301039	中集车辆	59.10	CCC	0.55	9.15	6.6	1.07	1.63	39.86	30.31	-14.57	7.86	-38.46	90.44	2221723.01	2362061.24	111360.71
80	1808	301005	超捷股份	58.70	CCC	0.6	7.83	7.11	0.47	0.72	23.54	41.74	19.22	12.14	-8	79.08	113509.15	46968.51	6378.51
81	1870	002363	隆基机械	58.20	CCC	0.11	2.12	1.06	0.65	0.94	38.73	11.58	16.06	-1.84	33.33	87.42	357629.59	227438.14	4133.47
82	1906	603917	合力科技	57.90	CCC	0.38	5.6	4.48	0.47	0.76	26.04	37.46	-2.65	3.8	25	271.78	145048.37	68538.93	5893.36
83	1934	603926	铁流股份	57.70	CCC	0.36	5.38	3.27	0.79	1.32	37.74	8.35	11.58	4.07	-21.74	59.79	259326.85	209610.79	8204.34
84	1944	603319	湘油泵	57.60	CCC	0.82	11.28	7.51	0.6	1.03	42.88	7.99	0.18	8.12	-24	95.15	276706.9	162439.99	17437.7
85	1944	605255	天普股份	57.60	CCC	0.19	2.98	3.42	0.34	0.96	7.58	224.32	7.55	-3.89	-16.67	59.17	91101.97	32942.11	2556.32
86	2007	605133	嵘泰股份	57.20	CCC	0.84	7.68	5.7	0.54	1.09	46.33	13.89	32.87	14.82	0	143.36	353017.91	154529.94	14425.93
87	2019	002105	信隆健康	57.10	CCC	0.52	20.84	12.44	0.87	1.26	44.04	10.33	-30.72	13.64	-29.41	85.2	191618.59	182486.48	20748.02

续 表

序号	A股上市公司评价得分排序	股票代码	股票简称	综合得分	评价等级	每股收益（元）	净资产收益率（%）	总资产报酬率（%）	总资产周转率（次）	流动资产周转率（次）	资产负债率（%）	已获利息倍数	营业收入增长率（%）	资本扩张率（%）	市场投资回报率（%）	股价波动率（%）	年末资产总额（万元）	营业收入（万元）	净利润（万元）
88	2019	603655	朗博科技	57.10	CCC	0.14	2.91	2.67	0.31	0.43	6.6	0	-8.87	0.9	8.7	86.94	56431.65	17607.42	1528.5
89	2040	688533	上声电子	56.90	CCC	0.54	8.18	5.41	0.92	1.26	50.64	8.74	35.86	7.06	20.83	138.77	223510.16	176891.08	8681.67
90	2053	002997	瑞鹄模具	56.80	CCC	0.76	11.27	4.17	0.34	0.45	63.22	13.57	11.78	21.39	47.06	182.01	402473.98	116779.17	14517.95
91	2053	600066	宇通客车	56.80	CCC	0.34	5.11	2.08	0.7	1.1	51.34	3019.16	-6.17	-4.87	-27.65	76.14	2999759.23	2179896.06	76780.67
92	2070	002448	中原内配	56.70	CCC	0.28	5.59	4.42	0.45	1.16	35.06	5.96	-6.01	7.71	-18.42	58.55	513285.36	230157.01	17143.77
93	2070	300375	鹏翎股份	56.70	CCC	0.11	3.96	2.17	0.64	1.3	28.98	20.44	2.47	2.24	-17.24	56.12	272308.34	169775.89	7571.27
94	2070	603089	正裕工业	56.70	CCC	0.32	6.54	4.32	0.74	1.61	47.68	4.44	5.55	3.71	-10	53.58	239592.07	170001.14	5820.08
95	2070	832000	安徽凤凰	56.70	CCC	0.44	8.48	7.17	0.58	1.21	22.91	62.41	-2.27	5.23	-41.67	133.74	66127.01	38095.11	4247
96	2080	605128	上海沿浦	56.60	CCC	0.57	4.25	2.44	0.63	1.08	47.71	10.54	35.72	9.65	34.15	197.78	216571.29	112173.28	4577.15
97	2093	301186	超达装备	56.50	CCC	0.95	6.13	4.99	0.36	0.46	22.44	43.62	16.82	4.38	-34.15	98.45	149224.74	51125.97	7051.14
98	2093	600081	东风科技	56.50	CCC	0.23	3.44	3.65	0.74	1.2	53.95	12.21	-12.86	1.47	-20.63	77.08	891571.23	685032.45	28866.95
99	2118	002553	南方精工	56.30	CCC	0.14	4.05	2.36	0.41	0.88	13.67	77.26	-1.45	-2.53	10.2	161.08	141636.77	58755.37	3788.46
100	2137	600523	贵航股份	56.20	CCC	0.3	4.43	3.99	0.64	1.13	16.31	1710.52	-10.07	2.32	-16.33	78.93	344831.13	215325.89	12868.53
101	2153	603178	圣龙股份	56.10	CCC	0.38	7.26	3.88	0.72	1.61	39.27	13.36	-1.1	4.98	-23.08	86.02	207125.62	148116.84	8910.49
102	2165	300707	威唐工业	56.00	CCC	0.37	7.32	5.66	0.6	0.98	44.67	7.11	14.09	6.4	-16.22	132.67	148440.71	82304.36	5753.69
103	2165	301133	金钟股份	56.00	CCC	0.49	6.42	5.19	0.68	0.95	26.33	40.49	32.71	5.25	-41.67	98.73	113473.85	72920.99	5232.17
104	2165	603197	保隆科技	56.00	CCC	1.04	9.12	6.06	0.81	1.36	57.88	5.14	22.58	13.69	-17.44	136.31	661505.99	477771.43	22725.54
105	2179	300580	贝斯特	55.90	CCC	1.14	11.21	6.99	0.34	0.65	37.35	11.48	3.8	10.06	-41.18	144.82	342925.38	109727.77	23174.43
106	2179	600182	S＊ST 佳通	55.90	CCC	0.1	3.32	3.57	1.03	1.49	47.09	5.07	4.94	3.71	6.25	94.91	344079.92	350700.64	7704.68
107	2193	300994	久祺股份	55.80	CCC	0.86	15.23	11.55	1.3	1.44	32.16	3099.5	-35.95	9.47	-53.49	154.05	173868.5	237605.21	16709.22
108	2193	600609	金杯汽车	55.80	CCC	0.11	17.5	10.03	1.27	1.94	71.23	8.76	8.49	23.25	-21.74	83.75	441274.9	563124.2	35254.06
109	2220	603809	豪能股份	55.60	CCC	0.55	10.69	6.29	0.34	0.97	55.19	8.4	1.9	5.8	-30	86.32	471289.47	147172.06	21864.09
110	2260	000550	江铃汽车	55.20	CCC	1.06	10.28	2.65	1.12	1.73	66.36	19.24	-14.54	8.01	-15.52	85.99	2746832.18	3010028.38	86287.86
111	2276	605228	神通科技	55.10	CCC	0.11	3.08	1.53	0.66	1.17	33.4	26.25	3.64	1.65	0	69.43	221700.01	142883.68	4504.98
112	2290	300695	兆丰股份	55.00	CC	2.33	7.66	5.37	0.2	0.27	17.47	61.02	-26.48	18.24	-26.56	62.95	286617.59	52813.78	15247.16
113	2331	000030	富奥股份	54.70	CC	0.29	6.7	2.96	0.83	1.72	44.49	19.27	-2.01	-0.49	-36	84.16	1525903.72	1257051.76	46846.63
114	2331	600099	林海股份	54.70	CC	0.04	1.87	1.33	1	1.32	34.79	30.55	-13.2	2.02	-4	64.98	77033.85	73039.32	931.85
115	2331	600386	北巴传媒	54.70	CC	0.11	4.71	5.15	0.78	1.99	57.5	5.43	-17.55	0.03	-11.54	58.38	470156.41	355252.54	11842.21
116	2331	605018	长华集团	54.70	CC	0.24	4.71	3.5	0.61	1.39	22.84	24.29	22.66	30.25	-38.89	123.66	340677.18	183534.36	10951.19

续 表

序号	A股上市公司评价得分排序	股票代码	股票简称	综合得分	评价等级	每股收益（元）	净资产收益率（%）	总资产报酬率（%）	总资产周转率（次）	流动资产周转率（次）	资产负债率（%）	已获利息倍数	营业收入增长率（%）	资本扩张率（%）	市场投资回报率（%）	股价波动率（%）	年末资产总额（万元）	营业收入（万元）	净利润（万元）
117	2376	301007	德迈仕	54.40	CC	0.31	7.74	6.03	0.66	1.58	33.35	14.53	12.49	5.35	-42.11	134.26	93261.74	57614.39	4691.78
118	2393	002239	奥特佳	54.30	CC	0.03	1.65	1.64	0.56	0.97	53.59	3.64	21.27	7.24	-30.3	91.62	1214976.03	623017.85	11431.72
119	2441	002537	海联金汇	54.00	CC	0.09	2.36	1.88	1.01	1.39	43.28	6.93	8.2	2.23	6	94.32	780779.91	784438.78	9145.33
120	2441	603767	中马传动	54.00	CC	0.14	2.85	1.77	0.51	0.96	20.91	0	-11.14	-1.9	-8.33	72.92	185461.79	99554.8	4224.45
121	2462	002921	联诚精密	53.90	CC	0.2	2.42	4.25	0.6	1.22	43.81	2.26	1.59	36.87	-25	75.18	226519.4	122979.29	3876.06
122	2462	300304	云意电气	53.90	CC	0.16	5.59	4.45	0.36	0.51	21.59	55.8	6.84	4.95	-35.19	85.8	331864.45	117450.44	13939.94
123	2483	000570	苏常柴A	53.80	CC	0.11	2.41	1.41	0.43	0.74	35.68	41.99	-11.03	8.4	-12	56.1	521935.99	218204.31	7924.61
124	2494	000951	中国重汽	53.70	CC	0.18	1.55	1.4	0.83	1.01	57.55	10.86	-48.62	-2.57	-11.25	92.13	3437151.49	2882244.23	52562.69
125	2494	300733	西菱动力	53.70	CC	0.21	2.46	2.25	0.4	0.95	43.25	2.25	47.64	28.79	-25	79.5	306965.33	110723.65	3540.07
126	2512	002265	西仪股份	53.50	CC	0.24	15.41	5.03	1.01	1.8	70.11	27.27	442.51	141.94	-36.36	94.96	711729.74	425587.96	22886.55
127	2532	002664	信质集团	53.30	CC	0.52	7.01	0.87	0.51	0.91	59.87	3.56	10.77	7.2	-30.51	95.63	778095.68	371712.37	20651.17
128	2549	600469	风神股份	53.20	CC	0.12	3	1.91	0.68	1.27	59.29	3.31	-10.25	9.32	0	71.52	722197.62	498789.4	8452.14
129	2549	600699	均胜电子	53.20	CC	0.29	3.34	2.5	0.94	2.02	67.28	1.5	9.03	5.04	-27.5	117.27	5411209.34	4979335.17	23326.14
130	2556	002590	万安科技	53.10	CC	0.15	3.69	1.78	0.77	1.24	57.6	4.2	23.99	2.45	-17.78	73.68	481133.56	336406.01	6679.06
131	2556	600218	全柴动力	53.10	CC	0.24	3.36	1.38	0.85	1.09	44.11	26.47	-10.38	1.27	-33.33	87.86	562376.27	493626.83	9218
132	2565	002863	今飞凯达	53.00	CC	0.23	5.61	4.3	0.69	1.64	67.53	1.68	6.67	7.58	-10	68.75	644977.52	421924.33	11383.35
133	2576	301020	密封科技	52.90	CC	0.44	7.64	5.17	0.38	0.41	19.59	0	-17.29	3.09	-41.38	118.39	106670.17	40428.96	6456.58
134	2592	300694	蠡湖股份	52.80	CC	0.22	3.84	3.01	0.75	1.28	35.04	4.84	6.49	4.14	-9.09	45.92	194958.95	148446.32	4715.16
135	2592	603158	腾龙股份	52.80	CC	0.25	6.49	5.55	0.69	1.13	47.37	6.21	20.99	1.14	-37.5	115.85	408740.74	266971.71	15275.51
136	2615	603701	德宏股份	52.60	CC	0.04	1.49	1.53	0.5	0.9	24.73	2693.45	-17	2.68	100	245.65	101537.38	49183.45	1923.82
137	2632	002703	浙江世宝	52.50	CC	0.02	1.14	1.03	0.62	1.11	42.54	4.49	17.7	1.35	50	230.66	238948.32	138639.56	1826.38
138	2632	605333	沪光股份	52.50	CC	0.1	3.67	2.02	0.88	1.45	66.87	1.61	33.91	97.75	5	123.04	448485.91	327789.05	4106.63
139	2648	600178	东安动力	52.40	CC	0.23	4.35	1.43	0.71	1.1	55.8	121.01	-12.43	-10	-27.78	64.25	751972	576707.79	14299.06
140	2661	300680	隆盛科技	52.30	CC	0.37	5.91	4.03	0.5	0.97	40.87	4.46	23.51	78.4	-11.11	97.56	287225.28	114829.67	7214.66
141	2699	300978	东箭科技	52.00	CC	0.2	5.55	2.76	0.65	0.97	42.23	3.64	8	2.56	-33.33	110.96	270874.69	176717.71	7841.89
142	2732	603950	长源东谷	51.70	CC	0.43	4.44	2.4	0.3	0.64	40.62	0	-29.43	0.56	-5.56	60.14	383985.38	111604.34	10071.3
143	2740	002454	松芝股份	51.60	CC	0.15	2.52	1.72	0.6	0.87	40.55	51.39	2.46	2.08	-8.7	144.1	704647.12	422501.3	12215.48
144	2740	002813	路畅科技	51.60	CC	0.03	0.84	1.93	0.6	1.17	29.07	9.71	-16.78	1.1	0	86.89	55129.8	34148.05	315.09
145	2750	000025	特力A	51.50	CC	0.19	5.68	4.78	0.41	1.05	25.8	304.64	64.72	13.66	14.63	171.92	223202.86	83765.63	8131.95

续 表

序号	A股上市公司评价得分排序	股票代码	股票简称	综合得分	评价等级	每股收益（元）	净资产收益率（%）	总资产报酬率（%）	总资产周转率（次）	流动资产周转率（次）	资产负债率（%）	已获利息倍数	营业收入增长率（%）	资本扩张率（%）	市场投资回报率（%）	股价波动率（%）	年末资产总额（万元）	营业收入（万元）	净利润（万元）
146	2797	300176	派生科技	51.10	CC	0.03	1.19	1.88	0.75	1.66	58.63	1.31	18.06	0.25	-12.9	73.62	216744.73	151888.97	1063.03
147	2820	000338	潍柴动力	50.90	CC	0.57	6.81	1.8	0.61	1.06	64.55	5.34	-13.95	1.12	-41.23	112.11	29366608.79	17515753.56	568269.14
148	2828	605068	明新旭腾	50.80	CC	0.6	5.47	3.79	0.29	0.41	42.07	4.54	4.24	8.73	-11.43	124.13	330894.04	85555.2	9979.96
149	2843	600166	福田汽车	50.50	CC	0.01	0.54	0.29	0.95	2.09	71.68	1.67	-15.51	31.11	-21.28	71.58	4851466.51	4644674.4	4260.6
150	2848	300100	双林股份	50.40	CC	0.19	3.41	2.6	0.72	1.25	62.84	2.52	13.66	-8.46	-18.75	73.5	569424.13	418527.84	7588.39
151	2848	601279	英利汽车	50.40	CC	0.04	1.59	1.44	0.68	1.28	47.55	3.32	10.86	1.11	-28.57	94.28	792995.16	509426.94	7123.27
152	2863	301072	中捷精工	50.30	CC	0.34	4.56	1.58	0.65	1.12	27.99	42.56	11.26	5.68	-38.24	124.83	114110.99	69260.12	3635.4
153	2863	601777	力帆科技	50.30	CC	0.03	1.52	1.5	0.45	1.1	43.48	2.68	117.59	3.22	-28.57	85.99	2063820.92	865422.46	17045.8
154	2890	002510	天汽模	49.90	C	0.09	4.07	2.23	0.48	0.74	64.63	3.56	35.82	5.18	-15	64.27	574808.33	255216.84	7515.36
155	2917	002190	成飞集成	49.60	C	0.16	1.35	1.84	0.26	1.07	27.45	14.21	20.21	-38.42	-18.82	51.66	476645.3	152435.04	9509.58
156	2917	300585	奥联电子	49.60	C	0.12	2.79	2.04	0.44	0.83	20.54	14.3	-10.72	3.4	21.21	89.73	92008.01	40254.98	2123.27
157	2917	603768	常青股份	49.60	C	0.47	5.23	3.83	0.78	1.93	55.12	2.98	5.13	4.68	-11.76	136.66	420047.05	316321.76	9631.47
158	2928	002536	飞龙股份	49.50	C	0.17	3.69	1.29	0.75	1.44	47.73	3.96	4.57	1.13	-4.76	111.44	439151.81	325801.18	7496.19
159	2928	603161	科华控股	49.50	C	0.15	1.56	2.24	0.58	1.24	66.76	1.04	19.27	2.07	-13.33	79.54	381975.59	226240.04	1784.11
160	2928	603949	雪龙集团	49.50	C	0.2	4.17	4.17	0.27	0.35	6.4	0	-38.46	-1.93	-33.33	132.45	107571.18	29102.89	4242.81
161	2940	002284	亚太股份	49.40	C	0.09	2.54	0.98	0.61	0.93	58.34	2.1	3.29	-0.23	-32.86	109.36	650885.64	374987.99	6887.86
162	2949	002434	万里扬	49.30	C	0.23	5.5	3.48	0.51	1.11	44.49	5.86	-6.61	4.81	-40.63	125.48	1009085.78	511313.58	30000.15
163	2967	603009	北特科技	49.10	C	0.13	2.95	2.58	0.54	1.19	48.91	2.16	-1.86	1.29	-20	75.81	319386.26	170550.27	4061.12
164	2973	600335	国机汽车	49.00	C	0.22	2.92	1.75	1.26	1.57	65.57	5.14	-9.96	6.21	-4.44	110	3250992.27	3956911.26	30782.38
165	2998	605319	无锡振华	48.70	C	0.4	4.53	3.49	0.54	1.24	45.83	10.26	10.42	2.89	-18.75	80.22	334222.29	174666.63	8091.38
166	3007	000957	中通客车	48.60	C	0.17	3.77	1.72	0.55	0.68	71.58	2.85	15.03	4.04	106.67	342.17	936804.88	527618.29	9832.64
167	3023	000901	航天科技	48.50	C	0.04	0.69	0.8	0.72	1.21	46.46	2.42	-1.11	1.74	-17.19	52.62	837505.11	574026.55	4415.45
168	3023	002406	远东传动	48.50	C	0.12	2.11	1.43	0.24	0.38	23.37	13.28	-46.44	1.64	-20.83	58.52	455392.24	107428.85	7282.34
169	3033	000581	威孚高科	48.40	C	0.09	0.64	0.87	0.45	0.85	35.38	2.67	-6.96	-7.65	-15.57	33.05	2852891.31	1272963.49	19094.6
170	3043	002592	ST 八菱	48.30	C	0.05	1.83	0.36	0.46	1.27	40.25	2.14	-8.86	7.24	-22.22	94.91	118794.09	55243.84	1058.57
171	3090	002766	索菱股份	47.90	C	0.01	1.35	0.3	0.65	0.91	43.04	29.36	8.69	2.18	-16.67	120.53	115554.53	82818.59	829.66
172	3090	301022	海泰科	47.90	C	0.85	6.18	4.38	0.38	0.51	32.38	96.28	-15.53	4.46	-38.64	108.66	132948.85	50031.89	5436.65
173	3125	300928	华安鑫创	47.50	C	0.58	3.64	3.13	0.67	0.75	4.08	104.02	22.83	3.24	-40.98	137.03	135691.07	89047.78	4836.01
174	3162	600818	中路股份	47.00	C	-0.24	-12.04	-11.6	1	3.19	36.87	-34.54	28.44	-15.38	195	247.96	92011.53	92748.62	-8684.05

续 表

序号	A股上市公司评价得分排序	股票代码	股票简称	综合得分	评价等级	每股收益（元）	净资产收益率（%）	总资产报酬率（%）	总资产周转率（次）	流动资产周转率（次）	资产负债率（%）	已获利息倍数	营业收入增长率（%）	资本扩张率（%）	市场投资回报率（%）	股价波动率（%）	年末资产总额（万元）	营业收入（万元）	净利润（万元）
175	3177	600006	东风汽车	46.80	C	0.14	3.52	0.69	0.65	0.86	52.04	32.49	-21.61	2.23	-16	98.2	1768607.69	1218999.23	29484.64
176	3203	601500	通用股份	46.50	C	0.01	0.4	1.34	0.46	1.11	53.12	1.09	-3.17	0.67	-16.67	66.54	919406.49	412047.38	1500.2
177	3203	601966	玲珑轮胎	46.50	C	0.2	1.64	0.76	0.48	1.47	48.51	1.94	-8.47	17.45	-38.89	132.51	3738220.71	1700588.57	29178.58
178	3212	002725	跃岭股份	46.40	C	0.01	0.25	-0.16	0.59	1.66	19.82	0.3	-18.05	-1.93	-18.52	65.63	127239.14	77359.23	254.98
179	3282	603166	福达股份	45.30	C	0.1	2.61	1.95	0.33	0.83	26.62	6.13	-37.47	-9.72	-25	61.95	324532.32	113473.12	6559.02
180	3290	300998	宁波方正	45.20	C	0.17	3.17	2.09	0.6	0.96	58.03	2.55	11.22	5.89	-21.21	75.49	139374.1	78041.39	1547.87
181	3297	603121	华培动力	45.10	C	-0.02	-0.74	0.26	0.48	0.99	46.3	0.67	-1.82	1.97	-18.75	80.64	219295.4	90450.38	-846.36
182	3305	603922	金鸿顺	45.00	C	-0.09	-1.14	-1.35	0.41	0.55	17.51	-181.67	0.23	-1.74	0	90.48	125756.76	51630.27	-1192.76
183	3345	300681	英搏尔	44.40	C	0.16	2.04	0.4	0.68	0.9	56.14	0.8	105.55	154.96	-23.23	129.01	394277.59	200572.61	2460.15
184	3365	833454	同心传动	44.10	C	0.18	6.57	5.52	0.47	0.68	12.96	25854.38	21.09	1.21	-57.14	146.51	33940.95	16039.88	1929.8
185	3387	600822	上海物贸	43.70	C	0.12	6.07	2.27	1.82	2.55	69.17	5.91	-23.52	4.86	-4.17	43.8	347035.68	502208.37	4916.49
186	3415	603335	迪生力	43.30	C	-0.09	-6.89	-1.44	1.12	1.97	60.31	-0.96	28.63	-19.58	0	82.07	164498.45	167742.49	-3410.33
187	3426	688667	菱电电控	43.10	C	1.3	4.58	3.23	0.39	0.46	20.89	143.01	-14.7	7.97	-43.95	152.04	191946.04	71200.12	6702.88
188	3465	002488	金固股份	42.40	C	0.11	2.82	6.52	0.43	1.14	46.07	5.3	10.67	3.88	-30.19	93.86	736266.51	301910.08	10941.34
189	3478	600148	长春一东	42.20	C	-0.06	-1.69	-0.12	0.48	0.6	41.89	1.81	-50.98	-3.9	-18.75	57.64	106162.74	55063.07	-166.01
190	3492	603048	浙江黎明	42.00	C	0.14	1.62	1.45	0.33	0.63	20.73	4.62	-13.02	-0.72	-44.44	106.6	162222.39	51807.21	2043.31
191	3499	300825	阿尔特	41.80	C	0.16	3.27	2.88	0.28	0.45	24.55	5.87	-25.56	-8.12	-34.62	101.85	333542.63	94713.68	6563.66
192	3550	002283	天润工业	41.00	C	0.18	3.65	2.47	0.37	0.68	29.25	36.78	-33.56	1.67	-45.95	150.19	798252.2	313632.83	20235.38
193	3560	000816	智慧农业	40.90	C	-0.02	-1.19	-0.2	0.33	0.92	25.95	-0.82	-46.76	0.23	-6.9	72.79	342335.27	121493.86	-874.84
194	3560	600960	渤海汽车	40.90	C	-0.07	-1.3	-0.07	0.52	1.1	37.7	0.13	-7.08	-12.54	-16.67	67.87	739016.94	410228.92	-6879.1
195	3626	600626	申达股份	39.40	C	-0.17	-5.97	-0.75	1.12	2.47	68.1	-0.47	6.57	-7.97	-9.3	42.5	1037202.87	1124403.19	-25432.68
196	3645	603286	日盈电子	39.00	C	-0.2	-3.7	-1.3	0.67	1.47	59	-1.75	22.31	-3.99	-15.79	100.25	117188.94	71143.54	-1374.17
197	3649	000757	浩物股份	38.90	C	-0.1	-3.74	-1.41	1.26	1.96	36.08	-1.8	-23.24	-3.67	-10.53	49.86	269609.84	348066.29	-6570.39
198	3671	600297	广汇汽车	38.40	C	-0.33	-6.61	-0.04	0.99	1.67	65.1	0.07	-15.71	-6.82	-22.22	66.03	12629001.92	13354387.94	-271899.34
199	3685	300745	欣锐科技	38.00	C	-0.24	-2.38	-0.81	0.59	0.78	60.03	-1.11	62.15	4.39	-39.68	150.23	301838.01	151531.65	-2920.37
200	3691	838030	德众汽车	37.80	C	0.12	4.66	3.11	1.8	2.74	67.8	2.32	-3.17	2.19	-46.67	138.33	152655.82	265798.16	2085.42
201	3697	000800	一汽解放	37.60	C	0.07	1.47	-1.2	0.61	0.9	58.22	33.59	-61.18	-9.61	-23.08	66.29	5677286.06	3833174.71	36774.54
202	3713	301221	光庭信息	37.20	C	0.34	1.59	-0.2	0.24	0.3	7.67	53.66	22.7	2.79	-57.61	197.43	221610.91	53029.94	3175.3
203	3741	300611	美力科技	36.70	C	-0.2	-4.21	-1.13	0.57	1.25	45.42	-0.74	33.13	18.92	-27.27	109.34	196913.7	108739.56	-5481.22

续 表

序号	A股上市公司评价得分排序	股票代码	股票简称	综合得分	评价等级	每股收益（元）	净资产收益率（%）	总资产报酬率（%）	总资产周转率（次）	流动资产周转率（次）	资产负债率（%）	已获利息倍数	营业收入增长率（%）	资本扩张率（%）	市场投资回报率（%）	股价波动率（%）	年末资产总额（万元）	营业收入（万元）	净利润（万元）
204	3774	603023	威帝股份	35.90	C	0.01	0.58	-1.46	0.09	0.12	5.55	-23.41	4.47	0.11	-18.75	58.16	80883.22	7417.04	81.88
205	3786	600327	大东方	35.70	C	0.2	5.12	3.83	0.46	1.2	38.07	13.42	-54.68	-13.18	-14	73.08	549293.74	312957.86	19020.62
206	3813	601127	赛力斯	34.90	C	-2.68	-39.55	-12.11	0.86	1.64	79.16	-13.93	104	26.82	-23.64	169.27	4704758.92	3410499.62	-522055.73
207	3828	600698	湖南天雁	34.50	C	-0.03	-3.59	-3.11	0.3	0.4	28.31	-284.21	-41.85	-3.56	-17.24	66.91	106076.99	33060.28	-2779.91
208	3861	000996	＊ST中期	33.30	C	-0.01	-0.71	0.2	0.04	0.66	31.32	0.35	-35.77	-0.03	-21.88	65.58	69988.56	3178.17	-339.91
209	3901	600418	江淮汽车	32.00	C	-0.72	-10.96	-2.61	0.78	1.45	70.12	-2.82	-9.25	-11.34	-14.43	152.17	4708268.63	3649467.39	-172722.72
210	3903	603390	通达电气	31.90	C	-0.3	-6.46	-5.49	0.24	0.45	15.56	-36.72	-11.7	-6.26	-22.22	73.28	185340.42	47711.18	-10464.64
211	3929	600686	金龙汽车	31.30	C	-0.58	-10.15	-1.7	0.68	0.91	83.87	-1.69	18.3	-11.73	-6.1	82.92	2775582.7	1824040.9	-45679.29
212	3949	603776	永安行	30.70	C	-0.29	-2.02	-0.92	0.14	0.17	29.24	-0.65	-22.4	-1.71	-36.73	79.38	471712.65	67763.41	-6972.76
213	3969	000572	海马汽车	30.20	C	-0.96	-54.5	-16.1	0.33	0.78	52.76	-150.63	34.87	-34.64	-18.52	59.68	629875.57	237712.68	-157534.28
214	3989	300816	艾可蓝	29.70	C	-0.13	-1.31	-0.5	0.46	0.59	55.29	-0.34	-5.74	-2.78	-50	198.91	179290.09	81639.15	-1188.39
215	3998	600653	申华控股	29.50	C	-0.09	-15.9	-1.24	1.49	2.81	67.23	-0.57	-16.19	-14.26	-5.03	83.47	378912.99	594882.17	-14657.13
216	4046	600679	上海凤凰	28.40	C	-0.61	-13.62	-9.53	0.49	0.99	29.5	-44.21	-21.77	-14.33	-24.14	59.21	302096.11	160989.55	-31471.68
217	4087	000678	襄阳轴承	27.40	C	-0.27	-13.05	-4.24	0.47	1.13	59.72	-3.32	-14.2	-11.98	21.74	125.17	239954.81	113057.05	-12727.04
218	4093	002715	登云股份	27.30	C	-0.96	-29.2	-10.16	0.5	1.15	61.04	-4.97	4.47	-24.19	40	177.72	100083.74	50719.69	-13201.61
219	4117	603982	泉峰汽车	26.70	C	-0.75	-6.59	-2.64	0.36	0.85	54.66	-2.13	8.03	55.58	-46.15	136.79	629104.74	174454.07	-15434.52
220	4121	601258	＊ST庞大	26.50	C	-0.14	-13.1	-4.4	1.15	2.69	53.11	-2.31	-9.12	-11.78	-25	80.04	2221719.58	2602099.63	-140347.18
221	4155	603085	天成自控	25.70	C	-0.71	-28.02	-10.29	0.57	1.19	61.72	-10.48	-16.37	-11.99	33.33	169.73	238479.64	142486.46	-27324.28
222	4163	600213	亚星客车	25.50	C	-0.71	-220.16	-4.74	0.5	0.55	91.88	-1.65	53.34	157.21	18.75	112.95	284368.5	150057.52	-19336.9
223	4182	300473	德尔股份	25.10	C	-6.54	-51.15	-18.97	0.91	1.92	64.81	-11.48	10.14	-30.18	-33.33	95.46	423005.01	403538.97	-92380
224	4197	000981	山子股份	24.80	C	-0.1	-25.02	-4.69	0.19	0.44	69.39	-3.29	-5.98	37.62	-5.88	97.68	1788188.87	373837.93	-111820.86
225	4205	000599	青岛双星	24.70	C	-0.74	-22.46	-5.01	0.38	0.88	75.84	-2.79	-0.36	-23.88	0	52.87	986333.81	391039.77	-69185.1
226	4210	002708	光洋股份	24.60	C	-0.48	-17.48	-9.27	0.55	1.14	54.14	-13.09	-8.29	-13.12	-19.05	123.8	271294.52	148785.45	-24906.58
227	4242	002547	春兴精工	23.80	C	-0.13	-25.6	-1.81	0.44	0.85	90.59	-1.01	-3.21	-26.19	-9.68	170.71	566199.65	258755.72	-14401.64
228	4253	600303	ST曙光	23.40	C	-0.49	-14.4	-7.66	0.4	1.14	44.8	-13.81	-32.6	-13.57	29.03	215.27	402542.16	167156.57	-33898.47
229	4266	688737	中自科技	23.10	C	-1.01	-4.54	-5.59	0.2	0.25	12.37	-25.27	-53.5	-5.75	-34.48	120.78	213464.25	44747.05	-8822.35
230	4285	603997	继峰股份	22.60	C	-1.27	-35	-7.54	1.13	2.68	75.57	-4.29	6.74	-24.47	0	155.98	1545353.97	1796680.19	-146277.9
231	4316	839946	华阳变速	21.90	C	-0.09	-4.08	-4.65	0.47	0.76	27.65	-25.03	-30.11	-12.28	-50	146.5	38733.77	19474.28	-1222.58
232	4338	688280	精进电动-UW	21.10	C	-0.66	-21.6	-13.06	0.32	0.46	46.81	-34.43	38.62	-21.06	-46.67	133.51	298207.08	102068.29	-38835.35

续 表

序号	A股上市公司评价得分排序	股票代码	股票简称	综合得分	评价等级	每股收益（元）	净资产收益率（%）	总资产报酬率（%）	总资产周转率（次）	流动资产周转率（次）	资产负债率（%）	已获利息倍数	营业收入增长率（%）	资本扩张率（%）	市场投资回报率（%）	股价波动率（%）	年末资产总额（万元）	营业收入（万元）	净利润（万元）
233	4369	870436	大地电气	20.20	C	-0.25	-5.19	-3.53	0.58	0.78	43.77	-11.54	-38.29	-9.79	-61.9	229.8	77926.76	49058.63	-2395.91
234	4373	000868	安凯客车	20.00	C	-0.33	-161.73	-6.23	0.42	0.66	97.7	-5.28	-16.44	-76.46	70.37	153.38	337000.09	148799.26	-25877.77
235	4378	688021	奥福环保	19.80	C	-0.1	-0.84	-0.75	0.14	0.26	35.25	-1.31	-48.54	-2.2	-49.02	225.22	144075.93	20377.18	-1258.94
236	4432	002355	兴民智通	18.10	C	-0.84	-31.58	-14.66	0.28	0.7	46.59	-7.45	-42.18	-27.36	-30.77	117.9	258068.47	82021.46	-52642.11
237	4449	000903	云内动力	17.40	C	-0.68	-25.91	-8.35	0.34	0.64	67.08	-7.36	-40.34	-23.32	-29.55	69.81	1332800.98	479023.43	-130855.86
238	4464	600733	北汽蓝谷	16.50	C	-1.27	-65.09	-13.86	0.27	0.45	79.89	-7.27	9.4	-46.04	-37.78	107.23	3135441.19	951427.04	-539582.74
239	4466	300912	凯龙高科	16.40	C	-2.45	-29.52	-13.98	0.37	0.75	49.01	-23.63	-25.05	-25.73	-41.67	119.3	155252.08	62081.15	-27421.39
240	4543	600375	汉马科技	12.00	C	-2.3	-160.61	-13.37	0.34	0.67	97.38	-8.34	-35.55	-86.5	-36.84	99.05	879403.92	342889.88	-150250.57
241	4551	600841	动力新科	11.20	C	-0.99	-18.19	-6.42	0.43	0.57	64.01	-12.3	-59.31	-18.6	-48.57	146.91	2209689.04	992903.4	-161146.79
242	4553	000980	众泰汽车	10.90	C	-0.18	-30.92	-11.14	0.1	0.19	65.71	-9.37	-5.09	-29.16	-35.71	155.08	712092.27	78317.27	-90848.78
243	4566	300237	美晨生态	9.40	C	-0.94	-85.31	-12.73	0.14	0.18	88.45	-4.17	-34.14	-55.41	-24	61.64	943120.14	136686.7	-138502.13
244	4584	300742	*ST越博	2.50	C	-1.51	-950.79	-14.07	0.11	0.19	107.36	-3.16	-53.61	-164.73	-45.45	114.31	122245.53	14229.69	-22985.08

第十章

电子行业上市公司业绩评价

随着电子领域前沿不断突破创新和与不同行业的广泛融合应用，具有高技术含量、高附加值特点的电子行业越来越受到国家和市场的青睐，已在世界上成为众多发达国家保持经济持续增长最重要的手段和拉动国民经济发展的强大动力，构成了国民经济的基础性和战略性产业，数字经济变革引领下的电子行业将成为驱动未来经济发展的强大动力。2022年面对风高浪急的国际环境以及多重超预期因素冲击，电子行业上市公司业绩受到不同程度影响，电子行业股票指数表现呈波浪式下跌态势，全年总跌幅达到36.58%。2023年随着数字经济、人工智能、新能源汽车等新兴电子终端产品加速发展迭代，我国电子行业将通过与其他行业的协同、融合、创新，不断开拓新兴赛道、布局高端、加速融合、数字转型，持续驱动我国经济发展。

一、电子行业上市公司业绩评价结果

截至2022年末，电子行业全部上市公司共计429家，其中盈利355家，亏损74家，即有82.75%的公司实现盈利，比2021年下降了5.50%；电子行业上市公司总资产共计43567.32亿元，占全部上市公司总资产的4.50%。

2022年全国4931家上市公司共计实现营业收入615229.13亿元，其中429家电子行业上市公司实现营业收入29113.27亿元，占全部上市公司的4.73%；全部上市公司共计实现净利润31671.85亿元，电子行业上市公司实现净利润1342.52亿元，占全部上市公司实现净利润的4.24%。

2022年电子行业整体评价结果低于市场平均水平，其行业的综合评价分值为59.40分，较同年全部上市公司的综合评价分值63.00分低5.71%。429家电子行业上市公司中仅有1家业绩评价得分位于2022年上市公司前100名，为圣邦股份（300661），排名第89位。电子行业429家上市公司（剔除了其中76家2022年上市或借壳上市的公司）业绩评价等级如下：8家A、22家BBB、28家BB、52家B、51家CCC、50家CC、142家C。2022年电子行业评价得分前十名的公司见表10-1。

表10-1 2022年度电子行业评价得分前十名的公司

序号	股票代码	股票简称	在A股上市公司中评价得分排序
1	300661	圣邦股份	89
2	002938	鹏鼎控股	133
3	002841	视源股份	148
4	002049	紫光国微	170
5	688396	华润微	170
6	601231	环旭电子	184
7	002475	立讯精密	187
8	688123	聚辰股份	187
9	688385	复旦微电	248
10	600563	法拉电子	251

基于对电子行业上市公司的整体评价，下面分别从财务效益、资产质量、偿债风险、发展能力、市场表现五个方面对电子行业上市公司进行具体分析。

（一）财务效益

从综合得分来看，2022电子行业上市公司财务效益得分低于全部上市公司平均水平。

表10-2列示了2022年电子行业上市公司财务效益评价结果。从基本指标来看，电子行业上市公司财务效益低于全部上市公司平均水平，平均得分为18.90分，比全部上市公司平均分（21.13分）低2.23分。共有191家公司超过全国平均水平，其中得分为满分35分的有圣邦股份、紫光国微、扬杰科技、聚辰股份、安集科技等22家公司。

从修正指标来看，电子行业得分为22.19分，低于上市公司平均得分（23.60分）。除盈利现金保障倍数外，扣除非经常性损益净资产收益率、总资产报酬率、营业利润率和股本收益率指标均低于上市公司平均水平。

表10-2 电子行业财务效益状况比较表

分析指标		2022年上市公司平均值	2022年行业值	2021年行业值	增长率（%）
基本指标	扣除非经常性损益净资产收益率（%）	7.31	3.99	9.42	-57.64
	总资产报酬率（%）	5.28	4.37	7.48	-41.58
基本得分		21.13	18.90	23.55	-19.75

续 表

分析指标		2022 年上市公司平均值	2022 年行业值	2021 年行业值	增长率（%）
修正指标	营业利润率（%）	6.65	5.13	8.19	-37.36
	盈利现金保障倍数	1.84	2.14	1.27	68.50
	股本收益率（%）	45.68	41.29	66.15	-37.58
综合得分		23.60	22.19	25.03	-11.35

与 2021 年的情况相比较，2022 年电子行业除盈利现金保障倍数有所上升以外，扣除非经常性损益净资产收益率、总资产报酬率、营业利润率、股本收益率与上年相比均有所下降，其中扣除非经常性损益净资产收益率降幅最高，为 57.64%。整体来看，受需求减弱和疫情防控的双重影响，2022 年电子行业整体财务效益出现下降，特别是消费电子板块的上市公司下滑更加明显。以昀冢科技为例，公司的精密电子零部件产品主要应用在智能手机摄像头中，2022 年受消费电子市场的需求下降影响，公司销售电子业务的出货量较上年大幅下降，同时市场竞争加剧带来的价格竞争压力，使公司消费电子产品平均销售价格下滑明显，产品毛利润率下降。2022 年公司实现营业收入 4.63 亿元，同比下降 10.90%，归属于上市公司股东的扣除非经常性损益的净利润-7263.59 万元，较上年减少 870.83%，财务效益明显下降。

（二）资产质量

从综合得分来看，电子行业上市公司资产质量平均得分为 9.09 分，略低于上市公司平均得分。

表 10-3 列示了电子行业上市公司资产质量评价结果。在电子行业上市公司资产质量指标中，视源股份得分较高，2022 年公司总资产周转率 1.18 次，流动资产周转率 1.76 次，应收账款周转率 112.7 次，存货周转率 7.16 次。视源股份是一家以显示、交互控制和连接技术为核心的智能电子产品及解决方案提供商，产品应用于消费电子领域和商用电子领域，通过信息技术与公司业务的深度结合，缩短了公司产品从设计到量产的时间，提高了公司的快速供货能力。通过信息化高度协同的供应链优势，提高了从方案设计、研发到量产的经营效率，使公司的资产质量在行业内处于较高的水平。

表 10-3　电子行业资产质量状况比较表

分析指标		2022 年上市公司平均值	2022 年行业值	2021 年行业值	增长率（%）
基本指标	总资产周转率（次）	0.66	0.70	0.81	-13.58
	流动资产周转率（次）	1.27	1.34	1.49	-10.07
基本得分		9.80	10.20	11.03	-7.52

续 表

分析指标		2022年上市公司平均值	2022年行业值	2021年行业值	增长率（%）
修正指标	应收账款周转率（次）	8.67	5.56	5.41	2.77
	存货周转率（次）	3.25	4.87	5.73	-15.01
	综合得分	9.31	9.09	9.24	-1.62

与2021年相比较，2022年电子行业上市公司总体上资产质量略有下降。与上市公司平均水平相比，行业存货周转率依然明显高于上市公司平均水平，这主要与电子行业产品交付周期短的产品特性有关。

（三）偿债风险

从综合得分来看，2022年电子行业上市公司偿债风险优于全部上市公司平均水平。

表10-4列示了电子行业上市公司偿债风险评价结果。在电子行业上市公司偿债风险指标中，漫步者、格林达、波导股份等公司排名较高。基于行业经营模式及特征，电子行业在运营中保持了较高的速动比率，其中漫步者和宏达电子2022年速动比率分别为417.00和501.48，大幅高于行业平均水平。

表10-4 电子行业偿债风险状况比较表

分析指标		2022年上市公司平均值	2022年行业值	2021年行业值	增长率（%）
基本指标	资产负债率（%）	58.63	45.49	47.69	-4.61
	已获利息倍数	5.40	5.60	8.82	-36.51
	基本得分	8.81	9.69	9.85	-1.62
修正指标	速动比率（%）	86.08	131.62	126.09	4.39
	现金流动负债比率（%）	14.64	21.92	21.22	3.30
	带息负债比率（%）	41.74	50.63	44.82	12.96
	综合得分	8.79	8.99	9.22	-2.49

与2021年相比较，2022年电子行业上市公司偿债风险得分略有下降，行业的偿债风险明显优于全部上市公司平均水平。这说明虽然电子行业受下游消费市场需求低迷的影响，2022年偿债风险较上一年略有上升，但与其他行业相比，电子行业整体在开展业务的过程中，对于营运资金的需求规模与公司经营业绩情况较为匹配。以格林达为例，2022年公司资产负债率为13.65%，继续保持着较低的资产负债率规模，通过积极应对市场波动影响，有效地保障了产业链需求和稳定安全供应，营业收入和利润总额稳步上升，实现营业收入8.48亿元，较2021年度增长8.72%，实现归属于上市公司股东的净利润1.63亿元，比上年同期增长16.26%，展现了公司良好的偿债能力。

（四）发展能力

从综合得分来看，2022 年电子行业上市公司发展能力略低于全部上市公司的平均水平。

表 10-5 列示了电子行业上市公司发展能力评价结果。在电子行业上市公司发展能力指标中，立讯精密得分排名第一。在消费电子需求减弱的背景下，立讯精密在汽车电子、通信、医疗产业进行了深度聚焦和积极布局，通过从零件、模组到系统，顺向或逆向的垂直整合，在不同应用场景下发展多元化的产品线。在保证关键核心制程能力的同时，进行了全球化产业链发展，在越南、印度、墨西哥等国家与地区搭建了成熟的产能基地与研发中心。2022 年公司实现营业收入 2140.28 亿元，同比增长 39.03%；扣除非经常性损益后净利润 84.42 亿元，同比增长 40.34%，电脑、汽车和通讯互联产品的收入增速分别达到了 43.57%、48.44%和 292.55%，实现了在各业务领域的稳步发展。

表 10-5　电子行业发展能力状况比较表

分析指标		2022 年上市公司平均值	2022 年行业值	2021 年行业值	增长率（%）
基本指标	营业收入增长率（%）	8.80	-1.23	16.20	-107.59
	资本扩张率（%）	9.10	14.61	22.95	-36.34
	基本得分	12.01	11.98	13.16	-8.97
修正指标	累计保留盈余率（%）	43.64	27.10	31.54	-14.08
	三年营业收入增长率（%）	11.10	9.26	11.86	-21.92
	总资产增长率（%）	7.88	11.46	14.56	-21.29
	营业利润增长率（%）	0.85	-35.55	82.48	-143.10
	综合得分	12.21	11.42	13.24	-13.75

与 2021 年相比，2022 年电子行业上市公司的营业收入增长率、资本扩张率、总资产增长率、营业利润增长率和累计保留盈余率情况均呈现明显下降的态势。这说明 2022 年受下游需求疲软的影响，电子行业整体增速明显放缓。

（五）市场表现

2022 年，受俄乌冲突、全球经济增速放缓、疫情反复等综合因素的影响，全球经济受到了严重冲击。回顾过去一年，我国证券市场呈现震荡下跌的趋势，沪深 300 指数全年跌幅达到 21.27%。电子行业受下游消费需求低迷影响，跌幅更加剧烈，2022 年电子行业整体呈现波浪式下跌，总跌幅达到 36.58%，跌幅大幅高于市场平均水平。同期电子行业市场走势具体情况见图 10-1。

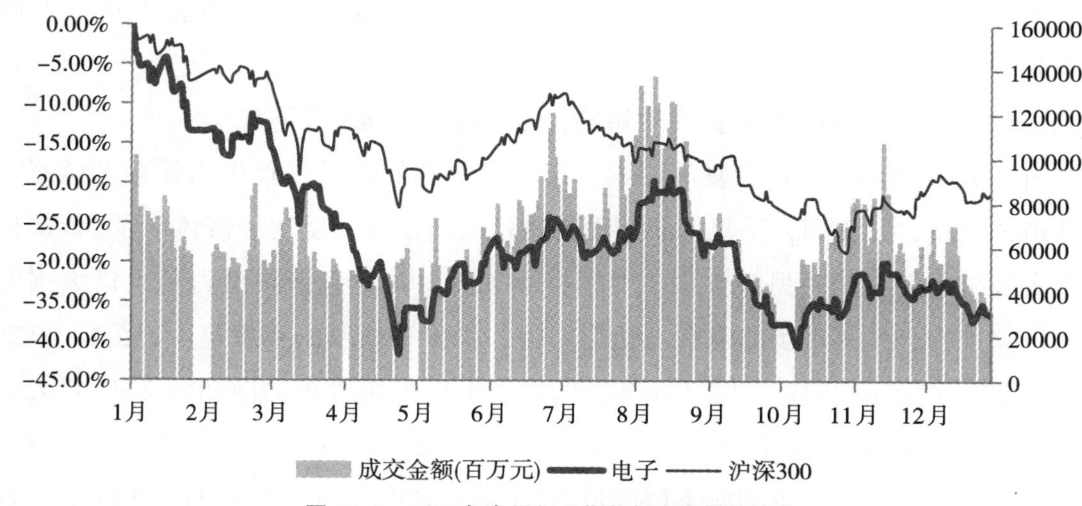

图 10-1 2022 年电子行业指数与大盘指数波动

从综合得分来看，电子行业上市公司市场表现明显低于全部上市公司的平均水平。

表 10-6 列示了电子行业上市公司市场表现评价结果。在电子行业上市公司市场表现指标中，源杰科技、朝阳科技、沃格光电、可川科技、唯特偶等公司得分较高。以沃格光电为例，公司在 2022 年进行了关键转型，玻璃基 Mini LED 背光实现从 0 到 1 的产品化突破，并实施玻璃基材的 Mini/Micro LED 基板生产项目的投建工作，预计建成后，达产年将实现生产玻璃基材的 Mini/Micro LED 基板总产能 5240000m^2/Y。新产品线将为公司未来的进一步发展打下坚实的基础，呈现了较好的市场表现。

表 10-6 电子行业市场表现状况比较表

分析指标	2022 年上市公司平均值	2022 年行业值	2021 年行业值	增长率（%）
市场投资回报率（%）	-12.92	-25.04	22.13	-213.15
股价波动率（%）	98.53	105.48	112.71	-6.41
得分	9.09	7.66	8.81	-13.05

2022 年电子行业上市公司市场投资回报率为-25.04 %，明显低于全部上市公司水平，与上一年度行业平均水平相比也呈现大幅下降的趋势。2022 年，电子行业上市公司仅有 110 家公司的市场投资回报率高于全部上市公司平均水平，其中最高的为宝明科技（305.56%）和传艺科技（263.64%）。整体来看，电子行业在 2022 年市场回报率大幅下降，股价波动持续高于市场水平，估值已处于近几年来的底部区域。未来，随着经济复苏以及消费需求的回暖，电子行业有望在 2023 年迎来反弹。

二、2022 年度电子行业上市公司业绩影响因素分析

2022 年，我国电子行业在复杂的国际贸易局势背景下，面对国内外疫情反复、俄乌冲

突、贸易摩擦等事件的影响，行业呈现疲软的运行态势。影响电子行业业绩的主要因素表现在以下几个方面：

（一）受需求减弱和疫情防控的双重影响，电子行业利润出现下滑

2022 年，由于国内外疫情反复等因素，市场消费端的需求呈现极为低迷的状态。特别是在消费电子板块，一方面，手机等智能设备硬件缺乏创新，发达经济体以及 5G 周期结束后，消费者换机周期拉长；另一方面，美国持续加息，对具有消费潜力和人口大国的新兴市场形成巨大冲击，新兴市场的消费也受到抑制。漫步者披露的年报显示，公司 2022 年实现营业收入 22.14 亿元，同比下降 3.88%，归属于上市公司股东的净利润 2.47 亿元，同比下降 21.87%。利润出现大幅下降的主要原因之一是消费电子市场的需求下降，影响了公司的盈利能力。事实上，漫步者利润下滑也是 2022 年消费电子行业疲软的一个缩影，根据工信部统计，2022 年我国手机产量 15.6 亿台，同比下降 6.2%。

（二）我国数字经济规模持续增长，成为稳增长促转型的重要引擎

2022 年，在行业支持政策的推动下，我国数字经济呈现快速发展的态势。根据《数字中国发展报告（2022 年）》，中国数字经济规模在 2022 年达到 50.2 万亿元人民币，稳居世界第二，同比名义增长 10.3%，占 GDP 比重提升至 41.5%。

中国数字基础设施和数据资源规模呈现大幅提升。截至 2022 年底，中国开通 5G 基站 31.2 万个，5G 用户 5.61 亿户，全球占比超 60%；移动物联网终端用户达 18.45 亿户，成为全球主要经济体中首个实现“物超人”的国家；IPv6 活跃用户超 7 亿，移动网络 IPv6 流量占比 50%；算力总规模超 180EFLOPS，位居世界第二，年增长率近 30%；重点工业互联网平台连接设备超过 8000 万台（套）。2022 年数据产量达 8.1ZB，同比增长 22.7%，全球占比 10.5%，位居世界第二。根据工信部的统计数据，2022 年电子信息制造业实现营业收入 15.4 万亿元，同比增长 5.5%。数字经济已经成为促进经济社会智能化、绿色化、高质量发展的重要动能。

以大华股份为例，公司是全球领先的以视频为核心的智慧物联解决方案提供商和运营服务商，2022 年实现营业收入 305.65 亿元，其中 82.40%的收入来自智慧物联业务。公司以 AIoT 和物联数智平台两大技术战略为支撑，将人工智能、大数据、物联网技术有效融合于公司产品与解决方案，服务城市数字化创新和企业数智化转型。数字经济和产业数字化已成为推动公司发展的重要动力。

（三）半导体芯片供需失衡，从“供不应求”转为“库存过剩”

2022 年上半年，受芯片囤积、订单抢购等趋势带动，上游半导体芯片产业链核心厂商订单数量和价格暴涨，关键零组件及原材料短缺又带出订单积压、收入递延等情况，呈现供不应求的态势。

然而到下半年，随着消费电子行业需求骤冷，芯片半导体产业迅速迈入严重衰退期，

"缺芯潮"戛然而止，供不应求转为库存过剩，许多消费级芯片报价大幅下降。市场需求骤降、新冠疫情迫使供应链中断频繁等问题纷至沓来，市场主基调从"抢芯片"变成"去库存"。据SIA统计，2022年第三季度全球半导体销售额为1410亿美元，同比下降3.0%，环比下降6.3%；2022年第四季度全球半导体销售额为1302亿美元，同比下降14.7%，环比下滑7.7%；呈现加速下滑趋势，供需关系来到最大失衡阶段，去库存速度变缓，芯片库存持续拉升市场高位，进而导致芯片价格继续下跌，芯片设计公司甚至支付高额违约金以自损的方式来逃脱库存高企的旋涡。

以韦尔股份为例，作为数字成像解决方案的芯片设计公司，公司产品主要应用于消费电子和工业应用领域。2022年受供需失衡影响，公司半导体设计业务收入实现164.07亿元，较上年大幅减少19.49%，2022年末存货净额为123.56亿元，占期末流动资产的比例为63.00%，较上年同期增长40.71%，存货周转率达到1.32，明显低于电子行业平均水平(4.87)。根据公司年报，2022年公司产品在主要应用市场出现了产品需求减少、生产过剩、库存水平增加的情况。尽管公司已经采取积极的措施进行去库存化，但依然对2022年末的存货计提了存货跌价准备13.59亿元，导致公司利润水平进一步受到影响。因此，供需失衡下的高库存风险是电子行业发展中不可忽视的问题。

(四) 半导体设备行业收入持续增长，彰显抗周期增长特性

半导体设备泛指用于制造各类半导体产品所用的生产设备，属于半导体产业链的关键支撑环节。2022年，半导体行业整体进入了新一轮的周期性波动和库存调整周期，但受益于高性能计算、汽车电子、工业控制等领域的未来发展需求的驱动，半导体设备板块依然展现出了较强的抗周期增长特性，市场规模持续扩大。根据SEMI预计，2022年全球半导体设备销售额将达1175亿美元，同比增长14.5%。

北方华创是国内主流高端电子工艺装备供应商。2022年，公司克服了周期波动等各类不确定性带来的负面影响，半导体设备订单稳步增长，全年实现营业收入146.88亿元，较上年同期增长51.68%，归母净利润23.53亿元，较上年同期增长118.37%，经营业绩再创新高。丰富的半导体设备产品线为公司后续市场拓展打开了更广阔的发展空间。

三、2023年电子行业前景分析

2023年，随着数字经济、人工智能、新能源汽车等新兴电子终端产品加速发展迭代，在政策的持续推动下，电子行业将引领与其他各行业的融合创新，成为我国驱动经济持续增长的新引擎。

(一) ChatGPT开启大模型时代，人工智能加速发展带动算力需求提升

ChatGPT是由OpenAI研发的一种基于深度学习的自然语言处理模型，ChatGPT的出现

加速了人工智能需求端与供给端的发展，2023 年初推出两个月内，其用户数即突破 1 亿。

OpenAI 首席执行官 Sam Altman 接受公开采访表示，GTP-5 将在 2024 年底至 2025 年发布，它的参数量为 GTP-3 的 100 倍，需要的计算量为 GTP-3 的 200~400 倍。庞大的数据增量，必须运用各种具备高速运算的人工智能芯片来过滤、处理分析、训练及推理。随着 ChatGPT 及人工智能用户和应用范围的持续扩大，数据处理的压力增大，将提出庞大的算力需求，带动高算力芯片市场规模持续扩张。根据亿欧智库预测，中国 AI 核心市场规模将从 2022 年的 1935.3 亿元人民币增长至 2025 年的 4000 亿元人民币，复合年均增长率达到 27.4%，市场规模潜力巨大。

（二）半导体自主可控大势所趋，全产业链国产替代空间广阔

半导体行业作为信息技术产业的基石，对于国家安全和经济发展具有举足轻重的意义。2022 年美国对中国大陆地区半导体领域的制裁全方位加剧，从 7nm 先进制程设备的限令，延伸至“设备-代工-芯片设计”半导体产业链全环节。从供应链安全来看，随着国外对我国科技企业技术封锁持续加码，半导体设备、材料、零部件等基础环节的自主可控已成为大势所趋，且越发紧迫，国产替代将成为我国半导体市场长期的主旋律。

但我国半导体需求供给严重不平衡，高度依赖进口，其中，在国产核心芯片领域自给率不足 10%；在半导体材料领域，高端产品市场技术壁垒较高，国内企业长期研发投入和积累不足，在国际分工中多处于中低端领域，高端产品市场主要被美、日、欧、韩等少数国际大公司垄断，国内大部分产品自给率较低，基本不足 30%，主要依赖于进口。根据《中国制造 2025》规划，2025 年仅 20-14nm 制程工艺设备国产化率达到 30%。可见，未来半导体全产业链国产替代空间广阔。

（三）国防信息化建设持续推进，军工电子领域迎来发展黄金机会

军工电子作为武器装备产业链上游，在各类装备中起底层基础支撑作用，是军工信息化、智能化的基石。军工行业的发展前景取决于我国的国防战略，国防战略直接决定了国防科技工业的发展方向和国防军工领域的资金投入规模。我国政府数据显示，2023 年全国一般公共预算安排国防支出 1.58 万亿元，比上年执行数增长 7.2%。

从发展趋势来看，军队信息资源开发利用及服务、军事智能化建设需求目前正处于井喷期，军队信息化建设将成为今后 5 至 10 年军队信息化建设的主要方向之一。根据前瞻产业研究院的测算，2025 年我国军工电子行业市场规模预计将达到 5012 亿元，2021—2025 年年均复合增长率将达到 9.33%。

（四）汽车电动化智能化升级加速，汽车电子行业成长潜力巨大

在资源与环境双重压力下，在政策和技术进步的驱动下，新能源汽车已成为未来汽车工业发展的方向，传统动力系统将逐渐被驱动电机、动力电池与控制器所取代。新能源汽车的快速推广加速了汽车电动化的进程，同时也使得汽车智能化的重要性日益凸显。智能化将汽车从传统的交通工具升级成为了智能终端，相比于智能手机等其他类型的智能终端，汽车由于体积大，单个产品对智能化零部件的需求量更大，种类也更多。此外，由于关系到驾驶员及乘客的人身安全，对零部件的可靠性要求也更高。

汽车的电动化和智能化变革将带来供应链的革命。根据集微咨询预测，汽车半导体作为汽车电子的硬件核心，随着未来新能源汽车出货量及渗透率快速提升，预计 2021 年到 2025 年全球汽车半导体市场规模年均复合增长率将达到 10%，到 2025 年市场规模将达到 735. 2 亿美元。

附表　2022年度电子行业上市公司业绩评价结果排序表

序号	A股上市公司评价得分排序	股票代码	股票简称	综合得分	评价等级	每股收益（元）	总资产报酬率（%）	净资产收益率（%）	总资产周转率（次）	流动资产周转率（次）	资产负债率（%）	已获利息倍数	营业收入增长率（%）	资本扩张率（%）	市场投资回报率（%）	股价波动率（%）	年末资产总额（万元）	营业收入（万元）	净利润（万元）
1	89	300661	圣邦股份	79.40	A	2.45	24.98	28.39	0.86	1.23	20.55	372.88	42.40	43.51	-9.95	86.70	434341.95	318754.99	85823.64
2	133	002938	鹏鼎控股	77.60	A	2.16	15.25	18.88	0.97	2.10	28.00	111.32	8.69	17.32	-34.09	78.78	3880302.5	3621097.14	501153.66
3	148	002841	视源股份	76.90	A	3.05	13.45	17.95	1.18	1.76	39.59	33.63	-1.11	42.68	-25.56	64.52	2014849.41	2099026.51	212080.21
4	170	002049	紫光国微	76.20	A	3.10	21.92	28.95	0.53	0.68	36.23	42.58	33.28	34.06	-12.45	56.08	1532875.41	711990.52	264041.21
5	170	688396	华润微	76.20	A	1.98	11.04	11.70	0.41	0.64	21.78	82.84	8.77	18.26	-13.11	51.49	2645779.96	1006012.95	259912.61
6	184	601231	环旭电子	75.90	A	1.40	9.97	20.88	1.84	2.31	59.17	15.80	23.90	20.39	8.82	109.94	3857446.47	6851607.6	305998.98
7	187	002475	立讯精密	75.80	A	1.29	9.07	18.69	1.59	2.67	60.38	11.75	39.03	28.40	-31.66	104.27	14838431.91	21402839.43	1049067.68
8	187	688123	聚辰股份	75.80	A	2.93	20.76	22.51	0.53	0.60	7.48	1030.46	80.21	25.25	63.49	130.70	205737.39	98043.28	34631.63
9	248	688385	复旦微电	74.60	BBB	1.32	21.91	24.88	0.69	0.96	15.67	258.54	37.31	53.05	59.09	175.03	611088.81	353890.89	111726.48
10	251	600563	法拉电子	74.50	BBB	4.47	22.50	25.89	0.74	0.99	26.96	198.92	36.49	18.56	-19.33	75.02	567048.58	383621.63	102042.51
11	261	688008	澜起科技	74.00	BBB	1.15	14.40	9.64	0.37	0.46	7.10	1370.76	43.33	18.31	-17.11	87.59	1068604.6	367225.85	129937.17
12	282	600584	长电科技	73.70	BBB	1.82	9.15	12.40	0.88	2.45	37.47	16.85	10.69	17.35	-23.45	56.80	3940773.17	3376202.84	323098.82
13	282	601138	工业富联	73.70	BBB	1.02	8.51	14.81	1.86	2.06	54.49	15.82	16.45	8.24	-16.67	57.73	28418766.2	51184957.9	2008388.9
14	293	002937	兴瑞科技	73.50	BBB	0.74	14.16	19.64	1.06	1.63	34.11	132.90	41.16	18.61	22.58	133.36	190531.41	176713.19	21770.84
15	293	603290	斯达半导	73.50	BBB	4.79	14.70	14.26	0.43	0.55	19.45	386.36	58.53	14.90	-2.36	65.24	712775.77	270549.84	82074.64
16	359	603931	格林达	72.40	BBB	0.82	12.61	11.44	0.57	0.83	13.65	16169.44	8.72	10.02	20.00	118.33	155335.16	84759.94	16340.68
17	384	605111	新洁能	72.00	BBB	2.13	17.26	16.51	0.62	0.73	13.48	0.00	20.87	125.57	-30.14	113.55	398949.66	181094.68	43461.8
18	390	688019	安集科技	71.90	BBB	4.59	18.60	22.07	0.58	1.01	25.69	51.39	56.82	26.67	1.61	110.11	204760.13	107678.73	30143.7
19	390	688981	中芯国际	71.90	BBB	1.53	5.84	6.76	0.19	0.47	33.89	18.36	38.97	24.53	-22.64	65.56	30510369.1	4951608.4	1465353
20	408	300787	海能实业	71.70	BBB	2.16	15.23	20.93	0.92	1.68	42.36	19.38	14.69	15.17	0.00	127.95	270899.06	238594.09	32598.75
21	414	300373	扬杰科技	71.60	BBB	2.07	15.02	17.53	0.64	1.27	33.17	75.02	22.90	21.11	-17.42	88.77	948323.85	540353.2	109370.52
22	432	688200	华峰测控	71.40	BBB	5.79	19.05	17.55	0.34	0.43	6.89	2510.92	21.89	19.76	-9.03	79.93	337135.65	107055.84	52629.04
23	444	300916	朗特智能	71.20	BBB	1.89	14.54	16.02	0.92	1.04	24.71	45.12	34.51	19.21	5.43	197.61	152108.47	129133.16	18116.71
24	454	300951	博硕科技	71.10	BBB	2.55	14.82	14.40	0.49	0.61	18.76	121.86	39.94	10.40	-16.85	58.36	261649.92	116976.56	31468.97
25	454	603327	福蓉科技	71.10	BBB	0.75	22.31	19.06	1.07	1.87	23.04	69.41	16.74	13.71	22.22	160.35	243421.76	225386.35	39125.33
26	465	603986	兆易创新	71.00	BBB	3.10	14.16	13.32	0.51	0.72	8.77	287.80	-4.47	12.63	-34.25	124.72	1664506.58	812999.24	205256.83
27	477	002484	江海股份	70.80	BBB	0.79	12.48	13.81	0.74	1.24	25.64	74.27	27.38	13.35	-1.83	72.47	660845.43	452168.14	66246.94
28	485	003019	宸展光电	70.70	BBB	1.77	17.94	17.71	0.97	1.11	17.80	80.33	13.79	16.21	-13.79	59.40	185073.13	181192.19	26077.03
29	501	002222	福晶科技	70.50	BBB	0.53	18.02	16.91	0.52	0.87	9.94	359.46	11.57	13.47	-10.64	64.85	158464.03	76837.55	23842.57

续 表

序号	A股上市公司评价得分排序	股票代码	股票简称	综合得分	评价等级	每股收益（元）	总资产报酬率（%）	净资产收益率（%）	总资产周转率（次）	流动资产周转率（次）	资产负债率（%）	已获利息倍数	营业收入增长率（%）	资本扩张率（%）	市场投资回报率（%）	股价波动率（%）	年末资产总额（万元）	营业收入（万元）	净利润（万元）
30	501	300481	濮阳惠成	70.50	BBB	1.43	19.85	18.82	0.65	0.91	17.28	97.64	14.62	16.30	17.57	167.83	280454.18	159692.69	42220.18
31	561	002916	深南电路	69.90	BB	3.22	9.66	14.43	0.75	1.77	40.88	19.70	0.36	43.81	-36.36	96.57	2072654.56	1399245.4	163997.6
32	561	301031	中熔电气	69.90	BB	2.32	14.94	18.88	0.64	0.85	38.67	258.91	96.04	15.77	15.49	135.51	136528.89	75459.97	15380.21
33	588	002384	东山精密	69.60	BB	1.39	8.01	13.68	0.80	1.44	59.52	10.39	-0.67	11.83	-3.68	115.22	4053136.12	3158014.67	236725.95
34	588	300852	四会富仕	69.60	BB	2.21	16.58	19.12	0.80	1.38	26.22	285.19	16.12	18.47	-38.30	105.38	166973.06	121895.41	22553.83
35	628	688800	瑞可达	69.20	BB	2.31	12.56	16.30	0.72	0.87	36.62	162.52	80.23	89.50	-15.08	102.04	298286.9	162514.21	25317.53
36	648	688268	华特气体	69.00	BB	1.72	12.16	13.52	0.87	1.59	33.79	24.59	33.84	14.39	-12.79	145.85	239456.61	180316	20672.43
37	675	002463	沪电股份	68.70	BB	0.72	13.33	16.32	0.69	1.33	33.87	43.94	12.36	14.27	-21.28	106.61	1250132.25	833603.02	136157.5
38	689	002180	纳思达	68.50	BB	1.32	6.65	10.03	0.58	1.34	59.27	4.99	13.44	2.02	13.57	66.83	4602863.99	2585535.52	205400.9
39	689	002371	北方华创	68.50	BB	4.46	7.89	12.34	0.40	0.55	53.04	59.92	51.68	16.20	-23.12	73.13	4255139.88	1468811.2	254099.23
40	732	002643	万润股份	68.00	BB	0.79	11.41	12.76	0.59	1.39	26.73	36.90	16.56	12.53	-31.45	83.20	925973.34	508046.2	82413.87
41	732	002993	奥海科技	68.00	BB	1.76	8.24	11.92	0.74	0.95	34.46	125.83	5.22	84.96	-11.76	126.48	705528.51	446684.8	44270.97
42	732	003043	华亚智能	68.00	BB	1.88	13.79	15.51	0.49	0.57	28.14	366.24	16.83	25.94	-19.74	125.10	150790.75	61935.73	15024.29
43	746	688099	晶晨股份	67.90	BB	1.77	13.23	15.23	1.02	1.25	15.92	567.29	16.07	26.21	-41.32	155.62	586507.62	554491.44	73177.57
44	767	300684	中石科技	67.70	BB	0.69	10.30	10.68	0.75	1.09	24.19	110.61	27.62	4.34	-24.19	96.34	229092.25	159217.43	19223.09
45	782	300866	安克创新	67.60	BB	2.81	13.76	12.58	1.53	2.02	31.46	104.00	13.33	13.06	-38.78	127.19	1013198.89	1425051.98	118486.06
46	786	300613	富瀚微	67.50	BB	1.74	13.69	14.64	0.66	0.97	27.23	14.24	22.92	19.82	-35.25	87.98	344759.93	211057.36	37838.94
47	786	603297	永新光学	67.50	BB	2.54	17.22	13.73	0.46	0.65	12.81	71.55	4.27	12.88	-19.42	97.61	191302.34	82907.37	27850.93
48	818	002955	鸿合科技	67.20	BB	1.69	10.69	10.33	0.97	1.34	23.00	72.45	-21.71	14.55	11.11	108.71	470737.77	454946.8	42862.06
49	833	688093	世华科技	67.00	BB	0.77	15.19	12.43	0.33	0.93	3.88	4211.90	8.67	13.39	-32.43	91.89	147210.28	46229.42	18537.5
50	840	002079	苏州固锝	66.90	BB	0.46	13.57	8.76	1.01	1.66	19.43	43.99	32.01	14.14	4.76	114.15	341826.72	326819.93	37390.11
51	840	003028	振邦智能	66.90	BB	1.53	11.14	11.79	0.60	0.66	22.27	166.31	-20.89	13.79	0.00	126.93	180004.01	104211.04	17060.6
52	854	300054	鼎龙股份	66.70	BB	0.42	9.09	9.43	0.51	1.03	20.22	84.52	15.52	5.37	-3.18	73.53	562033.92	272148.37	45413.35
53	904	603920	世运电路	66.20	BB	0.82	8.33	12.68	0.75	1.31	44.26	9.37	17.90	6.17	-26.67	88.39	586306.79	443200.84	40140.68
54	912	002952	亚世光电	66.10	BB	0.74	12.23	13.15	0.77	0.93	25.86	3836.60	44.93	11.87	2.86	115.46	125730.29	88468.11	12463.4
55	921	300939	秋田微	66.00	BB	1.33	11.85	10.85	0.73	0.84	19.33	197.50	-0.70	9.67	-32.79	77.69	159702.19	110367.32	15859.91
56	958	300604	长川科技	65.70	BB	0.77	12.60	15.99	0.64	0.86	39.19	80.47	70.49	22.79	-10.17	140.21	469126.2	257652.9	48029.08
57	978	002600	领益智造	65.50	BB	0.23	6.57	8.99	0.96	1.80	52.32	6.60	13.49	8.93	-36.67	90.43	3619200.98	3448467.85	159007.46

续 表

序号	A股上市公司评价得分排序	股票代码	股票简称	综合得分	评价等级	每股收益（元）	总资产报酬率（%）	净资产收益率（%）	总资产周转率（次）	流动资产周转率（次）	资产负债率（%）	已获利息倍数	营业收入增长率（%）	资本扩张率（%）	市场投资回报率（%）	股价波动率（%）	年末资产总额（万元）	营业收入（万元）	净利润（万元）
58	1001	688012	中微公司	65.30	BB	1.90	6.87	6.24	0.26	0.33	22.72	269.20	52.50	11.06	-19.01	74.41	2003478.15	473983.1	116789.73
59	1030	300389	艾比森	65.00	B	0.60	7.44	13.54	0.98	1.42	60.66	78.42	20.09	-2.59	-30.51	89.44	300878.67	279598.25	20362.98
60	1047	688181	八亿时空	64.90	B	2.14	10.85	8.90	0.41	0.64	17.94	202.93	5.35	8.43	-22.92	53.04	242685.48	93426.52	20390.09
61	1067	002815	崇达技术	64.70	B	0.73	9.16	13.21	0.65	1.45	42.32	12.39	-2.08	15.34	-35.29	86.68	949056.61	587092.98	67537.71
62	1075	300666	江丰电子	64.60	B	1.11	9.05	6.98	0.58	1.05	21.61	5.66	45.80	171.94	27.27	163.91	508522.29	232387.86	23737.25
63	1084	002351	漫步者	64.50	B	0.28	10.99	10.40	0.80	1.01	17.14	688.81	-3.88	5.91	-23.81	89.98	285636.37	221439.91	26681.49
64	1084	002947	恒铭达	64.50	B	0.84	9.96	10.78	0.66	0.85	25.10	62.60	36.95	8.27	-25.53	106.51	249019.07	154775.92	19262.22
65	1099	002885	京泉华	64.40	B	0.79	7.33	13.24	1.18	1.61	62.46	13.30	35.33	16.32	21.43	203.40	250788.32	258429.06	14050.82
66	1111	603228	景旺电子	64.30	B	1.27	8.34	12.34	0.70	1.45	46.48	68.19	10.30	10.82	-36.76	119.06	1549156.69	1051399.03	108113.72
67	1123	300408	三环集团	64.20	B	0.79	8.77	7.34	0.27	0.40	12.71	188.24	-17.19	5.63	-26.67	86.95	1959337.66	514938.69	150610.32
68	1140	002130	沃尔核材	64.10	B	0.49	10.15	13.63	0.66	1.34	42.37	9.17	-1.22	16.00	-16.88	69.76	832789.72	534085.4	66004.84
69	1140	002409	雅克科技	64.10	B	1.10	7.65	8.09	0.48	0.99	23.24	22.52	12.61	34.11	-32.49	104.76	1059628.27	425918.56	54512.52
70	1186	688037	芯源微	63.80	B	2.27	8.37	9.14	0.51	0.62	39.75	36.70	67.12	134.78	3.97	164.12	349633.37	138486.71	20016.09
71	1194	688036	传音控股	63.70	B	3.09	9.82	14.65	1.50	1.78	48.57	45.78	-5.70	12.83	-47.44	193.91	3084648.73	4659590.25	246684.01
72	1204	300739	明阳电路	63.60	B	0.62	7.08	8.92	0.62	1.18	39.38	12.29	6.19	7.25	-24.39	60.03	307986.48	196892.76	18222.52
73	1227	300735	光弘科技	63.40	B	0.39	7.15	6.16	0.69	1.10	16.71	13.23	15.99	4.21	-34.62	90.66	581752	417978.02	33251.53
74	1227	300909	汇创达	63.40	B	0.85	8.55	9.17	0.47	0.86	28.50	24.67	0.05	6.62	-2.17	71.46	190764.35	82760.88	12523.9
75	1227	603328	依顿电子	63.40	B	0.27	6.21	7.63	0.64	1.16	27.42	108.35	5.16	6.14	-18.18	53.93	492635.91	305815.15	26854.18
76	1258	000062	深圳华强	63.10	B	0.91	9.24	14.88	1.49	2.08	52.19	7.57	4.82	15.10	-25.81	77.46	1636346	2394129.99	107971.07
77	1267	603078	江化微	63.00	B	0.41	4.46	5.62	0.37	0.84	35.82	6.00	18.56	60.51	-4.55	72.63	288384.22	93916.23	9049.92
78	1267	605218	伟时电子	63.00	B	0.45	6.46	7.49	0.91	1.25	20.64	207.89	13.18	5.30	-17.65	84.48	151378.58	135873.46	9614.41
79	1277	605277	新亚电子	62.90	B	0.77	9.09	11.71	0.82	1.33	56.43	26.89	14.39	3.48	-25.81	68.98	274513.07	168599.93	14369.64
80	1294	002660	茂硕电源	62.80	B	0.27	5.29	8.61	0.85	1.15	34.96	9.68	-5.08	72.15	0.00	65.55	190237.31	154321.1	8619.58
81	1294	688536	思瑞浦	62.80	B	2.23	7.09	5.38	0.47	0.53	8.81	128.21	34.50	19.21	-42.03	128.68	415131.79	178335.39	26680.74
82	1306	301067	显盈科技	62.70	B	1.35	7.87	7.86	0.64	0.94	21.63	41.91	20.65	3.28	-24.49	55.55	108437.95	68685.25	7289.7
83	1320	002156	通富微电	62.60	B	0.37	2.76	3.01	0.68	1.92	59.13	2.18	35.52	32.11	-13.21	84.99	3562942.83	2142857.66	53048.42
84	1329	300346	南大光电	62.50	B	0.34	6.54	7.74	0.33	0.69	50.42	9.72	60.62	11.23	-15.79	57.97	531456.44	158123.07	25474.93
85	1345	002962	五方光电	62.40	B	0.3	4.97	4.16	0.51	0.74	8.90	742.52	30.64	2.47	-21.05	88.12	200967.31	102942.16	9108.52
86	1345	300582	英飞特	62.40	B	0.68	9.58	10.91	0.59	1.20	39.46	18.63	6.72	16.38	-38.30	107.40	275023.14	151139.38	20156.92

续 表

序号	A股上市公司评价得分排序	股票代码	股票简称	综合得分	评价等级	每股收益（元）	总资产报酬率（%）	净资产收益率（%）	总资产周转率（次）	流动资产周转率（次）	资产负债率（%）	已获利息倍数	营业收入增长率（%）	资本扩张率（%）	市场投资回报率（%）	股价波动率（%）	年末资产总额（万元）	营业收入（万元）	净利润（万元）
87	1357	002913	奥士康	62.30	B	0.97	5.16	13.21	0.60	1.26	50.83	8.77	2.98	7.48	-34.18	74.83	770218.78	456748.25	30679.59
88	1357	002983	芯瑞达	62.30	B	0.58	7.46	7.70	0.62	0.72	27.14	0.00	16.24	6.47	-23.33	63.22	156137.5	95425.25	10592.69
89	1371	002922	伊戈尔	62.20	B	0.64	6.88	10.16	0.90	1.38	50.06	14.40	26.50	8.33	-15.15	92.37	352741.2	282109.32	19173.35
90	1371	300782	卓胜微	62.20	B	2	12.14	13.17	0.41	0.86	8.61	1964.77	-20.63	13.76	-43.05	152.06	950362.19	367749.31	107834.07
91	1385	002273	水晶光电	62.10	B	0.42	6.18	6.24	0.44	0.96	17.14	104.67	14.86	1.43	-24.44	88.12	1027860.25	437551.37	59498.99
92	1385	688138	清溢光电	62.10	B	0.37	6.51	6.37	0.47	1.49	26.46	18.15	40.12	6.93	-5.26	121.95	174303.57	76215.4	9903.16
93	1405	600206	有研新材	61.90	B	0.32	6.93	6.18	2.92	4.13	29.03	10.86	-5.01	6.75	-14.29	80.35	554065.43	1525394.52	28840.91
94	1418	301180	万祥科技	61.80	B	0.46	12.89	13.44	0.69	1.10	20.43	177.62	-10.73	14.84	-42.86	111.46	165092.04	118855.23	18556.09
95	1428	600183	生益科技	61.70	B	0.66	7.84	10.14	0.73	1.24	39.29	11.34	-11.15	2.89	-33.70	82.70	2519563.13	1801444.22	163173.34
96	1428	688683	莱尔科技	61.70	B	0.32	5.15	4.92	0.45	0.75	11.36	39.37	4.57	20.86	-20.00	65.05	113930.27	47581.96	4830.91
97	1443	002981	朝阳科技	61.60	B	0.61	5.21	7.27	0.93	1.70	47.32	6.99	5.79	7.35	30.43	65.26	160835.63	138546.31	6183.85
98	1466	688601	力芯微	61.40	B	1.63	13.48	12.69	0.65	0.68	8.35	658.57	-0.78	17.48	-43.66	137.08	125295.1	76751.72	15183.77
99	1482	002881	美格智能	61.30	B	0.54	10.11	12.89	1.43	1.86	52.50	11.97	17.11	18.65	-9.23	113.08	172670.23	230593.22	12661.46
100	1496	000823	超声电子	61.20	B	0.78	6.93	10.08	0.79	1.25	41.02	11.70	-0.87	7.56	-27.03	76.67	858535.95	667288.27	49678.51
101	1515	688210	统联精密	61.10	B	0.84	7.95	6.30	0.32	0.46	27.27	10.16	43.47	8.40	-22.50	85.08	167292.09	50864.32	9564.17
102	1537	603380	易德龙	60.90	B	1.12	10.67	14.41	1.04	1.57	37.67	48.13	12.66	11.48	-30.00	78.58	202088.48	197328.11	18395.2
103	1543	300327	中颖电子	60.80	B	0.95	16.95	23.83	0.87	1.32	24.94	223.98	7.23	11.70	-35.93	119.21	197767.01	160189.41	31238.18
104	1555	300136	信维通信	60.70	B	0.67	6.19	8.07	0.71	1.22	45.46	10.57	13.30	10.30	-32.40	97.76	1219432.46	858991.66	65690.42
105	1583	002106	莱宝高科	60.50	B	0.52	6.10	7.12	0.96	1.24	20.23	342.51	-19.90	6.47	-34.88	92.50	624716.16	615347.96	36788.31
106	1583	002782	可立克	60.50	B	0.24	5.54	11.83	1.12	1.61	55.99	17.40	98.17	11.72	4.55	164.90	373832.48	326768.43	11862.08
107	1616	002635	安洁科技	60.30	B	0.34	3.44	4.86	0.54	1.08	23.92	21.29	8.11	2.35	-22.08	68.67	777582.99	419864.82	23131.06
108	1616	688082	盛美上海	60.30	B	1.54	10.04	13.35	0.40	0.47	32.43	60.69	77.25	14.73	-27.27	100.05	817556.4	287304.55	66848.69
109	1626	603989	艾华集团	60.20	B	1.11	10.16	12.28	0.65	0.94	36.93	16.47	6.52	9.88	-29.27	81.08	538453.27	344487.43	44931.56
110	1643	300656	民德电子	60.10	B	0.58	9.73	6.29	0.44	1.05	24.38	10.85	-5.14	104.07	-24.00	76.90	153256.92	51819.73	9148.68
111	1653	688106	金宏气体	60.00	CCC	0.47	6.63	6.92	0.44	0.98	36.45	19.71	12.97	5.48	-26.92	91.77	473451.64	196705.37	24063.84
112	1677	603002	宏昌电子	59.80	CCC	0.62	15.45	6.02	0.74	0.99	31.76	0.00	-32.12	17.99	-25.00	71.78	359822.36	302243.75	55678.37
113	1687	300398	飞凯材料	59.70	CCC	0.84	9.19	12.52	0.48	0.91	39.52	8.40	10.65	17.59	-31.43	123.59	631401.31	290680.55	44353.76
114	1694	002765	蓝黛科技	59.60	CCC	0.32	5.60	6.73	0.63	1.26	51.65	8.14	-8.47	9.86	11.76	128.67	474296.14	287348.1	19609.54
115	1742	002436	兴森科技	59.20	CCC	0.33	5.93	6.31	0.53	1.22	40.87	6.13	6.23	64.01	-25.00	96.88	1188829.53	535385.5	48707.72

续 表

序号	A股上市公司评价得分排序	股票代码	股票简称	综合得分	评价等级	每股收益（元）	总资产报酬率（%）	净资产收益率（%）	总资产周转率（次）	流动资产周转率（次）	资产负债率（%）	已获利息倍数	营业收入增长率（%）	资本扩张率（%）	市场投资回报率（%）	股价波动率（%）	年末资产总额（万元）	营业收入（万元）	净利润（万元）
116	1757	301086	鸿富瀚	59.10	CCC	2.64	7.77	7.52	0.32	0.44	19.81	48.15	-3.28	5.93	-29.27	84.90	235170.64	71526.55	15408.71
117	1757	688550	瑞联新材	59.10	CCC	2.52	7.64	7.73	0.41	0.62	11.52	144.31	-2.96	3.53	-27.96	95.30	334045.66	148037.94	24653.85
118	1772	688103	国力股份	59.00	CCC	0.9	6.45	8.35	0.50	0.73	30.62	71.28	37.53	8.59	4.84	159.62	148987.18	70011.1	8628.68
119	1787	600460	士兰微	58.90	CCC	0.74	9.24	8.25	0.54	1.10	52.30	6.26	15.12	13.53	-34.63	120.38	1692048.02	828220.16	104754.56
120	1797	688678	福立旺	58.80	CCC	0.94	7.71	9.28	0.45	0.95	36.03	48.20	27.58	4.98	-39.39	126.34	229891.02	92684.36	16607.64
121	1823	002139	拓邦股份	58.60	CCC	0.46	6.69	8.83	0.89	1.30	43.83	18.96	14.27	13.78	-36.13	116.97	1036455.68	887509.91	58176.95
122	1835	300679	电连技术	58.50	CCC	1.06	9.41	7.49	0.51	0.83	24.98	25.69	-8.51	6.81	-25.00	127.02	580978.22	296957.85	46796.42
123	1835	688233	神工股份	58.50	CCC	0.99	10.97	10.23	0.33	0.55	8.30	570.08	13.79	14.11	-48.10	157.79	175965.86	53923.65	15829.03
124	1849	605588	冠石科技	58.40	CCC	1.12	7.10	6.33	0.85	1.12	26.52	38.49	-20.69	7.90	-25.64	64.82	136883.26	110776.34	8163.3
125	1849	688126	沪硅产业	58.40	CCC	0.12	2.34	0.90	0.17	0.54	23.24	5.75	45.95	86.26	-28.00	76.47	2546260.64	360036.1	34455.05
126	1870	605058	澳弘电子	58.20	CCC	0.93	6.19	7.79	0.46	0.61	36.93	25.69	5.18	6.73	-24.00	67.21	242163.84	112615.53	13307.53
127	1875	603738	泰晶科技	58.10	CCC	0.69	10.81	10.32	0.44	0.81	11.82	54.30	-26.14	9.05	-43.65	133.05	206301.31	91636.2	18998.56
128	1891	300285	国瓷材料	58.00	CCC	0.5	7.70	8.04	0.41	0.83	15.95	19.77	0.16	2.76	-27.94	91.08	750177.66	316688.86	52684.88
129	1906	000509	华塑控股	57.90	CCC	0	4.07	0.12	1.49	2.34	63.99	2.84	199.99	0.95	8.82	52.12	61213.92	88375.07	659.8
130	1944	000045	深纺织A	57.60	CCC	0.14	1.35	2.32	0.51	1.08	28.24	2.42	23.73	1.70	22.22	108.90	561713.74	283798.83	11179.2
131	1962	002138	顺络电子	57.50	CCC	0.54	6.39	7.70	0.41	1.15	44.24	7.90	-7.41	4.27	-25.94	96.57	1093845.14	423820.97	52502.68
132	1962	300655	晶瑞电材	57.50	CCC	0.28	7.08	6.03	0.57	1.31	36.85	11.20	-4.71	20.59	-39.06	99.54	321565.55	174580.01	16656.34
133	1962	688195	腾景科技	57.50	CCC	0.45	6.12	5.59	0.34	0.61	13.31	56.70	13.74	5.05	-23.33	132.20	101404.33	34433.67	5838.49
134	1975	300576	容大感光	57.40	CCC	0.25	4.90	6.09	0.62	0.91	35.01	72.48	-6.42	27.32	-34.94	84.75	119199.4	73534.07	5133.66
135	1989	002866	传艺科技	57.30	CCC	0.4	3.71	8.53	0.57	0.90	42.63	6.71	4.07	6.53	263.64	410.59	358044.63	199870.89	11385.31
136	1989	600130	波导股份	57.30	CCC	0.02	3.05	1.32	0.44	0.56	12.74	87.07	-32.11	2.75	12.50	62.49	120120.96	53456.09	3250.16
137	2007	688711	宏微科技	57.20	CCC	0.57	5.69	6.54	0.62	0.92	42.82	12.77	68.18	10.17	17.12	132.37	168898.64	92608.38	7853.96
138	2019	300968	格林精密	57.10	CCC	0.28	5.41	5.96	0.67	0.89	17.84	139.28	10.17	1.91	-38.46	97.18	234617.84	156802.2	11587.95
139	2019	605358	立昂微	57.10	CCC	1.02	5.47	5.96	0.19	0.43	47.03	6.21	14.69	19.17	-39.62	132.91	1854162.38	291421.63	66922.89
140	2033	300223	北京君正	57.00	CCC	1.64	6.86	6.83	0.46	0.84	9.36	6960.82	2.61	9.07	-35.86	105.36	1242183.66	541186.75	77893.68
141	2040	002241	歌尔股份	56.90	CCC	0.52	2.62	5.74	1.52	2.60	60.79	5.97	34.10	8.33	-67.20	191.46	7717635.55	10489432.42	179101.84
142	2070	002185	华天科技	56.70	CCC	0.24	4.18	2.87	0.39	1.12	38.01	6.24	-1.58	6.87	-33.59	92.17	3097143.18	1190596.05	102261.86
143	2070	300814	中富电路	56.70	CCC	0.55	5.29	6.23	0.84	1.24	39.03	21.55	6.69	6.94	-21.74	79.50	185026.85	153672.54	9659.82
144	2107	300475	香农芯创	56.40	CCC	0.75	11.78	14.55	3.20	4.98	54.47	4.30	49.61	22.99	-37.29	82.18	426213.05	1377230.39	31394.17

续 表

序号	A股上市公司评价得分排序	股票代码	股票简称	综合得分	评价等级	每股收益（元）	总资产报酬率（%）	净资产收益率（%）	总资产周转率（次）	流动资产周转率（次）	资产负债率（%）	已获利息倍数	营业收入增长率（%）	资本扩张率（%）	市场投资回报率（%）	股价波动率（%）	年末资产总额（万元）	营业收入（万元）	净利润（万元）
145	2107	603633	徕木股份	56. 40	CCC	0. 24	4. 19	4. 55	0. 39	0. 72	35. 46	3. 58	35. 75	68. 17	-6. 06	107. 49	288113. 81	93062. 21	6835. 09
146	2118	002741	光华科技	56. 30	CCC	0. 3	3. 68	6. 21	0. 98	1. 66	52. 51	3. 02	27. 99	11. 89	-11. 29	79. 21	372873. 81	330232. 92	11408. 06
147	2118	688661	和林微纳	56. 30	CCC	0. 46	3. 66	2. 67	0. 28	0. 38	6. 14	35. 74	-22. 06	120. 20	-33. 70	118. 92	134006. 89	28844. 22	3812. 98
148	2137	600877	电科芯片	56. 20	CCC	0. 19	8. 59	8. 67	0. 58	0. 61	23. 97	193. 66	-5. 43	11. 49	-8. 70	97. 17	284076. 87	156509. 73	22313. 88
149	2137	603629	利通电子	56. 20	CCC	0. 36	3. 10	2. 15	0. 67	0. 95	43. 17	5. 30	12. 24	3. 69	4. 17	92. 93	287725. 47	202542. 52	6542. 45
150	2137	688183	生益电子	56. 20	CCC	0. 38	5. 32	6. 84	0. 53	1. 17	41. 33	7. 67	-3. 09	4. 62	-28. 57	80. 51	696131. 71	353468. 89	31290. 93
151	2153	301099	雅创电子	56. 10	CCC	1. 93	13. 02	15. 88	1. 33	1. 59	45. 89	12. 34	55. 36	37. 62	-24. 18	109. 52	213324. 97	220277. 84	16367. 71
152	2165	300701	森霸传感	56. 00	CCC	0. 16	6. 00	4. 82	0. 30	0. 44	10. 80	50. 75	-19. 73	1. 77	-31. 71	70. 51	84835. 92	24991. 11	4298. 05
153	2179	000020	深华发 A	55. 90	CCC	0. 04	3. 23	1. 32	1. 05	1. 84	41. 92	3. 95	-13. 22	2. 95	0. 00	51. 72	60882. 38	66443. 51	1012. 78
154	2193	300793	佳禾智能	55. 80	CCC	0. 51	5. 29	6. 82	0. 62	0. 86	30. 87	29. 48	-20. 54	7. 62	-12. 50	68. 91	352326. 48	217225. 08	17358. 27
155	2210	600171	上海贝岭	55. 70	CCC	0. 57	8. 92	8. 06	0. 42	0. 71	15. 05	297. 05	0. 98	6. 18	-27. 94	83. 55	497601. 59	204426. 64	39958. 96
156	2231	300623	捷捷微电	55. 50	CCC	0. 49	5. 80	7. 26	0. 27	0. 61	44. 50	25. 30	2. 86	7. 73	-29. 81	98. 64	762482. 45	182351. 06	35548. 94
157	2242	300319	麦捷科技	55. 40	CCC	0. 23	4. 46	4. 46	0. 56	1. 09	27. 61	86. 86	-5. 02	6. 46	-40. 78	109. 96	563423. 54	315163. 14	21867. 03
158	2242	300964	本川智能	55. 40	CCC	0. 62	3. 87	3. 28	0. 42	0. 56	26. 47	0. 00	0. 94	1. 60	-32. 50	101. 06	137094. 95	55926. 34	4762. 72
159	2253	605258	协和电子	55. 30	CCC	0. 57	3. 74	3. 68	0. 48	0. 82	19. 16	28. 18	-6. 32	2. 36	-18. 75	87. 40	142609. 86	68767. 89	4993. 14
160	2260	688589	力合微	55. 20	CCC	0. 75	8. 15	6. 84	0. 50	0. 57	21. 08	80. 49	39. 92	9. 39	-39. 29	101. 04	103444. 08	50382. 29	7507. 31
161	2276	002119	康强电子	55. 10	CCC	0. 27	6. 45	7. 20	0. 84	1. 43	35. 72	6. 03	-22. 41	7. 28	-18. 87	82. 06	190717. 44	170279. 15	10197. 58
162	2290	300032	金龙机电	55. 00	CC	0. 06	3. 44	2. 69	1. 26	2. 19	63. 67	2. 11	104. 30	5. 34	-30. 00	58. 79	322390. 87	385808. 13	5205. 97
163	2299	002045	国光电器	54. 90	CC	0. 4	4. 06	7. 20	1. 19	1. 76	58. 50	4. 93	24. 47	8. 51	-7. 69	147. 87	520557. 03	599371. 91	17917. 94
164	2317	300433	蓝思科技	54. 80	CC	0. 5	4. 56	4. 60	0. 60	1. 62	43. 35	5. 74	3. 16	3. 70	-51. 22	158. 61	7834564. 14	4669854. 56	251986. 57
165	2317	603005	晶方科技	54. 80	CC	0. 35	5. 38	5. 24	0. 24	0. 44	12. 36	119. 58	-21. 62	1. 91	-37. 35	100. 70	458732. 84	110607. 1	23277. 41
166	2317	837212	智新电子	54. 80	CC	0. 43	10. 66	11. 21	0. 94	1. 32	15. 02	127. 74	-4. 06	6. 30	-54. 55	188. 08	46735. 19	43387. 51	4544. 48
167	2331	002402	和而泰	54. 70	CC	0. 48	7. 50	10. 07	0. 76	1. 22	42. 09	14. 00	-0. 34	24. 57	-40. 86	127. 88	849067	596547. 32	50672. 24
168	2331	300672	国科微	54. 70	CC	0. 83	2. 24	4. 60	0. 60	0. 97	52. 93	5. 52	55. 26	167. 42	-42. 98	185. 45	849032. 01	360489. 94	15288. 78
169	2361	000021	深科技	54. 50	CC	0. 42	3. 84	5. 83	0. 59	0. 97	56. 99	4. 30	-2. 24	4. 26	-30. 77	76. 66	2781293. 95	1611837. 52	68878. 73
170	2361	300476	胜宏科技	54. 50	CC	0. 92	7. 12	11. 42	0. 57	1. 34	51. 50	10. 86	6. 10	10. 64	-53. 33	185. 33	1430377. 39	788515. 46	79064. 58
171	2361	300857	协创数据	54. 50	CC	0. 63	6. 23	8. 60	1. 19	1. 49	48. 96	6. 76	6. 37	10. 55	-32. 14	140. 50	280633. 58	314833. 86	13088. 68
172	2361	600363	联创光电	54. 50	CC	0. 6	5. 52	7. 25	0. 49	1. 01	40. 06	7. 11	-7. 59	10. 16	-23. 76	101. 03	701239. 64	331371. 02	32711. 38
173	2393	603595	东尼电子	54. 30	CC	0. 46	4. 44	3. 51	0. 50	1. 22	53. 09	2. 48	41. 04	25. 81	77. 61	235. 31	428830. 38	188858. 99	10568. 19

续 表

序号	A股上市公司评价得分排序	股票代码	股票简称	综合得分	评价等级	每股收益（元）	总资产报酬率（%）	净资产收益率（%）	总资产周转率（次）	流动资产周转率（次）	资产负债率（%）	已获利息倍数	营业收入增长率（%）	资本扩张率（%）	市场投资回报率（%）	股价波动率（%）	年末资产总额（万元）	营业收入（万元）	净利润（万元）
174	2407	600353	旭光电子	54.20	CC	0.18	5.86	6.12	0.50	0.73	36.17	29.61	13.36	28.93	105.66	217.20	275163.04	114124.15	12009.27
175	2407	603890	春秋电子	54.20	CC	0.36	4.10	6.42	0.75	1.35	46.32	5.58	-3.65	3.16	-28.95	85.32	519084.6	384467.12	13448.77
176	2419	300088	长信科技	54.10	CC	0.28	6.11	7.68	0.57	1.53	33.04	32.76	-0.44	7.87	-51.63	144.51	1306481.63	698726.34	71239.27
177	2419	688135	利扬芯片	54.10	CC	0.23	2.29	2.04	0.31	1.25	35.84	3.57	15.65	3.44	-33.33	84.30	169388.49	45243.5	3237
178	2441	002137	实益达	54.00	CC	0.25	8.29	2.56	0.33	0.61	19.84	477.40	-30.73	10.52	20.00	90.70	193655.4	63827.39	14824.51
179	2441	002655	共达电声	54.00	CC	0.17	5.29	8.55	0.81	1.38	40.65	11.58	2.81	13.98	-30.61	99.23	119812.46	96312.51	6219.61
180	2441	300822	贝仕达克	54.00	CC	0.28	3.66	3.13	0.62	1.00	21.16	38.38	-8.07	1.75	-37.14	89.57	156509.48	99378.36	4214.02
181	2494	002859	洁美科技	53.70	CC	0.41	4.77	5.99	0.29	0.75	42.16	6.08	-30.10	30.25	-17.02	82.33	480893.15	130118.28	16586.98
182	2494	603386	骏亚科技	53.70	CC	0.6	5.31	9.27	0.74	1.75	57.78	5.67	-5.65	3.48	-28.57	71.41	357026.28	257282.73	16262.58
183	2494	688689	银河微电	53.70	CC	0.67	6.75	5.38	0.41	0.55	32.57	7.30	-18.79	19.45	-41.03	116.97	190358.61	67595.78	8638.04
184	2512	000100	TCL科技	53.50	CC	0.02	1.65	-0.93	0.50	1.82	63.29	1.24	1.84	10.44	-40.00	95.18	35999623.2	16655278.6	178805.9
185	2521	002141	贤丰控股	53.40	CC	0.2	16.47	-8.01	0.65	1.22	9.26	124.92	-39.73	43.48	-31.91	77.40	134333.21	88574.69	23735.21
186	2532	300493	润欣科技	53.30	CC	0.11	4.89	5.34	1.46	1.74	35.70	11.44	13.13	27.96	-20.00	64.43	159321.47	210153.45	5387.02
187	2532	300936	中英科技	53.30	CC	0.46	3.93	2.57	0.25	0.35	12.48	40.29	13.94	0.49	-33.33	97.16	101625.27	24795.17	3443.66
188	2549	300976	达瑞电子	53.20	CC	2.13	6.82	5.82	0.43	0.56	10.44	499.51	21.01	3.69	-48.32	143.32	355070.97	146931.58	20151
189	2565	300831	派瑞股份	53.00	CC	0.17	6.90	5.66	0.19	0.23	9.98	733.65	-1.34	5.62	-23.53	90.02	94740.36	17579.08	5499.32
190	2565	603690	至纯科技	53.00	CC	0.89	4.52	6.30	0.34	0.57	52.13	3.69	46.32	9.76	-22.45	69.85	983794.5	304952.53	28030.11
191	2576	002449	国星光电	52.90	CC	0.2	2.13	1.31	0.56	0.96	42.95	21.30	-5.95	0.23	-21.88	74.99	657981.48	357988.57	12127.37
192	2576	002729	好利科技	52.90	CC	0.17	6.27	5.13	0.46	0.87	19.55	23.23	13.67	6.59	1.43	125.47	58545.03	25300.94	3034.22
193	2576	600237	铜峰电子	52.90	CC	0.13	4.79	5.89	0.57	0.94	33.18	10.92	4.04	7.24	-28.95	81.22	192452.93	104048.27	8178.67
194	2576	600552	凯盛科技	52.90	CC	0.18	4.74	2.31	0.54	0.96	53.59	3.14	-26.90	51.11	-18.09	69.61	962603.47	462315.97	22368.48
195	2632	002134	天津普林	52.50	CC	0.07	2.12	7.96	0.75	1.38	41.83	0.00	-17.05	3.79	-16.67	81.59	76015.77	58072.47	1605.89
196	2632	300545	联得装备	52.50	CC	0.43	3.72	3.92	0.38	0.55	43.11	6.11	9.93	4.60	-33.33	86.65	263636.59	97491.02	7492.99
197	2648	688107	安路科技	52.40	CC	0.15	3.35	0.47	0.58	0.61	14.43	107.36	53.57	6.38	-13.51	101.87	187576.82	104200.92	5982.8
198	2673	003015	日久光电	52.20	CC	0.15	3.96	3.40	0.35	0.80	19.64	10.82	-3.93	-5.99	-25.00	79.87	130866.79	46913.81	3989.23
199	2673	300843	胜蓝股份	52.20	CC	0.4	3.52	4.35	0.67	1.00	44.48	21.91	-10.16	9.16	-40.00	125.06	191316.93	117038.93	5542.37
200	2682	300903	科翔股份	52.10	CC	0.13	0.82	0.04	0.54	0.96	61.59	7.90	17.05	97.65	-16.00	54.26	620414.8	263662.01	4653.32
201	2682	301041	金百泽	52.10	CC	0.32	3.69	3.84	0.76	1.11	23.96	65.17	-6.83	4.21	-32.14	121.94	83555.58	65165.72	3345.05
202	2706	300303	聚飞光电	51.90	CC	0.14	4.90	5.61	0.46	0.67	40.76	8.46	-4.62	0.66	-38.24	89.29	494101.15	226179.39	19379.83

续 表

序号	A股上市公司评价得分排序	股票代码	股票简称	综合得分	评价等级	每股收益（元）	总资产报酬率（%）	净资产收益率（%）	总资产周转率（次）	流动资产周转率（次）	资产负债率（%）	已获利息倍数	营业收入增长率（%）	资本扩张率（%）	市场投资回报率（%）	股价波动率（%）	年末资产总额（万元）	营业收入（万元）	净利润（万元）
203	2706	300812	易天股份	51.90	CC	0.32	2.47	4.67	0.43	0.52	45.24	26.01	35.44	4.07	-14.63	89.77	157971.92	65534.65	4294.69
204	2716	688508	芯朋微	51.80	CC	0.79	4.72	3.82	0.43	0.53	14.52	0.00	-4.46	-2.97	-40.00	139.53	172014.02	71959.14	8883.45
205	2716	871553	凯腾精工	51.80	CC	0.13	6.80	6.15	0.77	1.54	23.78	17.67	-3.98	1.13	-33.33	106.55	50937.53	37791.08	2854.94
206	2732	000670	盈方微	51.70	CC	0.02	7.21	8.22	1.79	2.45	82.41	3.92	8.10	48.21	208.70	475.08	197742.36	312420.42	6414.82
207	2740	002876	三利谱	51.60	CC	1.19	7.07	7.80	0.57	0.94	38.44	8.64	-5.66	8.43	-38.53	174.51	379273.04	217352.3	21236.61
208	2740	002925	盈趣科技	51.60	CC	0.9	10.14	11.17	0.54	0.79	29.62	28.34	-38.46	-3.61	-50.00	133.64	775726.42	434522	70847.62
209	2779	600745	闻泰科技	51.20	CC	1.18	3.85	4.05	0.78	1.93	52.26	3.75	10.15	6.08	-57.20	212.23	7668979.91	5807869.84	136009.63
210	2838	300516	久之洋	50.60	CC	0.46	5.43	6.10	0.49	0.61	17.05	0.00	2.00	5.09	-32.73	95.91	151023.52	74365.89	8210.05
211	2838	688728	格科微	50.60	CC	0.18	4.51	4.58	0.38	0.69	56.50	3.93	-15.10	4.58	-40.00	125.10	1815217.99	594379.67	43882.19
212	2884	300543	朗科智能	50.00	C	0.28	4.41	5.68	0.80	1.09	47.44	6.77	-25.32	6.09	-38.10	104.18	208555	174068.32	7182.6
213	2940	688662	富信科技	49.40	C	0.62	6.77	7.63	0.55	0.68	22.48	36.24	-28.04	1.79	-38.64	119.48	94183.87	50131.89	5676.93
214	2967	000727	冠捷科技	49.10	C	0.02	2.55	2.23	1.62	2.18	75.57	2.49	-12.36	17.70	-35.29	83.67	3519513.77	6188289.67	22660.96
215	2984	300046	台基股份	48.90	C	0.08	1.74	1.85	0.31	0.35	7.79	1850.13	7.05	2.60	-35.00	95.10	114706.07	35219.15	1876.16
216	2984	300446	乐凯新材	48.90	C	0.02	0.90	-0.11	0.21	0.47	16.17	4.20	10.91	0.80	2.94	88.06	81549.62	16979.82	540.41
217	2984	300647	超频三	48.90	C	0.04	1.62	-0.43	0.51	0.85	45.29	1.34	98.48	18.74	-4.35	88.82	240505.64	115033.68	1022.16
218	2998	002681	奋达科技	48.70	C	0.05	2.67	3.38	0.66	1.48	45.28	4.07	-29.38	-1.13	-2.44	75.65	404575.83	294314.13	7479.55
219	3007	600288	大恒科技	48.60	C	0.16	2.44	1.18	0.65	0.92	38.44	9.62	-8.47	1.81	-5.08	58.12	359301.4	232215.86	6529.07
220	3007	600703	三安光电	48.60	C	0.15	2.27	-0.91	0.25	0.71	35.01	3.47	5.17	24.60	-50.67	131.33	5838928.78	1322231.61	68505.69
221	3023	300458	全志科技	48.50	C	0.34	6.42	3.80	0.43	0.60	16.90	37.38	-26.69	5.45	-34.40	109.46	355899.36	151413.22	21105.97
222	3033	688127	蓝特光学	48.40	C	0.24	3.85	2.36	0.21	0.39	21.78	73.83	-8.45	2.35	-27.27	113.60	192666.87	38036.61	9687.61
223	3043	300566	激智科技	48.30	C	0.22	2.24	0.45	0.56	0.85	51.76	2.56	2.96	0.00	3.90	134.15	357348.69	198147.75	5640.54
224	3058	688007	光峰科技	48.20	C	0.26	1.24	-0.89	0.60	0.89	36.73	2.11	1.72	4.51	-24.24	120.62	433335.03	254114.46	3083.88
225	3069	002584	西陇科学	48.10	C	0.15	3.10	0.27	1.26	1.67	53.46	3.09	14.93	0.43	-26.92	120.64	497741.62	618320.88	8667.47
226	3069	688655	迅捷兴	48.10	C	0.35	5.37	5.11	0.47	0.83	34.56	52.37	-21.17	5.61	-47.83	139.98	104609.2	44465.98	4634.61
227	3082	600360	华微电子	48.00	C	0.06	2.33	1.13	0.29	0.70	52.99	1.49	-11.62	0.75	-25.71	68.65	690214.13	195314.44	5975.18
228	3090	603933	睿能科技	47.90	C	0.26	3.49	3.43	1.05	1.32	40.05	5.76	2.42	9.03	-16.67	78.26	210791.53	213584.82	5655.44
229	3099	300115	长盈精密	47.80	C	0.04	1.86	0.73	0.88	1.67	66.40	1.06	37.63	0.85	-42.79	140.90	1758074.16	1520293.55	6852.01
230	3099	688018	乐鑫科技	47.80	C	1.21	4.12	3.65	0.60	0.69	12.30	112.95	-8.31	0.20	-47.13	156.57	208279.68	127112.72	9732.31
231	3099	688521	芯原股份	47.80	C	0.15	2.54	0.47	0.65	0.92	34.32	9.23	25.23	6.84	-40.54	104.00	442616.01	267899.01	7381.43

续 表

序号	A股上市公司评价得分排序	股票代码	股票简称	综合得分	评价等级	每股收益（元）	总资产报酬率（%）	净资产收益率（%）	总资产周转率（次）	流动资产周转率（次）	资产负债率（%）	已获利息倍数	营业收入增长率（%）	资本扩张率（%）	市场投资回报率（%）	股价波动率（%）	年末资产总额（万元）	营业收入（万元）	净利润（万元）
232	3116	002388	新亚制程	47.60	C	0.05	3.51	0.96	0.76	0.86	42.34	3.59	-21.44	1.74	13.64	136.92	254020.39	180738.54	2383.93
233	3136	000636	风华高科	47.40	C	0.31	2.83	0.76	0.29	0.69	24.06	12.89	-23.37	69.64	-46.07	131.13	1581679.35	387393.2	33945.27
234	3136	688299	长阳科技	47.40	C	0.4	5.23	4.72	0.44	0.88	23.28	110.99	-11.08	4.26	-45.16	130.21	270134.04	115304.27	11342.87
235	3143	002036	联创电子	47.30	C	0.09	2.58	-0.28	0.78	1.46	69.37	1.23	3.57	12.85	-42.76	126.07	1502440.59	1093537.14	6462.47
236	3153	003026	中晶科技	47.10	C	0.19	3.27	3.71	0.26	0.45	38.60	5.81	-22.62	-2.55	-31.51	110.18	140331.89	33813.97	3421.33
237	3162	300219	鸿利智汇	47.00	C	0.25	4.87	7.03	0.78	1.50	51.42	11.14	-10.77	8.46	-56.63	162.73	487175.46	363641.57	18030.48
238	3185	300232	洲明科技	46.70	C	0.06	0.76	0.90	0.69	1.03	53.36	5.26	-2.12	-0.50	-41.11	109.65	985704.36	707594.54	5189.97
239	3185	300602	飞荣达	46.70	C	0.19	1.74	-0.54	0.70	1.32	57.71	1.67	34.88	0.68	-37.84	140.13	627044.62	412451.09	7451.71
240	3185	300632	光莆股份	46.70	C	0.17	2.71	2.03	0.32	0.41	26.42	7.38	-18.53	-3.38	-16.67	93.36	258807.97	82627.02	5217.18
241	3195	688110	东芯股份	46.60	C	0.42	5.62	4.87	0.27	0.30	4.78	110.57	1.03	3.82	-39.53	75.59	432358.71	114600.09	21735.85
242	3212	603936	博敏电子	46.40	C	0.15	2.09	1.43	0.43	1.13	46.78	2.90	-17.28	1.39	-25.00	110.72	691850.18	291238.77	8066.92
243	3239	002587	奥拓电子	46.10	C	0.03	0.32	0.80	0.41	0.50	38.77	4.50	-4.35	-0.49	-5.00	80.37	226011.19	92377.3	1957.87
244	3239	300131	英唐智控	46.10	C	0.05	4.33	2.78	1.49	1.97	47.20	1.94	-18.45	26.69	-38.36	107.66	349659.13	516869.61	4722.86
245	3243	301045	天禄科技	46.00	C	0.26	2.80	2.97	0.61	1.00	16.86	18.82	-26.62	3.29	-46.67	118.95	102897.22	65300.23	2724.86
246	3246	871981	晶赛科技	45.90	C	0.57	4.86	5.41	0.49	0.87	35.66	18.84	-18.45	6.89	-56.41	180.13	81418.86	38726.67	4359.53
247	3263	002869	金溢科技	45.70	C	0.11	0.42	-0.54	0.19	0.28	20.36	4.03	62.89	-9.16	24.14	163.37	259045.09	49121.13	1924.59
248	3263	688010	福光股份	45.70	C	0.19	1.34	0.12	0.28	0.57	36.04	1.90	15.76	0.77	-28.57	72.02	280966.22	78096.96	2545.42
249	3267	688167	炬光科技	45.60	C	1.41	5.66	3.47	0.21	0.25	9.29	121.22	15.98	5.60	-54.19	154.38	270743.1	55186.02	12633.77
250	3282	603893	瑞芯微	45.30	C	0.72	7.65	5.98	0.60	0.73	13.35	109.38	-25.34	2.45	-41.18	124.41	337021.4	202967.51	29742.73
251	3282	688766	普冉股份	45.30	C	1.64	3.66	1.69	0.42	0.44	17.55	214.65	-16.15	2.70	-36.31	145.27	240654.49	92482.83	8314.63
252	3297	688079	美迪凯	45.10	C	0.06	1.00	1.23	0.22	0.66	16.58	5.98	-5.86	-0.93	-40.00	118.36	190906.97	41373.35	2028.48
253	3310	300706	阿石创	44.90	C	0.09	2.73	1.16	0.52	1.00	46.43	2.40	13.84	-4.94	-12.50	83.52	142205.44	69483.13	1629.15
254	3310	300975	商络电子	44.90	C	0.21	5.87	7.14	1.49	1.64	59.48	4.69	5.18	12.98	-47.06	134.01	424147.09	564064.89	13180.83
255	3320	300296	利亚德	44.80	C	0.11	2.98	2.34	0.53	0.73	45.15	5.05	-7.89	4.72	-46.80	132.53	1489268.28	815363.27	28586.92
256	3351	000701	厦门信达	44.30	C	-0.14	4.27	-19.09	5.92	8.33	77.23	1.85	-13.40	4.55	0.00	50.88	1602178.61	9400039.69	21876.01
257	3360	000725	京东方A	44.20	C	0.19	0.94	-5.49	0.41	1.18	51.96	1.01	-18.65	-7.06	-30.77	73.47	42056786.59	17841373.12	-173717.52
258	3360	688055	龙腾光电	44.20	C	0.08	4.14	4.59	0.60	1.25	30.13	12.49	-26.62	3.76	-42.86	113.48	687577.99	420676.2	25163.9
259	3378	300162	雷曼光电	43.80	C	0.09	2.85	1.44	0.74	1.08	50.77	4.31	-16.89	5.09	-40.68	101.75	141418.4	108326.76	2746.88
260	3387	002077	大港股份	43.70	C	0.08	1.75	1.49	0.13	0.57	22.17	2.82	-16.73	1.91	145.45	345.58	442615.02	56927.81	6536.52

续 表

序号	A股上市公司评价得分排序	股票代码	股票简称	综合得分	评价等级	每股收益（元）	总资产报酬率（%）	净资产收益率（%）	总资产周转率（次）	流动资产周转率（次）	资产负债率（%）	已获利息倍数	营业收入增长率（%）	资本扩张率（%）	市场投资回报率（%）	股价波动率（%）	年末资产总额（万元）	营业收入（万元）	净利润（万元）
261	3398	300256	ST星星	43.60	C	0.06	11.92	-80.38	0.21	0.36	27.93	2.65	-80.56	506.19	-13.33	69.09	269731.51	62571.14	14233.82
262	3408	002888	惠威科技	43.40	C	-0.11	-3.53	-4.05	0.48	0.72	14.73	0.00	-21.83	-7.97	-4.17	54.63	46723.23	22628.26	-1462.67
263	3408	300120	经纬辉开	43.40	C	0.08	2.24	1.41	0.63	1.25	40.55	1.90	-18.33	1.71	-30.00	79.48	443902.15	269986.58	4178.32
264	3420	000050	深天马A	43.20	C	0.05	1.71	-4.28	0.39	1.60	62.63	1.13	-1.20	-13.22	-34.23	83.30	8098935.35	3144747.69	10779.47
265	3426	603626	科森科技	43.10	C	0.16	2.85	1.54	0.58	1.35	45.53	2.80	-17.44	3.69	-45.83	132.96	569905.08	342366.11	8677.86
266	3438	688230	芯导科技	42.90	C	1.42	5.95	3.07	0.15	0.17	1.88	8481.56	-29.33	4.00	-44.12	113.71	221276.33	33614.79	11944.63
267	3446	603186	华正新材	42.70	C	0.25	1.16	1.16	0.61	1.20	69.91	1.19	-9.23	1.56	-36.84	135.14	564023.33	328550.46	4063.88
268	3454	002636	金安国纪	42.60	C	0.12	1.73	0.46	0.57	0.87	40.80	18.43	-36.17	0.85	-47.50	130.74	624356.19	376039.88	9681.27
269	3465	301182	凯旺科技	42.40	C	0.34	2.45	1.75	0.41	0.56	15.65	15.76	-18.03	0.37	-44.12	117.82	115598.95	50455.3	3229.91
270	3473	002724	海洋王	42.30	C	0.18	4.07	1.36	0.45	0.68	19.67	222.50	-17.91	-1.15	-48.39	125.76	386494.27	173418.76	14200.49
271	3473	300991	创益通	42.30	C	0.06	1.35	-0.13	0.37	1.04	48.88	2.08	-13.62	-2.98	-33.33	123.74	123782.92	43121.84	820.09
272	3478	002745	木林森	42.20	C	0.13	1.52	1.19	0.62	1.11	45.94	2.46	-11.27	1.28	-46.88	126.38	2492330.03	1651677.43	19779.02
273	3492	600651	飞乐音响	42.00	C	0.12	6.78	-7.32	0.54	0.86	47.78	5.32	-27.07	7.52	-7.18	47.06	474614.8	333394.37	30592.45
274	3499	603501	韦尔股份	41.80	C	0.84	5.34	0.37	0.60	1.01	48.56	3.63	-16.70	11.01	-62.37	226.78	3519016.22	2007817.95	95833.36
275	3522	300184	力源信息	41.50	C	0.19	5.80	6.57	1.52	1.87	33.64	9.43	-23.01	8.49	-36.21	90.18	535058.89	803945.19	22531.93
276	3570	300650	太龙股份	40.70	C	0.25	3.69	4.80	1.45	2.41	46.38	4.50	-34.61	1.57	-45.10	139.39	211750.08	323535.33	5685.77
277	3574	301189	奥尼电子	40.60	C	0.55	2.54	1.63	0.25	0.31	12.81	16.15	-30.24	1.46	-46.30	132.15	264436.9	66806.08	6354.59
278	3576	300102	乾照光电	40.50	C	-0.06	-0.08	-4.29	0.26	0.61	41.76	-0.09	-9.65	57.84	-29.17	88.61	701525.27	169771.34	-5126.2
279	3595	603703	盛洋科技	40.10	C	0.05	2.18	0.80	0.42	0.72	55.47	1.51	-16.05	-9.08	-35.71	116.78	192338.15	81870.01	1823.78
280	3634	300236	上海新阳	39.20	C	0.17	1.15	2.52	0.19	0.54	26.08	3.84	17.64	-16.69	-29.70	76.71	562035.27	119568.61	5690.86
281	3634	600601	*ST方科	39.20	C	-0.1	-2.73	-59.09	0.70	1.44	40.12	-0.80	-10.00	0.00	20.39	53.02	576472.75	488869.28	-42547.28
282	3639	300889	爱克股份	39.10	C	0.23	1.52	1.38	0.34	0.44	38.83	5.30	-20.04	3.33	-38.10	99.23	264351.37	90530.02	3759.66
283	3639	688519	南亚新材	39.10	C	0.2	0.50	-0.80	0.76	1.07	45.25	2.05	-10.19	-7.50	-54.35	180.40	488896.63	377821.13	4488.52
284	3654	300956	英力股份	38.80	C	-0.21	-0.48	-4.00	0.64	1.15	44.88	-0.49	-18.78	6.12	-36.36	86.15	210676.52	137235.8	-2922.48
285	3676	300808	久量股份	38.30	C	-0.17	-2.05	-2.54	0.36	0.85	23.53	-3.73	-19.58	-2.52	-7.14	69.07	137851.62	50571.82	-2723.19
286	3676	603773	沃格光电	38.30	C	-2.02	-8.81	-18.34	0.48	1.02	53.29	-9.57	33.21	-7.96	25.93	69.98	322032.92	139868.11	-30456.32
287	3691	600071	凤凰光学	37.80	C	0.02	0.93	-1.82	0.95	1.52	70.56	0.79	17.08	0.99	-51.79	218.41	208610.97	186473.53	119.46
288	3697	300077	国民技术	37.60	C	-0.06	0.93	-6.21	0.38	0.67	52.95	0.79	17.47	12.39	-40.50	105.73	370626.08	119541.09	-1892.95
289	3697	300241	瑞丰光电	37.60	C	0.02	0.81	-2.93	0.38	0.86	41.29	1.39	-9.27	-0.24	-40.63	101.03	364652.33	133577.8	1167.07

续 表

序号	A股上市公司评价得分排序	股票代码	股票简称	综合得分	评价等级	每股收益（元）	总资产报酬率（%）	净资产收益率（%）	总资产周转率（次）	流动资产周转率（次）	资产负债率（%）	已获利息倍数	营业收入增长率（%）	资本扩张率（%）	市场投资回报率（%）	股价波动率（%）	年末资产总额（万元）	营业收入（万元）	净利润（万元）
290	3697	300736	百邦科技	37.60	C	-0.26	-17.07	-20.57	1.35	1.81	35.71	-16.76	-6.22	-22.26	30.00	108.05	19402.91	29264.05	-3254.97
291	3704	600751	海航科技	37.50	C	0.07	1.77	1.05	0.01	0.02	33.06	25.01	-99.91	-6.18	-15.38	65.19	1064252.1	14693.1	19406
292	3713	002161	远望谷	37.20	C	-0.04	-0.14	-2.41	0.17	0.43	48.29	-0.09	-2.31	-0.79	-5.66	100.35	278827.15	48085.9	-3119.76
293	3741	300076	GQY视讯	36.70	C	-0.04	-1.61	-3.63	0.15	0.19	9.73	-78.82	23.27	-1.55	-19.23	72.14	112045.82	16327.75	-1627.46
294	3769	002426	胜利精密	36.00	C	-0.07	-2.12	-5.33	0.46	1.07	50.04	-1.57	-17.62	-6.19	0.00	104.00	855002.13	412282.35	-24905.53
295	3802	300128	锦富技术	35.20	C	-0.21	-6.47	-22.91	0.58	1.23	63.44	-3.68	44.21	11.68	-18.60	55.45	284931.71	140197.15	-20729.11
296	3818	002579	中京电子	34.80	C	-0.3	-1.61	-7.68	0.46	1.34	59.60	-1.29	3.72	-5.82	11.11	135.74	664693.1	305431.78	-17909.49
297	3818	688049	炬芯科技	34.80	C	0.44	2.95	1.79	0.23	0.24	4.41	205.45	-21.20	3.34	-53.45	152.22	185076.74	41470.39	5375.18
298	3843	603685	晨丰科技	34.00	C	-0.24	-1.00	-5.61	0.50	0.93	48.93	-0.71	-24.92	-7.51	-26.09	58.33	219603.69	116241.33	-5939.59
299	3846	688608	恒玄科技	33.80	C	1.02	1.98	0.20	0.23	0.24	7.02	53.06	-15.89	1.01	-60.96	228.18	641326.46	148479.84	12241.94
300	3866	002654	万润科技	33.10	C	-0.2	-4.41	-12.67	0.89	1.19	61.73	-3.74	-15.04	-11.04	19.23	92.22	423607.36	374765.03	-19916.48
301	3892	688595	芯海科技	32.30	C	0.02	0.05	-3.84	0.44	0.60	35.49	0.11	-6.28	11.01	-49.11	164.06	170072.91	61767.25	291.35
302	3903	600666	*ST瑞德	31.90	C	0.05	6.30	-107.36	0.17	0.33	49.25	1.44	-24.07	0.00	50.00	184.22	346182.17	53125.29	5964.95
303	3920	300940	南极光	31.50	C	-0.24	-4.10	-5.82	0.47	0.67	36.92	-505.29	-31.87	-5.38	-25.00	98.98	129225.07	64227.34	-4553.77
304	3921	002055	得润电子	31.40	C	-0.42	-1.50	-10.84	0.80	1.32	65.77	-0.99	2.21	-9.09	-38.10	102.24	935536.78	775459.51	-30855.45
305	3949	300537	广信材料	30.70	C	-0.17	-2.92	-6.47	0.41	0.76	47.85	-6.96	-19.56	-5.92	-15.38	107.56	124349.22	49787.14	-3909.99
306	3952	300269	联建光电	30.60	C	-0.1	-1.66	-77.32	0.90	1.57	95.14	-0.71	21.05	-63.47	0.00	88.05	122524.94	124775.56	-5983.67
307	3969	688798	艾为电子	30.20	C	-0.32	-1.53	-2.95	0.46	0.60	25.24	-5.94	-10.21	-5.17	-50.26	160.31	472857.76	208952.16	-5338.28
308	3976	300657	弘信电子	30.10	C	-0.66	-5.28	-20.15	0.57	1.17	58.74	-4.98	-12.61	21.94	-33.33	135.99	498010.27	279238.41	-32226.26
309	3976	688699	明微电子	30.10	C	0.1	0.04	-1.74	0.38	0.48	11.23	0.89	-45.28	-9.55	-59.30	182.74	171994.53	68461.59	1062.75
310	3989	688538	和辉光电-U	29.70	C	-0.12	-4.03	-10.73	0.13	0.54	48.84	-4.17	4.24	-9.16	0.00	57.12	3089323.23	419088.15	-160179.21
311	4019	688359	三孚新科	29.00	C	-0.35	-6.58	-7.70	0.52	0.81	36.94	-22.12	-2.94	-16.32	17.24	224.16	75444.4	36462.45	-3647.65
312	4032	300708	聚灿光电	28.70	C	-0.12	-2.07	-11.23	0.61	1.07	55.66	-6.88	0.96	-2.33	-48.48	140.75	363873.5	202857.31	-6340.25
313	4043	002855	捷荣技术	28.50	C	-0.5	-4.13	-9.51	0.99	1.96	60.46	-6.69	-12.74	-11.76	-11.11	71.31	260488.67	269790	-13992.6
314	4056	000413	东旭光电	28.10	C	-0.29	-1.70	-13.08	0.10	0.18	59.67	-0.91	4.63	-8.64	-20.00	50.87	5859518.95	589259.88	-179520.41
315	4080	002289	ST宇顺	27.60	C	-0.09	-7.65	-10.55	0.42	0.70	14.87	-25.45	-26.53	-9.36	-8.33	113.93	28986.33	13508.61	-2547.29
316	4101	002992	宝明科技	27.10	C	-1.25	-8.84	-23.29	0.42	0.86	54.71	-11.14	-15.74	-15.36	305.56	441.84	207168.99	93982.35	-22384.5
317	4108	300429	强力新材	26.90	C	-0.18	-2.25	-6.89	0.25	0.59	47.92	-3.46	-14.22	-6.87	-38.89	96.10	372149.4	89104.82	-12526.82
318	4108	603679	华体科技	26.90	C	-0.53	-4.24	-10.93	0.30	0.47	41.13	-5.18	-26.61	18.27	-22.73	86.78	145574.63	43307.87	-7744.52

续 表

序号	A股上市公司评价得分排序	股票代码	股票简称	综合得分	评价等级	每股收益（元）	总资产报酬率（%）	净资产收益率（%）	总资产周转率（次）	流动资产周转率（次）	资产负债率（%）	已获利息倍数	营业收入增长率（%）	资本扩张率（%）	市场投资回报率（%）	股价波动率（%）	年末资产总额（万元）	营业收入（万元）	净利润（万元）
319	4113	300709	精研科技	26.80	C	-1.25	-7.52	-14.38	0.71	1.32	46.24	-18.07	4.31	-19.45	-37.93	112.78	351816.8	250764.7	-26261.69
320	4117	002387	维信诺	26.70	C	-1.51	-5.75	-16.80	0.19	0.84	62.02	-2.48	64.52	-13.43	-32.35	97.89	4002311.14	747669.26	-260245.45
321	4121	688020	方邦股份	26.50	C	-0.85	-3.18	-4.94	0.16	0.30	20.72	-18.50	9.24	-4.59	-37.21	183.28	196793.09	31262.63	-6482.54
322	4128	300456	赛微电子	26.40	C	-0.1	-2.18	-5.43	0.11	0.24	21.11	-9.09	-15.37	-3.13	-37.04	115.31	697677.24	78581.57	-14923.7
323	4128	300686	智动力	26.40	C	-0.98	-8.99	-17.73	0.65	1.15	44.04	-16.38	-19.45	-17.89	-20.83	91.86	253589.27	174466.8	-25635.7
324	4133	002861	瀛通通讯	26.30	C	-0.76	-6.09	-13.22	0.45	0.96	42.10	-6.35	-30.74	-11.09	-17.65	67.11	158490.64	72488.04	-11762.71
325	4143	002845	同兴达	26.10	C	-0.15	-0.67	-7.96	1.01	1.38	63.83	-0.85	-34.54	-13.14	-35.00	119.05	734503.11	841876.36	-5062.22
326	4177	002808	ST 恒久	25.20	C	-0.08	-4.67	-7.49	0.29	0.40	26.75	-22.05	-30.22	-6.97	-11.11	65.49	53382.3	16584.48	-2820.03
327	4182	300323	华灿光电	25.10	C	-0.12	-1.17	-6.48	0.21	0.55	43.30	-1.54	-25.39	-2.27	-46.34	125.35	1107912.43	235497.84	-14706.63
328	4191	688286	敏芯股份	24.90	C	-1.03	-4.51	-6.21	0.25	0.37	11.81	-151.00	-16.80	-6.74	-44.94	151.65	116748.63	29265.02	-5502.3
329	4197	300868	杰美特	24.80	C	-0.92	-5.72	-9.36	0.33	0.41	21.94	-15.29	0.58	-8.46	-42.31	111.11	208612.04	71915.93	-11756.21
330	4210	000536	华映科技	24.60	C	-0.44	-9.64	-28.35	0.23	0.86	56.17	-4.55	-22.03	-24.26	-22.22	59.50	926073.48	234981.05	-122341.53
331	4236	002369	卓翼科技	23.90	C	-0.23	-6.14	-20.46	0.68	2.08	59.87	-21.39	-22.83	-10.73	-35.48	137.02	271962.28	192549.58	-13113.87
332	4266	300279	和晶科技	23.10	C	-0.73	-9.75	-37.36	0.73	1.06	66.01	-6.51	-5.10	-6.95	-38.30	105.92	244859.41	195524.84	-31330.73
333	4302	300331	苏大维格	22.20	C	-1.07	-8.76	-17.25	0.50	0.80	44.08	-9.79	-1.21	-9.52	-43.14	163.24	324386.71	171580.84	-29695.24
334	4316	600203	福日电子	21.90	C	-0.53	-1.71	-11.97	1.56	2.14	72.88	-1.59	-11.18	-30.27	-41.18	108.27	896857.81	1655045.65	-31907.69
335	4316	603133	*ST 碳元	21.90	C	-0.43	-14.94	-35.10	0.19	0.57	40.69	-18.30	-66.85	-24.34	20.00	80.27	46654.76	10713.44	-9466.55
336	4328	002199	东晶电子	21.60	C	-0.28	-10.80	-18.55	0.30	0.62	33.50	-19.85	-40.60	-15.89	-19.05	76.14	55193.89	18082.59	-6931.55
337	4338	688260	昀冢科技	21.10	C	-0.57	-6.44	-17.29	0.40	1.02	68.54	-3.48	-10.90	-15.85	-22.22	110.30	133022.03	46306.2	-7465.2
338	4356	300322	硕贝德	20.50	C	-0.19	-5.87	-20.14	1.03	0.86	56.65	-2.82	-20.90	0.00	-46.67	115.21	299415.99	154573.27	-9448.05
339	4393	300752	隆利科技	19.40	C	-1.58	-17.26	-37.82	0.58	0.91	54.81	-44.57	-36.63	-28.47	-43.59	122.79	171175.83	125206.16	-32996.82
340	4405	688256	寒武纪-U	18.90	C	-3.14	-20.67	-30.18	0.11	0.14	14.39	-327.84	1.11	-17.40	-39.56	106.75	577041.96	72903.46	-132500.68
341	4409	603068	博通集成	18.70	C	-1.58	-11.20	-12.55	0.33	0.40	11.00	-196.69	-34.87	-11.30	-45.28	140.40	201965.68	71322.14	-24138.08
342	4439	002288	超华科技	17.70	C	-0.36	-6.86	-22.36	0.51	1.01	56.49	-2.73	-30.14	-19.68	-39.66	105.12	306017.51	172715.53	-33831.98
343	4459	600707	彩虹股份	16.80	C	-0.74	-4.73	-16.47	0.21	0.72	51.44	-3.23	-40.90	-11.89	-43.75	118.26	4075403.42	896695.28	-266236.9
344	4477	301051	信濠光电	16.00	C	-1.91	-4.61	-7.79	0.35	0.62	43.21	-7.20	-15.21	-13.43	-61.60	209.20	470991.16	159124.95	-18661.29
345	4477	603160	汇顶科技	16.00	C	-1.63	-9.68	-10.45	0.34	0.55	17.49	-41.56	-40.77	-10.53	-51.40	170.98	942667.33	338395.22	-74763.99
346	4498	600898	ST 美讯	15.00	C	-0.27	-15.32	-57.73	0.23	0.46	73.83	-8.37	-39.94	-44.61	0.00	106.04	41065.97	11780.04	-8678.1
347	4502	002217	合力泰	14.80	C	-1.11	-12.66	-40.44	0.45	0.76	71.96	-5.19	-26.64	-37.93	-31.82	81.80	2325113.23	1190825.91	-339303.08

续 表

序号	A股上市公司评价得分排序	股票代码	股票简称	综合得分	评价等级	每股收益（元）	总资产报酬率（%）	净资产收益率（%）	总资产周转率（次）	流动资产周转率（次）	资产负债率（%）	已获利息倍数	营业收入增长率（%）	资本扩张率（%）	市场投资回报率（%）	股价波动率（%）	年末资产总额（万元）	营业收入（万元）	净利润（万元）
348	4510	688216	气派科技	14.40	C	-0.55	-4.14	-7.86	0.30	0.94	50.24	-19.15	-33.23	-11.16	-46.94	169.43	178805.72	54037.82	-5856.35
349	4517	300460	惠伦晶体	13.90	C	-0.48	-6.31	-12.87	0.20	0.51	45.72	-4.14	-39.75	-13.15	-38.46	147.04	193404.09	39486.84	-13488.65
350	4517	300671	富满微	13.90	C	-0.79	-7.03	-10.05	0.25	0.35	33.76	-10.92	-43.70	-9.28	-47.55	168.04	327522.32	77130.26	-19453.78
351	4526	688368	晶丰明源	13.20	C	-3.29	-5.93	-17.88	0.41	0.65	39.33	-7.79	-53.12	-19.95	-59.01	207.91	251632.01	107939.98	-20586.68
352	4560	002456	欧菲光	10.60	C	-1.59	-24.46	-80.42	0.69	1.17	78.19	-14.85	-35.09	-58.95	-49.21	125.09	1823187.48	1482719.03	-569557.37
353	4567	300301	＊ST长方	8.90	C	-0.28	-17.97	-78.90	0.62	1.50	80.64	-9.12	-54.15	-53.86	-52.38	188.60	99527.02	72841.81	-22492.3
354		001298	好上好	53.10	CC	1.31	6.21	8.99	2.71	2.76	40.72	4.77	-6.52	139.41	-120.77	29.30	253554.8	639518.74	9922.41
355		001308	康冠科技	65.80	BB	2.96	21.83	32.86	1.52	1.76	40.06	212.77	-2.54	120.58	-41.31	88.65	989316.32	1158704.38	151761.1
356		301106	骏成科技	64.30	B	1.28	10.15	9.53	0.63	0.82	16.35	624.39	12.02	153.38	-41.10	83.65	134920.27	63265.47	9076.77
357		301123	奕东电子	60.50	B	0.6	5.33	6.22	0.58	0.86	16.80	55.74	4.21	197.95	-37.55	100.90	370689.33	156342.84	13739.26
358		301132	满坤科技	57.80	CCC	0.87	6.81	6.97	0.60	0.92	24.79	60.30	-12.40	150.07	-97.56	60.97	217417.05	104182.65	10683.71
359		301135	瑞德智能	57.10	CCC	0.48	3.00	3.64	0.67	0.89	30.67	7.88	-21.88	136.33	-15.59	62.44	185483.46	103436.72	4412.41
360		301176	逸豪新材	56.20	CCC	0.51	5.01	4.58	0.72	1.22	24.29	2.96	5.01	140.39	-40.49	18.10	220238.08	133470.95	7032.58
361		301183	东田微	46.50	C	0.25	2.07	1.05	0.35	0.54	20.30	16.83	-24.19	100.23	-56.93	92.10	105531.73	30584.82	1756.06
362		301280	珠城科技	65.60	BB	2.25	9.21	10.35	0.69	0.81	18.87	60.12	-0.70	208.33	0.00	0.00	207767.18	104365.85	12167.6
363		301282	金禄电子	62.20	B	1.12	8.22	12.01	0.76	1.24	30.99	21.81	12.73	217.93	-97.22	52.26	244628.21	149649.28	14097.31
364		301285	鸿日达	50.20	CC	0.29	5.42	4.93	0.48	0.79	27.95	6.30	-3.94	195.26	-51.28	18.59	153452.26	59390.68	5429.3
365		301297	富乐德	67.70	BB	0.35	7.67	7.54	0.47	0.92	21.76	37.66	9.57	112.86	0.00	0.00	174095.62	62375.63	8807.82
366		301308	江波龙	43.70	C	0.19	1.00	0.69	1.10	1.35	25.94	2.50	-14.55	51.79	-96.20	78.52	896376.37	832993.43	7279.7
367		301319	唯特偶	76.10	A	1.74	10.54	11.11	1.13	1.24	11.49	22.48	21.06	193.79	13.74	27.99	121254.02	104472.97	8271.55
368		301321	翰博高新	29.50	C	-0.44	-1.26	-4.17	0.60	1.13	62.73	-1.64	-24.02	-5.02	-96.49	50.32	387653.12	220715.15	-4194.59
369		301326	捷邦科技	54.50	CC	1.46	6.40	8.77	0.78	1.22	18.53	29.66	3.32	181.88	-54.35	24.30	172954.54	103445.24	7634.94
370		301328	维峰电子	69.10	BB	1.88	9.55	9.59	0.39	0.49	8.02	822.74	17.56	366.51	-14.71	41.44	200580.71	48029.22	11208.56
371		301359	东南电子	59.30	CCC	0.6	6.37	5.40	0.37	0.56	4.93	590.28	-18.23	103.25	-150.86	22.87	87930.42	24707.5	3941.99
372		301366	一博科技	68.70	BB	2.25	10.17	9.75	0.47	0.67	11.00	0.00	10.60	180.96	-30.17	11.99	234854.6	78465.56	15223.9
373		301369	联动科技	64.70	B	3.35	12.14	12.13	0.31	0.33	6.89	535.27	1.92	255.03	-106.03	34.92	170531.29	35010.67	12648.35
374		301379	天山电子	66.20	BB	1.47	10.37	14.29	0.97	1.29	25.13	68.19	13.25	205.05	-89.61	19.70	167035.68	123334.4	11832.37
375		301389	隆扬电子	59.50	CCC	0.75	12.45	10.78	0.24	0.25	3.12	595.85	-12.11	238.52	-55.56	26.16	240344.46	37644.72	16885.93
376		430139	华岭股份	59.30	CCC	0.3	8.95	6.71	0.32	0.63	10.27	45.85	-3.14	124.84	-50.41	129.26	114546.67	27549.39	6986.73

续　表

序号	A股上市公司评价得分排序	股票代码	股票简称	综合得分	评价等级	每股收益（元）	总资产报酬率（%）	净资产收益率（%）	总资产周转率（次）	流动资产周转率（次）	资产负债率（%）	已获利息倍数	营业收入增长率（%）	资本扩张率（%）	市场投资回报率（%）	股价波动率（%）	年末资产总额（万元）	营业收入（万元）	净利润（万元）
377		603052	可川科技	76.10	A	2.84	15.92	20.55	0.79	0.90	27.16	364.93	20.72	154.85	18.52	28.82	149276.59	90528.77	15847.81
378		688035	德邦科技	56.10	CCC	1.06	8.30	7.06	0.54	0.76	14.80	24.33	58.90	271.65	-84.03	60.18	258341.73	92852.03	12130.07
379		688041	海光信息	59.90	CCC	0.38	7.20	8.74	0.32	0.54	16.89	39.54	121.83	191.15	-83.33	74.99	2193425.39	512526.67	112474.45
380		688045	必易微	50.30	CC	0.61	0.23	1.14	0.52	0.58	7.61	2.15	-40.72	199.96	-2.88	83.93	146661.5	52581.63	2897.06
381		688047	龙芯中科	43.30	C	0.14	1.08	-5.94	0.23	0.30	10.94	81.53	-38.51	179.43	-8.32	38.19	436834.08	73865.79	5175.2
382		688048	长光华芯	52.40	CC	0.94	5.32	1.22	0.17	0.24	7.42	64.88	-10.13	407.80	27.24	131.27	349601.14	38560.15	11926.39
383		688052	纳芯微	64.50	B	2.7	6.74	4.79	0.43	0.54	5.28	40.61	93.76	1069.42	30.98	83.05	686067.85	167039.27	25013.1
384		688061	灿瑞科技	68.50	BB	2.21	8.95	8.10	0.36	0.41	5.37	238.26	10.43	489.41	4.94	21.62	271803.05	59320.12	13504.24
385		688072	拓荆科技	64.80	B	3.18	7.45	7.09	0.35	0.38	49.30	182.54	125.02	210.72	168.65	164.95	731328.65	170556.27	36415.24
386		688120	华海清科	66.70	BB	5.25	10.36	13.57	0.30	0.34	38.79	101.85	104.86	492.77	-10.10	82.77	782675.89	164883.83	50160.1
387		688130	晶华微	43.90	C	0.39	2.49	1.21	0.13	0.13	2.69	171.55	-35.97	260.87	-58.78	64.60	134653.93	11104.33	2212.51
388		688141	杰华特	49.10	C	0.35	5.65	4.67	0.52	0.64	27.95	7.89	38.99	235.25	-147.06	4.29	436049.41	144767.82	13644.8
389		688150	莱特光电	57.60	CCC	0.27	8.44	5.95	0.19	0.33	11.70	20.52	-16.74	108.35	0.00	125.75	190851.12	28029.83	10547.59
390		688153	唯捷创芯	48.50	C	0.14	3.17	0.83	0.73	0.83	9.30	15.05	-34.79	248.74	-35.14	76.91	422466.68	228787.61	5339.1
391		688172	燕东微	52.30	CC	0.45	3.60	2.95	0.14	0.22	18.52	19.82	6.91	40.97	-289.86	18.71	1782465.39	217522.43	46437.28
392		688173	希荻微	40.40	C	-0.04	-1.57	-2.43	0.43	0.47	7.84	-34.60	20.86	272.02	-49.72	116.00	194656.68	55947.9	-1515.25
393		688209	英集芯	62.30	B	0.38	12.26	11.73	0.65	0.75	6.25	418.87	11.09	158.11	-18.94	73.76	187202.46	86726.14	15431.99
394		688213	思特威-W	33.80	C	-0.22	-1.66	-3.65	0.48	0.63	38.36	-1.50	-7.67	41.97	-49.34	85.02	605401.05	248298.73	-8274.8
395		688220	翱捷科技-U	32.90	C	-0.61	-4.48	-8.68	0.40	0.45	10.22	-30.82	0.15	560.47	-44.94	95.23	832301.55	214019.97	-25150.61
396		688234	天岳先进	27.50	C	-0.41	-4.19	-6.90	0.10	0.19	10.48	0.00	-15.56	136.27	0.00	201.45	586572.99	41703.45	-17522.76
397		688252	天德钰	69.30	BB	0.35	8.39	9.36	0.76	0.88	12.08	51.33	7.40	105.87	0.00	28.91	206274.58	119831.24	12978.48
398		688259	创耀科技	63.50	B	1.16	5.23	9.30	0.59	0.79	32.39	427.94	45.43	643.63	-8.71	72.05	219900.53	93172.7	9102.27
399		688261	东微半导	77.60	A	4.31	18.40	15.75	0.63	0.65	3.14	0.00	42.74	400.98	80.72	121.73	292642.64	111636.35	28435.63
400		688262	国芯科技	42.30	C	0.32	2.20	0.32	0.17	0.19	7.47	143.02	28.83	0.60	-10.64	130.20	304861.21	52483.06	7691.21
401		688270	臻镭科技	59.40	CCC	1.01	8.07	8.00	0.18	0.19	3.70	11106.69	27.28	353.50	119.92	227.32	216875.17	24257.99	10772.52
402		688279	峰　科技	66.00	BB	1.68	9.88	7.49	0.22	0.24	4.97	0.00	-2.25	435.07	65.91	88.01	237293.12	32297.29	14200.12
403		688322	奥比中光-UW	20.20	C	-0.77	-11.93	-13.14	0.12	0.16	5.99	0.00	-26.17	39.74	-77.78	96.58	342718.75	35004.81	-31446.08
404		688325	赛微微电	44.80	C	0.71	5.19	2.29	0.20	0.21	3.23	255.34	-41.09	629.37	-35.35	83.19	170082.03	19982.68	5192.82
405		688332	中科蓝讯	65.10	BB	1.37	6.06	5.08	0.46	0.47	4.36	325.50	-3.88	306.35	-39.06	44.31	370735.75	107990.1	14089.7

续 表

序号	A股上市公司评价得分排序	股票代码	股票简称	综合得分	评价等级	每股收益（元）	总资产报酬率（%）	净资产收益率（%）	总资产周转率（次）	流动资产周转率（次）	资产负债率（%）	已获利息倍数	营业收入增长率（%）	资本扩张率（%）	市场投资回报率（%）	股价波动率（%）	年末资产总额（万元）	营业收入（万元）	净利润（万元）
406		688362	甬矽电子	52.40	CC	0.39	3.97	2.69	0.34	1.57	64.60	2.14	5.96	114.46	-172.41	23.48	831870.01	217699.27	13711.51
407		688371	菲沃泰	53.50	CC	0.12	3.35	1.29	0.28	0.45	5.14	9.40	-3.62	336.90	-102.04	89.78	209254.58	39555.96	3328.74
408		688372	伟测科技	72.90	BBB	3.52	11.23	12.29	0.30	0.72	29.71	8.34	48.64	164.69	-15.31	24.83	338530.54	73302.33	24332.73
409		688380	中微半导	39.70	C	0.17	2.22	2.96	0.26	0.29	5.38	71.01	-42.58	143.23	-123.30	94.08	336925.27	63679.37	5917.73
410		688381	帝奥微	66.80	BB	0.83	9.29	7.80	0.27	0.32	1.56	233.15	-1.19	501.47	-19.38	40.33	317179.56	50159.35	17365.91
411		688391	钜泉科技	72.30	BBB	4.27	15.14	16.45	0.54	0.75	8.67	1489.26	42.17	553.56	-122.92	43.54	218787.5	70990.47	20005.35
412		688401	路维光电	71.20	BBB	1.08	9.51	9.61	0.39	0.80	28.06	6.74	29.66	166.81	-16.80	49.66	193725.6	64001.37	11081.74
413		688403	汇成股份	62.90	B	0.24	6.98	5.87	0.36	1.15	9.14	20.91	18.09	108.36	-108.36	62.25	319563.25	93965.28	17722.5
414		688409	富创精密	57.70	CCC	1.45	6.58	5.71	0.34	0.57	28.18	9.08	83.18	335.89	-78.32	30.41	664047.73	154446.33	23464.68
415		688416	恒烁股份	44.70	C	0.31	2.01	0.33	0.36	0.45	6.41	6.15	-24.76	277.44	-83.24	32.83	180775.6	43327.75	2120.56
416		688419	耐科装备	58.20	CCC	0.91	8.36	8.87	0.36	0.40	16.45	0.00	8.19	411.31	-148.81	26.69	112856.91	26890.73	5720.96
417		688432	有研硅	65.70	BB	0.32	10.81	11.66	0.30	0.46	11.37	3410.71	35.23	90.71	-147.06	27.50	496425.76	117531.93	42928.27
418		688496	清越科技	54.00	CC	0.15	3.17	1.95	0.53	0.92	40.62	3.26	50.40	123.70	0.00	0.00	241777.72	104419.33	4553.97
419		688498	源杰科技	64.00	B	2.23	7.26	6.76	0.19	0.27	8.42	973.00	21.89	242.15	64.10	1.79	229568.38	28290.53	10031.7
420		688525	佰维存储	52.80	CC	0.18	2.68	3.10	0.83	1.05	45.10	3.24	14.44	33.10	0.00	0.00	441119.98	298569.27	7121.87
421		831167	鑫汇科	49.30	C	0.46	4.31	7.83	1.13	1.46	51.01	8.05	-16.74	33.46	-66.00	311.65	55612.96	61745.37	2029.52
422		831526	凯华材料	59.40	CCC	0.27	11.07	11.05	0.70	0.82	11.64	139.35	-13.89	72.83	-41.46	105.99	20935.01	11730.77	1657.15
423		832876	慧为智能	63.70	B	0.5	8.57	11.89	1.45	1.52	27.41	76.01	-4.80	113.42	-21.74	87.76	35392.39	41888.01	2453.17
424		833346	威贸电子	60.60	B	0.46	9.73	8.37	0.51	0.84	12.48	116.89	-9.04	94.78	-42.86	147.28	47806.32	20206.73	3472.34
425		837821	则成电子	48.70	C	0.45	5.04	6.36	0.50	0.99	36.94	7.00	-1.06	59.81	-89.51	551.22	77607.89	32846.72	2804.45
426		838402	硅烷科技	56.50	CCC	0.74	13.27	18.41	0.51	1.31	38.29	16.44	32.16	96.29	-74.55	263.57	216710.75	95338.29	18922.42
427		870357	雅葆轩	69.10	BB	1.21	22.01	19.88	0.77	0.91	15.92	86.51	23.19	237.94	0.00	142.09	42241.76	23676.54	5847.78
428		871857	泓禧科技	64.10	B	0.46	8.44	11.06	1.00	1.22	21.07	35.72	-18.77	118.20	-18.18	61.43	46184.64	42708.39	3291.01
429		873001	纬达光电	67.00	BB	0.56	12.44	10.98	0.45	0.50	4.35	429.19	-0.34	104.58	-30.00	57.97	78034.19	26640.26	6407.34

第十一章

电力行业上市公司业绩评价

电力行业作为传统公共事业产业，是国民经济发展的支柱之一。宏观经济运行状态、国家政策、气候环境等自然因素很大程度影响着电力行业的产业结构及供需。2022 年全国全口径发电装机容量 25.6 亿千瓦，同比增长 7.8%，非化石能源装机占比近半；全国新增发电装机容量 19974 万千瓦，同比增长 11.5%，非化石能源发电装机占新增发电装机总容量的比重为 76.2%；全国全社会用电量 8.64 万亿千瓦时，同比增长 3.6%，新能源年发电量首次突破 1 万亿千瓦时。2022 年末电力（申万）行业股票指数报收于 2917.40，全年表现好于沪深 300 指数。2022 年，我国电力行业绿色低碳转型取得显著成效，电力市场建设稳步推进，电力企业上市公司业绩得到改善，新型储能产业高速发展。2023 年宏观经济运行总体回升将促进电力消费需求增长，预计 2023 年全年全社会用电量 9.15 万亿千瓦时，比 2022 年增长 6%左右。

一、电力行业上市公司业绩评价结果

截至 2022 年末，电力行业 A 股上市公司共计 93 家，较 2021 年参与业绩评价的电力公司增加 8 家，其中 2 家为新增上市公司。电力行业盈利公司 73 家，亏损 20 家，有近八成的公司实现盈利，较 2021 年有明显改善，火电板块已有过半的企业扭亏为盈；电力行业上市公司总资产共计 59737.89 亿元，比 2022 年初上升 6.5%，投资规模扩张略有放缓，占全部上市公司总资产的 6.17%。

2022 年，全部上市公司共计实现营业收入 615229.13 亿元，电力行业 93 家上市公司实现营业收入 18153.83 亿元，较上年同期上升 14.09%，占全部上市公司营业收入的 2.95%，占比较上年略有上升；全部上市公司共计实现营业利润 40891.20 亿元，电力行业上市公司实现营业利润 1418.61 亿元，较上年同期增长 111.66%，占全部上市公司营业利润的

3.47%，相比2021年提升1.98个百分点。2022年电力行业整体评价结果为中，行业业绩综合得分62.2分，比去年提高7.3分，基本与全市场综合得分63分持平。93家电力行业上市公司中南网储能、通宝能源、桂冠电力三家公司的业绩评价综合得分名列2022年度"中联价值100"。电力行业93家上市公司业绩评价等级如下：2家AA、4家A、6家BBB、16家BB、19家B、15家CCC、9家CC、22家C。表11-1列示了2022年电力行业评价得分前十的上市公司。

表11-1　2022年度电力行业评价得分前十名的公司

序号	评价单位代码	单位名称	在A股上市公司中评价得分排序排名
1	6009950	南网储能	37
2	6007800	通宝能源	68
3	6002360	桂冠电力	97
4	6004520	涪陵电力	170
5	6004830	福能股份	208
6	0020390	黔源电力	220
7	6008860	国投电力	259
8	6009000	长江电力	274
9	6000250	华能水电	282
10	6008630	内蒙华电	293

基于对电力行业上市公司的整体评价，下面分别从财务效益、资产质量、偿债风险、发展能力、市场表现五个方面对电力行业上市公司进行具体分析。

（一）财务效益

表11-2列示了电力行业上市公司财务效益状况评价结果。为确保电煤稳定供应，上游煤炭行业扩产限价，叠加电力市场化改革大范围推广，电价上涨，电力行业上市公司财务效益状况较上年有明显改善。根据财务效益状况指标具体分析，与全部上市公司平均值比较，虽然除盈利现金保障倍数外，2022年电力行业上市公司财务效益指标均低于上市公司平均水平，但财务效益状况与上市公司差异不大；与2021年行业情况相比较，除盈利现金保障倍数外，各指标均有不同程度的改善。2022年五大电力集团上网电价涨幅在18%~20%之间，以国电电力为例，其上网电价达到438.88元/兆瓦时，同比上涨21.5%，营业利润扭亏为盈，财务效益方面综合得分24.61分，高于全部上市公司的平均水平。

表 11-2 电力行业财务效益状况比较表

分析指标		2022 年上市公司平均值	2022 年行业值	2021 年行业值	增长率（%）
基本指标	扣除非经常性损益净资产收益率（%）	7.31	4.67	1.08	332.41
	总资产报酬率（%）	5.28	4.3	3.06	40.52
基本得分		21.13	19.16	15.53	23.37
修正指标	营业利润率（%）	6.65	7.81	3.5	123.14
	盈利现金保障倍数	1.84	4	6.37	-37.21
	股本收益率（%）	45.68	21.91	9.25	136.86
综合得分		23.6	22.82	18.81	21.32

（二）资产质量

表 11-3 列示了电力行业上市公司资产质量状况评价结果。从综合得分来看，2022 年电力行业上市公司资产质量状况与上市公司平均水平差异不大。水风光电力企业主要存货备品备件规模较小，因此电力企业流动资产周转率、存货周转率高于全部上市公司平均值。总资产周转率、应收账款周转率指标低于上市公司平均水平。除总资产周转率指标外，其他资产周转性指标较上年略有下滑，流动资产周转率、存货和应收账款周转率分别较上年下降了 12.76%、4.62%和 9.64%。电力行业中有 58 家上市公司的综合得分超过全部上市公司平均水平。华电国际的主营业务为电力、热力供应业务。2022 年其总资产周转率、流动资产周转率、存货周转率、应收账款周转率分别为 0.48、3.64、21.21、10.2，除总资产周转率外，其他资产质量指标均高于行业其他上市公司。

表 11-3 电力行业资产质量状况比较表

分析指标		2022 年上市公司平均值	2022 年行业值	2021 年行业值	增长率（%）
基本指标	总资产周转率（次）	0.66	0.31	0.31	0.00
	流动资产周转率（次）	1.27	1.71	1.96	-12.76
基本得分		9.8	9.11	9.46	-3.70
修正指标	存货周转率（次）	3.25	13.02	13.65	-4.62
	应收账款周转率（次）	8.67	5.25	5.81	-9.64
综合得分		9.31	10.18	10.42	-2.30

（三）偿债风险

表 11-4 列示了电力行业上市公司偿债风险状况评价结果。电力行业一直是资产负债率较高的行业，从综合得分来看，电力行业得分值低于全部上市公司平均值，因而偿债风险状况仍然高于上市公司平均水平。与 2021 年的情况相比，由于电力行业整体盈利能力提

升，偿债类指标得到明显改善，已获利息倍数、速动比率、现金流动负债比率和带息负债比率分别较上年提升 45.22%、14.11%、63.81%和 4.58%。从行业内具体公司来看，电力行业上市公司中有 16 家企业在偿债能力方面的综合得分高于上市公司平均水平，比去年多 3 家。其中该指标得分较高的公司有世茂能源、湖南发展、涪陵电力等。涪陵电力不仅从事电力供应业务还从事配电网节能业务，负债规模相对有限，2022 年电力销售收入约占总收入的一半，其现金流动负债比率为 69.18%，明显高于行业平均水平。

表 11-4　电力行业偿债风险状况比较表

分析指标		2022 年上市公司平均值	2022 年行业值	2021 年行业值	增长率（%）
基本指标	资产负债率（%）	58.63	64.15	64.17	-0.03
	已获利息倍数	5.4	2.28	1.57	45.22
	基本得分	8.81	6.29	5.85	7.52
修正指标	速动比率（%）	86.08	64.96	56.93	14.11
	现金流动负债比率（%）	14.64	29.6	18.07	63.81
	带息负债比率（%）	41.74	78.54	75.1	4.58
	综合得分	8.79	5.74	4.81	19.33

（四）发展能力

表 11-5 列示了电力行业上市公司发展能力状况评价结果。从综合得分来看，由于煤炭保供控价，电力系统市场化改革取得成效，结算电价提高，2022 年电力行业上市公司发展能力高于全部上市公司平均水平，与 2021 年电力行业上市公司发展能力状况相比，资本扩张率、累计保留盈余率、三年营业收入增长率、营业利润增长率较上年有明显回升。营业收入增长率及总资产增长率有所放缓。70 家电力上市公司的营业利润总额比上年同期有所增长；剩余 23 家电力企业 2022 年营业利润 423.01 亿元，比去年同期的 567.59 亿元下降 25.47%。2022 年，南方电网通过资产置换重组将南网储能的优质资产注入上市公司平台，原上市公司文山电力的地方供电业务置出，使得上市公司的盈利能力大幅提升，其 2022 年业绩排名 37 位，资本扩张率达到 992.37%。

表 11-5　电力行业发展能力状况比较表

分析指标		2022 年上市公司平均值	2022 年行业值	2021 年行业值	增长率（%）
基本指标	营业收入增长率（%）	8.8	14.09	23.33	-39.61
	资本扩张率（%）	9.1	7.75	1.93	301.55
	基本得分	12.01	12.68	10.69	18.62
修正指标	累计保留盈余率（%）	43.64	29.19	27.31	6.88
	三年营业收入增长率（%）	11.1	11.55	11.2	3.13
	总资产增长率（%）	7.88	6.5	9.3	-30.11
	营业利润增长率（%）	0.85	111.66	-70.23	-258.99
	综合得分	12.21	13.28	10.35	28.31

（五）市场表现

2022 年我国电力行业指数的变动趋势与沪深 300 指数基本相同，下半年电力行业市场表现好于沪深 300 指数。2022 年末电力（申万）行业股票指数 2917.40，较 2021 年末下降 15.61%，跌幅略低于沪深 300 指数 20.47%的负增长率，具体如图 11-1 所示。表 11-6 列示了电力行业上市公司市场表现状况评价结果。从综合得分来看，电力行业上市公司市场回报率为-7.26%，高于全部上市公司-12.92%的水平，较 2021 年电力行业 54.63%的回报率大幅跌落。从公司来看，电力行业有 62 家上市公司在市场表现方面优于全部上市公司平均得分。除了当年上市的公司，国投电力、华能水电、黔源电力几家水电板块公司在市场表现方面得分较高。根据华能水电 2022 年度报告，2022 年公司全年发电量同比增长 6.59%，并通过低利率资金提前置换存量债务等方式进行成本管控、优化债务融资结构、降低财务费用。华能水电 2022 年每股收益同比增加 9.37%，市场投资回报率为 14.29%。

表 11-6　电力行业市场表现状况比较表

分析指标		2022 年上市公司平均值	2022 年行业值	2021 年行业值	增长率（%）
基本指标	市场投资回报率（%）	-12.92	-7.26	54.63	-113.29
	股价波动率（%）	98.53	81.56	122.39	-33.36
	基本得分	9.09	10.19	10.51	-3.04
修正指标	净资产收益率（%）	8.25	5.28	2.05	157.56
	综合得分	9.09	10.19	10.51	-3.04

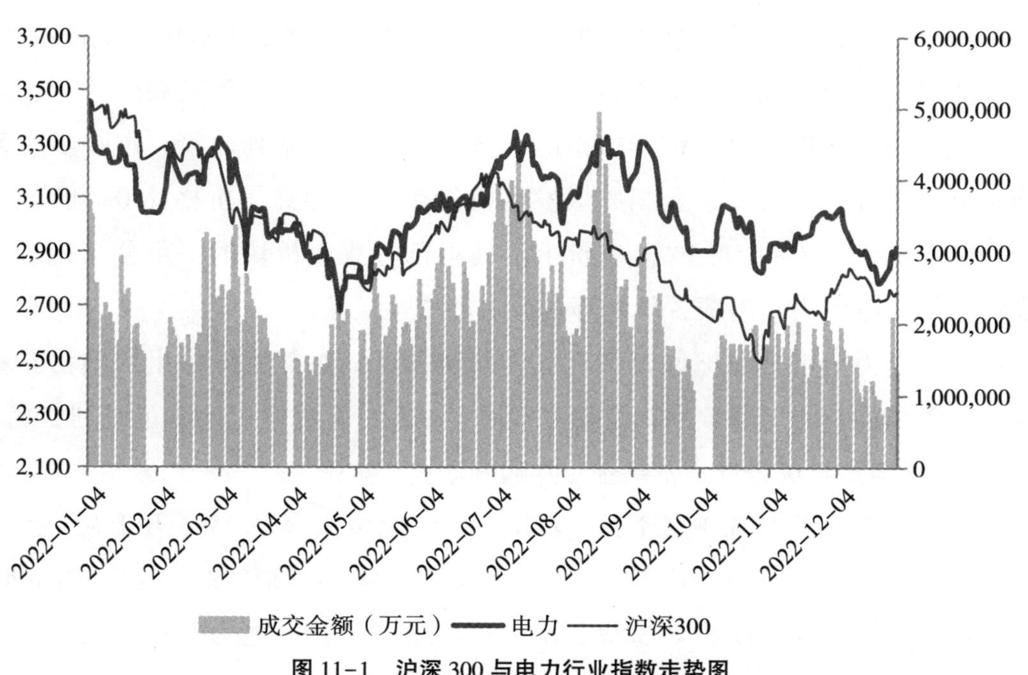

图 11-1　沪深 300 与电力行业指数走势图

二、2022 年度电力行业上市公司业绩影响因素分析

2022 年全社会用电量 8.64 万亿千瓦时，同比增长 3.6%，增速较 2021 年有所放缓，近两年用电量增速与全国 GDP 增速的相关性较高。总体而言，电力消费结构日益优化，第一产业、第三产业、城乡居民生活用电比重略有提高，第二产业用电比重略有下降。乡村电气化水平、新能源汽车充换电服务业、新兴服务业等快速发展，推动用电结构向一产、三产和居民倾斜。电动汽车行业快速增长，全年新能源汽车产量大幅提升，带动新能源车整车制造用电量增长超七成，充换电服务业用电量同比增长近四成。

在电力供给方面，2022 年推出一系列电煤“保供稳价”政策，加之电力系统市场化改革大面积推行，电价有所提升，电力企业盈利能力增强。受三季度高温少雨的气候条件影响，云南、四川等西南水电大省电力供需紧张。为保障电力稳定供应，火电核准装机速度加快，火电投资增长 13.3%，光伏新增装机容量仍保持高速增长，非化石能源发电装机占新增发电装机总容量的比重为 76.2%。此外，水电、储能领域均有重大资产重组项目，为 A 股市场注入新动能。2022 年影响电力行业业绩的因素主要如下。

（一）煤炭增产、火电价格深化改革双管齐下确保火电稳定供应

2022 年，煤炭行业的周期属性有所弱化。2022 年初受俄乌局势影响，国内外煤炭价格倒挂，石油天然气等能源进口额下降，导致电煤供给紧张、价格上涨。为了抑制电煤价格上涨对电力行业的影响，一方面，国家发展改革委出台了电煤中长期合同价格形成机制和现货交易价格上限，有助于煤价趋向合理区间。另一方面，2022 年新增煤炭产能 3.2 亿吨，保障了煤炭的稳定供应，稳定了电煤价格和市场预期。同时，国家发展改革委、能源局印发《关于加快建设全国统一电力市场体系的指导意见》等一系列政策，进一步完善市场化交易、强化分时电价。2022 年，全国燃煤发电机组市场平均交易价格达 0.449 元/千瓦时，较全国平均基准电价上浮约 18.3%。电价上涨使得部分火电板块的上市公司扭亏为盈，而拥有煤炭资源的国电电力、内蒙古华电等企业盈利增速显著。

此外，多家电力上市公司把握政策红利，落实国家针对能源保供出台的信贷政策，优化自身债务融资结构、降低贷款利率及财务费用，也在一定程度上改善了盈利状况。

（二）水电发电量持续走低，龙头企业并购落地资产扩张

2022 年，水电装机容量 4.1 亿千瓦，新增并网水电装机容量 2387 万千瓦。受汛期降水下降影响，2022 年水电设备利用小时 3412 小时，创 2014 年以来新低，比上年同期下降 194 小时，全国水电发电量同比减少 8.30%。水电板块得益于长江电力并购扩张，上市公司层面业绩好于行业整体。

长江电力作为全球水电行业的龙头，原拥有长江干流三峡、葛洲坝、溪洛渡、向家坝

等4座梯级水电站，控股总装机容量4559.5万千瓦。2022年完成对云川公司股权收购的审批，将乌东德水电站（全部投运）和白鹤滩水电站（部分投运）并入体内，控股总装机容量增加至7179.50万千瓦，增长57.46%。据统计，两家水电站2023年一季度的发电贡献率超三成。该并购不仅提升了公司的梯级联合调度能力，也为电能消纳、“西电东送”提供了保障。

（三）光伏新增装机有序发展，风电累计装机增速放缓

截至2022年底，全国光伏新增装机8740.8万千瓦，增速为28.08%，较2021年有所提升，其中集中式电站占41.5%，分布式电站占58.5%，户用光伏达到2524.6万千瓦。华北、华东和华中是分布式光伏新增装机的主要区域，沙漠、戈壁、荒漠等地区大型风电光伏基地建设也进展顺利。光伏板块上市公司太阳能、芯能科技、浙江新能等光伏企业盈利表现抢眼，业绩排名较去年上升近1000名。2022年，全国风电新增装机4983万千瓦，其中陆上新增风电占比近90%，海上风电受2021年抢装影响新增仅为516万千瓦。全国风力及光伏发电利用率与2021年基本持平，分别为96.8%及98.3%。蒙西、青海等地光伏消纳水平显著提升，利用率同比分别提升0.9和4.9个百分点。截至2022年末，三峡能源的海上风电累计装机容量达到487.52万千瓦，占全国市场份额的16.01%，新增装机带动发电量增长46.21%。

（四）南方储能重组上市，抽水蓄能借助资本高速发展

要实现“双碳”目标，发展以水光风为代表的清洁能源是必然趋势，但清洁能源的波动性、间歇性为电力系统带来不稳定因素。抽水蓄能可以调节电源，以保障系统安全稳定运行，行业发展空间巨大。国家能源局《抽水蓄能中长期发展规划（2021—2035年）》明确了“十四五”和“十五五”时期的目标和任务，到2025年，抽水蓄能投产总规模达到6200万千瓦以上；到2030年，达到1.2亿千瓦左右；到2035年，形成满足新能源高比例大规模发展需求的抽水蓄能现代化产业。

2022年9月，南方储能通过重大资产重组成为首个以抽水蓄能为主业的上市公司，该公司作为南方电网体系内的储能主力军，其抽水蓄能装机容量约占全国抽水蓄能总装机容量的四分之一。该公司业务方向符合国家大力发展储能促进能源绿色低碳转型的战略方针，此次重组不仅为A股的电力行业注入新动能，同时也使抽水储能及新型储能领域能够借助更广阔的资本市场平台快速发展。此外，桂东电力、浙江性能、新天绿能等十几家上市公司已开展抽水储能电站建设。

（五）电力系统市场化改革加速推进，市场化交易改善电力公司业绩

2022年，我国电力市场建设迈出重要步伐，全国统一电力市场体系加快推进，分时电价市场化改革全面实施，中长期交易和绿电交易规模持续扩大，省间和区域电力现货市场试运行启动，辅助服务市场覆盖全国，增量配电业务改革试点项目持续推进。

按交易结算口径统计，2022 年全国市场交易电量共 5.25 万亿千瓦时，同比增长 39%，占全社会用电量比重达 60.8%，同比提高 15.4 个百分点。其中，跨省跨区市场化交易电量首次超 1 万亿千瓦时，同比增长近 50%。在电力交易机构注册的市场主体数量首次超过 60 万家，同比增长 29%。2022 年，全国 31 个省、市、区进行了分时电价改革，平均价差超过 0.7 元/千瓦时的有 16 个省市。2022 年，全国电力市场中长期电力直接交易电量合计 41407.5 亿千瓦时，同比增长 36.2%。调频、调峰等辅助服务为煤电增加服务收益，据统计煤电企业获得约 320 亿元的辅助服务补偿收益。受益于电力市场化改革，上网电价涨幅近 20%，电力行业上市公司业绩整体上得到改善。

三、2023 年电力行业前景分析

2022 年 1 月，国家发展改革委、能源局印发《“十四五”现代能源体系规划》（以下简称《规划》），确定了“立足国内、补齐短板、多元保障、强化储备”的原则，强调能源自主供给能力建设，确保能源供需形势总体平稳有序。“十四五”时期是碳达峰的关键窗口期，在保障电力供应的前提下有效推进“双控”工作对能源发展及电力供应提出了挑战。从电力供应方面来看，由于主要流域降水情况带来的水电供应能力的不确定，储能、氢能领域也处于向规模化应用的推进阶段，火电仍将是保证电力供应的重要一环，电力改革或将重构电力公司估值体系，火电企业有望迎来上行周期。从 2023 年一季度的项目招标来看，风电装机增速加快，光伏装机将继续延续高速增长。根据政府工作报告，2023 年宏观经济运行总体回升将促进电力消费需求增长，预计 2023 年全年全社会用电量 9.15 万亿千瓦时，比 2022 年增长 6%左右。

（一）有序推进电力系统市场化改革

2022 年国家发展改革委、能源局印发《关于加快建设全国统一电力市场体系的指导意见》（以下简称《意见》），对电力市场的多层次协作运行方式、市场体系的功能、监管机制等多方面提供指导意见。《意见》确定了全国统一电力市场体系的分阶段目标。第一阶段是到“十四五”结束，初步建成全国统一电力市场体系，国家市场与省/区域市场协同运行，实现电力中长期交易、现货市场和辅助服务市场一体化设计、联合运营；第二阶段是到“十五五”结束，全国统一电力市场体系基本建成，适应新型电力系统要求，国家市场与省/区域市场联合运行。

2022 年全国市场交易电量占比达到六成。2023 年电力市场化改革的重点是：理顺完善跨省跨区电力交易机制，健全市场化电价形成机制，加强省间市场衔接；加快建立煤电机组容量补偿和成本回收机制，推动辅助服务费用合理分摊，保障发电企业成本回收，激励新增电源投资，提高发电容量充裕性。

（二）海外加速绿氢的发展，我国也将绿氢纳入国家战略

欧盟、美国、日本等国家加大绿氢产业扶持力度，海外绿氢市场将快速发展，国内氢能设备及产品企业有望受益。欧盟制定了严格的制氢排放门槛、碳差价合约、创新基金等政策措施，计划到2030年自产、进口1000万吨可再生氢，并建设跨国绿氢管道。美国发布了《国家清洁氢能战略和路线图（草案）》，规划了未来三个阶段的清洁氢需求目标，并提供了丰厚的绿氢补贴。

国家发展改革委2022年3月23日发布《氢能产业发展中长期规划（2021—2035）》，明确氢能是能源体系重要组成部分和国家战略新兴产业，提振了投资者信心和长期预期。该规划有三大核心要点：氢能定位、2025年发展目标和应用方向。发展目标包括氢能车保有量达5万辆，可再生能源制氢量达10~20万吨/年，实现CO_2减排100~200万吨/年。应用方向包括交通、储能、分布式能源和工业减碳四大领域。目前电解水制氢技术是主流的“绿氢”制造方式，但未来也会有其他技术发展潜力。

（三）电力改革重构上市公司价值体系，火电或迎来上行周期

成本方面，煤炭保供增产效果显著，价格双轨制稳定火电成本。国家发展改革委加大电煤长协保供力度，落实“三个100%”（即电煤保供签约率100%、履约率100%、执行合理的价格区间100%）。2023年一季度，晋陕蒙煤矿产能利用率持续高位运行，海外进口量大幅增加。

电价方面，随着电力长协的逐步签订，电力市场化改革推进，市场化电量占比提高，现货市场建设开展，电价有望从电能量价格、辅助服务等方面上涨。2023年1—4月电网代理购电价格同比明显，基本接近全国燃煤基准均价上浮20%的上限。辅助服务方面，新能源高比例渗透增加系统调节需求，灵活性调节资源价格有望上涨，调频、调峰等辅助服务为煤电增加服务收益。综合而言，2023年煤价可控、电价上涨有利于电力上市公司业绩改善。电力消费高增速推动煤电电量高增速。新能源发电量高增速仍难满足电力需求增量，水电和煤电需填补剩余空间。

（四）光伏将有序发展，风电行业机遇与挑战并存

光伏行业率先经历2018年531平价政策的冲击，行业技术高速迭代发展，成本下行保障了光伏电价的竞争力，五年内装机容量节节攀升，2022年光伏装机总容量超过风电，新增装机容量增速28.08%。2023年1—2月，全国光伏多晶硅、组件产量同比增长均超过60%，2023年光伏新增装机容量仍将保持高速增长。

据数据统计，2023年1—4月风电整机招标结果突破了30GW，是去年同期的两倍，全年招标预测在100GW。尽管近两年风电整机价格大幅跳水，但平价上网后，市场对风机装备的技术要求及成本控制提出了更严苛的挑战，能够通过技术革新降本将决定风电能否复刻光伏行业近年来迅猛的增长态势。

此外，国家发展改革委、能源局印发通知，加快推进电力现货市场建设，建立健全电力现货市场与中长期市场的衔接机制，有利于风电、光伏利用边际成本低的优势获取更大的市场份额和消费比重。由于光伏供电时段较为集中，甘肃、山东等电力结构丰富、光伏电力资源充沛的省份出现了“零电价”“负电价”的情况。相较于光伏，风电发电在时间和空间上更为分散，在现货市场优势更大。

（五）进一步推广源网荷储一体化、多能互补、能源系统信息化保障电力结构优化

要实现“双碳”目标，发展以水光风为代表的清洁能源是必然趋势，但清洁能源的波动性、间歇性为电力系统带来不稳定因素。为解决这一难题，我国提出源网荷储一体化、多种能源互补的发展路径。通过打通电源侧、电网侧、负荷侧的资源信息，充分发挥各端灵活的协调能力，实现清洁能源就地就近消纳。

以增长势头强劲的分布式能源为例，由于分布式电源的接口增多，电源端与电网负荷端的协调配合更为复杂，需要信息化技术支撑。借助信息系统通过水光互补方式，水轮机组可以快速捕捉光伏发电的变化并做出调节，把间歇性、随机性的光伏电源调节为均衡平滑的稳定电源；而若光伏有所富余，可以利用光伏电力抽水蓄能，待夜晚放水运行水电。目前，全球储能技术中主流的技术路线是抽水蓄能和电化学储能，用富余的“风光”电制氢等。推动新型储能规模化市场化发展，探索氢能、综合智慧能源服务发展也将是2023年行业的重点工作。浙江、山东、四川等共计25省政府工作报告都对储能发展提出了详细举措。

附表 2022年度电力行业上市公司业绩评价结果排序表

序号	A股上市公司评价得分排序	证券代码	公司简称	评价等级	综合得分	每股收益（元）	净资产收益率（%）	总资产报酬率（%）	总资产周转率（次）	流动资产周转率（次）	资产负债率（%）	已获利息倍数	营业收入增长率（%）	资本扩张率（%）	市场投资回报率（%）	股价波动率（%）	年末资产总额（万元）	营业收入（万元）	净利润（万元）
1	37	600995	南网储能	AA	83.2	0.64	6.45	14.94	0.38	2.33	42.69	4.88	281.81	992.37	-15.03	69.69	4073930.47	826089.34	208688.87
2	68	600780	通宝能源	AA	80.4	0.75	13.57	11.53	1.2	3.97	34.34	33.51	41.98	15.19	60.87	140.43	1003157.63	1111845.11	85231.83
3	97	600236	桂冠电力	A	79	0.4	17.55	11	0.24	3.17	51.4	6.78	26.27	11.61	-2.27	51.38	4523142.27	1062471.39	364326.83
4	170	600452	涪陵电力	A	76.2	0.67	13.45	10.37	0.54	1.46	34.07	62.61	13.24	12.14	-1.71	72.6	698550.14	356214.35	61312.74
5	208	600483	福能股份	A	75.3	1.33	14.18	9.28	0.31	1.69	49.46	6.43	18.55	13.73	-23.68	59.42	4852663.43	1431787.25	328263.68
6	220	002039	黔源电力	A	75.1	0.97	12.58	7.81	0.15	3.27	61.72	3.1	28.34	10.71	12.24	60.06	1676075.7	261311.66	76505.66
7	259	600886	国投电力	BBB	74.1	0.52	8.31	5.81	0.2	2.24	63.75	2.85	15.58	6.32	9.6	40.25	25825445.5	5048924.36	767993.03
8	274	600900	长江电力	BBB	73.8	0.94	11.26	9.33	0.16	3.13	40.19	7.16	-6.44	2.87	-1.37	34.87	32726828.5	5206048.26	2164929.75
9	282	600025	华能水电	BBB	73.7	0.35	10.73	6.99	0.13	5.8	57.15	3.75	4.65	5.39	14.29	57.23	16287936.55	2114171.83	727614.77
10	293	600863	内蒙华电	BBB	73.5	0.25	10.04	7.25	0.57	3.73	48.71	5.07	21.82	7.49	1.45	61.54	4015424.05	2306558.38	201489.63
11	359	605028	世茂能源	BBB	72.4	1.29	18.06	19.41	0.36	0.57	12.8	850.67	12.07	12.2	-25	71.44	132956	44236.26	20609.37
12	414	600101	明星电力	BBB	71.6	0.38	5.95	5.11	0.64	2.17	30.05	51.94	23.29	5.01	14.81	100.74	381129.47	237711.07	15816.67
13	578	601985	中国核电	BB	69.7	0.47	11.97	6.23	0.16	1.15	68.17	3.56	14.3	18.03	-12.5	65.4	46461997.53	7128560.08	1632270.58
14	615	600905	三峡能源	BB	69.3	0.25	10.2	5.48	0.1	0.61	66.44	3.23	53.78	14.84	-14.29	45.62	26212716.42	2381217.63	838290.22
15	637	605580	恒盛能源	BB	69.1	0.69	14.89	17.18	0.83	1.58	19.26	56.8	15.12	4.49	-18.75	56.52	109643.23	88713.24	13775.37
16	696	601016	节能风电	BB	68.4	0.32	12.43	6.97	0.13	0.55	62.12	3.13	48.07	45.69	-30.77	67.8	4377046.12	524019.29	174529.83
17	732	003816	中国广核	BB	68	0.2	9.74	6.66	0.2	1.2	61.39	3.27	2.66	4.65	0	0	40901556.54	8282240.36	1524275.04
18	798	600578	京能电力	BB	67.4	0.12	3.4	3.16	0.36	2.68	65.27	1.66	37.09	11.89	5.56	60.1	8469313.69	3048541.47	92794.74
19	808	000591	太阳能	BB	67.3	0.41	7.1	5.86	0.21	0.61	53.04	2.95	31.65	46.49	-24.82	86.34	4649990.27	923638.47	139738.38
20	818	000027	深圳能源	BB	67.2	0.3	4.82	4.07	0.28	1.28	61.55	2.13	18.86	9.55	-17.91	57.14	14126670.91	3752471.67	247269.31
21	869	600795	国电电力	BB	66.5	0.15	5.95	4.41	0.48	3.46	73.29	2.34	14.56	-0.81	47.77	138.01	41285188.54	19268063.65	686643.59
22	882	000155	川能动力	BB	66.4	0.48	15.39	9.68	0.21	0.63	54.63	5.14	-13.76	20.76	-24.32	77.39	1934816.68	380142.27	128427.19
23	921	600098	广州发展	BB	66	0.39	3.98	3.73	0.8	3.06	57.14	2.94	26.22	1.61	-34.04	78.07	6196352.22	4784958.63	117097.36
24	928	603105	芯能科技	BB	65.9	0.38	11.1	8.78	0.2	1.59	49.7	3.81	46	9.73	-6.25	99.59	350940.68	64987.6	19153.19
25	978	600982	宁波能源	BB	65.5	0.33	4.06	5.5	0.86	2.76	59.88	4.45	34.48	6.5	-5.26	89.61	1170082.05	929730.14	40506.36
26	1001	600167	联美控股	BB	65.3	0.42	9.94	8.28	0.23	0.41	30.9	28.78	-0.51	28.96	-28.57	64.44	1673501.38	345034.72	99913.75
27	1013	605162	新中港	BB	65.2	0.29	10.22	10.81	0.71	1.75	17.03	38.44	25.19	-1.71	-25	66.42	135020.56	96499.51	11575.19
28	1067	600956	新天绿能	B	64.7	0.53	11.41	6.45	0.25	1.19	67.46	3.17	16.11	5.98	-41.18	97.15	7740866.66	1856052.27	281896.41
29	1075	002060	粤水电	B	64.6	0.33	10.02	3.25	0.47	0.98	89.74	1.68	17.7	0.57	28.57	124.1	4038148.84	1690388.11	41226.24

续 表

序号	A股上市公司评价得分排序	证券代码	公司简称	评价等级	综合得分	每股收益（元）	净资产收益率（%）	总资产报酬率（%）	总资产周转率（次）	流动资产周转率（次）	资产负债率（%）	已获利息倍数	营业收入增长率（%）	资本扩张率（%）	市场投资回报率（%）	股价波动率（%）	年末资产总额（万元）	营业收入（万元）	净利润（万元）
30	1084	600032	浙江新能	B	64.5	0.37	6.96	5.71	0.1	0.5	69.35	2.07	58.03	19.86	-14.29	57.98	4664157.6	459806.9	114957.77
31	1123	605011	杭州热电	B	64.2	0.53	8.94	8.98	0.92	2.5	37.81	7.33	14.03	7.33	-25	78.09	398663.89	362911.57	26280.9
32	1186	600674	川投能源	B	63.8	0.8	10.38	8.03	0.03	0.33	35.67	7.86	12.43	9.01	7.5	50.02	5471381.69	142041.5	357231.18
33	1216	600821	金开新能	B	63.5	0.45	10.53	6.06	0.11	0.42	72.99	2.03	61.55	68.67	-17.95	89.07	3269379.21	308226.25	78939.02
34	1277	001210	金房节能	B	62.9	1.06	6.18	6.19	0.46	0.64	32.75	207.89	10.21	5.87	-25.71	68.89	196424.12	87102.13	10172.47
35	1443	000600	建投能源	B	61.6	0.06	0.3	2.58	0.49	2.34	66.08	1.33	21.71	2.1	8.57	77	3654217.42	1830582.73	15088.57
36	1443	600163	中闽能源	B	61.6	0.38	14.07	9.29	0.16	0.54	49.1	7.09	16.85	14.76	-31.58	101.67	1165377.62	179092.96	78497.78
37	1466	002479	富春环保	B	61.4	0.3	5.19	6.34	0.53	1.59	51.79	4.39	4.84	2.8	-21.74	55.02	915599.5	479109.44	36408.32
38	1466	600021	上海电力	B	61.4	0.07	3.43	3.79	0.25	1.46	72.63	1.73	27.85	16.54	-18.52	77.43	16098506.91	3916111.14	158662.22
39	1482	000543	皖能电力	B	61.3	0.19	0.94	1.64	0.57	4.51	62.44	1.21	15.42	1.8	-12.5	72.8	4519072.89	2427560.94	18183.01
40	1496	000883	湖北能源	B	61.2	0.18	2.34	3.25	0.27	1.72	53.79	2.91	-9.02	1.01	-11.11	59.42	7947488.45	2057821.48	102444.83
41	1543	002015	协鑫能科	B	60.8	0.44	2.59	5.47	0.37	1.33	59.3	1.84	-5.58	51.97	-17.02	66.57	2993672.2	1068285.34	65568.06
42	1555	002608	江苏国信	B	60.7	0.02	0.38	1.75	0.39	1.23	53.94	1.21	12.66	0.25	-11.11	50.73	8283460.99	3155699.2	30112.78
43	1555	600642	申能股份	B	60.7	0.22	2.08	3.1	0.31	1.22	57.55	2.05	11.38	-0.97	-16.42	50.99	8989966.77	2819311.85	104925.4
44	1583	600979	广安爱众	B	60.5	0.14	2.42	3.65	0.26	1.73	56.94	2.67	7.85	2.27	-5.26	36.85	1033104.2	258197.26	16167.04
45	1598	600116	三峡水利	B	60.4	0.25	3.4	3.79	0.51	2.32	48.32	3.04	9	0.77	-28.95	83.77	2186041.7	1109301.4	47000.7
46	1626	000875	吉电股份	B	60.2	0.24	6.98	4.72	0.22	1.26	72.12	1.77	13.49	39.62	-25	90.87	7151900.36	1495475.37	118063.15
47	1677	600226	ST瀚叶	CCC	59.8	0.16	3.54	17.35	0.19	0.64	6.94	1286.41	-11.62	16.27	0	57.21	331871.14	60208.47	48596
48	1705	000690	宝新能源	CCC	59.5	0.08	0.8	2.19	0.47	1.29	43.83	1.62	0.05	1.03	12.69	88.17	2009630.72	941500.02	18317
49	1718	003035	南网能源	CCC	59.4	0.15	8.51	6.4	0.2	0.84	54.11	3.78	11.08	10.14	-25	62.49	1536703.61	288810.64	60718.31
50	1731	600644	乐山电力	CCC	59.3	0.13	1.38	3.76	0.71	5.62	50.19	4.4	11.72	4.35	9.64	80.28	406647.71	287249.19	8596.96
51	1944	601619	嘉泽新能	CCC	57.6	0.22	10.4	4.41	0.12	0.58	69.82	6.24	29.41	9.08	-20	78.36	1896654.27	184096.78	53573.16
52	1975	000899	赣能股份	CCC	57.4	0.01	0.72	1.28	0.38	2.34	59.93	1.14	53.46	0.77	75	257.24	1182208.17	414274.98	1163.02
53	2007	603693	江苏新能	CCC	57.2	0.53	8.56	6.35	0.12	0.55	55.84	3.24	6.16	8.85	-25	100.88	1585037.7	197107.08	58366.03
54	2019	000966	长源电力	CCC	57.1	0.04	0.49	2.17	0.54	3.69	68.05	1.82	20.54	3.28	-35.71	90.9	3083406.27	1466191.56	11924.11
55	2019	002893	京能热力	CCC	57.1	0.15	3.95	3.4	0.5	1.28	67.68	1.83	2.34	4.84	0	55.85	207152.32	102855.9	3089.24
56	2053	300335	迪森股份	CCC	56.8	0.18	-1.67	5.86	0.37	0.86	33.82	5.34	-8.49	36.54	-20	72.16	308168.57	114305.3	9516.18
57	2053	600726	*ST华源	CCC	56.8	-0.52	-80.87	9.56	0.68	2.81	79.58	2.56	92.58	0	0	48.61	3300775.93	1887665.11	39334.17
58	2165	000791	甘肃能源	CCC	56	0.22	3.91	4.1	0.1	0.68	57.07	1.96	1.69	15.96	-16.67	64.07	2184303.17	204642.24	34713.96

续 表

序号	A股上市公司评价得分排序	证券代码	公司简称	评价等级	综合得分	每股收益（元）	净资产收益率（%）	总资产报酬率（%）	总资产周转率（次）	流动资产周转率（次）	资产负债率（%）	已获利息倍数	营业收入增长率（%）	资本扩张率（%）	市场投资回报率（%）	股价波动率（%）	年末资产总额（万元）	营业收入（万元）	净利润（万元）
59	2193	601222	林洋能源	CCC	55.8	0.48	4.83	6.16	0.24	0.41	30.2	7.52	-6.66	2.7	-20.37	86.14	2130054.71	494393.81	86415.82
60	2231	600505	西昌电力	CCC	55.5	0.12	3.59	2.4	0.28	2.18	68.45	2.46	18.65	0.18	-21.21	73.71	463125.15	128314.21	4560.57
61	2407	601908	京运通	CC	54.2	0.18	3.64	4.59	0.55	1.2	49.58	2.07	120.78	3.61	-26.32	107.63	2228227.18	1219921.26	43409.24
62	2419	000993	闽东电力	CC	54.1	0.4	5.71	5.3	0.17	0.4	48.86	9.39	25.57	8.78	-17.39	74.42	443390.61	73213.87	18294.85
63	2483	600027	华电国际	CC	53.8	-0.08	-1.83	1.32	0.48	3.64	68.45	0.72	2.52	-4.24	33.33	162.9	22326235.1	10705853.6	-63811.1
64	2532	601991	大唐发电	CC	53.3	-0.1	-2.55	2.33	0.39	2.63	74.98	1	12.97	0.19	0	114.72	30505247.5	11682804.4	-87141.5
65	2565	000803	山高环能	CC	53	0.25	5.29	4.52	0.43	1.76	73.5	2.34	116.62	12.22	-26.15	87.67	558293.04	179087.23	7957.9
66	2592	600969	郴电国际	CC	52.8	0.13	-2.41	1.75	0.26	1.32	75.05	1.95	17.68	-1.22	-6.25	67.58	1556085.89	401406.48	4748.52
67	2716	000722	湖南发展	CC	51.8	0.15	1.97	2.59	0.12	0.32	5.1	71.54	-13.88	1.34	60.61	190.06	335246.48	41201.35	6675.35
68	2716	002616	长青集团	CC	51.8	0.1	2.62	3.75	0.35	1.24	74.45	1.44	29.16	2.41	-21.43	58.73	982395.79	342422.31	7852.73
69	2762	600023	浙能电力	CC	51.4	-0.14	-5.75	-1.43	0.68	2.82	44.16	-1.21	12.83	-5.89	-14.29	50.56	12099195.96	8019458.3	-359900.16
70	2909	300125	聆达股份	C	49.7	-0.06	-2.94	1.59	0.72	2.33	69.11	0.71	51.95	-0.82	31.88	214.68	213543.75	159755.18	-1692.8
71	3033	000862	银星能源	C	48.4	0.18	4.97	4.56	0.16	0.82	60.97	1.98	-14.43	5.65	-22.73	88.07	755122.12	116333.14	15760.05
72	3043	600310	桂东电力	C	48.3	-0.15	0.88	1.81	0.81	2.7	78.98	0.66	2.08	1.78	-28.26	78.89	2148224.9	1743482.8	-15068.46
73	3223	300317	珈伟新能	C	46.3	0.11	0.67	3.72	0.19	0.42	22.67	13.91	-12.82	5.21	-35	86.95	233625.53	50529.25	9016.93
74	3246	600011	华能国际	C	45.9	-0.61	-9.68	0.25	0.5	2.75	74.82	0.11	20.59	2.14	-5	64.5	50260597.75	24672478.92	-1008488.74
75	3282	600744	华银电力	C	45.3	0.02	-89.52	3.11	0.47	1.64	92.98	1.14	1.03	127.46	-29.17	61.5	2147378.64	970243.75	4153.87
76	3305	000767	晋控电力	C	45	-0.26	-9.16	2.04	0.32	1.04	82.95	0.67	32.37	15.81	-7.69	61.17	6298872.5	2021974.86	-79961.6
77	3310	600509	天富能源	C	44.9	-0.17	-5.17	1.02	0.37	1.7	71.66	0.46	15.25	-4.32	-20	76.08	2180949.82	814264.22	-27579.82
78	3369	000601	韶能股份	C	44	-0.07	-2.74	1.49	0.29	1.23	62.88	0.69	-2.96	-2.82	-5.77	97.33	1315882.54	384862.49	-8252.54
79	3369	600396	*ST金山	C	44	-1.37	263.23	-8.17	0.36	2.19	111.2	-2.13	8.44	-866.23	-5	67.94	1887136.72	712913	-241176.19
80	3398	000531	穗恒运A	C	43.6	-0.07	-1.89	0.88	0.25	1.18	63.05	0.45	0.1	-5.31	-16.52	60.72	1499127.88	393218.77	-1817.07
81	3398	600149	廊坊发展	C	43.6	-0.02	-5.57	-1.56	0.33	1.14	62.38	-2.2	-3.32	-6.17	20	71.88	65772.72	21348.89	-1276.2
82	3404	601778	晶科科技	C	43.5	0.07	1.59	3.59	0.1	0.24	66.55	1.32	-13.02	0.83	-25	102.06	3740002.6	319648.66	22552.24
83	3550	000539	粤电力A	C	41	-0.57	-14.47	-1.73	0.43	2.16	78.16	-0.94	19.23	-12.29	7.22	63.36	13150427.49	5266108.84	-451498.91
84	3606	000537	广宇发展	C	39.9	0.34	4.6	2.58	0.06	0.07	52.9	2.12	-78.88	26.87	-33.59	141.65	3754055.04	342980.79	72955.54
85	3629	002617	露笑科技	C	39.3	-0.15	-5.21	-1.59	0.35	0.72	38.46	-1.34	-5.95	62.28	-34.55	118.65	992558.07	334184.23	-28036.76
86	3774	000692	*ST惠天	C	35.9	-3.64	189.82	-29.41	0.35	0.94	133.38	-9.12	0.45	-1609.88	-12.77	77.43	548608.01	199629.15	-195790.83
87	3846	000040	东旭蓝天	C	33.8	-0.21	-4.56	1.04	0.12	0.24	55.79	0.49	-21.68	-2.77	0	112.59	2547355.45	303620.78	-30862.03

续 表

序号	A股上市公司评价得分排序	证券代码	公司简称	评价等级	综合得分	每股收益（元）	净资产收益率（%）	总资产报酬率（%）	总资产周转率（次）	流动资产周转率（次）	资产负债率（%）	已获利息倍数	营业收入增长率（%）	资本扩张率（%）	市场投资回报率（%）	股价波动率（%）	年末资产总额（万元）	营业收入（万元）	净利润（万元）
88	3944	600719	大连热电	C	30.9	-0.39	-33.77	-3.96	0.29	1	83.5	-2.28	22.33	-26.12	27.27	82.65	267322.4	80696.43	-15654.68
89	4003	000037	深南电A	C	29.3	-0.27	-16.92	-5.39	0.26	0.4	46.56	-3.61	-8.31	-11.75	4.65	86.3	260621.63	69422.77	-18552.29
90	4019	002256	兆新股份	C	29	-0.01	-13.71	3.79	0.15	0.51	37.11	0.91	-11.34	-1.35	-53.25	125.03	196174.93	30132.27	-2750.42
91	4049	001896	豫能控股	C	28.3	-1.49	-50.83	-6	0.44	1.85	86.89	-2.07	10.01	-27.49	-22.22	71.05	3080694.9	1309750.2	-237394.53
92		001258	立新能源	CCC	58.8	0.25	8.23	5.11	0.11	0.35	68.67	2.05	10.04	52.3	151.52	97.16	915710.39	88178.49	19593.44
93		001289	龙源电力	BB	65.4	0.58	8.81	5.41	0.19	0.89	64.07	3.18	7.13	10.12	-32.73	86.4	22289535.44	3986307.96	609558.41

第十二章

建筑装饰行业上市公司业绩评价

2022年全年全社会建筑业实现增加值8.34万亿元，比上年增长5.5%（按不变价格计算），增速高于国内生产总值2.5个百分点。全国建筑业企业实现利润8369亿元，比上年减少101.81亿元，建筑业产值利润率（利润总额与总产值之比）为2.68%，比上年降低了0.21个百分点，为近十年来最低。2022年建筑行业股票指数累计下跌91.37，累计跌幅为7.84%，主要系受到房地产及疫情反复拖累的影响。在房地产触底企稳和疫情管控放开的背景下，2023年建筑行业景气度有望提升，进一步支撑股指走强。

一、建筑装饰行业上市公司业绩评价结果

截至2022年末，建筑装饰行业A股上市公司共163家，其中117家盈利，占比71.78%。建筑装饰行业的综合评价分值为56.24分，低于全部上市公司的综合评价分值63.00分。有一家建筑装饰行业上市公司——四川路桥进入2022年上市公司业绩评价综合得分的前一百名。在163家建筑装饰行业上市公司中，业绩为AA的1家，业绩为B的20家，业绩为BB的15家，业绩为BBB的12家，业绩为C的77家，业绩为CC的14家，业绩为CCC的24家。

2022年全部上市公司为4931家，建筑装饰行业上市公司资产总额合计12.84万亿元，占全部上市公司资产总额的13.26%，行业同比增长12.24%；全部上市公司实现营业收入54.84万亿元，建筑装饰行业163家上市公司实现营业收入8.48万亿元，占全部上市公司营业收入的13.78%，行业同比增加9.47%；全部上市公司实现利润总额4.02万亿元，建筑装饰行业上市公司实现利润总额0.29万亿元，占全部上市公司利润总额的7.23%；全部上市公司实现净利润3.17万亿元，建筑装饰行业上市公司实现净利润0.23万亿元，占全部上市公司实现净利润的7.30%；建筑装饰行业上市公司2022年度市场投资回报率

-13.14%，低于全部上市公司-12.92%的市场投资回报率；建筑装饰行业上市公司股价波动率为92.14%，低于全部上市公司98.53%的股价波动率。

建筑装饰行业扣除非经常性损益净资产收益率的平均值为6.52%，低于全部上市公司7.31%的平均水平；营业利润率平均值3.40%，低于全部上市公司6.65%的平均水平；总资产报酬率平均值3.51%，低于全部上市公司5.28%的平均水平。说明2022年建筑装饰行业上市公司净资产收益率、经营收益和总资产的报酬率低于全部上市公司平均水平。2022年，按评价体系，建筑装饰行业综合排名十强公司见表12-1。

表12-1　2022年度建筑装饰行业评价得分前十名的公司

名次	股票代码	股票简称	业绩得分	在A股上市公司中评价得分排序
1	600039	四川路桥	84.50	26
2	603929	亚翔集成	75.00	221
3	600970	中材国际	74.00	261
4	002061	浙江交科	71.90	390
5	000498	山东路桥	71.60	414
6	002116	中国海诚	71.60	414
7	000065	北方国际	71.50	426
8	603357	设计总院	71.00	465
9	601668	中国建筑	70.40	511
10	603979	金诚信	70.40	511

基于对建筑装饰行业上市公司整体评价，下面分别从财务效益、资产质量、偿债风险、发展能力和市场表现五个方面对建筑行业上市公司进行具体分析。

（一）财务效益

从综合得分来看，2022年建筑装饰行业上市公司财务效益状况平均得分为21.05分，低于全部上市公司的平均得分23.60分。

表12-2列示了2022年建筑装饰行业上市公司财务效益状况评价结果（满分为35分）。在建筑装饰行业上市公司财务效益状况指标中，有25家得分高于全国上市公司平均水平，有14家得分超过25分。

从结果上看，建筑装饰行业上市公司财务效益状况平均得分低于全部上市公司的平均水平。该行业总股本收益率高于全部上市公司平均值，扣除非经常性损益净资产收益率、总资产报酬率、营业利润及盈利现金保障倍数等财务指标低于全部上市公司平均水平。

行业里财务效益状况指标得分前五的分别是四川路桥、中材国际、中国建筑、山东路桥和陕西建工。如2022年四川路桥工程主业高质量发展，新业务增速显著，营业收入1351.51亿元，同比增长31.79%，归母净利润112.13亿元，同比增长67.31%，一方面源于公司积极响应基建政策导向，施工任务增多，另一方面源于新收购的交建集团合并利润。

表 12-2 建筑装饰行业财务效益状况比较表

分析指标		2022 年上市公司平均值	2022 年行业值	2021 年行业值	增长率（%）
基本指标	扣除非经常性损益净资产收益率（%）	7.31	6.52	7.51	-13.18
	总资产报酬率（%）	5.28	3.51	5.47	-35.83
	基本得分	21.13	19.29	20.98	-8.06
修正指标	营业利润率（%）	6.65	3.4	6.79	-49.93
	盈利现金保障倍数	1.84	0.89	1.75	-49.14
	总股本收益率（%）	45.68	59.7	46.81	27.54
	综合得分	23.60	21.05	23.08	-8.80

（二）资产质量

从表 12-3 可以看出，2022 年建筑装饰行业上市公司资产质量状况指标高于 2021 年，略低于全部上市公司平均值。

从综合得分来看，2022 年建筑装饰行业上市公司资产质量状况（满分为 15 分）平均得分为 8.93 分，低于全部上市公司 9.31 分的平均水平。其中有 65 家企业超过全国上市公司的平均水平，中国海诚和维业股份两家企业的资产质量状况评分获得满分。

上市公司资产质量排名前五的公司为中国海诚、维业股份、名雕股份、太极实业和浙江交科，这五家公司在资产质量上得分优良。如排名第一的中国海诚得益于高市占率的设计业务，且业务范围覆盖大部分轻工行业，在轻工工程建设领域具备竞争优势。2022 年，该公司总资产周转率 1.05 次，流动资产周转率 1.17 次，存货周转率 1160.9 次，应收账款周转率 9.91 次。

表 12-3 建筑装饰行业资产质量状况比较表

分析指标		2022 年上市公司平均值	2022 年行业值	2021 年行业值	增长率（%）
基本指标	总资产周转率（次）	0.66	0.7	0.71	-1.41
	流动资产周转率（次）	1.27	1.12	1.11	0.90
	基本得分	9.8	9.59	9.61	-0.21
修正指标	应收账款周转率（次）	8.67	5.92	6.11	-3.11
	存货周转率（次）	3.25	4.43	4.13	7.26
	综合得分	9.31	8.93	8.91	0.22

（三）偿债风险

从表 12-4 可以看出，2022 年建筑装饰行业上市公司偿债风险状况指标较 2021 年略有上升，仍低于全部上市公司平均水平。资产负债率和带息负债比率略有上升，现金流动负债比率大幅上升，上升率为 166.67%，说明建筑装饰行业上市公司偿债能力较 2021 年略有上升。

从综合得分来看，2022 年建筑装饰行业上市公司偿债风险状况平均得分为 4.51 分，低于全部上市公司 8.79 分的平均水平。其中有 55 家企业超过全国上市公司的平均水平，三维化学、上海港湾两家企业的偿债风险状况评分高于 14 分。

上市公司偿债风险状况综合得分排名前五的为上海港湾、三维化学、中公高科、矩阵股份和南化股份，这五家公司在偿债风险上得分优良。如排名第一的上海港湾 2022 年实现营业总收入 8.85 亿元，同比增长 289.29%，资产负债率为 15.78%，已获利息倍数为 81.21，速动比率为 567.07%，带息负债比率为 7.73%。

表 12-4 建筑装饰行业偿债风险状况比较表

分析指标		2022 年上市公司平均值	2022 年行业值	2021 年行业值	增长率（%）
基本指标	资产负债率（%）	58.63	74.76	74.07	0.93
	已获利息倍数	1.84	0.89	3.34	-73.35
	基本得分	8.81	3.36	3.24	3.70
修正指标	速动比率（%）	86.08	87.39	87.02	0.43
	现金流动负债比率（%）	14.64	2.88	1.08	166.67
	带息负债比率（%）	41.74	32.81	32.04	2.40
	综合得分	8.79	4.51	4.26	5.87

（四）发展能力

从表 12-5 可以看出，2022 年建筑装饰行业上市公司发展能力状况较 2021 年略有上升，且高于全部上市公司平均水平。

从综合得分来看，2022 年建筑装饰行业上市公司发展能力状况平均得分为 12.49 分，低于全部上市公司 12.21 分的平均水平。其中有 52 家公司超过全国上市公司的平均水平。

上市公司发展能力状况综合得分排名前五的为四川路桥、陕西建工、浙江交科、山东路桥和中国核建，这五家公司在发展能力上得分优良。如排名第一的陕西建工积极布局投运业务，2022 年建成投运榆神乙醇项目、灞桥垃圾处理热电项目等一批重大工程。截至 2022 年末，特许经营权资产达 41.3 亿元，同比增加 38.5 亿元。2022 年营业收入增长率为 20.5%，资本扩张率为 11.38%，累计保留盈余率为 49.68%，三年营业收入平均增长率为 -4.17%，总资产增长率为 11.41%，营业利润增长率为 121.87%。

表 12-5　建筑装饰行业发展能力状况比较表

分析指标		2022 年上市公司平均值	2022 年行业值	2021 年行业值	增长率（%）
基本指标	营业收入增长率（%）	8.8	9.47	15.31	-38.15
	资本扩张率（%）	9.1	8.65	10.32	-16.18
	基本得分	12.01	12.04	11.18	7.69
修正指标	累计保留盈余率（%）	43.64	40.13	39.57	1.42
	三年营业收入平均增长率（%）	11.1	13.13	15.54	-15.51
	总资产增长率（%）	7.88	12.24	10.44	17.24
	营业利润增长率（%）	0.85	3.45	0.14	2,364.29
	综合得分	12.21	12.49	11.73	6.48

（五）市场表现

从表 12-6 可以看出，2022 年建筑装饰行业上市公司市场表现状况较 2021 年略有下降，且高于全部上市公司平均水平。

从综合得分来看，2022 年建筑装饰行业上市公司市场表现状况平均得分为 9.26 分，高于全部上市公司 9.09 分的平均水平，其中有 95 家企业超过全国上市公司的平均水平。上市公司市场表现状况综合得分排名前三的为金诚信、龙建股份、海波重科，这三家公司在市场表现上得分优良。

表 12-6　建筑装饰行业市场表现状况比较表

分析指标		2022 年上市公司平均值	2022 年行业值	2021 年行业值
基本指标	市场投资回报率（%）	-12.92	-13.14	22.7
	股价波动率（%）	98.53	92.14	87.13
	得分	9.09	9.26	9.39

2022 年虽受疫情影响，建筑业上市公司发展放缓。建筑装饰行业的市场表现与整体经济周期相关度较高，建筑装饰指数随市场行情同步变化。2022 年建筑装饰行业上市公司市场投资回报率为-13.14%，低于全部上市公司-12.92%的平均水平，比 2021 年 22.7%的水平大幅下降。从趋势上看，2022 年建筑装饰指数变动情况整体与沪深 300 指数较为一致，并且建筑装饰指数始终低于沪深 300 指数。详见图 12-1。

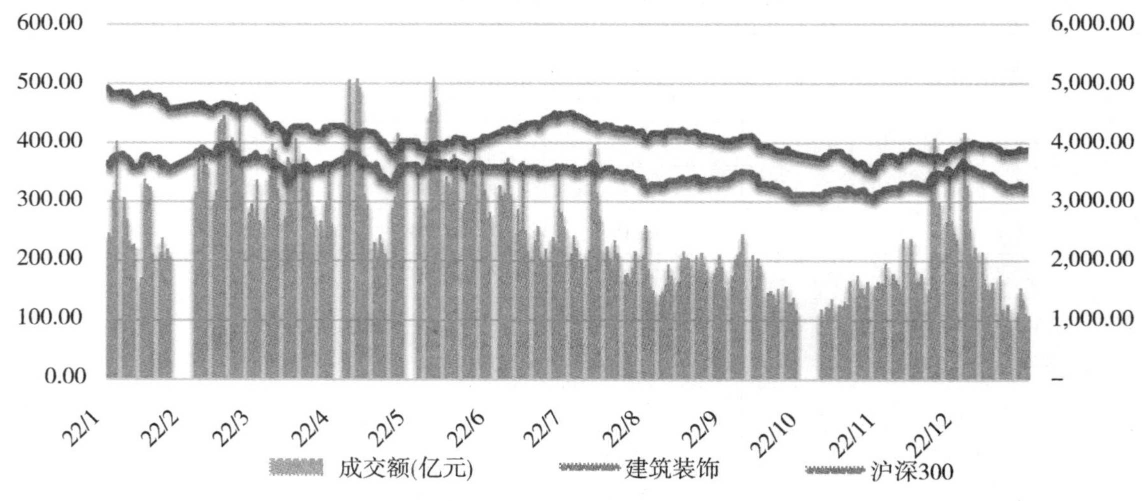

图 12-1 建筑装饰行业指数与沪深 300 指数

二、2022 年度建筑装饰行业上市公司业绩影响因素分析

2022 年全年全社会建筑业实现增加值 8. 34 万亿元，比上年增长 5. 5%（按不变价格计算），增速高于国内生产总值 2. 5 个百分点。全国建筑业企业实现利润 8369 亿元，比上年减少 101. 81 亿元，下降 1. 20%，增速比上年降低 1. 47 个百分点。2022 年，建筑业产值利润率（利润总额与总产值之比）为 2. 68%，比上年降低了 0. 21 个百分点，连续六年下降，连续两年低于 3%。详见图 12-2。

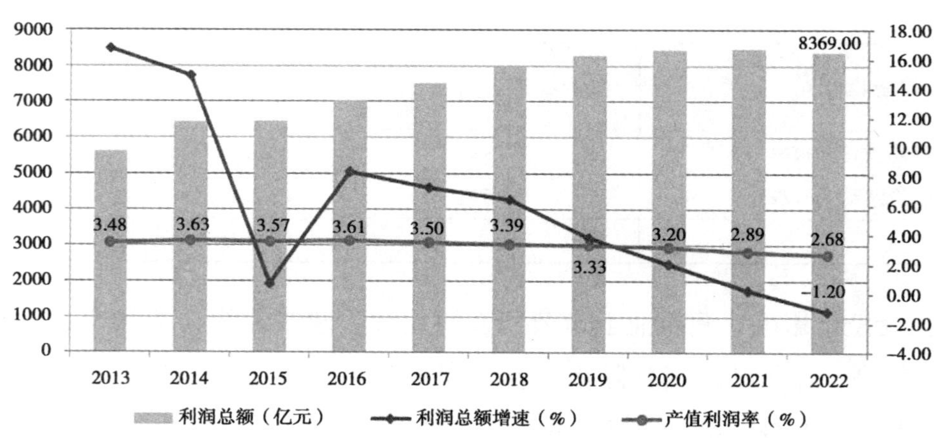

图 12-2 2013—2022 年全国建筑业企业利润总额及产值利润率

数据来源：中国建筑业协会《2022 年建筑业发展统计分析》。

2022 年建筑装饰行业上市公司业绩的主要影响因素如下：

（一）受疫情防控影响，建筑项目开工率及开工进度不及预期

我国政府以人为本，对新冠疫情动态清零，保证了国内人民的生命健康。但同时疫情对中国经济产生拖累。2022 年我国建筑业实现总产值 31. 20 万亿元，累计同比增长 6. 45%，增

速同比下滑 4.55 个百分点，主要系受疫情防控影响项目开工率不足以及同期基数较高所致。详见图 12-3。

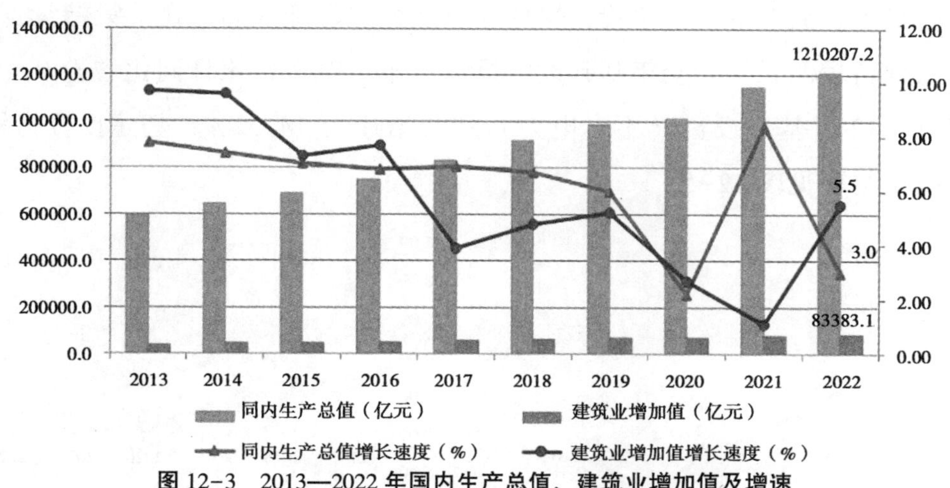

图 12-3 2013—2022 年国内生产总值、建筑业增加值及增速

数据来源：中国建筑业协会《2022 年建筑业发展统计分析》。

从建筑业施工和新开工面积情况来看，2022 年，全国建筑业企业房屋建筑施工面积 156.45 亿平方米，比上年减少 0.70%。房屋建筑竣工面积 40.55 亿平方米，比上年减少 0.69%。详见图 12-4。新冠疫情影响是建筑业施工和新开工面积减少的主要原因。

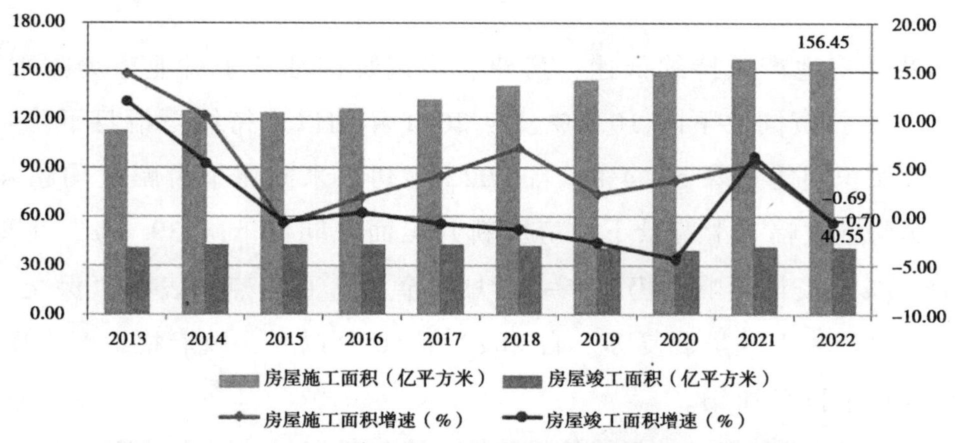

图 12-4 2013—2022 年建筑业企业房屋施工面积、竣工面积及增速

数据来源：中国建筑业协会《2022 年建筑业发展统计分析》。

（二）2022 年建筑细分子行业景气度出现明显分化

建筑行业是投资、需求驱动型行业，下游需求主要受房地产、基建等固定资产投资影响。建筑业细分子行业众多，主要包括基建工程、房建工程、专业工程、建筑装饰工程等，受国家宏观经济及固定资产投资政策等影响，建筑行业的各个细分子行业景气度等呈现较大差异。其中，基建工程主要受基建投资驱动，房建及建筑装饰工程主要受房地产投资驱动，专业工程主要受制造业投资驱动。

2022 年 5 月 25 日，国务院印发《关于进一步盘活存量资产扩大有效投资的意见》，强调要以多种方式盘活存量资产，合理扩大有效投资。同日召开的全国稳住经济大盘电视电话会议强调把稳增长放在更突出位置，保持经济运行在合理区间。在政策持续加码背景下，我国基建需求保持较高景气，全年基础设施投资（不含电力）累计同比增长 9.4%，增幅连续八个月提升，12 月基建投资（不含电力）单月增速为 14.32%，基建投资持续发力。我国固定资产投资情况见图 12-5。

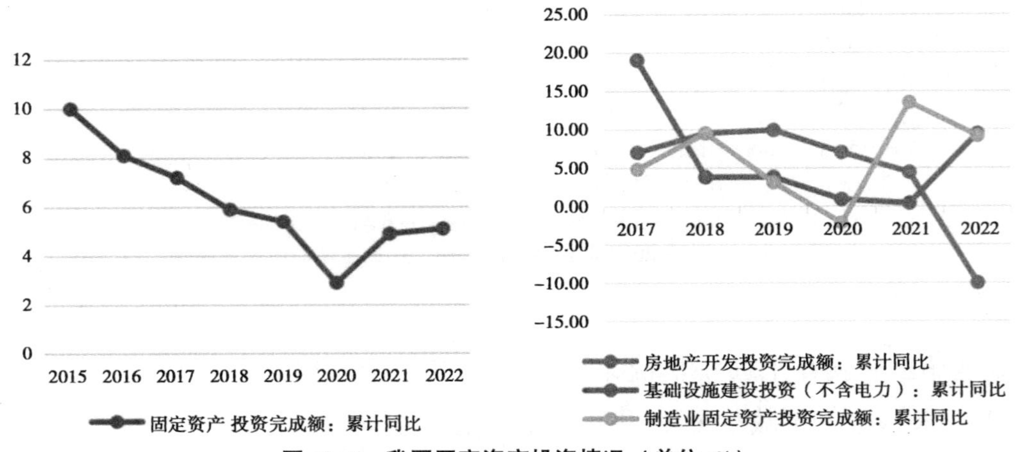

图 12-5 我国固定资产投资情况（单位:%）

数据来源：同花顺、东方金诚。

2022 年我国房地产业持续低迷，房建、建筑装饰细分子行业市场需求下滑明显。2022 全年房地产投资同比下降 10.0%，自 2021 年初以来持续下滑且下降幅度仍在拉大；购置土地面积同比下降 53.4%，自 2022 年初以来同比下滑幅度均超 40%；在地产投资、土地购置大幅下滑背景下，房屋新开工面积同比下降 39.4%；房屋竣工面积同比下降 15.0%，疫情影响下仍较 1—11 月收窄 4 个百分点，表明“保交楼”政策效果逐步显现，地产竣工端呈现复苏。自 2022 年 10 月以来，政府稳地产态度不断强化，地产供需两侧政策持续加码。

2022 年我国制造业投资整体保持较强韧性，全年投资累计同比增长 9.10%，增速同比下滑 4.40 个百分点。

（三）从业人数持续降低和企业家数增速下降，制约了行业的发展

2022 年，建筑业从业人数为 5184.02 万人，连续四年减少。2022 年比上年末减少 98.92 万人，减少 0.31%。详见图 12-6。

截至 2022 年底，全国共有建筑业企业 143621 个，比上年增加 14875 个，增速为 11.55%（见图 12-7）。国有及国有控股建筑业企业 8914 个，比上年增加 1088 个，占建筑业企业总数的 6.21%，比上年增加 0.13 个百分点。

2022 年，按建筑业总产值计算的劳动生产率再创新高，达到 493526 元/人，比上年增

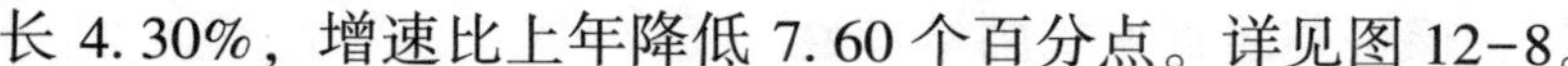

长 4.30%，增速比上年降低 7.60 个百分点。详见图 12-8。

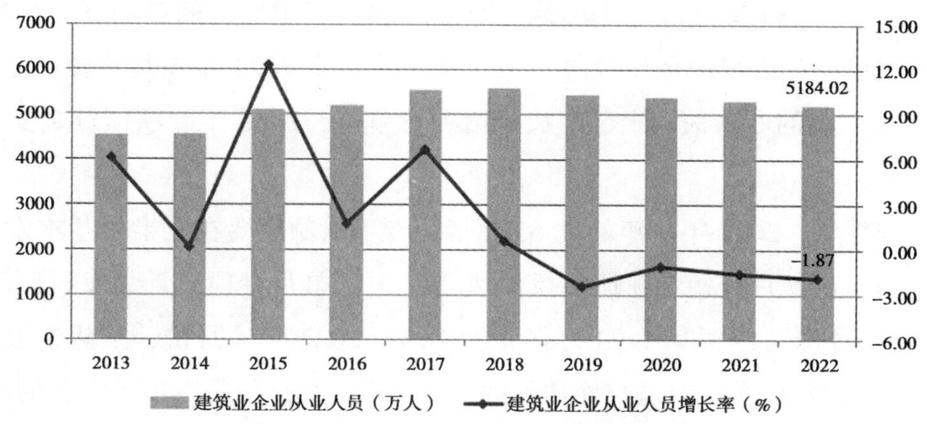

图 12-6　2013—2022 年建筑业从业人数增长情况

数据来源：中国建筑业协会《2022 年建筑业发展统计分析》。

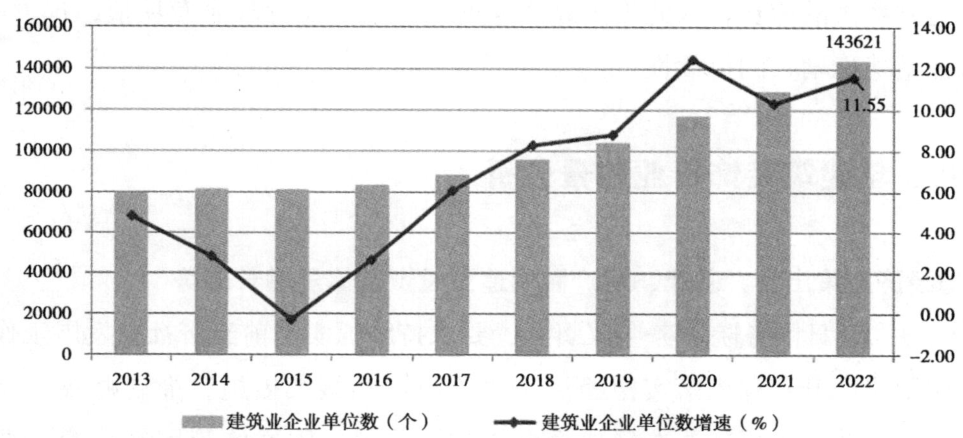

图 12-7　2013—2022 年建筑业企业数量及增速

数据来源：中国建筑业协会《2022 年建筑业发展统计分析》。

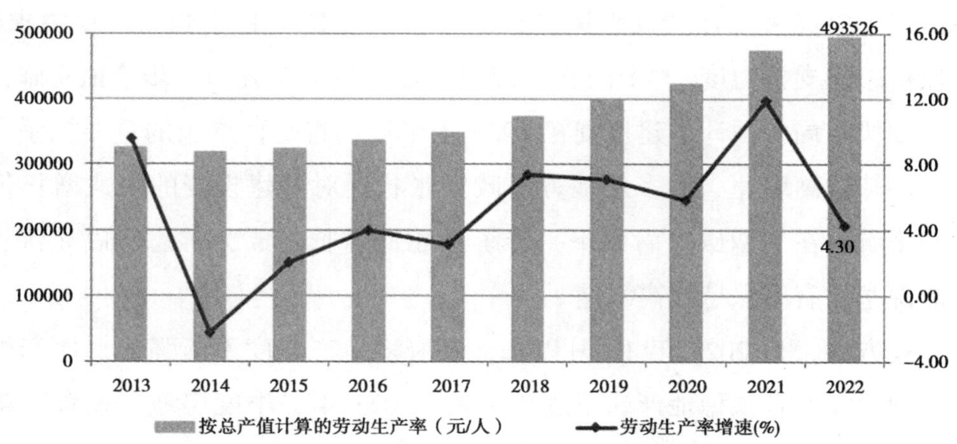

图 12-8　2013—2022 年按建筑业总产值计算的建筑业劳动生产率及增速

数据来源：中国建筑业协会《2022 年建筑业发展统计分析》。

（四）地方政府专项债集中发行，保证基建稳增长的持续性

在2021年下半年和2022年一季度地方政府专项债集中发行的带动下，2022年上半年基础设施项目建设将进入集中释放阶段。2021年下半年到2022年5月共发行专项债4.3万亿元，并且超过80%的专项债资金已经拨付给项目单位，2022年专项债资金支持项目开工率超过75%。

按照财政部规划，2022年全年的3.65万亿元专项债额度要在上半年基本发行完，三季度进行扫尾工作。从5月开始专项债发行加速，仅5月单月专项债计划发行额度达到5289亿元，占到1—5月份发行额度1.93万亿元的28%。2022年4月份，虽然专项债发行额度有所减少，仅为1038亿元，但这与稳增长的节奏有关。6月份是专项债密集的发行阶段。

在地产对经济的拖累没有改善之前，政府通过发债保证稳增长的持续性。地产行业三条红线前瞻性的调控政策着力地产行业的长期健康发展，但短期造成的地产行业景气度大幅下降也会拖累经济的增长，因此为了经济稳增长，通过发行政府专项债，加大投资力度，才能有效保证基建稳增长的持续性。

三、2023年建筑装饰行业前景分析

（一）稳经济政策出台，基建、房产和制造业投资整体呈增长态势

2023年1月28日国务院常务会议召开，要求持续抓实当前经济社会发展工作，推动经济运行在年初稳步回升；深入落实稳经济一揽子政策和接续措施，推动财政、金融工具支持的重大项目建设、设备更新改造形成更多实物工作量；因城施策用好政策工具箱，支持刚性和改善性住房需求，做好保交楼工作。

在基建投资方面，展望2023年，基建投资仍将保持较高增速，但全年增速较2022年可能有所下滑。中央经济工作会议强调，2023年经济坚持“稳字当头、稳中求进”，财政和货币政策保持较强支持力度，“十四五”规划102项重大工程进一步落地实施，新型基础设施项目建设加快布局，预计基建投资在2023上半年仍将是稳增长的重要抓手之一，全年基建投资仍将保持较高增速，但多地地方财政紧张状况对基建投资的快速增长仍形成一定制约。中长期来看，在“双碳”背景下，传统基建低增长将成为常态，以光伏、风电、储能为主的新能源基建有望保持较高增速。

在房地产业方面，自2022年10月以来，政府稳地产态度不断强化，地产供需两侧政策持续加码。预计随着各项稳地产政策逐步实施，2023年二季度房地产投资有望触底企稳并于下半年逐步回升，有利于房建及装饰需求回暖修复。

在制造业投资方面，预计2023年，随着疫情影响逐渐减弱，制造业需求复苏有利于专业工程景气回升。同时，2022年下半年各省绿色建筑政策陆续出台，明确提出大力推广装

配式钢结构，叠加“双碳”战略驱动，建筑钢结构渗透率有望加速提升，钢结构工程需求持续具有较强的确定性。另外，随着国内外疫情防控政策优化，人员物资往来将更加顺畅，防疫成本有望明显下降，海外工程经营有望加快复苏。

总体来说，2022 年，全国建筑业企业签订合同总额 715674.69 亿元，比上年增长 8.95%，增速比上年降低 1.34 个百分点，但仍保持了较高增速，建筑企业在手订单仍较充足。详见图 12-9。考虑到疫情影响正逐渐减退，叠加基建春季复工潮以及地产保交楼的施工加速，预计春节后此前受到多重因素影响的项目新开工与施工有望加快，2023 全年建筑业总产值仍将实现较快增长。

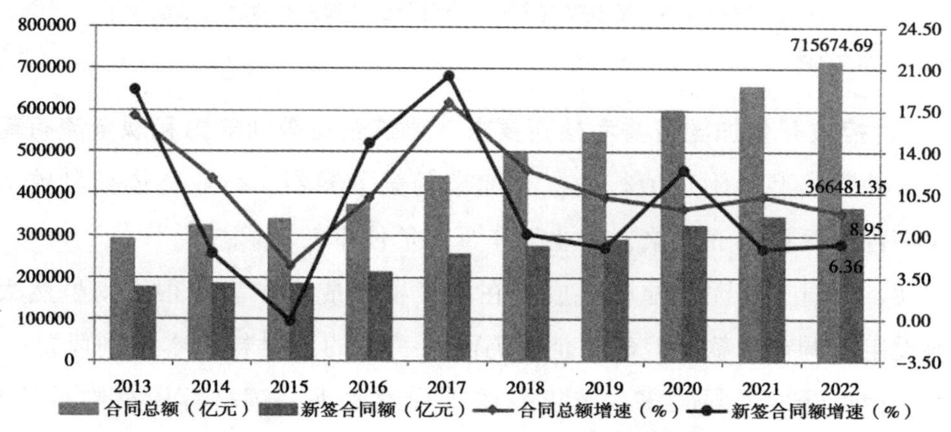

图 12-9　2013—2022 年全国建筑业企业签订合同总额、新签合同额及增速

数据来源：中国建筑业协会《2022 年建筑业发展统计分析》。

（二）需求新常态下建筑企业间的竞争进一步加剧，建筑央企及地方国企市场份额将继续提升

我国经济已由高速增长阶段转向高质量发展阶段，未来建筑行业需求增速将持续放缓。需求新常态下建筑企业间的竞争将进一步加剧。

近年来我国建筑行业集中度逐步提高，受益于供给侧改革的持续深入及建筑行业 EPC（Engineering Procurement Construction，是指承包方受业主委托，按照合同约定对工程建设项目的设计、采购、施工等实行全过程或若干阶段的总承包）商业模式的推广，优质大型企业资金、技术优势更加凸显，建筑央企及地方国企及凭借资金、资源、资质、技术及先进的项目管理经验等在市场竞争中具有明显优势。2022 年国有及国有控股建筑企业建筑业总产值、累计签订合同额及新签合同额占比分别为 40.19%、56.69%和 52.68%，占比分别较 2021 年提升 2.50、3.68 和 4.60 个百分点，预计未来国有及国有控股建筑企业市场占有率将继续提升。详见图 12-10。

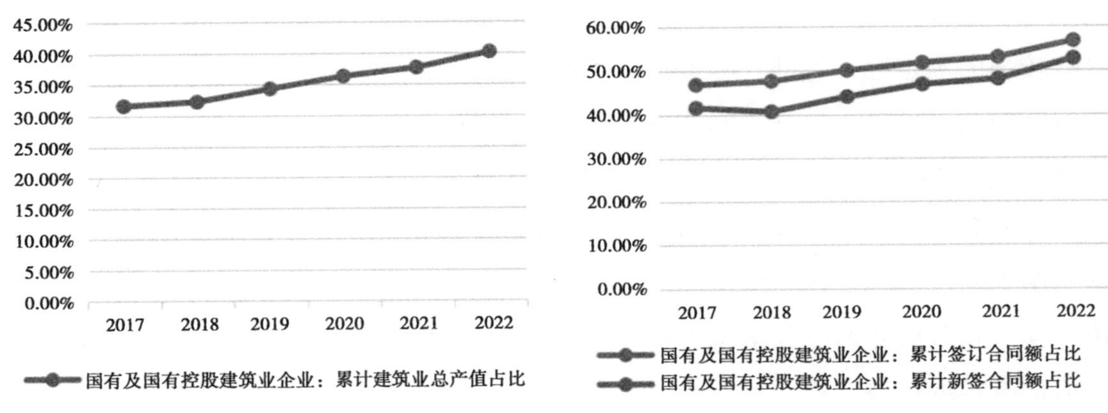

图 12-10　国有及国有控股建筑企业总产值及合同额占比情况（单位:%）

数据来源：同花顺、东方金诚。

（三）疫情管控放开叠加国资委考核新要求，建筑企业盈利能力和现金流有望改善

建筑业为劳动密集型低附加值行业，叠加市场竞争激烈，行业整体盈利能力较低。同时，建筑行业中普遍存在垫资现象，行业整体资产负债率较高。

成本端方面，钢材、水泥等原材料成本在施工项目成本中占比很大，虽然大部分施工项目对原材料设定了调差条款，但建筑企业仍面临一定的原材料成本控制风险。2022 年受疫情因素影响，项目开工受限较多，需求疲弱等导致水泥、钢材等原材料价格出现下滑，建筑企业原材料成本控制风险有所减弱，但因近年用工成本的上涨以及防疫成本增加，建筑施工企业面临的成本控制压力仍较大。2023 年随着国内疫情管控放开，项目施工进度加快，钢材和水泥等建筑材料需求增加，预计原材料价格将会企稳回升，建筑施工企业仍面临成本控制压力。

预计 2023 年，疫情对建筑企业的影响减弱，同时随着国企改革深入、项目管理趋于精细化等，建筑企业的盈利能力将会有所改善。近期国资委召开中央企业负责人会议明确，2023 年中央企业考核体系由“两利四率”变为“一利五率”，其中对央企的考核指标新增 ROE（净资产收益率）和营业现金流比率，未来建筑央企盈利和经营性现金流情况有望改善；对央企的资产负债率考核由“控”改为“稳”，有助于建筑央企减少资金束缚，保持合理的债务融资规模。

（四）“一带一路”海外业务复苏开启，国际工程订单有望实现突破

基建投资保持较快增长。根据统计局数据，2023 年一季度国内狭义基建同比增长 8.8%，广义基建同比增长 10.8%；其中 3 月份狭义、广义基建投资分别同增 8.7%、9.9%，投资保持较高强度；根据 Wind 数据，截至 2023 年 4 月 24 日，专项债已累计发行 1.57 万亿元，而 2022 年 1—4 月累计发行 1.39 万亿元，整体发行节奏前置为项目执行提供坚实基础；信贷数据方面，2023 年 3 月新增信贷 3.89 万亿元，同比多增 7600 亿元，其中企业中长期贷款新增 2.07 万亿元，同比多增 7252 亿元。展望二季度，一方面，在气候相对适宜、

专项债及信贷资金相对充裕的支持下，在建项目的施工进度或将加快；另一方面，去年二季度受物流等影响投资基数较低，预计 2023 年二季度基建投资同比增速保持在 10%左右水平。

海外工程施工率先复苏，订单未来也有望加速。随着对外交流和商务往来恢复正常，海外业务施工率先迎来复苏带来产值增加。

2023 年以来，我国在国际合作上持续取得突破，多国政府首脑和外交官员密集访华，“一带一路”沿线国家不断释放积极友好信号，说明中国在各国间的吸引力不断提升，更多国家愿意与中国合作，有望进一步催化海外市场的开拓和扩大。这种趋势的推进，有望为建筑国企带来更多基础建设、能源建设等领域的订单。

附表 2022年度建筑装饰行业上市公司业绩评价结果排序表

序号	A股上市公司评价得分排序	股票代码	股票简称	综合得分	评价等级	每股收益（元）	总资产报酬率（%）	净资产收益率（%）	总资产周转率（次）	流动资产周转率（次）	资产负债率（%）	已获利息倍数	营业收入增长率（%）	资本扩张率（%）	市场投资回报率（%）	股价波动率（%）	年末资产总额（万元）	营业收入（万元）	净利润（万元）
1	26	600039	四川路桥	84.5	AA	1.81	9.45	29.70	0.78	1.33	77.92	6.15	58.91	50.66	1.06	40.33	20829873.80	13515116.32	1136583.46
2	221	603929	亚翔集成	75	BBB	0.71	7.51	13.53	1.26	1.40	53.78	120.09	37.39	13.02	7.69	93.71	257299.17	303920.98	15163.91
3	261	600970	中材国际	74	BBB	0.98	6.86	16.05	0.91	1.23	64.66	12.29	7.11	13.80	-20.81	60.81	4378575.14	3881925.37	233287.49
4	390	002061	浙江交科	71.9	BBB	0.94	4.75	14.41	0.84	1.06	76.20	5.50	0.89	33.64	-7.69	62.89	5837900.39	4646958.25	175017.68
5	414	000498	山东路桥	71.6	BBB	1.51	5.16	14.77	0.70	0.96	77.73	5.24	13.03	14.69	0.00	87.73	10305001.06	6501893.63	317304.69
6	414	002116	中国海诚	71.6	BBB	0.50	4.20	13.15	1.05	1.17	72.80	85.59	8.63	9.76	43.75	92.65	606091.93	571962.90	20709.15
7	426	000065	北方国际	71.5	BBB	0.67	5.55	10.43	0.65	1.05	61.24	6.25	2.94	25.09	8.27	78.21	2208048.15	1343327.31	80335.11
8	465	603357	设计总院	71	BBB	0.97	10.14	14.61	0.56	0.70	43.22	350.72	18.72	10.47	-6.67	61.69	562488.57	279819.07	44446.34
9	511	601668	中国建筑	70.4	BBB	1.23	4.72	10.49	0.82	1.15	74.35	3.95	8.66	6.36	10.00	45.54	265290330.60	205505207.00	6921176.30
10	511	603979	金诚信	70.4	BBB	1.02	8.86	10.48	0.54	0.87	45.09	8.58	18.90	15.61	27.27	71.31	1127059.71	535485.99	60500.21
11	523	601117	中国化学	70.3	BBB	0.89	3.75	10.43	0.85	1.09	70.02	25.02	14.88	11.09	-28.57	71.62	19456564.62	15771622.63	577795.28
12	523	605598	上海港湾	70.3	BBB	0.91	10.92	10.56	0.50	0.61	15.78	81.21	20.50	11.38	19.05	162.33	185751.17	88510.52	15679.13
13	540	600248	陕西建工	70.1	BBB	0.97	2.56	15.80	0.70	0.80	88.76	4.58	18.74	49.87	-10.53	80.36	30875578.31	18936565.56	457038.08
14	628	601390	中国中铁	69.2	BB	1.20	3.88	8.95	0.77	1.36	73.77	3.81	7.57	18.06	-12.50	58.37	161316584.30	115150111.40	3497213.10
15	708	601186	中国铁建	68.2	BB	1.76	3.50	8.67	0.76	1.14	74.67	4.01	7.48	11.41	-9.09	43.24	152395105.20	109631286.70	3175277.80
16	767	600284	浦东建设	67.7	BB	0.58	2.71	8.10	0.58	0.80	73.18	10.37	23.60	5.31	9.09	55.31	2709727.63	1408428.68	57366.42
17	767	600820	隧道股份	67.7	BB	0.89	3.88	9.47	0.47	0.93	76.88	3.49	4.90	15.28	-1.82	33.67	14643503.68	6527449.83	299336.00
18	786	002469	三维化学	67.5	BB	0.42	9.59	10.51	0.79	1.06	18.83	378.38	-0.82	5.07	-7.14	106.60	334586.60	260985.36	27842.57
19	824	836892	广咨国际	67.1	BB	0.79	13.21	21.74	0.69	0.76	50.65	82.39	13.28	14.24	-30.05	74.54	78086.78	50361.91	7856.55
20	882	002761	浙江建投	66.4	BB	0.85	2.54	12.99	0.94	1.26	90.79	2.57	3.36	21.61	170.83	211.85	11111983.66	9853512.76	121077.00
21	904	601669	中国电建	66.2	BB	0.68	3.23	6.53	0.57	1.36	76.89	2.47	27.51	0.09	-18.18	48.86	104007810.91	57164932.44	1568443.78
22	912	003013	地铁设计	66.1	BB	1.00	9.69	19.66	0.52	0.72	55.34	164.68	4.02	12.82	-23.81	64.57	490346.66	247626.38	40608.44
23	921	300384	三联虹普	66	BB	0.75	8.58	11.09	0.31	0.46	35.54	84.74	26.12	8.37	-38.13	92.95	367432.71	105997.82	25246.26
24	928	601618	中国中冶	65.9	BB	0.45	3.40	8.25	1.05	1.39	72.34	5.03	18.40	6.95	-20.00	67.34	58538439.00	59266907.20	1292747.20
25	928	603018	华设集团	65.9	BB	1.00	7.40	16.76	0.52	0.60	62.16	55.05	0.29	12.43	-15.38	47.82	1184516.14	583892.73	70969.26
26	990	600853	龙建股份	65.4	BB	0.34	3.87	9.37	0.57	0.97	86.12	1.72	11.59	11.85	33.33	73.07	3248480.86	1695913.07	40016.84
27	1084	600133	东湖高新	64.5	B	0.69	4.40	7.71	0.44	0.66	71.52	2.91	15.21	20.90	4.35	40.16	3497015.74	1398610.62	70204.13
28	1167	605167	利柏特	63.9	B	0.31	7.23	9.76	0.70	1.20	46.49	162.06	-13.21	8.74	-10.00	73.38	273549.07	172112.39	13709.27
29	1306	603860	中公高科	62.7	B	0.58	5.24	5.20	0.27	0.56	15.91	511.29	10.56	4.23	9.09	44.79	86850.81	22475.61	3722.56

续 表

序号	A股上市公司评价得分排序	股票代码	股票简称	综合得分	评价等级	每股收益（元）	总资产报酬率（%）	净资产收益率（%）	总资产周转率（次）	流动资产周转率（次）	资产负债率（%）	已获利息倍数	营业收入增长率（%）	资本扩张率（%）	市场投资回报率（%）	股价波动率（%）	年末资产总额（万元）	营业收入（万元）	净利润（万元）
30	1345	601800	中国交建	62.4	B	1.09	3.67	6.05	0.50	1.22	71.80	2.39	5.05	8.90	-8.33	75.73	151135007.42	72027453.91	2474530.46
31	1357	601789	宁波建工	62.3	B	0.30	2.69	7.52	0.96	1.22	77.79	3.13	2.56	29.62	11.11	138.11	2476841.52	2186686.70	36649.64
32	1405	000928	中钢国际	61.9	B	0.49	3.77	10.16	0.73	1.01	74.51	7.18	18.00	8.28	-26.32	77.41	2667424.91	1871784.36	66432.18
33	1443	002140	东华科技	61.6	B	0.52	3.56	8.94	0.58	0.85	66.45	9.98	3.85	40.74	-41.61	103.68	1174796.77	623403.53	30145.99
34	1466	002541	鸿路钢构	61.4	B	1.69	8.20	14.97	0.99	1.54	59.88	6.84	1.71	13.60	-32.22	78.09	2058946.15	1984767.91	116267.66
35	1482	002323	雅博股份	61.3	B	0.01	3.69	4.84	0.65	0.75	42.87	27.85	459.22	4.60	19.05	88.67	116644.75	70026.80	3156.28
36	1496	600502	安徽建工	61.2	B	0.80	3.06	8.60	0.58	0.87	84.58	2.20	12.31	16.98	15.52	120.89	14906201.48	8011952.90	183248.67
37	1515	002062	宏润建设	61.1	B	0.33	4.64	11.57	0.50	0.64	73.34	5.10	-15.72	9.61	18.18	89.57	1638461.72	869888.08	48338.18
38	1515	300982	苏文电能	61.1	B	1.83	8.23	11.33	0.66	0.76	35.84	109.51	27.01	109.24	-30.56	108.24	474843.46	235724.03	25510.70
39	1543	002051	中工国际	60.8	B	0.27	2.37	2.92	0.44	0.54	49.21	10.19	12.47	2.50	10.26	49.77	2185111.77	971723.86	31968.47
40	1555	600301	南化股份	60.7	B	0.08	4.59	5.51	1.29	1.38	27.54	54.49	52.24	5.44	0.00	109.82	46616.17	58903.24	1812.50
41	1572	603637	镇海股份	60.6	B	0.43	8.28	12.07	0.41	0.44	36.86	0.00	-47.78	9.11	-20.00	53.81	141094.30	57446.93	10305.18
42	1583	000779	甘咨询	60.5	B	0.60	6.17	8.86	0.58	0.91	40.36	96.22	-2.40	7.73	9.52	86.04	442972.07	252003.06	22565.15
43	1583	300668	杰恩设计	60.5	B	0.19	4.81	3.91	0.58	0.71	20.52	52.49	14.51	57.64	4.00	43.65	90351.47	43689.23	2295.62
44	1583	601611	中国核建	60.5	B	0.56	2.78	7.55	0.54	0.85	82.22	2.38	18.42	17.26	-20.00	51.14	19737386.11	9913779.83	245460.59
45	1643	300712	永福股份	60.1	B	0.46	3.57	5.79	0.68	0.91	59.13	3.78	39.81	18.27	-11.94	145.49	338164.20	219205.85	7389.56
46	1662	002081	金螳螂	59.9	CCC	0.48	4.06	10.72	0.58	0.66	65.40	14.47	-14.03	11.44	-22.75	61.26	3703634.87	2181329.09	130316.15
47	1687	600496	精工钢构	59.7	CCC	0.35	4.70	9.16	0.78	1.00	63.45	4.60	3.15	5.97	-23.08	44.65	2190872.35	1561819.69	71277.63
48	1705	300621	维业股份	59.5	CCC	0.03	3.06	7.91	1.46	1.53	92.44	1.71	47.48	-14.40	-20.00	60.67	1216257.22	1477933.80	7877.66
49	1718	603909	建发合诚	59.4	CCC	0.28	4.60	6.16	0.73	0.96	42.40	11.04	49.87	8.69	-32.26	91.96	181645.71	126101.93	6192.22
50	1742	603815	交建股份	59.2	CCC	0.29	3.30	8.32	0.73	0.94	76.38	6.53	26.76	6.70	0.00	65.78	962043.73	649914.10	18318.47
51	1823	002883	中设股份	58.6	CCC	0.33	5.95	9.24	0.61	0.72	41.58	28.44	23.11	7.46	13.79	106.41	125044.31	74647.76	6514.78
52	1823	300564	筑博设计	58.6	CCC	0.92	8.31	11.35	0.44	0.54	31.76	0.00	-14.61	7.75	-13.04	70.66	200274.46	87631.87	14954.06
53	1849	002830	名雕股份	58.4	CCC	0.14	2.77	3.52	0.53	0.81	53.12	429.07	-6.35	0.00	9.09	57.77	144818.49	82830.58	2388.98
54	1870	603017	中衡设计	58.2	CCC	0.31	3.93	6.17	0.53	0.84	57.64	13.86	-1.88	0.43	-10.20	47.98	339411.89	175995.28	8855.53
55	1906	300284	苏交科	57.9	CCC	0.47	5.35	7.63	0.34	0.43	44.62	12.46	2.09	6.49	-15.38	60.25	1550926.52	522652.86	63522.76
56	1906	600629	华建集团	57.9	CCC	0.44	3.91	10.46	0.56	0.74	68.53	9.49	-11.21	35.49	-21.74	79.33	1552352.63	803966.59	44397.13
57	1921	000628	高新发展	57.8	CCC	0.57	2.72	10.54	0.54	0.58	85.55	4.61	-0.62	18.70	2.94	141.65	1367787.11	657059.98	19187.02
58	1962	605287	德才股份	57.5	CCC	2.00	3.29	12.13	0.61	0.68	82.10	5.20	11.87	14.22	-20.69	71.89	1007331.59	563780.06	20508.25

续表

序号	A股上市公司评价得分排序	股票代码	股票简称	综合得分	评价等级	每股收益（元）	总资产报酬率（%）	净资产收益率（%）	总资产周转率（次）	流动资产周转率（次）	资产负债率（%）	已获利息倍数	营业收入增长率（%）	资本扩张率（%）	市场投资回报率（%）	股价波动率（%）	年末资产总额（万元）	营业收入（万元）	净利润（万元）
59	1975	301167	建研设计	57.4	CCC	1.03	8.61	10.18	0.42	0.51	29.07	613.54	29.47	11.12	-34.29	116.42	131710.10	50914.93	9036.83
60	1989	301058	中粮科工	57.3	CCC	0.33	5.51	9.08	0.71	0.86	47.09	52.07	24.36	5.47	-31.82	75.69	381258.43	269812.92	17834.18
61	1989	601868	中国能建	57.3	CCC	0.18	3.58	6.56	0.61	1.06	74.79	2.78	13.67	11.86	-33.33	131.94	66435112.50	36639330.10	1040655.60
62	2070	603176	汇通集团	56.7	CCC	0.16	3.95	7.16	0.59	0.80	79.03	3.67	12.41	14.70	75.00	155.50	534741.36	266197.38	7517.93
63	2080	002989	中天精装	56.6	CCC	0.40	3.29	3.92	0.57	0.64	51.33	3.02	-22.39	5.42	-15.38	80.67	362376.17	199275.36	6734.97
64	2118	300732	设研院	56.3	CCC	0.76	5.67	8.49	0.41	0.53	54.43	7.09	22.38	4.11	-10.64	89.09	647888.37	251128.81	24565.10
65	2137	300986	志特新材	56.2	CCC	1.08	7.72	13.02	0.57	1.40	61.39	5.55	30.27	17.83	-16.92	129.16	393341.15	192956.91	18284.15
66	2153	301091	深城交	56.1	CCC	0.77	6.28	7.86	0.40	0.51	29.22	19.35	5.75	8.17	-3.13	100.62	309027.72	122580.23	16554.39
67	2193	000032	深桑达A	55.8	CCC	-0.14	3.28	7.28	1.05	1.33	80.84	3.92	19.55	6.75	-10.64	163.53	5284041.38	5105192.11	71355.86
68	2193	601226	华电重工	55.8	CCC	0.27	3.68	7.38	0.75	1.00	61.19	15.55	-20.55	8.93	-10.00	82.84	1128580.37	820607.04	30979.83
69	2242	600868	梅雁吉祥	55.4	CCC	0.03	3.32	3.08	0.18	0.64	14.04	13.36	42.63	2.99	-9.64	40.77	289327.41	49699.77	7560.16
70	2331	600170	上海建工	54.7	CC	0.10	1.59	3.27	0.79	1.03	86.07	1.66	1.77	-0.94	-25.00	61.94	36680361.91	28603661.47	168003.56
71	2350	603098	森特股份	54.6	CC	0.10	1.14	2.03	0.67	0.77	63.52	2.15	34.85	0.81	-32.08	106.98	739896.75	423361.49	5447.46
72	2361	600512	腾达建设	54.5	CC	0.01	1.57	1.52	0.51	0.71	46.57	3.52	-15.66	1.77	-22.73	99.72	1127463.32	584077.03	9083.37
73	2376	000159	国际实业	54.4	CC	0.62	11.36	12.90	0.48	1.10	15.14	16.28	43.98	15.37	0.00	125.31	307753.66	161141.42	31442.64
74	2441	300778	新城市	54	CC	0.41	5.81	5.50	0.30	0.32	36.34	4.37	16.06	15.87	-24.24	68.31	185321.01	46516.51	6048.85
75	2521	300675	建科院	53.4	CC	0.50	7.33	12.61	0.35	0.70	54.65	6.13	-5.71	11.68	-16.67	96.62	138223.39	47413.59	7491.59
76	2576	002941	新疆交建	52.9	CC	0.55	3.62	8.07	0.43	0.76	76.03	3.11	-31.96	7.66	0.00	86.26	1861425.37	790496.82	34726.78
77	2592	002307	北新路桥	52.8	CC	0.04	2.18	0.89	0.24	0.82	89.16	1.19	-5.38	4.11	15.79	95.61	5115601.34	1165806.87	4826.24
78	2632	300517	海波重科	52.5	CC	0.27	3.94	5.32	0.35	0.43	41.11	7.33	-43.06	11.75	25.00	78.13	175035.82	63653.63	5197.59
79	2661	001267	汇绿生态	52.3	CC	0.08	3.92	4.38	0.24	0.29	42.01	4.10	-21.13	29.50	14.29	128.26	258614.68	61106.68	5823.18
80	2682	600477	杭萧钢构	52.1	CC	0.12	2.63	5.74	0.77	1.10	60.90	3.08	3.73	17.54	-12.08	102.44	1393137.50	993540.49	28915.97
81	2682	601886	江河集团	52.1	CC	0.43	3.20	7.16	0.66	0.81	71.75	4.22	-13.15	-0.84	17.65	129.85	2693189.77	1805640.38	54678.62
82	2716	002949	华阳国际	51.8	CC	0.57	5.43	9.39	0.58	0.92	50.96	17.28	-36.54	5.44	-36.36	102.50	322115.43	182549.60	14453.75
83	2762	300826	测绘股份	51.4	CC	0.49	3.98	7.20	0.37	0.46	49.36	251.38	8.94	4.40	-32.26	75.20	221713.35	83188.28	7917.58
84	2917	300536	农尚环境	49.6	C	0.08	3.12	3.76	0.35	0.41	38.93	16.69	26.11	3.83	-28.79	68.18	104609.77	38792.37	2359.34
85	2998	300746	汉嘉设计	48.7	C	0.07	0.95	1.54	1.09	1.84	43.31	9.72	-10.77	-1.03	-35.71	135.95	238230.49	249958.33	2091.08
86	3007	002375	亚厦股份	48.6	C	0.14	1.41	2.60	0.52	0.63	65.67	4.18	0.33	3.65	-41.30	102.16	2318014.63	1211621.25	20284.88
87	3007	603959	百利科技	48.6	C	0.02	1.38	3.66	0.86	1.11	83.44	1.59	209.24	5.95	-32.26	86.06	432957.79	321986.42	2553.26

续 表

序号	A股上市公司评价得分排序	股票代码	股票简称	综合得分	评价等级	每股收益（元）	总资产报酬率（%）	净资产收益率（%）	总资产周转率（次）	流动资产周转率（次）	资产负债率（%）	已获利息倍数	营业收入增长率（%）	资本扩张率（%）	市场投资回报率（%）	股价波动率（%）	年末资产总额（万元）	营业收入（万元）	净利润（万元）
88	3043	002593	日上集团	48.3	C	0.04	1.62	1.25	0.68	0.95	53.07	1.86	-10.60	0.00	-7.69	76.51	502154.99	337801.97	2946.07
89	3043	833427	华维设计	48.3	C	0.32	7.78	9.06	0.30	0.43	28.58	31.81	-19.81	0.34	-37.90	86.48	50167.00	14505.25	3240.27
90	3082	300492	华图山鼎	48	C	0.08	3.77	3.64	0.32	0.43	12.10	77.71	-2.87	2.78	-17.33	39.37	34655.08	10685.39	1092.95
91	3108	301098	金埔园林	47.7	C	0.71	4.24	7.32	0.38	0.40	57.71	7.87	1.84	6.97	-42.86	113.88	264351.75	97603.86	7916.87
92	3223	300649	杭州园林	46.3	C	0.09	0.88	2.11	0.50	0.62	56.58	110.17	-12.27	1.41	15.15	159.60	124000.37	65669.54	1130.69
93	3231	300948	冠中生态	46.2	C	0.40	5.13	6.41	0.37	0.45	36.35	21.87	12.77	5.78	-50.00	137.62	132209.76	45334.96	5243.44
94	3275	300989	蕾奥规划	45.5	C	0.28	2.79	3.00	0.37	0.41	14.70	47.78	-15.89	1.78	-26.09	73.81	117972.84	44206.30	2996.06
95	3305	603458	勘设股份	45	C	0.54	3.66	5.30	0.28	0.38	54.25	3.72	-29.08	2.17	-28.95	97.38	750103.72	215562.90	17981.67
96	3387	002628	成都路桥	43.7	C	0.01	2.01	0.35	0.17	0.35	59.92	1.20	-25.20	0.92	-7.14	46.01	768124.70	133867.91	1059.65
97	3408	600939	重庆建工	43.4	C	-0.01	1.07	1.60	0.62	0.76	88.73	1.37	-14.70	-14.22	-20.00	108.15	8206839.64	4931389.42	16006.81
98	3438	300029	ST天龙	42.9	C	0.06	5.35	55.10	0.89	0.97	87.60	6.65	-21.29	111.59	14.29	143.88	24072.97	24963.86	1211.20
99	3443	002822	中装建设	42.8	C	0.02	1.41	0.56	0.55	0.66	60.92	1.51	-16.98	0.13	-30.77	103.06	960383.84	521202.07	2118.07
100	3478	301038	深水规院	42.2	C	-0.17	-2.54	-3.23	0.52	0.62	52.36	-240.22	-0.33	-7.62	-13.64	74.56	182707.76	93171.95	-2930.81
101	3499	002200	ST交投	41.8	C	0.06	2.26	-0.42	0.23	0.53	88.46	0.94	48.93	39.74	0.00	55.50	278793.54	58419.33	-116.26
102	3512	601068	中铝国际	41.6	C	0.00	1.50	1.52	0.45	0.63	77.94	1.56	1.50	-36.69	-16.67	98.48	4739128.86	2369732.89	20487.70
103	3522	002135	东南网架	41.5	C	0.25	2.76	4.62	0.70	0.89	64.42	4.39	6.89	-4.02	-48.72	139.01	1752444.78	1206443.46	29397.11
104	3544	002789	建艺集团	41.1	C	0.07	1.67	4.75	0.35	0.50	96.49	1.14	11.18	135.52	13.64	119.71	897744.04	216560.22	1066.11
105	3585	300500	启迪设计	40.4	C	0.08	0.36	0.29	0.52	0.72	56.48	0.81	-19.38	-1.28	-41.94	138.24	371088.92	185518.94	463.55
106	3612	002743	富煌钢构	39.7	C	0.23	2.35	3.34	0.45	0.56	71.28	1.70	-17.08	2.33	-31.25	82.61	1105794.70	475779.68	10486.25
107	3620	301027	华蓝集团	39.5	C	0.37	3.90	5.65	0.46	0.53	48.16	15.26	-26.82	4.15	-22.22	180.00	185576.37	84508.25	5323.64
108	3654	301046	能辉科技	38.8	C	0.17	2.23	3.26	0.31	0.37	34.43	66.34	-35.60	-2.98	-27.08	110.80	116430.67	38167.26	2523.95
109	3661	600193	创兴资源	38.7	C	0.02	1.20	1.37	0.26	0.33	56.18	2.30	-61.81	-9.38	-11.36	57.41	72676.10	26365.46	459.50
110	3697	600667	太极实业	37.6	C	-0.35	-1.49	-7.86	1.30	1.92	72.77	-1.91	44.90	-9.79	-32.50	83.52	2892907.92	3519475.65	-65270.89
111	3745	300355	蒙草生态	36.6	C	0.08	3.63	3.51	0.14	0.32	64.23	1.71	-23.66	-0.23	-42.59	116.42	1605553.92	222244.30	20193.49
112	3763	600491	龙元建设	36.2	C	0.25	3.08	2.83	0.21	0.27	79.85	1.34	-27.12	2.00	-12.66	69.79	6665157.94	1424589.53	37622.09
113	3769	603955	大千生态	36	C	0.08	1.98	1.25	0.07	0.13	45.81	1.84	-54.72	1.46	38.89	123.59	336244.33	25197.48	2258.51
114	3780	002620	瑞和股份	35.8	C	0.03	3.11	3.68	0.44	0.60	81.53	2.75	-38.89	-7.86	-19.23	69.86	479666.72	214956.47	3396.50
115	3789	002586	*ST围海	35.6	C	-0.63	-7.20	-20.56	0.30	0.59	54.21	-7.61	-0.28	5.17	31.82	79.46	854468.50	257344.23	-78455.30
116	3839	002663	普邦股份	34.2	C	-0.14	-4.08	-8.02	0.42	0.56	46.11	-11.97	-11.65	-8.12	0.00	43.37	569520.94	247060.68	-25689.83

续 表

序号	A股上市公司评价得分排序	股票代码	股票简称	综合得分	评价等级	每股收益（元）	总资产报酬率（%）	净资产收益率（%）	总资产周转率（次）	流动资产周转率（次）	资产负债率（%）	已获利息倍数	营业收入增长率（%）	资本扩张率（%）	市场投资回报率（%）	股价波动率（%）	年末资产总额（万元）	营业收入（万元）	净利润（万元）
117	3846	002163	海南发展	33.8	C	-0.17	-2.72	-13.59	0.60	1.11	75.84	-4.44	-17.17	37.14	-7.02	67.44	626394.31	361603.21	-17780.50
118	3849	002781	＊ST奇信	33.6	C	-1.84	-10.62	115.30	0.54	0.64	117.98	-3.53	5.92	0.00	0.00	178.13	275634.57	153947.84	-42552.83
119	3849	300983	尤安设计	33.6	C	0.16	0.90	0.64	0.15	0.19	6.20	0.00	-46.81	-2.73	-44.58	127.33	330048.23	50816.08	2002.59
120	3872	002431	棕榈股份	32.9	C	-0.44	-1.73	-17.11	0.23	0.40	76.27	-0.78	4.91	8.81	-14.71	84.40	1861478.86	424486.53	-72528.99
121	3877	603359	东珠生态	32.7	C	0.08	0.71	0.74	0.13	0.17	59.83	2.51	-54.18	0.13	-28.13	74.84	923489.42	124203.67	2726.91
122	3879	002564	天沃科技	32.6	C	-2.03	-6.09	0.00	0.15	0.36	0.00	0.00	-41.86	-100.00	20.00	97.22	2533807.55	395778.79	0.00
123	3952	002856	美芝股份	30.6	C	-1.06	-7.81	-22.69	0.87	1.07	74.97	-5.43	183.58	-15.39	-14.29	79.72	224939.95	166719.38	-13938.73
124	3957	300977	深圳瑞捷	30.5	C	0.15	1.24	1.14	0.35	0.40	16.15	7.54	-26.52	-0.84	-51.14	158.40	165077.91	57182.76	1577.81
125	3969	603388	元成股份	30.2	C	-0.18	-0.56	-3.52	0.09	0.22	52.53	-0.55	-42.94	15.79	8.70	143.98	344938.03	32691.19	-5376.37
126	4032	300117	嘉寓股份	28.7	C	-0.10	-2.48	-118.94	0.43	0.59	99.44	-2.33	36.65	-74.40	-7.69	72.61	454552.02	195355.14	-7470.71
127	4063	300635	中达安	28	C	-1.32	-19.01	-31.18	0.54	0.80	48.66	-17.74	-2.40	-26.53	-23.08	94.05	99117.89	59025.44	-18730.25
128	4068	603316	诚邦股份	27.9	C	-0.21	0.32	-5.89	0.27	0.51	70.72	0.16	-39.13	-5.88	0.00	89.02	301175.28	79973.49	-5358.32
129	4080	605289	罗曼股份	27.6	C	-0.14	-0.80	-1.37	0.16	0.21	34.23	-2.22	-57.55	-5.38	-27.03	121.65	188068.78	31229.78	-1744.22
130	4083	002811	郑中设计	27.5	C	-0.65	-5.62	-12.93	0.39	0.50	54.31	-4.46	-42.46	-19.08	-13.33	62.53	264829.81	109616.86	-17494.48
131	4191	002713	东易日盛	24.9	C	-1.79	-25.03	-111.09	0.73	1.70	91.07	-29.27	-41.19	-74.02	0.00	72.76	322990.42	252401.66	-77647.00
132	4197	603778	乾景园林	24.8	C	-0.25	-8.31	-13.84	0.09	0.21	47.88	-571.58	11.91	-4.81	46.67	177.06	238747.40	19785.07	-17651.26
133	4221	003001	中岩大地	24.4	C	-1.14	-7.89	-11.72	0.40	0.43	45.17	-203.84	-34.90	-11.44	-28.57	106.22	220259.48	89670.91	-15061.47
134	4224	002482	＊ST广田	24.3	C	-3.45	-38.66	248.18	0.26	0.34	146.49	-11.88	-55.66	-1038.43	-42.31	115.59	1078595.81	356372.78	-555970.24
135	4262	300197	节能铁汉	23.2	C	-0.33	-0.82	-12.22	0.09	0.22	78.00	-0.34	4.77	-11.17	-22.58	61.06	3185659.25	278965.90	-91000.94
136	4281	300949	奥雅股份	22.7	C	-0.86	-3.34	-4.37	0.33	0.41	22.21	-28.50	-21.52	-4.16	-50.00	157.87	147823.85	48013.04	-5128.49
137	4296	002504	＊ST弘高	22.3	C	-0.48	-20.82	834.23	0.06	0.06	120.23	-254.36	-23.02	-263.07	-16.67	64.00	151641.18	13292.41	-49489.13
138	4296	002542	中化岩土	22.3	C	-0.39	-7.02	-21.09	0.23	0.31	64.73	-4.24	-57.93	-18.78	3.51	41.67	847729.34	217676.91	-70346.99
139	4296	603717	天域生态	22.3	C	-1.16	-7.34	-15.48	0.28	0.46	58.57	-8.53	48.09	-11.04	-44.44	183.74	346058.14	94491.45	-23570.81
140	4302	603843	正平股份	22.2	C	-0.31	-1.09	-10.41	0.24	0.37	78.59	-0.81	-55.87	-13.45	-14.29	81.56	888113.09	222238.25	-21337.80
141	4328	603828	柯利达	21.6	C	-0.56	-6.32	-31.85	0.40	0.62	82.76	-5.61	-19.06	-28.47	-25.00	69.77	524618.12	208639.93	-34537.38
142	4365	002047	宝鹰股份	20.3	C	-1.47	-22.77	-120.40	0.38	0.45	88.14	-8.84	-20.18	-57.74	0.00	112.33	912929.32	372710.47	-219496.78
143	4393	002963	豪尔赛	19.4	C	-1.04	-8.54	-9.83	0.18	0.21	28.68	0.00	-48.34	-9.37	-26.32	105.65	211625.39	40701.96	-15604.10
144	4459	002325	洪涛股份	16.8	C	-0.46	-7.07	-25.48	0.15	0.20	63.26	-2.52	-48.64	10.24	-32.00	85.76	839276.38	133066.76	-74908.38
145	4459	603007	ST花王	16.8	C	-0.68	-7.04	-61.72	0.08	0.14	88.66	-2.69	17.77	-47.14	11.11	116.19	247462.42	19575.42	-25043.81

续 表

序号	A股上市公司评价得分排序	股票代码	股票简称	综合得分	评价等级	每股收益（元）	总资产报酬率（%）	净资产收益率（%）	总资产周转率（次）	流动资产周转率（次）	资产负债率（%）	已获利息倍数	营业收入增长率（%）	资本扩张率（%）	市场投资回报率（%）	股价波动率（%）	年末资产总额（万元）	营业收入（万元）	净利润（万元）
146	4482	833873	中设咨询	15.9	C	-0.19	-6.27	-6.45	0.30	0.39	17.72	-59.46	-26.95	-6.77	-53.85	156.87	52523.12	16670.45	-2888.29
147	4490	301024	霍普股份	15.6	C	-2.80	-20.93	-23.89	0.15	0.19	16.53	-119.04	-60.75	-20.05	-32.65	89.78	79595.86	13393.98	-17861.17
148	4494	002775	文科园林	15.4	C	-0.72	-7.20	-89.43	0.19	0.39	95.37	-3.97	-52.36	-61.51	-5.00	41.15	501155.33	91774.31	-37316.14
149	4496	000010	美丽生态	15.2	C	-0.57	-13.94	-78.25	0.15	0.19	75.26	-4.99	-65.11	4.43	-2.44	62.00	362267.79	61305.33	-68657.76
150	4519	605303	园林股份	13.8	C	-1.62	-9.58	-17.06	0.17	0.19	51.09	-31.61	-57.97	-17.40	-31.25	85.99	283504.48	51435.56	-26141.01
151	4521	300506	名家汇	13.6	C	-0.68	-21.27	-60.36	0.07	0.09	64.73	-13.58	-77.50	-50.50	-14.71	77.65	147730.17	12302.81	-47491.34
152	4523	600321	正源股份	13.4	C	-0.13	-3.57	-11.02	0.13	0.19	68.35	-35.61	-46.15	-16.98	-12.50	55.51	506726.72	68024.34	-19479.94
153	4526	603030	*ST全筑	13.2	C	-2.06	-13.33	-175.51	0.26	0.32	101.49	-14.59	-50.30	-106.19	-27.27	84.68	603179.20	200891.56	-119422.46
154	4538	836149	旭杰科技	12.5	C	-0.33	-2.79	-17.78	0.51	0.75	69.10	-1.60	-27.06	-17.79	-52.94	172.32	64145.48	34446.85	-3905.04
155	4540	300844	山水比德	12.3	C	-1.89	-12.92	-13.40	0.30	0.34	18.23	-36.77	-43.94	-13.55	-47.06	162.74	103559.90	33059.54	-12235.40
156	4540	605178	时空科技	12.3	C	-2.11	-8.95	-11.03	0.13	0.15	22.17	-48.18	-55.77	-11.24	-48.00	118.66	232165.44	32988.97	-21196.44
157	4569	300495	*ST美尚	8.5	C	-1.02	-8.71	-65.60	0.03	0.06	82.68	-1.90	-37.82	-50.66	10.00	185.34	409823.93	13292.43	-70478.42
158	4570	002310	东方园林	8.2	C	-2.18	-11.20	-67.04	0.08	0.14	85.15	-5.43	-67.83	-50.28	-30.50	72.55	4077254.97	337316.01	-611090.57
159	4570	002717	岭南股份	8.2	C	-0.90	-8.18	-35.21	0.14	0.22	79.05	-5.64	-46.48	-29.91	-20.83	101.01	1721767.22	256866.58	-154069.39
160		301136	招标股份	45.7	C	0.19	3.99	4.70	0.39	0.44	30.60	26.03	10.95	79.29	-48.80	140.71	224964.21	73959.55	5713.56
161		301365	矩阵股份	62.8	B	1.79	12.98	13.86	0.52	0.56	12.02	243.78	-10.36	184.52	-161.29	18.39	200505.43	79448.61	16517.95
162		430564	天润科技	65.2	BB	0.68	15.08	19.19	0.71	0.75	23.24	416.56	13.14	132.77	-31.82	100.50	41306.17	22339.70	4349.98
163		603163	圣晖集成	67.8	BB	1.89	11.08	17.08	1.11	1.19	42.98	44.06	-4.37	137.27	-71.43	21.23	177714.63	162789.51	12301.90

第十三章

银行业上市公司业绩评价

2022年在地缘政治冲突加剧、通胀压力骤升进入加息周期、资本市场持续动荡、疫情反复严重冲击国内经济复苏进程的情况下，银行业经营发展所承受压力较2021年更甚。整体营收和利润增速缓慢，部分银行资产质量方面亦出现一定波动。2022年申万银行业指数从年初的3534.39点波动下降至年末的3158.22点，下跌11.91%。展望2023年，随着疫情形势逐步明朗，预计企业生产经营融资需求以及居民消费需求有望逐步恢复，银行资产规模将保持稳步扩张。

一、银行业上市公司业绩评价结果

截至2022年末，我国A股市场上市银行共42家，其中2022年新上市1家银行，为兰州银行。考虑到当年上市的银行不进行指标评价，因此，纳入本次业绩评价的银行业上市公司共41家，详见表13-1。

截至2022年末，41家银行A股上市公司中，沪市33家，占比80.49%；深市8家，占比19.51%。41家银行上市公司资产总额2520294.01亿元，所有者权益合计206501.58亿元，2022年实现营业收入58454.95亿元，实现净利润20813.98亿元。

表13-1　2022年纳入业绩评价的A股上市银行汇总表

股票简称	上市日期	股票简称	上市日期
平安银行	1991-04-03	杭州银行	2016-10-27
浦发银行	1999-11-10	上海银行	2016-11-16
民生银行	2000-12-19	苏农银行	2016-11-29
招商银行	2002-04-09	张家港行	2017-01-24
华夏银行	2003-09-12	成都银行	2018-01-31

续　表

股票简称	上市日期	股票简称	上市日期
中国银行	2006-07-05	郑州银行	2018-09-19
工商银行	2006-10-27	长沙银行	2018-09-26
兴业银行	2007-02-05	紫金银行	2019-01-03
中信银行	2007-04-27	青岛银行	2019-01-16
交通银行	2007-05-15	西安银行	2019-03-01
宁波银行	2007-07-19	青农商行	2019-03-26
南京银行	2007-07-19	苏州银行	2019-08-02
北京银行	2007-09-19	渝农商行	2019-10-29
建设银行	2007-09-25	浙商银行	2019-11-26
农业银行	2010-07-15	邮储银行	2019-12-10
光大银行	2010-08-18	厦门银行	2020-10-27
江苏银行	2016-08-02	齐鲁银行	2021-06-18
贵阳银行	2016-08-16	重庆银行	2021-02-05
江阴银行	2016-09-02	瑞丰银行	2021-06-25
无锡银行	2016-09-23	沪农商行	2021-08-19
常熟银行	2016-09-30		

在41家银行上市公司中，评价等级为AA级的有1家，A级的有3家，BBB级的有13家，BB级的有16家，B级的有5家，CCC级的有2家，CC级的有1家。

2022年银行业整体评价结果显示，业绩评价综合得分进入“中联价值100（含金融）”名单的有一家，为成都银行，位列全部上市公司第65位。2022年度银行业评价得分排名前十的公司如表13-2所示。

表13-2　2022年度银行业评价得分前十名的公司

名次	股票代码	股票简称	在A股上市公司中评价得分排序
1	601838. SH	成都银行	65
2	601009. SH	南京银行	156
3	601128. SH	常熟银行	186
4	600036. SH	招商银行	194
5	600919. SH	江苏银行	260
6	002966. SZ	苏州银行	273
7	601939. SH	建设银行	292
8	601988. SH	中国银行	315
9	002142. SZ	宁波银行	322
10	601825. SH	沪农商行	337

基于对银行业上市公司的整体评价，下面分别从安全性、流动性、盈利能力、发展能力以及市场表现五个方面对上市银行公司进行具体分析。

（一）安全性

1. 资本充足率

2022年，41家上市银行的平均资本充足率为14.21%，较2021年下降了2.30%。上市银行资本充足率较高的三家是工商银行（19.26 %）、建设银行（18.42%）、招商银行（17.77%）；资本充足率较低的三家分别为郑州银行（12.72%）、苏农银行（12.09%）、浙商银行（11.60%）。41家上市银行的资本充足率均满足银监会（现为银保监会）《商业银行资本管理办法（试行）》规定的资本充足率最低要求，但仍有25家银行的核心一级资本充足率较年初下降。

2022年商业银行资本充足率整体呈下降趋势，全年IPO、定增、可转债发行等渠道增速下降；部分上市银行受政策刺激、息差下行以量补价等影响，扩表较快，资本补充压力增加。

2. 不良贷款率

2022年在经济环境下行情况下，上市银行持续加大不良处置力度，维持总体不良率稳定，整体银行拨备覆盖率仍处在良好水平，为风险处置提供了有力支撑。41家上市银行2022年末不良贷款率的平均值为1.19%，较2021年下降了4.13%，整体稳中向好。其中，不良贷款率较低的三家分别为成都银行（0.78%）、杭州银行（0.77%）、宁波银行（0.75%）；不良贷款率较高的三家分别为华夏银行（1.75%）、郑州银行（1.88%）、青农商行（2.19%）。青农商行不良率处在高位主要是由于房地产信贷领域的不良率有所攀升。华夏银行、郑州银行整体不良贷款率与2021年基本持平，资产质量稳定发展，银行业上市公司安全性状况如表13-3所示。

表13-3　银行业安全性状况表

分析指标	2021年行业平均值（%）	2022年行业平均值（%）	增长率幅度（%）
资本充足率	14.54	14.21	-2.30
不良贷款率	1.24	1.19	-4.13

（二）流动性

1. 流动性覆盖率

2022年，41家上市银行的流动性覆盖率平均为198.77%，较去年同期上升了6.48%，高于《商业银行流动性风险管理办法》中要求的100%监管指标。流动性覆盖率较高的三家分别为西安银行（665.90 %）、厦门银行（347.74%）、郑州银行（300.13%）；流动性覆盖率较低的三家分别为工商银行（118.27%）、平安银行（115.60%）、兴业银行（110.24%）。

2. 存贷款比例

2022年，41家上市银行的存贷款比例为84.01%，同比下降了1.16%。2022年受经济环境影响，零售贷款需求不足投放整体疲软，信贷资产端增长乏力。上市银行存贷款比例较高的三家分别为兴业银行（105.19%）、民生银行（103.70%）、浦发银行（101.54%）；存贷款比例较低的三家分别为西安银行（66.67%）、齐鲁银行（58.36%）、邮储银行（56.71%）。邮储银行的前身是邮政储蓄，仅办理存款业务而无放贷功能，2007年成立后放贷务才刚刚起步，因此目前依然没有摆脱存贷比较低的局面。银行业上市公司流动性状况如表13-4所示。

表13-4 银行业流动性状况表

分析指标	2021年行业平均值（%）	2022年行业平均值（%）	增长率幅度（%）
流动性覆盖率	186.67	198.77	6.48
存贷款比例	85.00	84.01	-1.16

（三）盈利能力

1. 净资产收益率

2022年，41家上市银行的净资产收益率平均为10.55%，与2021年基本持平。上市银行净资产收益率较高的三家分别是成都银行（17.71%）、招商银行（15.31%）、宁波银行（14.52%）；较低的三家分别是青农商行（6.56%）、民生银行（5.97%）、郑州银行（4.64%）。

2022年，上市银行盈利水平整体平稳，但各家上市银行净资产收益率的增速分化较大，盈利能力分化加剧。

2. 总资产收益率

2022年41家上市银行的总资产收益率平均为0.84%，较去年同期增长了0.37%。上市银行总资产收益率较高的三家分别为招商银行（1.44%）、成都银行（1.19%）、常熟银行（1.10%）；较低的三家分别为青农商行（0.54%）、民生银行（0.50%）、郑州银行（0.45%）。银行业上市公司盈利能力状况如表13-5所示。

表13-5 银行业盈利能力状况表

分析指标	2021年行业平均值（%）	2022年行业平均值（%）	增长率幅度（%）
净资产收益率	10.555	10.546	-0.08
总资产收益率	0.836	0.840	0.37

（四）发展能力

1. 资本扩张率

2022年，41家上市银行的资本扩张率平均为8.63%，较去年同期降低了40.55%。41

家上市银行资本扩张率较低的三家分别为郑州银行（-11.42%）、浙商银行（-0.57%）、邮储银行（3.80%）。

2. **营业收入增长率**

2022年，41家上市银行的营业收入增长率平均为3.37%，较去年同期降低了61.70%。主要受2022年LPR（贷款市场报价利率）多次降息引起的贷款重定价滞后影响。

营业收入增长率较高的三家分别为常熟银行（15.07%）、成都银行（13.14%）、江阴银行（12.27%）；较低的三家为重庆银行（-7.23%）、西安银行（-8.82%）、民生银行（-15.60%）。常熟银行2022年存贷款规模增幅显著，以增量弥补了息差下行对盈利能力的侵蚀；专注个人信贷投放，贷款结构优化带动了息差上升，促进营收增长。而民生银行2022年受发放贷款和垫款收益率下降、人民币存款定期化趋势及美联储加息影响，利息净收入下降，非利息净收入受资本市场价格波动影响下降等原因，营收增速为负。

银行业上市公司发展能力状况如表13-6所示。

表13-6 银行业发展能力状况表

分析指标	2021年行业平均值（%）	2022年行业平均值（%）	增长率幅度（%）
资本扩张率	14.52	8.63	-40.55
营业收入增长率	8.80	3.37	-61.70

（五）市场表现

2022年银行业指数和沪深300指数保持较大相关性，详见图13-1。

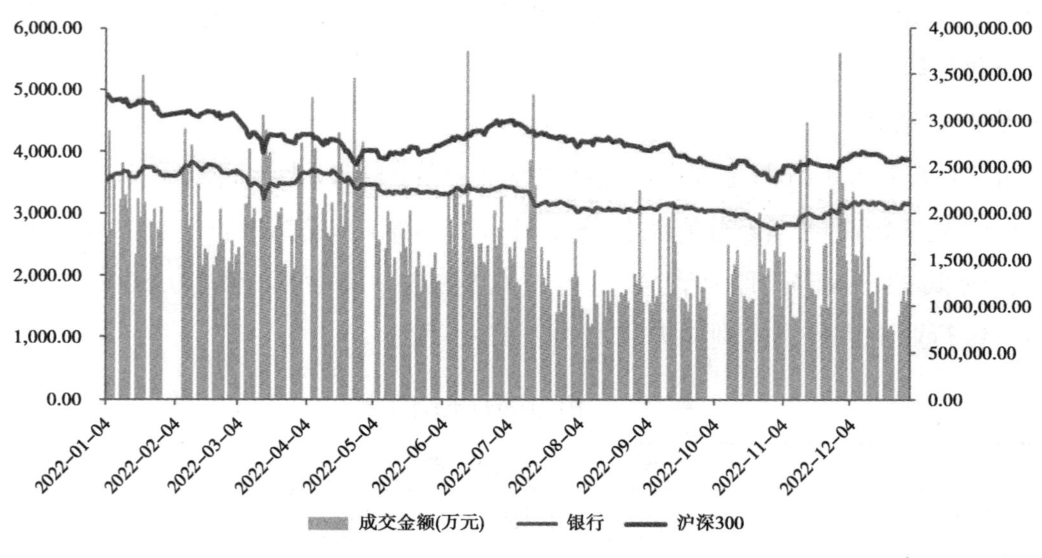

图13-1 银行业指数和沪深300指数

数据来源：同花顺iFinD。

1. **市场投资回报率**

根据统计数据，2022年上市银行整体市场投资回报率仍为负值，市场两极分化较为严重。在41家上市银行中，市场投资回报率较高的三家分别为成都银行（40.69%）、江苏银行（39.05%）、苏州银行（37.06%）；较低的三家分别为青农商行（-21.97%）、郑州银行（-25.42%）、瑞丰银行（-41.80%）。排名靠后的几家银行主要是近几年上市的小型商业银行，特别是瑞丰银行，2022年是其登陆A股主板市场后的第一个完整年度，目前处于价值回归阶段。

2. **股价波动率**

从波动性指标看，股价波动最大的三家分别为齐鲁银行（34.97%）、江阴银行（34.45%）、宁波银行（33.98%）；股价波动相对较小的三家分别为北京银行（10.96%）、中国银行（10.56%）、农业银行（9.71%）。银行业上市公司市场表现状况如表13-7所示。

表13-7 银行业市场表现状况表

分析指标	2021年行业平均值（%）	2022年行业平均值（%）	增长率幅度（%）
市场投资回报率	-5.79	-1.16	79.99
股价波动率	23.50	21.55	-8.28

二、2022年度银行业上市公司业绩影响因素分析

截至2022年末，我国A股纳入业绩评价的上市银行一共有41家，包括6家大型国有商业银行、9家全国性股份制商业银行、16家城市商业银行、10家农村商业银行。41家上市银行实现营业收入58454.95亿元，同比增长0.72%；净利润为20813.98亿元，同比增长7.19%。总体来看，2022年我国银行业经营稳健，影响上市银行业绩的因素主要有以下几个方面。

（一）规模扩张总体平稳，整体结构有所优化

资产规模方面，截至2022年末，41家上市银行的总资产为2520294.01亿元，同比增长11.37%，详见图13-2。在鼓励银行回归信贷主业、支持实体经济发展的大背景下，2022年上市银行的信贷增量超过2021年，且国有银行贷款增速远超股份制银行，信贷仍是支撑全年资产增长的重要因素。

同时，2022年央行结构性货币政策频繁发力，信贷结构持续优化，精准支持制造业、小微企业等重点领域和薄弱环节。因此，具有小微金融业务优势的区域型银行信贷投放实现较高幅度增长，城市商业银行资产扩张速度最快，全国股份制商业银行的资产规模扩张放缓更加明显。

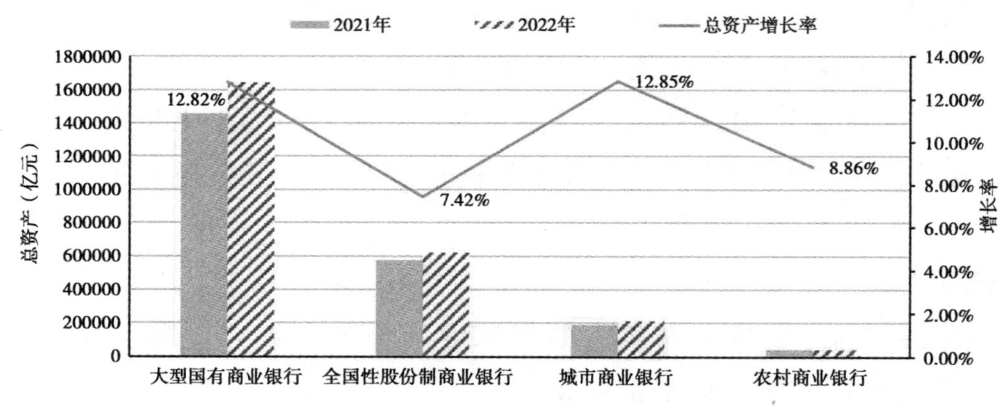

图 13-2 上市银行总资产增长情况

数据来源：同花顺 iFinD。

在资产结构方面，截至 2022 年末，41 家上市银行发放贷款及垫款增速为 11.33%，除大型国有商业银行发放贷款及垫款增速与资产增速持平，全国股份制商业银行发放贷款及垫款增速低于资产增速外，城市商业银行和农村商业银行发放贷款及垫款增速均略高于资产增速，资产端进一步向贷款集中，详见图 13-3。

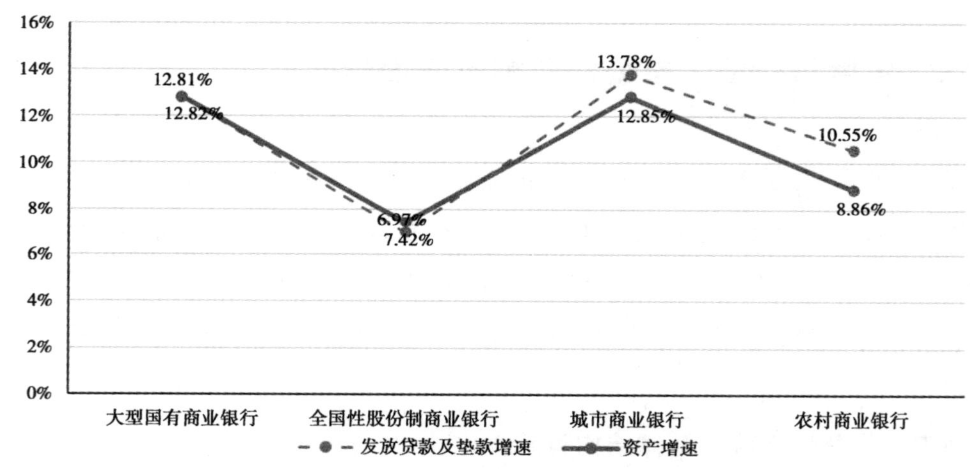

图 13-3 2022 年上市银行总资产增速和发放贷款及垫款增速

数据来源：同花顺 iFinD。

负债规模方面，2022 年得益于信贷投放和存款吸收的大幅增加，除农村商业银行负债规模增速略低于资产规模增速外，其余类型的上市银行负债增速均超过资产增速，存款规模增速上升。截至 2022 年末，41 家上市银行的总负债合计为 2313792.43 亿元，同比增长 11.66%，详见图 13-4。

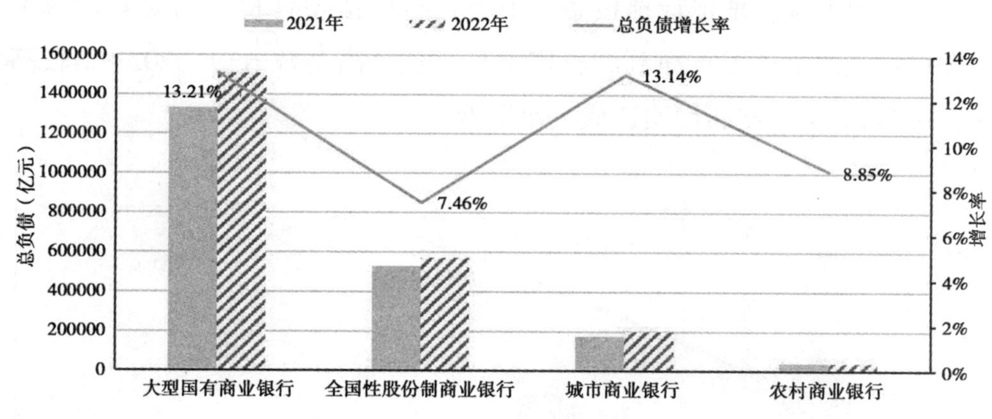

图 13-4 上市银行总负债增长情况

数据来源：同花顺 iFinD。

（二）经营状况下滑，利润稳中有升

1. 盈利能力指标承压，增长幅度放缓

在营业收入方面，四类上市银行的发放贷款及垫款增长率均高于营业收入增长率，因此规模仍是驱动营业收入增长的主要因素。但是，2022 年 41 家上市银行营业收入增速较 2021 年 37 家上市银行营业收入增速 7.88%下降 7.17 个百分点，至 0.72%。整体盈利能力表现承压，增速较 2021 年度大幅下滑。其中大型国有商业银行及全国股份制商业银行增速下降尤为明显。主要由于定期存款规模增加，导致存款平均付息率上升，同时贷款利率下降对净息差造成挤压；2022 年上市银行非利息收入增幅受资本市场波动影响下滑，双向导致。详见图 13-5。

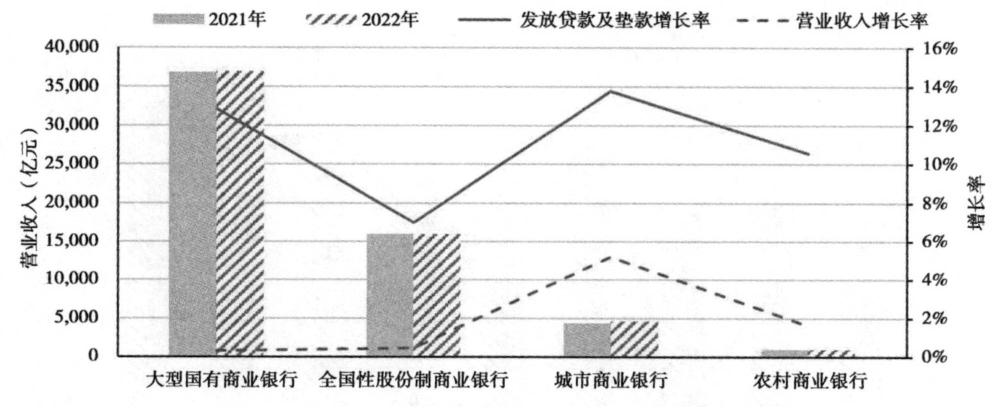

图 13-5 上市银行营业收入及发放贷款与垫款增长情况

数据来源：同花顺 iFinD。

在净利润方面，截至 2022 年末，41 家上市银行的净利润增速为 7.19%，比 2021 年末 37 家上市银行净利润增速下降 5.19 个百分点。详见图 13-6。2022 年上市银行净利润增速收窄，但是相对营收仍维持高位。主要原因有三，一是行业息差下行导致利息收入承压，同时非利息收入受市场波动影响，贡献度降低，对利润造成影响。二是在做实不良率的政

策导向下，前两年曾大幅度增加计提拨备，上市银行的拨备计提压力缓解，减少了计提拨备对利润的吞噬，支撑上市银行净利润稳定增长。三是高基数效应，2021年较高的净利润抬升了基数，对2022年净利润增速造成一定影响。

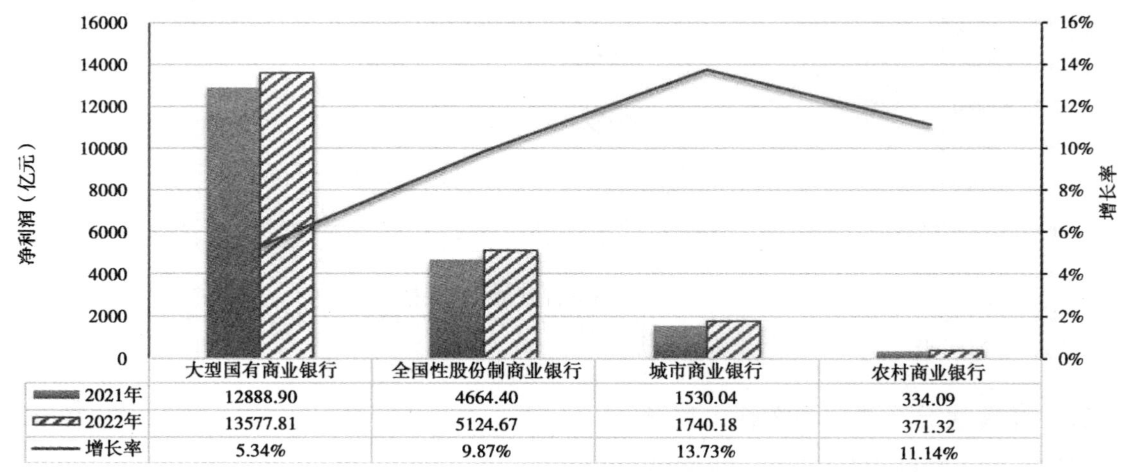

	大型国有商业银行	全国性股份制商业银行	城市商业银行	农村商业银行
2021年	12888.90	4664.40	1530.04	334.09
2022年	13577.81	5124.67	1740.18	371.32
增长率	5.34%	9.87%	13.73%	11.14%

图 13-6　上市银行净利润增长情况

数据来源：同花顺 iFinD。

2. 净息差仍受息差压力制约，个体间略有分化

2022年，在贷款利率重定价、持续让利实体经济、信贷需求增长乏力等多重不利因素的叠加影响下，41家上市银行净息差平均同比降低4.84%，详见图13-7至图13-10。在资产端，资产规模稳步增长，银行资产收益率较2021年略有下降。在负债端，上市银行整体信贷业务拓展良好，存款占比有所提升，成本管控效果显现，但是由于存款定期化趋势显现，对净息差造成压力。

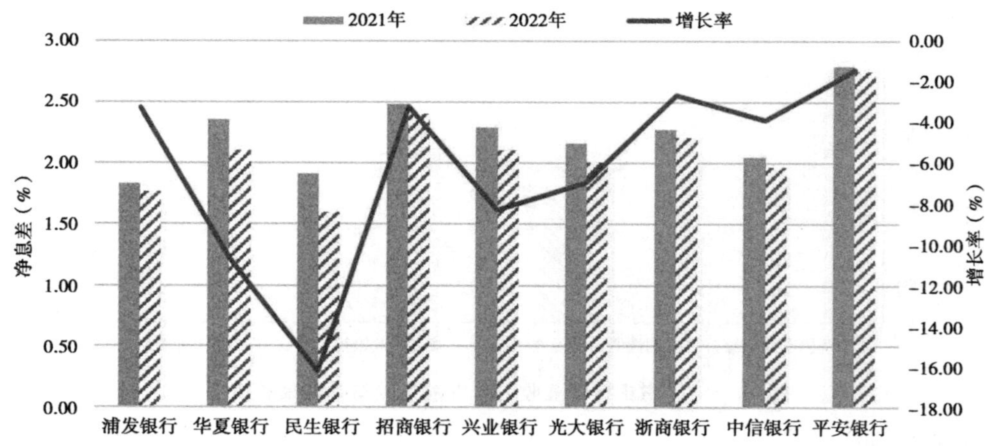

图 13-7　全国性股份制商业银行净息差

数据来源：同花顺 iFinD。

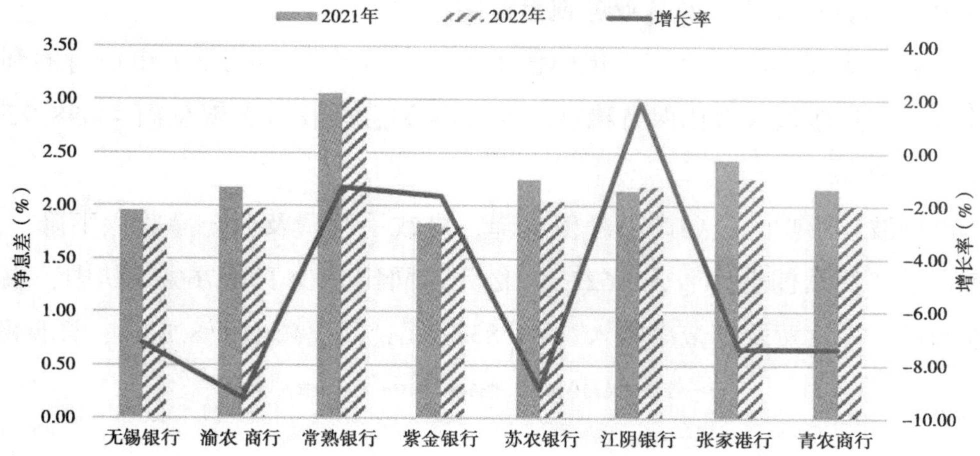

图 13-8 农村商业银行净息差

数据来源：同花顺 iFinD。

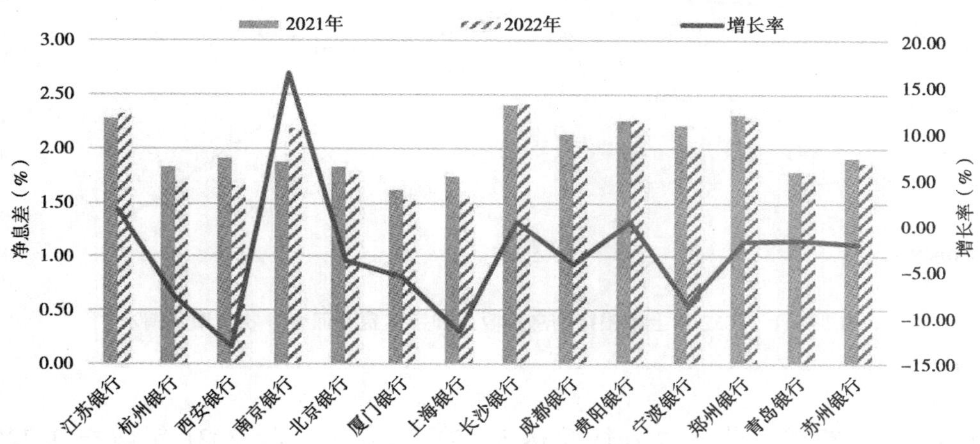

图 13-9 城市商业银行净息差

数据来源：同花顺 iFinD。

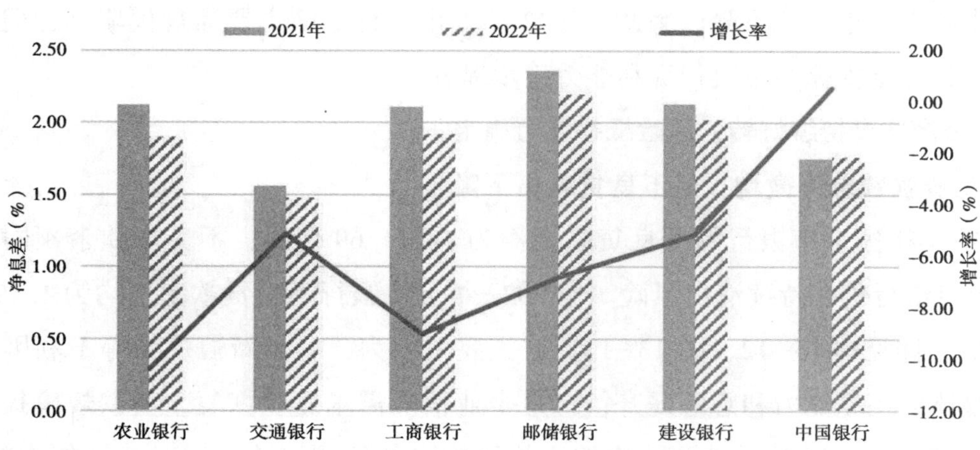

图 13-10 大型国有银行净息差

数据来源：同花顺 iFinD。

3. **利息净收入占比稳定，非息业务拖累业绩**

2022 年，在息差受压和生息资产规模稳步扩张的带动下，41 家上市银行的利息净收入增速逐渐放缓，利息净收入占比保持稳定。2022 年利息净收入实现总额 43698.72 亿元，较 2021 年增加了 3.01%。

受资本市场波动影响，金融产品净值下降，导致手续费及佣金净收入下降。2022 年上市银行共实现手续费及佣金净收入 9627.33 亿元，同比减少了 2.76%。其中，农村商业银行降幅尤为明显，手续费及佣金净收入为 54.83 亿元，同比减少了 8.68%，详见图 13-11。

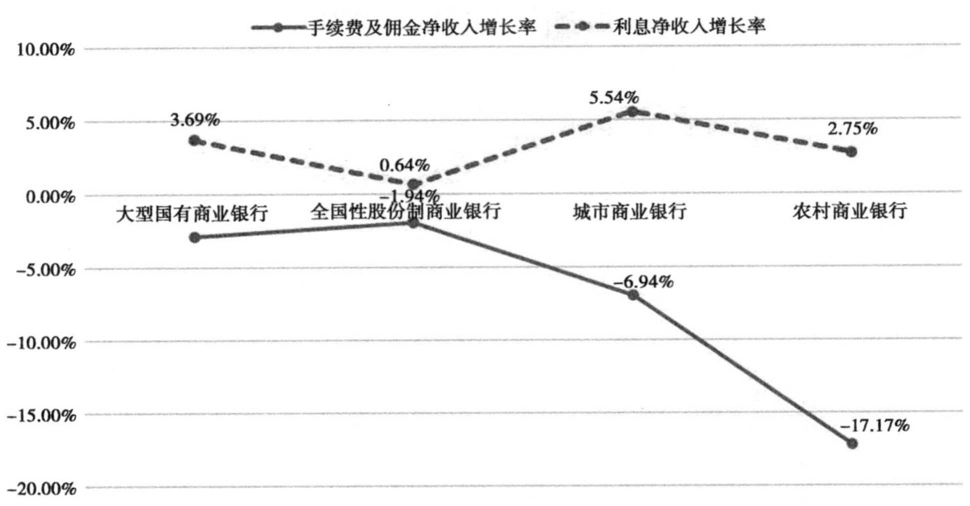

图 13-11　2022 年上市银行利息净收入和手续费及佣金净收入增长情况

数据来源：同花顺 iFinD。

2022 年 41 家上市银行营业收入规模达 58454.95 亿元，较 2021 年增长 0.72%。同时，营业支出为 34216.33 亿元，较 2021 年减少 2.01%，成本控制能力有所增强。从营业收入结构来看，利息净收入保持增长，在营业收入中占比增加，但手续费及佣金净收入压缩，在营业收入中的占比小幅度下降。因此，2022 年上市银行业绩主要靠规模驱动，但受非息业务拖累，拨备计提支撑上市银行盈利能力稳步提升。

（三）资产质量持续好转，风险抵补能力稳定

1. **不良贷款额总体微增，但不良贷款率下降**

2022 年，41 家上市银行的不良贷款金额为 18831.69 亿元，不良贷款余额同比提升了 7.90%，上市银行仍在持续清出风险。但 2022 年上市银行不良贷款率平均为 1.19%，同比下降 4.13%，详见图 13-12、图 13-13。这主要是因为，一是新冠疫情等不利因素逐步消退，客户整体的还款能力和意愿提升；二是企业信贷需求逐步恢复，贷款规模提升产生了基数效应；三是上市银行通过调整贷款投放结构降低信用风险，同时持续加大贷款重组、核销等处置力度；四是持续完善风险管理，运用多种新型智能风控手段，不断改善资产质量。

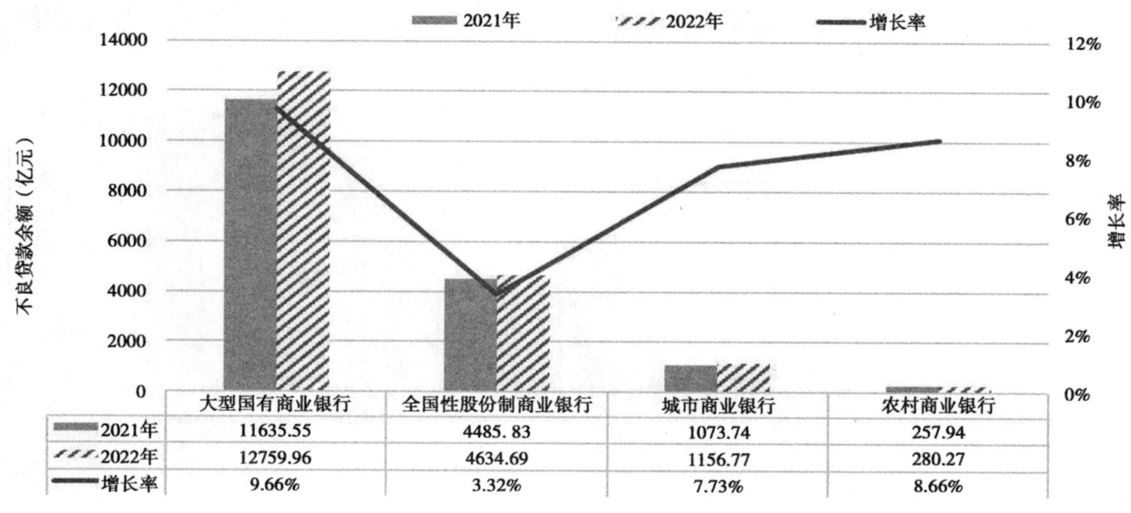

	大型国有商业银行	全国性股份制商业银行	城市商业银行	农村商业银行
2021年	11635.55	4485.83	1073.74	257.94
2022年	12759.96	4634.69	1156.77	280.27
增长率	9.66%	3.32%	7.73%	8.66%

图 13-12 2022 年上市银行不良贷款余额

数据来源：同花顺 iFinD。

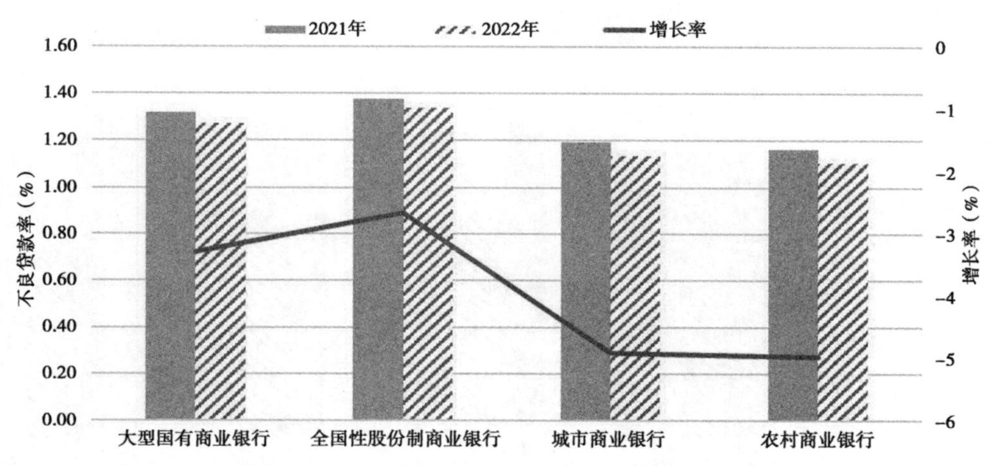

图 13-13 2022 年上市银行不良贷款率

数据来源：同花顺 iFinD。

2. 拨备覆盖率提升，风险抵补能力相对夯实

2022 年，上市银行在审慎处置不良资产的同时，通过持续提高拨备覆盖率的方式增强其风险抵补能力。2022 年，41 家上市银行拨备覆盖率均值为 316.55%，同比上升 4.29%，拨贷比为 3.44%，同比下降 1.32%，详见图 13-14。

3. 资本充足率下滑，中小银行加快补充进程

2022 年，41 家上市银行核心一级资本充足率均值为 10.25%，一级资本充足率均值为 11.62%，资本充足率均值为 14.21%，详见图 13-15。与 2021 年相比，核心一级资本充足率、一级资本充足率和资本充足率均略有下降，这主要是因为，一是不良贷款处置力度加强等因素影响，行业整体盈利能力有所下降；二是在当前宽信用的政策环境下，应监管要求加大信贷投放力度，支持实体经济，对资本补充形成压力；三是银行风险资产增加、规模扩张、信贷资产投放等行业内部风险点充分暴露并加快处理，导致资本积累速度放缓。

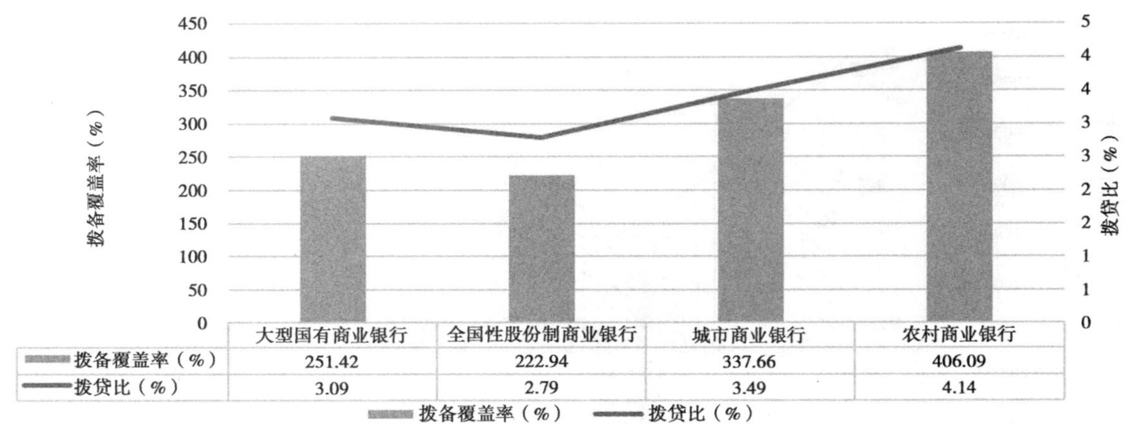

	大型国有商业银行	全国性股份制商业银行	城市商业银行	农村商业银行
拨备覆盖率（%）	251.42	222.94	337.66	406.09
拨贷比（%）	3.09	2.79	3.49	4.14

图 13-14　2022 年上市银行拨备覆盖率和拨贷比

数据来源：同花顺 iFinD。

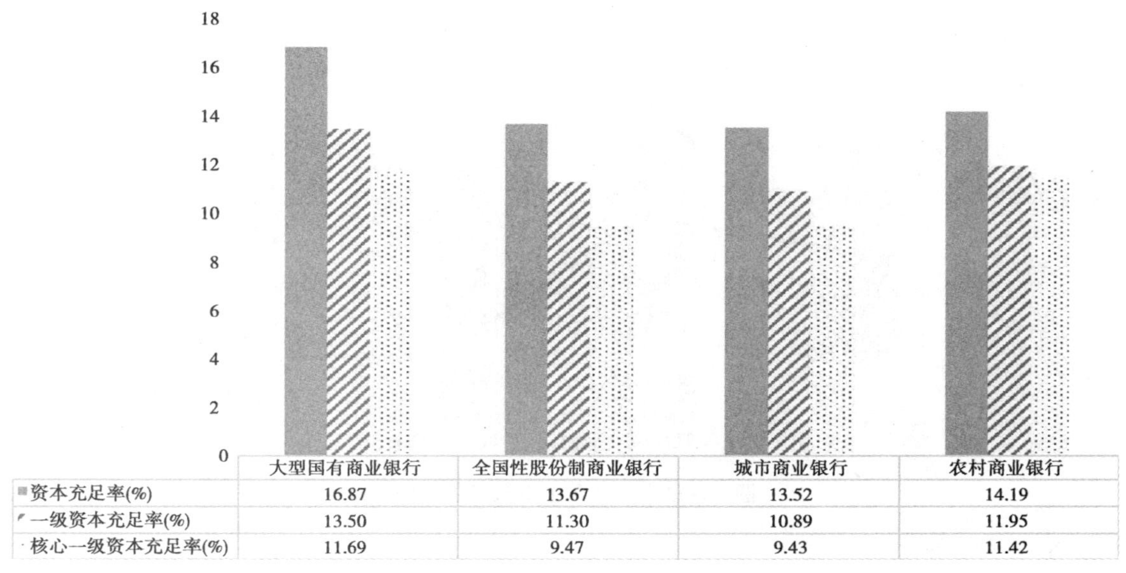

	大型国有商业银行	全国性股份制商业银行	城市商业银行	农村商业银行
资本充足率(%)	16.87	13.67	13.52	14.19
一级资本充足率(%)	13.50	11.30	10.89	11.95
核心一级资本充足率(%)	11.69	9.47	9.43	11.42

图 13-15　2022 年上市银行资本充足率

数据来源：同花顺 iFinD。

（四）货币政策持续加码，行业发展整体稳定

2022 年，央行通过综合运用降准等多种货币政策工具，在满足金融机构合理的流动性需求的同时，不断引导货币市场利率平稳运行。

1. 保持货币信贷总量增长

2022 年，央行运用降准等多种货币政策工具，推动社会信贷总量稳定增长。第一，2022 年 4 月、12 月两次全面降准各 0.25 个百分点，两次降准共释放长期资金超过万亿元。第二，通过中期借贷便利和公开市场操作向市场投放中期和短期流动性。第三，2022 年全年，1 年期 LPR 下调了 5 个基点，5 年期以上 LPR 下调了共 30 个基点。有效降低实体经济融资成本，刺激信贷，加快经济恢复速度。

2. 稳步优化信贷结构

2022年，结构性货币政策继续发力，引导信贷资源向经济重点领域和薄弱环节倾斜，帮助服务实体经济，提质增效。首先，银行业金融机构结合各自定位，聚焦重点行业领域和薄弱环节，加大贷款投放力度，调整优化信贷结构。其次，继续运用支农支小再贷款、普惠小微支持工具、碳减排支持工具等，为银行新增信贷提供方向引导，推动银行不断加强金融服务力度，提升信贷投放质量。最后，在政策稳增长、稳就业、稳消费过程中，聚焦按揭、个人消费经营等重点业务，加快零售贷款领域布局。

三、2023年银行业前景分析

2022年10月16日，随着党的二十大胜利召开，全面建设社会主义现代化国家的首要任务是强调高质量发展。银行业作为我国金融体系的核心，2023年将发挥夯实实体经济恢复基础的作用，实现盈利稳健增长，资产质量保持稳定。

（一）规模增长是盈利提升的基础

2023年，实现中国式现代化的发展包含建设现代产业体系、推进高水平对外开放、全面推进乡村振兴、推动绿色发展等在内的多项战略的推进。同时，在全球利率水平上升和中国稳健货币政策的前提下，商业银行将进一步提高自身负债管理能力，合理配置资产，避免负债成本盲目增加，更多地让利于实体企业。预计2023年商业银行资产、负债增速继续保持10%左右的稳健水平。国内经济仍面临一定压力，预计政策推动下基建仍是信贷增长的重要驱动因素之一。同时随着疫情形势逐步明朗，企业生产经营融资需求和居民消费需求有望逐渐恢复。银行资产规模将保持稳步扩张。

（二）资产质量持续向好

2022年以来，在宏观经济稳定发展的基础下，银行业在积极支持实体经济恢复的同时，运用多种不良资产处置方式，防范并化解金融风险，保证金融体系的平稳运行，为经营发展风险提供有效缓冲。资产质量继续呈现“一升一降”态势。2023年3月17日，央行决定降准0.25个百分点，为保证银行体系流动性充足、推动全年信贷平稳投放做好了充分的准备，2023年信贷持续改善态势可期。

随着国内经济逐步恢复，企业经营情况将逐步改善，银行业资产质量压力将继续减小，有望进一步降低拨备计提，释放盈利空间的同时加大信贷投放，增强金融体系对实体经济的支持。预计不良贷款余额小幅上涨，不良贷款率延续下行趋势。

（三）行业净息差企稳，利润增长有所分化

2018年以来商业银行存款定期化趋势明显，活期存款比例明显下降，上市银行存款付

息率有所上升。与此同时，贷款收益率大幅下行，2022 年四季度新发放贷款加权平均利率较 2018 年一季度下降了 182 BP（利率基点），大幅增加了银行的息差压力，使得净息差显著下行。且存款利率市场化机制建立后，为缓解息差压力，多数全国性银行对此下调存款利率，但不少城农商行未跟进。在息差压力之下，2023 年不少城农商行或将跟进全国性银行的存款利率下调。

2023 年随着宏观经济逐渐复苏，稳增长政策效果显现，国内消费需求回升，行业净息差收窄态势预计有所放缓。从资产端来看，2022 年 LPR 多次下调，资产收益率面临存量贷款重定价的压力。随着国内宏观经济复苏，预计 LPR 继续下行空间有限，贷款利率下降幅度逐步放缓，资产端收益率有望在 2023 年度稳定下来。从负债端来看，银行积极贯彻存款利率定价机制改革，发挥存款作为稳固经营“压舱石”的积极作用；同时央行宣布 2023 年 3 月 27 日降低金融机构存款准备金率 0. 25 个百分点（不含已执行 5%存款准备金率的金融机构），为银行提供了低成本的长期资金，有利于行业净息差企稳，增厚行业利润。

整体来看，综合资产、负债两端因素考虑，预计 2023 年净息差仍有下行压力，但下行幅度低于贷款定价利率下行幅度。受资产端重定价影响，预计净息差压力集中在上半年，下半年趋势相对平稳。

（四）数字化转型持续推进，经营模式加速变革

2023 年，预计上市银行数字化转型将持续纵深推进。一是将持续提升数据、技术、业务等中台的能力建设。二是开放平台构建生态联盟，构建特色化业务生态体系。三是进一步加大金融科技的投入力度，人员、硬件支持等投入将会持续增加。四是进一步关注数据安全和信息保护，更强调数字资产的合规运用。

同时，经营模式将加快变革。在业务领域方面，金融支持将着力向绿色金融、科技金融、供应链金融等方面倾斜。随着居民财富稳步增长，银行理财业务净值化转型加速推进，财富管理将作为各家上市银行转型发展的重要赛场。在产品和服务模式方面，更加注重贴合特定产业、特定客群、特定场景的金融需求特点，通过线上、线下相融合提供高效的产品服务，打造特色金融名片。在业务开展方式方面，将深入推进银政合作等多元化合作方式，加快打通拓客渠道，提升综合金融服务能力。

附表 2022 年度银行业上市公司业绩评价结果排序表

序号	A股上市公司评价得分排序	股票代码	股票简称	综合得分	评价等级	资本充足率（%）	不良贷款率（%）	存贷款比率（%）	流动性覆盖率（%）	净资产收益率（%）	总资产收益率（%）	资本扩张率（%）	营业收入增长率（%）	收益率（%）	波动性（%）	年末资产总额（亿元）	营业收入（亿元）	净利润（亿元）
1	65	601838. SH	成都银行	80. 77	AA	13. 15	0. 78	77. 57	260. 08	17. 71	1. 19	18. 08	13. 14	40. 69	31. 36	9176. 50	202. 41	100. 43
2	156	601009. SH	南京银行	76. 72	A	14. 31	0. 90	76. 44	249. 15	13. 23	0. 97	28. 67	9. 00	24. 96	21. 35	20594. 84	446. 06	185. 44
3	186	601128. SH	常熟银行	75. 89	A	13. 87	0. 81	90. 62	196. 86	12. 94	1. 10	14. 09	15. 07	22. 69	27. 38	2878. 81	88. 09	29. 27
4	194	600036. SH	招商银行	75. 72	A	17. 77	0. 96	80. 30	164. 92	15. 31	1. 44	10. 23	4. 08	-16. 77	32. 26	101389. 12	3447. 83	1392. 94
5	260	600919. SH	江苏银行	74. 08	BBB	13. 07	0. 94	93. 52	160. 47	12. 75	0. 94	8. 77	10. 66	39. 05	26. 35	29802. 95	705. 70	263. 52
6	273	002966. SZ	苏州银行	73. 87	BBB	12. 92	0. 88	79. 23	180. 43	11. 01	0. 84	18. 00	8. 62	37. 06	24. 50	5245. 49	117. 63	41. 17
7	292	601939. SH	建设银行	73. 52	BBB	18. 42	1. 38	84. 53	148. 96	11. 77	1. 00	10. 12	-0. 22	3. 32	14. 40	346019. 17	8224. 73	3231. 66
8	315	601988. SH	中国银行	73. 13	BBB	17. 52	1. 32	87. 80	133. 54	9. 66	0. 85	9. 23	2. 06	12. 30	10. 56	289138. 57	6180. 09	2375. 04
9	322	002142. SZ	宁波银行	73. 01	BBB	15. 18	0. 75	79. 79	179. 11	14. 52	1. 06	12. 35	9. 67	-9. 47	33. 98	23660. 97	578. 79	231. 32
10	337	601825. SH	沪农商行	72. 82	BBB	15. 46	0. 94	71. 08	253. 71	11. 22	0. 93	8. 61	6. 05	-7. 80	16. 91	12813. 99	256. 27	113. 93
11	349	601288. SH	农业银行	72. 67	BBB	17. 20	1. 37	79. 73	132. 10	10. 15	0. 82	10. 45	0. 69	7. 20	9. 71	339275. 33	7248. 68	2586. 88
12	353	601398. SH	工商银行	72. 52	BBB	19. 26	1. 38	76. 70	118. 27	10. 64	0. 97	7. 28	-2. 63	0. 57	12. 21	396096. 57	9179. 89	3610. 38
13	407	601577. SH	长沙银行	71. 76	BBB	13. 41	1. 16	70. 25	234. 39	12. 02	0. 84	9. 76	9. 58	-7. 67	20. 29	9047. 33	228. 68	71. 44
14	413	600926. SH	杭州银行	71. 67	BBB	12. 89	0. 77	74. 77	155. 78	12. 38	0. 78	9. 44	12. 16	8. 96	28. 65	16165. 38	329. 32	116. 79
15	509	601997. SH	贵阳银行	70. 47	BBB	14. 16	1. 45	74. 36	191. 91	11. 08	1. 00	8. 50	4. 26	-10. 51	16. 87	6459. 98	156. 43	62. 46
16	510	600908. SH	无锡银行	70. 44	BBB	14. 75	0. 81	74. 48	--	11. 35	0. 97	22. 58	3. 01	-1. 41	23. 96	2116. 03	44. 80	20. 12
17	511	002807. SZ	江阴银行	70. 40	BBB	13. 90	0. 98	81. 39	--	11. 72	1. 00	9. 49	12. 27	14. 57	34. 45	1687. 51	37. 80	16. 17
18	577	601166. SH	兴业银行	69. 78	BB	14. 44	1. 09	105. 19	110. 24	12. 73	1. 03	9. 07	0. 51	0. 38	25. 85	92666. 71	2223. 74	924. 14
19	588	601658. SH	邮储银行	69. 60	BB	13. 82	0. 84	56. 71	250. 86	10. 53	0. 64	3. 80	5. 08	-1. 64	27. 23	140672. 82	3349. 56	853. 55
20	604	601077. SH	渝农商行	69. 46	BB	15. 62	1. 22	76. 69	296. 92	9. 48	0. 80	8. 46	-6. 00	-1. 24	13. 69	13518. 61	289. 91	104. 78
21	614	601328. SH	交通银行	69. 37	BB	14. 97	1. 35	93. 10	122. 00	9. 14	0. 75	5. 99	1. 33	12. 07	12. 99	129924. 19	2729. 78	920. 30
22	703	601187. SH	厦门银行	68. 33	BB	13. 76	0. 86	97. 81	347. 74	10. 71	0. 73	6. 36	10. 90	-11. 60	23. 51	3712. 08	58. 95	25. 72
23	731	002839. SZ	张家港行	68. 06	BB	13. 13	0. 89	82. 41	--	11. 22	0. 96	7. 96	4. 57	2. 18	27. 47	1875. 33	48. 27	16. 99
24	745	601998. SH	中信银行	67. 99	BB	13. 18	1. 27	101. 05	168. 03	9. 48	0. 76	6. 72	3. 34	19. 45	24. 99	85475. 43	2113. 92	629. 50
25	762	601665. SH	齐鲁银行	67. 80	BB	14. 47	1. 29	58. 36	277. 77	10. 65	0. 77	9. 15	8. 82	-18. 29	34. 97	5060. 13	110. 64	36. 31
26	817	603323. SH	苏农银行	67. 28	BB	12. 09	0. 95	78. 00	--	10. 94	0. 89	7. 99	5. 30	3. 08	27. 84	1802. 78	40. 37	15. 09
27	823	000001. SZ	平安银行	67. 13	BB	13. 01	1. 05	100. 50	115. 60	10. 97	0. 89	9. 92	6. 21	-16. 05	28. 81	53215. 14	1798. 95	455. 16
28	839	601229. SH	上海银行	66. 99	BB	13. 16	1. 25	81. 22	164. 21	10. 44	0. 81	7. 72	-5. 54	-11. 38	13. 48	28785. 25	531. 12	223. 18
29	881	601169. SH	北京银行	66. 46	BB	14. 04	1. 43	93. 94	163. 74	8. 20	0. 77	4. 56	0. 00	4. 99	10. 96	33879. 52	662. 76	249. 30

续 表

序号	A股上市公司评价得分排序	股票代码	股票简称	综合得分	评价等级	资本充足率(%)	不良贷款率(%)	存贷款比率(%)	流动性覆盖率(%)	净资产收益率(%)	总资产收益率(%)	资本扩张率(%)	营业收入增长率(%)	收益率(%)	波动性(%)	年末资产总额(亿元)	营业收入(亿元)	净利润(亿元)
30	920	601528.SH	瑞丰银行	66.01	BB	15.58	1.08	80.17	--	10.70	1.05	9.84	6.49	-41.80	28.57	1596.23	35.25	15.51
31	946	601818.SH	光大银行	65.89	BB	12.95	1.25	92.84	130.24	9.06	0.74	5.29	-0.73	-0.17	15.66	63005.10	1516.32	450.40
32	947	600928.SH	西安银行	65.86	BB	12.84	1.25	66.67	665.90	8.54	0.65	5.96	-8.82	-12.64	21.15	4058.39	65.68	24.26
33	975	002948.SZ	青岛银行	65.57	BB	13.56	1.21	78.81	122.83	9.06	0.60	9.80	4.56	-16.89	21.17	5296.14	116.44	31.68
34	1052	601860.SH	紫金银行	64.80	B	14.35	1.20	91.12	119.30	9.67	0.74	6.86	0.10	-19.23	19.61	2247.22	45.07	16.00
35	1066	600015.SH	华夏银行	64.73	B	13.27	1.75	93.35	150.11	8.17	0.67	7.52	-2.15	-0.15	14.65	39001.67	938.08	254.90
36	1319	600000.SH	浦发银行	62.62	B	13.65	1.52	101.54	149.36	7.51	0.62	4.21	-1.24	-9.53	13.09	87046.51	1886.22	519.97
37	1370	601963.SH	重庆银行	62.22	B	12.72	1.38	92.15	242.19	10.16	0.78	4.57	-7.23	-18.14	24.64	6847.13	134.65	51.17
38	1384	601916.SH	浙商银行	62.19	B	11.60	1.47	84.82	148.11	8.41	0.57	-0.57	12.14	-15.32	17.48	26219.30	610.85	139.89
39	1848	002958.SZ	青农商行	58.41	CCC	13.18	2.19	83.89	215.84	6.56	0.54	4.09	-3.43	-21.97	20.36	4347.91	99.44	23.46
40	2152	600016.SH	民生银行	56.15	CCC	13.14	1.68	103.70	134.89	5.97	0.50	4.48	-15.60	-5.94	13.01	72556.73	1424.76	357.77
41	2575	002936.SZ	郑州银行	52.94	CC	12.72	1.88	97.99	300.13	4.64	0.45	-11.42	2.03	-25.42	17.31	5915.14	151.01	26.00

第十四章

证券行业上市公司业绩评价

受地缘政治冲突、新冠疫情反复等多重超预期因素的影响，2022 年证券行业经营业绩短期承压。申万证券指数 2022 年报收于 5092.15 点，较年初 7027.35 点下降 27.54%。展望 2023 年，随着全面注册制落地及资本市场改革的稳步推进，我国证券行业有望继续分享改革政策红利，保持业绩稳步增长。

一、证券行业上市公司业绩评价结果

截至 2022 年 12 月 31 日，证券行业 42 家上市公司业绩评价等级如下：6 家 A、6 家 BBB、13 家 BB、16 家 B、1 家 CC。截至 2022 年 12 月 31 日，42 家证券公司资产总额 111827.18 亿元，较上年增长 5.70%；2022 年实现营业收入 4879.59 亿元，同比下降 23.68%；实现净利润 1283.87 亿元，同比下降 34.66%。A 股上市证券公司汇总如表 14-1 所示。

表 14-1　2022 年 A 股上市证券公司汇总表

股票简称	上市日期	股票名称	上市日期
中信证券	2003-01-06	兴业证券	2010-10-13
中金公司	2020-11-02	财达证券	2021-05-07
国泰君安	2015-06-26	东北证券	1997-02-27
华泰证券	2010-02-26	太平洋	2007-12-28
中国银河	2017-01-23	南京证券	2018-06-13
招商证券	2009-11-17	中银证券	2020-02-26
申万宏源	2015-01-26	国金证券	1997-08-07
中信建投	2018-06-20	国海证券	1997-07-09
国信证券	2014-12-29	华林证券	2019-01-17
东方证券	2015-03-23	第一创业	2016-05-11
山西证券	2010-11-15	天风证券	2018-10-19

续 表

股票简称	上市日期	股票名称	上市日期
广发证券	1997-06-11	财通证券	2017-10-24
国联证券	2020-07-31	红塔证券	2019-07-05
方正证券	2011-08-10	西南证券	2001-01-09
光大证券	2009-08-18	华西证券	2018-02-05
西部证券	2012-05-03	国元证券	1997-06-16
华创阳安	1998-09-18	长城证券	2018-10-26
浙商证券	2017-06-26	中泰证券	2020-06-03
东吴证券	2011-12-12	东兴证券	2015-02-26
华安证券	2016-12-06	长江证券	1997-07-31
中原证券	2017-01-03	海通证券	1994-02-24

说明：2022 年新上市的证券公司未纳入本次评价范围。

2022 年度证券行业评价等级前十强数据见表 14-2。

表 14-2　2022 年度证券行业评价得分前十名的公司

名次	股票代码	股票简称	在 A 股上市公司中评级得分排序
1	600030. SH	中信证券	107
2	601881. SH	中国银河	157
3	601211. SH	国泰君安	158
4	600999. SH	招商证券	198
5	601995. SH	中金公司	204
6	601688. SH	华泰证券	212
7	002736. SZ	国信证券	268
8	000166. SZ	申万宏源	299
9	000776. SZ	广发证券	329
10	601788. SH	光大证券	336

基于对证券行业上市公司的总体评价，下面将分别从盈利能力、稳健性、发展能力、市场表现四个方面对证券行业上市公司进行具体分析。

（一）盈利能力

表 14-3 列示了 2022 年证券行业全部上市公司盈利能力评价结果。从基本指标来看，净资产收益率和总资产收益率均较 2021 年有所下降。盈利能力下降主要原因为资本市场震荡下行，全年市场交投活跃度下滑且整体投资市场表现不佳，证券行业上市公司各业务板块业绩短期下滑明显。

2022 年证券行业上市公司净资产收益率排名位居前三的分别是中信证券（9. 39%）、中信建投（8. 68%）、中金公司（8. 25%）；位居后三位的分别是天风证券（-5. 86%）、太平洋（-4.88%）、红塔证券（0.09%）。

表 14-3 证券行业盈利状况比较表

分析指标	2022 年行业平均值（%）	2021 年行业平均值（%）	增长率（%）
净资产收益率	4.06	9.21	-55.87%
总资产收益率	0.89	1.94	-54.05%

（二）稳健性

从证券行业上市公司稳健性指标分析来看，2022 年证券行业全部上市公司资本杠杆率均高于监管标准值，行业平均值为 22.55%。其中，资本杠杆率位居前三名的分别是太平洋（67.87%）、中银证券（46.38%）、红塔证券（45.43%）。2022 年证券行业全部上市公司流动性覆盖率均高于监管标准值，行业平均值为 338.92%，较 2021 年有较大上升。其中，流动性覆盖率排名位居前三的分别是红塔证券（1678.14%）、财达证券（721.81%）、西部证券（693.87%）。此外，2022 年证券行业全部上市公司的风险覆盖率、净稳定资金率均高于监管标准值，行业均值分别为 266.56%和 165.20%，说明我国证券业上市公司风险控制水平均符合监管规定。表 14-4 列示了 2022 年证券行业稳健性状况。

表 14-4 证券行业稳健性状况比较表

分析指标	行业标准	2022 年行业平均值（%）
资本杠杆率	≥8%	22.55
流动性覆盖率	≥100%	338.92
风险覆盖率	≥100%	266.56
净稳定资金率	≥100%	165.20

（三）发展能力

2022 年，证券行业全部上市公司平均资本扩张率为 7.45%，较 2021 年有一定比例下降。42 家上市证券公司中，共有 32 家证券公司资本呈扩张态势，2022 年资本扩张位居前三名的分别是长城证券（39.60%）、财通证券（30.76%）、国金证券（27.27%），位居后三名的分别是天风证券（-7.64%）、太平洋（-5.21%）、东兴证券（-2.26%），资本扩张率均小于 0。

2022 年以来受国际关系、疫情冲击等内外部环境不确定性影响，资本市场活跃度下降，上市证券公司业绩承压，营业收入下滑明显，营业收入平均增长率为-25.99%。营业收入增长率位居前三的分别是东吴证券（13.41%）、山西证券（4.17%）、浙商证券（2.41%），除东吴证券、山西证券、浙商证券和华林证券四家证券公司外，其余上市证券公司营业收入水平均较上年有一定下滑；排名后三位的分别是红塔证券（-87.58%）、天风证券（-60.94%）和长城证券（-59.69%）。表 14-5 列示了证券行业发展能力状况。

表 14-5 证券行业发展能力状况比较表

分析指标	2022 年行业平均值（%）	2021 年行业平均值（%）	增长率（%）
资本扩张率	7.45	12.54	-40.56
营业收入增长率	-25.99	45.93	-156.58

（四）市场表现

2022 年沪深 300 指数收盘为 3871.63 点，全年下跌 21.27%，申万证券行业指数全年下跌 27.12%，总体均呈下行趋势。其中，证券板块第一季度呈现显著的下跌趋势，第二季度在经历继续下行后，在 5 月至 6 月中旬开始有一明显拉升过程，于 2022 年 6 月中旬达到 6000 左右高点后开始呈现下跌趋势；第三季度继续震荡下跌，第四季度在 10 月末降至 4600 左右低点后有所上升，于 11 月至 12 月在 5000 点到 5400 点之间震荡。具体情况见图 14-1。

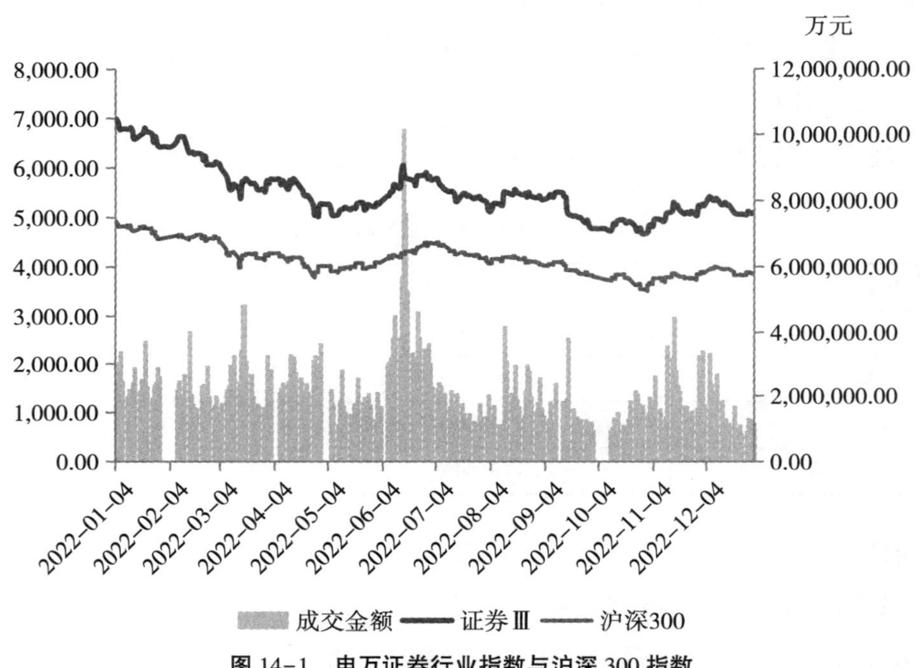

图 14-1 申万证券行业指数与沪深 300 指数

如上所述，伴随着 2022 年 A 股指数及证券指数的下跌，2022 年证券行业全部上市公司平均市场投资回报率下降为-21.24%，同时，股价波动率继续呈现平缓趋势，下降至 28.27%。表 14-6 列示了证券行业市场表现状况评价结果。

在 42 家上市证券公司中，市场投资回报率前三名分别是光大证券（11.15%）、华林证券（4.65%）、国元证券（-9.48%），仅两家证券公司实现了正向投资回报；投资回报率前三名对应的股价波动率也较高，分别是 42.35%、39.96%和 38.04%；投资回报率最小的后三名分别为财达证券（-36.59%）、兴业证券（- 36.35%）、中泰证券（-34.80%），对应股价亦呈现较高的波动水平，分别为 39.35%、27.56%和 21.37%。

表 14-6　证券行业市场表现状况比较表

分析指标	2022 年行业平均值（%）	2021 年行业平均值（%）	增长率（%）
市场投资回报率	-21.24	-10.60	-100.48
股价波动率	28.27	36.72	-23.02

二、2022 年度证券行业上市公司业绩影响因素分析

2022 年证券公司持续夯实资本实力，行业资产规模进一步提升，风险管控能力持续增强。截至 2022 年 12 月 31 日，证券行业 42 家上市公司合并口径资产总额 111827.18 亿元，较 2021 年增长 5.70%。

（一）全年市场交投活跃度下滑，券商业绩承压

证券公司的经营情况与资本市场波动趋势高度相关。2022 年，A 股市场呈现震荡回调格局，整体表现偏弱。上证指数报收于 3089.26 点，较年初下跌 550.52 点，跌幅 15.13%；深圳成指报收于 11015.99 点，较年初下跌 3841.36 点，跌幅 25.85%。同时，2022 年以来受国际关系、疫情冲击等内外部环境不确定性影响，资本市场活跃度下降。2022 年全年 A 股市场日均成交额 9251.06 亿元，同比下降 12.58%；市场双边股基成交额 491 万亿元，同比下降 10.89%。市场交投活跃度下降及佣金率的持续下滑，使得证券公司经纪业务收入承压。证券行业 42 家上市公司 2022 年实现经纪业务手续费净收入 1137.69 亿元，同比下降 18.47%（见图 14-2）。

证券经纪业务收入可以拆分为三部分，即代理买卖证券业务净收入、交易单元席位租赁收入和代销金融产品收入，分别反映了通道交易、机构经纪以及代销财富管理业务的发展情况。根据中国证券业协会统计数据，截至 2022 年末，证券公司服务经纪业务客户资金余额 1.88 万亿元，代理客户证券交易额 733.25 万亿元，其中代理机构客户证券交易额占比为 31.81%。受投资情绪低迷影响，代销收入亦有所下滑，2022 年证券公司代理销售金融产品保有规模 2.75 万亿元，其中，上市公司中，中信证券、中金公司、华泰证券代销收入领先，且公募基金占比较高。代销公募基金保有规模排名靠前的是投顾人数占比较高的中信证券、华泰证券、广发证券等公司。证券公司通过积极进行财富管理转型，不断发展壮大投顾团队，着力为投资者提供更为丰富的投资理财产品，满足客户多元化资产配置需求。

证券行业 42 家上市公司中，2022 年经纪业务手续费净收入排名前三的证券公司分别是中信证券、国泰君安和华泰证券，对应经纪业务手续费净收入分别为 111.69 亿元、76.43 亿元和 70.73 亿元，受市场影响，收入均出现下滑，较上年分别下降 20.01%、19.59% 和 10.23%。

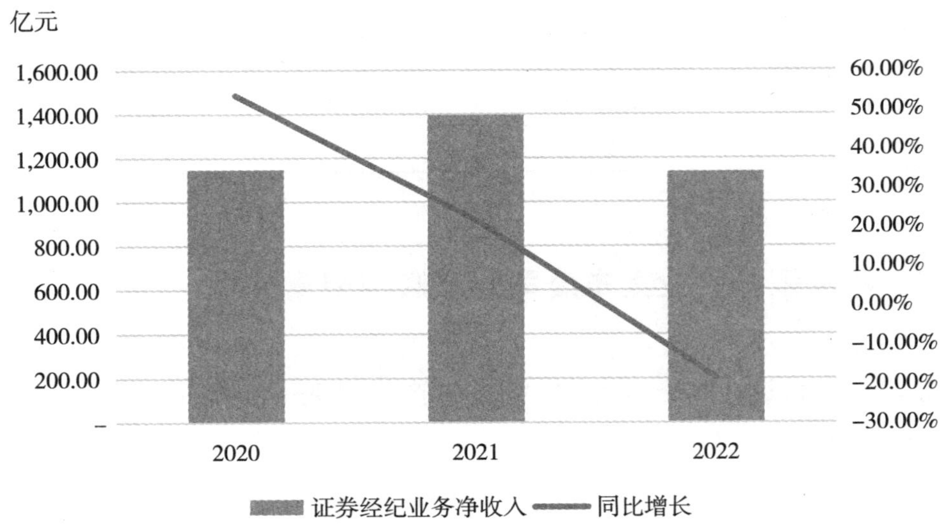

图 14-2　2020—2022 上市证券公司经纪业务净收入

数据来源：iFind。

（二）股权承销规模维持高位，投行业务集中度提升

2022 年，受外部环境的持续影响，A 股市场不确定性加强，但整体而言，沪深交易所融资表现依然稳健，北交所的平稳运行也极大提升资本市场对优质企业的吸引力，在注册制改革背景下，证券公司股债承销规模仍维持较高景气度。2022 年全市场共计 428 家企业完成 IPO[1] 发行上市，发行规模合计 5870 亿元，同比增长 8%。其中，证券公司对科技创新企业的支持力度持续加大，2022 年共计支持 357 家科技创新企业通过注册制登陆科创板、创业板、北交所，实现融资 4481.58 亿元。再融资发行规模 10997 亿元，同比下降 14%。券商累计债券承销规模 107057 亿元，同比下滑 1%。2022 年度作为绿色公司债券主承销商或绿色资产证券化产品管理人的证券公司共 55 家，承销（或管理）152 只债券（或产品），金额合计 1716.58 亿元，承销金额排名前三的证券公司分别为中信证券、中信建投和中金公司。2022 年度作为科技创新公司债券主承销商的证券公司共 30 家，承销 83 只债券，金额合计 1028.41 亿元，承销金额排名前三的证券公司分别为中信建投、中信证券和华泰证券。

注册制改革背景下，头部券商凭借自身在定价、承销、风控等方面领先的综合实力获得了更高的市场份额，马太效应推动券商投资银行业务手续费净收入出现分化，头部券商投行净收入显著领先中小券商。证券行业 42 家上市公司 2022 年实现投资银行业务手续费净收入 581.39 亿元，同比下降 7.00%（见图 14-3）。其中，中信证券、中金公司、中信建投继续保持投资银行业务净收入前三名，2022 年投行业务收入分别为 86.54 亿元、70.06 亿元和 59.27 亿元，中信证券和中信建投分别同比增长了 6.11%和 5.24%，中金公司与 2021 年投行净收入水平 70.36 亿元基本持平。与此同时，头部券商投行业务集中度的提高也使得

[1] IPO，即首次公开募股（Initial Public Offering），是指一家企业第一次将它的股份向公众出售。

大量中小券商投行业务净收入出现大幅下滑，投行业务集中度进一步提升。

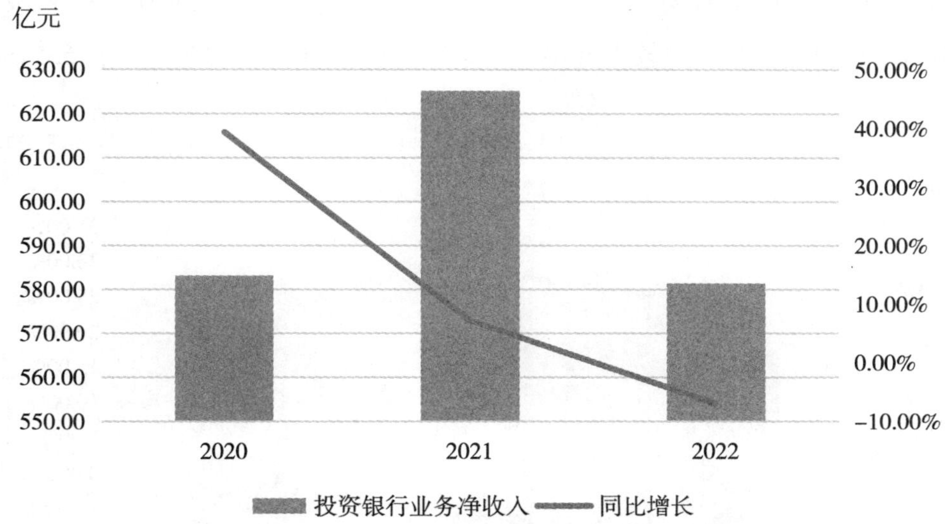

图 14-3 2020—2022 上市证券公司投资银行业务净收入

数据来源：iFind。

（三）券商资管公募化进程加快，私募主动管理业务稳定发展

2022 年为资管新规正式落地元年，证券公司资产管理业务在 2022 年逐步回归本源，进入规范有序发展的新阶段。随着资管新规过渡期结束，券商资产管理业务去通道化基本完成，在市场波动下，2022 年受托管理资产规模小幅下滑。根据中国基金业协会统计数据，2022 年券商资管业务资产规模合计 6.87 万亿元，同比下降 16.53%。其中以主动管理为代表的集合资管资产规模为 3.18 万亿元，较上年下降 12.84%，在资管业务规模中的占比进一步提升至 46.25%，体现了券商根据监管要求去通道化的良好成果。2022 年定向和专项资管规模分别为 3.10 万亿元和 0.59 万亿元，定向资管规模继续呈下降趋势。

近年来，伴随着中国经济和居民财富的持续增长，同时在资管新规落地及养老金体系逐步完善的背景下，以公募基金为代表的标准化、净值型资产管理行业发展速度加快，公募基金管理业务成为券商业务转型的重要发力点之一。2022 年 4 月，证监会推出《关于加快推进公募基金行业高质量发展的意见》，提出推进证券公司等优质金融机构依法设立基金管理公司，支持证券资管子公司等专业资产管理机构依法申请公募基金牌照；2022 年 5 月，《公开募集证券投资基金管理人监督管理办法》出台，标志着券商资管实现公募化的“一参一控一牌”制度正式落地。政策的出台放松了券商资管申请公募牌照的限制，明确了券商资管参与公募化的途径。受公募牌照放开和资管机构规范化发展的影响，券商优先通过申请设立资管子公司的形式获取公募业务开展资格。2022 年以来，多家券商积极推进资管子公司的设立，并申请公募基金牌照。截至 2022 年，证券行业内共有资产管理子公司 25 家，已有 14 家证券公司或资产管理子公司持有公募基金牌照。

证券行业42家上市公司资管业务净收入情况见图14-4。2022年资管业务净收入排名前三的证券公司分别为中信证券、广发证券和华泰证券，收入分别为109.40亿元、89.39亿元和37.69亿元，收入水平均较上年有一定幅度下滑，同比分别下降了6.51%、10.12%和0.08%。

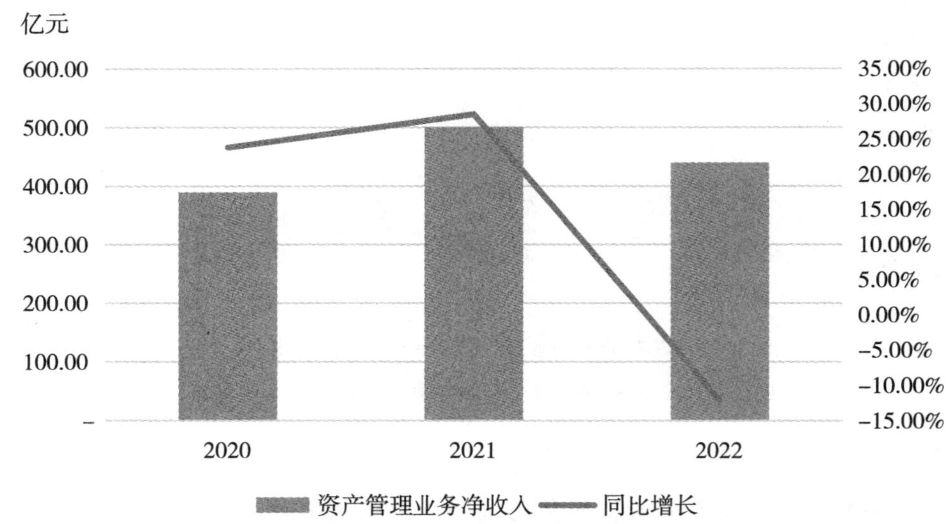

图14-4　2020—2022上市证券公司资产管理业务净收入

数据来源：iFind。

（四）股票质押业务风险持续收敛，政策利好支撑两融业务长期稳步发展

随着证券公司发展互联网模式的意愿逐渐旺盛，证券行业逐渐从以中介赚取佣金为主的模式转向以资本体量优势、品牌优势以及专业服务优势为主要竞争力的资本中介模式，证券公司以满足客户多元化的金融需求为前提，转向重资本型业务与轻资本型业务深度融合的发展阶段，能够更好地服务实体经济。

受权益市场行情震荡下行影响，2022年融资融券与股票质押规模均出现一定程度的收缩。根据中国证券金融股份有限公司统计，截至2022年末，市场融资融券余额为1.54万亿元，同比下降15.92%，其中，融资余额和融券余额分别为1.44万亿元和0.10万亿元，较2021年末分别下降15.62%和20.19%。2022年以来，下调转融资费率、两融标的第7次扩容、注册制背景下新股上市首日可纳入两融标的等两融业务利好政策不断推出，资本市场资源配置效率有望进一步提升，支撑两融业务稳步发展。

近年来，证券公司一直在对股票质押业务进行存量压缩。根据中国证券业协会统计数据，截至2022年末，证券公司股票质押业务规模持续下降至2124.25亿元，较2021年末下降6.80%，减值准备也同步下降，信用减值损失有所冲回，股票质押业务风险持续收敛。

两融业务规模的下滑使得证券行业利息净收入有所下降，证券行业42家上市公司2022年实现利息净收入合计576.61亿元，同比下降4.24%（见图14-5）。证券行业42家上市公司利息净收入排名前三的分别为海通证券、中信证券和中国银河，利息净收入分别为62.10

亿元、58.06亿元和51.63亿元。近年来，两融业务的机构客户资金占比持续提高，融券业务保持较高集中度。2022年中信证券融出资金中机构客户占比达33%，融券余额市占率为24%，利息净收入同比上升8.77%；海通证券和中国银河利息净收入水平较上年均有所下降，分别减少6.21%和5.37%。

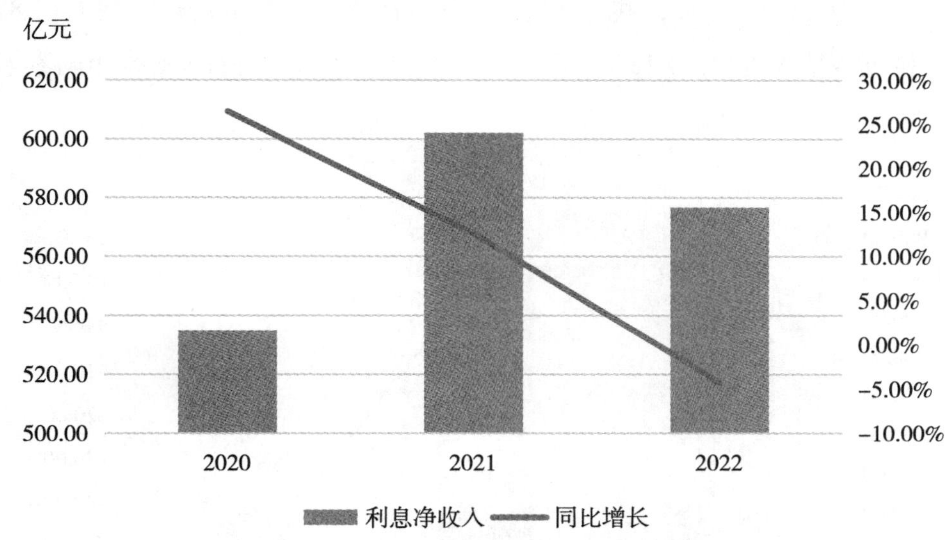

图14-5 2020—2022上市证券公司利息净收入

数据来源：iFind。

（五）自营投资业务收入下滑明显，呈现多元化发展趋势

受2022年资本市场震荡下行影响，投资市场整体表现不佳，股市上多数行业板块走低。在俄乌局势的冲击下，以能源和资源为代表的抗通胀板块成为年度投资和避险主线之一，相关板块大幅上涨。电子、建筑材料、环保、国防军工、钢铁、计算机等板块表现较弱，呈明显下跌趋势。受资本市场震荡下行的影响，2022年证券行业42家上市公司实现自营业务收入合计774.54亿元，同比下降53.49%（见图14-6）。具体来看，受投资品种、配置策略和业务发展模式的不同影响，证券公司自营投资业绩分化加大，以非方向化的中性策略为主的券商表现较为稳健，固收类资产比例高的券商下滑幅度相对较小，且头部券商下滑幅度低于整体。证券行业42家上市公司2022年自营业务收入排名前三的分别为中信证券、中金公司和国泰君安，分别实现自营业务收入176.36亿元、106.08亿元和70.26亿元，同比下降了22.25%、27.85%和38.58%。

近年来，自营业务呈现多元化的发展趋势。伴随着资管新规落地、理财保本收益打破，境内资管机构对主动管理、风险管理的需求提升；金融对外开放加速，外资基金、券商、资管等机构涌入，对冲交易的需求较强；此外，居民财富积累，个性化组合投资、跨境投资等定制化产品需求迅速增长。上述需求驱动场外衍生品业务快速发展，期权、互换规模持续增高。同时，场外衍生品业务对证券公司的主要作用在于提供风险对冲工具，有利于券商平滑业绩波动、丰富收入来源。截至2022年，共44家券商是场外期权交易商，其中一级交易商8家、二级交易商36家。从整个市场规模来看，2022年证券公司场外衍生品累计新增名义本金8.31万亿元，同比下降1.13%；期末存量名义本金为2.09万亿元，同比增长3.48%。同时，随着2022年10月31日科创板股票做市交易业务的正式启动，证券公司做市业务得到进一步发展。科创板本身有竞价交易制度，流动性较好，做市试点更提升了科创板的活力。截至2022年12月，共有14家券商拥有科创板做市资格，共参与87只股票的做市交易，占科创板股票总数的18%，华泰证券、中信证券、招商证券和国泰君安做市数量居前。

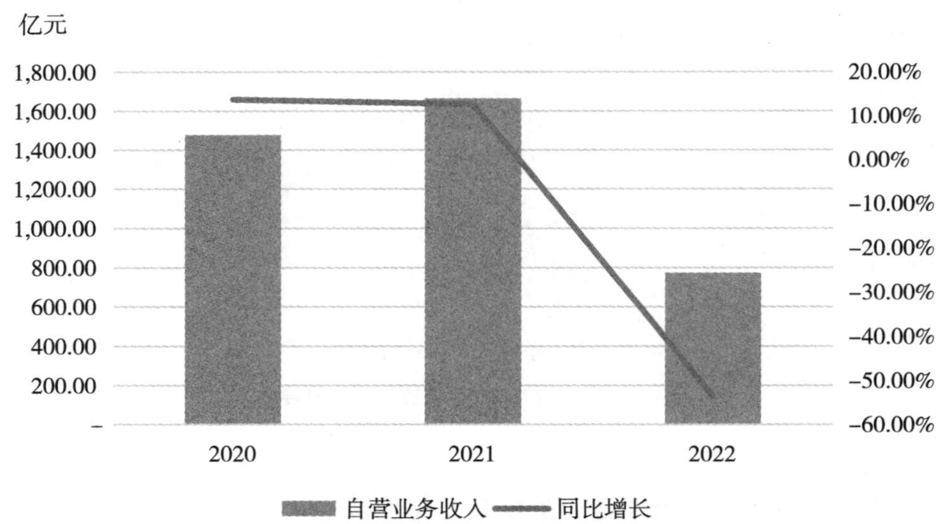

图14-6　2020—2022上市证券公司自营业务收入

数据来源：iFind。

三、2023年证券行业前景分析

2023年，随着资本市场改革的继续深化，各项利好政策陆续落地实施，我国证券市场的交易活力将得到一定激发，有效推动证券行业收入水平和盈利能力的稳健发展。

（一）全面注册制落地，为证券公司投行业务带来增量空间

2023年2月17日，中国证监会发布全面实行股票发行注册制相关制度规则，证券交易所、全国股转公司、中国结算、中证金融、证券业协会配套制度规则同步发布实施。全面注册制正式落地，标志着多层次资本市场进一步完善。从2019年设立科创板并试点注册制、2020年改革创业板并试点注册制、2021年稳步推进注册制改革、2022年全面实行股票发行注册制，全面注册制提速，到2023年全面实行注册制制度规则的发布实施，资本市场改革不断深化。

注册制以信息披露为核心，并对发行条件进行精简优化，提升包容性，鼓励符合国家产业战略方向、拥有核心技术的中小创企业通过资本市场融资发展壮大。注册制下审核效

率提高，交易所对 IPO 各个流程都有明确的时限要求。对于申报企业首次公开发行股票并上市，交易所审核阶段一般要经过受理、审核、上市委员会审议、证监会注册环节，其中交易所审核和中国证监会注册的时间总计不超过 3 个月，发行人及中介机构回复问询的时间不超过 3 个月。因此，全面注册制下发行上市的审核效率将进一步提高，市场化定价机制逐步建立，市场主体的参与面进一步扩大，我国股票融资规模将继续提升，预计将为证券公司投行业务带来增量空间。

另外，注册制对投资银行信息的发现和披露能力提出了更高的要求。注册制环境下要求券商可以为资本市场带来有效的信息，降低因信息不对称带来的交易成本，给市场交易主体提供有效建议。证券公司应重视提升其专业能力、渠道资源、客户关系、团队建设、自有资金的充足度以及市场地位等综合能力，不断增强市场竞争力。

（二）证券公司监管进一步完善，服务实体经济质效提升

党的二十大报告提出，建设现代化产业体系，坚持把发展经济的着力点放在实体经济上。金融行业坚持体现政治性和人民性，服务实体经济的监管取向将更加明确。2023 年 3 月 31 日，中国证监会关于就《证券公司监督管理条例（修订草案征求意见稿）》（以下简称《条例》）公开征求意见。《条例》于 2008 年 4 月颁布实施，于 2014 年进行过小幅修订，部分规定已滞后于行业发展。《条例》新增 35 条、删减 5 条、修改 68 条，本次修订旨在更新《条例》与新证券法不相适应的规定，完善证券公司监管基础制度，提升防范化解重大风险的能力，明确合规审慎、归位尽责的监管导向，引导证券公司回归行业本源，提升专业能力，补齐功能短板，走规范化、专业化、集约化、差异化的高质量发展道路。

证券公司服务实体经济主要体现在以下几个方面：一是提高企业直接融资比例，增强投资银行服务能力，依托多层次资本市场，通过股债融资、并购重组等方式全方位满足实体经济融资需求。二是加快财富管理转型，满足广大居民多元化资产配置需求。财富管理业务是券商支持资本市场投资实体经济的重要业务。随着我国居民财富快速增长，居民优化资产配置、增加财产性收入的需求日益迫切。券商应为客户提供多层次、多品种、风险收益匹配的金融产品，在满足居民多元化资产配置需求的同时，服务实体经济发展。三是服务国家战略，助力实体经济绿色高质量发展。券商要以国家战略为导向，继续发挥资本中介职能。加大对科技创新和新型产业领域的扶持力度，引导社会资本更多流向科技创新、绿色发展、中小微企业等领域。

（三）个人养老金制度落地，财富管理转型持续深化

2022 年 11 月 4 日，人力资源社会保障部、财政部、国家税务总局、银保监会、证监会联合印发《个人养老金实施办法》，对个人养老金参加流程、资金账户管理、机构与产品管理、信息披露、监督管理等方面做出具体规定。2022 年 11 月 18 日，证监会发布个人养老金基金销售机构名录，共 37 家机构入围，其中，券商 14 家、银行 16 家、独立基金销售机构 7 家。

个人养老金覆盖人群广，大部分居民对养老金金融知识储备不足，但个人养老金投资过程中自主选择性强，包括如何确定缴费频次、投资品种、投资金额、领取方案等，这些都需要专业知识帮助进行选择，需要专业机构投入更多精力进行投资者教育、普及养老金金融知识。在财富管理转型的背景下，专业化投顾需求增加。

同时，个人养老金资产为资本市场带来了长期资金。个人养老金具有长期限属性及持续的投资需求，有助于持续做大产品销售保有规模。个人养老金业务为证券公司拓展客户提供了新的业务抓手，有助于证券公司借此作为切入点，提升客户黏性，带动实现公司多业务协同发展。

附表 2022年度证券行业上市公司业绩评价结果排序表

序号	A股上市公司评价得分排序	股票代码	股票简称	综合得分	评价等级	净资产收益率（%）	总资产收益率（%）	资本杠杆率（%）	流动性覆盖率（%）	风险覆盖率（%）	净稳定资金率（%）	资本扩张率（%）	营业收入增长率（%）	投资回报率（%）	波动性（%）	年末资产总额（亿元）	营业收入（亿元）	净利润（亿元）
1	107	600030.SH	中信证券	78.61	A	9.39	1.71	17.79	130.53	203.96	129.64	20.84	-14.92	-15.94	25.02	13082.89	651.09	221.69
2	157	601881.SH	中国银河	76.7	A	7.70	1.31	12.42	354.93	262.43	129.89	3.68	-6.51	-12.04	24.53	6252.16	336.42	77.61
3	158	601211.SH	国泰君安	76.62	A	7.39	1.41	17.62	277.32	186.44	130.09	8.77	-17.16	-19.60	19.93	8606.89	354.71	116.21
4	198	600999.SH	招商证券	75.66	A	7.09	1.34	13.39	210.95	264.95	151.73	2.37	-34.69	-20.54	21.97	6116.62	192.19	80.79
5	204	601995.SH	中金公司	75.54	A	8.25	1.17	11.24	239.71	182.42	154.27	17.40	-13.42	-18.94	30.12	6487.64	260.87	75.95
6	212	601688.SH	华泰证券	75.26	A	7.11	1.37	14.10	166.57	240.12	129.33	10.41	-15.50	-24.45	24.02	8465.67	320.32	113.65
7	268	002736.SZ	国信证券	73.96	BBB	5.97	1.61	15.97	236.62	413.12	171.89	10.27	-33.35	-17.91	18.61	3943.31	158.76	60.85
8	299	000166.SZ	申万宏源	73.45	BBB	2.81	0.52	10.89	212.12	257.30	136.74	8.99	-39.93	-19.62	18.88	6131.17	206.10	31.40
9	329	000776.SZ	广发证券	72.93	BBB	7.55	1.54	13.04	213.79	186.58	147.26	12.63	-26.62	-32.74	33.12	6172.56	251.32	88.98
10	336	601788.SH	光大证券	72.84	BBB	5.25	1.30	22.55	216.78	342.13	157.99	10.56	-35.48	11.15	42.35	2583.54	107.80	32.41
11	344	600837.SH	海通证券	72.75	BBB	2.92	0.69	21.12	293.75	241.25	162.85	-0.07	-39.94	-26.19	20.77	7536.08	259.48	51.96
12	373	601066.SH	中信建投	72.22	BBB	8.68	1.56	14.91	235.00	222.66	141.47	16.60	-7.72	-14.36	30.67	5099.55	275.65	75.17
13	627	002945.SZ	华林证券	69.21	BB	7.36	2.25	30.75	211.14	279.17	169.94	1.66	0.17	4.65	39.96	207.43	13.98	4.65
14	674	601696.SH	中银证券	68.79	BB	5.05	1.28	46.38	266.29	309.76	276.22	4.47	-11.23	-17.55	33.14	643.31	29.59	8.11
15	722	601377.SH	兴业证券	68.18	BB	6.54	1.44	15.42	245.78	227.07	140.03	25.32	-43.81	-36.35	27.56	2458.59	106.60	33.43
16	723	601990.SH	南京证券	68.15	BB	3.86	1.26	33.68	544.89	492.40	230.40	0.34	-26.75	-14.93	34.15	516.61	20.08	6.50
17	797	600109.SH	国金证券	67.43	BB	4.31	1.26	30.72	339.85	328.14	144.51	27.27	-21.04	-20.89	25.50	1021.80	57.33	12.05
18	832	600909.SH	华安证券	67.03	BB	5.78	1.56	23.32	504.18	195.59	178.18	2.89	-9.31	-10.38	28.23	738.89	31.59	11.51
19	863	601555.SH	东吴证券	66.61	BB	4.57	1.34	25.32	264.32	273.68	174.76	2.96	13.41	-23.28	23.66	1359.57	104.86	17.39
20	903	600958.SH	东方证券	66.25	BB	4.25	0.87	14.38	218.50	253.08	139.09	20.67	-23.15	-33.68	35.35	3680.67	187.29	30.10
21	927	601878.SH	浙商证券	65.99	BB	6.65	1.30	20.64	312.72	252.02	154.31	14.57	2.41	-21.02	28.96	1369.61	168.14	17.02
22	976	601108.SH	财通证券	65.53	BB	5.21	1.28	17.71	647.18	247.47	139.48	30.76	-24.67	-30.45	22.84	1256.92	48.27	15.16
23	977	002673.SZ	西部证券	65.51	BB	1.68	0.51	28.14	693.87	325.73	180.87	-0.16	-21.37	-22.33	21.74	956.65	53.08	4.58
24	1012	002797.SZ	第一创业	65.22	BB	3.07	1.02	23.25	226.03	256.84	196.40	1.81	-19.77	-21.31	23.24	478.07	26.11	4.65
25	1023	601901.SH	方正证券	65.19	BB	5.12	1.24	18.94	139.43	288.31	139.10	4.11	-9.79	-15.60	27.84	1816.12	77.77	22.03
26	1046	000728.SZ	国元证券	64.94	B	5.31	1.42	21.61	457.44	230.11	169.27	1.99	-12.58	-9.48	38.04	1294.81	53.41	17.34
27	1098	002500.SZ	山西证券	64.41	B	3.19	0.71	13.80	134.65	160.32	176.65	0.77	4.17	-16.58	22.46	829.09	41.61	5.67
28	1157	601099.SH	太平洋	64.04	B	-4.88	-2.62	67.87	407.40	412.78	220.49	-5.21	-28.10	-20.59	21.72	153.24	11.72	-4.63
29	1185	000783.SZ	长江证券	63.81	B	4.95	0.96	15.67	169.05	235.45	179.03	-0.38	-26.11	-24.61	22.00	1589.85	63.72	15.30

续 表

序号	A股上市公司评价得分排序	股票代码	股票简称	综合得分	评价等级	净资产收益率（%）	总资产收益率（%）	资本杠杆率（%）	流动性覆盖率（%）	风险覆盖率（%）	净稳定资金率（%）	资本扩张率（%）	营业收入增长率（%）	投资回报率（%）	波动性（%）	年末资产总额（亿元）	营业收入（亿元）	净利润（亿元）
30	1243	000750. SZ	国海证券	63. 33	B	1. 95	0. 50	19. 56	154. 43	236. 77	144. 43	0. 61	-30. 05	-16. 82	22. 08	738. 41	36. 17	3. 77
31	1276	600155. SH	华创阳安	62. 95	B	2. 15	0. 74	32. 79	422. 55	361. 98	164. 83	20. 40	-32. 76	-31. 61	36. 24	526. 56	25. 32	3. 85
32	1318	002939. SZ	长城证券	62. 64	B	3. 79	0. 95	27. 90	456. 10	236. 37	160. 89	39. 60	-59. 69	-31. 85	35. 43	1002. 41	31. 27	9. 14
33	1320	601236. SH	红塔证券	62. 6	B	0. 09	0. 05	45. 43	1678. 14	470. 10	269. 95	-1. 92	-87. 58	-32. 69	42. 37	461. 44	8. 36	0. 21
34	1394	601198. SH	东兴证券	62. 04	B	1. 96	0. 52	24. 14	239. 35	317. 37	183. 18	-2. 26	-36. 21	-30. 17	26. 63	1017. 53	34. 29	5. 17
35	1395	002926. SZ	华西证券	62. 03	B	1. 86	0. 43	22. 68	274. 87	202. 91	187. 32	0. 16	-34. 10	-19. 85	30. 34	977. 47	33. 76	4. 18
36	1417	601456. SH	国联证券	61. 87	B	4. 63	1. 09	20. 33	160. 06	192. 35	143. 66	2. 32	-11. 59	-11. 41	43. 79	743. 82	26. 23	7. 67
37	1495	600369. SH	西南证券	61. 29	B	1. 22	0. 37	21. 58	180. 30	293. 85	153. 94	-1. 37	-42. 29	-26. 15	25. 96	809. 94	17. 87	3. 06
38	1514	600918. SH	中泰证券	61. 14	B	1. 83	0. 35	14. 85	309. 31	220. 76	162. 95	6. 75	-29. 09	-34. 80	21. 37	1988. 94	93. 25	7. 03
39	1542	600906. SH	财达证券	60. 88	B	2. 71	0. 68	31. 18	721. 81	360. 17	184. 89	-0. 18	-34. 89	-36. 59	39. 35	438. 43	16. 44	3. 02
40	1571	000686. SZ	东北证券	60. 64	B	1. 46	0. 34	18. 38	258. 45	186. 98	146. 05	-0. 16	-32. 10	-22. 76	28. 05	788. 99	50. 77	2. 72
41	1615	601375. SH	中原证券	60. 34	B	0. 76	0. 21	18. 79	192. 85	220. 96	158. 54	0. 45	-57. 45	-24. 00	25. 31	501. 83	18. 81	1. 08
42	2298	601162. SH	天风证券	54. 92	CC	-5. 86	-1. 49	16. 99	615. 81	123. 80	125. 80	-7. 64	-60. 94	-27. 98	23. 92	982. 08	17. 21	-14. 56

第十五章

医药生物行业上市公司业绩评价

2022 年，在俄乌冲突、中美博弈以及国家药品集采政策转向常态化运行等多重因素影响下，中国医药制造业发展增速放缓，但总体趋势依然向好。2022 年，医药制造业规模以上工业增加值累计同比增速为-3.4%。医药生物（申万）行业上市公司营业收入增速为 9.64%，高于全部上市公司的平均增速水平，但营业利润增速为-5.91%，低于全部上市公司的平均增速。2022 年末医药生物（申万）行业股票指数报收于 9069.94，较 2021 年末下降 20.34%。2023 年进入后疫情发展时代，在需求恢复和释放的背景下，医药生物行业将存在结构性机遇。

一、医药生物行业上市公司业绩评价结果

2022 年医药生物行业的上市公司共有 475 家，其中盈利 375 家、亏损 100 家。医药生物行业综合评价分值为 65.29 分，高于同年全部上市公司（全部上市公司不包括金融和 B 股，本章以下如无特指按此口径）的综合评价分值 63 分。475 家医药生物行业上市公司中共有迈瑞医疗、九安医疗、明德生物、药明康德、达安基因、凯普生物、华特达因、爱尔眼科、新诺威和万泰生物 10 家公司业绩评价综合得分（见表 15-1）名列 2022 年度“中联价值 100”，排名最高的迈瑞医疗位列 2022 年全部上市公司业绩评价综合得分的第 12 位。医药生物行业 475 家上市公司业绩评价等级如下：2 家 AAA、4 家 AA、19 家 A、65 家 BBB、69 家 BB、57 家 B、61 家 CCC、48 家 CC、150 家 C。

2022 年全部上市公司为 4931 家，其资产总额总计 96.87 万亿元。其中，医药生物行业全部 475 家上市公司资产总额合计 3.80 万亿元，占全部上市公司资产总额的 3.93%；全部上市公司实现营业收入 61.52 万亿元，医药生物行业上市公司实现营业收入 2.48 万亿元，占全部上市公司营业收入的 4.03%；全部上市公司共计实现利润总额 4.02 万亿元，医药生

物行业上市公司实现利润总额达到 0.25 万亿元，占全部上市公司实现利润总额的 6.23%；全部上市公司共计实现净利润 3.17 万亿元，医药生物行业上市公司实现净利润 0.19 万亿元，占全部上市公司实现净利润的 6.51%；医药生物行业上市公司 2022 年度市场投资回报率为-13.28%，低于全部上市公司-12.92%的市场投资回报率；医药生物行业上市公司股价波动率为 103.23%，高于全部上市公司 98.53%的股价波动率；医药生物行业扣除非经常性损益净资产收益率的平均值为 8.65%，高于全部上市公司 7.31%的扣除非经常性损益净资产收益率。

表 15-1　2022 年度医药生物行业评价得分前十名的公司

名次	股票代码	股票简称	在 A 股上市公司中评价得分排序
1	300760	迈瑞医疗	12
2	002432	九安医疗	18
3	002932	明德生物	41
4	603259	药明康德	46
5	002030	达安基因	56
6	300639	凯普生物	77
7	000915	华特达因	79
8	300015	爱尔眼科	81
9	300765	新诺威	89
10	603392	万泰生物	94

基于对医药生物行业上市公司的整体评价，下面分别从财务效益、资产质量、偿债风险、发展能力、市场表现五个方面对医药生物行业上市公司进行具体分析。

（一）财务效益

由表 15-2 可以看出，医药生物行业上市公司整体财务效益优于全部上市公司平均水平，除盈利现金保障倍数外，扣除非经常性损益净资产收益率、总资产报酬率、营业利润率和股本收益率指标均高于全部上市公司平均水平。

表 15-2　医药生物行业财务效益状况比较表

评价指标		2022 年上市公司平均值	2022 年行业值	2021 年行业值	增长率（%）
基本指标	扣除非经常性损益净资产收益率（%）	7.31	8.65	9.68	-10.64
	总资产报酬率（%）	5.28	7.7	9.57	-19.54
	基本得分	21.13	23.64	25.02	-5.52
修正指标	营业利润率（%）	6.65	10.22	12.14	-15.82
	盈利现金保障倍数	1.84	1.39	1.12	24.11
	股本收益率（%）	45.68	62.47	76.79	-18.65
	综合得分	23.6	25.13	26.27	-4.34

除盈利现金保障倍数外，2022 年医药生物行业上市公司各项指标均低于 2021 年行业值。财务效益综合得分前五家上市公司为药明康德、迈瑞医疗、新和成、片仔癀和长春高新。盈利较好与创新渠道、高端客户高端产品拓展推广、新冠疫情造成疫苗和检测类医药服务需求提高等因素息息相关。

（二）资产质量

由表 15-3 可以看出，医药生物行业上市公司资产质量指标中，应收账款周转率明显低于全部上市公司平均水平，流动资产周转率略低于全部上市公司平均水平，这与医药生物行业特殊的营销模式具有一定的关系，即医药生物行业上市公司对客户应收账款期限过长导致应收账款周转率及流动资产周转率偏低。医药生物行业上市公司总资产周转率、存货周转率高于全部上市公司平均水平，这与药品及耗材带量采购的推进等因素存在一定的关联性。资产质量综合得分前五家上市公司为通策医疗、创新医疗、普瑞眼科、九安医疗和 ST 冠福，上述公司规模整体较小，资产管理能力较强，在医疗体制改革及新冠疫情影响下，资产质量表现优异。

表 15-3　医药生物行业资产质量状况比较表

评价指标		2022 年上市公司平均值	2022 年行业值	2021 年行业值	增长率（%）
基本指标	总资产周转率（次）	0.66	0.69	0.74	-6.76
	流动资产周转率（次）	1.27	1.16	1.24	-6.45
	基本得分	9.8	9.65	10.08	-4.27
修正指标	应收账款周转率（次）	8.67	4.49	4.78	-6.07
	存货周转率（次）	3.25	3.98	4.29	-7.23
	综合得分	9.31	8.66	8.79	-1.48

（三）偿债风险

由表 15-4 可以看出，2022 年医药生物行业上市公司资产负债率低于全部上市公司平均水平，已获利息倍数、速动比率、现金流动负债比率显著好于全部上市公司的平均水平，带息负债比率略低于全部上市公司，显示出医药生物行业上市公司较强的短期偿债能力。

表 15-4　医药生物行业偿债风险状况比较表

评价指标		2022 年上市公司平均值	2022 年行业值	2021 年行业值	增长率（%）
基本指标	资产负债率（%）	58.63	39.83	39.91	-0.2
	已获利息倍数	5.4	10.43	12	-13.08
	基本得分	8.81	10.4	10.46	-0.57

续 表

评价指标		2022 年上市公司平均值	2022 年行业值	2021 年行业值	增长率（%）
修正指标	速动比率（%）	86.08	149.81	149.67	0.09
	现金流动负债比率（%）	14.64	23.45	23.91	-1.92
	带息负债比率（%）	41.74	38.48	36.25	6.15
	综合得分	8.79	10.07	10.09	-0.2

2022 年医药生物行业上市公司已获利息倍数下降较为明显，资产负债率、速动比率和带息负债比率有所好转，现金流动负债比率略有恶化。2022 年医药生物行业上市公司偿债风险与 2021 年相比总体上差异不大，略有上升。偿债风险综合得分前五家上市公司为博拓生物、华特达因、五洲医疗、天臣医疗和新诺威，上述公司财务政策相对稳健。

（四）发展能力

从表 15-5 可知，医药生物行业上市公司 2022 年度行业营业收入增长率、资本扩张率和总资产增长率高于全部上市公司平均水平，累计保留盈余率、三年营业收入增长率和营业利润增长率三项指标低于全部上市公司平均水平。医药行业是典型的刚性消费行业，但新冠疫情的发展及医药发展改革、药品集采政策转入常态化等因素短期对医药生物行业的发展造成了不利影响。

2022 年医药生物行业上市公司营业收入增长率、资本扩张率、累计保留盈余率、三年营业收入增长率、总资产增长率和营业利润增长率均低于 2021 年行业平均水平，主要是因为药品集采政策转入常态化以及新冠疫情一定程度上抑制了医疗服务活动，进而导致行业收入增长率水平有所放缓。发展能力综合得分前五家上市公司为九安医疗、万泰生物、达安基因、药明康德和博腾股份。

表 15-5　医药生物行业发展能力状况比较表

评价指标		2022 年上市公司平均值	2022 年行业值	2021 年行业值	增长率（%）
基本指标	营业收入增长率（%）	8.8	9.64	14.24	-32.3
	资本扩张率（%）	9.1	12.79	18.97	-32.58
	基本得分	12.01	12.83	12.35	3.89
修正指标	累计保留盈余率（%）	43.64	42.31	44.5	-4.92
	三年营业收入增长率（%）	11.1	9.91	12.21	-18.84
	总资产增长率（%）	7.88	12.24	14.92	-17.96
	营业利润增长率（%）	0.85	-5.91	43.9	-113.46
	综合得分	12.21	12.53	12.91	-2.94

（五）市场表现

2022 年，全部上市公司市场投资回报率为-12.92%，股价波动率为 98.53%。受药品集采政策转入常态化、新冠疫情一定程度对医疗服务活动的抑制以及医药生物行业股价处于较高水平等因素的影响，医药生物行业上市公司 2022 年全年市场回报率为-13.28%，显著低于 2021 年行业平均水平。具体情况见表 15-6。

表 15-6 医药生物行业市场表现状况比较表

评价指标	2022 年上市公司平均值	2022 年行业值	2021 年行业值	增长率（%）
市场投资回报率（%）	-12.92	-13.28	22.06	-160.2
股价波动率（%）	98.53	103.23	98	5.34
得分	9.09	8.9	9.12	-2.41

与 2021 年相比，2022 年医药生物行业上市公司的市场表现情况有所下降，股价波动率和市场投资回报率显著下降。市场表现综合得分前五家上市公司为华厦眼科、华大智造、普瑞眼科、泓博医药和诺诚健华-U，上述公司资本管理能力较好，在二级市场股价表现优异。

沪深 300 指数与医药生物行业指数走势见图 15-1。

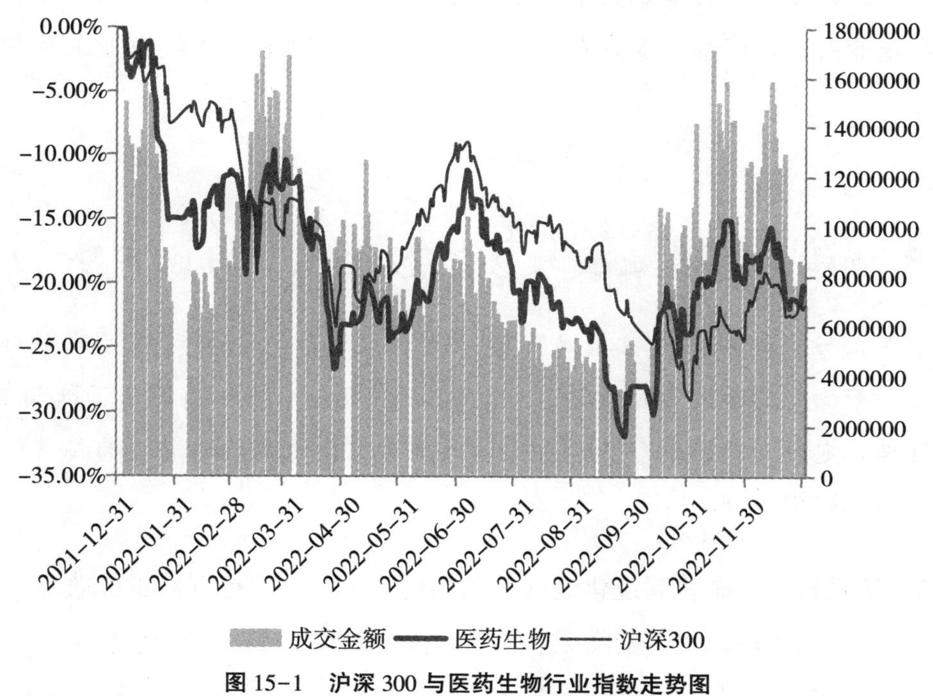

图 15-1 沪深 300 与医药生物行业指数走势图

二、2022 年度医药生物行业上市公司业绩影响因素分析

2022 年，医药生物行业上市公司实现营业收入 24771.15 亿元，同比增长 9.91%，实现营业利润 2530.52 亿元，同比下降 5.91%，但行业上市公司平均营业利润率为 10.22%，仍显著高于全部上市公司的平均水平。在经济下行压力加大、药品及耗材集采常态化制度化

推进叠加疫情影响等因素驱动下，我国医药市场受到一定的压力和挑战。2022 年影响行业上市公司业绩的主要因素如下。

（一）经济下行压力叠加疫情防控要求，市场需求出现波动

2022 年，在疫情、通胀以及地缘政治冲突的影响下，全球制造业需求收缩压力持续加大，全球制造业呈现波动下行趋势，全年全球制造业 PMI 均值为 51.8%，同比下降 4.3 个百分点。国内方面，2022 年国内生产总值（GDP）121 万亿元，同比增长 3.0%。2022 年全国居民人均可支配收入 36883 元，比上年名义增长 5.0%，扣除价格因素，实际增长 2.9%。2022 年全国居民人均消费支出 24538 元，比上年名义增长 1.8%，扣除价格因素影响，实际下降 0.2%。其中人均医疗保健消费支出 2120 元，增长 0.2%，占人均消费支出的比重为 8.6%。2022 年，应各地新冠疫情防控政策要求，生产在确保防控安全的前提下推进，企业生产经营活动受到一定影响；同时，疫情防控一定程度上限制了非急需的医药医疗服务需求。

在经济下行压力加大、市场需求波动的形势下，受国内医药市场面临终端需求萎缩、总体消费降级等因素影响，行业内企业均受到不同程度冲击，尤其是对非市场急需的药品、医疗器械生产企业及医药产品。医药行业上市公司收入、净利润等经营业绩普遍受到影响。

资料链接：

2022 年恒瑞医药营业收入 212.75 亿元，同比下降 17.87%

报告期内相当一部分医疗机构日常诊疗业务量缩减，公司产品（比如麻醉产品）销售受到较大影响，影响较为严重的郑州、上海、西安地区产品销售下降明显；同时，产品出口订单一定时间内出现积压，部分海外业务需求未能及时转化为销售收入。

资料来源：恒瑞医药 2022 年年报。

（二）药品集采转向常态化制度化运行，药品价格下行，企业利润继续收窄

2022 年 7 月开展的第七批国家集采，有 217 家企业的 327 个产品获得中选资格，药品平均降幅达 48%。国家七批八轮的药品集中采购已覆盖 294 个品种，覆盖治疗领域范围在进一步扩大。另外，每年一次的国家医保目录调整不论是从流程还是制度上，都在持续完善。集采范围不断扩大，逐步拓展至生物制品、中成药等产品，并从药品逐步拓展到高值耗材、IVD（体外诊断产品）等领域。在国采和地方集采的双重作用下，仿制药降价趋势不可避免。

资料链接：

恒瑞医药集采药品收入下降

2021年9月开始陆续执行的第五批集采涉及的8个药品，2022年销售收入仅6.1亿元，较上年同期减少22.6亿元，同比下滑79%；2022年11月开始陆续执行的第七批集采涉及的5个药品，2022年销售收入9.8亿元，较上年同期减少9.2亿元，同比下滑48%。2022年1月1日起，阿帕替尼、吡咯替尼、硫培非格司亭、瑞马唑仑、氟唑帕利、海曲泊帕等多款创新药执行新的医保谈判价格，医保销售价格平均下降33%。

资料来源：恒瑞医药2022年年报。

三、2023年医药生物行业前景展望

2023年，在依托政策支持和后疫情时代需求释放的背景下，具有研发实力、持续研发投入并且具备良好研发转化能力的医药生物行业企业将获得业绩上的突破和市场的认可，而布局供应链拓展的医药企业将面临更多的机会。此外，由于中医药在新冠疫情防控中起到了重要的防治作用，后疫情时代，在政策支持下，中成药企业将可能迈入发展的新阶段。

（一）人口老龄化叠加经济复苏，医药行业需求有望继续增长

进入2023年，老龄人口数量和占比继续上升。随着年龄的增长，老年人的健康状况也逐渐变差。老年人普遍存在的慢性病、多发病和复杂病的比例远高于年轻人。同时，老年人的免疫力和抵抗力也随之降低，容易受到疾病的侵袭。因此，老年人需要更多的医疗保健服务来维持健康。2022年7月，国家卫健委、国家发展改革委等11部委联合印发《关于进一步推进医养结合发展的指导意见》。2022年党的二十大报告明确提出实施积极应对人口老龄化国家战略，发展养老事业和养老产业。

2023年一季度，全国实际GDP同比增长4.5%，高于市场预估中值4%。社会消费品零售总额为114922亿元，同比增长5.8%，这预示着我国内需正在稳步复苏。随着经济复苏，在疫情期间积攒的非紧急的医疗卫生服务需求将会初步释放恢复至正常水平。进入后疫情时代，做好自己健康的第一责任人成为越来越重要的趋势，全面的健康意识和健康投入也会越来越高，健康管理的精细化、线上化趋势逐步显现，疾病预防和慢病管理的需求也显著扩大。

（二）普通仿制药进入微利时代，加速向创新方向转型

在带量采购常态化制度化趋势下，仿制药高毛利率的黄金时代已经结束。在政策、人才、技术、资金等要素驱动下，医药行业加速向创新方向转型，医药企业纷纷加大研发投

入，创新研发竞争日益加剧。

2022 年，国家药品审评审批制度改革持续深化。一方面，坚持鼓励以临床价值为导向的创新药等临床急需药品研发创新，支持满足临床需求的儿童用药研发创新；另一方面，加快推动中药审评审批机制改革，加快构建以中医药理论、人用经验和临床试验相结合的中药审评体系。2022 年 2 月，《药审中心加快创新药上市申请审评工作程序（试行）》颁布，鼓励加快创新药品的审评速度。

医药砍价集采的过程，降低了医保对仿制药的支付金额和比例，同时也能倒逼优质的创新药公司加快研发速度，加快迭代，加快产业升级，做出更好的产品。

在医疗器械领域，近年来技术创新促进国内企业逐渐崭露头角。比如自 2019 年 7 月 22 日科创板开市以来至 2022 年 8 月 31 日，共有 23 家创新医疗器械公司登陆科创板。目前，已经有一批国内企业在手术机器人、体外诊断、智慧医疗等方面，研发和创新产品取得显著进展，展现了医疗器械自主研发的新成果和前沿技术的新突破。

（三）供应链延伸可能成为医药行业新的发展趋势

党的二十大报告指出，当前我国产业链供应链可靠性和安全性还存在一些亟待解决的重大问题，要加强重点领域安全能力建设，确保粮食、能源资源、重要产业链供应链安全。医药产业与人民生命安全和国家战略安全息息相关，医药产业链供应链韧性和安全水平更关系到“健康中国”建设能否建成。因此党的二十大报告提到的“确保粮食、能源资源、重要产业链供应链安全”中包括医药产业链供应链安全。医药产业链供应链韧性和安全水平是当前我国较为关注的重点领域之一。

从 2022 年底的退烧药断货可以看出医药行业上游供应链的重要性及其脆弱性。中国是医药行业全球最大的新兴市场，经过多年的发展，我国医药生物产业取得了长足的发展，一些细分领域的高端产业正逐渐跟上国外技术的发展进程，国产替代步伐加速。同时也应看到，大部分高端产品的核心技术和关键原材料依然被国外垄断，此次疫情更是加剧了逆全球化的进程，生物医药供应链资源要素的国外高依存度，不仅将导致生物医药产业链的风险增加，同时也制约了我国生物医药产业的健康发展。

随着国际关系变化尤其是中美竞争关系的加剧，逆全球化成为现实问题。在新国际形势下，医药产业供应链安全愈发重要。

（四）后疫情时代，中医药将迈入发展的新阶段

“十四五”规划中明确提到，要建设优质高效中医药服务体系，提升中医药健康服务能力，推动中药产业高质量发展等中医药发展的任务。近年来，国家发布了多项中医药发展政策。2020 年 6 月 1 日，《中华人民共和国中医药法》正式实施，这是我国首部专门针对中医药事业进行立法的法律；2020 年 12 月，国家药监局发布《关于促进中药传承创新发展的实施意见》；2021 年 5 月，国务院发布了《关于加快中医药特色发展的若干政策措施》。此

后，国家卫健委、药监局、国家中医药管理局陆续出台了多项推动中医药发展的政策、指导意见。一系列政策的颁布为中医药产业持续发展奠定了良好的基础。

新冠疫情期间，中医药在疫情防控中起到了重要的防治作用，国家和社会对中药行业更加关注。但是，中医药发展的过程中也面临着一系列的问题。中药质量参差不齐、价格混乱、多有假冒伪劣，中医药创新水平低、缺乏核心技术与原创性等问题，严重影响着行业形象，制约了行业的发展。未来，通过加强行业规范化发展和监管，增加研发投入和创新能力，将会为中医药行业和企业注入新活力。

附表　2022年度医药生物行业上市公司业绩评价结果排序表

序号	A股上市公司评价得分排序	证券代码	股票简称	评价等级	综合得分	每股收益（元）	净资产收益率（%）	总资产报酬率（%）	总资产周转率（次）	流动资产周转率（次）	资产负债率（%）	已获利息倍数	营业收入增长率（%）	资本扩张率（%）	市场投资回报率（%）	股价波动率（%）	年末资产总额（万元）	营业收入（万元）	净利润（万元）
1	12	300760	迈瑞医疗	AAA	87.1	35.14	32.32	25.84	0.72	1.17	31.55	1025.96	20.17	18.66	-2.69	34.65	4674523.68	3036564.38	961071.68
2	18	002432	九安医疗	AAA	85.8	41	147.08	142.34	2.05	3.28	7.85	3841.93	997.8	606.04	1.92	117.57	2173064.38	2631536.09	1648409.44
3	41	002932	明德生物	AA	82.7	14.82	90	80.58	1.67	1.97	26.32	1484.11	272.12	137.6	7.2	79.03	919094.84	1053027.78	438047.09
4	46	603259	药明康德	AA	82.3	6.59	19.49	17.99	0.66	1.71	27.46	67.43	71.84	21.08	-25.1	88.18	6469032.67	3935477.78	890261.05
5	56	002030	达安基因	AA	81.2	6.38	53.91	50.47	0.96	1.63	21.29	454.34	57.17	51.64	-20.49	36.88	1475707.38	1204613.5	542755.82
6	77	300639	凯普生物	A	80	4.55	41.6	38.97	1.02	1.61	22.35	261.03	109.39	50.41	-15.05	58.57	673112.58	559697.11	180140.17
7	79	000915	华特达因	A	79.9	2.58	26.81	26.88	0.54	0.84	13.41	5164.44	15.49	19.48	39.45	96.46	469049.28	234107.56	99788.85
8	81	300015	爱尔眼科	A	79.7	3.33	20.67	14.51	0.67	1.91	33.72	19.77	7.39	44.1	4.47	66.42	2657884.56	1610994.67	268899.65
9	89	300765	新诺威	A	79.4	2.39	19.06	21.81	0.67	0.95	13.96	3885	83.42	33.23	-2.22	66.97	458403.55	262648.88	72661.17
10	94	603392	万泰生物	A	79.1	2.67	54.2	48.04	0.96	1.33	22.58	728.89	94.51	175.4	-8.19	101.76	1622951.66	1118518.87	486330.12
11	102	603882	金域医学	A	78.8	2.77	36.31	27.14	1.26	1.66	36.11	141.4	29.58	36.06	-13.04	60.74	1389070.78	1547607.45	284298.39
12	112	002603	以岭药业	A	78.3	2.91	23.18	19.22	0.86	1.95	33.09	96.42	23.88	20.48	37.93	192.86	1633611.27	1253284.1	235682.16
13	129	600566	济川药业	A	77.7	1.75	19.82	18.72	0.66	0.93	24.22	83.47	17.9	24.33	-3.13	83.61	1498120.22	899636.7	217172.35
14	137	688606	奥泰生物	A	77.4	1.68	31.19	31.78	0.78	0.86	11.25	637.2	80.88	27.41	-21.01	108.69	469972.32	338856.81	118501.57
15	140	000999	华润三九	A	77.3	13.6	13.64	11.61	0.7	1.48	35.36	140.61	18.01	11.59	25.32	106.9	2712278.17	1807946.15	249701.11
16	140	688399	硕世生物	A	77.3	4.8	55.92	51.11	1.32	1.77	22.75	402.28	94.95	48.95	-37.34	96.41	489100	553479.28	182790.04
17	146	688075	安旭生物	A	77.1	1.94	74.34	68.9	1.21	1.34	21.94	1738.77	287.97	107.89	-29.05	169.54	694168.22	616588.43	304417.17
18	148	002737	葵花药业	A	76.9	4.03	20.22	17.22	0.8	1.23	36.88	112.15	14.2	12.8	46.25	161.2	703176.57	509451.13	90969.91
19	159	600436	片仔癀	A	76.6	1.21	23.01	22.26	0.64	0.75	19.04	79.35	8.38	16.64	-26.55	81.64	1460384.45	869400.15	252297.71
20	159	688278	特宝生物	A	76.6	1.51	25.99	22.33	0.96	1.71	20.41	574.43	34.86	21.21	30	133.72	176855.96	152690.51	28701.99
21	205	688575	亚辉龙	A	75.5	4.43	48.7	37.64	1.25	2.17	41.95	142.14	237.95	61.45	-20	136.47	421151.71	398075.68	102152.1
22	213	300122	智飞生物	A	75.2	0.9	35.85	25.78	1.12	1.36	36.23	164.58	24.83	37.26	-22.77	105.46	3800373.39	3826401.13	753899.97
23	213	603939	益丰药房	A	75.2	2.1	16.39	10.73	1.04	2.15	56.64	12.36	29.75	15.98	14.15	116.5	2103888.66	1988639.58	142719.49
24	223	300482	万孚生物	BBB	74.9	1.62	27.31	25.02	1.02	1.91	27.99	44.93	69.01	29.49	-27.7	122.71	630113.85	568051.32	119002.5
25	238	300003	乐普医疗	BBB	74.7	1.01	15.25	12.4	0.47	1.12	33.14	14.84	-0.47	33.38	2	89.63	2448403.31	1060944.21	224468.72
26	238	300832	新产业	BBB	74.7	0.77	20.66	22.84	0.46	0.65	8.77	5465.88	19.7	14.03	7.69	108.85	701455.43	304695.57	132791.84
27	238	688617	惠泰医疗	BBB	74.7	0.65	16.97	18.71	0.57	0.78	19.54	273.19	46.74	0	28.75	150.52	222597.83	121601.8	34015.68
28	248	002821	凯莱英	BBB	74.6	20.36	22.78	22.37	0.61	0.93	13.95	354.77	121.08	24.46	-41.31	144.55	1823927.37	1025532.54	329463.05
29	248	300244	迪安诊断	BBB	74.6	1.08	24.23	15.38	1.11	1.47	54.87	10.26	55.03	27.1	-24.21	58.91	2105596.94	2028246.93	186247

续 表

序号	A股上市公司评价得分排序	证券代码	股票简称	评价等级	综合得分	每股收益（元）	净资产收益率（%）	总资产报酬率（%）	总资产周转率（次）	流动资产周转率（次）	资产负债率（%）	已获利息倍数	营业收入增长率（%）	资本扩张率（%）	市场投资回报率（%）	股价波动率（%）	年末资产总额（万元）	营业收入（万元）	净利润（万元）
30	251	600750	江中药业	BBB	74.5	2.93	12.22	12.34	0.62	0.94	28	172.48	32.63	-1.9	6.12	80.73	624365.91	381164.15	64421.14
31	261	688139	海尔生物	BBB	74	2.19	13.97	13.05	0.55	0.82	24.42	252.52	34.72	14	-23.81	53.06	548899.58	286404.46	61197.4
32	274	300452	山河药辅	BBB	73.8	1.63	16.04	12.84	0.66	1.19	33.2	113.5	14.24	11.72	23.38	83.09	118055.1	70452.52	13093.47
33	282	002223	鱼跃医疗	BBB	73.7	1.4	13.28	14.03	0.52	0.85	33.31	32.91	3.01	19.42	-7.28	99.15	1509521.13	710167.92	157268.99
34	282	603456	九洲药业	BBB	73.7	1.49	18.63	15.06	0.73	1.4	32.12	50.33	34.01	17.35	-11.89	73.39	791327.58	544510.52	92055.01
35	293	603658	安图生物	BBB	73.5	0.8	14.9	13.35	0.45	0.75	24.45	61.93	17.94	6.88	10.13	116.89	1047231.91	444162.74	118868.22
36	293	605369	拱东医疗	BBB	73.5	0.48	21.63	20.84	0.83	1.3	14.74	10297.28	22.98	14.71	-15.47	74	186748.82	146868.45	32604.82
37	303	600380	健康元	BBB	73.3	0.79	13.32	10.76	0.51	0.81	38.37	25.86	7.79	9.12	-15.13	36.99	3572925.37	1714275.31	289409.61
38	316	603233	大参林	BBB	73.1	2.09	16.45	7.66	1.11	2.29	67.06	30.33	26.78	15.64	11.9	133.8	2084124.32	2124808.67	107927.32
39	323	002022	科华生物	BBB	73	0.65	31.19	26.7	0.88	1.24	33.6	52.55	43.58	14.05	-18.09	141.86	881315.7	696986.26	173137.01
40	323	600085	同仁堂	BBB	73	2	12.37	10.85	0.59	0.79	31.76	25.39	5.27	10.69	-11.75	53.71	2704449.19	1537242.34	219939.08
41	338	002252	上海莱士	BBB	72.8	2.29	6.65	7.88	0.23	0.86	5.4	8639.33	53.16	11.23	-7.23	55.02	3045795.95	656719.86	187299.79
42	345	301089	拓新药业	BBB	72.7	1.34	22.35	20.31	0.48	0.87	25.33	97.11	56.17	25.43	7.46	239.55	184325.57	78472.21	28653.55
43	345	603301	振德医疗	BBB	72.7	4.39	14.22	11.67	0.86	1.67	27.1	24.9	20.54	29.67	-27.03	82.35	789693.39	613763.44	70301.21
44	350	002262	恩华药业	BBB	72.6	6.67	16.25	16.34	0.71	0.99	13.84	201.08	9.22	13.89	57.78	152.93	648174.56	429851.31	88038.86
45	350	600285	羚锐制药	BBB	72.6	3.31	16.88	12.73	0.74	1.29	41.11	668.49	11.45	11.89	-14.41	61.82	434438.27	300186.22	46533.12
46	359	002001	新和成	BBB	72.4	0.43	15.84	12.52	0.44	1.1	38.17	13.87	7.68	8.23	-22.07	89.37	3826762.52	1593398.44	363826.75
47	359	002422	科伦药业	BBB	72.4	1.09	10.6	7.83	0.58	1.24	50.5	5.16	9.46	19.52	35.34	106.86	3411837.98	1891265.35	170746.19
48	368	300573	兴齐眼药	BBB	72.3	7.74	14.36	13.53	0.72	1.35	12.94	250.3	21.59	15.46	0.78	122.81	178294.28	124985.54	21168.43
49	374	688677	海泰新光	BBB	72.2	0.87	14.48	16.03	0.37	0.54	12.27	240	53.97	11.67	21.28	145.61	139353.46	47682.13	18171.01
50	376	000661	长春高新	BBB	72.1	0.45	22.04	20.47	0.52	0.86	20.06	113.56	17.5	20.71	-35.92	100.48	2602736.3	1262718.9	421491
51	384	600763	通策医疗	BBB	72	0.4	17.53	15.59	0.54	2.55	29.8	15.75	-2.23	15.07	-13.18	73.51	515445.29	271861.25	61567.81
52	390	002773	康弘药业	BBB	71.9	0.64	12.21	14.04	0.46	0.85	10.54	0	-6	13.13	-21.95	70.41	772072.99	338902.82	86581.06
53	390	603676	卫信康	BBB	71.9	0.96	13.55	11.55	0.89	1.3	26.68	963.3	35.31	14.37	88.89	156.41	166471.82	139854.3	17695.87
54	400	600332	白云山	BBB	71.8	4.4	11.1	7.78	1.01	1.29	54.95	12.61	2.57	7.38	-9.62	39.37	7466529.88	7078815.51	425337.03
55	408	832735	德源药业	BBB	71.7	0.71	13.74	14.92	0.69	0.94	18.12	119.83	23.59	18.27	-20	66.53	99880.36	63504.7	12059.28
56	414	002950	奥美医疗	BBB	71.6	0.81	20.73	9.68	0.78	1.81	45.52	14.67	43.92	13.77	-20	62.05	574750.7	421050.27	40464.94
57	426	300453	三鑫医疗	BBB	71.5	0.97	16.97	14.32	0.84	2.16	35.33	77.55	14.75	18.04	-29.03	62.27	178653.57	133600.26	19909.73
58	432	603127	昭衍新药	BBB	71.4	1.35	13.28	13.16	0.24	0.39	20.97	347.2	49.54	14.65	-18.83	97.94	1036421.55	226797.1	107320.01

续 表

序号	A股上市公司评价得分排序	证券代码	股票简称	评价等级	综合得分	每股收益（元）	净资产收益率（%）	总资产报酬率（%）	总资产周转率（次）	流动资产周转率（次）	资产负债率（%）	已获利息倍数	营业收入增长率（%）	资本扩张率（%）	市场投资回报率（%）	股价波动率（%）	年末资产总额（万元）	营业收入（万元）	净利润（万元）
59	440	300347	泰格医药	BBB	71.3	1.07	8.34	10.43	0.28	0.65	17.36	32.08	35.91	10.07	-5.07	71.15	2744651.06	708547.15	227172.54
60	444	600161	天坛生物	BBB	71.2	1.35	10.89	11.65	0.35	0.58	12.24	592.54	3.63	10.61	-1.06	72	1294070.93	426130.46	120483.47
61	444	688289	圣湘生物	BBB	71.2	1.09	26.41	28.5	0.79	0.96	18.11	1108.78	42.88	17.73	-45.31	116.56	917376.21	645035.66	193670.69
62	454	300357	我武生物	BBB	71.1	0.9	15.77	19.33	0.43	0.64	7.77	899.08	10.94	12.83	5.24	76.72	219787.52	89601.61	33572.5
63	454	605116	奥锐特	BBB	71.1	0.45	12.79	12.88	0.54	0.99	17.15	238.97	25.48	11.68	19.05	64.78	203284.27	100807.65	20821.14
64	465	300653	正海生物	BBB	71	1	20.92	22.14	0.45	0.63	12.34	2121084	8.26	10.17	-4.72	83.7	98690.48	43322.47	18543.68
65	465	605507	国邦医药	BBB	71	2.55	13.43	12.71	0.69	1.18	20.88	63.58	26.98	12.75	-15.63	86.31	904318.5	572092.47	92062.21
66	465	688621	阳光诺和	BBB	71	1.21	17.13	13.22	0.5	0.68	37.92	18.44	37.06	18.01	-0.96	56.39	146309.38	67660.64	15804.01
67	473	688016	心脉医疗	BBB	70.9	9.28	19.54	22.19	0.48	0.65	12.66	199.29	30.95	14.49	-16.88	97.23	199511.87	89650.04	35205.06
68	477	600521	华海药业	BBB	70.8	0.58	15.99	10.29	0.49	1.12	57.33	7.86	24.42	14.3	-1.46	70.72	1815173.75	826574.48	117600.95
69	486	300363	博腾股份	BBB	70.6	2.13	35.84	27.22	0.84	1.62	36.2	82	126.55	54.61	-43.32	174.24	1014429.28	703480.11	193644.97
70	501	000513	丽珠集团	BBB	70.5	0.78	13.17	10.28	0.53	0.8	39.93	24.89	4.69	4.37	-19.11	51.47	2486482.54	1262957.9	195554.02
71	501	688389	普门科技	BBB	70.5	0.69	17.25	15.58	0.6	0.89	20.71	2119.15	26.34	14.75	-18.18	96.07	182051	98304.48	25118.28
72	511	000963	华东医药	BBB	70.4	0.22	13.53	10.83	1.3	2.28	38.52	26.25	9.12	13.19	8.78	78.38	3119220.34	3771458.75	253262.57
73	511	002020	京新药业	BBB	70.4	2.44	12.16	10.98	0.55	1.16	29.75	125.74	13.31	6.91	33.64	123.09	736255.59	377984.63	66782.25
74	511	600511	国药股份	BBB	70.4	0.62	13.74	9.51	1.59	1.81	46.44	101.01	-2.09	10.48	-10.5	39.81	2960904.2	4549858.38	212870.54
75	511	603387	基蛋生物	BBB	70.4	1.87	18.89	16.92	0.53	0.76	27.54	34.72	29.97	17.18	-12.07	54.43	367743.79	182186.07	50394.47
76	523	000423	东阿阿胶	BBB	70.3	0.87	6.87	7.56	0.33	0.44	18.05	177.18	5.01	3.56	-7.42	66.03	1263138.24	404181.83	77922.32
77	523	300633	开立医疗	BBB	70.3	0.49	13.41	11.75	0.54	0.76	22.7	104.09	22.02	16.33	83.33	201.37	354421.61	176264.9	36981.17
78	534	603883	老百姓	BBB	70.2	0.75	15.61	7.51	1.05	2.57	66.83	6.19	28.54	48.52	8.33	102.42	2139733.29	2017551.93	97624.29
79	540	600993	马应龙	BBB	70.1	0.72	13.36	12.43	0.77	0.93	28.45	48.84	4.35	9.19	-16.98	49.19	505761.56	353237.9	48030.95
80	550	300759	康龙化成	BB	70	0.79	13.24	9.56	0.53	1.35	47.1	9.69	37.92	5.29	-18.25	111.42	2049255.72	1026628.82	135213.69
81	550	688050	爱博医疗	BB	70	1.32	11.06	12.4	0.27	0.53	14.45	131.86	33.81	10.34	17.26	85.84	224444.64	57949.69	22723.16
82	567	300705	九典制药	BB	69.8	1.9	18.72	15.26	1.15	2.09	32.49	16.75	42.92	41.23	6.06	121.92	229967.11	232621.59	26970.02
83	567	603309	维力医疗	BB	69.8	0.99	9.42	9.46	0.6	1.39	27.01	27.14	21.88	9.32	17.02	122.35	238361.3	136335.26	17775.29
84	598	600079	人福医药	BB	69.5	0.95	12.71	10.93	0.63	1.19	50.19	8.19	8.71	14.63	-0.92	100.73	3602302.18	2233771.94	307130.23
85	605	688301	奕瑞科技	BB	69.4	0.29	14.73	15.41	0.33	0.41	32.91	58.36	30.47	26.89	5.24	88.38	581873.25	154911.67	63870.91
86	615	600833	第一医药	BB	69.3	1.29	16.11	12.13	1.57	2.58	52.99	14.5	89.94	23.24	18.06	94.97	203910.22	265590.85	14355.63
87	615	832566	梓 宫	BB	69.3	0.23	11.52	14.57	0.55	0.83	15.47	617.01	4.25	10.04	-19.05	46.19	84218.49	44216.02	10160.26

续 表

序号	A股上市公司评价得分排序	证券代码	股票简称	评价等级	综合得分	每股收益（元）	净资产收益率（%）	总资产报酬率（%）	总资产周转率（次）	流动资产周转率（次）	资产负债率（%）	已获利息倍数	营业收入增长率（%）	资本扩张率（%）	市场投资回报率（%）	股价波动率（%）	年末资产总额（万元）	营业收入（万元）	净利润（万元）
88	628	600867	通化东宝	BB	69.2	1.56	13.17	27.57	0.42	1.32	2.97	0	-14.98	5.29	-12.3	36.36	675031.37	277845.31	158183.11
89	628	688767	博拓生物	BB	69.2	0.99	32.37	34.81	0.73	0.89	6.87	4638	4.57	21.54	-36.84	177.17	275121.72	190114.39	77358.41
90	637	600211	西藏药业	BB	69.1	2.46	13.2	12.09	0.65	1.04	26.07	33.27	19.45	14.58	-30.83	70.39	409941.23	255460.91	37527.75
91	658	300595	欧普康视	BB	68.9	0.57	17.74	19.67	0.38	0.54	10.22	1701.07	17.78	81.2	-31.69	119.95	511853.6	152531.91	69667.79
92	658	688317	之江生物	BB	68.9	0.5	17.74	20.05	0.52	0.62	11.46	1945.11	15.23	9.75	-36.36	107.09	474385.13	232625.51	76027.35
93	668	600557	康缘药业	BB	68.8	0.65	8.56	6.99	0.68	1.32	27.4	233.86	19.25	10.31	41.03	161.04	679580.42	435087.19	44191.82
94	675	600479	千金药业	BB	68.7	0.42	13.21	10.32	0.93	1.25	39.07	202.3	9.89	4.31	-26.56	67.83	462197.57	402627.86	38826.25
95	689	300009	安科生物	BB	68.5	0.51	21.46	21.08	0.59	1.22	20.06	548.94	7.48	17.16	-26.58	69.87	425532.58	233106.27	73771.92
96	696	000650	仁和药业	BB	68.4	0.71	10.35	13.12	0.71	1.19	15.85	2230.98	4.41	8.35	-34.91	98.12	763164.39	515321.51	71155.69
97	696	300298	三诺生物	BB	68.4	3.56	11.76	11.19	0.64	1.72	31.92	23.75	19.15	12.58	15.85	168.34	461711.92	281350.1	42795.61
98	704	688690	纳微科技	BB	68.3	0.55	15.14	19.01	0.44	0.91	19.09	0	58.14	51.19	-28.77	78.39	195290.03	70584.12	27686.42
99	708	002294	信立泰	BB	68.2	1.25	6.85	7.65	0.37	0.76	18.23	57.92	13.85	-0.86	27.12	97.36	975512.16	348201.14	63421.76
100	708	600062	华润双鹤	BB	68.2	1.09	10.76	10.12	0.67	1.29	25.91	134.14	3.68	2.42	41.51	196.69	1448253.67	944692.53	121535.1
101	708	603998	方盛制药	BB	68.2	0.66	6.93	12.42	0.64	1.74	48.4	15.23	14.36	15.67	25.93	112.8	292215.01	179200.09	27670.18
102	732	300181	佐力药业	BB	68	0.52	11.69	10.41	0.57	1.24	24.16	39.96	23.86	39.16	-5.88	79.6	363911.8	180515.54	28552.12
103	746	603439	贵州三力	BB	67.9	1.24	16.32	14.14	0.75	1.06	31.84	43.47	27.94	19.98	-12.5	102	181661.94	120131.64	19193.85
104	746	603896	寿仙谷	BB	67.9	5.61	14.35	12.08	0.34	0.57	33.28	22.34	8.07	17.62	-11.67	52.43	285618.96	82907.16	27751.3
105	746	688314	康拓医疗	BB	67.9	0.91	12.74	14.81	0.4	0.62	15.12	73.07	12.89	8.03	-20.97	76.2	63813.57	23994.87	7417.03
106	746	688566	吉贝尔	BB	67.9	1.86	8.42	9.25	0.35	0.49	13.76	464.94	28.46	5.35	0	83.32	196457.51	65473.06	15426.3
107	762	300519	新光药业	BB	67.8	0.88	12.31	13.29	0.37	0.44	10.32	0	9.54	1.5	-28	74.82	95775.92	35148.88	10882.1
108	767	300401	花园生物	BB	67.7	2.6	14.37	12.13	0.37	1.14	37.75	21.28	26.89	12.88	4.17	91.75	413185.95	141751.18	38372.26
109	786	002332	仙琚制药	BB	67.5	0.84	11.67	13.05	0.65	1.25	18.27	139.65	0.98	11.38	-11.76	72.19	673817.33	437982.57	74738.56
110	798	600329	达仁堂	BB	67.4	1.68	11.95	10.3	0.86	1.21	35.49	96.46	19.42	0.59	-5.94	94.22	1015698.2	824924.96	87325.77
111	798	688298	东方生物	BB	67.4	1.1	27.86	25.18	0.89	1.04	22.24	355.64	-13.78	20.82	-59.29	237.44	1070373.94	876793.81	209743.12
112	818	300206	理邦仪器	BB	67.2	0.8	11.2	11.46	0.81	1.18	17.19	155.22	6.48	6.9	-7.95	104.65	223552.68	174241.23	23266.93
113	818	300434	金石亚药	BB	67.2	0.41	8.51	9.99	0.43	1.13	24.72	632.06	17.95	6.54	31.58	178.49	305991.35	124260.31	21304.57
114	833	002727	一心堂	BB	67	1.49	13.97	9.06	1.14	2.03	53.47	9.39	19.5	12.81	-15.85	126.65	1617909.32	1743161.56	101297.82
115	840	600420	国药现代	BB	66.9	4.36	7.04	5.64	0.67	1.15	38.09	10.17	-7.07	17.19	-9.57	42.93	1963034.61	1295932.05	86748.5
116	864	688198	佰仁医疗	BB	66.6	0.91	7.5	9.61	0.27	0.37	6.8	1329.36	17.21	11.26	-16.13	74.55	117966.02	29516.67	9440.71

续 表

序号	A股上市公司评价得分排序	证券代码	股票简称	评价等级	综合得分	每股收益（元）	净资产收益率（%）	总资产报酬率（%）	总资产周转率（次）	流动资产周转率（次）	资产负债率（%）	已获利息倍数	营业收入增长率（%）	资本扩张率（%）	市场投资回报率（%）	股价波动率（%）	年末资产总额（万元）	营业收入（万元）	净利润（万元）
117	869	688513	苑东生物	BB	66.5	0.68	6.96	9.13	0.4	0.67	18.99	110.93	14.43	6.67	29.17	65.3	301754.02	117051.29	24652.08
118	882	601607	上海医药	BB	66.4	0.44	8.28	5.81	1.28	1.74	60.63	6.21	7.49	32.06	-10.73	62.69	19813490.15	23198129.98	699201.48
119	882	688799	华纳药厂	BB	66.4	0.37	9.65	10.24	0.68	1.05	17.44	0	12.74	12.11	-21.43	66.56	200896.91	129266.16	17338.97
120	893	688105	诺唯赞	BB	66.3	1.85	13.65	11.72	0.67	0.83	23.2	49.85	90.99	11.75	-43.62	118.72	600521.18	356898.45	59350.69
121	912	300294	博雅生物	BB	66.1	0.19	5.71	6.8	0.35	0.47	9.32	855.07	4.08	5.26	0	60.88	803317.54	275870.13	44548.78
122	921	002365	永安药业	BB	66	1.85	5.65	6.53	0.62	1.29	13.25	231.37	-6.58	7.46	0	71.35	242417.92	146244.75	13272.04
123	928	603229	奥翔药业	BB	65.9	0.56	16.71	12.61	0.37	0.71	36.89	42.9	34.2	16.44	1.79	197.5	231533.02	76454.74	23537.58
124	948	000538	云南白药	BB	65.8	0.38	7.98	6.52	0.69	0.9	27.75	50.77	0.31	0.24	-24.09	58.04	5332094.39	3648837.26	284040.97
125	948	000739	普洛药业	BB	65.8	1.57	15.81	10.12	1	1.55	54.07	18.09	17.92	9.08	-32.16	145.04	1201659.9	1054490.54	98917.08
126	958	002275	桂林三金	BB	65.7	1.63	7.87	11.57	0.49	0.82	29.04	23.05	12.55	-0.93	-13.79	71	396492.67	195973.28	32952.65
127	958	300396	迪瑞医疗	BB	65.7	1.32	13.12	11.23	0.46	0.78	34.37	48.5	34.69	2.32	36.67	147.09	292526.08	122000.78	26171.41
128	958	605266	健之佳	BB	65.7	1.66	16.24	7.41	1.03	2.34	72.73	5.41	43.54	35.19	26.79	183.62	938526.53	751444.42	36339.05
129	967	300314	戴维医疗	BB	65.6	1.94	7.77	9.32	0.42	0.57	15.44	320.49	6.73	6.94	0	119.42	125269.45	50603.67	9757.76
130	967	688068	热景生物	BB	65.6	0.22	29.64	28.57	0.94	1.65	13.99	464.8	-33.76	16.7	-40.25	187.24	389927.18	355655.16	92511.7
131	990	002007	华兰生物	BB	65.4	1.4	10.01	11.1	0.34	0.61	17.17	48.19	1.82	34.71	-22.33	103.15	1474096.62	451697.94	124760.31
132	1001	000028	国药一致	BB	65.3	0.73	9.13	6.03	1.72	2.31	54.37	9.82	7.44	7.89	-8.67	61.53	4261576.06	7344313.7	177173.8
133	1013	000403	派林生物	BB	65.2	0.6	7.86	8.93	0.32	0.87	14.05	53.49	21.98	8.43	-16.43	91.55	798232.45	240518.84	58769.01
134	1013	000756	新华制药	BB	65.2	1.79	9.84	6.69	0.96	2.42	47.37	10.49	14.37	19.14	181.82	315.73	826513.13	750298.71	42631.48
135	1013	003020	立方制药	BB	65.2	2.21	12.03	12.68	1.36	1.93	30.24	270.4	13.46	13.52	-14	81.93	212175.59	257934.02	20960.76
136	1013	600529	山东药玻	BB	65.2	0.62	10.36	9.29	0.55	0.97	20.75	0	8.05	49.06	-32.26	97.64	878425.25	418727.93	61828.71
137	1024	002287	奇正藏药	BB	65.1	0.21	13.23	10.05	0.36	0.67	42.45	10.2	15.49	5.19	-21.74	46.45	588664.43	204478.93	46950.86
138	1030	300039	上海凯宝	B	65	0.39	5.2	5.94	0.29	0.58	11.7	0	1.66	23.52	25.33	145.7	425927.13	111885.05	19008.48
139	1030	300239	东宝生物	B	65	9.22	6.37	6.3	0.43	0.98	23.93	18.26	54.11	9.49	13.89	84.04	230811.36	94339.7	11543.6
140	1030	301060	兰卫医学	B	65	2.32	39.17	31.2	1.44	1.63	39.34	107.93	136.14	38.6	-37.5	170.34	374687.43	419930.51	73905.52
141	1052	002826	易明医药	B	64.8	1.37	5.64	6.24	0.93	1.83	26.34	70.95	18.1	4.15	0	66.41	101820.46	85673.43	4611.59
142	1067	600276	恒瑞医药	B	64.7	0.62	8.97	9.74	0.52	0.7	9.31	612.3	-17.87	7.99	-23.98	83.71	4235500.91	2127527.07	381507.09
143	1099	002550	千红制药	B	64.4	1.43	11.19	13.76	0.87	1.41	13.28	69.84	22.86	14.88	34.04	73.84	280593.85	230354.78	31991.08
144	1099	002728	特一药业	B	64.4	0.13	12.86	9.78	0.38	0.96	44.88	7.74	16.94	11.21	47.37	222.83	254560.47	88657.09	17820.41
145	1099	603811	诚意药业	B	64.4	0.48	13.36	11.37	0.43	1.81	36.54	18.94	-5.62	9.22	-14.29	68.2	171909.35	65497.28	16118.18

续 表

序号	A股上市公司评价得分排序	证券代码	股票简称	评价等级	综合得分	每股收益（元）	净资产收益率（%）	总资产报酬率（%）	总资产周转率（次）	流动资产周转率（次）	资产负债率（%）	已获利息倍数	营业收入增长率（%）	资本扩张率（%）	市场投资回报率（%）	股价波动率（%）	年末资产总额（万元）	营业收入（万元）	净利润（万元）
146	1111	603367	辰欣药业	B	64.3	0.27	6.41	5.62	0.62	0.91	21.41	86.27	7.49	5.94	0	48.43	681507.31	406608.84	35238.56
147	1111	688085	三友医疗	B	64.3	0.23	8.03	11.45	0.31	0.61	12.7	1182.17	9.4	10.18	3.33	125.05	219136.6	64915.23	20355.57
148	1123	600196	复星医药	B	64.2	0.53	7.98	5.57	0.44	1.34	49.51	5.53	12.68	11.85	-24.93	100.48	10716390.72	4395154.69	394746.41
149	1123	872925	锦好医疗	B	64.2	0.76	10.62	10.75	0.49	0.87	12.67	141.69	1.66	9.54	-37.5	91.26	41766.46	19513.24	3995.89
150	1158	002349	精华制药	B	64	0.55	6.77	8.24	0.5	0.95	13.74	37.83	15.85	2.11	7.87	129.66	304167.76	157305.98	21229.6
151	1167	002864	盘龙药业	B	63.9	0.62	11.75	8.16	0.6	0.8	50.92	9.56	9.78	17.39	33.33	162.3	193078.7	97429.31	10314.7
152	1167	002923	润都股份	B	63.9	0.92	12.01	8.96	0.65	1.56	47.69	26.98	15.32	7.54	-8.16	71.93	228635	137223.39	15547.69
153	1167	002940	昂利康	B	63.9	0.35	8.01	6.55	0.67	1.11	36.59	23.98	13.62	11.61	7.69	57.83	259608.33	156843.72	13198.75
154	1167	300142	沃森生物	B	63.9	0.81	10.18	7.43	0.35	0.61	28.3	151.61	46.89	9.91	-31.44	88.14	1532799.11	508644.52	93822.64
155	1167	300723	一品红	B	63.9	2	9.2	8.99	0.58	1.53	47.16	14.35	3.68	7.3	0	83.12	409844.22	228019.86	26209.7
156	1167	688013	天臣医疗	B	63.9	0.27	6.75	8.5	0.43	0.53	6.45	289.02	8.56	-0.73	-23.08	64.99	54345.59	23203.31	4319.51
157	1194	603538	美诺华	B	63.7	1.27	12.57	9.78	0.35	0.81	50.83	15	15.8	9.84	7.32	144.41	441945.85	145698.24	36761.37
158	1204	688161	威高骨科	B	63.6	2.59	11.32	11.46	0.33	0.38	15.33	1042.22	-14.18	7.34	-19.7	96.46	575209.34	184811.65	54385.89
159	1227	600513	联环药业	B	63.4	0.05	11.76	8.45	0.77	1.52	47.93	8.51	18.8	10.37	0	48.41	271493.91	195515.68	16644.22
160	1227	688236	春立医疗	B	63.4	0.32	10.57	10.51	0.37	0.46	20.24	0	8.43	10.15	-7.69	88.61	340976.67	120160.43	30771.91
161	1244	301096	百诚医药	B	63.3	1.41	7.07	6.57	0.21	0.32	15.27	145.68	62.27	7.1	-26.6	80.11	292970.46	60741.05	19404.26
162	1251	300685	艾德生物	B	63.2	0.27	10.98	18.11	0.53	0.68	9.16	289.07	-8.16	9.5	-30.85	87.27	165092.49	84218.04	26429.22
163	1277	688356	键凯科技	B	62.9	1.17	15.62	17.3	0.34	0.53	5.97	757.75	15.95	16.46	-45.52	113.98	130255.99	40720.4	18683.29
164	1306	600129	太极集团	B	62.7	0.41	12.89	4.27	1.01	1.89	80.1	3.9	15.65	12.51	23.68	148.64	1470719.77	1405065.94	33935.36
165	1329	002817	黄山胶囊	B	62.5	0.67	6.15	6.02	0.41	0.68	17.68	30.73	12.75	5.46	10.34	103.65	103769.21	42831.88	6097.25
166	1357	300049	福瑞股份	B	62.3	3.12	8.1	7.66	0.4	0.85	27.63	121.94	12.27	1.11	76	156.22	252273.98	100876.59	14537.24
167	1357	688091	上海谊众	B	62.3	0.11	8.24	11.71	0.18	0.22	2.61	0	5686.81	12.22	111.11	281.11	135459.36	23595.7	14285.49
168	1371	300463	迈克生物	B	62.2	0.2	12.68	11.19	0.49	0.84	20	23.51	-9.35	43.77	-42.71	123.91	816186.53	360841.19	70139.69
169	1371	688202	美迪西	B	62.2	0.16	20.96	18.09	0.8	1.69	31.2	76.36	42.12	20.74	-30.8	128.5	232958.09	165893.03	33823.63
170	1396	603168	莎普爱思	B	62	0.28	1.31	3.12	0.31	0.86	12.31	0	-12.74	26.93	0	67.56	195767.83	54953.7	4593.8
171	1428	300406	九强生物	B	61.7	2.38	12.64	11.24	0.34	0.79	29.14	9.54	-5.53	12.2	-19.54	67.61	461288.21	151087.19	39449.61
172	1428	830946	森萱医药	B	61.7	1.41	14.15	15.32	0.5	0.83	10.55	299.02	10.66	8.45	-37.5	286.04	129314.79	62359.31	16795.71
173	1443	300529	健帆生物	B	61.6	0.56	23.34	20.74	0.49	0.78	33.67	24.5	-6.88	6.11	-41.51	100.29	541341.57	249143.94	88091.84
174	1466	600976	健民集团	B	61.4	0.6	21.64	14.14	1.16	1.75	45.67	92.06	11.06	19.1	-34.78	129.92	343765.93	364080.05	40550.36

续 表

序号	A股上市公司评价得分排序	证券代码	股票简称	评价等级	综合得分	每股收益（元）	净资产收益率（%）	总资产报酬率（%）	总资产周转率（次）	流动资产周转率（次）	资产负债率（%）	已获利息倍数	营业收入增长率（%）	资本扩张率（%）	市场投资回报率（%）	股价波动率（%）	年末资产总额（万元）	营业收入（万元）	净利润（万元）
175	1496	002004	华邦健康	B	61.2	0.41	6.81	6.85	0.44	1.11	44.88	4.74	7.07	4.59	-24.66	54.1	3002440.33	1323236.56	112673.63
176	1496	600572	康恩贝	B	61.2	0.17	7.95	5.89	0.55	1.14	32.99	12.93	-2.45	-0.92	-5.13	41.34	1092996.49	600044.34	46008.95
177	1515	000623	吉林敖东	B	61.1	0.34	6.04	6.19	0.1	0.47	15.5	13.03	24.5	5.2	-15.06	51.31	3117257.95	286821.15	180084.68
178	1515	600998	九州通	B	61.1	0.13	6.94	4.56	1.58	1.91	68.91	3.32	14.72	5.96	-17.65	57.06	9227211.57	14042419.16	228553.29
179	1555	300642	透景生命	B	60.7	0.37	6.97	8.31	0.45	0.73	11.06	177.31	9.38	6.04	-34.83	116.58	166472.27	71597.09	12374.83
180	1555	603368	柳药集团	B	60.7	0.74	12.37	6.72	1.11	1.29	65.79	4.33	11.19	9.63	-6.9	77.58	1860699.16	1905283.09	75897.6
181	1555	688029	南微医学	B	60.7	1.73	9.63	9.81	0.53	0.68	15.91	264.31	1.72	9.5	-39.06	119.81	389402	198014.35	33284.49
182	1572	002675	东诚药业	B	60.6	0.24	6.47	6.37	0.45	1.18	35.4	8.6	-8.41	5.15	2.41	104.61	817696.54	358295.54	35281.64
183	1572	300233	金城医药	B	60.6	0.15	7.8	6.72	0.63	1.58	37.19	13.9	11.7	6.39	-19.35	87.27	582608.36	350571.7	28587.42
184	1598	000153	丰原药业	B	60.4	0.24	5.27	5.68	0.97	2.12	60.74	7.16	14.35	12.65	18.18	145.26	446923.99	400402.04	15094.07
185	1598	000597	东北制药	B	60.4	0.69	2.66	4.58	0.65	1.2	65.87	6.7	8.15	9.86	3.45	70.68	1381032.8	880894.26	35704.83
186	1598	300725	药石科技	B	60.4	0.78	10.51	8.82	0.38	0.71	45.34	8.07	32.71	1.14	-28.47	80.91	486218.91	159470	32589.09
187	1616	002412	汉森制药	B	60.3	0.31	9.18	8.44	0.42	1.31	17.32	47.56	2.72	8.71	-10	80.16	229094.41	91606.24	16761.55
188	1653	603590	康辰药业	CCC	60	0.76	3.53	4.15	0.26	0.88	6.85	163.39	7.03	1.9	-21.21	57.66	342480.08	86672.59	12389.49
189	1662	002198	嘉应制药	CCC	59.9	0.76	6.22	6.23	0.8	1.26	13.96	113.5	14.7	6.42	-15.38	87.69	84665.1	65919.57	4393.47
190	1662	600422	昆药集团	CCC	59.9	1.21	5.03	5.65	0.9	1.28	45.48	12.72	0.35	4.09	30.7	106.97	943195.82	828206.35	38545.93
191	1677	000919	金陵药业	CCC	59.8	0.85	2.02	2.85	0.59	1.09	20.17	500.69	-4.91	2.62	3.57	75.89	454335.29	267096.8	11386.61
192	1677	301015	百洋医药	CCC	59.8	0.41	21.82	15.09	1.56	1.8	54.68	12.51	6.5	4.88	-16.67	83.66	503020.41	750961.8	48540.43
193	1694	002644	佛慈制药	CCC	59.6	0.61	3.12	5.17	0.41	0.88	32.96	188.28	24.65	6.54	3.92	84.99	258656.88	101917.63	10592.81
194	1694	301065	本立科技	CCC	59.6	0.66	4.41	4.83	0.55	0.91	10.58	327.71	22.16	2.92	-36.73	115.99	139443.06	75873.93	5948.99
195	1694	600055	万东医疗	CCC	59.6	0.84	4.25	4.77	0.28	0.37	10.49	132.26	-3.02	88.19	-16.76	94.3	526259.92	112120.35	17203.82
196	1705	000989	九芝堂	CCC	59.5	0.58	2.89	8.77	0.58	1.09	23.98	121.69	-19.84	0.3	-15.38	37.13	523841.56	303326.59	35590.76
197	1705	600664	哈药股份	CCC	59.5	0.28	5.92	5.99	1.05	1.51	63.15	9.2	7.86	12	-14.29	56.05	1343598.09	1380876.13	51108.96
198	1742	002393	力生制药	CCC	59.2	0.06	2.84	2.28	0.22	0.46	17.8	136.24	5	-1.39	0	58.21	529103.95	114658.94	9360.66
199	1742	600056	中国医药	CCC	59.2	0.11	5.86	4.22	1.12	1.53	63.3	6.5	3.75	5.31	105.22	186.56	3589861.26	3759264.95	88796.82
200	1757	002873	新天药业	CCC	59.1	0.13	10.47	7.85	0.65	1.81	38.76	12.39	12.15	26.81	-7.41	124.29	184385.08	108767.33	11610.19
201	1772	000411	英特集团	CCC	59	0.15	12.18	6.19	2.41	2.73	70.5	4.9	14.55	10.45	-5.26	72.51	1316382.77	3061925.73	46252.82
202	1772	002107	沃华医药	CCC	59	0.71	10.15	9.8	0.9	1.66	28.2	4262.27	7.65	-15.01	-22.22	69.66	109999.13	101481.85	8988.59
203	1772	300171	东富龙	CCC	59	0.43	13.79	8.68	0.47	0.55	42.86	3176.21	30.46	70.69	-45.99	158.72	1337696.41	546942.64	90303.9

续 表

序号	A股上市公司评价得分排序	证券代码	股票简称	评价等级	综合得分	每股收益（元）	净资产收益率（%）	总资产报酬率（%）	总资产周转率（次）	流动资产周转率（次）	资产负债率（%）	已获利息倍数	营业收入增长率（%）	资本扩张率（%）	市场投资回报率（%）	股价波动率（%）	年末资产总额（万元）	营业收入（万元）	净利润（万元）
204	1772	600713	南京医药	CCC	59	0.87	11.72	4.31	1.75	1.91	78.85	3.72	11.3	27.92	7.55	50.85	3165095.96	5022156.38	71591.96
205	1787	300636	同和药业	CCC	58.9	1.56	8.82	5.47	0.35	1.03	41.58	14.79	21.58	48.59	-4.92	100.45	225885.55	71990.84	10066.74
206	1787	603707	健友股份	CCC	58.9	0.28	18.6	13.64	0.41	0.49	38.39	21.49	0.71	14.15	-35.51	127.63	1001010.29	371272.05	108651.91
207	1823	300358	楚天科技	CCC	58.6	0.94	13.59	5.74	0.61	0.96	61.11	35.75	22.54	16.72	-40.46	105.11	1104751.09	644555.13	57203.35
208	1849	000950	重药控股	CCC	58.4	0.23	8.87	4.86	1.27	1.51	77.78	2.31	8.49	8.02	0	47.09	5719164.84	6782901.04	116299.45
209	1875	000534	万泽股份	CCC	58.1	0.11	7.22	6.84	0.35	1.17	49.06	7.22	20.97	12.8	-20.27	87.61	243480.49	79384.3	10556.14
210	1875	002317	众生药业	CCC	58.1	0.2	7.99	8.27	0.5	0.91	33.92	6.02	10.17	7.87	140.65	301.83	577528.45	267615.16	31534.84
211	1875	002907	华森制药	CCC	58.1	0.71	5.73	6.74	0.43	0.85	13.73	8.51	-7.2	27.21	31.25	235.09	186666.67	78518.28	9840.06
212	1891	600587	新华医疗	CCC	58	0.28	9.62	5.15	0.76	1.37	55.3	11.12	-2.11	9.89	-25.47	94.45	1295198.12	928176.87	52920.7
213	1906	600682	南京新百	CCC	57.9	2.64	4.54	4.5	0.25	0.72	27.93	19.74	4.11	0.14	-15.94	63.42	2521535.96	643067.69	87457.18
214	1906	688366	昊海生科	CCC	57.9	0.16	2.82	3.52	0.31	0.59	14.36	32	20.56	-2.61	-19.51	98.07	689239.83	213027.6	19033.17
215	1921	688315	诺禾致源	CCC	57.8	0.05	8.38	7.13	0.65	0.98	35.19	98.07	3.17	9.91	-35	123.15	304827.44	192563.41	18153.39
216	1944	600267	海正药业	CCC	57.6	1.27	4.02	5.07	0.63	1.88	55.64	3.41	-0.82	13.41	-20	83.18	1877788.71	1203669.01	49141.95
217	1962	002788	鹭燕医药	CCC	57.5	0.33	12.94	6.29	1.79	2.15	76.32	3.13	10.93	9	0	56.7	1178379.64	1946250.13	35097.44
218	1962	301017	漱玉平民	CCC	57.5	1	10.71	6.12	1.22	2.03	71.17	5.37	47	18.44	-21.74	87.6	786316.7	782293.17	23324.27
219	1962	600829	人民同泰	CCC	57.5	1.13	11.16	5.65	1.4	1.51	65.11	8.78	3.5	11.98	-4.62	61.04	705871.72	964109.31	26340.85
220	1975	600789	鲁抗医药	CCC	57.4	0.96	2.67	3	0.68	1.81	59.82	2.53	14.94	3.18	0	42.09	872766.54	562144.19	14311.5
221	1989	688358	祥生医疗	CCC	57.3	0.16	7.69	7.75	0.26	0.29	13.24	0	-4.27	5.45	6.38	151.21	151392.66	38084.33	10584.28
222	2007	300841	康华生物	CCC	57.2	0.67	18.97	20.42	0.43	0.71	17.12	215.44	11.94	15.18	-46.69	148.86	371106.52	144672.48	59806.62
223	2019	600272	开开实业	CCC	57.1	0.32	2.54	5.48	0.79	1.78	52.1	41.36	33.49	5.8	-20	101.71	120725.55	89417.19	4009.53
224	2040	688166	博瑞医药	CCC	56.9	1.56	9.31	6.97	0.27	0.69	51.91	11.22	-3.33	28.71	-32.35	121.84	466127.22	101733.15	21142.7
225	2040	688468	科美诊断	CCC	56.9	0.19	9.03	11.77	0.31	0.41	13.24	342.94	-1.17	7.97	-44.44	149.81	159116.64	46527.01	15262.57
226	2053	002653	海思科	CCC	56.8	0.19	6.94	7.56	0.55	1.67	48.17	8.2	8.73	7.3	15.87	113.98	604595.53	301529.43	39164.43
227	2053	600216	浙江医药	CCC	56.8	0.49	3.57	4.2	0.65	1.39	21.9	15.84	-11.1	5.75	-28.16	65.55	1243261.62	811580.46	36261.37
228	2093	002424	贵州百灵	CCC	56.5	0.18	2.06	3.8	0.53	0.97	42.03	2.68	13.77	3.09	12.82	87.73	689439.88	354013.23	13597.06
229	2107	300937	药易购	CCC	56.4	0.29	4.16	3.69	2.86	3.79	48.48	7.99	16.72	4.07	-35.56	108.29	159161.8	396919.87	3613.56
230	2118	300676	华大基因	CCC	56.3	0.4	7.36	7.74	0.49	0.68	28.88	10.99	4.14	8.29	-42.39	125.67	1437551.39	704613.21	80944.29
231	2165	688578	艾力斯	CCC	56	0.37	2.58	3.84	0.24	0.34	7.41	388.33	49.22	7.19	-31.03	104.28	344217.22	79100.25	13052.07
232	2165	688687	凯因科技	CCC	56	0.04	3.07	4.5	0.53	0.65	23.89	98.39	1.36	-0.34	-11.54	111.21	220972.5	115997.36	8058.58

续 表

序号	A股上市公司评价得分排序	证券代码	股票简称	评价等级	综合得分	每股收益（元）	净资产收益率（%）	总资产报酬率（%）	总资产周转率（次）	流动资产周转率（次）	资产负债率（%）	已获利息倍数	营业收入增长率（%）	资本扩张率（%）	市场投资回报率（%）	股价波动率（%）	年末资产总额（万元）	营业收入（万元）	净利润（万元）
233	2179	688217	睿昂基因	CCC	55.9	0.15	6.32	7.1	0.42	0.72	10.3	131.01	45.83	8.34	-54.55	165.27	108292.29	42429.81	6591.92
234	2193	002038	双鹭药业	CCC	55.8	0.21	2.53	4.46	0.18	0.49	6.75	2528.8	-13.55	2.87	-21.98	53.8	587583.99	105016.54	22834.2
235	2193	300485	赛升药业	CCC	55.8	0.15	-0.05	7.31	0.21	0.52	4.4	0	-30.1	3.93	-3.77	74.14	356908.28	73454.69	20265
236	2193	301211	亨迪药业	CCC	55.8	0.19	5.32	6.12	0.21	0.24	8.86	429.11	-4.76	2.42	6.06	207.79	249772.14	51491.18	12572.39
237	2210	300942	易瑞生物	CCC	55.7	1.64	6.82	8.13	0.56	0.87	24.78	24.24	14.95	1.91	-41.38	151.67	128245.56	68689.75	8266.38
238	2210	600613	神奇制药	CCC	55.7	0	2.02	2.47	0.73	1.49	29.81	4.64	3.72	-0.81	30.34	186.87	338108.55	238861.77	4800.95
239	2220	002102	ST 冠福	CCC	55.6	1.19	1.35	6.22	1.32	3.01	56.12	8.36	-9.4	13.04	-14.71	53.45	914975.86	1226029.05	46315.87
240	2253	002462	嘉事堂	CCC	55.3	0.28	7.87	5.29	1.67	1.85	64.23	4.42	2.32	4.69	4.17	62.39	1655660.83	2621979.02	46831.25
241	2253	688117	圣诺生物	CCC	55.3	0.23	7.02	7.35	0.38	0.6	25.39	21.67	2.38	5.3	-40.54	114.31	110800.86	39571.68	6448.44
242	2260	600851	海欣股份	CCC	55.2	0.25	4.58	4.55	0.28	1.44	18.48	75.39	-4.71	-6.16	-33.96	58.59	493006.41	144009.07	19838.25
243	2276	301087	可孚医疗	CCC	55.1	0.67	4.95	5.65	0.49	0.68	21.49	31.82	30.82	1.36	-40.24	127.66	641083.76	297695.8	30201.95
244	2276	605199	葫芦娃	CCC	55.1	0.26	6.9	5.66	0.74	1.3	56.09	6.4	11.91	9.11	-36	108.24	231205.74	151504.65	8474.17
245	2290	000590	启迪药业	CC	55	0.46	1.68	2.16	0.33	0.65	39.79	19.95	16.54	2.96	-6.52	93.05	116675.39	35052.81	1817.25
246	2299	605177	东亚药业	CC	54.9	0.01	5.21	4.91	0.5	1	25.56	122.51	65.62	4.65	-25.93	72.87	247135.65	117955.67	10442.39
247	2331	600080	金花股份	CC	54.7	0.22	0.23	2.55	0.3	0.64	14.72	41.22	8.49	1.66	-8.89	54.6	197441.86	57937.45	3345.95
248	2331	688067	爱威科技	CC	54.7	0.01	1.32	3.32	0.36	0.57	13.56	0	-6.6	-0.52	-32.14	89.27	54965.44	19677.4	1797.3
249	2350	300246	宝莱特	CC	54.6	0.29	-0.33	1.62	0.57	1.09	38.4	2.92	8.49	51.4	-15.79	84.82	243886.17	118369.97	2450.28
250	2350	688338	赛科希德	CC	54.6	0.48	6.88	7.75	0.15	0.16	6.67	3147.37	-4.63	5.89	-28.26	81.49	161200.75	22881.29	10411.42
251	2376	301033	迈普医学	CC	54.4	0.25	4.04	5.6	0.26	0.6	19.11	23.41	26.96	4.68	-41.27	113.46	74491.95	19525.24	3573.49
252	2376	603108	润达医疗	CC	54.4	0.05	13.41	8.57	0.79	1.22	65.49	3.58	18.45	14.07	-25.33	78.85	1451886.23	1049441.87	65511.01
253	2419	000790	华神科技	CC	54.1	0.34	3.11	3.08	0.59	1.03	40.04	10.74	-7.64	2.64	-22.22	59.38	167705.84	87310.3	3385.97
254	2419	300026	红日药业	CC	54.1	0.38	6.91	6.49	0.55	0.94	33	11.28	-13.3	6.42	-28.79	86.99	1263085.67	665002.49	62097.23
255	2419	300630	普利制药	CC	54.1	0.07	14.9	9.02	0.34	0.81	52.97	11.93	19.72	10.26	-52.49	189.3	595902.08	180634.46	42061.57
256	2441	000788	北大医药	CC	54	0.07	3.99	3.44	0.8	0.94	47.79	4.82	-7.13	3.15	7.69	124.43	263663.35	207735.52	5579.55
257	2462	603987	康德莱	CC	53.9	0.41	11.93	9.4	0.69	1.35	38.39	15.18	0.7	-24.8	-36.73	94.83	413729.72	311883.18	37412.14
258	2483	688131	皓元医药	CC	53.8	0.18	7.4	7.2	0.45	0.8	35.18	12.77	40.12	26.98	-31.53	112.18	359774.45	135805.4	19155.76
259	2521	300439	美康生物	CC	53.4	0.68	7.21	6.66	0.69	1.22	29.7	15.28	10.55	5.38	-45.45	154.68	358367.64	248908.62	20520.44
260	2532	002399	海普瑞	CC	53.3	0.32	6.15	5.34	0.36	0.62	40.39	4.53	12.48	7.67	-23.81	70.06	2081420.68	715941.07	71468.72
261	2565	603351	威尔药业	CC	53	0.05	6.38	6.23	0.56	2.38	30.67	11.1	6.59	7	-34.78	116.16	213816.01	111101.07	9443.21

续 表

序号	A股上市公司评价得分排序	证券代码	股票简称	评价等级	综合得分	每股收益（元）	净资产收益率（%）	总资产报酬率（%）	总资产周转率（次）	流动资产周转率（次）	资产负债率（%）	已获利息倍数	营业收入增长率（%）	资本扩张率（%）	市场投资回报率（%）	股价波动率（%）	年末资产总额（万元）	营业收入（万元）	净利润（万元）
262	2576	000705	浙江震元	CC	52.9	1.2	3.79	3.31	1.33	2.05	39.73	225.02	14.77	3.95	-8.33	51.8	322880.48	414547.93	8184.56
263	2576	000952	广济药业	CC	52.9	0.79	1.82	3.59	0.35	0.93	39.58	3.85	1.54	2.83	0	42.52	246905.39	79764.27	4771.66
264	2592	300404	博济医药	CC	52.8	0.61	1.71	2.1	0.35	0.6	29.72	35.89	30.68	5	-21.28	58.21	126445.57	42368.26	2931.24
265	2604	300194	福安药业	CC	52.7	1.13	4.03	3.73	0.42	1.21	32.86	8.03	-1.28	2.09	-25.81	78.5	587798.04	242174.23	20082.24
266	2615	600739	辽宁成大	CC	52.6	0.44	4.58	4.93	0.3	1.07	33.06	3.61	-20.73	2.39	-33.11	80.11	4814844.65	1456467.55	145519.7
267	2661	300149	睿智医药	CC	52.3	0.57	-27.78	20.25	0.33	1.35	37.6	11.71	-21.54	19.95	-22.73	80.61	382389.71	132658.43	37837.8
268	2661	688276	百克生物	CC	52.3	0.37	4.78	4.67	0.25	0.5	16.9	0	-10.86	4.15	4.55	116.67	428355.18	107144.6	18153.67
269	2682	300534	陇神戎发	CC	52.1	0.11	3.03	3.71	0.48	1.16	16.4	0	43.58	4.13	-40.38	130.03	91279.29	41324.68	3029.61
270	2682	600488	津药药业	CC	52.1	0.22	2.54	0.93	0.57	1.74	43.56	1.26	-1.59	-1.65	-3.13	39.62	665069.99	368892.99	1843.68
271	2706	600645	中源协和	CC	51.9	0.43	2.72	3.03	0.3	0.72	30.86	123.31	1.27	3.42	-31.64	93.56	528461.94	155488.69	10668.22
272	2716	002390	信邦制药	CC	51.8	0.02	3.86	3.76	0.65	1.12	27.86	7.05	-1.88	3.46	-32.88	89.19	979309.16	635002.58	26841.65
273	2750	300110	华仁药业	CC	51.5	0.04	5.8	5	0.3	0.55	49.64	4.21	3.76	6.4	-8	81.55	516251.52	161949.23	18133.76
274	2750	688553	汇宇制药-W	CC	51.5	0.04	5.45	5.7	0.36	0.49	13.06	203.08	-18.12	4.48	-51.52	133.7	427650.98	149326.79	24899.06
275	2762	002219	新里程	CC	51.4	0.09	5.96	5.35	0.51	1.31	68.71	2.31	4.53	11.31	50	193.27	564211.9	315273.49	16430.02
276	2773	688393	安必平	CC	51.3	0.06	2.27	2.19	0.37	0.67	12.24	22.19	15.58	1.04	-29.03	80.71	139278.38	50738.12	2933.03
277	2779	000766	通化金马	CC	51.2	0.59	0.82	2.98	0.32	1.23	49.45	1.57	-2.95	1.25	13.33	65.13	468511.5	147074.88	2918.88
278	2779	002099	海翔药业	CC	51.2	0.34	1.35	1.67	0.33	0.81	27.26	3.76	8.83	-0.14	-12.07	42.38	839309.98	270414.4	8607.81
279	2779	600351	亚宝药业	CC	51.2	0.09	2.93	3.52	0.66	1.45	27.22	7.69	-1.66	1.45	-40.54	97.46	413106.71	271813.48	10460.43
280	2797	832278	鹿得医疗	CC	51.1	0.88	9.08	7.91	0.7	0.9	19.31	135.46	-15.85	7.32	-45	164.43	48256.09	33899.43	3464.06
281	2811	300583	赛托生物	CC	51	0.44	2.11	2.84	0.44	1.18	40.87	2.3	9.1	2.25	-14.81	69.62	299514.01	131211.18	4247.76
282	2811	688505	复旦张江	CC	51	0.09	5.01	4.6	0.36	0.52	24.29	0	-9.57	2.9	-42.86	106.6	297600.73	103115.98	13727.22
283	2834	300111	向日葵	CC	50.7	0.16	1.19	0.81	0.54	0.7	32.68	11.48	12.97	1.12	-12.5	57.22	61624.85	33585.86	455.5
284	2843	300878	维康药业	CC	50.5	0.04	1.41	3.5	0.29	0.6	26.24	11.68	-16.06	0.18	-6.12	77.77	191377.31	53129.17	4512.04
285	2843	603079	圣达生物	CC	50.5	0.02	0.72	2.4	0.43	0.87	18.84	9.01	-6.55	0.48	-25.71	63.34	165520.75	73801.91	3044.06
286	2884	300869	康泰医学	C	50	0.04	7.72	7.31	0.22	0.36	48.34	12.5	-21.63	5.95	-17.5	125.32	373280.58	71211.45	19620.26
287	2899	688658	悦康药业	C	49.8	0.04	6.89	6.04	0.77	1.14	33.48	75.41	-8.53	1.78	-31.03	118.98	600845.59	454194.54	33873.62
288	2909	002901	大博医疗	C	49.7	0.49	3.79	4.11	0.39	0.56	21.1	48.61	-28.09	20.03	-33.33	97.38	393764	143409.92	10923.06
289	2917	301080	百普赛斯	C	49.6	0.03	7.1	8.25	0.18	0.2	6.11	73.99	23.23	4.17	-45.55	117.08	273596.02	47443.09	19921.26
290	2917	688212	澳华内镜	C	49.6	-0.03	1.03	1.25	0.32	0.44	12.22	27.96	28.3	1.82	53.49	142.91	146030.69	44525.9	2509.64

续 表

序号	A股上市公司评价得分排序	证券代码	股票简称	评价等级	综合得分	每股收益（元）	净资产收益率（%）	总资产报酬率（%）	总资产周转率（次）	流动资产周转率（次）	资产负债率（%）	已获利息倍数	营业收入增长率（%）	资本扩张率（%）	市场投资回报率（%）	股价波动率（%）	年末资产总额（万元）	营业收入（万元）	净利润（万元）
291	2949	002566	益盛药业	C	49.3	0.07	3.19	3.95	0.28	0.37	24.18	8.21	-5.45	2.33	-16.67	69.97	296660.67	83004.13	8831.94
292	2949	688026	洁特生物	C	49.3	0.23	7.15	7.96	0.44	0.86	28.98	8.63	-28.73	17.32	-57.5	160.07	160534.06	60982.45	8769.35
293	2960	688656	浩欧博	C	49.2	0.09	4.76	5.35	0.35	0.65	17.47	25.21	0.84	1.24	-47.69	132.05	94455.86	32039.18	4165.11
294	2967	300267	尔康制药	C	49.1	0.02	0.27	0.4	0.33	0.93	13.74	4.15	-16.32	3.64	-21.28	78.05	585565.94	187054.08	3689.08
295	2973	300558	贝达药业	C	49	-0.05	0.2	4	0.34	1.4	37.32	1.45	5.82	5.8	-36.71	106.1	791014.69	237662.97	12476.33
296	2984	002880	卫光生物	C	48.9	0.09	5.73	6.09	0.29	0.63	27.5	67.77	-26.39	4.43	0	68.36	257573.38	66793.15	12112.07
297	3033	837344	三元基因	C	48.4	0.16	3.71	3.22	0.22	0.47	38.42	78.57	-15.18	5.83	-31.03	119.75	93340.04	17099.89	3105.87
298	3058	688626	翔宇医疗	C	48.2	0.01	3.89	5.85	0.21	0.29	18.08	702.44	-6.68	-0.29	-48.39	139.08	236807.84	48852.94	12329.52
299	3069	603222	济民医疗	C	48.1	0.02	0.57	2.74	0.33	0.89	34.62	2.57	-23.78	29.09	-34.21	90.75	271406.04	83723.62	2613.4
300	3069	603976	正川股份	C	48.1	0.6	4.91	3.94	0.4	0.74	41.02	3.99	-0.06	1.56	-40	96.75	200766.07	79619.83	6476.5
301	3099	688321	微芯生物	C	47.8	0.06	0.12	2.03	0.22	0.58	45.59	1.45	23.11	11.15	-37.14	94.41	289579.94	52993.95	1281.61
302	3108	002435	长江健康	C	47.7	0.09	-0.03	1.93	0.48	0.9	36.92	1.9	-20.6	0.94	-9.09	118.41	737174.99	346955.78	4133.32
303	3108	600538	国发股份	C	47.7	-0.03	3.71	3.83	0.41	0.87	15.95	84.37	8.23	4.05	-26.32	55.36	114214.49	45968.4	3666.54
304	3136	002900	哈三联	C	47.4	-0.13	0.34	1.98	0.32	0.67	37.38	2.77	8.73	-3.05	-30.3	95.96	327678.83	102841.36	2650.26
305	3136	300584	海辰药业	C	47.4	0.03	3.28	2.78	0.41	1.55	26.54	4.97	-8.97	0.22	54.55	262.55	129394.54	52646.53	3212.43
306	3143	002019	亿帆医药	C	47.3	0.09	0.17	1.96	0.31	1.05	27.08	2.83	-12.98	4.24	-34.07	124.02	1254350.34	383664.08	12715.4
307	3148	688739	成大生物	C	47.2	-0.23	7	8.46	0.18	0.23	4.04	636.72	-13.08	3.18	-58.67	166.56	1005575.05	181499.86	71402.03
308	3195	301111	粤万年青	C	46.6	-0.15	3.18	4.13	0.34	0.43	11.48	1251.05	-19	1.04	-50	159.74	85706.34	28333.63	3341.75
309	3203	300677	英科医疗	C	46.5	-0.23	2.92	3.48	0.31	0.63	25.28	25.75	-59.27	-0.46	-57.09	228.86	2147874.88	661381.41	63934.33
310	3223	600535	天士力	C	46.3	0.09	4.91	-0.58	0.52	0.93	22.89	-1.49	8.06	-4.84	-30	106.78	1643026.56	859319.98	-34076.43
311	3231	600774	汉商集团	C	46.2	-0.01	1.4	4.17	0.41	1.94	48.94	3.04	-5.98	-0.41	-34.23	105.48	349788.89	138697.62	7072.24
312	3246	688076	诺泰生物	C	45.9	0.03	4.11	5.7	0.28	0.6	23.69	14.3	1.15	6.42	-42.5	175.46	252229.92	65129.17	12277.05
313	3282	300289	利德曼	C	45.3	-0.25	-0.56	-1.1	0.32	0.59	10.85	-18.53	25.16	-9.99	-25	73.63	199713.46	70597.68	-3603.41
314	3297	300381	溢多利	C	45.1	-0.81	-2.42	3.26	0.31	0.59	11.23	6.32	-37.95	-7.62	-34.25	70.34	317214.36	117400.67	3752.1
315	3320	603567	珍宝岛	C	44.8	-0.24	-3.88	3.77	0.36	0.65	39.13	3.15	2.12	0.79	-15.63	66.24	1167547.55	421414.89	19088.02
316	3369	301126	达嘉维康	C	44	-0.29	2.94	3.28	0.95	1.16	53.75	3.03	27.01	8.29	-28.57	125.62	393141.72	329232.31	5562.9
317	3378	688336	三生国健	C	43.8	-0.4	-0.08	0.61	0.17	0.28	9.79	23	-11.12	1.33	-31.58	88.68	509840.37	82549.18	4543.46
318	3387	300966	共同药业	C	43.7	-0.05	3.98	3.16	0.37	0.58	52.56	3.88	2.32	18.44	-30.77	145.52	206831.73	60457.15	3949.6
319	3398	688613	奥精医疗	C	43.6	-0.37	5.9	6.8	0.17	0.22	9.15	52.57	3.92	4.34	-56.36	189.74	145921.63	24530.51	9169.96

续 表

序号	A股上市公司评价得分排序	证券代码	股票简称	评价等级	综合得分	每股收益（元）	净资产收益率（%）	总资产报酬率（%）	总资产周转率（次）	流动资产周转率（次）	资产负债率（%）	已获利息倍数	营业收入增长率（%）	资本扩张率（%）	市场投资回报率（%）	股价波动率（%）	年末资产总额（万元）	营业收入（万元）	净利润（万元）
320	3408	000931	中关村	C	43.4	-0.03	-2.16	1.54	0.57	1.35	52.8	0.87	5.34	-7.79	-25	58.17	354257.98	206028.07	-3020.56
321	3415	300326	凯利泰	C	43.3	-0.33	-1.06	0.34	0.34	0.64	17.51	0.84	-8.08	1.31	-31.36	77.46	341214.86	116604.21	-2395.28
322	3443	600200	江苏吴中	C	42.8	-0.38	-5.33	-0.02	0.53	0.75	53.36	-0.01	14.12	-2.84	-2.3	53.34	390973.18	202623.28	-7823.05
323	3454	836433	大唐药业	C	42.6	-0.21	0.37	3.13	0.24	0.38	25.31	7.62	-33.15	-10.12	-31.58	87.75	64615.11	15767.84	1487.31
324	3461	002173	创新医疗	C	42.5	-0.2	-4.34	-6.15	0.61	1.84	18.57	-21.47	-0.26	-3.73	-16.67	81.34	233966.28	70969.81	-7386.97
325	3461	600624	复旦复华	C	42.5	-0.81	-1.41	1.35	0.42	0.71	46.59	1.18	-24.23	-0.57	-15.13	52.07	186040.9	78900.54	65.88
326	3465	301093	华兰股份	C	42.4	-0.57	2.66	4.14	0.22	0.27	6.36	180.07	-28.84	-0.02	-49.02	145.16	258013.87	58413.75	9375.15
327	3478	301166	优宁维	C	42.2	-0.08	4.01	5.42	0.5	0.52	12.96	100.43	7.7	3.32	-50	140.56	247872.28	119512.42	10648.51
328	3492	688670	金迪克	C	42	-0.25	1.55	2.78	0.18	0.32	20.1	38.78	-18.81	-0.12	-41.33	133.69	182677.7	31848.61	4154.43
329	3527	002082	万邦德	C	41.4	-0.1	3.33	3.11	0.42	0.77	33.13	4.02	-7.47	2.71	-31.58	101.12	421563.29	178642.83	7432.25
330	3539	300016	北陆药业	C	41.2	-0.78	-2.12	1.15	0.27	0.62	31.69	0.69	-9.25	-7.74	-24.62	68.11	281551.45	76588.19	-462.11
331	3560	301075	多瑞医药	C	40.9	-0.2	0.8	2.56	0.46	0.58	16.18	16.45	-24.28	-4.47	-10.81	138.5	89886.87	40104.98	1858.39
332	3565	603880	ST南卫	C	40.8	-0.31	-3.11	-0.68	0.41	0.86	57.35	-0.45	3.4	-2.33	-14.29	62.53	145723.41	54536.92	-1493.78
333	3565	688580	伟思医疗	C	40.8	-0.19	5	6.39	0.19	0.23	9.24	317.89	-25.21	-0.29	-51.33	166.39	168421.64	32162.14	9382.59
334	3586	300255	常山药业	C	40.3	-0.94	0.04	1.98	0.42	0.64	49.4	1.19	-21.29	-0.59	-31.75	81.48	603580.35	233622.98	1015.61
335	3588	002581	未名医药	C	40.2	-1.88	0.22	0.79	0.13	0.66	13.63	2.35	-11.33	-0.04	-23.73	44.49	285791.58	35708.05	-86.82
336	3595	300683	海特生物	C	40.1	-0.03	-1.78	-0.25	0.25	0.46	13.72	-6	12.03	-0.34	-37.93	136.47	270636.1	68862.6	-789.81
337	3612	300158	振东制药	C	39.7	-0.27	-2.32	0.1	0.45	0.56	20.27	0.62	-26.8	-35.15	15.79	153.09	655091.49	372855.53	-5699.88
338	3620	002044	美年健康	C	39.5	-0.64	-5.98	-0.74	0.46	1.5	55.16	-0.48	-6.8	-6.42	-22.08	124.46	1827989.3	853284.82	-47271.85
339	3620	600252	中恒集团	C	39.5	-0.07	-0.72	1.23	0.23	0.39	29.46	1.78	-14.17	-4.61	-30.87	64.66	1175184.89	271376.98	1238.97
340	3634	301047	义翘神州	C	39.2	-1.04	3.72	5.13	0.09	0.09	3.06	124.5	-40.47	-5.67	-45.68	149.27	657039.03	57460.34	30313.5
341	3661	688222	成都先导	C	38.7	-0.19	0.96	1.32	0.19	0.28	20.48	2.27	5.98	0.86	-39.13	98.83	166899.1	32965	2549.65
342	3664	688520	神州细胞-U	C	38.6	-0.24	167.69	-21.2	0.5	0.96	108.85	-5.16	661.33	0	7.02	127.47	273587.56	102317.67	-52005.26
343	3665	600222	太龙药业	C	38.5	-1.99	-4.14	-0.65	0.53	0.99	55.17	-0.41	22.2	-9.2	-25.71	113.21	360018.41	196069.43	-7571.59
344	3688	600721	百花医药	C	37.9	-0.06	-5.47	-3.23	0.35	0.72	33.39	-284.22	24.36	-2.8	-18.18	80.42	100132.96	34988.46	-3472.75
345	3719	300497	富祥药业	C	37.1	-0.19	-3.28	-2.09	0.34	0.73	46.84	-2.47	15.23	-7.61	-19.19	82.45	505983.42	164726.34	-16417.45
346	3750	002898	赛隆药业	C	36.5	-0.72	-9.99	-2.49	0.31	0.97	37.93	-2.67	6.93	-6.62	27.27	85.63	84799.11	26419.27	-3731.23
347	3758	000813	德展健康	C	36.3	-1.19	-3.49	-2.1	0.1	0.15	6.88	-169.11	-22.28	-3.4	-6.25	69.18	567439.6	57085.54	-15341.74
348	3763	002693	双成药业	C	36.2	-0.32	-9.48	0.26	0.31	1.32	36.23	0.21	-14.22	2.5	56.25	192.26	91101.88	27475.41	-849.6

续 表

序号	A股上市公司评价得分排序	证券代码	股票简称	评价等级	综合得分	每股收益（元）	净资产收益率（%）	总资产报酬率（%）	总资产周转率（次）	流动资产周转率（次）	资产负债率（%）	已获利息倍数	营业收入增长率（%）	资本扩张率（%）	市场投资回报率（%）	股价波动率（%）	年末资产总额（万元）	营业收入（万元）	净利润（万元）
349	3767	002872	ST天圣	C	36.1	-0.48	-5.37	-2.24	0.2	0.7	26.34	-4.33	-17.61	-4.02	0	48.61	296982.75	60699.22	-9155.32
350	3774	300391	长药控股	C	35.9	-0.39	-0.52	3.28	0.41	0.85	53.48	2.28	-31.61	3.44	-37.29	119.15	357858.79	161532.29	4457.21
351	3780	688319	欧林生物	C	35.8	-1.2	0.08	3.62	0.41	0.6	39.69	9.62	12.38	5.59	-62.16	190.53	147887.12	54748.07	2657.71
352	3802	002086	*ST东洋	C	35.2	-0.43	244.85	-63.72	0.27	0.73	157.64	-16.61	61.79	-373.51	-26.67	117.57	200196.18	62930.23	-158220.58
353	3802	688265	南模生物	C	35.2	9.62	-1.67	-0.47	0.15	0.2	14.01	-1.84	10.06	-0.99	-30	88.09	205367.8	30296.52	-539.96
354	3813	300981	中红医疗	C	34.9	15.62	-1.1	0.76	0.23	0.33	10.04	31.86	-67.97	-6.43	-60.22	215.62	681663.53	157256.85	6698.21
355	3823	000566	海南海药	C	34.7	1.2	-10.79	2.03	0.23	0.59	68.27	0.73	-13.6	-2	-14.58	53.96	736544.28	177905.22	237.71
356	3841	300562	乐心医疗	C	34.1	1.87	-4.24	-2.52	0.64	0.98	35.45	-17.44	-41.51	-4.64	-24.49	114.35	154723.99	106509.66	-3812.98
357	3843	000668	荣丰控股	C	34	0.58	-5.27	0.91	0.21	0.28	43.59	0.61	153.16	-29.39	-14.29	69.91	232773.54	63863.02	-3816.92
358	3894	603858	步长制药	C	32.2	2.75	-13.4	-5.45	0.65	1.72	44.08	-9.26	-5.15	-15.05	2.33	72.01	2195188.16	1495125.27	-171811.7
359	3901	688136	科兴制药	C	32	15.15	-5.33	-3.77	0.44	0.92	42.83	-4.29	2.39	-5.49	-21.43	89.71	315871.17	131587.56	-9282.39
360	3903	300601	康泰生物	C	31.9	2.03	-2.01	-1.64	0.23	0.5	34.82	-2.1	-13.55	-1.98	-43.07	143.16	1378635.17	315740.18	-13270.79
361	3903	603963	大理药业	C	31.9	3.19	-5.72	-3.03	0.25	0.4	20.32	-14.77	-22.83	-4.23	61.11	155.04	50348.65	13234.4	-1770.15
362	3936	300318	博晖创新	C	31	1.51	-9.53	-2.21	0.21	0.72	40.54	-1.68	11.36	149.14	-39.68	109.93	390800.23	79593.25	-13792.36
363	3948	300143	盈康生命	C	30.8	1.41	-38.23	-24.75	0.51	1.36	35.04	-68.39	6.09	-27.04	-27.12	91.78	202785.65	115624.63	-59583.61
364	3957	002437	誉衡药业	C	30.5	0.48	-16.44	-4.58	0.71	1.55	58.19	-2.93	-1.19	-13.92	-9.09	52.32	407418.6	310794.52	-28951.77
365	3965	000078	海王生物	C	30.3	0.93	-15.86	0.21	1.02	1.2	83.14	0.08	-7.84	-16.39	-3.08	40.92	3625227.6	3783485.87	-99213.13
366	3987	835670	数字人	C	29.8	15.33	-2.34	-1.87	0.27	0.36	11.47	-28.27	-14.68	-5.58	-47.27	216.47	27142.76	7142.73	-424.46
367	3994	300436	广生堂	C	29.6	1.4	-14.49	-10.39	0.26	0.82	36.07	-14.43	4.14	-8.97	0	99.22	149484.47	38576.52	-14056.6
368	4003	000953	河化股份	C	29.3	0.58	-73.59	-28	0.47	1.18	67.06	-24.43	-1.02	-51.35	28.57	85.44	28670.65	16061.24	-10060.86
369	4003	300006	莱美药业	C	29.3	1.37	-5.59	-1.84	0.3	0.51	28.48	-2.7	-27.8	-1.23	-43.14	110.3	305498.46	88458.68	-7628.61
370	4012	002172	澳洋健康	C	29.1	1.05	-85.93	1.89	0.62	0.88	99.01	0.98	-33.27	-47.1	0	67.64	270803.15	202131.13	-1575.73
371	4027	300254	仟源医药	C	28.8	2.34	-16.8	-2.83	0.53	1.88	53.94	-0.95	-10.9	-2	-16.67	123.32	158432.41	82899.71	-9799.06
372	4027	688151	华强科技	C	28.8	1.57	0.2	1.35	0.12	0.14	18.85	482.09	-52.25	-0.97	-47.22	134.68	516636.97	60888.06	7243.36
373	4039	300702	天宇股份	C	28.6	1.82	-2.31	-1.25	0.44	0.91	45.52	-2.26	4.78	-5.78	-46.56	204.22	641574.98	266667.85	-11895.26
374	4039	603139	康惠制药	C	28.6	3.98	-7.5	-3.78	0.27	0.79	43.68	-5.26	11.01	-7.99	-18.18	102.32	182169.88	49151.12	-7678.47
375	4068	000516	国际医学	C	27.9	0.53	-23.82	-7.15	0.2	0.9	67.95	-4.98	-7.19	-20.27	22.61	106.72	1326422.45	271096.17	-119533.95
376	4083	600594	益佰制药	C	27.5	1.35	-14.21	-7.14	0.55	1.45	34.44	-9.46	-18.27	-10.46	-29.01	96.87	486580.75	273526.28	-43832.75
377	4113	000518	四环生物	C	26.8	0.55	-8.73	-6.88	0.35	0.46	19.59	-73.76	-23.03	-8.24	-10	51.24	73807.85	27014.92	-5328.1

续 表

序号	A股上市公司评价得分排序	证券代码	股票简称	评价等级	综合得分	每股收益(元)	净资产收益率(%)	总资产报酬率(%)	总资产周转率(次)	流动资产周转率(次)	资产负债率(%)	已获利息倍数	营业收入增长率(%)	资本扩张率(%)	市场投资回报率(%)	股价波动率(%)	年末资产总额(万元)	营业收入(万元)	净利润(万元)
378	4117	688221	前沿生物-U	C	26.7	3.39	-22.79	-14.24	0.03	0.06	30.67	-74.12	109.22	-8.68	0	107.6	241085.92	8474.04	-35676.41
379	4121	002382	蓝帆医疗	C	26.5	0.5	-6.23	-1.69	0.3	0.91	33.52	-2.13	-39.56	0.15	-53.15	182.47	1587253.85	490047.76	-37231.63
380	4143	300204	舒泰神	C	26.1	2.01	-14.13	-13.88	0.31	0.9	18.9	-678.16	-6.04	-12.7	-12.3	189.23	166931.53	54898.86	-19700.81
381	4150	600781	*ST辅仁	C	25.9	0.66	433.95	-29.39	0.2	0.48	133.27	-3.1	-2.9	-372.15	-37.5	151.01	625573.16	146867.16	-284614.69
382	4153	688108	赛诺医疗	C	25.8	0.99	-19.23	-20.16	0.18	0.49	16.87	-85.83	-0.77	-6.1	-25	85.26	106761.37	19285.42	-17331.03
383	4153	688235	百济神州-U	C	25.8	2.94	-39.35	-26.64	0.19	0.23	31.42	-71.53	26.06	-24.03	-0.75	96.41	4422417.3	956640.9	-1364204.1
384	4169	603520	司太立	C	25.4	0.68	-4.72	0.53	0.42	1.01	66.59	0.29	6.57	-20.02	-53.6	216.9	530218.01	213124	-7192.59
385	4173	002755	奥赛康	C	25.3	0.79	-10.46	-7.28	0.52	0.81	11.75	-93.98	-39.72	-6.64	-39.13	98.97	341436.74	187257.22	-26620.55
386	4177	000504	南华生物	C	25.2	0.66	-42.18	-1.6	0.33	0.43	85.56	-0.82	27.92	-27.59	-38.46	101.57	55306.47	20034.55	-2976.14
387	4182	600771	广誉远	C	25.1	0.37	-22.1	-13.54	0.34	0.51	36.61	-15.27	16.44	-19.47	-35.31	70.87	271969.47	99469.48	-41785.58
388	4187	000908	景峰医药	C	25	0.28	-45.14	-2.34	0.52	1.35	85.37	-0.73	3.63	-34.45	-25	85.99	146847.44	84065.72	-10088.72
389	4187	002411	*ST必康	C	25	1.38	-14.38	-8.19	0.48	1.18	58.53	-4.85	5.78	-23.66	-36.96	123.72	1486159.87	810628.16	-105469.9
390	4191	688607	康众医疗	C	24.9	0.53	-2.48	-0.93	0.22	0.24	6.48	-23.04	-40.18	-3.07	-48.65	145.16	90268.33	20457.12	-566.96
391	4197	002524	光正眼科	C	24.8	12.71	-94.34	-2.32	0.45	2.52	82.36	-1.08	-26.52	-19.51	-21.43	78.6	155745.04	76744.46	-7780.18
392	4210	688189	南新制药	C	24.6	0.85	-8.03	-2.54	0.34	0.45	33.65	-2.36	2.07	-7	-31.43	148.34	195379.21	69882.62	-9761.12
393	4216	000710	贝瑞基因	C	24.5	0.6	-7.06	-7.9	0.41	0.75	27.23	-15.06	-3.81	-7.7	-42.03	117.92	320086.29	136800.72	-25224.99
394	4236	600568	ST中珠	C	23.9	0.85	-23.14	-19.25	0.12	0.27	20.9	-52.42	-12.92	-21.24	0	44.16	371267.06	50597.14	-79169.26
395	4242	600812	华北制药	C	23.8	1.01	-10.9	0.15	0.46	0.97	70.65	0.06	1.11	-11.24	-44.68	138.61	2122101.79	1049994.71	-67878.16
396	4247	603716	塞力医疗	C	23.6	1.1	-12.97	-2.26	0.56	0.75	62.08	-0.94	-11.19	-14.11	-31.58	105.77	394745.08	230863.17	-19125.9
397	4250	002551	尚荣医疗	C	23.5	0.74	-10.72	-8.24	0.28	0.57	29.6	-85.5	-28.74	-12.6	-13.33	79.75	426047.03	127571	-32790.25
398	4258	688180	君实生物-U	C	23.3	0.3	-29.25	-22.45	0.12	0.22	22.15	-90.15	-63.89	17.56	10.53	163.31	1255849.62	145349.27	-258407.75
399	4269	300030	阳普医疗	C	23	0.95	-20.96	-11.5	0.42	0.91	47.34	-9.88	-11.14	-20.36	-36.36	112.24	155818.01	71076.85	-19329.11
400	4271	600518	ST康美	C	22.9	0.62	-17.87	-16.59	0.27	0.53	53.79	-32.77	0.67	-29.95	-30.26	114.3	1511175.91	418015.03	-269431.92
401	4276	300753	爱朋医疗	C	22.8	0.44	-11.24	-9.97	0.37	0.7	21.13	-35.66	-29.79	-12.06	-9.38	127.97	87021.32	32380.81	-7654.81
402	4302	002742	ST三圣	C	22.2	0.07	-24.92	-1.96	0.49	1.09	75.46	-0.53	-16.56	-24.49	-34.38	108.15	404080.06	207702.36	-29158.79
403	4308	000150	*ST宜康	C	22.1	-0.05	106.36	-3.09	0.23	0.71	118.67	-0.45	-26.21	0	-66.67	279.51	409425.59	98465.28	-44968.22
404	4322	833266	生物谷	C	21.8	-8.08	-7.42	-4.45	0.46	0.79	18.63	-37.93	3.74	-5.1	-53.33	159.16	124297.51	58733.58	-4916.88
405	4332	688488	艾迪药业	C	21.4	-1.86	-12.23	-8.96	0.16	0.3	27.56	-35.34	-4.49	-8.46	-31.25	112.73	165520.18	24421.93	-12420.27
406	4349	300199	翰宇药业	C	20.7	0	-21.5	-7.17	0.19	0.72	64.09	-2.61	-4.3	-21.3	46	161.78	361123.32	70432.17	-37254.75

续 表

序号	A股上市公司评价得分排序	证券代码	股票简称	评价等级	综合得分	每股收益（元）	净资产收益率（%）	总资产报酬率（%）	总资产周转率（次）	流动资产周转率（次）	资产负债率（%）	已获利息倍数	营业收入增长率（%）	资本扩张率（%）	市场投资回报率（%）	股价波动率（%）	年末资产总额（万元）	营业收入（万元）	净利润（万元）
407	4361	603087	甘李药业	C	20.4	0	-4.79	-5.42	0.16	0.27	9.63	-749.61	-52.6	-5.72	-54	151.98	1060691.24	171227.05	-43951.64
408	4365	300086	康芝药业	C	20.3	0	-12.48	-8.18	0.23	0.77	40.77	-7.08	-35.96	-12.75	-13.89	126.61	228847.18	53574.54	-19795.18
409	4370	002370	亚太药业	C	20.1	0	-31.78	-5.3	0.24	0.37	80.23	-1.59	18.5	-30.43	-15	105.96	152362.07	37344.04	-13272.05
410	4384	300108	＊ST吉药	C	19.6	0	102.55	-3.13	0.21	0.82	116.48	-0.35	-28.6	0	-50	203.54	222226.32	48894.16	-28686.77
411	4384	300238	冠昊生物	C	19.6	0	-59.62	-32.62	0.43	1.03	35.71	-70.15	-22.84	-42.41	-42.47	110.11	67020.94	37728.5	-32766.2
412	4384	688177	百奥泰	C	19.6	0	-28.29	-20.02	0.19	0.31	26.26	-7759.85	-45.6	-23.01	-12	75.41	217973.69	45513.2	-48039.89
413	4388	430047	诺思兰德	C	19.5	0	-26.06	-18.56	0.19	0.32	30.75	-922.56	13.72	-14.57	-37.26	161.67	34523.13	6465.46	-6451.66
414	4393	002589	瑞康医药	C	19.4	0	-10.82	-5.97	0.55	0.74	68.62	-3.28	-41.54	-40.66	5.41	68.25	1833107.46	1231127.78	-173947.27
415	4399	688266	泽璟制药-U	C	19.3	0	-51.26	-27.88	0.18	0.22	52.8	-39.56	58.81	-37.16	-25	130.73	166831.12	30230.51	-48594.94
416	4405	688277	天智航-U	C	18.9	0	-12.38	-10.44	0.12	0.35	20.57	-35.52	0.11	4.68	-53.85	146.07	140695.82	15618.84	-11233.65
417	4410	688192	迪哲医药-U	C	18.6	0	-37.17	-30.3	0	0	15.54	-168.4	-100	-28.6	5.41	120.68	208190.81	0	-73600.31
418	4432	600671	＊ST目药	C	18.1	0	-210.24	-18.49	0.31	0.7	98.51	-8.77	-25.95	-93.06	0	64.12	29983.98	10890.62	-7320.78
419	4435	002793	罗欣药业	C	18	0	-36.84	-15.23	0.41	0.65	59.22	-10.93	-44.62	-30.18	-26.32	84.54	810782.44	358754.7	-125798.56
420	4456	002750	龙津药业	C	17.2	0	-11.65	-8.73	0.16	0.25	19.06	0	-82.5	-10.84	-36.11	139.65	74720.52	12296.55	-7352.85
421	4486	300147	香雪制药	C	15.7	0	-16.05	-2.91	0.21	0.92	69.87	-1.41	-26.38	-25	-23.81	118	935300.05	218706.99	-50792.12
422	4553	603669	灵康药业	C	10.9	0	-15.73	-8.37	0.13	0.2	38.82	-31.38	-60.93	-22.19	-40	106.92	185546.49	28926.32	-19574.77
423	4557	002433	＊ST太安	C	10.8	0	-20.21	-10.08	0.1	0.18	43.21	-6.79	-67.99	-18.7	-40	139.78	656251.6	72484.49	-85357.54
424	4573	002118	＊ST紫鑫	C	7.6	0	-53.39	-6.52	0.01	0.02	84.78	-1.49	-41.85	-43.06	-34.09	79.34	1031129.2	14350.56	-118925.48
425	4580	688185	康希诺	C	5.7	0	-13.78	-9.62	0.09	0.12	36.82	-18.34	-75.94	-15.24	-49.83	171.14	1146896	103459.5	-96475.7
426	4585	300273	＊ST和佳	C	0	0	-80.9	-26.45	0.05	0.08	83.04	-7.25	-60.31	-60.01	-62.5	296.06	499922.2	25192.13	-126157.42
427		301097	天益医疗	B	61.6	0	7.67	8.69	0.33	0.49	24.09	15.57	-3.71	163.1	0	93.04	162708.18	39932.54	8522.18
428		301103	何氏眼科	B	62.4	0	1.68	4.16	0.47	0.68	16.48	6.87	-0.74	107.32	-15.63	55.77	260540.94	95531.36	3271.94
429		301122	采纳股份	BBB	71	0	12.38	14.95	0.38	0.54	5.81	9088.95	5.3	240.38	-19.95	95.37	184337.58	46548.55	16186.86
430		301130	西点药业	CC	54.6	0	4.58	6.26	0.32	0.5	7.05	0	-10.57	80.35	-59.61	161.53	101700.35	25546.8	4072.3
431		301201	诚达药业	CC	54.5	0	5	8.01	0.27	0.43	4.56	606.08	-1.03	318.19	-51.04	195.03	232189.56	41146.35	10647.71
432		301207	华兰疫苗	B	61.3	0	10.88	10.35	0.31	0.54	22.32	56.13	-0.23	95.74	-39.68	85.59	707551.74	182564.1	51963.48
433		301230	泓博医药	BBB	71.1	0	8.57	8.36	0.52	0.79	14.48	16.22	6.84	219.39	21.79	17.19	130126.08	47888.38	6717.59
434		301234	五洲医疗	BB	67.5	0	12.37	12.07	0.89	1.49	14.35	117.12	6.66	175.3	-47.37	36.91	84456.44	54711.43	7089.7
435		301235	华康医疗	CCC	56.1	0	7.98	6.59	0.66	0.73	30.26	80.27	38.12	179.16	-24.9	103.73	236999.33	118890.25	10248.87

续 表

序号	A股上市公司评价得分排序	证券代码	股票简称	评价等级	综合得分	每股收益（元）	净资产收益率（%）	总资产报酬率（%）	总资产周转率（次）	流动资产周转率（次）	资产负债率（%）	已获利息倍数	营业收入增长率（%）	资本扩张率（%）	市场投资回报率（%）	股价波动率（%）	年末资产总额（万元）	营业收入（万元）	净利润（万元）
436		301239	普瑞眼科	BB	66	0	1.23	3.89	0.57	2.15	43.77	2.03	0.91	118.02	53.57	51.81	367696.56	172564.04	2056.82
437		301257	普蕊斯	BB	65.4	0	11.33	10.35	0.75	0.78	17.98	452.35	16.55	315.99	-42.61	71.69	116071.92	58623.18	7241.14
438		301258	富士莱	BBB	72.6	0	13.11	13.22	0.37	0.52	10.09	660.05	8.92	153.97	-19.09	41.7	209836.08	56821.33	17730.37
439		301263	泰恩康	BBB	73	0	12.8	14.09	0.53	0.75	9.07	81.51	19.86	161.19	17.68	85.24	203880.48	78348.02	17460.48
440		301267	华厦眼科	AA	80.2	0	15.34	14.12	0.66	1.09	22.12	18.04	5.51	177.36	66.29	18.65	658448.23	323324.62	50780.93
441		301277	新天地	BB	67.1	0	14.63	13.6	0.57	0.79	11.38	21.76	22.09	234.47	-183.15	24.86	153377.3	62736.4	13170.78
442		301290	东星医疗	CCC	59.7	0	5.8	6.61	0.24	0.47	7.55	895.82	-0.99	100.81	-212.77	19.63	238377.77	44209.8	10371.61
443		301301	川宁生物	B	62.2	0	8.13	6.35	0.38	0.99	40.23	4.43	18.21	30	0	0	1039039.94	382065.79	41151.74
444		301331	恩威医药	BB	65.8	0	6.37	7.21	0.61	1.01	18	555.25	1.75	79.53	-17.01	32.07	140608.06	69157.4	6780.13
445		301333	诺思格	BBB	71.1	0	10.08	10.13	0.5	0.53	15.26	192.54	4.78	264.07	-16.23	32.12	188094.14	63752.02	11427.91
446		301363	美好医疗	BBB	74.1	0	17.81	17.44	0.54	0.81	10.83	98.11	24.43	117.09	-27.78	20.35	338844.66	141528.87	40208.82
447		301367	怡和嘉业	BBB	74.5	0	23.52	24.53	0.8	0.82	10.6	939.3	113.64	432.69	-170	37.91	292737.86	141536.71	38102.64
448		430300	辰光医疗	CC	51.2	0	7.32	6.52	0.47	0.82	33.82	6.58	-4.25	48.45	-23.53	61.1	44132.98	18780.89	2270.29
449		601089	福元医药	BB	68.6	0	18.84	15.15	1	1.39	26.45	103.06	14.18	160.76	-61.19	41.76	432155.9	324016.05	43914.23
450		603122	合富中国	CC	54.9	0	7.69	8.81	0.96	1.07	24.41	27.84	7.44	48.11	63.49	139.22	155906.51	127966.62	8271.71
451		688046	药康生物	BBB	71.4	0	7.39	10.53	0.31	0.48	12.25	351.52	31.17	151.73	37.59	80.34	225369.46	51654.76	16464.36
452		688062	迈威生物-U	C	21.1	0	-42.92	-30.23	0.01	0.02	24	-50.11	70.89	248.06	-48.08	108.83	461947.52	2772.82	-95812.58
453		688073	毕得医药	BB	69.7	0	10.13	10.65	0.51	0.54	12	80.39	37.55	230.15	0	22.56	235920.62	83383.16	14597.07
454		688114	华大智造	BBB	73.5	0	3.85	29.6	0.49	0.65	15.74	296.35	7.69	131.98	34.38	36.74	1121832.09	423080.06	202298.8
455		688137	近岸蛋白	CC	54.3	0	6.06	7.73	0.19	0.21	5.94	27.23	-22.62	511.33	0	50.99	233829.81	26455.37	9041.67
456		688163	赛伦生物	CC	51.2	0	6	9.54	0.22	0.28	3.59	109.8	-16.52	203.36	-71.43	148.1	116306.68	17422.1	6413.58
457		688176	亚虹医药-U	C	23.4	0	-10.72	-8.19	0	0	3.58	-318.19	467.39	-8.03	-38.89	101.6	287377.95	2.61	-24659.36
458		688193	仁度生物	CCC	55.8	0	0.79	3.69	0.41	0.48	11.7	76.05	3.95	234.11	-27.78	43.6	108872.17	30384.87	2333.14
459		688197	首药控股-U	C	27.1	0	-32.94	-25.58	0	0	7.07	-508.73	-85.98	80243.87	-21.55	56.27	129825.07	182.72	-17381.68
460		688238	和元生物	C	47.7	0	1.99	2.37	0.16	0.26	12.81	16.07	14.26	136.6	-21.74	108.48	249007.79	29130.43	3902.52
461		688247	宣泰医药	B	63.6	0	7.88	8.89	0.23	0.31	11.64	457.56	-21.53	66.95	115.74	124.45	133233.39	24756.24	9294.15
462		688253	英诺特	BB	65.8	0	10.92	12.04	0.33	0.37	13.04	402.83	36.62	128.85	-45.45	61.64	194257.43	44661.77	15068.38
463		688271	联影医疗	A	76.6	0	11.75	11.15	0.53	0.68	27.81	299.83	27.36	247.14	11.44	35.35	2420451.84	923812.27	165008.56
464		688273	麦澜德	BB	67.3	0	11.09	14.63	0.38	0.45	9.27	485.87	10.32	267.65	-58.14	47	151039.73	37688.94	12953.32

续 表

序号	A股上市公司评价得分排序	证券代码	股票简称	评价等级	综合得分	每股收益（元）	净资产收益率（%）	总资产报酬率（%）	总资产周转率（次）	流动资产周转率（次）	资产负债率（%）	已获利息倍数	营业收入增长率（%）	资本扩张率（%）	市场投资回报率（%）	股价波动率（%）	年末资产总额（万元）	营业收入（万元）	净利润（万元）
465		688293	奥浦迈	CCC	55.1	0	6.46	8.04	0.19	0.25	6.95	24.96	38.41	288.42	-55.58	31.65	234774.91	29436.57	10536.94
466		688302	海创药业-U	C	28.6	0	-28.69	-21.9	0	0	8.63	-75.83	0	101	7.11	82.03	173507.44	165.08	-30151.48
467		688331	荣昌生物	C	27.3	0	-26.51	-19.49	0.15	0.28	17.29	-146.81	-45.87	44.51	112.57	187.81	602118.97	77210.89	-99883.04
468		688351	微电生理-U	CC	50.4	0	-1.01	0.3	0.21	0.25	6.31	5.13	36.99	184.16	294.12	105.21	178833.15	26032.5	297.18
469		688373	盟科药业-U	C	28.2	0	-32.39	-19.71	0.04	0.05	18.91	-23.99	529.33	177	-43.29	56.12	149737.01	4820.67	-22029.87
470		688382	益方生物-U	C	25.6	0	-33.36	-30.71	0	0	5.41	-467.72	0	223.33	-30.3	57.87	234160.9	0	-48348.5
471		688410	山外山	BB	69.9	0	4.82	5.18	0.31	0.36	21.24	80.21	34.85	289.03	0	0	192365.71	38201.27	5690.42
472		688426	康为世纪	BB	67	0	13.69	15.19	0.4	0.51	8.12	102.23	54.11	226.79	-93.02	36.49	195007.77	52160.04	17057.34
473		688428	诺诚健华-U	C	32.3	0	-14.53	-9.88	0.07	0.08	25.99	-50.42	-40.04	35.08	198.41	61.68	1032878.4	62540.42	-89372.73
474		833230	欧康医药	B	62.9	0	11.7	11.88	0.82	0.98	11.4	22.67	-10.44	171.5	-41.67	75.58	44047.33	26943.6	3366.26
475		835892	中科美菱	B	61.9	0	9.29	8.79	0.61	0.8	25.52	0	-12.64	148.65	183.33	474.58	80712.61	40648.91	5258.69

第十六章

农林牧渔行业上市公司业绩评价

2022年，我国统筹推进疫情防控和农业生产，有力克服北方罕见秋汛导致冬小麦晚播、南方持续高温干旱等不利因素影响，全年粮食实现增产丰收，生猪生产总体稳定，禽蛋奶供应充足，主要农产品价格基本稳定，农业生产呈现稳中向好的发展态势。2022年全国粮食总产量13731亿斤，比上年增加74亿斤，增长0.5%；猪牛羊禽肉产量9227万吨，比上年增加339万吨，增长3.8%；禽肉、禽蛋和牛奶产量均不同程度增长。2022年全国农产品生产者价格总水平比上年上涨0.4%，其中，农业产品价格上涨2.9%，渔业产品价格略涨0.4%，林业产品价格下降1.6%，饲养动物及其产品价格下降4.3%。2022年证监会农林牧渔行业股票指数累计下跌219.08，累计跌幅为7.08%。预计2023年随着养殖周期上行、种子政策催化和技术红利出现等因素加持，农林牧渔行业将有一定的增长。

一、农林牧渔行业上市公司业绩评价结果

参与本次等级评价的中国A股上市农林牧渔行业公司共有48家，其中，盈利企业32家，亏损企业16家，盈利企业占比达66.67%。

2022年，农林牧渔行业48家上市公司总资产共计5533.40亿元，占全部上市公司总资产的0.57%。2022年全国4931家全部上市公司共计实现营业收入615229.13亿元，农林牧渔行业上市公司实现营业收入3569.25亿元，占全部上市公司营业收入的0.58%；全部上市公司共计实现净利润31671.85亿元，农林牧渔行业上市公司实现净利润66.03亿元。

2022年上市公司业绩综合评价结果显示，有两家农林牧渔行业上市公司进入2022年上市公司业绩评价综合得分的前一百名，分别为牧原股份、温氏股份，业绩评价得分分别为85.90分、81.20分。从行业整体看，农林牧渔行业整体业绩表现综合评分为60.8分，低于全部上市公司的63分。农林牧渔行业48家上市公司业绩评价等级如下：1家AAA、1家

AA、2 家 A、7 家 BB、10 家 BB、4 家 CCC、4 家 CC 以及 19 家 C。表 16-1 列示了农林牧渔行业上市公司业绩评价排行前十的公司。

表 16-1　2022 年度农林牧渔行业中联十强排行榜

名次	股票代码	股票简称	在 A 股上市公司中评价得分排序
1	002714	牧原股份	17
2	300498	温氏股份	56
3	600598	北大荒	129
4	300761	立华股份	163
5	300087	荃银高科	550
6	605296	神农集团	648
7	002982	湘佳股份	824
8	600313	农发种业	967
9	600371	万向德农	1001
10	603477	巨星农牧	1013

下面分别从财务效益、资产质量、偿债风险、发展能力与市场表现五个方面，对 2022 年农林牧渔行业上市公司的具体业绩表现进行分析。

（一）财务效益

从财务效益看，2022 年农林牧渔行业上市公司财务效益状况平均得分为 19.93 分，低于全部上市公司 23.6 分的平均得分，表 16-2 列示了农林牧渔行业上市公司财务状况。

从具体指标看，2022 年农林牧渔行业上市公司的所有财务指标都有较大程度的提升，尤其是扣除非经常性损益净资产收益率和营业利润率这两大指标，上升幅度分别为 116.34%和 213.15%，上升的主要原因是猪价回升，生猪养殖板块盈利好转。

表 16-2　农林牧渔行业财务效益状况比较表

分析指标		2022 年上市公司平均值	2022 年行业值	2021 年行业值	增长率（%）
基本指标	扣除非经常性损益净资产收益率（%）	7.31	2.69	-16.46	116.34
	总资产报酬率（%）	5.28	2.84	-2.51	213.15
基本得分		21.13	16.92	10.59	59.77
修正指标	营业利润率（%）	6.65	2.75	-10.73	125.63
	盈利现金保障倍数	1.84	6.2	1.35	359.26
	股本收益率（%）	45.68	10.6	-31.55	133.60
综合得分		23.6	19.93	10.09	97.52

在 2022 年财务效益状况指标中，牧原股份、北大荒等 5 家公司的财务效益状况超过了

行业的平均水平。以牧原股份为例，主营业务为生猪的养殖销售、生猪屠宰，2022 年公司实现营业收入 1248.26 亿元，同比增加 459.36 亿元，同比增长 58.23%。

（二）资产质量

从综合得分看，2022 年农林牧渔行业上市公司的资产质量得分为 11.9 分，与上年度相比，资产状况得分有所上升；相较于全行业公司得分 9.31 分而言，农林牧渔行业上市公司整体资产质量较好。表 16-3 列示了农林牧渔行业的资产状况比较情况，从总体上看，各指标都呈现一定程度的正增长。其原因在于，随着农林牧渔行业市场集中化程度的进一步提升，行业内各企业不断扩大经营规模，资产规模不断增加；2022 年 4 月份以来生猪价格开始上行，带动行业盈利好转，营业收入等盈利指标增长幅度超过了各项资产等指标的增长幅度。

表 16-3 农林牧渔行业资产质量状况比较表

分析指标		2022 年上市公司平均值	2022 年行业值	2021 年行业值	增长率（%）
基本指标	总资产周转率（次）	0.66	0.65	0.62	4.84
	流动资产周转率（次）	1.27	1.85	1.71	8.19
	基本得分	9.8	11.25	10.53	6.84
修正指标	应收账款周转率（次）	8.67	40.07	36.8	8.89
	存货周转率（次）	3.25	3.25	3.58	-9.22
	综合得分	9.31	11.9	11.78	1.02

在 2022 年农林牧渔行业上市公司的资产状况指标中，北大荒、牧原股份等 38 家公司的资产状况指标值高于全部上市公司的平均值，占农林牧渔行业上市公司的比率为 43.75%。其中牧原股份、温氏股份、立华股份等公司的资产状况排名靠前。从农林牧渔行业的特性分析，该行业各指标均高于我国全部上市公司平均值。其原因在于，人们对农产品的流通效率与效益的要求越来越高，因此流通环节相对较少，各周转率相对较高。同时，国内新冠疫情反复，疫情防控使得生猪调运困难，部分养殖户被动压栏，存货周转率较 2021 年有一定幅度下降。

（三）偿债风险

从综合得分看，2022 年农林牧渔行业上市公司的偿债风险得分为 6.06 分，低于全部上市公司得分 8.79 分。

表 16-4 列示了 2022 年农林牧渔行业的偿债风险状况比较情况，从总体上看，资产负债率有一定幅度的下降，说明行业负债在一定程度上有所减少；修正指标中，速动比率有所下降，现金流动负债比率和带息负债比率有所上升，总体而言行业偿还流动负债的能力有所上升。

表 16-4　农林牧渔行业偿债风险状况比较表

分析指标		2022 年上市公司平均值	2022 年行业值	2021 年行业值	增长率（%）
基本指标	资产负债率（%）	58.63	58.07	60.02	-3.25
	已获利息倍数	5.4	1.84	-3.43	153.64
	基本得分	8.81	7.58	4.63	63.71
修正指标	速动比率（%）	86.08	45.64	47.17	-3.24
	现金流动负债比率（%）	14.64	18.74	11.34	65.26
	带息负债比率（%）	41.74	60.08	51.33	17.05
	综合得分	8.79	6.06	4.62	31.17

在 2022 年农林牧渔行业上市公司的偿债风险状况指标中，北大荒、农发种业等 11 家公司的偿债风险评分高于全部上市公司的平均值，占农林牧渔行业上市公司的 22.92%。

（四）发展能力

从综合得分看，2022 年农林牧渔行业上市公司的发展能力得分为 13.1 分，相较于 2021 年而言有较大幅度上升，高于全部上市公司发展能力状况得分 12.01 分。

表 16-5 列示了农林牧渔行业的发展能力状况比较情况。与 2021 年相比，除了总资产增长率，基本指标和修正指标的增长率均为正，说明 2022 年农林牧渔行业的收入和行业利润均有大幅上升，主要是因为，新冠疫情、地缘政治、极端天气等多重因素导致全球粮价处在较高位置，同时生猪价格回升导致养殖企业盈利端持续好转。同时，资本扩张率的上升进一步说明行业盈利能力的提升导致农林牧渔行业扩产意愿较强。

表 16-5　农林牧渔行业发展能力状况比较表

分析指标		2022 年上市公司平均值	2022 年行业值	2021 年行业值	增长率（%）
基本指标	营业收入增长率（%）	8.8	16.18	6.79	138.29
	资本扩张率（%）	9.1	8.06	-12.53	164.33
	基本得分	12.01	13.1	4.28	206.07
修正指标	累计保留盈余率（%）	43.64	29.48	28	5.29
	三年营业收入增长率（%）	11.1	16.98	0	
	总资产增长率（%）	7.88	3.07	18.52	-83.42
	营业利润增长率（%）	0.85	0	-154.11	100.00
	综合得分	12.21	12.62	4.9	157.55

在 2022 年农林牧渔行业中，牧原股份、立华股份等 15 家公司的发展能力指标值高于全部上市公司的平均值，占农林牧渔行业上市公司的 31.25%。

（五）市场表现

2022年，受新冠疫情、地缘政治、极端天气影响，农林牧渔板块发展整体呈震荡上升趋势。2022年农林牧渔行业指数总体呈下降趋势，年初行业股票指数为3853.20点，年末报收于3329.87点，年下跌13.58%，低于行业整体跌幅。从趋势上看，2022年农林牧渔指数变动情况整体与沪深300指数较为一致，并且农林牧渔指数始终低于沪深300指数。详见图16-1。

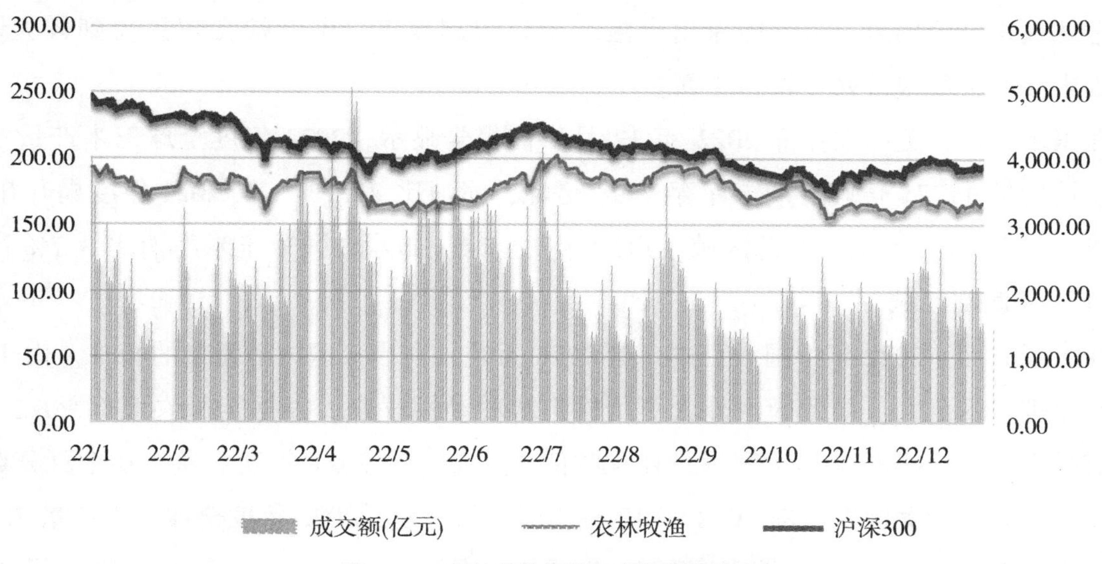

图16-1　农林牧渔指数与大盘指数波动

从综合得分看，2022年农林牧渔行业上市公司的市场表现状况得分为10.32分，相较于2021年在一定程度上有所上升。农林牧渔上市公司在市场表现上高于上市公司平均水平。

表16-6列示了农林牧渔行业上市公司的市场表现状况比较情况。市场投资回报率较2021年大幅度下降，原因在于，市场整体调整，供需变化，导致投资回报率大幅降低。股价波动率较2021年同样有所下降，原因在于，行业整体呈上升趋势，股市投资氛围与投资吸引力上升。

表16-6　农林牧渔行业市场表现状况比较表

分析指标	2022年上市公司平均值	2022年行业值	2021年行业值	增长率（%）
市场投资回报率（%）	-12.92	-6.35	1.29	-592.25
股价波动率（%）	98.53	80.18	96.27	-16.71
基本得分	9.09	10.32	7.56	36.51

二、2022年度农林牧渔行业上市公司业绩影响因素分析

2022年农林牧渔行业上市公司实现营业收入3569.25亿元，同比增长16.18%；实现营业利润

98.30亿元，同比增长133.83%。整体来看，2022年行业盈利能力同比有所好转，行业实现扭亏为盈；从子行业来看，2022年农林牧渔行业各子行业收入和营业利润均同比上升。

2022年农林牧渔行业上市公司业绩影响因素主要如下。

（一）全球粮食供给偏紧，全球粮价处于较高位置

在新冠疫情、地缘政治、极端天气等多重因素的影响下，多个粮食主产国粮食产量下滑，全球粮食供给偏紧，多个国家出台粮食出口限制政策，国际粮食贸易受到较大影响，多重因素导致全球粮价处在较高位置。

在玉米方面，美国农业部2022年12月供需报告显示，2022年度全球玉米产量11.62亿吨，消费量11.71亿吨，期末库存2.98亿吨，库消比22.1%，较2021年度提升0.2个百分点，处于2016年以来底部区域；2022年度全球（扣除中国）玉米库消比8.7%，处于2000年以来底部区域。

在大豆方面，2022年中国大豆进口量9978万吨，占当年国内消费量的88%。由于我国大豆常年进口量巨大，导致国内外大豆价格走势联动性很强。根据美国农业部2022年12月供需报告，2022年度中国大豆库消比预测值27.0%，较2021年度下降2.6个百分点。

在小麦方面，美国农业部2022年12月供需报告显示，2022年度全球小麦产量7.83亿吨，国内消费量7.91亿吨，期末库存2.68亿吨，库消比26.8%，较2021年度下降0.9个百分点，处于2015年以来最低水平；2022年度全球（扣除中国）小麦库消比14.4%，处于2008年以来最低水平。

在大米方面，美国农业部2022年12月供需报告显示，2022年度全球大米产量5.03亿吨，国内消费量5.17亿吨，期末库存1.69亿吨，库消比29.6%，较2021年度下降2个百分点，全球大米供给相对充足；2022年度全球（扣除中国）大米库消比为14.8%，处于2000年以来平均水平。

在稻谷方面，美国农业部2022年12月供需报告显示，2022年度中国大米期末库存1.08亿吨，库消比68.7%。国家粮油信息中心2022年10月供需报告预计，2022年度稻谷播种面积2995万公顷，较上年度增加3万公顷；单产7138公斤/公顷，较上年度增加25公斤/公顷；产量2.138亿吨，较上年度增加95.7万吨，稻谷生产继续巩固稳中有增势头，产量将连续12年保持在2亿吨以上。

（二）国家核证自愿减排量加速重启，林业碳汇市场发展加快

为了进一步激励企业优化能源结构、提升能效，加速节能减排，2021年7月，全国碳交易市场正式启动上线交易，通过市场化手段来引导碳减排资源的优化配置，降低全社会的减排成本。天津碳排放交易所数据显示，2022年全年，全国碳市场碳排放配额（CEA）总成交量5088.9万吨，总成交额28.14亿元（见图16-2），交易量较2021年大幅减少，主要受碳市场履约期长，市场供给偏多而需求不足影响。根据《2021、2022年度全国碳排放权交易配额总量设定与分配实施方案（征求意见稿）》，中国碳市场第二个履约周期为两年，控排企业需在 2023 年底前完成 2021、2022 年度配额清缴，在这很大程度上降低了 2022 年碳市场需求。

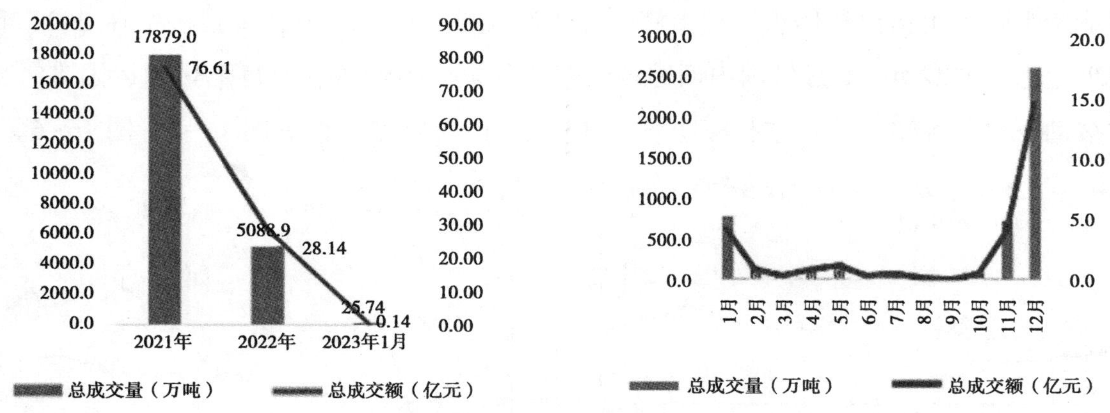

图 16-2　2021—2023 年 1 月全国碳市场碳排放配额（CEA）成交情况

目前，国家核证自愿减排量（Chinese Certified Emission Reduction，简称 CCER）市场供给已严重不足，呈现紧缺状态，价格大幅上涨。未来随着碳市场的扩容，CCER 需求量将进一步增加，重启 CCER 已成为大势所趋。2022 年 12 月，生态环境部应对气候变化司司长在国际金融论坛（IFF）2022 年全球年会上表示，下一步中国将争取尽早重启 CCER 市场，有力推进碳汇交易发展。

（三）生猪迎来新一轮周期，养殖企业盈利端持续好转

2022 年 4 月份以来，生猪价格开始上行，带动行业盈利好转。根据 Wind 数据，我国 22 个省市生猪周均价从 2022 年 4 月初的 12.23 元/公斤开始上涨，在 7 月份冲高至 24 元/公斤后有所调整，随后猪价于 10 月份冲高至 28.32 元/公斤，涨幅达到了 132%。生猪养殖行业自下半年开始实现盈利，2022 年 10 月份单头盈利一度超过 1000 元，处在历史较高位置，后续虽然生猪价格有所回落，但生猪养殖依旧维持在较好盈利区间。仔猪销售自 2021 年 7 月以来持续处于亏损状态，随着生猪价格的上涨，销售仔猪于 2022 年 5 月开始实现扭亏为盈，也使得 2022 年 10 月份以来自繁自养的养殖利润开始高于外购仔猪。详见图 16-3、图 16-4。

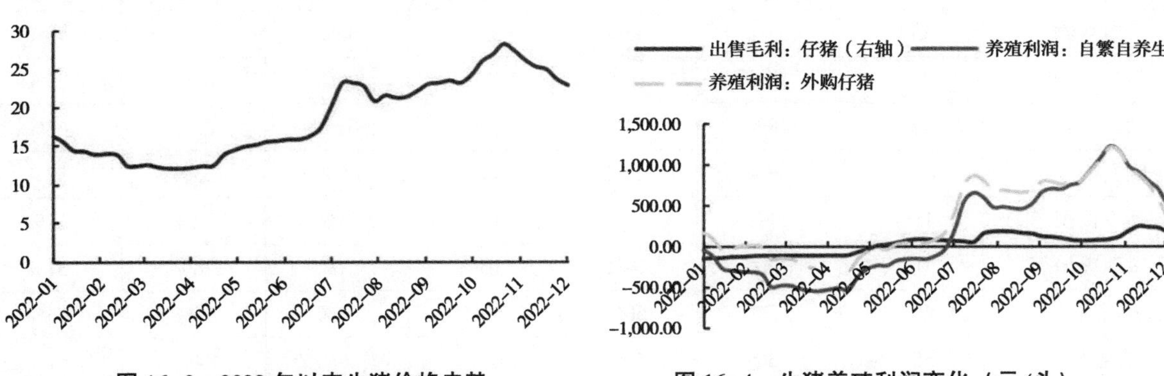

图 16-3　2022 年以来生猪价格走势　　**图 16-4　生猪养殖利润变化（元/头）**

由于上一轮猪周期中养殖户亏损严重，同时官方能繁母猪存栏量数据显示产能去化不足，所以即便本轮生猪价格快速上涨，养殖户对补充产能的积极性依旧较弱，更多的是选择补充仔猪或者二次育肥的方式来获取短期盈利。随着2022年9月份以来行业内二次育肥和压栏情绪走强，生猪出栏体重持续上涨，在供给端减少的背景下，生猪价格在2022年10月份出现超涨。2022年11月份国内新冠疫情出现反复，疫情防控使得生猪调运困难，部分养殖户被动压栏，生猪出栏体重持续上涨至130公斤/头左右。详见图16-5、图16-6。

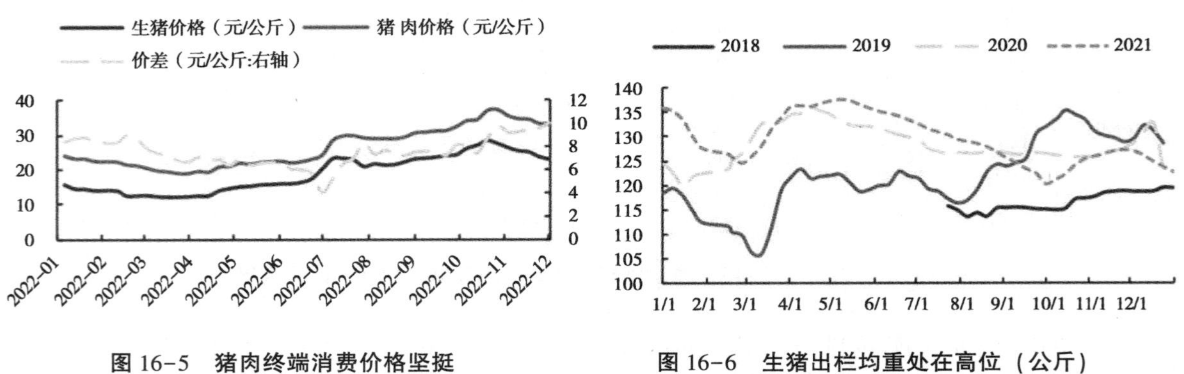

图16-5　猪肉终端消费价格坚挺

图16-6　生猪出栏均重处在高位（公斤）

多数规模企业能繁母猪存栏量自2022年二季度以来有所回升，同时多家企业已经恢复在建工程的建设，为后续出栏量的持续增长储备固定资产和生物性资产，随着规模企业能繁母猪的持续补充，出栏量增长的确定性逐渐加强。三季度以来规模企业普遍实现了扭亏为盈，公司资产负债率普遍降低，随着养殖企业盈利端的持续好转，公司资产负债率有望再度下降，经营风险持续降低。详见表16-7。

表16-7　主要养猪企业资产负债率有所改善

	2021Q1	2021Q2	2021Q3	2021Q4	2022Q1	2022Q2	2022Q3
牧原股份	48%	53%	58%	61%	65%	66%	61%
温氏股份	47%	56%	62%	64%	66%	66%	61%
新希望	61%	63%	65%	65%	68%	71%	70%
正邦科技	64%	69%	75%	93%	97%	103%	114%
天邦食品	53%	66%	75%	80%	84%	79%	76%
天康生物	55%	53%	55%	55%	56%	53%	49%
傲农生物	72%	76%	80%	87%	90%	84%	79%
唐人神	42%	48%	54%	58%	61%	63%	63%
巨星农牧	40%	39%	42%	45%	49%	53%	52%
神农集团	17%	11%	12%	13%	11%	12%	11%
东瑞股份	0%	13%	14%	16%	21%	28%	31%
大北农	48%	47%	50%	53%	56%	59%	60%
金新农	55%	56%	58%	66%	69%	74%	61%

（四）宠物赛道持续扩容，电商催化国产品牌崛起

对比海外宠物百年历史，中国宠物行业发展时间较短，行业有待发展。随着国内宠物市场规模的扩大以及养宠数量的增加，国内宠物行业产业链不断延伸，逐渐形成了上游宠物饲养、宠物交易，中游宠物食品、宠物用品，以及下游宠物医疗、宠物美容、宠物训练、宠物保险等一系列的商品和服务链条，产业赛道规模化、精细化程度不断提高。全球宠物市场规模变化情况见图 16-7，宠物食品市场规模变化情况见图 16-8。

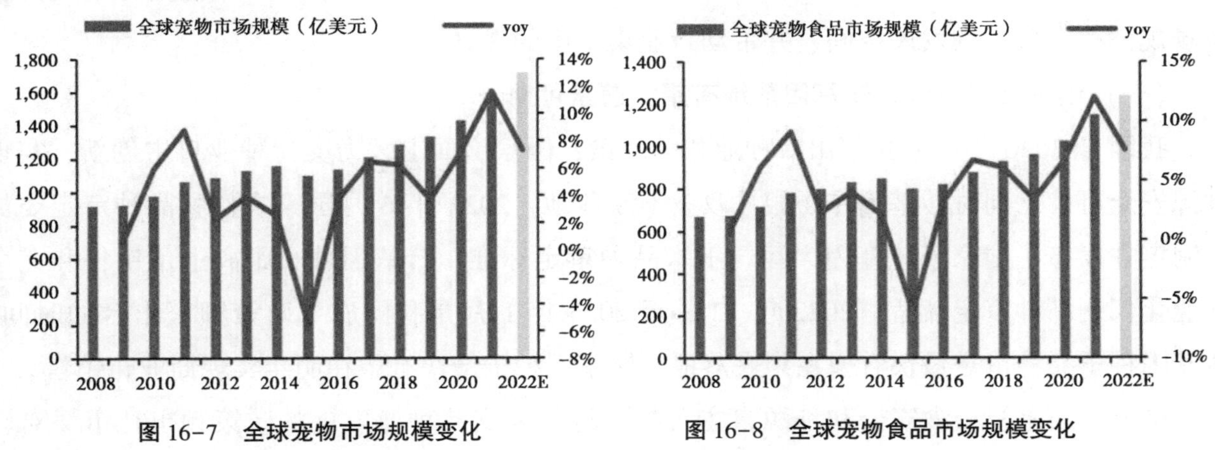

图 16-7　全球宠物市场规模变化　　图 16-8　全球宠物食品市场规模变化

电子商务的加速发展推动了国产品牌的崛起。宠物食品消费者高频、刚需以及要求便利性的购物习惯与电子商务的特点高度契合。2022 年“双十一”期间，天猫平台宠物市场销售额达 37.9 亿元，同比增长 30.2%。其中宠物食品整体高增，受我国宠物猫数量快速增长（2021 年我国宠物猫数量首次超过宠物犬，成为饲养最多的宠物）以及高端猫粮品牌激烈竞争驱动，猫主粮品类销量增长尤为明显，全价猫主粮销售额达 12.97 亿元，同比增长 49%。详见图 16-9、图 16-10。

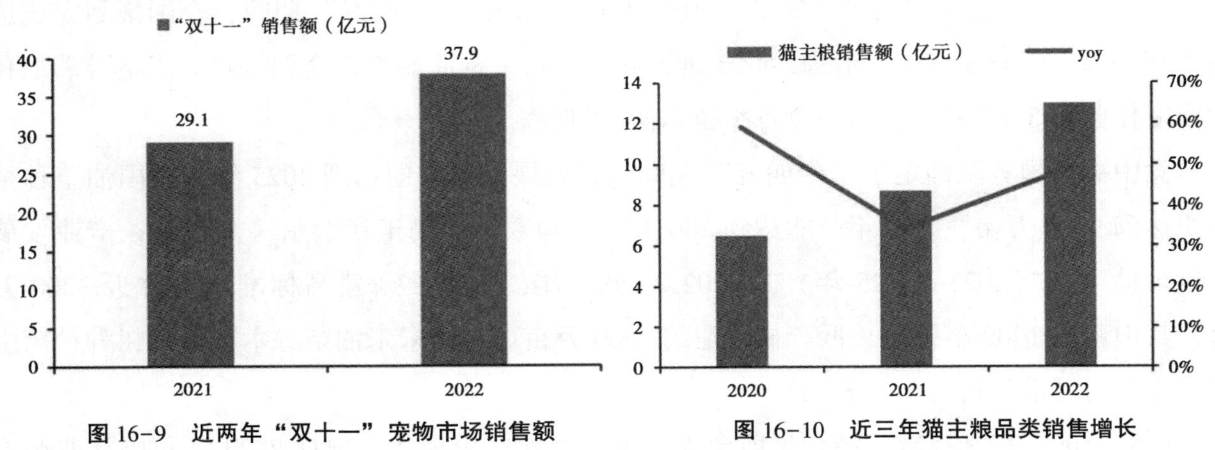

图 16-9　近两年“双十一”宠物市场销售额　　图 16-10　近三年猫主粮品类销售增长

三、2023 年农林牧渔行业前景分析

展望 2023 年，在农业方面，保障粮食安全依然是我国农业工作的重中之重，而保障粮

食安全的关键手段之一则是推动种业技术进步，预计 2023 年随着转基因配套法规的逐步落实，我国转基因作物商业化推广有望落地；在林业方面，生态文明建设的持续推进有望进一步提升我国林业选种的质量水平，其中碳达峰碳中和的目标要求则将推动林业碳汇市场的发展；在畜牧业方面，生猪养殖产能处于恢复期，高猪价下盈利开始兑现，2023 年猪价可能进入下行期，同时非瘟疫苗的发展将进一步推动行业扩容；在宠物行业方面，中国宠物行业仍然处于快速发展期，相较于国外市场，国内的宠物食品、医疗、玩具等相关行业市场规模存在较大的发展空间，并带动行业集中度的提升。

（一）粮价维持高位，转基因落地有望、前景可期

我国自 2020 年以来频繁出台种业相关政策，国家层面上大力支持种业自主创新，实现种源安全可控。同时转基因作物相关政策不断落地。2022 年 6 月国家农作物品种审定委员会制定并发布了国家级转基因大豆、玉米品种审定标准，转基因种子距离上市销售和完全商业化仅剩品种审定流程。2022 年 12 月至 2023 年 1 月是我国农业政策频繁出台的时间，转基因种子品种审定最快有望在年底落地，转基因种子最快有望在明年实现商业化销售。

国家层面重视粮食安全和种源自主可控，近年来支持种业发展的政策频出让市场对转基因作物商业化落地预期不断增强，预计最快 2023 年转基因种子有望实现商业化销售。转基因种子商业化销售有望增大行业空间，同时由于现在转基因技术的成熟度优于 21 世纪初，转基因作物推广速度可能会加快。种业知识产权保护政策的完善将提升行业的技术壁垒，从而提高种业公司科研创新的积极性，具有先进育种能力的公司有望开发出优质品种，改善行业竞争格局，提升行业盈利水平。

（二）生态文明建设持续推进，林草事业质量水平提升

《全国国土绿化规划纲要（2022—2030 年）》提出，“十四五”期间，全国规划完成造林种草等国土绿化 5 亿亩，治理沙化土地面积 1 亿亩。据此测算，全国每年人工造林和退化林修复任务约 3400 万亩，约需要各类苗木 40 多亿株。

党中央、国务院确定了“十四五”期间油茶发展目标，即：到 2025 年，全国油茶种植面积达到 9000 万亩，茶油年产能达到 200 万吨。国家林草局正在编制《加快油茶产业发展三年行动方案（2023—2025 年）》。2023—2025 年，全国要新建高标准油茶林近 3200 万亩，其中新增 1900 多万亩，低产林改造约 1300 万亩。预计未来油茶等木本油料树种种苗生产供应量与需求量将稳步上升。

面对新的形势和要求，结合当前全国苗木生产和使用现状，预计 2023 年我国林业苗木供需情况如下：

1. 苗木生产供应量将持续下降

随着耕地保护政策的持续深入实施，用于育苗的土地面积将逐步减少。预计 2023 年全国育苗面积将从 2021 年的 125 万公顷减少到 110 万公顷左右，全国苗木的可供造林用苗量将从 2021 年的 356 亿株减少到 282 亿株左右。

2. 苗木需求量将逐步减少

“十四五”期间人工造林面积大幅减少，2022 年造林总计划约为 5000 万亩，其中人工造林面积仅为 1370 万亩，相比 2021 年有了较大幅度的下降。封山育林和退化林修复将占到更大比重，合计约为 3450 万亩。除此之外，耕地红线必须严守，可供绿化土地减少，今后绿化工程主要以“见缝插绿”的方式推进，包括“四荒”“四旁”及城市景观、口袋公园等，苗木使用量将有所降低。预计 2023 年全国苗木使用量将继续下降，约为 86 亿株。

3. 对苗木品种及质量的要求将越来越高

一是对珍贵乡土树种的需求增多。二是轻基质育苗和温室容器育苗将被市场推崇。三是抗逆性树种持续走俏，如适于“四荒”种植环境的耐瘠薄、耐盐碱、耐水湿、抗风沙、抗寒的树种将是市场需求树种的方向。四是 2~3 年生油茶良种容器苗需求将大幅增加。五是造林绿化用苗在冠型、苗龄和培育成本的选择上更注重科学性，如树形自然的全冠苗、节水耐旱的苗木将更受关注。

4. 碳达峰碳中和目标推动林业碳汇市场发展，要求林业选种具备更好的碳汇发展潜力

目前我国正抓紧修订 CCER 管理办法，CCER 有望在 2023 年重启。而林业碳汇作为 CCER 重要组成部分之一，在 CCER 重启后将迎来快速发展。预计到 2030 年，森林碳汇交易整体市场规模有望达到 1344 亿元。

（三）高存量需求支撑业绩增长，非瘟疫苗持续催化

2022 年二季度以来能繁母猪存栏量恢复正增长，带动 2023 年一季度生猪存栏量处于高位，疫苗与化药产品需求得以支撑。同时在一季度猪价底部震荡的背景下，拥有较强渠道实力以及产品竞争力的头部动保企业有望在本轮恢复中展现更大的弹性。长期来看，新品研发是行业发展的核心驱动力，当前各家非洲猪瘟疫苗研发进程稳步推进，若顺利上市销售，或将重塑猪用疫苗市场竞争格局。

非瘟疫苗研发进展将进一步推动行业扩容。目前国内非瘟疫苗研发主要有 3 条路线：一是基因缺失苗，目前尚存安全性问题，研发进度基本处于搁置状态；二是亚单位路线（兰研所和普莱柯，中科院和生物股份、中牧股份）；三是活载体路线（科前生物和军事兽医研究所）。各家非瘟疫苗研发进程顺利推进，若实现商业化上市，行业竞争格局有望重塑。

（四）宠物经济国产品牌发力，行业集中度有望继续提升

宠物产业是迎合社会发展和消费趋势的优质赛道。随着我国养宠人群和家庭持续增多，未来宠物市场规模仍将保持增长，预计 2023 年宠物市场规模有望达到 4456 亿元，2019—2023 年复合增速将超过 15%。近年来我国居民养宠规模持续增大，但当前国内家庭宠物渗透率仅在 20%左右，对标欧洲 47%的渗透率经验目标，未来仍有较大的提升空间。详见图

16-11、图 16-12。

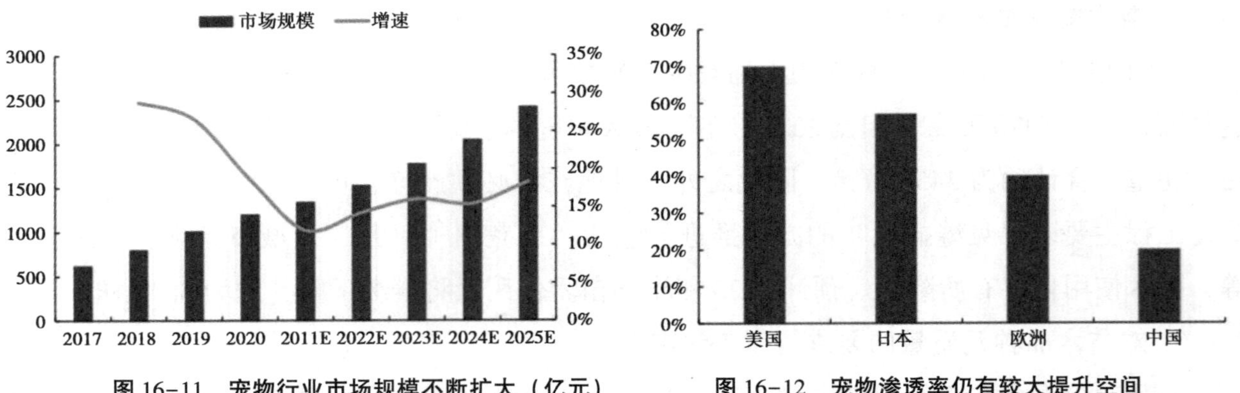

图 16-11　宠物行业市场规模不断扩大（亿元）

图 16-12　宠物渗透率仍有较大提升空间

宠物板块主要企业多以零食起家，通过产能扩张，向优质干粮、湿粮、新型食品扩展，不断完善产品品类。当前海外巨头占有国内宠物食品和医疗等细分市场较高份额。因此，随着未来国产企业产能持续扩增、品牌化不断推进，宠物产业将迎来国产替代机遇。

（1）国内宠物食品行业头部企业（如中宠股份、佩蒂股份等）产能扩建，将进一步拉开与中小企业的差距，行业集中度有望持续提高。龙头企业营收近年来快速增加，并且随着募资项目的投产和品牌影响力的提升，营收仍有较大的增长空间。

（2）在品牌打造方面，国内宠物食品企业大多采取多品牌策略，逐步打造自有+代理的完整品牌矩阵，并不断塑造中高端优质品牌形象。为更好地触达潜在消费群体，国内企业充分借助抖音短视频、直播带货、小红书种草和社区营销等广泛引流，快速提升品牌热度；并通过明星代言和综艺冠名加强消费者信任，提升品牌认知和产品公信力。

附表 2022年度农林牧渔行业上市公司业绩评价结果排序表

序号	A股上市公司评价得分排序	股票代码	股票简称	综合得分(100)	评价等级	每股收益(元)	总资产报酬率(%)	净资产收益率(%)	总资产周转率(次)	流动资产周转率(次)	资产负债率(%)	已获利息倍数	营业收入增长率(%)	资本扩张率(%)	市场投资回报率(%)	股价波动率(%)	年末资产总额(万元)	营业收入(万元)	净利润(万元)
1	17	002714	牧原股份	85.90	AAA	2.49	9.54	18.76	0.67	2.24	54.36	7.07	58.23	28.37	-12.92	57.12	19294761.18	12482621.22	1493340.06
2	56	300498	温氏股份	81.20	AA	0.82	7.45	13.7	0.86	2.32	56.25	4.57	28.87	23.5	-2.44	71.57	9808449.69	8370818.72	564139.91
3	129	600598	北大荒	77.70	A	0.55	10.39	13.15	0.52	1.27	15.52	0	17.42	3.58	-5.26	34.59	822809.28	426157.2	94629.97
4	163	300761	立华股份	76.50	A	2.11	8.1	11.7	1.17	3.46	37.65	10.08	29.79	36.04	-5.26	82.43	1365600.96	1444746.42	89045.68
5	550	300087	荃银高科	70.00	BB	0.35	7.74	13.02	0.81	1.09	56.81	9.42	38.47	32.84	-14.29	54.24	507810.85	349054.48	30736.67
6	648	605296	神农集团	69.00	BB	0.49	4.56	5.76	0.62	1.27	14.46	37.96	18.89	4.05	-19.51	50.87	546926.27	330448.44	25538.14
7	824	002982	湘佳股份	67.10	BB	1.04	4.45	5.15	1.15	2.93	49.47	5.03	27.2	13.81	-15.69	61.9	378209.9	382299.97	11322.72
8	967	600313	农发种业	65.60	BB	0.21	10.65	5.26	1.42	2.22	35.51	21.12	39.42	15.22	86.96	197.33	400450.96	524826.3	30690.89
9	1001	600371	万向德农	65.30	BB	0.25	9.08	11.98	0.28	0.38	30.03	0	5.99	7.74	9.62	54.6	89825.57	23497.17	7968.1
10	1013	603477	巨星农牧	65.20	BB	0.31	3.56	8.06	0.6	1.71	48.85	3.88	33.02	11.5	38.89	136.29	725393.51	396793.83	16137.75
11	1052	002041	登海种业	64.80	B	0.29	5.98	5.71	0.3	0.36	22.49	749.13	20.45	7.05	-13.46	45.29	462768.22	132579.4	28894.77
12	1123	002299	圣农发展	64.20	B	0.33	3.59	3.51	0.94	3.31	47.47	3.6	16.15	0.2	5.36	90.83	1892832.7	1681708.58	40570.12
13	1140	300970	华绿生物	64.10	B	0.67	3.64	4.28	0.39	0.92	23.12	8.12	30.01	5.91	-34.55	102.23	198036.31	75159.39	7766.6
14	1158	000713	丰乐种业	64.00	B	0.1	2.35	2.15	1.07	1.96	30.77	7.86	14.83	4.23	-3.45	50.85	292398.67	300525.93	5488.47
15	1216	300106	西部牧业	63.50	B	0.06	4.64	5.98	1.16	2.23	38.68	5.79	17.43	6.71	-11.76	68.41	119018.15	132451.46	4591.84
16	1227	002772	众兴菌业	63.40	B	0.4	3.33	5.42	0.3	0.64	48.48	2.76	26.61	4.11	0	63.31	656914.13	197027.44	15889.4
17	1251	600354	敦煌种业	63.20	B	0.04	4.04	7.26	0.57	0.86	62.51	3.58	8.95	10.24	21.05	71.88	194713.97	100468.08	6360.18
18	1294	002696	百洋股份	62.80	B	0.18	3.32	3.03	1.14	2.22	47.55	2.82	10.63	4.67	22.73	56.01	289043.19	321398.87	6759.38
19	1537	000735	罗牛山	60.90	B	0.08	1.75	1.46	0.24	0.76	61.94	2.12	53.99	14.13	-2.38	36.59	1267097.59	288233.46	11444.95
20	1543	300972	万辰生物	60.80	B	0.31	4.3	4.06	0.54	1.89	43.46	10.9	29.08	2.88	-20	90.58	118924.45	54926.5	4156.59
21	1687	600097	开创国际	59.70	CCC	0.44	3.92	1.86	0.61	1.38	38.07	10.7	-1.99	5.51	-5.88	63.56	343444.96	194091.82	10971.09
22	1808	000798	中水渔业	58.70	CCC	0.03	2.01	-4.44	0.51	1.42	28.97	3.03	29.05	71.32	38.89	114.28	134890.88	59671.78	713
23	1975	600359	新农开发	57.40	CCC	0.17	4.79	3.18	0.35	0.84	68.96	3.69	-5.53	11.48	7.69	53.74	189506.41	64747.8	6353.47
24	2153	601118	海南橡胶	56.10	CCC	0.02	1.49	-6.75	0.73	1.95	55.96	1.24	0.25	-0.2	0	53.56	2253122.03	1537127.11	3835.4
25	2393	600108	亚盛集团	54.30	CC	0.04	2.3	0.96	0.43	0.96	53.34	1.52	9.2	0.39	-8.82	50.83	873303.65	363920.44	6976.08
26	2441	300967	晓鸣股份	54.00	CC	0.04	1.13	0.97	0.6	3.33	45.07	1.73	9.96	-3.27	-29.17	74.61	145341.07	78551.05	732.31
27	2462	600975	新五丰	53.90	CC	-0.09	1.87	-5.34	0.64	2.26	71.18	0.38	146.26	30.29	1.96	93.96	1008513.77	493223.94	-4902.92
28	2604	001201	东瑞股份	52.70	CC	0.2	1.69	0.75	0.29	1.12	34.14	2.42	15.68	0.27	-9.26	86.5	471614.18	121677.97	4289.84
29	2928	002124	天邦食品	49.50	C	0.27	5.25	-26.33	0.5	2.3	79.61	1.88	-8.91	7.41	-7.34	71.78	1955153.2	957094.21	47691.42

续 表

序号	A股上市公司评价得分排序	股票代码	股票简称	综合得分（100）	评价等级	每股收益（元）	总资产报酬率（%）	净资产收益率（%）	总资产周转率（次）	流动资产周转率（次）	资产负债率（%）	已获利息倍数	营业收入增长率（%）	资本扩张率（%）	市场投资回报率（%）	股价波动率（%）	年末资产总额（万元）	营业收入（万元）	净利润（万元）
30	2994	600467	好当家	48.80	C	0.04	2.54	1.27	0.18	0.57	49.11	1.63	-4.84	1.18	-3.85	52.95	661225.55	119297.56	5823.82
31	3153	002069	ST 獐子岛	47.10	C	0.01	4.83	-7.25	0.82	1.32	94.84	1.56	-2.99	37.71	9.09	67.31	243483.7	202059.72	2826.63
32	3398	600506	统一股份	43.60	C	-0.56	-0.84	-59.22	0.65	1.27	82.06	-0.23	475.22	85.71	6.67	50.75	251120.02	201059.92	-8422.24
33	3499	002200	ST 交投	41.80	C	0.06	-0.3	-6.94	0.23	0.53	88.46	0.94	48.93	39.74	0	55.5	278793.54	58419.33	-116.26
34	3665	300511	雪榕生物	38.50	C	-0.59	-7.06	-25.45	0.55	2.24	60.07	-2.99	12.49	-1.74	-17.39	52.25	407203.21	232043.2	-39411.55
35	3713	300189	神农科技	37.20	C	-0.06	-5.75	-3.38	0.18	0.53	14.2	-122.21	28.9	-6.62	-13.33	72.57	103607.19	19056.32	-6301.06
36	3786	002458	益生股份	35.70	C	-0.37	-5.35	-12.88	0.36	2.41	51.95	-4.49	1.04	-11.93	25	144.47	593432.7	211160.22	-38718.39
37	3789	002234	民和股份	35.60	C	-1.3	-11.96	-16.36	0.41	1	32.5	-19.12	-9.39	-14.66	16.67	64.4	395481.67	160864.36	-46490.9
38	3802	002086	*ST 东洋	35.20	C	-2.1	-65.47	244.85	0.27	0.73	157.64	-16.61	61.79	-373.51	-26.67	117.57	200196.18	62930.23	-158220.58
39	3802	002679	福建金森	35.20	C	0.04	3.3	0.92	0.09	0.1	60.18	1.18	-8.32	0.25	-20.83	62.86	191815.06	17408.44	1016.75
40	3823	600257	大湖股份	34.70	C	-0.15	-0.78	-7.59	0.49	1.07	53.68	-0.33	-15.29	-6.87	-20.41	89.73	216187.63	109471.28	-7409.02
41	3884	000592	平潭发展	32.50	C	-0.12	-5.14	-4.39	0.28	0.35	44.37	-241.38	-26.86	-8.31	-15	51.6	410566.25	117500.53	-19423.64
42	3892	600540	新赛股份	32.30	C	-0.48	-10.72	-47.05	0.52	0.78	71.43	-7.78	20.72	52.25	-23.81	73.99	263684.77	132423.27	-30610.36
43	3936	002321	ST 华英	31.00	C	-0.28	-11.77	-7.13	0.74	1.38	61.43	-5.61	-9.21	-7.57	-28.57	68.6	352879.64	289836.45	-55285.64
44	3969	002157	*ST 正邦	30.20	C	-4.28	-37.05	316.06	0.41	1.49	148.41	-9.01	-69.76	-429.59	-58.43	176.67	2345910.77	1441503.89	-1434585.19
45	4012	000998	隆平高科	29.10	C	-0.67	-4.14	-11.86	0.26	0.61	60.6	-3.01	5.29	-8.15	-24.58	77.75	1460471.07	368880.57	-77219.53
46	4262	600265	ST 景谷	23.20	C	-0.17	-4.77	-22.1	0.29	0.45	67.07	-5.07	-17.39	-11.28	-28.57	87.42	46523.63	11319.63	-2228.25
47	4425	300313	*ST 天山	18.30	C	-0.1	-2.83	-21.91	0.13	0.53	71.65	-1.16	-29.29	-17.66	-20	84.57	33214.56	7635.03	-3204.64
48		831087	秋乐种业	66.20	BB	0.46	10.24	15.37	0.76	0.98	31.46	183.96	29.23	86.89	-72.73	257.8	71333.65	43754.41	6171.93

第十七章

房地产行业上市公司业绩评价

从国民经济上下游产业链的关系看，房地产行业处于承上启下的位置，在经济和社会发展中发挥着重要作用。2022 年全年房地产开发投资 132895 亿元，比上年下降 10.0%，全年房地产行业调控经历了从趋紧到逐步稳定的过程，继续抑制投机活动，降低市场风险，稳步推进去库存的任务。截至 2022 年 12 月末，商品房待售面积 56366 万平方米，比上年增长 10.5%。其中，住宅待售面积增长 18.4%。受到疫情和整体行业环境收紧影响，房地产行业指数（申万）全年震荡下行，全年最终跌幅为 14.29%。2022 年 12 月份，房地产开发景气指数（简称“国房景气指数”）为 94.35。预计 2023 年房地产行业整体将继续处于调整升级的状态，以促进房地产业良性循环和健康发展，维持房地产市场稳定发展。“保交楼稳市场”预计将成为行业的主要基调。

一、房地产行业上市公司业绩评价结果

截至 2022 年末，房地产行业 A 股上市公司共 114 家，其中 76 家盈利，占比 66.67%。房地产行业综合评价分值为 41.67 分，低于全部上市公司的综合评价分值 52.65 分。房地产行业 114 家上市公司业绩评价等级如下：1 家 A、5 家 BBB、4 家 BB、9 家 B、11 家 CCC、10 家 CC 和 74 家 C。

2022 年房地产行业 114 家上市公司资产总额合计为 13.00 万亿元，占全部上市公司的比例为 13.42%；实现主营业务收入 2.74 万亿元，占全部上市公司的比例为 4.45%；实现利润总额达到 0.03 万亿元，占全部上市公司的比例为 0.82%；实现净利润-0.04 万亿元，占全部上市公司的比例为-1.24%；房地产行业扣除非经常性损益净资产收益率的平均值为-2.25%，远低于全部上市公司 7.31%的平均值；房地产行业上市公司 2022 年度市场投资回报率为-2.31%，高于全部上市公司的市场投资回报率-12.92%；房地产行业上市公司股

价波动率为94.43%，略低于全部上市公司的股价波动率98.53%。房地产行业评价得分前十名的公司中（详见表17-1），排名较为靠前的多为物业租赁及物业服务业。

表17-1 房地产行业评价得分前十名的公司

名次	股票代码	股票简称	业绩得分	在A股上市公司中评价得分排序
1	60102020	中国国贸	78.60	108
2	60102020	新大正	74.80	230
3	60102040	特发服务	73.70	282
4	60102030	沙河股份	71.10	454
5	60102030	华联控股	70.80	477
6	60102040	招商积余	70.80	477
7	60102020	南都物业	69.80	567
8	30202010	京基智农	69.60	588
9	60102030	天地源	68.40	696
10	60102030	金地集团	65.90	928

基于对房地产行业上市公司的整体评价，下面分别从财务效益、资产质量、偿债风险、发展能力和市场表现五个方面对房地产行业上市公司进行具体分析。

（一）财务效益

2022年受疫情和行业环境下行等因素的影响，整体行业财务效益状况下降，无论是扣除非经常性损益净资产收益率还是股本收益率，相较于2021年均出现不同程度的下降。这主要是由于，2022年一方面疫情反复导致整体宏观经济受到一定程度的影响，另一方面下半年房地产行业的信用受到部分房企违约事件的影响，行业整体经营环境受到打击，进而导致市场需求处于观望情绪中。虽然各家上市公司采取了多种多样的营销方式，提升销售能力，以期提升财务效益，但是相对于2021年，房地产行业在财务效益上仍然受到了较大的冲击。具体财务效益状况如表17-2所示。

财务效益评价得分排名前三的分别是京基智农、中国国贸及中新集团，均为房地产经营公司及物业管理公司。其中中国国贸聚焦核心资产，使其能够以持续地获取稳健的现金流提升运营能力和财务效益，2022年实现营业收入34.42亿元，比上年下降4.01%；实现营业利润13.82亿元，盈利现金保障倍数1.63。房地产开发类企业中，财务效益评价得分最高的为沙河股份，企业以深圳为依托，2022年实现营业收入7.64亿元，比上年增长18.99%；实现营业利润1.19亿元，盈利现金保障倍数1.42。

表 17-2　房地产行业财务效益状况比较表

分析指标		2022 年全部上市公司平均值	2022 年行业值	2021 年行业值	增长率（%）
基本指标	扣除非经常性损益净资产收益率（%）	7.31	-2.25	2.62	-185.88
	总资产报酬率（%）	5.28	1.3	2.34	-44.44
	基本得分	21.13	13	15.56	-16.45
修正指标	营业利润率（%）	6.65	1.59	6.16	-74.19
	盈利现金保障倍数	1.84	0	3.95	-100.00
	股本收益率（%）	45.68	-26.19	16.55	-258.25
	综合得分	23.6	11.31	19.71	-42.62

（二）资产质量

资产质量方面，房地产行业整体资产质量状况相较于 2021 年略显下降。事实上，由于去年疫情的反复，整体房地产行业销售去库存受到一定程度的影响，导致行业整体应收账款周转率和存货周转率同比有所下降，具体见表 17-3。

在房地产行业上市公司资产质量状况评价中，仅有 5 家公司得分在 10 分以上，均为房地产物业管理及房地产运营公司，另有 59 家得分为 0，绝大部分为房地产开发企业。这说明房地产运营及物业服务类公司资产质量整体水平明显好于开发类上市公司；行业整体资产质量相对于全国平均水平而言也有一定的差异，资产质量较低的上市公司地产开发类占比较大，仍然需要通过转型升级提升资产质量。以新大正为例，其总资产周转率为 1.66 次，处于行业中上等水平，存货周转率为 430.08 次，远高于行业其他公司，主要受益于公司以高周转轻资产运营为主的发展模式，其主营业务为公共建筑物业服务，同时专注于智慧城市公共建筑与设施的运营和管理。公司历年来专注市场竞争，高周转经营的模式加速了现金回流能力，结合推进全国化市场拓展的战略布局，多措并举提升市场拓展能力。公建业态的拓宽拓广，使得运营团队的管理能力得以提升，最终实现资产质量和企业运营能力的总体提高。房地产开发类上市公司卧龙地产持续深耕绍兴区域，同时择机布局一些核心二线城市及核心一线城市周边二三线城市，2022 年实现总资产周转率为 0.76 次，处于行业中上等水平，存货周转率为 1.19 次，同样处于行业上游水平。

表 17-3　房地产行业资产质量状况比较表

分析指标		2022 年全部上市公司平均值	2022 年行业值	2021 年行业值	增长率（%）
基本指标	总资产周转率（次）	0.66	0.2	0.22	-9.09
	流动资产周转率（次）	1.27	0.26	0.27	-3.70
	基本得分	9.8	1.6	1.92	-16.67

续 表

分析指标		2022年全部上市公司平均值	2022年行业值	2021年行业值	增长率（%）
修正指标	应收账款周转率（次）	8.67	11.03	12.21	-9.66
	存货周转率（次）	3.25	0.32	0.33	-3.03
	综合得分	9.31	4.05	4.84	-16.32

（三）偿债风险

受2021年出台的“三条红线”政策持续发力影响，2022年行业整体融资环境严峻。部分企业的实质性违约事件使得整体行业发展环境进一步恶化，叠加疫情影响，需求端销售回款现金回流大幅下降，房地产行业的偿债风险加大。与2021年相比较，2022年房地产行业上市公司偿债风险状况平均得分下降了-2.63%。

表17-4列示了房地产行业偿债风险状况评价结果。在房地产行业上市公司偿债风险状况指标中，排名前五的分别为万业企业、海南高速、卧龙地产、大龙地产及世荣兆业。其中较为典型的是万业企业，该企业在全年经营稳健，有效推出契合市场需求的产品，加快产品销售和资金回笼，提升现金流量和盈利能力，进而降低偿债风险。

表17-4 房地产行业偿债风险状况比较表

分析指标		2022年全部上市公司平均值	2022年行业值	2021年行业值	增长率（%）
基本指标	资产负债率（%）	58.63	79.17	79.2	-0.04
	已获利息倍数	5.4	1.23	2.21	-44.34
	基本得分	8.81	2.59	2.66	-2.63
修正指标	速动比率（%）	86.08	46.33	47.14	-1.72
	现金流动负债比率（%）	14.64	2.79	4.31	-35.27
	带息负债比率（%）	41.74	33.7	32.11	4.95
	综合得分	8.92	8.79	3.14	-2.23

（四）发展能力

从综合得分来看，2022年房地产行业上市公司发展能力明显低于全部上市公司，从盈利能力到资本扩张均为同比下降的情况。

表17-5列示了房地产行业发展能力状况评价结果。在房地产行业上市公司发展能力状况指标中，排名前五位的公司分别是沙河股份、中天服务、滨江集团、天地源和京能置业。以滨江集团为例，其资本扩张率41%、累计保留盈余率41.16%，各项指标均比较靠前，规模的稳定扩张和运营能力的不断提高为企业发展提供了强大的动力。这主要是因为企业一贯保持人员精干高效和稳定，通过提升管理水平，准确把握精准投入、控制成本、保证品质，推动企业更好地发展。

表 17-5　房地产行业发展能力状况比较表

分析指标		2022 年全部上市公司平均值	2022 年行业值	2021 年行业值	增长率（%）
基本指标	营业收入增长率（%）	8.8	-8.1	8.56	-194.63
	资本扩张率（%）	9.1	-4.39	3.62	-221.27
	基本得分	12.01	7.88	9.29	-15.18
修正指标	累计保留盈余率（%）	43.64	38	40.89	-7.07
	总资产增长率（%）	7.88	-5.44	4.21	-229.22
	三年营业收入增长率（%）	11.1	3.68	12.94	-71.56
	营业利润增长率（%）	-99.36	-75.73	-51.72	46.42
	综合得分	10.05	8.03	9.81	-18.14

2022 年房地产行业上市公司资本扩张率由 3.62%降至-4.39%，累计保留盈余率由 40.89%降至 38%，营业利润增长率由-51.72%降至-75.73%。这说明房地产行业上市公司首先受到宏观调控政策的影响导致销售增速有所减慢，且扩张速度逐步放缓，其次由于 2022 年全年疫情反复叠加行业环境受创导致整体上市公司趋于保守发展，企业主要集中于增加销售力度回笼资金以应对未来新的行业环境。

（五）市场表现

从综合得分来看，房地产行业上市公司市场表现状况有所上升，但全年整体表现为震荡下行。

表 17-6 列示了房地产行业市场表现状况评价结果（满分 15 分）。在房地产行业上市公司市场表现状况指标中，有 82 家得分高于全国上市公司平均水平。其中市场表现 13 分以上的有 11 家，主要为房地产开发类公司。

表 17-6　房地产行业市场表现状况比较表

分析指标	2022 年全部上市公司平均值	2022 年行业值	2021 年行业值	增长率（%）
市场投资回报率（%）	-12.92	-2.31	13.95	-116.56
股价波动率（%）	98.53	94.43	92.08	2.55
综合得分	9.09	10.27	8.77	17.10

2022 年，宏观调控虽有明显松动，但“三条红线”政策余波持续，部分房企的暴雷也对整体行业产生了巨大的冲击。房地产行业指数与沪深 300 指数波动情况如图 17-1 所示。

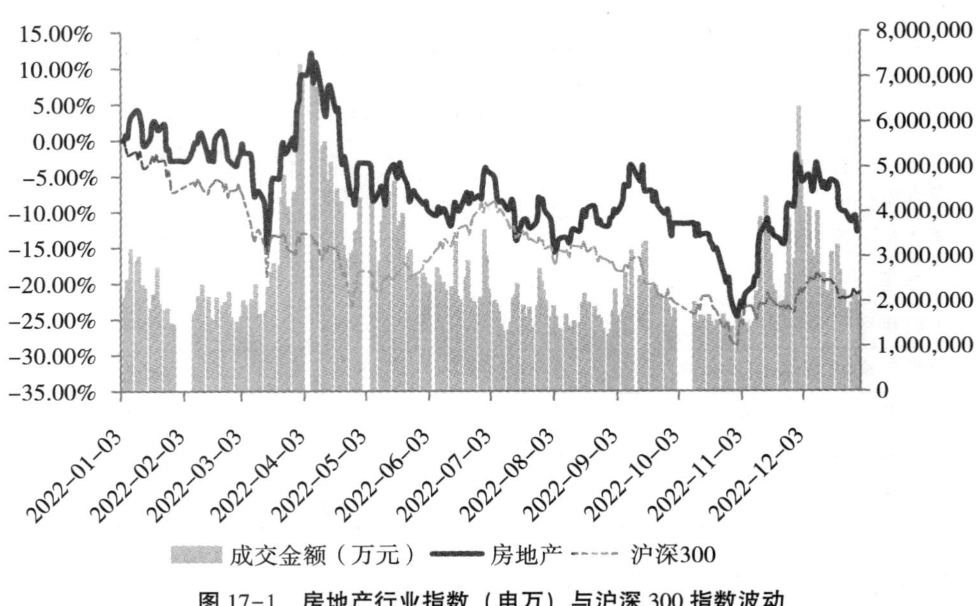

图 17-1　房地产行业指数（申万）与沪深 300 指数波动

数据来源：同花顺资讯。

二、2022 年度房地产行业上市公司业绩影响因素分析

总体来看，在国际、国内宏观经济市场下行，经济增长速度明显放缓，疫情反复等超预期原因叠加下，2022 年全年房地产市场继续延续 2021 年下行态势，同时行业进入风险的暴露及释放年，行业整体面临前所未有的挑战。房地产市场进入深度调整阶段，整体的结构化转型和分化调控进一步加速。房地产行业上市公司作为社会经济发展的重要组成部分和代表力量，也在稳步推进自身的结构调整和转型升级。2022 年房地产行业 114 家上市公司实现主营业务收入 2.74 万亿元，同比下降 8.10%；实现净利润-0.04 万亿元，同比下降-143.51%。2022 年对房地产行业上市公司业绩产生重要影响的因素有以下几个方面：

（一）趋紧调控政策余波叠加疫情因素，影响行业销售业绩

一方面，为更好地促进房地产行业健康发展，推动和完善房地产行业长效机制的建立，各地自 2020 年 8 月开始试行“三条红线”政策及“两集中”政策。趋紧的政策直接导致外部融资环境收紧，企业的资金链愈发脆弱。2022 年，房企债务违约事件持续发生，房地产金融审慎管理制度使得商业银行开发贷发放极为审慎。房地产信托投资在强监管及房企信托违约事件频发的双重压力下不断压降规模。同时房企海外债发行规模大幅下降，房企现金流断裂债务违约以及楼盘停工的现象频发。虽临近年末“三支箭”政策及“支持房地产金融十六条”等为融资强监管松绑的政策落地，但市场反应仍需一定时间，整体来看居民购房仍主要以观望情绪为主。

另一方面，房地产企业由于近几年维持高负债、高杠杆、高周转经营模式的运转，高

度依赖外源性融资和经营性现金流。趋紧政策下信用危机迅速爆发，楼盘停工叠加全年疫情反复，在外部经济下行形势影响下，购房者集体停贷事件致使企业经营现金流同时加剧，降价出清的销售模式进一步导致房地产行业整体观望情绪严重，市场去库存难度进一步加大。

根据国家统计局公布的70城商品住宅销售价格变动数据，2022年，70个大中城市的新建商品住宅销售价格同比下降2.29%，二手商品住宅销售价格同比下降3.76%。70个大中城市中，新建商品住宅销售价格同比下降的城市数量为63个，二手住宅销售价格同比下降的城市数量为64个。从住房销售价格的环比走势来看，自2021年9月以来，70城新建商品住宅和二手住宅销售价格环比下跌的态势已持续16个月，房价持续下行压力较大。

（二）行业结构性调控风向转变，实现行业稳定基础上结构化调整成为主要风向

2022年政策主要转向现金流及债务错配风险，实现行业改革稳定基础上的结构性调整，全年一系列松绑政策也逐渐从“保项目”向“保项目与救企业并重”方向转变，意在实质性支持从国企、央企至民营企业整个行业的稳定转型。政府层面，2022年1—10月，政策核心目的为“保交楼”。8月住房建设部消息明确表示“保交楼、稳民生”为当前住房工作的迫切任务。住房建设部、财政部、人民银行等相关部门相继出台措施，力求通过政策性银行专项借款方式支持已售逾期难交付住宅项目建设交付。

2022年11月起，政策转向“保项目与救企业并重”。为扩大收益企业及房企融资规模，通过保企业的手段进一步实现保项目的目的，为此先后落地了“三支箭”政策，从债券、信贷、股权三个融资主渠道保障房地产供给侧的稳定和安全，以求达到“保供给、稳信心”的行业变革平稳过渡，为行业的健康发展提供重要保障。

1.“第一支箭”：信贷

11月，人民银行和银保监会正式发布金融支持房地产行业新政《关于做好当前金融支持房地产市场平稳健康发展工作的通知》，该通知包含16条内容，涉及开发贷、信托贷款、并购贷、保交楼、房企纾困、贷款展期等诸多领域，进一步强调了金融机构对房地产企业的支持以及对金融机构的一些约束有所松绑。从供给端来看，鼓励金融机构在区分项目子公司风险与集团控股公司风险同时保证债权安全、资金封闭运作的基础上，按照市场化原则满足房地产项目合理融资需求。据中指研究院2022年12月中旬发布的数据，60余家银行已向超100家房企授信4万亿元。

2.“第二支箭”：债券

在人民银行的支持和指导下，交易商协会继续推进并扩大民营企业债券融资支持工具（即“第二支箭”），支持包括房地产企业在内的民营企业发债融资。“第二支箭”由人民银行再贷款提供资金支持，委托专业机构按照市场化、法治化原则，通过担保增信、创设信用风险缓释凭证、直接购买债券等方式，支持民营企业发债融资。截至2022年11月，房企已经累计获得1210亿元发债支持。

3. “第三支箭”：股权

2022年11月28日，证监会新闻发言人就资本市场支持房地产市场平稳健康发展答记者问称，恢复上市房企和涉房上市公司再融资。允许上市房企非公开方式再融资，引导募集资金用于政策支持的房地产业务，包括与“保交楼、保民生”相关的房地产项目，经济适用房、棚户区改造或旧城改造拆迁安置住房建设，以及符合上市公司再融资政策要求的补充流动资金、偿还债务等。允许其他涉房上市公司再融资，要求再融资募集资金投向主业。

随着“三支箭”相继落地及相互配合，将进一步优化企业资产负债结构，同时在稳信用背景下，企业整体融资环境或将实质性改善，行业优质企业将显著受益。

（三）优化运营模式，提高运营质量、资产质量，调整销售策略成为企业调整基调

企业层面，加速回笼资金和提高偿债能力。自2021下半年部分房企触发信用违约风险，整个行业的销售继续处于持续低迷状态，融资环境的收紧也使得房地产行业整体的“现金流环境”受到一定程度的打击。事实上各大房企为了应付疲软的销售状态以及不断到期的债务情况，一方面，通过裁员优化降低企业运营成本。同时谨慎拿地，以提高企业运营质量、资产质量和所拿项目的盈利能力质量，从拿地和企业运营端提升企业的现金流保有量和现金流的运营效率。克而瑞数据统计显示，截至2022年末销售百强房企全年拿地总金额约为1.65万亿元，同比降低57%，与5年内峰值2020年拿地金额相比降逾六成。另一方面，从销售需求端来看，随着不同城市市场分化加剧，各大企业采用更具针对性的销售策略。在一线和热点二线城市积极供货推盘、提升周转效率。在需求不足、竞争激烈的低能级城市深化销售渠道，加强营销和折扣力度，及时调整价格优惠抢占市场份额、加速现金回流，但仍受到行业和疫情的双重打击，回报反馈尚需一定时间。

总而言之，随着房地产开发行业环境的变化以及各个企业运营和发展模式的变化，房地产上市公司的整体质量向好，但行业对于深度优化反馈尚需时间。

（四）应对政策持续发力和环境变化，企业多元举措降低融资成本

2022年，为缓解企业融资困境，年末先后出台的举措意在救企业救项目，保证行业平稳过渡。在此背景下，2022年房地产行业融资环境现状整体上呈现以下特点。

融资规模和融资成本均有所下降，但融资成本仍然维持较高的水平，推动融资结构继续多元化。根据CRIC数据统计整理，2022年，房地产行业境内债发行规模为20981.3亿元，同比下降11.5%。其中地方国有企业融资占主导，2022年境内债发行规模为16506.59亿元，占比78.7%，同比小幅下降7.9%，民营企业发行规模则接近腰斩，发行规模为954.64亿元，同比下降45.9%。主要原因如下：第一，融资成本的下降，主要在于受到部分房企的影响国外发债较难，导致大部分回归国内进行发债，相较于国外成本有所下降。

第二，受到部分房企暴雷影响，部分房企融资受到一定程度的限制，优质企业融资发债成为主力，导致融资成本和融资规模两者整体均有所下降。

为更好应对环境变化，有效降低疫情和部分房企暴雷的影响，缓解资金紧张的局面，各个房地产企业不断寻求新的融资渠道和融资方式，利用境外渠道、股权方式和资产证券化等多种渠道或方式融取资金，以提高自身的现金保有量。除此之外，通过加大销售回款、减少拿地、加大促销力度，共同推动企业现金流质量的提升，进一步提高企业的资产质量和偿债能力。

三、2023 年房地产行业前景分析

从整体来看，一方面，在坚持“房住不炒”的前提下，为有效促进房地产行业健康发展和良性循环，预计 2023 年中央将有针对性地对房地产行业进行深度调控，加大对优质开发商的流动性支持、对刚性住房需求的金融支持和对房价过快下跌城市的政策支持，允许居民杠杆率阶段性合理上升，力求房地产市场乃至全国经济的平稳发展。同时在继续落实去库存任务的前提下，完善和健全租购并举的住房制度，发展和培育健康的长期租赁住房市场，形成以市场为主满足多层次需求、以政府为主提供基本保障的体系。

另一方面，通过政策引导投资方向，盘活存量资产、扩大有效投资，促进存量资产和新增投资的良性循环。如，在提升基础设施运营管理水平、拓宽社会投资渠道、合理扩大有效投资以降低政府债务风险、降低企业负债水平方面强化政策引导。

（一）中国经济处于改革和平稳发展关键期，房地产投资将趋于更加谨慎和理性

在深化改革、结构化调整的攻坚阶段和落地年的背景下，我国经济已经步入改革转型的关键期。为更好实现转型升级和产业结构的优化调整，转变过去主要依赖房地产行业发展的情况，在“后疫情时代”积极应对国内外带来的挑战，我国将对房地产行业进行更加合理的调控，预计中央将继续有针对性地对房地产行业进行新一轮的结构性调整。从趋势来看，中国经济结构转型升级的常态化依然会导致部分资金从房地产行业流向其他领域。根据《国务院办公厅关于进一步盘活存量资产扩大有效投资的意见》（国办发〔2022〕19 号）等相关通知，进一步的政策引导也将推动房地产行业投资渠道拓宽，投资趋于良性，行业发展步入稳定状态。

（二）行业政策结构化调整，推动行业结构转型升级加速化

2022 年，由于疫情的反复以及国际形势的严峻考验，国内经济整体受到一定的影响。为更好应对国内外复杂的经济环境，在房地产行业整体坚持健康发展和良性循环的前提下，政策方面，未来将推行结构化的政策调控，对于有效刚性、合理需求将有针对性地满足。企业层面，在政策调控的大环境下，一方面民企寻求和大型央企、国企合作互补进行发展，

另一方面企业加快布局多元化的产业，例如进一步布局物业服务和不动产租赁服务等房地产服务行业以增加现金流来源，进一步提升企业财务的边际安全，实现企业的转型升级。

（三）房地产行业新时代的到来引导新的行业发展趋势

2023 年，经济的新常态发展和结构化调整已然进入了新的阶段，房地产行业将加快推进结构升级转型，集中化和降负债发展将成为行业发展的新趋势。

第一，集中化将成为未来一段时间的行业标签。随着疫情进入新阶段、债务的不断压顶，部分房企难以继续维持原来的“三高”发展模式，将会出现一部分行业内的“白衣骑士”对部分短暂经营困难的企业实行“救助”式的并购合作等模式，避免行业整体的硬着陆。例如，2023 年初银保监会明确表示，要“鼓励机构稳妥有序开展并购贷款，重点支持优质房企兼并收购困难房企优质项目，促进房地产业良性循环和健康发展”。这一政策更加明确鼓励行业内优质企业进行合理并购，促进房地产行业整体的转型升级和健康发展。

第二，降负债将成为房地产行业未来的发展关键词。一方面，较高的负债率和偿债压力促使企业积极降低负债率，同时，“三条红线”政策也在被动驱使各大房企加速回笼现金流，降低负债率，满足监管的基本要求。另一方面，由于房地产行业已经进入新的时代和新的发展阶段，精耕细作、降低负债和运营成本、提高效率将成为未来行业发展的关键发展模式。

2023 年，受到部分房地产企业实质性违约的连锁叠加因素影响，房地产行业将呈现内部分化严重和重大变革的趋势。一方面，在中央仍坚持“房住不炒”总基调不变的背景下，结合 2022 年陆续提出的“保交楼”及“三支箭”等政策，逐步调整房地产行业底层逻辑。短期以房地产金融支撑保民生的“保交楼”政策为主，中长期来看，房地产企业的金融风险化解仍然是主要内容，引导优质房地产企业资产负债表回归安全区间、房企风险化解后健康稳定发展仍为当前深度调整主基调，预计围绕上述基调，结构化调控和因城施策将贯穿 2023 年全年。另一方面，去杠杆和低成本运营将成为 2023 年房地产行业的关键词。各大房企将通过去杠杆、调结构更好地保证企业的高质量发展，提高房地产企业的资产质量和财务安全性，除此之外，也将通过开源节流的方式提高利润率和降低成本，提升企业的边际安全性。多措并举，从整体上进一步推动房地产行业向着更加理性的趋势发展，推动加快建立房地产健康发展的长效机制。

附表 2022年度房地产行业上市公司业绩评价结果排序表

序号	A股上市公司评价得分排序	股票代码	股票简称	综合得分	评价等级	每股收益（元）	净资产收益率（%）	总资产报酬率（%）	总资产周转率（次）	流动资产周转率（次）	资产负债率（%）	已获利息倍数	营业收入增长率（%）	资本扩张率（%）	市场投资回报率（%）	股价波动率（%）	年末资产总额（万元）	营业收入（万元）	净利润（万元）
1	108	600007	中国国贸	78.6	A	1.11	12.56	12.44	0.27	0.94	28.68	16.62	-4.01	5.93	11.11	49.04	1282729.03	344227.67	111685.28
2	230	002968	新大正	74.8	BBB	0.82	17.55	14.29	1.66	2.19	32.28	138.04	24.41	14.53	-11.25	43.69	166984.97	259810.6	18584.73
3	282	300917	特发服务	73.7	BBB	0.67	13.17	11.22	1.38	1.5	37.09	131.84	18.6	10.14	6.82	99.21	153767.24	200558.83	12153.79
4	454	000014	沙河股份	71.1	BBB	1.03	22.42	12.89	0.28	0.31	59.23	16.68	18.99	22.72	48.89	87.13	299066.05	76360.18	24804.59
5	477	000036	华联控股	70.8	BBB	0.29	9.77	9.11	0.25	0.33	32.23	12.43	24.55	4.12	-7.14	35.96	923591.19	234394.66	59924.08
6	477	001914	招商积余	70.8	BBB	0.56	6.36	5.43	0.75	1.9	47.73	8.01	22.97	8.58	-19.75	56.63	1781499.84	1302377.54	56877.04
7	567	603506	南都物业	69.8	BB	0.77	15.39	8.96	0.84	1.09	54.16	0	15.93	9.19	-24.39	63.68	229385.6	184672.97	15498.99
8	588	000048	京基智农	69.6	BB	1.48	30.49	6.55	0.37	0.67	84.82	15.99	86.12	4.04	7.33	64.22	1753604.58	599565.61	79609.62
9	696	600665	天地源	68.4	BB	0.4	14.49	2.92	0.26	0.27	87.28	9.48	52.01	12.84	20	78.25	4030811.25	1055234.57	70064.66
10	928	600383	金地集团	65.9	BB	1.35	8.1	4.44	0.27	0.35	72.28	3.01	21.33	5.49	-19.49	79.5	41938321.76	12003539.8	916643.55
11	1167	000090	天健集团	63.9	B	0.97	14.64	5.07	0.41	0.47	79.64	7.18	13.73	9.84	-6.12	51.68	6920570.66	2646399.42	197066.54
12	1204	000002	万科A	63.6	B	1.95	9.41	3.54	0.27	0.33	76.95	5.02	11.27	3.11	-11.71	64.29	175712444.42	50383836.74	3755090.93
13	1251	000926	福星股份	63.2	B	0.11	1.14	3.66	0.35	0.44	67.7	1.64	20.72	-0.44	0	75.69	3827503.08	1514232.22	14137.97
14	1277	601512	中新集团	62.9	B	1.07	12.7	10.65	0.15	0.28	44.44	7.43	21.05	10.23	-10	39.2	3245463.51	474189.22	218320.18
15	1428	600173	卧龙地产	61.7	B	0.43	8.33	6.33	0.76	0.88	42.97	225.68	109.25	4.82	-13.33	56.96	648794.87	523802.16	30118.96
16	1443	600603	广汇物流	61.6	B	0.45	9.81	5.45	0.27	0.76	70.47	4.87	51.3	6.19	102.82	272.3	2170664.53	501930.87	61025.9
17	1496	600846	同济科技	61.2	B	0.56	10.56	4.66	0.39	0.46	66.79	11.91	-35.71	4.86	11.76	49.1	1083777	394275.15	37113.45
18	1598	000736	中交地产	60.4	B	0.05	5.53	3.3	0.28	0.3	86.13	1.9	164.52	6.1	134.78	241.3	13730721.32	3846704.88	102232.83
19	1643	002188	中天服务	60.1	B	0.21	72.59	28.31	1.13	1.24	55.28	63.36	11.82	113.6	75	107.33	25123.54	30631.5	5987.88
20	1718	600639	浦东金桥	59.4	CCC	1.41	11.18	7.14	0.15	0.33	55.84	7.27	9.45	21.93	-7.59	73.9	3454767.9	505349.36	155227.73
21	1757	600658	电子城	59.1	CCC	0.53	7.91	4.54	0.24	0.35	62.67	3.77	162.13	8.57	-10.34	51.78	2108683.46	514967.45	59800.81
22	1835	600048	保利发展	58.5	CCC	1.53	8.64	2.84	0.2	0.22	78.09	7.41	-1.37	6.36	-2.96	45	147046440.85	28101669.82	2701109.53
23	1875	600067	冠城大通	58.1	CCC	0.05	1.84	2.49	0.47	0.61	64.3	2.18	17.79	1.67	-23.91	68.47	2338117.96	1113979.99	15201.17
24	1921	002244	滨江集团	57.8	CCC	1.2	8.66	2.62	0.17	0.19	80.91	5.9	9.28	41	83.87	152.25	27617604.3	4150231.64	390358.04
25	1934	001979	招商蛇口	57.7	CCC	0.41	3.24	3.08	0.21	0.28	67.91	2.44	13.92	2.78	-5.88	66.89	88647137.62	18300265.91	909847.72
26	1989	600533	栖霞建设	57.3	CCC	0.18	4.4	1.78	0.3	0.35	79.61	4.3	116.87	2.73	23.33	94.65	2275268.8	691358.81	20120.6
27	2019	600064	南京高科	57.1	CCC	1.39	14.75	8.05	0.13	0.25	52.8	15.46	-8.87	10.51	2.23	37.39	3740368.79	448220.72	247989.55
28	2118	600791	京能置业	56.3	CCC	0.04	2.62	1.52	0.3	0.31	71.54	5.79	189.71	35.65	12.9	81.52	2015494.34	617889.03	13049.9
29	2220	600325	华发股份	55.6	CCC	1.12	4.6	1.95	0.16	0.18	72.82	6.61	15.51	14.14	56.67	142.22	40269107.21	5918981.02	472611.96

续 表

序号	A股上市公司评价得分排序	股票代码	股票简称	综合得分	评价等级	每股收益（元）	净资产收益率（%）	总资产报酬率（%）	总资产周转率（次）	流动资产周转率（次）	资产负债率（%）	已获利息倍数	营业收入增长率（%）	资本扩张率（%）	市场投资回报率（%）	股价波动率（%）	年末资产总额（万元）	营业收入（万元）	净利润（万元）
30	2260	000006	深振业A	55.2	CCC	0.31	5.38	3.87	0.15	0.18	67.92	4.11	19.79	3.48	42.44	93.49	2639905.58	369981.36	44804.21
31	2393	600848	上海临港	54.3	CC	0.4	5.68	4.12	0.1	0.19	58.66	4.21	-4.34	37.24	-19.05	45.87	6631377.61	599940.94	134657.81
32	2419	600510	黑牡丹	54.1	CC	0.58	7.82	4.32	0.35	0.42	65.39	6.27	17.49	1.55	-12.77	157.74	3149397.18	1154541.41	84624.64
33	2441	000886	海南高速	54	CC	0.25	8.52	9.49	0.05	0.08	10.2	2573.65	33.38	7.15	25	76.16	337432.78	16916.31	24957.4
34	2556	600648	外高桥	53.1	CC	1.09	10.34	5.4	0.21	0.42	70.51	3.66	3.6	2.74	-4.4	34.6	4169025.87	905828.46	125454.42
35	2604	000797	中国武夷	52.7	CC	0.02	2.62	2.67	0.33	0.36	75.12	2.99	-15.59	1.6	31.58	128.56	2290643.91	731519.56	14793.78
36	2615	000573	粤宏远A	52.6	CC	0.07	2.06	2.21	0.37	0.73	35.77	2.8	-21.81	-1.77	30.77	97.16	256062.64	94738.18	3426.86
37	2673	000011	深物业A	52.2	CC	0.9	11.76	5.37	0.24	0.28	71.72	12.56	-17.44	-1.37	2.17	67.76	1580028.76	370866.9	52934.06
38	2773	600622	光大嘉宝	51.3	CC	0.04	0.76	3.13	0.17	0.5	69.94	1.43	36.03	-4.23	6.16	97.18	3030147.2	556984.31	7030.62
39	2811	600657	信达地产	51	CC	0.19	2.31	4.41	0.21	0.27	71.61	1.61	-17.45	1.83	34.38	131.02	8840609.57	1824809.55	57503.99
40	2863	000631	顺发恒业	50.3	CC	0.07	2.73	2.57	0.03	0.04	32.47	28.01	12.95	-1.52	-8.96	96.34	919092.04	30719.87	17074.07
41	2940	000560	我爱我家	49.4	C	-0.13	-3.14	1.71	0.36	0.92	68.15	0.67	-2.42	-2.93	-23.53	80.16	3263897.37	1167341.02	-33181.22
42	2998	002133	广宇集团	48.7	C	0.15	2.5	1.23	0.3	0.33	77.41	2.83	-18.24	-4.35	10	63.61	2005938.99	602019.49	11580.19
43	3043	002314	南山控股	48.3	C	0.25	4.36	3.77	0.17	0.3	73.72	1.77	8.68	3.58	12.5	99.92	6933936.74	1215041.28	78148.43
44	3043	600692	亚通股份	48.3	C	0.01	0.78	1.08	0.44	0.57	66.55	2.12	-18.64	0.86	-3.92	57.2	295570.74	122532.85	772.25
45	3108	600094	大名城	47.7	C	0.07	1.49	1.38	0.2	0.24	63.29	2.84	-3.91	-3.15	-10	57.34	3462864.59	736139.96	19196.66
46	3116	600638	新黄浦	47.6	C	0.08	1.43	0.77	0.19	0.24	81.3	4.39	20.39	1.4	-3.3	48.33	2452414.56	431728.02	6498.43
47	3177	000897	津滨发展	46.8	C	0.16	12.47	4.93	0.19	0.21	72.92	28.03	-37.01	13.29	-22.22	75.81	824204.36	142013.89	26190.26
48	3246	600606	绿地控股	45.9	C	0.07	2.8	1.14	0.31	0.35	87.97	2.21	-19.98	0.24	-27.84	121.58	136532105.94	43551965.24	459680.21
49	3267	600162	香江控股	45.6	C	0.07	1.18	3.51	0.22	0.29	72.26	1.73	6.14	-11.09	-11.11	63.93	2437228.37	605474.63	8440.34
50	3275	600604	市北高新	45.5	C	0.04	1.16	2.17	0.06	0.11	61.43	1.48	13.36	0.72	-10.31	48.94	2206178.47	126296.25	9862.18
51	3310	600641	万业企业	44.9	C	0.46	4.83	5.48	0.12	0.21	14.11	112.37	31.56	9.88	-37.61	120.75	976217.36	115757.61	38671.38
52	3332	600895	张江高科	44.6	C	0.53	5.29	3.89	0.05	0.13	64.21	2.5	-9.08	5.4	-25.08	65.33	4272723.42	190671.94	78764.49
53	3378	000517	荣安地产	43.8	C	0.2	6.42	1.8	0.18	0.19	85.29	9.16	-22.13	-27.11	20	75.14	7333680.55	1415716.4	82123.05
54	3408	600208	新湖中宝	43.4	C	0.22	4.3	3.03	0.1	0.18	66.29	2.23	-23.64	2.96	-18.18	51.82	12449710.64	1289901.04	177746.84
55	3420	000042	中洲控股	43.2	C	0.12	0.11	4.11	0.18	0.21	77.61	1.44	-18.36	-0.15	-6.14	56.46	3668710.43	708304.12	900.58
56	3433	000514	渝开发	43	C	0.19	3.83	3.32	0.11	0.14	43.59	4.4	-24.54	3.49	5.56	128.94	737008.9	89555.78	15670.23
57	3438	000402	金融街	42.9	C	0.28	1.52	3.09	0.13	0.19	72.28	1.28	-15.11	-0.41	-9.69	55.85	15304387.83	2050578.01	64747.71
58	3446	600649	城投控股	42.7	C	0.31	3.57	2.86	0.12	0.15	69.74	4.11	-7.88	-3.06	-3.17	46.64	7132915.43	846814.24	78337.71

续 表

序号	A股上市公司评价得分排序	股票代码	股票简称	综合得分	评价等级	每股收益（元）	净资产收益率（%）	总资产报酬率（%）	总资产周转率（次）	流动资产周转率（次）	资产负债率（%）	已获利息倍数	营业收入增长率（%）	资本扩张率（%）	市场投资回报率（%）	股价波动率（%）	年末资产总额（万元）	营业收入（万元）	净利润（万元）
59	3461	600663	陆家嘴	42.5	C	0.27	3.84	2.81	0.1	0.21	70.04	2.38	-15.21	-1.99	-6.85	32.5	12569670.74	1176230.25	146092.2
60	3465	002305	南国置业	42.4	C	-0.5	-14.41	0.32	0.3	0.43	85.91	0.19	199.98	-12.24	25	125.12	2911384.57	981901.35	-63256.71
61	3478	002016	世荣兆业	42.2	C	0.17	3.11	3.15	0.12	0.15	29.63	39.95	-65.08	-1.03	13.16	59.48	657716.73	83130.08	14474.24
62	3489	002208	合肥城建	42.1	C	0.42	4.88	2.39	0.14	0.15	71.88	5.06	-46.73	32.29	-15.91	67.62	3344891.68	402588.48	40333.56
63	3492	000965	天保基建	42	C	0.02	0.43	1.94	0.19	0.23	57.42	1.26	-2.97	0.43	62.5	206.87	1281821.73	246489.84	2342.36
64	3497	600736	苏州高新	41.9	C	0.16	3.16	2.18	0.17	0.23	74.28	2.24	-9.84	7.25	0	71.56	6490910.12	1072417.46	50896.43
65	3511	600223	鲁商发展	41.7	C	0.04	1.08	1.1	0.22	0.23	90.48	1.65	4.76	-14.35	-16.67	101.66	5847380.99	1295144.32	6509.84
66	3527	000718	苏宁环球	41.4	C	0.12	3.84	3.49	0.15	0.19	36.47	3.87	-25.12	7.68	-30.77	83.34	1539253.99	223915.27	36222.66
67	3565	601155	新城控股	40.8	C	0.62	1.7	1.22	0.23	0.33	80.46	2.06	-31.37	-7.89	-36	159.62	45790701.5	11545668.31	158545.27
68	3671	000029	深深房 A	38.4	C	0.15	3.51	4	0.11	0.12	24.66	10.94	-51.97	1.4	68.42	124.4	568976.98	63438.46	14957.69
69	3685	600773	西藏城投	38	C	0.14	1.3	2.34	0.17	0.22	73.52	1.85	-2.31	0.61	-28.48	99.25	1394452.82	245647.87	4776.69
70	3688	000863	三湘印象	37.9	C	0.03	0.15	2.02	0.19	0.25	40.47	3.49	-55.14	-2.63	7.41	112.81	691938.67	134852.56	613.15
71	3688	600708	光明地产	37.9	C	0	1.35	1.87	0.23	0.25	82.59	1.75	-36.08	-14.66	-3.13	71.71	6749765.71	1654106.1	17271.16
72	3691	600082	海泰发展	37.8	C	0.02	0.58	2.47	0.18	0.19	37.14	1.31	-45.87	0.58	5.26	101.32	279604.27	49339.3	1016.52
73	3704	000809	ST 新城	37.5	C	-0.04	-1.25	1.11	0.05	0.05	33.14	0.57	94.15	-1.24	-11.11	99.23	430501.85	22183.37	-3612.48
74	3713	600376	首开股份	37.2	C	-0.26	1.38	2.81	0.16	0.19	75.91	1.28	-29.32	0.7	-3.28	96.14	27829559.82	4792085.85	91898.56
75	3719	600503	华丽家族	37.1	C	0.05	1.9	1.95	0.04	0.07	24.46	4.13	-59.71	-0.07	-20	47.27	487656.86	21145.93	6989.06
76	3750	600748	上实发展	36.5	C	0.07	0.56	1.02	0.12	0.15	75.72	2.76	-47.85	-1.01	-14.81	71.22	4534519.71	524794.37	6244.71
77	3758	600683	京投发展	36.3	C	-0.17	1.61	1.16	0.11	0.14	80.16	2.32	-17.94	-2.55	-15.79	64.84	5481307.49	555237.81	17728.55
78	3769	002285	世联行	36	C	-0.17	-9.42	-2.51	0.51	0.76	49.03	-2.56	-34.58	-8.95	-20	93.52	674644.51	397943.02	-33983.12
79	3793	600266	城建发展	35.5	C	-0.56	-3.15	-0.09	0.18	0.2	80.2	-0.21	1.56	-3.98	0	78.62	13876593.3	2456187.96	-88402.69
80	3826	000558	莱茵体育	34.6	C	-0.03	-3.4	-0.29	0.06	0.46	41.23	-0.18	-15.26	-3.48	-39.29	88.24	183310.29	11922.2	-3731.34
81	3861	000031	大悦城	33.3	C	-0.67	-4.46	1.03	0.19	0.25	77.85	0.84	-7.12	-8.81	-3.51	68.2	21443226.78	3957869.18	-222264.54
82	3898	600565	迪马股份	32.1	C	-1.4	-17.61	-1.76	0.29	0.35	82.32	-4.36	11.37	-28.53	-16.13	58.89	7037078.53	2278918.8	-262855.24
83	3903	600675	中华企业	31.9	C	0	0.88	2.2	0.05	0.07	71.98	1.34	-72.89	-3.35	0.76	86.03	5871059.13	260134.95	14713.75
84	3909	000608	阳光股份	31.8	C	-0.51	-11.17	-7.5	0.07	2.92	34.25	-5.91	-32.84	-13.03	-2.63	84.56	484355.47	38119.46	-38242.73
85	3936	600463	空港股份	31	C	-0.11	-4.39	0.25	0.24	0.38	53.6	0.16	-35.55	-4.3	-3.7	78.7	256099.38	65288.3	-5336.45
86	4051	002377	国创高新	28.2	C	-0.59	-59.09	-19.82	0.97	1.6	65.09	-10.22	-42.05	-45.46	-20	70.36	176942.38	220074.79	-51720.97
87	4056	600716	凤凰股份	28.1	C	-0.42	-7.19	-4.19	0.08	0.11	37.1	-11.11	37.76	-11.27	-5	72.79	813886.77	60755.76	-39135.65

续表

序号	A股上市公司评价得分排序	股票代码	股票简称	综合得分	评价等级	每股收益（元）	净资产收益率（%）	总资产报酬率（%）	总资产周转率（次）	流动资产周转率（次）	资产负债率（%）	已获利息倍数	营业收入增长率（%）	资本扩张率（%）	市场投资回报率（%）	股价波动率（%）	年末资产总额（万元）	营业收入（万元）	净利润（万元）
88	4087	600340	华夏幸福	27.4	C	0.41	4.42	4.09	0.08	0.08	94.04	1.28	-26.03	2.14	-32.97	105.76	40860266.79	3194173.56	106497.29
89	4104	000667	ST美置	27	C	-0.64	-76.31	-7.66	0.24	0.33	91.62	-6.94	48.65	-55.16	-25.53	71.65	1907967.48	529172.38	-196991.77
90	4104	600159	大龙地产	27	C	-0.21	-7.82	-3.67	0.21	0.23	43.97	0	-49	-10.36	-5.88	64.81	416237.37	86774.92	-19281.73
91	4216	000838	财信发展	24.5	C	-0.21	-21.59	-2.41	0.33	0.35	86.8	-12.2	-16.99	-26.71	-24.47	140.36	1069505.51	419564.88	-36023.49
92	4276	600466	*ST蓝光	22.8	C	-8.22	389.57	-14.25	0.13	0.14	115.42	-8.29	-4.04	-392.63	-46.67	147.43	13232662.75	1930407.97	-2616015.55
93	4308	600239	ST云城	22.1	C	-0.51	-49.66	1.29	0.1	0.2	81.16	0.24	-57.53	2.27	-22.92	73.51	1352757.4	256838.63	-125163.26
94	4323	600246	万通发展	21.7	C	-0.17	-4.97	-2.76	0.04	0.09	32.89	-2.44	-48.09	-13.77	-40	70.01	951906.32	42214.93	-34284.23
95	4349	000909	ST数源	20.7	C	-0.85	-21.25	-5.7	0.22	0.39	64.83	-2.83	-47.14	-23.32	0	133.87	432623.79	93985.64	-37245.84
96	4356	600393	ST粤泰	20.5	C	-0.53	-41.41	-6.84	0.12	0.14	74.27	-1.73	63.43	-33.24	23.08	87.83	1084092.98	145249.98	-144267.02
97	4388	600322	天房发展	19.5	C	-0.27	-30.24	2.61	0.19	0.21	95.49	0.65	-27.97	-29.1	0	89.78	1655618.36	336022.81	-27211.34
98	4436	600743	华远地产	17.9	C	-1.75	-60.41	-9.16	0.22	0.23	85.87	-35.9	-20.22	-39.75	-10.71	74.4	4446639.63	1092433.64	-504849.05
99	4439	000620	*ST新联	17.7	C	-1.8	-131.26	-2.79	0.13	0.24	97.85	-0.57	-38.91	-80.53	50	111.84	3931530.51	525308.14	-340092.23
100	4449	600684	珠江股份	17.4	C	-2.18	-76.48	-5.31	0.12	0.13	94.25	-4.75	7.29	-53.18	7.41	78.5	3136259.56	387016.21	-216266.81
101	4466	601588	北辰实业	16.4	C	-0.48	-9.37	0.3	0.18	0.22	76.28	0.13	-41.21	-17.35	-25	73.89	6728022.06	1298893.97	-165284.36
102	4496	000732	ST泰禾	15.2	C	-2.16	-48	-1.48	0.04	0.05	96.08	-1.34	79.24	-43.11	-45.45	293.04	21459782.28	880284.81	-557006.12
103	4504	000918	*ST嘉凯	14.6	C	-0.55	-214.75	-4.86	0.12	0.22	100.65	-1.17	5.64	-106.6	-28.57	91.29	1044234.8	145106.47	-102465.15
104	4528	000609	中迪投资	13.1	C	-0.98	-40.82	-7.83	0.16	0.18	75.23	-2.61	-45.48	-33.73	34.48	94.05	230811.39	42780.31	-29281.74
105	4531	000069	华侨城A	13	C	-1.33	-11.53	-1.23	0.18	0.23	74.39	-1.2	-25.17	-16.69	-30.75	113.8	39291782.58	7676710.51	-1276714.04
106	4533	600185	格力地产	12.8	C	-1.44	-35.03	-4.44	0.13	0.16	79.07	-1.25	-43.27	-29.81	58.33	149.76	3025872.79	404662.55	-268992.13
107	4549	000671	ST阳光城	11.5	C	-3.05	-37.64	-2.35	0.12	0.14	91.64	-1.8	-6.13	-40.5	-42.48	149.77	29969270.14	3991857.53	-1264236.4
108	4552	600077	*ST宋都	11	C	-2.83	-94.78	-6.9	0.19	0.21	94.74	-8.17	6.59	-63.39	-33.33	155	3761320.75	799245.92	-349756.16
109	4562	000056	皇庭国际	10.2	C	-1.64	-43.78	-8.08	0.06	0.56	79.28	-1.47	-12.09	-37.97	-38.89	187.88	1013255.11	66317.47	-120049.84
110	4565	600823	ST世茂	9.6	C	-1.21	-16.27	-5.39	0.04	0.08	68.72	-8.45	-70.37	-16.69	-30.71	105.9	13044589.27	574658.84	-730424.83
111	4576	000961	中南建设	6.8	C	-2.4	-26.01	-1.14	0.18	0.22	89.81	-0.7	-25.47	-26.97	-50	174.41	30672229.6	5903630.81	-962989.05
112	4583	000540	*ST中天	3.4	C	-2.3	-2212.01	-9.27	0.03	0.05	106.41	-2.98	-33.56	-184.04	-43.52	146.36	14609956.34	381260.25	-1967195.76
113	4585	000656	金科股份	0	C	-4.08	-40.64	-6.68	0.16	0.19	87.02	-10.7	-51.15	-49.97	-62.16	249.7	29953578.38	5486188.22	-2369488.46
114	4585	002146	荣盛发展	0	C	-3.75	-52.33	-5.72	0.12	0.13	89.96	-6.74	-32.7	-44.85	-52.73	181.58	24956612.32	3179349.62	-1843649.13

第十八章

环保行业上市公司业绩评价

环保行业是指以防止环境污染、改善生态环境、保护自然资源为目的所进行的技术开发、产品生产、商业流通、资源利用、信息服务、工程承包、自然保护开发等活动的总称。根据《战略性新兴产业（2018）》对节能环保产业的分类，可将环保行业分为三大方面，即传统环保、现代环保和生态环境建设。

2022 年，受新冠疫情、宏观经济增速放缓、环保设备市场需求缩减等因素影响，环保行业环保（申万）指数从年初的 2305.25 点下跌到 1769.44 点，跌幅达 23.24%，显著劣于上证综指全年 3.91%的涨幅。环保行业上市公司营业收入同比 2021 年下跌 0.60%，营业利润下跌 8.92%。从环保行业主要业务方面来看，固废处理业务整体稳定，有望走出低谷。水务及水治理盈利能力有所好转，新增项目持续释放。受益火电投资加速影响，烟气治理业务有望走出底部区间。

2023 年是“十四五”规划的第三个年度，也是我国实现碳达峰碳中和目标的关键时期。在此背景下，我国将继续加大对环保行业的政策支持和投资力度，推动行业高质量发展，促进经济社会全面绿色转型。

一、环保行业上市公司业绩评价结果

截至 2022 年末，中国大陆 A 股市场共有 4931 家上市公司，申万行业（新）分类中，到 2022 年末环保行业 A 股上市公司共 129 家，占全部上市公司的 2.62%，其中盈利 100 家。环保行业的综合评价得分为 54.77 分，低于全部上市公司的平均得分 63.00 分。景津装备在全部环保行业上市公司中排名第一，得分 73.87 分，在 2022 年上市公司业绩评价综合得分的“中联价值”名单中排名 292 名。在环保行业上市公司中，综合评价结果 B-级共有 6 家，C 级共有 21 家，C-级共有 46 家，D 级共有 21 家，E 级共有 35 家。环保行业上市公司的评价整体上略低于行业平均水平。表 18-1 列示了环保行业评价得分前十名的公司。

表 18-1 环保行业评价得分前十名的公司

序号	股票代码	股票简称	A 股全部上市公司中评价得分排序
1	603279	景津装备	292
2	600461	洪城环境	328
3	603568	伟明环保	397
4	000598	兴蓉环境	419
5	688335	复洁环保	476
6	002034	旺能环境	544
7	601158	重庆水务	774
8	600769	祥龙电业	912
9	600323	瀚蓝环境	939
10	300864	南大环境	972

截至 2022 年末，A 股全部上市公司资产总额达 96.87 万亿元，实现营业收入 61.52 万亿元，合计归属母公司股东净利润 2.80 万亿元。环保行业同期上市公司资产总额 1.14 万亿元，实现营业收入 0.33 万亿元，实现归属母公司股东净利润 0.02 万亿元，分别占全部上市公司资产总额的 1.18%、占全部上市公司营业收入的 0.54%、占全部上市公司归属母公司股东净利润的 0.88%。环保行业上市公司的各项主要财务指标低于全部上市公司同期指标。

基于对环保行业上市公司的整体评价，下面分别从财务效益、资产质量、偿债风险、发展能力、市场表现五个方面对环保行业上市公司进行具体分析。

（一）财务效益

综合来看，与 2021 年的情况相比较，2022 年环保行业上市公司财务效益有所好转。从表 18-2 可以看出，在财务指数中，2022 年环保行业上市公司财务效益低于全部上市公司平均水平，略高于同行业上年水平。

表 18-2 环保行业财务效益状况比较表

分析指标		2022 年上市公司平均值	2022 年行业值	2021 年行业值	增长率（%）
基本指标	净资产收益率（%）	7.31	5.67	2.91	94.85
	总资产报酬率（%）	3.64	4.40	4.06	8.37
	基本得分	21.13	18.94	17.43	8.66
修正指标	营业利润率（%）	6.65	9.77	6.94	40.78
	盈利现金保障倍数	1.84	1.39	1.26	10.32
	总股本收益率（%）	45.68	26.80	24.05	11.43
	综合得分	23.60	20.63	20.55	0.39%

在2022年环保行业上市公司财务效益评分中，伟明环保排名第一，评分30.45分，远超其他同行业上市公司平均水平。伟明环保从事城市生活垃圾焚烧发电全产业链业务，包括技术研发、设备制造销售及环保项目投资、环保项目建设、环保产业运营管理等领域。伟明环保是国内领先的生活垃圾焚烧处理企业，已相继投资、建设、运营近百座垃圾处理项目。伟明环保净资产收益率17.84%、总资产报酬率11.21%、营业利润率39.66%，均大幅高于同行业平均水平。2022年公司净利润167103.15万元，2021年同期净利润153808.89万元，增长8.64%。伟明环保获“中国环境保护产业协会骨干企业”“中国主板上市公司价值百强”等称号，入选上证380指数成分股、沪港通标的公司，同时也被纳入MSCI中国A股名单、标普道琼斯指数A股名单、富时罗素A股名单。

（二）资产质量

从资产质量看，环保行业上市公司资产质量低于全部上市公司平均水平。

表18-3列示了环保行业上市公司资产质量状况评价结果。在环保行业上市公司资产质量状况指标中，总资产周转率、流动资产周转率、存货周转率及应收账款周转率均低于全部上市公司平均水平。与2021年相比，2022年环保行业存货周转率有所提高，总资产周转率、应收账款周转率指标有所降低，流动资产周转率与2021年持平。

表18-3 环保行业资产质量状况比较表

分析指标		2022年上市公司平均值	2022年行业值	2021年行业值	增长率（%）
基本指标	总资产周转率（次）	0.66	0.30	0.35	-14.29
	流动资产周转率（次）	1.27	0.83	0.83	0.00
	基本得分	9.80	6.86	7.04	-2.56
修正指标	应收账款周转率（次）	8.67	2.62	2.77	-5.42
	存货周转率（次）	3.25	4.80	4.37	9.84
	综合得分	9.31	7.19	7.10	1.27

在2022年资产质量评分中，第一名为洪城环境，评分值12.57分，高于上市公司平均值。洪城环境2022年应收账款周转率7.26次，总资产周转率0.40次，存货周转率15.99次，流动资产周转率1.53次，均高于行业值。洪城环境成立于2001年，2004年6月在上海证券交易所挂牌上市，业务包括城镇供水、污水处理、固废处理、清洁能源、环境治理等领域。到2022年末，洪城环境拥有子公司55家、水厂11座，供水管网近8000余公里，供水设计能力194万吨/日，有污水处理厂110座，污水处理设计能力371.05万吨/日，城市固废处理能力达5400吨/日。洪城环境2019年获得国家高新技术企业认定，目前是江西省用户规模最大的城市燃气运营商，也是我国环保行业资产规模较大的几家上市公司之一。

（三）偿债风险

从综合得分来看，2022 年环保行业上市公司偿债风险低于全部上市公司平均水平，略高于同行业上年水平。

表 18-4 列示了环保行业上市公司偿债风险状况评价结果。在环保行业上市公司偿债风险状况指标中，资产负债率、已获利息倍数、现金流动负债比率均略低于全部上市公司平均水平，这与环保行业上市公司的产品优势、经营状况有很大关系。

表 18-4 环保行业偿债风险状况比较表

分析指标		2022 年上市公司平均值	2022 年行业值	2021 年行业值	增长率（%）
基本指标	资产负债率（%）	58.63	57.29	57.08	0.37
	已获利息倍数	5.40	2.90	2.63	10.27
	基本得分	8.81	8.10	7.79	3.98
修正指标	速动比率（%）	86.08	103.60	104.66	-1.01
	现金流动负债比率（%）	14.64	10.57	7.32	44.40
	带息负债比率（%）	41.74	56.04	50.91	10.08
	综合得分	8.79	7.78	7.59	2.50

在 2022 年环保行业上市公司偿债风险状况指标中，复洁环保得分 14.59 分，位列环保行业第一名。复洁环保成立于 2011 年，主营业务是研发污泥处理处置、工业固废与特种物料固液分离、废气净化的整体解决方案，并为城镇和工业（园区）污水处理厂（站）提供污泥脱水干化及废气净化技术装备与服务。到 2022 年，复洁环保污泥处理量达 3500 吨/天，废气净化量 500 万立方米/小时，拥有 60 余项知识产权。复洁环保 2022 年资产负债率 20.41%，已获利息倍数 232.38 %，速动比率 384.55 %，现金流动负债比率 54.41%，带息负债比率 3.78%，变现能力持续提升。

（四）发展能力

从综合得分来看，2022 年环保行业上市公司发展能力低于全部上市公司平均水平，同时略高于同行业上年水平。

表 18-5 列示了环保行业上市公司发展能力状况评价结果。在环保行业上市公司发展能力状况指标中，各项指标均低于上市公司平均值。

表 18-5 环保行业发展能力状况比较表

分析指标		2022 年上市公司平均值	2022 年行业值	2021 年行业值	增长率（%）
基本指标	营业收入增长率（%）	8.80	-0.60	13.50	-104.44
	资本扩张率（%）	9.10	7.15	7.50	-4.67
	基本得分	12.01	10.71	10.50	2.00

续 表

分析指标		2022 年上市公司平均值	2022 年行业值	2021 年行业值	增长率（%）
修正指标	累计保留盈余率（%）	43.64	35.74	33.44	6.88
	三年营业收入平均增长率（%）	11.10	9.15	13.80	-33.70
	总资产增长率（%）	7.88	7.38	1.98	272.73
	营业利润增长率（%）	0.85	-8.19	-6.47	26.58
	综合得分	12.21	11.11	10.53	5.51

在 2022 年环保行业上市公司发展能力状况指标中，伟明环保排名第一，得分 15.71 分。2022 年伟明环保实现营业收入 44.46 亿元，三年营业收入平均增长率达到 29.69%，总资产增长率 38.03%，营业利润增长率 4.5%，均高于环保行业平均水平。

（五）市场表现

2022 年环保行业整体呈现下降趋势，一季度、三季度与大盘走势呈同方向变动，二季度劣于大盘，四季度优于大盘。详见图 18-1。

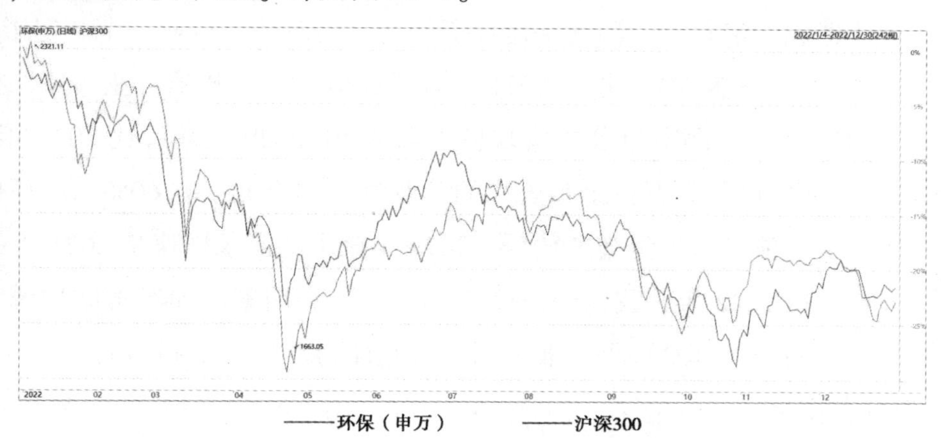

图 18-1 环保行业指数与沪深 300 指数走势

从综合得分来看，环保行业上市公司市场表现劣于全部上市公司的平均水平。表 18-6 列示了环保行业上市公司市场表现状况评价结果。

表 18-6 环保行业市场表现状况比较表

分析指标	2022 年上市公司平均值	2022 年行业值	2021 年行业值	增长率（%）
市场投资回报率（%）	-12.92	-26.40	24.75	-206.67
股价波动率（%）	98.53	88.83	93.73	-5.23
得分	9.09	8.06	9.37	-13.98

在 2022 年环保行业上市公司市场表现状况指标中，国中水务名列第一，得分 13.73 分，其中市场投资回报率-4.76%，股价波动率比较高，为 84.1%，市场表现比较活跃。国中水

务主营业务包括市政供水、污水处理、新型城镇分布式供排水一体化、工程技术服务、绿色可持续能源以及项目建设等领域。到 2022 年末，国中水务旗下包括 29 家业务公司、9 家污水处理公司、2 家清洁能源公司、2 家工程服务公司，已成为我国环保产业能够研发综合解决方案的提供商之一。

二、2022 年度环保行业上市公司业绩影响因素分析

近年来，受国家去杠杆、资本新规和 PPP 政策收紧等因素影响，很多环保行业上市公司将商业模式向“轻资产”转变。2022 年全国环保产业营业收入约 3329. 83 亿元，较 2021 年的 3349. 95 亿元降低约 0. 60%。环保行业评价得分均劣于全部上市公司平均得分。影响 2022 年环保行业上市公司业绩因素主要有以下几个方面。

（一）宏观经济环境影响

作为基础行业，环保行业业绩会受到宏观经济环境的影响，环保设备和服务需求量增速会随之有所放缓。此外，虽然环保投资占基建投资的比重在提高，但是基建投资增速放缓也会对环保行业造成一定影响，因此基建投资的变化会对环保行业产生一定影响。

2022 年我国 GDP 增速为 3%，相比 2021 年有所放缓。作为基础行业，环保行业业绩增速也随之放缓。2022 年，全部上市公司实现营业收入 6152. 29 亿元，比 2021 年的 4486. 76 亿元增长 26. 03%。而中国环保行业上市公司的营业收入却降低了 0. 60%。以环保设备和工程服务市场为例，由于项目需求量增速放缓，2022 年该市场需求增速从 2021 年的 10%左右下降了 2 个百分点。在 2022 年，我国经济面临着一些不利因素，如经济结构调整、投资放缓、贸易摩擦等，这些因素都对环保行业公司的盈利能力产生了不利影响。

（二）政策环节变化

我国政府近年来持续加大对污染治理的力度、提高环境标准、推动绿色能源和清洁技术的发展。随着《中华人民共和国可再生能源法》的落实、《中华人民共和国固体废物污染环境防治法》第二次修订等法规的完善、执行，着新时代和新政策要求环保企业进行技术升级、设备更新或改造。如果企业无法及时适应和满足新时代、新政策的要求，可能会面临不利影响。

政策的调整导致环保行业上市公司面临新的监管要求、限制或者不确定的补贴政策。企业增加了成本和投入，如果没有研发出适应新时代、新政策的环保产品，将会对其盈利能力产生负面影响。政策调整和不确定性也会影响投资者对环保行业的信心和投资意愿。2022 年受新冠疫情影响，政策调整频繁，不确定的政策环境导致投资者对环保行业的长期前景持谨慎态度，促使资本流出和投资项目推迟。这种不确定性给环保行业上市公司的融资和项目开展带来困难，进而影响企业的业绩表现。

（三）技术进步和市场竞争

我国环保行业到目前已经逐步从劳动密集型行业发展为技术密集型行业，技术进步对环保企业的竞争力至关重要。如果环保行业公司没有跟上技术进步的步伐，可能会面临市场竞争力下降的问题。此外，市场竞争也可能导致价格竞争激烈。这可能导致环保企业产品或服务的性能、效率和质量无法满足市场需求，从而失去竞争优势，对企业的盈利能力造成压力。

新兴技术和新市场的崛起对传统环保行业产生冲击。例如，可再生能源、智能环保设备和节能减排技术的发展，可能改变行业格局，引入新的竞争对手。如果传统环保行业上市公司没有及时调整业务模式和产品组合，无法抓住新兴技术和市场机遇，就会面临市场份额被侵蚀的风险。如城市生活垃圾处理技术及成套设备、城市污水处理利用成套工艺设备等细分领域的环保业务具有较高的技术壁垒和准入门槛，这使大部分环保企业难以进入市场或者突破技术壁垒。这强调了技术创新和研发投入的重要性，企业需凭此保持竞争优势和提高业绩，增加了现有企业的竞争压力，在新技术、新产品应用到业务之前，对环保行业整体产生了负面影响。

三、2023 年环保行业前景分析

环保行业过去几年经历了剧烈的震荡和调整。很多企业纷纷“混改”，行业也面临新的转型问题。在碳中和大背景下，环保行业承担了“绿色”“低碳”使命，减污降碳将是全社会持续发展的目标。纵观 2022 年，在政策的引导下，环保行业的需求在慢慢释放出来。一方面国家能源结构转型在进行中，另一方面碳市场进一步建立。随着政策预期逐步兑现，在未来我国实现碳达峰、碳中和的长期目标之下，环保行业有望稳步上行。

（一）政策支持继续加码

近年来，我国政府在环境保护方面的决心和投入不断加大。多项政策法规的出台，为环保行业的发展提供了法律基础和政策保障。例如，2018 年开始实施的《中华人民共和国环境保护税法》，对污染排放进行征税，促使企业加强环保治理。2023 年，我国在“双碳”目标下，将进一步强化环保政策。例如，水污染防治是我国最紧迫的生态问题之一，重点关注水污染防治和固废处理处置与资源化也是“十四五”期间最重要的工作任务之一。根据《水污染防治攻坚战三年行动计划》，到 2023 年底，全国地表水优良水体比例达到 70%以上，劣Ⅴ类水体比例控制在 5%以内，黑臭水体基本消除，《2021—2025 年水污染防治工程规划》表示，到 2025 年，地级及以上城市黑臭水体消除比例达到 95%。《流域水环境综合治理“十四五”规划》也提出了一系列水污染防治目标。更严格的政策有力地扩容了环保行业的市场容量。为实现这一目标，我国将加快推进城镇污水处理设施建设和提标改造，提高农村污水处理能力和覆盖率，加速工业园区和重点行业废水治理的进步，强化流域综合治理水平的提成。

为支持环保产业的发展，近年来，我国政府在金融方面实施了一系列创新举措。例如，发展绿色信贷、绿色债券、绿色基金等金融工具，为环保产业提供资金支持。同时，鼓励保险公司开发环境污染责任保险等环保类保险产品，降低企业污染治理的风险。在金融支持政策的推动下，越来越多的资本将流向环保产业。绿色投资将成为投资者关注的热点领域，为环保产业的发展提供强大的资金支持。

在政策支持的推动下，环保行业将迎来更多的投资和发展机遇，成为国家经济发展的新引擎。

（二）环保行业科技创新

环保科技的创新与发展是推动环保产业发展的关键因素。在面临严峻的环境挑战的同时，中国环保行业在技术创新方面取得了显著成果，如大气污染治理、水污染治理、土壤修复等领域的技术水平不断提高。

随着数字化、智能化技术的融合，环保技术将进一步发展。例如，神经网络、物联网、人工智能、大数据等技术在环保行业的应用，将提升环保设备的自动化水平，降低运维成本，优化资源配置。此外，环保产业与清洁能源、节能技术的紧密结合，也将为环保行业的发展注入新的活力。

（三）不断提升的市场需求

伴随着经济社会的快速发展，中国民众对于环境质量的要求越来越高。在环保意识的觉醒下，民众对环保产品和服务的需求不断增长。尤其是在大气污染、水污染等方面，市场需求空前旺盛。

此外，随着工业企业对环保法规的遵守要求加强，环保产业的市场规模将不断扩大。各类企业对污染治理技术和设备的需求，为环保产业的发展提供了广阔的市场空间。

随着基础设施建设推进，市政污水和垃圾处理需求将进一步释放。根据工信部《“十四五”工业绿色发展规划》预测，到“十四五”末期，我国环保产业应收将达到 3 万亿元，产值将达到 11 万亿元。虽然宏观经济整体发展速度呈现放缓趋势，但是我国环保行业仍然具有广阔市场前景的趋势不变。

（四）我国与国际环保行业的深入合作

环保问题是全球性问题，需要各国共同应对。在国际环保合作中，中国积极参与全球环保事务，与其他国家分享环保经验和技术。例如，在《巴黎协定》框架下，中国承诺到 2030 年将二氧化碳排放强度降低 60%~65%，并将非化石能源消费比重提高到 20%。

过去的一段时间内，环保行业国际贸易额持续提升。虽然 2022 年国际贸易环境面临不确定性和贸易摩擦的风险，但从长期来看，仍是长期向好的。进口关税和贸易壁垒的逐步降低也将会降低环保设备和原材料的成本，对企业盈利能力的提升有着重要的促进作用。

随着国际合作的深入，中国环保产业将在全球市场中发挥更大的作用。在技术交流、资金合作、市场开拓等方面，中国环保企业有望实现更大的突破。

（五）细分行业将得到重点发展

随着全球碳中和目标的提出和气候变化问题的加剧，清洁能源将迎来爆发式增长。未来几年，中国将加大对清洁能源的研发和应用，推动清洁能源的普及和推广。同时，政府将鼓励企业发展清洁能源产业，加快清洁能源的产业化进程。清洁能源的发展将成为中国经济发展的新动能，为实现可持续发展做出积极贡献。

水环境治理是中国环保事业的重点之一。未来几年，水环境治理将继续成为政府的重点工作之一，政府将加大对水环境治理的资金投入，加强监管力度，推动水环境治理技术的研发和应用。同时，企业也将积极参与水环境治理，加快水环境治理技术的推广和应用。水环境治理的不断深入将为中国的生态文明建设和可持续发展做出重要贡献。

废弃物处理一直是中国环保事业的难点之一。未来几年，废弃物处理将得到更多的关注和重视，政府将加大对废弃物处理的资金投入和监管力度，推动废弃物处理技术的研发和应用。同时，企业也将积极探索废弃物处理的新技术和新模式，加快废弃物处理的产业化进程。废弃物处理的不断完善将为中国的环境保护事业做出重要贡献。

附表 2022年度环保行业上市公司业绩评价结果排序表

序号	A股上市公司评价得分排序	股票代码	股票简称	综合得分	评价等级	每股收益（元）	总资产报酬率（%）	净资产收益率（%）	总资产周转率（次）	流动资产周转率（次）	资产负债率（%）	已获利息倍数	营业收入增长率（%）	资本扩张率（%）	市场投资回报率（%）	股价波动率（%）	年末资产总额（万元）	营业收入（万元）	净利润（万元）
1	269	603279	景津装备	73.87	BBB	1.49	15.21	22.59	0.82	1.14	49.67	807.72	22.17	19.14	-8.00	53.88	797661.45	568214.14	83391.87
2	307	600461	洪城环境	73.20	BBB	0.90	8.18	15.00	0.40	1.56	61.28	5.65	-4.87	25.09	-12.50	25.92	2089944.18	777609.86	109221.73
3	376	603568	伟明环保	72.07	BBB	0.98	11.21	17.84	0.25	1.16	47.86	11.24	6.23	28.75	-27.66	105.66	2022377.68	444614.21	167103.15
4	400	000598	兴蓉环境	71.82	BBB	0.54	6.46	11.25	0.21	1.12	58.96	6.04	13.33	9.70	-19.50	44.35	3833860.92	762967.92	169261.95
5	454	688335	复洁环保	71.13	BBB	1.14	8.97	9.71	0.54	0.67	20.41	232.38	152.21	9.28	-14.29	52.90	154443.47	78947.27	11423.71
6	511	002034	旺能环境	70.41	BBB	1.69	7.81	12.45	0.25	1.49	56.70	3.83	12.87	16.06	-7.35	53.77	1449288.23	334991.08	72734.05
7	724	601158	重庆水务	68.07	BB	0.40	8.05	11.40	0.25	1.29	46.27	14.93	7.26	4.03	-20.00	39.52	3195752.03	777887.19	191856.32
8	854	600769	祥龙电业	66.72	BB	0.03	6.94	14.68	0.24	0.41	67.31	0.00	-3.43	15.84	21.05	75.27	23859.09	5116.88	1066.63
9	869	600323	瀚蓝环境	66.45	BB	1.41	6.11	10.63	0.41	2.28	65.15	3.81	9.33	10.10	-14.63	40.94	3328777.34	1287506.32	117611.74
10	904	300864	南大环境	66.17	BB	0.80	9.34	10.72	0.44	0.46	23.54	685.57	28.17	5.17	-27.91	73.08	157650.63	66477.67	12602.55
11	1001	601199	江南水务	65.25	BB	0.30	7.04	8.26	0.22	0.71	40.36	13.20	13.87	5.92	10.71	77.63	585396.92	126801.66	28042.03
12	1067	601827	三峰环境	64.73	B	0.68	7.23	12.18	0.27	1.10	56.50	5.47	2.54	9.50	-22.22	72.07	2361288.35	602326.22	119712.22
13	1111	300815	玉禾田	64.34	B	1.49	12.82	16.54	0.95	1.53	40.50	17.64	11.58	17.71	-39.68	105.68	611870.28	539350.25	55686.03
14	1204	600874	创业环保	63.62	B	0.51	6.25	9.23	0.21	0.81	58.63	3.38	-0.30	17.25	-8.33	39.08	2296967.40	452216.70	81260.50
15	1329	000685	中山公用	62.48	B	0.73	5.26	6.68	0.15	0.94	37.40	7.88	52.67	3.31	-17.16	46.06	2549465.25	361923.00	104839.83
16	1357	600283	钱江水利	62.25	B	0.49	5.52	8.81	0.28	1.16	58.56	6.98	18.77	6.72	-9.09	77.43	689385.92	182736.65	24376.53
17	1428	600008	首创环保	61.71	B	0.43	6.64	11.40	0.21	0.97	63.29	3.30	-0.34	0.71	-16.67	49.44	10488323.99	2215732.53	437455.63
18	1443	600526	菲达环保	61.62	B	0.20	4.17	5.19	0.52	0.82	58.52	2.42	26.59	84.54	-12.50	41.86	971480.29	428383.96	16121.04
19	1496	002658	雪迪龙	61.23	B	0.45	10.01	10.88	0.44	0.51	22.95	17.09	8.97	4.28	-2.38	74.77	345675.30	150477.16	28380.65
20	1515	000551	创元科技	61.14	B	0.41	5.37	9.05	0.71	1.08	48.59	12.47	13.06	16.51	-16.25	68.82	630437.48	418037.76	27251.27
21	1583	301127	天源环保	60.51	B	0.49	8.88	10.10	0.45	0.68	33.73	26.88	67.41	10.48	-41.18	111.72	318397.15	127218.73	20290.37
22	1598	603759	海天股份	60.36	B	0.46	6.54	9.06	0.21	0.93	58.46	3.33	9.58	3.30	-17.65	57.62	581784.47	118729.35	21538.83
23	1598	002973	侨银股份	60.42	B	0.77	7.48	14.98	0.63	1.30	68.85	3.89	18.70	11.03	-31.25	86.00	688108.68	395479.02	30506.77
24	1626	002266	浙富控股	60.22	B	0.27	7.70	14.29	0.74	1.20	55.98	7.76	18.71	9.41	-42.11	112.57	2462093.55	1677979.20	148204.15
25	1626	688679	通源环境	60.16	B	0.35	2.73	3.81	0.60	0.91	51.65	7.31	32.67	2.62	-15.38	54.42	230973.00	127667.16	4197.53
26	1742	601330	绿色动力	59.20	CCC	0.53	6.65	10.65	0.21	1.24	65.55	2.67	-9.69	12.95	-36.36	94.46	2267744.02	456711.79	78445.80
27	1772	600388	ST龙净	59.02	CCC	0.75	4.28	11.08	0.45	0.62	71.32	5.59	5.16	7.86	72.37	136.67	2641818.54	1188014.52	80877.51
28	1787	600796	钱江生化	58.89	CCC	0.24	5.05	5.67	0.30	0.97	49.20	3.60	-1.09	2.97	-4.17	42.13	669690.53	200886.45	19009.56
29	1797	003039	顺控发展	58.79	CCC	0.39	9.78	11.16	0.29	1.14	33.12	15.29	-1.38	8.32	-45.16	122.25	459818.73	131963.34	33013.94

续 表

序号	A股上市公司评价得分排序	股票代码	股票简称	综合得分	评价等级	每股收益（元）	总资产报酬率（%）	净资产收益率（%）	总资产周转率（次）	流动资产周转率（次）	资产负债率（%）	已获利息倍数	营业收入增长率（%）	资本扩张率（%）	市场投资回报率（%）	股价波动率（%）	年末资产总额（万元）	营业收入（万元）	净利润（万元）
30	1860	603126	中材节能	58.32	CCC	0.26	5.13	8.70	0.68	0.95	51.00	24.84	9.47	7.62	-15.38	61.36	497940.36	321943.16	20482.10
31	1860	600817	宇通重工	58.29	CCC	0.73	10.43	16.73	0.75	1.03	44.57	223.88	-4.56	10.59	-30.51	98.64	473071.82	358528.07	41768.89
32	1870	688466	金科环境	58.19	CCC	0.75	5.22	7.07	0.38	0.53	40.33	25.31	19.91	4.82	-31.82	75.95	184945.87	67089.09	7621.60
33	1921	002573	清新环境	57.84	CCC	0.32	4.85	7.59	0.35	0.82	67.80	2.35	16.75	10.53	-21.05	75.26	2367339.42	803229.41	55075.17
34	1934	603686	福龙马	57.70	CCC	0.63	8.01	10.43	0.89	1.31	40.02	26.31	-10.91	5.88	-34.15	94.25	584204.30	507961.38	35536.82
35	1944	301068	大地海洋	57.58	CCC	0.66	5.00	7.24	0.66	1.23	36.20	10.65	51.67	6.10	-24.24	99.04	123190.94	80005.21	5525.70
36	2019	300692	中环环保	57.12	CCC	0.49	6.16	9.59	0.24	0.97	61.81	3.13	20.57	9.57	-26.92	69.75	644095.01	140533.00	22558.55
37	2053	000544	中原环保	56.77	CCC	0.44	4.67	6.49	0.26	1.36	71.65	2.19	1.24	4.41	0.00	60.13	2664102.95	621676.47	47987.68
38	2053	603200	上海洗霸	56.79	CCC	0.24	3.79	4.30	0.46	0.67	30.75	7.80	8.04	9.25	-2.44	77.48	137310.52	60497.98	3913.63
39	2053	688309	*ST恒誉	56.78	CCC	0.18	2.14	2.07	0.21	0.31	14.18	0.00	95.47	1.32	-4.76	84.10	82932.18	16530.34	1462.75
40	2080	603588	高能环境	56.61	CCC	0.51	5.92	9.36	0.44	0.98	57.25	3.33	12.11	55.92	-32.26	79.79	2266013.01	877423.43	74436.16
41	2118	300055	万邦达	56.27	CCC	0.10	1.94	1.96	0.37	1.00	30.51	5.28	35.25	-4.79	-36.27	99.10	759331.44	271767.57	10623.51
42	2165	601200	上海环境	56.02	CCC	0.46	3.87	5.22	0.22	1.08	58.50	2.84	-11.50	1.41	-29.41	75.40	2900072.66	628551.53	62375.78
43	2165	002645	华宏科技	55.96	CCC	0.71	7.44	9.86	1.46	2.40	36.78	13.69	25.06	13.70	-37.88	98.46	647280.03	847501.57	37909.08
44	2317	000967	盈峰环境	54.84	CC	0.13	2.52	2.63	0.43	0.94	39.40	4.26	3.75	2.80	-33.33	78.84	2927129.19	1225599.29	45929.21
45	2331	603817	海峡环保	54.67	CC	0.30	4.77	5.66	0.19	0.60	52.10	3.13	17.43	28.47	-14.29	52.31	582791.18	104466.76	14052.55
46	2350	688101	三达膜	54.64	CC	0.65	4.87	6.31	0.25	0.43	32.10	0.00	9.42	3.43	-38.10	93.48	529892.00	125916.07	22319.89
47	2376	300388	节能国祯	54.37	CC	0.58	5.68	10.69	0.27	0.84	71.98	2.82	-8.44	6.90	-20.00	46.29	1500596.26	409900.44	43480.21
48	2407	688600	皖仪科技	54.16	CC	0.36	3.49	5.82	0.56	0.67	28.30	153.52	20.08	2.69	23.81	244.54	123486.61	67540.09	5082.71
49	2419	300172	中电环保	54.12	CC	0.11	3.52	3.83	0.36	0.59	36.37	7.18	17.04	1.93	-17.95	55.32	287733.09	102338.04	6950.27
50	2419	300425	中建环能	54.09	CC	0.28	5.86	8.85	0.43	0.83	43.83	8.82	17.66	7.83	-21.74	55.04	414587.89	171959.38	19872.27
51	2441	688501	青达环保	54.04	CC	0.62	5.86	8.84	0.49	0.58	51.07	7.61	21.38	7.23	0.00	194.66	168739.16	76215.56	7052.84
52	2462	603903	中持股份	53.94	CC	0.49	5.54	8.35	0.35	0.75	60.59	3.02	-1.83	36.14	-21.74	72.62	454284.42	143547.02	12957.98
53	2462	836263	中航泰达	53.88	CC	0.31	5.32	9.14	0.48	0.74	43.87	8.64	-26.03	3.05	-28.57	85.68	85393.55	41207.53	4315.83
54	2462	301030	仕净科技	53.91	CC	0.73	4.80	8.97	0.46	0.51	69.89	3.46	80.40	11.86	44.83	153.53	383155.57	143335.50	9800.59
55	2512	300664	鹏鹞环保	53.50	CC	0.33	4.72	5.12	0.25	0.64	45.34	5.26	-10.10	12.08	-20.00	63.69	807225.07	188180.18	21362.05
56	2532	601368	绿城水务	53.25	CC	0.19	3.59	3.55	0.12	1.07	75.93	1.41	8.31	1.60	0.00	50.56	1932881.49	225454.37	16383.89
57	2549	603797	联泰环保	53.21	CC	0.46	5.95	9.33	0.10	0.63	70.79	2.32	25.04	-1.79	-14.29	39.84	1006398.42	98163.81	27687.64
58	2632	003027	同兴环保	52.54	CC	0.92	6.34	7.64	0.38	0.47	33.61	40.11	0.53	6.19	0.00	115.93	269923.07	93826.81	13298.67

续 表

序号	A股上市公司评价得分排序	股票代码	股票简称	综合得分	评价等级	每股收益（元）	总资产报酬率（%）	净资产收益率（%）	总资产周转率（次）	流动资产周转率（次）	资产负债率（%）	已获利息倍数	营业收入增长率（%）	资本扩张率（%）	市场投资回报率（%）	股价波动率（%）	年末资产总额（万元）	营业收入（万元）	净利润（万元）
59	2648	688156	路德环境	52. 38	CC	0. 28	4. 73	4. 77	0. 31	0. 45	30. 55	24. 36	-10. 45	2. 18	55. 00	120. 87	119652. 87	34207. 97	3920. 79
60	2661	688096	京源环保	52. 25	CC	0. 49	5. 11	6. 37	0. 36	0. 48	49. 84	4. 66	21. 84	8. 46	-13. 33	44. 64	171542. 39	51429. 44	5265. 12
61	2706	688069	德林海	51. 92	CC	0. 79	3. 68	3. 81	0. 25	0. 28	17. 08	35. 66	-8. 68	-0. 48	-27. 45	66. 31	178395. 01	44882. 04	5642. 13
62	2828	300958	建工修复	50. 76	CC	0. 69	3. 69	9. 07	0. 46	0. 52	60. 70	39. 81	17. 50	11. 01	-37. 04	141. 34	298327. 81	126975. 99	10103. 06
63	2848	000605	渤海股份	50. 38	CC	0. 04	2. 31	1. 37	0. 22	0. 68	67. 50	1. 39	-3. 25	0. 96	10. 00	59. 98	807779. 47	175333. 93	3586. 06
64	2848	603324	盛剑环境	50. 43	CC	1. 05	6. 03	9. 28	0. 55	0. 67	45. 19	31. 27	7. 74	2. 93	-33. 33	85. 34	259937. 80	132847. 68	13031. 11
65	2909	300631	久吾高科	49. 74	C	0. 35	2. 66	3. 78	0. 44	0. 62	33. 94	38. 82	37. 34	11. 54	-25. 81	101. 18	182366. 92	74130. 94	4322. 47
66	3043	300774	倍杰特	48. 25	C	0. 08	1. 68	2. 24	0. 37	0. 60	39. 40	429. 53	17. 71	4. 66	-40. 00	130. 22	251296. 44	83897. 45	3334. 32
67	3058	000035	中国天楹	48. 16	C	0. 05	2. 41	1. 13	0. 26	1. 05	60. 56	1. 69	-67. 43	-6. 40	-11. 11	85. 79	2646777. 21	670670. 20	12161. 32
68	3082	688057	金达莱	48. 00	C	1. 10	8. 68	9. 27	0. 21	0. 24	12. 63	182. 03	-13. 33	1. 58	-44. 44	113. 72	374535. 70	79097. 55	30099. 92
69	3153	600168	武汉控股	47. 14	C	0. 01	2. 07	0. 06	0. 15	0. 52	73. 95	1. 04	43. 84	-11. 15	-6. 67	46. 98	2040104. 50	289387. 10	344. 06
70	3162	002887	绿茵生态	47. 01	C	0. 50	5. 81	6. 66	0. 13	0. 21	50. 29	3. 19	0. 27	6. 90	-16. 67	60. 28	485993. 42	58666. 83	15571. 42
71	3172	300899	上海凯鑫	46. 89	C	0. 43	4. 25	4. 16	0. 22	0. 24	6. 89	220. 95	-32. 40	1. 34	-35. 48	87. 19	70900. 28	15407. 07	2730. 76
72	3231	688178	万德斯	46. 21	C	0. 26	1. 27	1. 79	0. 40	0. 51	42. 33	3. 05	-17. 91	3. 67	-28. 00	79. 37	215150. 18	85986. 27	2176. 37
73	3243	603177	德创环保	45. 96	C	0. 05	2. 16	2. 21	0. 55	0. 83	74. 81	1. 16	29. 43	13. 09	13. 33	145. 68	149449. 57	79711. 70	782. 31
74	3246	300070	碧水源	45. 91	C	0. 20	2. 88	2. 74	0. 12	0. 37	59. 47	1. 89	-9. 00	4. 69	-35. 77	97. 09	7264939. 40	868976. 41	78802. 82
75	3275	301081	严牌股份	45. 54	C	0. 37	4. 72	6. 59	0. 53	0. 79	37. 00	20. 55	6. 39	-1. 44	-40. 00	104. 78	153509. 01	75395. 85	6416. 80
76	3290	603315	福鞍股份	45. 23	C	0. 13	3. 11	2. 86	0. 40	0. 51	48. 64	2. 48	10. 79	2. 92	-35. 19	108. 57	279005. 70	105391. 47	4038. 39
77	3297	300867	圣元环保	45. 09	C	0. 66	5. 30	5. 44	0. 22	1. 13	59. 96	2. 11	-23. 70	4. 59	-45. 16	146. 06	841020. 07	175153. 41	17908. 33
78	3320	600292	远达环保	44. 79	C	-0. 04	1. 18	-0. 71	0. 40	0. 97	46. 83	1. 20	-6. 79	-0. 88	-33. 33	76. 50	1039597. 37	413678. 91	3925. 55
79	3374	300854	中兰环保	43. 85	C	0. 28	2. 11	2. 65	0. 46	0. 60	37. 71	47. 73	3. 43	0. 87	-48. 28	145. 19	158499. 74	72284. 20	2601. 01
80	3387	300929	华骐环保	43. 66	C	0. 33	3. 85	5. 22	0. 24	0. 47	53. 40	3. 43	-32. 29	4. 28	-33. 33	78. 75	182378. 93	42972. 10	4348. 18
81	3426	300614	百川畅银	43. 08	C	0. 23	2. 73	2. 40	0. 24	0. 55	20. 13	9. 31	-10. 89	1. 65	-47. 73	143. 52	187897. 45	44495. 95	3569. 89
82	3489	600217	中再资环	42. 05	C	0. 05	2. 66	2. 55	0. 43	0. 51	65. 19	1. 20	-9. 97	5. 04	-26. 67	73. 67	732812. 18	312321. 29	6357. 39
83	3560	300437	清水源	40. 88	C	-0. 17	-0. 17	-2. 95	0. 54	1. 09	48. 47	-0. 18	10. 18	-1. 79	-30. 56	94. 58	313051. 39	180472. 37	4796. 19
84	3588	300786	国林科技	40. 21	C	0. 10	1. 32	1. 42	0. 18	0. 33	26. 50	7. 20	-40. 95	0. 67	-29. 69	94. 78	170744. 43	29262. 94	1773. 31
85	3645	300779	惠城环保	38. 95	C	0. 02	0. 36	0. 36	0. 17	0. 68	70. 14	1. 35	27. 51	5. 09	105. 88	220. 98	255950. 51	36323. 20	269. 01
86	3681	002210	飞马国际	38. 15	C	0. 03	5. 29	42. 63	0. 30	0. 88	78. 58	2. 27	33. 20	79. 90	-33. 33	86. 65	124340. 11	35395. 80	8835. 17
87	3769	000890	法尔胜	36. 03	C	-0. 03	5. 00	0. 20	0. 36	0. 83	88. 48	1. 31	1. 51	-5. 15	-17. 65	54. 64	183909. 29	67757. 51	44. 09

续 表

序号	A股上市公司评价得分排序	股票代码	股票简称	综合得分	评价等级	每股收益（元）	总资产报酬率（%）	净资产收益率（%）	总资产周转率（次）	流动资产周转率（次）	资产负债率（%）	已获利息倍数	营业收入增长率（%）	资本扩张率（%）	市场投资回报率（%）	股价波动率（%）	年末资产总额（万元）	营业收入（万元）	净利润（万元）
88	3780	300800	力合科技	35.83	C	0.25	2.60	2.87	0.22	0.26	13.66	245.86	-42.88	1.61	-55.56	171.92	236926.82	51851.22	5830.42
89	3800	600187	国中水务	35.28	C	-0.07	-2.23	-3.67	0.06	0.13	20.90	-8.56	-25.20	-4.47	33.33	74.39	402066.72	28759.82	11957.99
90	3813	000826	启迪环境	34.91	C	-0.76	0.15	-7.22	0.24	0.70	61.08	0.06	-16.29	-9.21	-23.68	84.21	2662902.52	709960.63	78614.26
91	3854	832145	恒合股份	33.54	C	0.08	1.75	1.58	0.18	0.21	5.33	68.46	-21.17	-0.22	-59.60	195.24	30172.18	5348.22	452.64
92	3888	301049	超越科技	32.40	C	-0.23	-2.02	-2.42	0.18	0.42	26.41	-5.36	-6.69	-4.78	-38.24	98.63	118380.40	21108.65	2162.56
93	3898	002778	中晟高科	32.07	C	-0.28	-1.27	-4.10	0.46	0.69	54.56	-1.56	-30.05	3.01	-23.08	94.37	146982.64	72163.65	2697.51
94	3921	000068	华控赛格	31.35	C	-0.22	-2.72	-43.33	0.27	0.77	90.17	-0.89	18.46	-35.61	12.50	97.05	430922.40	110858.98	23436.59
95	3936	000820	神雾节能	30.99	C	-0.03	-5.26	-16.47	0.47	0.86	66.63	-140.75	30.43	-13.59	28.57	123.08	35221.32	15672.66	2087.99
96	3994	300961	深水海纳	29.59	C	-0.01	1.72	0.07	0.20	0.72	58.78	0.92	-9.36	-0.24	-52.38	159.08	256249.82	49756.65	75.62
97	4032	300137	先河环保	28.71	C	-0.25	-5.65	-6.46	0.42	0.53	16.91	-165.44	-9.27	-8.68	-25.71	68.41	233237.56	100813.13	13113.95
98	4056	300203	聚光科技	28.13	C	-0.84	-2.93	-11.88	0.34	0.74	65.50	-1.49	-8.00	-9.17	33.33	147.19	1028736.78	345062.03	44302.18
99	4063	603603	*ST博天	28.02	C	1.65	21.22	183.64	0.08	0.31	76.42	3.90	-41.74	0.00	-28.57	173.58	800522.87	66855.62	137013.71
100	4087	831370	新安洁	27.39	C	-0.17	-4.28	-6.53	0.62	0.93	17.56	-13.83	-1.70	-9.96	-41.67	127.93	93602.15	60082.10	5316.49
101	4121	002672	东江环保	26.54	C	-0.57	-3.09	-11.12	0.33	1.29	59.20	-2.06	-3.41	-12.32	-23.91	64.57	1170596.42	387847.40	56869.42
102	4197	300056	中创环保	24.82	C	-0.22	-8.07	-19.53	0.78	1.46	60.64	-5.57	-11.81	-20.30	-10.64	127.30	127820.88	100713.18	11076.37
103	4205	300072	海新能科	24.70	C	-0.34	-4.54	-12.11	0.58	1.37	50.55	-2.01	50.39	-14.80	-43.67	177.89	1527568.53	864835.31	99408.07
104	4216	300152	新动力	24.52	C	-0.12	-9.83	-19.58	0.22	0.46	52.33	-21.64	5.89	-18.98	-25.81	55.99	83231.44	18679.64	8679.60
105	4312	300385	雪浪环境	22.04	C	-0.35	-2.10	-11.22	0.53	0.84	73.73	-1.80	-0.69	-26.66	-30.30	79.82	318545.09	180002.48	11093.22
106	4351	688565	力源科技	20.57	C	-0.25	-4.85	-6.00	0.22	0.31	39.52	-22.26	-35.79	-7.85	-18.75	109.43	96056.57	20315.39	3632.18
107	4382	300210	森远股份	19.73	C	-0.51	-12.92	-35.42	0.15	0.31	52.12	-6.25	-3.23	-30.01	-26.09	54.57	119031.37	20394.90	24513.88
108	4410	300262	巴安水务	18.57	C	-0.58	-6.32	-136.59	0.07	0.39	97.37	-1.48	93.52	-81.32	-28.13	65.43	357759.59	26363.99	40865.69
109	4416	300422	博世科	18.51	C	-0.89	-1.94	-16.14	0.18	0.46	78.76	-0.96	-16.57	-14.82	-34.78	99.53	1199905.61	222380.49	44707.72
110	4432	000005	ST星源	18.06	C	-0.15	-6.03	-11.56	0.11	0.20	49.72	-12.05	-26.02	-11.30	-19.05	75.54	260218.99	28374.37	16094.98
111	4438	605081	太和水	17.81	C	-1.45	-10.01	-9.54	0.10	0.12	16.54	0.00	-55.37	-13.17	-31.43	64.84	191316.59	20540.71	16394.25
112	4457	300190	维尔利	16.94	C	-0.57	-3.64	-10.97	0.20	0.37	59.96	-2.70	-33.88	-12.19	-30.43	75.58	990572.62	208491.38	46531.56)
113	4466	688701	卓锦股份	16.37	C	-0.70	-11.38	-20.60	0.31	0.34	47.52	-12.98	-40.50	-21.06	-42.86	98.52	76606.87	24582.69	9385.36
114	4477	300187	永清环保	15.99	C	-0.60	-9.12	-28.80	0.20	0.57	70.41	-5.60	-28.59	-41.56	-24.66	87.48	330967.63	71335.33	38242.36
115	4483	300266	兴源环境	15.84	C	-0.36	-2.46	-29.39	0.12	0.34	85.42	-0.92	-42.02	-24.87	-17.57	88.37	1130574.70	135451.40	56479.13

续表

序号	A股上市公司评价得分排序	股票代码	股票简称	综合得分	评价等级	每股收益（元）	总资产报酬率（%）	净资产收益率（%）	总资产周转率（次）	流动资产周转率（次）	资产负债率（%）	已获利息倍数	营业收入增长率（%）	资本扩张率（%）	市场投资回报率（%）	股价波动率（%）	年末资产总额（万元）	营业收入（万元）	净利润（万元）
116	4506	300334	津膜科技	14.53	C	-0.61	-8.38	-25.25	0.16	0.50	57.17	-2.91	-48.28	-21.65	-33.33	123.53	153475.95	24481.31	18886.86
117	4567	000711	*ST京蓝	8.85	C	-1.32	-13.49	-396.73	0.02	0.04	105.04	-2.49	-73.55	-133.39	0.00	143.19	771076.05	19516.71	153711.76
118	4581	605069	正和生态	5.41	C	-1.60	-5.82	-18.76	0.08	0.14	61.69	-3.09	-69.19	-18.65	-57.14	152.11	422084.86	34950.94	33817.00

第三部分

中国上市公司各板业绩评价

第十九章

创业板上市公司业绩评价

2022年，创业板上市公司在面临复杂多变的市场环境下，抢抓历史机遇，经营业绩总体稳中有进，为中国资本市场提供了坚实的业绩基础。注册制改革成效持续巩固，创业板对优秀创新创业企业的吸引力进一步增强，彰显创业板科技创新和战略性新兴产业属性与定位。

2022年创业板获得了喜人的成绩。一是发行募资创佳绩，是首发新股数最多的板块。2022年，创业板首发上市公司共150家，占当年A股首发上市公司数量的35.05%；首发募集资金规模1796.36亿元，占当年A股新增上市企业首发募集资金规模的30.61%。虽然首发上市家数较2021年199家有所下降，但2022年首发上市创业板上市公司户均首发募集资金规模11.98亿元，较2021年户均7.41亿元有明显提升。二是经营业绩和资产规模大幅提升。2022年度，创业板上市公司（不含未公布年报及2023年上市的上市公司）实现营业收入3.43万亿元，较2021年度2.88万亿元同比增长19.30%；实现归母净利润2110.84亿元，较2021年度1731.00亿元同比增长超过20%，近6成创业板上市公司实现归母净利润同比增长。公司规模方面，1232家创业板上市公司截至2022年底资产规模总计6.19万亿元，户均资产规模50.26亿元，宁德时代以6009.52亿元资产规模总量位居创业板第一；2022年首发上市的150家创业板上市公司户均资产规模27.02亿元，其中2022年底资产规模超过百亿的仅4家，凸显了创业板服务成长型创新创业企业的定位。三是国家重点支持高科技产业是创业板绝对主力。高端机械设备、计算机、电子、医药生物、电力设备位居创业板行业家数前五位，2022年150家首发上市的创业板上市公司中医药生物、机械设备、电子分别位列行业家数前三甲，三大行业合计首发上市61家，占全年全部首发上市的创业板上市公司家数超过40%。

一、创业板上市公司业绩评价结果

截至2022年末，创业板上市公司共1232家，剔除4家涉及金融科技行业后，纳入本次评价范围内的创业板上市公司共 1228 家；2022 年新上市的 150 家创业板上市公司不参与评价排名，因此纳入本次评价排名范围内的创业板上市公司共 1078 家。创业板上市公司 2022 年度业绩评价综合得分 62.23 分，较 2021 年度 61.31 分的综合得分有所提高。迈瑞医疗以 87.14 分的综合得分摘得创业板 2022 年度业绩评价综合得分榜第一名，较其 2021 年度第三名的位置提升 2 名，并携手温氏股份、汇川技术、嘉益股份、宁德时代、凯普生物、爱尔眼科、圣邦股份与新诺威 8 家创业板上市公司共同进入“中联价值 100”榜单。

1228 家创业板上市公司中，业绩评价为 AAA 级的有 1 家、AA 级的有 5 家、A 级的有 23 家、BBB 级的有 78 家、BB 级的有 102 家、B 级的有 169 家、CCC 级的有 169 家、CC 级的有 175 家、C 级的有 506 家。

2022 年，纳入排名范围内的创业板上市公司按评价体系评分前十名的公司见表 19-1。

表 19-1　2022 年度创业板上市公司评价得分前十名的公司

序号	股票代码	股票简称	A 股上市公司中评价得分排序
1	300760	迈瑞医疗	12
2	300498	温氏股份	56
3	300124	汇川技术	60
4	301004	嘉益股份	67
5	300750	宁德时代	74
6	300639	凯普生物	77
7	300015	爱尔眼科	81
8	300661	圣邦股份	89
9	300765	新诺威	89
10	300390	天华新能	104

下面分别从财务效益、资产质量、偿债风险、发展能力及市场表现等五个方面对创业板上市公司业绩进行具体分析。

（一）财务效益

从综合得分来看，由于创业板创新创业的定位及创业板上市公司“专精特新”的特点，创业板上市公司财务效益综合得分低于全部上市公司平均水平，但 2022 年度创业板上市公司财务效益综合得分 22.22 分，较 2021 年度 21.39 分有所提高，整体趋势向好。从具体指标来看，2022 年度创业板上市公司在净资产收益率和总股本收益率方面与 2021 年度相比有所提高，而平均总资产报酬率、营业利润率、盈利现金保障倍数略逊于 2021 年度水平。受到公共医疗卫生基础设施建设需求持续增大影响，医药、医疗器械行业在 2022 年依旧保持较高的财务效益水平，8 家财务效益综合得分超过 30 分的创业板上市公司中，医药、医疗器械行业独占四席，且财务效益综合得分排名前五中 3 家为医药、医疗器械行业创业板上市公司，分别是迈瑞医疗、智飞生物、乐普医疗。

2022 年创业板上市公司财务效益各指标及得分情况如表 19-2 所示。

表 19-2　创业板上市公司财务效益状况比较表

分析指标		2022 年度全部上市公司平均值	2022 年度创业板上市公司平均值	2021 年度创业板上市公司平均值
基本指标	净资产收益率（%）	7.31	6.65	5.69
	总资产报酬率（%）	3.64	5.65	5.84
修正指标	营业利润率（%）	6.65	7.93	8.14
	盈利现金保障倍数	1.84	1.29	1.34
	总股本收益率（%）	45.68	41.51	35.51
综合得分		23.60	22.22	21.39

（二）资产质量

从综合得分来看，2022 年创业板上市公司资产质量综合得分 8.45 分，与 2021 年度资产质量综合得分 8.43 分基本持平，但显著低于全部上市公司平均水平。从具体指标来看，2022 年度创业板上市公司总资产周转次数平均水平和流动资产周转次数平均水平与 2021 年度基本持平，应收账款周转次数平均水平和存货周转次数平均水平则分别略有微量变动；而与全部上市公司平均水平相比，创业板上市公司因主要以电子、设备、医疗等账期较长行业为主，应收账款周转次数明显较低。2022 年共 11 家创业板上市公司资产质量综合得分达到 15 分，与 2021 年相比多出 4 家。温氏股份、西部牧业、雪榕生物等畜牧、养殖涉农行业仍因其行业对流通效率的高要求特点，在资产质量方面评价得分较高。

2022 年创业板上市公司资产质量各指标及得分情况如表 19-3 所示。

表 19-3　创业板上市公司资产质量状况比较表

分析指标		2022 年度全部上市公司平均值	2022 年度创业板上市公司平均值	2021 年度创业板上市公司平均值
基本指标	总资产周转次数（次）	0.66	0.63	0.63
	流动资产周转次数（次）	1.27	1.04	1.05
修正指标	应收账款周转次数（次）	8.67	4.57	4.50
	存货周转次数（次）	3.25	3.78	3.95
综合得分		9.31	8.45	8.43

（三）偿债风险

从综合得分来看，2022 年创业板上市公司偿债风险综合得分 9.60 分，与 2021 年创业板上市公司偿债风险综合得分平均水平相当，显著好于全部上市公司平均水平。从具体指标来看，2022 年创业板上市公司资产负债率、已获利息倍数、速动比率及带息负债比率与 2021 年平均水平相比均有微幅增加，现金流动负债比率有小幅减少；相对于全部上市公司平均水平而言，创业板上市公司资产负债率、带息负债率相对更低，已获利息倍数相对更高，偿债能力相对更强，特别是在速动比率方面，创业板上市公司平均水平显著高于全部上市公司平均水平，短期偿还能力保障性强，偿债风险更低。宏达电子以评价得分 15 分蝉联创业板上市公司偿债风险评价第一名，共 125 家创业板上市公司偿债风险评价得分高于 14 分。

2022 年创业板上市公司偿债风险各指标及得分情况如表 19-4 所示。

表 19-4 创业板上市公司偿债风险状况比较表

分析指标		2022 年度全部上市公司平均值	2022 年度创业板上市公司平均值	2021 年度创业板上市公司平均值
基本指标	资产负债率（%）	58.63	46.06	45.10
	已获利息倍数	5.40	7.59	7.30
修正指标	速动比率（%）	86.08	137.11	136.39
	现金流动负债比率（%）	14.64	14.26	14.61
	带息负债比率（%）	41.74	38.39	36.62
综合得分		8.79	9.60	9.58

（四）发展能力

从综合得分来看，2022 年创业板上市公司发展能力平均得分 14.19 分，显著高于全部上市公司平均值 12.11 分，且较 2021 年 13.29 分有所提升。从具体指标来看，创业板上市公司除累计保留盈余率低于全部上市公司平均水平外，在营业收入增长率、资本扩张率、三年营业收入平均增长率、总资产增长率、营业利润增长率方面全面好于全部上市公司平均水平；与 2021 年相比，创业板上市公司虽然三年营业收入平均增长率增幅较大，但营业利润率增长平均水平下降较多。宁德时代与晶盛机电以得分 20 分并列创业板上市公司发展能力评价得分第一，共 5 家创业板上市公司获得发展能力评分 19 分以上。

2022 年创业板上市公司发展能力各指标及得分情况如表 19-5 所示。

表 19-5 创业板上市公司发展能力状况比较表

分析指标		2022 年度全部上市公司平均值	2022 年度创业板上市公司平均值	2021 年度创业板上市公司平均值
基本指标	营业收入增长率（%）	8.80	19.40	23.45
	资本扩张率（%）	9.10	19.75	20.66
修正指标	累计保留盈余率（%）	43.64	33.94	32.79
	三年营业收入平均增长率（%）	11.10	17.09	13.79
	总资产增长率（%）	7.88	22.30	23.88
	营业利润增长率（%）	0.85	9.60	22.84
综合得分		12.11	14.19	13.29

（五）市场表现

从综合得分来看，2022 年创业板上市公司市场表现综合得分 7.77 分，显著低于全部上市公司综合得分 9.09 分，且与 2021 年 9.23 分相比降幅较大。从具体指标来看，创业板上市公司 2022 年股价波动率较 2021 年有所下降，更趋稳定，但市场投资回报率由 27.90%降至-24.83%，下降明显，且与全部上市公司差距较大，股价波动率略高于全部上市公司水平。

2022 年创业板上市公司市场表现各指标及得分情况如表 19-6 所示。

表 19-6 创业板上市公司市场表现状况比较表

分析指标	2022 年度全部上市公司平均值	2022 年度创业板上市公司平均值	2021 年度创业板上市公司平均值
市场投资回报率（%）	-12.92	-24.83	27.90
股价波动率（%）	98.53	102.75	108.84
得分	9.09	7.77	9.23

二、2022 年创业板上市公司稳中有进，注册制改革持续释放市场活力

（一）注册制改革成效显著，创业板定位更加鲜明

自实施注册制改革以来，创业板服务高新技术企业和成长型创新创业企业的板块功能更加明确，板块定位更加清晰，在创业板首发上市的企业特色更鲜明。

规模方面凸显以服务中小型企业为主。2022 年是创业板注册制改革的第二个完整年度，全年首发上市的 150 家企业户均资产规模（截至 2022 年底，下同）仅 27.02 亿元，而 71 家于 2022 年在主板首发上市的企业户均资产规模达到 525.02 亿元，以全部 A 股市场为口径，428 家于 2022 年首发上市的企业户均资产规模也超过 110 亿元，创业板上市公司资产规模明显更偏小；截至 2022 年末收盘，创业板上市公司平均市值为 91.62 亿元，低于科创板上市公司平均市值 122.40 亿元，更低于主板上市公司平均市值 212.26 亿元。

行业方面以涉及新技术、新产业相关行业为主。2022 年全年，医药生物、电子、机械设备三大行业首发上市数量最多，计算机、电力设备与基础化工业紧随其后；截至 2022 年底，全部创业板上市公司中机械设备、计算机、电子、医药生物、电力设备占比排名前五，五大行业涉及上市公司 684 家，占全部创业板上市公司数量的 55.52%，创业板服务先进制造、数字经济的新兴战略新产业的板块特征更加明显。

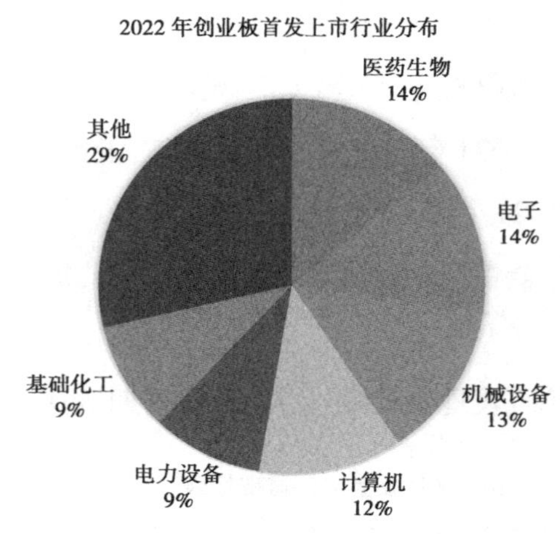

图 19-1　创业板 2022 年上市公司的行业分布

（二）业绩平稳增长，研发蓄能助推高质量发展

经营业绩方面，2022 年度，1232 家创业板上市公司实现总营收 3.43 万亿元，同比增长 19.30%，远超深市公司营收同比增长率 7.0%（深市公司数据来源：深市上市公司 2022 年报实证分析报告），708 家创业板上市公司收入实现增长；归母净利润 2110.84 亿元，同比增长 21.94%，户均归母净利润由 1.41 亿元增至 1.71 亿元，六成创业板上市公司实现利润增长，更有 120 家创业板上市公司归母利润实现翻倍式增长。

研发投入方面，2022 年度，1232 家创业板上市公司研发费用投入 1599.83 亿元，同比大幅增长 21.65%，户均研发费用由 2021 年 1.07 亿元增至 2022 年 1.30 亿元。从研发占收入比来看，2022 年度创业板上市公司平均研发占收入比为 7.36%，较 2021 年度平均水平 6.56%提升逾 10%，研发投入占比进一步提高，其中，计算机行业研发投入占收入比最高，其平均水平高达 16.04%，国防军工、通信、医药生物分别以研发投入占收入比 11.46%、8.34%、8.09%紧随其后；电力设备以户均研发费用投入 3.78 亿元位列平均研发投入总额最高的行业，医药生物、电子、计算机等高新产业领域创业板上市公司，户均研发投入也均超过了 1.5 亿元。宁德时代以 155.10 亿元实现研发费用投入的翻番，同时蝉联创业板上市公司研发投入第一。创业板上市公司持续加大研发投入，坚定不移走创新驱动发展之路。

（三）市场价格回归理性，价值投资成主流

虽然创业板上市公司 2022 年整体业绩稳中有进，从业绩实现情况和各评价指标来看整体向好，但受到新冠疫情及国内外复杂严峻形势对整体宏观经济环境和投资者信心的影响，截至 2022 年 12 月 30 日，创业板指数收盘于 2346.77 点，全年下跌近 3 成，110 家于 2021 年底前上市的创业板上市公司实现了全年股价上涨，计算机、机械设备、医药生物分别以 15 家、15 家和 14 家为上涨最多的行业，岱勒新材以全年涨幅 153.05%位居创业板上市公司涨幅第一名。

从市盈率方面来看，随着2022年创业板上市公司股票价格的回落叠加业绩的稳步提升，1082家2022年以前首发上市的创业板上市公司的平均市盈率水平由2021年的113.48倍降至57.58倍，逐步回归合理区间；按照行业分类，石油石化5家上市公司平均市盈率为243.56倍，为创业板上市公司之最，医药生物、电力、机械设备、计算机等上市数量较多的行业依然为投资热点领域，其平均市盈率超过60倍，高于创业板上市公司的平均水平。

三、创业板“中联价值100”业绩评价结果

按照中国上市公司业绩评价体系，我们以统一测算的评价标准为基准，运用功效系数法，对截至2023年4月30日公布年报的创业板1228家非金融上市公司业绩进行了评价，剔除2022年新上市的150家创业板上市公司后，根据评价结果得出了2022年度创业板“中联价值100”，其中，迈瑞医疗以综合得分87.10分获得第一，得分第2~10名的企业分别是温氏股份、汇川技术、宁德时代、凯普生物、爱尔眼科、圣邦股份、新诺威、天华新能及瑞丰新材。具体信息见本书附录二中的2022年度创业板“中联价值100”业绩评价得分情况。

从经营业绩来看，创业板“中联价值100”2022年主营业务收入共实现9677.79亿元、归母净利润753.58亿元，分别占纳入评价范围内的1228家创业板上市公司的28.27%和37.40%，户均归母净利润是1228家创业板上市公司户均归母净利润的4.60倍，显著高于评价范围内创业板上市公司的平均盈利能力。

从资产规模来看，截至2022年12月31日，创业板“中联价值100”资产总量合计1.62万亿元，占评价范围内创业板上市公司资产总量5.97万亿元的27.23%，户均资产总量是纳入评价范围内创业板上市公司的3.34倍，创业板“中联价值100”具有显著的规模优势。

从行业分布来看，创业板“中联价值100”主要集中在高精尖制造业，其中医药生物行业最多，占据20席，电力设备、基础化工、电子和机械设备位列第2~5名，创业板着力助力“专精特新”发展作用凸显。创业板“中联价值100”行业分布如图19-2所示。

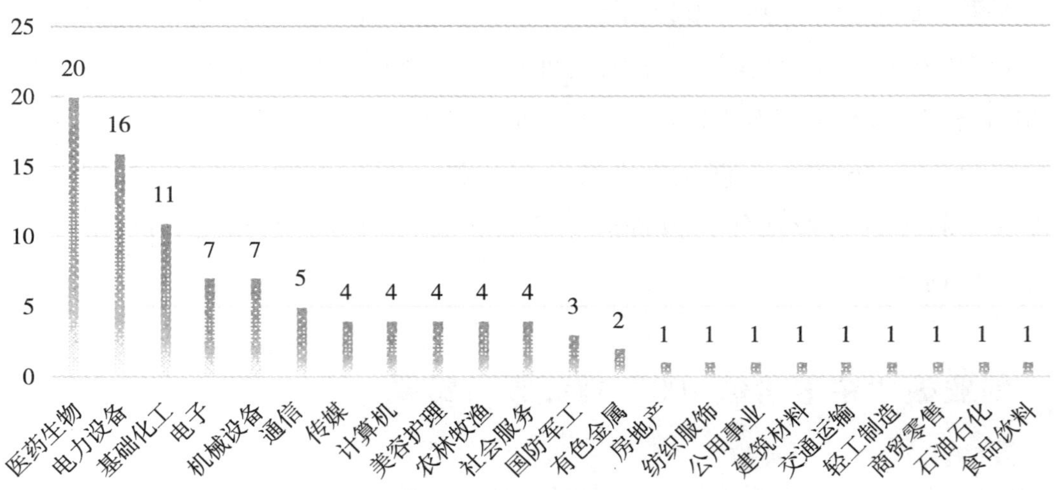

图 19-2 创业板“中联价值 100”行业分布

从地域分布来看，创业板“中联价值 100”仍集中于我国东南沿海地区，广东以 28 家蝉联第一且遥遥领先，第 2~5 名的省市分别是江苏、浙江、北京和山东。中西部、东北部省市相对较少。创业板“中联价值 100”地域分布如图 19-3 所示。

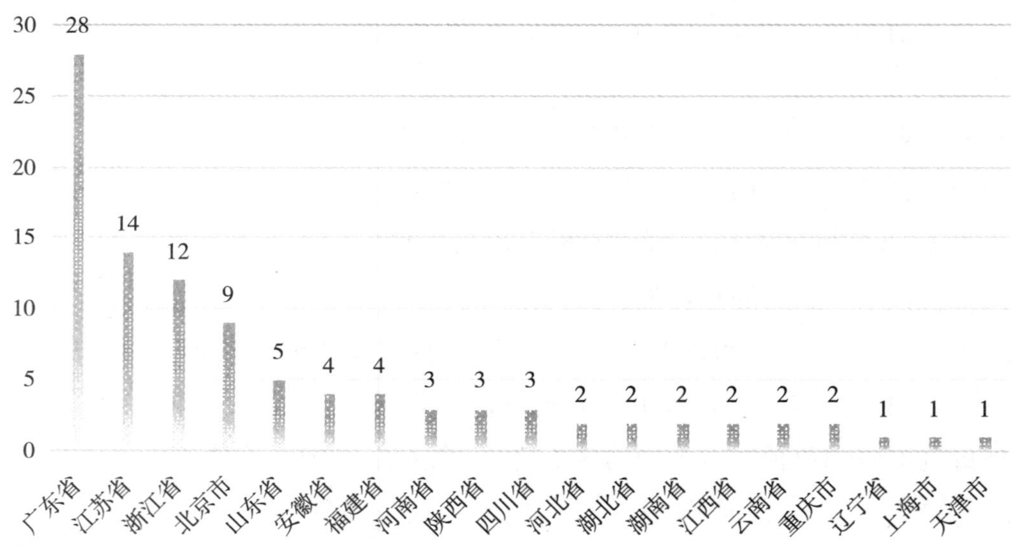

图 19-3 创业板“中联价值 100”地域分布

第二十章

科创板上市公司业绩评价

科创板立足创新驱动发展战略，服务于战略新兴产业和高新技术产业，已从最初的改革“实验田”成长为如今的科创“新高地”。过去三年多的时间里，科创板为科创类企业提供了重要融资支持，不断促进企业创新发展，为我国‘硬核科技’企业提供了重要助力。

2022 年科创板迎来新突破，上市公司数量突破 500 家，总市值达 6.36 万亿元，整体营业收入首次突破万亿元，总营业收入约 12120.49 亿元，同比增长 29%，净利润首次突破千亿元，达到 1135.89 亿元，同比增长 6%。开板三年来，科创板制度体系逐步完善，一系列创新制度落地见效，经营业绩稳健增长，不断践行创新驱动发展战略，为科技企业支撑起一片新天地。

一、科创板上市公司业绩评价结果

截至 2022 年末，科创板已上市公司 501 家，纳入本次评价范围内的 501 科创板上市公司（以下简称“评价范围内的科创板上市公司”）综合评价平均分值 52.44 分，较 2021 年度 57.95 分有所降低。企业规模越大，综合评价平均得分越高。企业规模在 100 亿元以上的平均得分最高，平均分值 57.4 分，企业规模 50 亿～100 亿元的平均得分 56.24 分，企业规模 10 亿～50 亿元的得分 52.29 分，而企业规模 1 亿～10 亿元的平均得分仅 42.44 分。个股方面，大全能源以 87.2 分位列科创板上市公司业绩评价第一名，进入“中联价值 100”榜单。

图 20-1 列示了 2022 年度科创板上市公司规模平均得分情况。

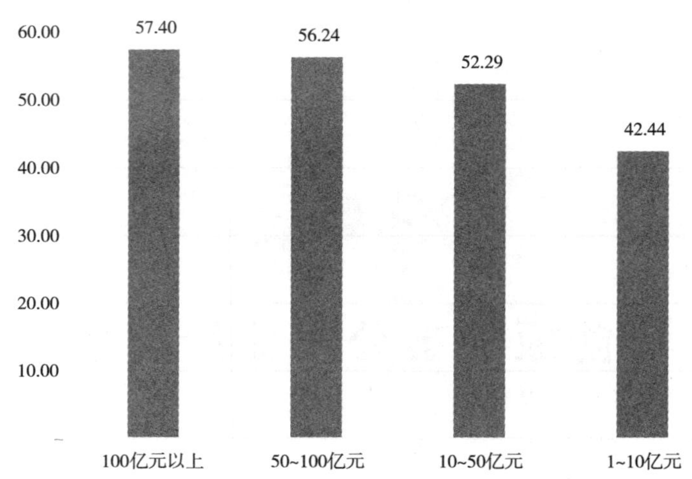

图 20-1　2022 年度科创板上市公司规模平均得分情况（单位：分）

从行业来看，得分较高的为科学研究和技术服务业、废弃资源综合利用业、化学纤维制造业。互联网、其他制造业、汽车制造业得分较低。其他行业分布在均值上下。详见图 20-2。

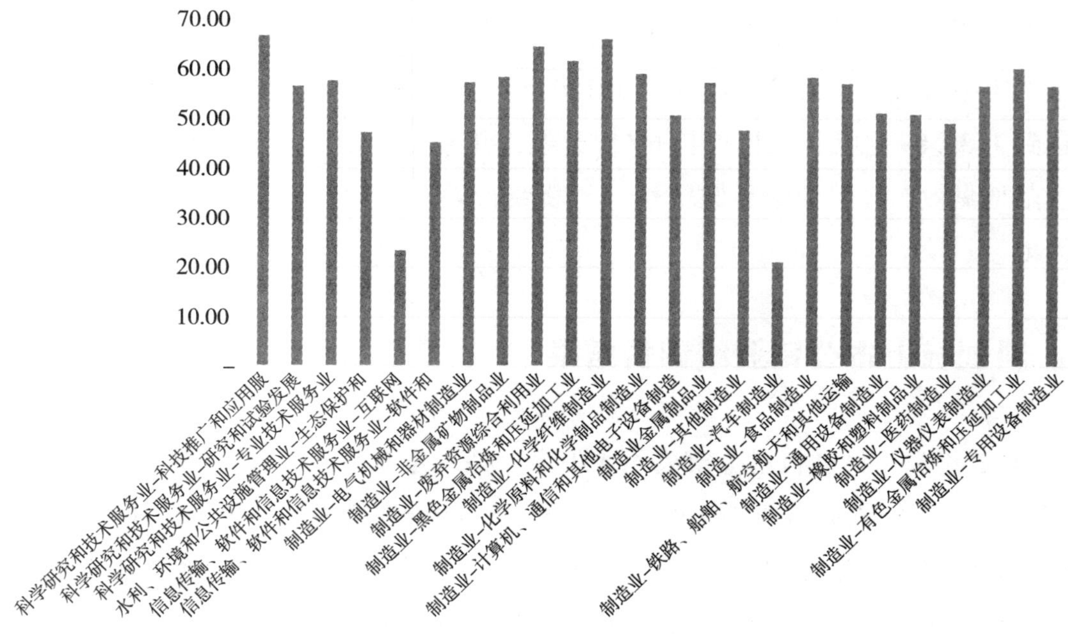

图 20-2　2022 年度科创板上市公司行业平均得分情况（单位：分）

501 家科创板上市公司公司中，业绩评价 AAA 级的有 1 家、A 级的有 14 家、BBB 级的有 32 家、BB 级的有 66 家、B 级的有 69 家、CCC 级的有 74 家、CC 级的有 66 家、C 级的有 179 家。

下面分别从财务效益、资产质量、偿债风险、发展能力及市场表现等五个方面对科创板上市公司进行具体分析。

（一）财务效益

如表 20-1 所示，2022 年科创版上市公司的财务效益状况平均得分为 23.64 分，较 2021 年略有上涨。评价财务效益状况的指标包括两个基本指标（扣除非经常性损益净资产收益率和总资产报酬率）和三个修正指标（营业利润率、盈利现金保障倍数、总股本收益率）。从具体指标来看，评价范围内的科创板上市公司净资产收益率、总资产报酬率、营业利润率和总股本收益率表现方面都低于 2021 年，盈利现金保障倍数与 2021 年基本持平，但从整个收益得分情况来看，科创版上市公司略好于 2022 年度全部上市公司（不含金融）平均水平。新能源、半导体、生物医药行业保持着较高的财务效益水平。其中，大全能源、天合光能受益于光伏市场需求旺盛，光伏产业其他环节扩产提速，硅料价格持续上涨，财务效益迅速增长，财务效益得分水平位居一、二位。

表 20-1 科创板上市公司财务效益状况比较表

分析指标		2022 年度全部上市公司平均值	2022 年度科创板上市公司平均值	2021 年度科创板上市公司平均值
基本指标	净资产收益率（%）	7.31	6.21	7.96
	总资产报酬率（%）	5.28	5.82	7.25
修正指标	营业利润率（%）	6.65	10.68	13.89
	盈利现金保障倍数	1.84	0.85	0.82
	总股本收益率（%）	45.68	68.24	81.85
综合得分		23.60	23.64	24.68

（二）资产质量

如表 20-2 所示，从综合得分来看，2022 年科创板上市公司资产质量平均得分 7.77 分，基本与 2021 年持平，但与整体 A 股市场资产质量 9.31 分相比，还有一定的差距。由于科创板企业目前大多仍处于研发阶段或初期发展阶段，资产运营效率略低。

评价资产质量状况的指标包括两个基本指标（总资产周转次数和流动资产周转次数）和两个修正指标（存货周转率和应收账款周转率）。从具体指标来看，评价范围内的科创板上市公司总资产周转次数、流动资产周转次数、应收账款周转次数指标的平均水平与 2021 年基本持平。有研粉材资产质量在科创板上市公司中得分最高，为 13.49 分，但相较于全部上市公司最高 15 分仍有一定差距。

表 20-2　科创板上市公司资产质量状况比较表

分析指标		2022 年度全部上市公司平均值	2022 年度科创板上市公司平均值	2021 年度科创板上市公司平均值
基本指标	总资产周转次数（次）	0.66	0.50	0.50
	流动资产周转次数（次）	1.27	0.75	0.73
修正指标	存货周转率（次）	8.67	3.08	3.37
	应收账款周转率（次）	3.25	4.82	4.75
综合得分		9.31	7.77	7.75

（三）偿债风险

如表 20-3 所示，从综合得分来看，2022 年科创板上市公司偿债风险平均得分 10.38 分，较 2021 年得分有所下降。评价偿债风险状况的指标包括两个基本指标（资产负债率、已获利息倍数）和三个修正指标（现金流动负债比率、速动比率和带息负债比率）。

从具体指标来看，评价范围内的科创板上市公司 2022 年资产负债率有所增加，已获利息倍数大幅降低，速动比率、现金流负债比率均呈下降趋势。但与全部上市公司相比，具有一定优势，表明科创板上市公司具有一定的短期偿还能力保障性，偿债风险相对较低。共 83 家科创板上市公司偿债风险评价得分高于 14 分，其中 26 家获 14.99 分。

表 20-3　科创板上市公司偿债风险状况比较表

分析指标		2022 年度全部上市公司平均值	2022 年度科创板上市公司平均值	2021 年度科创板上市公司平均值
基本指标	资产负债率（%）	58.63	36.87	34.66
	已获利息倍数	5.40	15.93	24.14
修正指标	速动比率（%）	86.08	196.59	214.79
	现金流动负债比率（%）	14.64	12.88	16.30
	带息负债比率（%）	41.74	30.27	26.21
综合得分		8.79	10.38	10.82

（四）发展能力

如表 20-4 所示，从综合得分来看，2022 年科创板上市公司发展能力平均得分 14.95 分，与 2021 年保持持平。评价发展能力状况的指标包括两个基本指标（营业收入增长率和资本扩张率）和四个修正指标（累计保留盈余率、三年营业收入平均增长率、总资产增长率和营业利润增长率）。

从表 20-4 具体指标可以看出，2022 年科创板企业业绩增长相对稳定，但营业收入增长率、资本扩张率、营业利润增长率较 2021 年大幅减少，特别是营业利润增长率与 2021 年相比下降明显。相比全部上市公司发展能力 12.21 分来说，仍表明科创板上市公司处在高速发展阶段，发展潜力较大。特别是电气机械和器材制造业，在发展能力得分前五的公司中占据四席，包括大全能源、天合光能、晶科能源、容百科技。

表 20-4　科创板上市公司发展能力状况比较表

分析指标		2022 年度全部上市公司平均值	2022 年度科创板上市公司平均值	2021 年度科创板上市公司平均值
基本指标	营业收入增长率（%）	8.80	29.22	36.81
	资本扩张率（%）	9.10	33.07	37.63
修正指标	累计保留盈余率（%）	43.64	19.01	20.77
	三年营业收入平均增长率（%）	11.10	29.48	23.11
	总资产增长率（%）	7.88	32.27	34.49
	营业利润增长率（%）	0.85	4.99	55.73
综合得分		12.11	14.95	14.94

（五）市场表现

如表 20-5 所示，从综合得分来看，2022 年科创板上市公司市场表现平均得分 7.89 分，略低于全部上市公司平均得分 9.09 分。评价市场表现状况的指标包括市场投资回报率和股价波动率。

从具体指标来看，受整体经济环境影响，2022 年市场投资回报率表现不佳。2022 年科创板上市公司市场投资回报率较上一年相比断崖式下降，且与全部上市公司有一定差距。当前科创板企业仍处于高速发展的阶段，股价波动率较上一年也有所增长，同样高于全部上市公司。

表 20-5　科创板上市公司市场表现状况比较表

分析指标	2022 年度全部上市公司平均值	2022 年度科创板上市公司平均值	2021 年度科创板上市公司平均值
市场投资回报率（%）	-12.92	-19.92	20.82
股价波动率（%）	98.53	111.13	102.95
综合得分	9.09	7.89	8.94

二、2022 年科创板上市公司稳中求进

（一）科技动能迸发，业绩稳健增长

科创板已开板 3 年，从 2019 年仅 70 家发展到 2022 年已突破 500 家，总市值达 6.36 万亿元。2022 年，科创板上市公司营业收入突破万亿元，达 12120.49 亿元，同比增长 29%。实现归母净利润 1135.89 亿元，同比增长 6%。2022 年在新冠疫情持续带来的严峻考验下，

整体业绩虽受影响，但仍保持稳健增长态势。其中 344 家企业营业收入实现年内上涨，上海谊众以涨幅 5686%位居第一，2022 年其核心产品注射用紫杉醇聚合物胶束于 2021 年第四季度获批上市，2022 年销量大幅增长，公司业绩大幅增长并实现扭亏为盈。

2022 年全年 124 家企业成功登陆科创板，平均资产规模 49 亿元，2021 年营业收入合计 2390. 26 亿元。2022 年新上市科创公司主要为医药、计算机、通信和其他电子设备制造、信息传输、软件和信息技术服务业及专用设备制造业领域，其中计算机、通信和其他电子设备制造 42 家、软件和信息技术服务业 19 家、专用设备制造业 18 家、医药制造 13 家。

业绩增长方面，从行业来看，医药生物行业、电气机械和器材制造业行业的公司业绩涨幅较大。业务收入增幅前十的科创公司中 6 家为生物医药类。上海谊众凭借新药上市营业收入比上年同期增长 5686. 75%，高居科创板公司涨幅榜首。除此之外大部分业绩涨幅较高的医药公司同样得益于公司研制的创新药获批上市。因此可以看出，科创板生物医药公司尽管在前期研发投入较高，尚未实现盈利，但是随着产品获批上市，持续放量，公司业绩有巨大的增长潜力。

（二）研发投入不断发力，促进科技企业长远发展

科创板上市公司创立之初定位于高新技术产业和战略性新兴产业，当前科创公司不断践行创新驱动发展战略。2022 年科创板公司在研发方面持续发力。根据上海证券交易所公开数据，2022 年全年科创板上市公司合计投入研发金额 1284. 68 亿元，同比增长 28%，不断提高自主创新能力。

生物医药、半导体等行业研发投入强度居前列，其中 69 家公司研发投入占营业收入比超过 30%，大全能源等 51 家公司研发投入超过 5 亿元。科研人才是科创企业的核心优势资源，根据上海证券交易所公开数据，科创板目前已汇聚研发人员数量超过 17 万人。2022 年科创板上市公司新增知识产权 43007 项，其中发明专利 13758 项，平均每家公司拥有发明专利达到 152 项。

（三）汇聚“专精特新”，打造“小巨人”矩阵

央企、国企在科创板发挥了示范引领作用，推动产业链供应链优化升级。2023 年 3 月，国资委官网正式发布《关于印发创建世界一流示范企业和专精特新示范企业名单的通知》，其中时代电气、铁建重工等 10 家科创板制造业国企入选。努力打造产品卓越、品牌卓著、创新领先、治理现代的世界一流企业和专业突出、创新驱动、管理精益、特色明显的世界一流“专精特新”企业。

不断打造“小巨人”矩阵，加快培育细分领域的隐形冠军。根据上海证券交易所公开数据，2023 年 4 月共有 256 家科创板公司入选国家级专精特新“小巨人”企业名录，35 家科创板公司获评制造业“单项冠军示范企业”，35 家科创板公司的产品获评“单项冠军产品”，合计占科创板上市公司总数的 55%。上述企业 2022 年收入规模快速增长，合计实现营业收入 7137.54 亿元，同比增长 35%；合计实现归母净利润 681.87 亿元，48 家公司净利润增幅超过 50%。“小巨人”企业展现了超强的经济韧性与创新活力。

科创板上市公司需不断坚持国家战略目标导向，明确主攻方向和核心技术突破口，聚焦产业链强链补链延链，重点研发具有先发优势的关键技术和引领未来发展的基础前沿技术，持续提升核心竞争力，不断拓展发展空间。

三、科创板“中联价值 100”业绩评价结果

按照中国上市公司业绩评价体系，我们以统一测算的评价标准为基准，运用功效系数法，对截至 2023 年 4 月 30 日公布年报的科创板 501 家上市公司业绩进行了评价，剔除 2022 年新上市的 124 家科创板上市公司后，根据评价结果得出了 2022 年度科创板“中联价值 100”上市公司，其中，大全能源以综合得分 87.2 分获得第一，得分第 2~10 名的企业分别是华恒生物、天合光能、奥泰生物、硕世生物、同益中、安旭生物、特宝生物、华润微及金山办公。具体信息见本书附录二中的 2022 年度科创板“中联价值 100”业绩评价得分情况。

附 录

附录一

2022 年度中国上市公司业绩评价体系说明

为准确、科学评价上市公司的经营业绩，提高上市公司监管效率，更好地服务于广大投资者和促进提高上市公司经营管理水平，2001 年中联财务顾问有限公司和中联资产评估有限公司组织评价领域有关专家成立“中国上市公司业绩评价课题组”，借鉴国内外企业绩效评价的体系与方法，结合上市公司的特点，研究制定了中国上市公司业绩评价指标体系。该评价体系从多个角度反映上市公司的业绩，在衡量公司盈利能力的同时，兼顾公司的成长、风险、资产质量和市场表现，做到财务效益和债务风险、资产质量与公司成长的平衡。该评价体系旨在为广大投资者、政府监管机构、债权人、公司职工以及其他利益相关者提供上市公司真实业绩的相关资料及信息，并提供一个有效的分析工具。现将该评价体系的基本内容说明如下。

一、中国上市公司评价体系的主要特点

在研究上市公司业绩评价体系过程中，我们充分借鉴了财政部、国家经贸委、中央企业工委、劳动保障部和原国家计委联合颁布的《企业绩效评价实施细则》和国务院国资委颁布的《中央企业绩效评价管理暂行办法》（国资委令第 14 号）的有关规定，根据公开披露的上市公司数据，紧密结合中国上市公司的特点，突出反映上市公司的市场表现，研究建立了中国上市公司业绩评价指标体系。归纳起来，主要有以下特点：

（一）充分体现了投入回报特性

企业的根本属性是以盈利为目的，不仅是短期盈利，更重要的是可持续的长期盈利。本评价体系体现以投入产出为核心，充分反映企业的盈利能力。在评价的五个方面中，有两个方面主要反映盈利能力，一个是从企业的角度反映企业的盈利水平，即盈利能力，占 35%的权重；另一个是从市场的角度反映股票的增值水平，即市场表现，占 15% 的权重。

盈利能力主要从投资人和社会两个角度来反映，体现在净资产收益率和总资产报酬率上，增值水平主要体现在市场投资回报率上。因此，本评价体系的核心是体现投入产出特性。

（二）构建了多层次的立体评价体系

本评价体系的评价指标包括基本评价指标和修正评价指标两个层次，两层次之间不是简单的并列关系，而是递进的修正和验证关系。首先，通过 10 项基本评价指标计算出上市公司的业绩评价的得分，然后，通过 13 项评价指标对基本指标评价分数进行验证和修正，从而得出更加客观的评价结果。评价指标之间相互牵制，即使通过财务数据作假，使有的指标得分高了，另一指标可能得分就低了，不会获得高分的，要想获得评价高分只有提高上市公司的竞争力和发展质量。

（三）首创了线性评价标准

对某一个评价指标而言，传统的评价标准只是一个数值，最多也只有满意值和不允许值等两个评价标准。而在本评价体系中，创立了线性评价标准。具体而言，每一评价指标分为优秀、良好、平均、较低、较差五档标准，这五档标准反映在坐标轴上就是一条曲线，即评价标准线。线标准不仅能为评价计分提供准确的计算依据，而且能描述不同评价指标的经济特性。不同的评价指标有不同类型的评价标准曲线，只有线标准才能实现更加科学的计分。

（四）具有较强的可操作性

在设计本评价体系时，我们将可操作性作为一项重要的目标。首先，要求所有的评价指标能够从公开的市场上获取；其次，评价标准要做到符合实际，既考虑到中国企业的普遍情况，又考虑到上市公司的实际特点；最后，还要设计一套上市公司业绩评价软件，通过软件自动评价中国上市公司的评价得分。

二、中国上市公司业绩评价指标体系

由于我国上市公司法人治理不完善、股权割裂、法制不健全等原因，上市公司出于市场融资、配合二级市场炒作、避免亏损、管理层骗取激励基金及政治追求等特别目的，人为进行盈余操纵，甚至财务欺诈的行为时有发生。因此，不能仅仅从实现利润情况评价上市公司的业绩。我们认为，上市公司的业绩应包括财务效益、资产质量、偿债风险、发展能力及市场表现等五个方面，对于每一方面，我们设置了若干财务指标反映其真实状况，具体分为基本指标和修正指标两个层次。只有五方面的有机结合，才能客观反映企业的真实业绩。

（一）中国上市公司业绩评价指标体系的设置原则

上市公司业绩评价指标体系的设置遵循以下几项原则：一是选定的指标应具有较强的

横向、纵向可比性，尽可能排除偶然或异常事项的影响，如果不能完全剔除这些因素的干扰，则通过调整相关指标的权数以降低其对评价结果的影响程度；二是各项指标的设立应在整体均衡的基础上突出相互的制衡性，整个指标体系要具备“此消彼长”的内在机制，提高操控整个指标体系的困难程度；三是指标体系的确定要充分考虑上市公司特点，而且所有财务指标的计算、取值只局限在上市公司公告的数据资料内，不尝试获得每家上市公司进一步的内部信息资料，即在现行法规框架下，通过对部分必要信息的分析判断取得尽可能公平合理的评价结果。

（二）中国上市公司业绩评价指标体系的主要特点

第一，突出股东回报。企业的根本属性就是实现股东价值最大化，本评价体系以投入产出为核心，从股东价值和企业价值两个角度来反映企业的盈利能力，主要采用扣除非经常性损益后的净资产收益率和总资产报酬率两个财务指标来体现，占 35% 的权重，核心是突出股东回报，体现股东价值最大化。扣除非经常性损益后的净资产收益率剔除了企业盈利的偶然因素，反映企业持续盈利能力；总资产报酬率反映企业占用总资产创造的总价值，包括对股东的回报和对债权人的回报。当然，反映企业盈利能力的财务指标还有很多，我们重点从经营活动创造的利润、盈利是否有现金保障、投入资本获得的收益等几个角度对企业的盈利能力进行修正，目的是更加全面、完整、真实地反映企业的盈利能力。

第二，关注公司成长。上市公司的发展不仅需要短期盈利，更需要长期持久的健康发展。本评价体系从规模增长的角度反映企业的成长性，采用的主要指标是销售增长率和资本扩张率，权重占 20%。销售增长反映企业的市场占有和业务发展状况，资本扩张反映企业的盈利中用于扩大再生产的状况。同时，还采用三年营业收入增长、总资产增长、营业利润增长和盈余保留等项指标对成长性进行修正。

第三，体现资产质量。企业资产是创造财富的源泉，资产质量的高低间接反映企业盈利能力。本评价体系从资产效率的角度反映资产运营水平，采用的主要指标是总资产周转率和流动资产周转率，权重占 15%。总资产周转率反映总资产创造产品和服务的能力，体现总资产的运营效率；流动资产周转率反映企业流动资产的运营效率。同时，还采用应收账款周转速度和存货周转速度进行修正。

第四，反映债务风险。企业在发展的同时要防范债务风险，防止出现债务危机，要做到收益和风险的平衡。本评价体系从负债和流动性角度反映企业的偿债能力，采用的主要指标是资产负债率和已获利息倍数，权重占 15%。资产负债率是国际通行反映企业债务水平的指标，已获利息倍数反映企业的盈利中偿还债务利息的能力。同时，还采用带息负债、现金流和速动资产比率进行修正。

第五，重视市场表现。尽管目前我国资本市场的股价与上市公司业绩的相关性不强，股价不能完全反映上市公司的真实业绩，但从我们多年的研究结果看，上市公司的市场表现与业绩的相关性逐年提高，本课题很重视企业在资本市场上的表现，将市场表现作为企业业绩的重要内容，采用的主要指标是市场投资回报率和股价波动率，占 15% 的权重。市场投资回报率反映股票投资人在资本市场上获得的收益，包括股价上涨、分红、送股等；股价波动率反映股价的稳定性，对股价大起大落的公司适当减分。

（三）中国上市公司业绩评价指标体系的基本框架

中国上市公司业绩评价指标体系由财务效益状况、资产质量状况、偿债风险状况、发展能力状况以及市场表现五部分指标构成，包括基本指标和修正指标两个层次，共 23 项评价指标。指标体系见表 1。

表 1　中国上市公司业绩评价指标体系与指标权数表

评价指标		基本指标		修正指标	
评价内容	权数（%）	指标	权数（%）	指标	权数（%）
财务效益状况	35	净资产收益率（%） 总资产报酬率（%）	20 15	营业利润率（%） 盈利现金保障倍数 股本收益率（%） 资产规模系数	7 8 8 12
资产质量状况	15	总资产周转率（次） 流动资产周转率（次）	8 7	应收账款周转率（次） 存货周转率（次）	9 6
偿债风险状况	15	资产负债率（%） 已获利息倍数	8 7	速动比率（%） 现金流动负债比率（%） 带息负债比率（%）	5 5 5
发展能力状况	20	营业收入增长率（%） 资本扩张率（%）	10 10	累计保留盈余率（%） 三年营业收入增长率（%） 总资产增长率（%） 营业利润增长率（%） 资产规模系数	3 3 4 4 6
市场表现状况	15	市场投资回报率（%） 股价波动率（%）	10 5		

（四）基本指标的内涵

基本指标是评价上市公司业绩的主要计量指标，是整个评价指标体系的核心。基本指标由净资产收益率、总资产报酬率、总资产周转率、流动资产周转率、资产负债率、已获利息倍数、营业收入增长率、资本扩张率、市场投资回报率以及股价波动率共 10 项计量指标构成。

1. 净资产收益率

（1）基本概念。

净资产收益率是指企业一定时期内的净利润同平均净资产的比率。净资产收益率充分体现了投资者投入企业的自有资本获取净收益的能力，突出反映了投资与报酬的关系，是评价企业资本经营效益的核心指标。

（2）计算公式。

$$净资产收益率=\frac{净利润-非经常性损益}{平均净资产}\times 100\%$$

（3）内容解释。

①净利润是指企业未作任何分配前的税后利润。为更好地评价企业业绩，反映上市公司的可持续盈利能力，本指标的净利润是指扣除非经常性损益后的净利润。

②平均净资产是企业年初所有者权益同本年所有者权益变动的平均数。净资产包括实收资本、资本公积、盈余公积和未分配利润等。

2. 总资产报酬率

（1）基本概念。

总资产报酬率是企业在报告期内获得的可供投资者和债权人分配的经营收益占总资产的百分比，反映资产利用的综合效果。本指标剔除了财务杠杆对收益率的影响。

（2）计算公式。

$$总资产报酬率=\frac{息税前利润}{年度平均资产总额}\times 100\%$$

（3）内容解释。

①息税前利润是指“企业利润总额与利息支出”之和。数据取值于“利润及利润分配表”和“会计报表附注”。

②年度平均资产总额指企业年平均占用的资产额。数据取值于“资产负债表”，

$$年度平均资产总额=\frac{资产总额年初数+资产总额年末数}{2}$$

3. 总资产周转率

（1）基本概念。

总资产周转率是指企业一定时期主营业务收入净额同平均资产总额的比值。总资产周转率是综合评价企业全部资产经营质量和利用效率的重要指标。

（2）计算公式。

$$总资产周转率（次）=\frac{主营业务收入净额}{平均资产总额}$$

$$平均资产总额=\frac{资产总额期初数+资产总额期末数}{2}$$

（3）内容解释。

①主营业务收入净额是指企业当期主要经营活动所取得的收入减去折扣与折让后的数额。

②平均资产总额是指企业资产总额年初数与年末数的平均值。数据取值于“资产负债表”。

4. 流动资产周转率

（1）基本概念。

流动资产周转率是指企业一定时期主营业务收入净额同平均流动资产总额的比值。流动资产周转率是评价企业资产利用效率的另一主要指标。

（2）计算公式。

$$流动资产周转率（次）=\frac{主营业务收入净额}{平均流动资产总额}$$

$$平均流动资产总额=\frac{流动资产期初数+流动资产期末数}{2}$$

（3）内容解释。

①主营业务收入净额解释同上。

②平均流动资产总额是指企业流动资产总额的年初数与年末数的平均值。数值取值于“资产负债表”。

5. 资产负债率

（1）基本概念。

资产负债率是指企业一定时期负债总额同资产总额的比率。资产负债率表示企业总资产中有多少是通过负债筹集的，该指标是评价企业负债水平和偿债能力的综合指标。该指标为逆向指标，实际值越低，得分越高。

（2）计算公式。

$$资产负债率=\frac{负债总额}{资产总额}\times100\%$$

（3）内容解释。

①负债总额是指企业流动负债、长期负债和递延税款贷项的总和。少数股东权益不在负债总额中体现。数值取值于“资产负债表”。

②资产总额是指企业拥有各项资产价值的总和。数值取值于“资产负债表”。

6. 已获利息倍数

（1）基本概念。

已获利息倍数是指企业一定时期的盈利偿还利息的能力。从偿还利息的角度反映企业当期偿付债务的能力，也叫利息保障倍数。

（2）计算公式。

$$已获利息倍数=\frac{利润总额+利息费用}{利息支出}\times100\%$$

（3）内容解释。

由于 Wind 系统数据不断丰富，利息支出取自 Wind 衍生报表中财务费用项下的“利息支出”。

7. 营业收入增长率

（1）基本概念。

营业收入增长率是指企业本年营业收入增长额同上年营业收入的比率。营业收入增长率表示与上年相比，企业营业收入的增减变动情况，是评价企业成长状况和发展能力的重要指标。

（2）计算公式。

$$营业收入增长率=\frac{本年营业收入增长额}{上年营业收入}\times 100\%$$

$$本年营业收入增长额=本年营业收入-上年营业收入$$

（3）内容解释。

①本年营业收入增长额是企业本年营业收入与上年营业收入的差额。如本年营业收入低于上年，本年营业收入增长额用“-”表示。有关数据取值于“利润及利润分配表”。

②上年营业收入指企业上年全年的主要经营活动所取得的收入减去折扣与折让后的数额。数据取值于“利润及利润分配表”。

8. 资本扩张率

（1）基本概念。

资本扩张率是指上市公司本年股东权益增长额同年初股东权益的比率。资本扩张率表示企业当年资本的积累能力，是评价企业发展潜力的重要指标。

（2）计算公式。

$$资本扩张率=\frac{本年股东权益增长额}{年初股东权益}\times 100\%$$

$$本年股东权益增长额=股东权益年末数-股东权益年初数$$

（3）内容解释。

①本年股东权益增长额是指企业本年股东权益与上年股东权益的差额。数值取值于“资产负债表”。

②年初股东权益指股东权益的年初数。数值取值于“资产负债表”。

9. 市场投资回报率

（1）基本概念。

市场投资回报率是指上市公司本年在资本市场上投资股票所获的收益同年初股票投资成本的比率，反映上市公司股权在一年内的增值幅度。市场投资回报包括股票价格变动、企业分红派息、送配股等因素。市场投资回报率表示上市公司资本市场的增值能力，是评价上市公司市场表现的重要指标。

（2）计算公式。

$$市场投资回报率=\frac{本年股票投资收益}{股票投资成本}\times 100\%$$

$$本年股票投资收益=股票年末复权价格-股票年初复权价格$$

（3）内容解释。

①本年股票投资收益是指在资本市场投资股票所获得的收益。

②股票投资成本是指年初投资股票时的复权价格。

10. 股价波动率

（1）基本概念。

股价波动率是指上市公司每周股价同平均股价的标准平均方差，反映上市公司本年股票价格在股票市场上的波动情况。股价波动率主要体现上市公司的经营风险，以及稳定持续发展情况。该指标为逆向指标，实际值越低，得分越高。

（2）计算公式。

$$股价波动率=\sqrt{\sum_{i=1}^{n}\left(\frac{xi}{\bar{x}}-1\right)^{2}}\times 100\%$$

其中：xi 表示每周股票的复权收盘价；

$\bar{x}$ 表示一年股票的平均复权价；

n 表示一年的股票开盘周数。

（3）有关说明。

①为避免送配股、分红等对股价的影响，股价波动率采用股票的复权价格计算。

②考虑到股价对波动率的影响，在计算股价波动率时，对每周复权价和平均股价都除以平均股价。

（五）修正指标的内涵

修正指标是从多方面调整完善基本指标评价结果的计量因素，是整个评价指标体系的重要辅助部分。通过修正指标的分析评价，实现对基本指标评价结果的全面调整和修正，形成定量指标评价结果。修正指标由营业利润率、盈利现金保障倍数、股本收益率、资产规模系数、应收账款周转率、存货周转率、速动比率、现金流动负债比率、带息负债比率、累计保留盈余率、三年营业收入平均增长率、总资产增长率以及营业利润增长率共 13 项计量指标构成。

1. 营业利润率

（1）基本概念。

营业利润率是指企业一定时期营业利润同营业收入的比率。它表明企业每单位营业收入能带来多少营业利润，反映了企业日常经营性业务的获利能力。

（2）计算公式。

$$营业利润率 = \frac{本年营业利润}{本年营业收入} \times 100\%$$

（3）内容解释。

①营业利润是指日常经营业务获得的利润，不包括投资收益、营业外收支等因素。数据取值于“利润及利润分配表”。

②营业收入是指企业当期销售商品、提供劳务等主要经营活动所取得的收入减去折扣与折让后的数额。数据取值于“利润及利润分配表”。

2. 盈利现金保障倍数

（1）基本概念。

盈利现金保障倍数是企业一定时期经营现金净流量同净利润的比值。盈利现金保障倍数指标反映了企业当期净利润中现金收益的保障程度，真实地反映了企业盈余的质量。

（2）计算公式。

$$盈余现金保障倍数 = \frac{经营现金净流量}{净利润}$$

（3）内容解释。

①经营现金净流量指一定时期内，由企业经营活动所产生的现金及其等价物的流入量与流出量的差额。数据取值于“现金流量表”。

②净利润解释同上。数据取值于“利润及利润分配表”。

3. 股本收益率

（1）基本概念。

股本收益率是指企业一定时期内获得的净利润与平均股本净额的比率。股本收益率揭示了上市公司净资产中的股本获取净收益的能力，突出反映了股本与报酬的关系。

（2）计算公式。

$$股本收益率 = \frac{净利润}{平均股本净额} \times 100\%$$

$$平均股本净额 = \frac{股本净额年初数 + 股本净额年末数}{2} \times 100\%$$

（3）内容解释。

①净利润采用归属母公司的净利润。

②平均股本净额是指企业股本净额年初数与年末数的平均值。数据取值于“资产负债表”。

4. **资产规模系数**

为准确反映不同规模企业的业绩增长难度，合理评价公司业绩，我们设置了资产规模系数。对于资产总额较大的企业，其盈利增长和发展能力增长空间较小，获得高速增长的难度较大；对于资产总额较小的企业，其盈利增长和发展能力增长空间较大，获得高速增幅相对容易。因此，我们用资产规模系数来修正盈利能力和发展能力状况的评价得分，以上市公司的平均资产总额为基准，依据上市公司的实际资产规模适当修正评价得分。原则上，上市公司的总资产规模越大，则其对基本得分的正方向修正力度就越大。

5. **应收账款周转率**

（1）基本概念。

应收账款周转率是企业一定时期内主营业务收入净额同应收账款平均余额的比率。应收账款周转率是对流动资产周转率的补充说明。

（2）计算公式。

$$\text{应收账款周转率（次）}=\frac{\text{主营业务收入净额}}{\text{应收账款平均余额}}$$

$$\text{应收账款平均余额}=\frac{\text{应收账款余额年初数}+\text{应收账款余额年末数}}{2}\times 100\%$$

（3）内容解释。

①主营业务收入净额解释同上。

②应收账款是指企业因赊销产品、材料、物资和提供劳务而应向购买方收取的各种款项。应收账款是应收账款账面价值减坏账准备之后的净值。数据取值于“资产负债表”。

6. **存货周转率**

（1）基本概念。

存货周转率是企业一定时期主营业务成本与存货平均余额的比率。存货周转率是对流动资产周转率的补充说明。

（2）计算公式。

$$\text{存货周转率（次）}=\frac{\text{主营业务成本}}{\text{存货平均余额}}$$

$$\text{存货平均余额}=\frac{\text{存货余额年初数}+\text{存货余额年末数}}{2}\times 100\%$$

（3）内容解释。

①营业成本是指企业销售商品或提供劳务等经营业务的实际成本。数据取值于“利润及利润分配表”。

②存货余额是指企业存货账面价值与存货跌价准备之和，是存货账面价值减去存货跌价准备之后的净值。存货账面价值指企业期末各种存货的历史成本。存货跌价准备指存货

可变现净值低于存货成本的部分。存货平均余额是存货余额年初数与年末数的平均值。数据取值于“资产负债表”。

7. 速动比率

（1）基本概念。

速动比率是企业一定时期的速动资产同流动负债的比率。速动比率衡量企业的短期偿债能力，评价企业流动资产变现能力的强弱。

（2）计算公式。

$$速动比率=\frac{速动资产}{流动负债}\times 100\%$$

$$速动资产=流动资产-存货$$

（3）内容解释。

①速动资产是指扣除存货后流动资产的数额。数据取值于“资产负债表”。

②流动负债解释同上。

8. 现金流动负债比率

（1）基本概念。

现金流动负债比率是企业一定时期的经营现金净流量同流动负债的比率。现金流动负债比率是从现金流动角度来反映企业当期偿付短期负债的能力。

（2）计算公式。

$$现金流动负债比率=\frac{年经营现金净流量}{年末流动负债}\times 100\%$$

（3）内容解释。

①年经营现金净流量指一定时期内，由企业经营活动所产生的现金及其等价物的流入量与流出量的差额。数据取值于“现金流量表”。

②流动负债指企业所有偿还期在一年或一个经营周期以内的债务。数据取值于“资产负债表”。

9. 带息负债比率

（1）基本概念。

带息负债比率是指带息负债与企业负债总额之比。该指标反映企业负债中承担利息负债的比率。该指标为逆向指标，实际值越低，得分越高。

（2）计算公式。

$$带息负债比率=\frac{带息负债}{负债总额}\times 100\%$$

$$带息负债=短期借款+一年内到期的非流动负债+长期借款+应付债券+应付利息$$

（3）内容解释。

①带息负债表示企业负债中需要承担利息的负债额度。数值取值于“资产负债表”。

②负债总额同上。数值取值于“资产负债表”。

10. **累计保留盈余率**

（1）基本概念。

累计保留盈余率是指企业盈余公积与未分配利润之和同平均股东权益的比率。累计保留盈余率反映了企业靠自身经营积累的发展能力大小。

（2）计算公式。

$$累计保留盈余率=\frac{盈余公积+未分配利润}{平均股东权益}\times 100\%$$

$$平均股东权益=\frac{股东权益年初数+股东权益年末数}{2}\times 100\%$$

（3）内容解释。

①盈余公积是企业按照有关规定及程序从净利润中提取的。数据取值于“资产负债表”。

②未分配利润是企业净利润经过一系列利润分配程序之后的剩余额。数据取值于“资产负债表”。

③平均股东权益是指企业股东权益年初数与年末数的平均值。数据取值于“资产负债表”。

11. **三年营业收入平均增长率**

（1）基本概念。

三年营业收入平均增长率表明企业营业收入连续三年的增长情况，体现企业的持续发展态势和市场扩张能力。

（2）计算公式。

$$三年营业收入平均增长率=\left(\sqrt[3]{\frac{当年营业收入净额}{三年前营业收入净额}}-1\right)\times 100\%$$

（3）内容解释。

①当年营业收入解释同上。

②三年前营业收入指企业三年前的营业收入数。数据取值于三年前“利润及利润分配表”。

12. **总资产增长率**

（1）基本概念。

总资产增长率是指企业资产规模的增长，反映企业的成长性。

（2）计算公式。

$$总资产增长率=\frac{本年资产总额增长额}{上年资产总额}\times 100\%$$

$$本年资产总额增长额=本年资产总额-上年资产总额$$

（3）内容解释。

如本年资产总额低于上年，本年资产总额增长额用“-”表示。数据取值于“资产负债表”。

13. 营业利润增长率

（1）基本概念。

营业利润增长率是指企业本年营业利润增加额同上年营业利润的比率。

（2）计算公式。

$$营业利润增长率=\frac{营业利润增长额}{上年营业利润}\times 100\%$$

$$营业利润增长额=本年营业利润-上年营业利润$$

（3）内容解释。

①如本年营业利润低于上年，营业利润增长额用“-”表示。数据取值于“利润及利润分配表”。

②上年营业利润数据取值于上年的“利润及利润分配表”。

（六）评价指标权数的确定方法

在一个指标集合中，指标权数是其中每项指标占有的比重。每项指标对上市公司业绩的影响程度不同，其占有的权重应有所差别。不同的评价目的，评价指标权数的设置也有所区别。上市公司的财务效益状况是整个业绩评价指标体系的重点，该部分的指标权重就应相应加大。在权数设置上进行了分层处理，根据不同层次指标评价的需要，同时采用了德尔菲法（专家意见法）和相关性权重法来确定每个指标的权数。

1. 总权数与分层次权数的设置

按照权重设计的习惯做法，将评价指标体系的总权数设定为100，即所有指标都是最好的企业可得满分100分。同时，为便于不同层次指标的评价计分，先将基本指标和修正指标的权重均设定为100，修正指标是对基本指标的评价结果的修正，再将不同层次的计分结果返回百分制。

2. 具体指标的权数设置

对具体指标的权数设置综合运用了相关性权重法与德尔菲法。首先，根据测算的各评价指标之间的相关系数，确定指标之间的关联度，根据关联度赋予每个指标相应的权数。然后，运用德尔菲法将测算初定的权数分配表，分别发送有关部门、专家，征求他们的意见，在此基础上进行意见综合，形成具体指标的权数分配。

三、中国上市公司业绩评价标准

评价标准是评价三要素之一，是上市公司业绩评价体系中的重要组成部分。如果没有合适的评价对比标准，就无法进行具体评价。为取得客观、公正、准确的业绩评价结果，需要根据评价目的和上市公司的特点制定评价标准。为客观、准确地评价上市公司经营业绩，我们利用全部上市公司的数据，结合全社会平均水平测算制定出一个统一的标准值，以适应所有上市公司跨行业评价的需要，其中上市公司的行业特性和规模大小分别通过所属行业的行业系数和企业规模系数进行修正。

本次业绩评价在考虑行业、规模影响因素的基础上，进一步将评价标准分类细化，分为优秀、良好、平均、较低、较差五个档次。表2是根据上述原则制定的2022年度上市公司评价标准值。

表2　2022年度中国上市公司业绩评价标准值

项　　目	优秀值	良好值	平均值	较低值	较差值
一、财务效益状况					
净资产收益率（%）	17.5	12.5	7.7	-1.0	-6.8
总资产报酬率（%）	12.5	9.5	4.8	1.5	-2.8
营业利润率（%）	27.1	16.2	5.7	1.7	-3.7
盈余现金保障倍数	3.1	2	1.4	0.4	-0.3
总股本收益率（%）	70.3	47.8	23.1	-4.5	-21.6
二、资产质量状况					
总资产周转率（次）	1.1	0.9	0.6	0.3	0.2
流动资产周转率（次）	2.2	1.6	1.1	0.4	0.3
存货周转率（次）	13.0	8.9	3.4	1.1	0.5
应收账款周转率（次）	24.5	13.4	8.4	2.7	1.0
行业系数	1.1	1.1	1.0	1.0	1.0
三、偿债风险状况					
资产负债率（%）[逆向指标]	16.5	28.0	57.8	64.4	71.0
已获利息倍数	90.8	21.8	5.3	1.7	-1.4
速动比率（%）	413.4	235.8	86.8	73.5	59.7
现金流动负债比率（%）	61.3	39.5	14.4	2.3	-3.2
带息负债比率[逆向指标]	4.9	18.9	40.4	51.2	68.4
四、发展能力状况					
营业收入增长率（%）	35.2	20.5	8.9	-10.4	-22.8
资本扩张率（%）	37.7	19.9	9.0	-2.8	-11.6
累计保留盈余率（%）	63.5	56.7	40.5	11.5	-8.7
三年营业收入平均增长率（%）	35.6	22.3	11.0	1.3	-11.2
总资产增长率（%）	41.7	20.1	7.8	-1.5	-9.2
营业利润增长率（%）	64.7	33.9	-3.7	-56.6	-96.4
五、市场表现状况					
市场投资回报率（%）	22.7	6.0	-14.2	-34.4	-44.0
股价波动率（%）[逆向指标]	53.0	65.9	97.2	128.4	155

需要特别说明的是，有人建议不同行业采用不同的行业标准，我们考虑：一是上市公司具有行业选择的自主权；二是上市公司评价更侧重于投资人角度的评价，投资人关注的是上市公司的质量，而不是行业；三是对国有企业的评价侧重于企业经营者的业绩，国有企业的主业范围被限定，经营者只能在限定的范围经营，对企业经营者的评价更要考虑行业因素，在实践中通常不同行业采用不同的行业评价标准考核，以更加准确衡量企业经营着的业绩。综合考虑上述因素，在本评价体系中，所有上市公司采用相同一套评价标准。

四、中国上市公司的行业分类

本次业绩评价参照中国证监会颁布的《上市公司行业分类指引》，对被评价的上市公司进行行业分类，并针对不同行业确定了不同的行业系数。上市公司业绩评价的行业分类情况见表3。

表3 上市公司业绩评价的行业分类情况表

序　号	行业名称	行业代码
1	全国所有企业	
2	农林牧渔业	A
3	采掘业	B
4	其中：煤炭	B01
5	制造业	C
6	食品、饮料	C0
7	纺织、服装、毛皮	C1
8	造纸、印刷	C3
9	石油、化学、塑胶、塑料	C4
10	电子	C5
11	金属、非金属	C6
12	机械、设备、仪表	C7
13	医药、生物制品	C8
14	其他制造业	C9
15	电力煤气及水的生产和供应业	D
16	建筑业	E
17	交通运输、仓储业	F
18	信息技术业	G
19	批发和零售贸易业	H
20	房地产业	J
21	社会服务业	K
22	传播与文化产业	L
23	综合类	M

在实践中，一些上市公司的上述行业分类填写不太准确，我们同时运用申银万国的行业分类标准进行行业分类。在一些行业分析中，我们使用申银万国的行业分类标准进行统计汇总，并撰写分析报告。

此外，我们根据上市公司的特点，分别依据上市地点、上市时间以及上市公司规模进行了分组。在本评价体系中，将各项分组汇总数据视同一户上市公司进行了业绩评价，目的是广大投资者在分析各上市公司业绩的同时，也能分辨不同行业的发展状况，从而更好地评判上市公司业绩状况。

五、中国上市公司业绩评价计分方法

上市公司业绩评价计分方法主要为功效系数法，分为基本指标计分方法、修正指标计分方法两种。

（一）基本指标计分方法

基本指标计分方法是指运用业绩评价的基本指标，将指标实际值对照相应的评价标准值，计算各项指标实际得分的方法。计算公式为：

$$\text{基本指标总得分} = \sum \text{单项基本指标得分}$$

$$\text{单项基本指标得分} = \text{本档基础分} + \text{调整分}$$

$$\text{本档基础分} = \text{指标权数} \times \text{本档标准系数}$$

$$\text{调整分} = \frac{\text{实际值} - \text{本档标准值}}{\text{上档标准值} - \text{本档标准值}} \times (\text{上档基础分} - \text{本档基础分})$$

$$\text{上档基础分} = \text{指标权数} \times \text{上档标准系数}$$

对有关指标的分母为零或为负数的情况，作了相应的具体处理。

在每一部分指标评价分数计算出来后，计算该部分指标的分析系数。分析系数是指企业财务效益、资产营运、偿债能力、发展能力四部分评价内容各自的评价分数与该部分权数的比率。基本指标分析系数的计算公式为：

$$\text{某部分基本指标分析系数} = \text{该部分指标得分} \div \text{该部分权数}$$

（二）修正指标计分方法

修正指标计分方法是在基本指标计分结果的基础上，运用修正指标对企业效绩基本指标计分结果作进一步调整。修正指标的计分方法仍运用功效系数法原理，以各部分基本指标的评价得分为基础，计算各部分的综合修正系数，再据此计算出修正指标分数。计算公式为：

$$\text{修正后总得分} = \sum \text{四部分修正后得分}$$

$$\text{各部分修正后得分} = \text{该部分基本指标分数} \times \text{该部分综合修正系数}$$

综合修正系数=∑该部分各指标加权修正系数

某指标加权修正系数=（修正指标权数÷该部分权数）×该指标单项修正系数

某指标单项修正系数=1.0+（本档标准系数+功效系数×0.2－该部分基本指标分析系数）÷2

功效系数=（指标实际值－本档标准值）÷（上档标准值－本档标准值）

该部分基本指标分析系数=该部分基本指标得分÷该部分权数

在计算修正指标的修正系数时，对有关指标的单项修正系数作特殊规定。

（三）特殊修正指标计分方法

1. 资产规模系数

由于上市公司的总资产规模差异较大，不同规模公司的盈利增长难度是不同的，大企业可以获得规模效益，但利润或资产的增长速度很难与小企业相比，为客观、公正地评价上市公司业绩，在评价体系的财务效益状况部分设置资产规模系数修正指标，并制定相应的评价标准值。上市公司的总资产规模越大，其修正系数也越大，具体方法如下：

（1）当平均资产总额除以户均资产小于0.1，该指标修正系数为0.6；

（2）当平均资产总额除以户均资产在0.1（含）~0.5之间，该指标的基本修正系数为0.6~0.8；

（3）当平均资产总额除以户均资产在0.5（含）~1.0之间，该指标的基本修正系数为0.8~1.0；

（4）当平均资产总额除以户均资产在1（含）~5之间，该指标的基本修正系数为1.0~1.2；

（5）当平均资产总额除以户均资产在5（含）~10之间，该指标的基本修正系数为1.2~1.4；

（6）当平均资产总额除以户均资产在10（含）~100之间，该指标的基本修正系数为1.4~1.6；

（7）当平均资产总额除以户均资产大于100，该指标修正系数为1.6。

2. 行业系数

本次评价采用了所有企业统一的标准值，由于上市公司具有本行业的资产营运特点，为客观、公正地评价上市公司业绩，需要通过设置行业系数来修正上市公司的行业差异。

取得行业系数的具体办法是：首先，根据企业绩效评价方法，采用统一的评价标准计算出全国所有企业资产营运状况得分；然后，分行业对资产营运状况得分进行汇总统计，计算出各行业的资产营运状况平均得分；最后，根据各行业的平均得分测算出各行业相应的行业修正系数。

六、金融行业上市公司业绩评价方法

金融行业上市公司是中国证券市场的重要组成部分，当前资本市场金融行业上市公司越来越多，比重较大，金融行业上市公司的表现直接影响A股上市公司的总体表现，如何对金融行业上市公司业绩进行评价是一个重要课题。与其他行业企业不同，金融行业企业是经营特殊业务的企业，这种特殊性决定了不能采用一般行业企业的评价方法对其进行评价，主要表现在某些衡量指标差异较大，如金融行业企业资产负债率一般远高于其他企业，总资产收益率则较低，无法与其他企业相比较，金融企业的安全性和资产质量方面有其独特的衡量指标。因此，不能将金融企业与其他企业合并起来一起进行评价，而必须单独对其进行评价。我们参考前面上市公司的评价方法，同时考虑到金融企业的特殊性，建立了一套上市银行、证券公司、保险公司的评价体系。

（一）金融行业上市公司绩效评价体系

结合目前金融行业上市公司的特点和我国上市公司的现状，我们对银行业、证券行业、保险行业公司评价方法进行了逐步完善，以反映行业的整体财务状况。由于其他金融企业（如期货、信托、租赁以及个别金融信息服务行业公司）的经营特点与银行、保险、证券行业有差距，不能简单套用这些评价体系，同时这类上市公司数量较少，我们准备在后期进行深入研究的基础上加以探讨。

参考上市公司的评价方法，考虑到上市银行、保险公司、证券公司经营效绩在盈利能力、资产质量、偿债风险、发展能力及股票市场表现上的要求，其评价体系的设计仍然围绕这五个方面来选择指标（考虑到金融行业的资产质量和偿债风险的相应指标均涉及公司的稳健性，部分指标难以准确划分其性质，因此设置了稳健性指标）。在比较了各个指标，同时参考了相应行业监管指标后，我们分别选取了相应指标用以衡量上述几个方面，同时考虑到指标的影响力，决定了其权重大小。表4、表5、表6分别是上市银行、证券公司、保险公司简易的评价体系。

表4　上市银行简易评价体系

评价内容	基本指标	指标权重（%）
安全性	资本充足率	8
	不良资产比率	7
流动性	存贷款比率	8
	净稳定资金比例	7
盈利能力	净资产收益率	20
	总资产收益率	15

续　表

评价内容	基本指标	指标权重（%）
发展能力	资本扩张率	8
	营业收入增长率	12
市场表现	投资回报率	10
	股价波动率	5

表5　上市证券公司简易评价体系

评价内容	基本指标	指标权重（%）
稳健性指标	资本杠杆率	8
	流动性覆盖率	7
	风险覆盖率	8
	净稳定资金率	7
盈利能力	净资产收益率	20
	总资产收益率	15
发展能力	资本扩张率	8
	营业收入增长率	12
市场表现	投资回报率	10
	股价波动率	5

表6　上市保险公司简易评价体系

评价内容	基本指标	指标权重（%）
稳健性指标	偿付能力充足率	15
	资产负债率	15
盈利能力	净资产收益率	20
	总投资收益率	15
发展能力	内含价值增长率	8
	一年新业务价值增长率	12
市场表现	投资回报率	10
	股价波动率	5

说明：银行业资本充足率、不良资产比率、流动性覆盖率、净稳定资金比例等指标，证券行业资本杠杆率、流动性覆盖率、风险覆盖率、净稳定资金率等指标，保险业偿付能力充足率、总投资收益率、内含价值增长率、一年新业务价值增长率等指标均为行业监管指标，其计算方法均按照监管部门有关规定计算，公司年报也会按照规定披露。

此外，考虑到金融类上市公司规模差异较大，不同规模公司的盈利能力和发展能力指标不能用统一标准衡量，因此，参考一般企业的评价方法，设置了规模系数对盈利能力和发展能力指标进行调整，使行业内不同规模的企业标准能够相符。考虑到金融行业公司的资产规模普遍较大，不能简单地运用一般上市企业的规模系数，因此，分别针对银行、证券公司具体情况单独设置了规模系数。

（二）金融行业上市公司业绩评价标准

本次业绩评价考虑到行业特殊性、行业监管要求及上市公司整体情况三个因素，将评价标准分为优秀值和平均值两个档次，但是对应不同的指标，标准值的选取有所不同。

对于类似银行业的资本充足率、证券行业净资本指标、保险行业偿付能力充足率等监管指标，其评价标准值综合考虑监管标准及各公司实际指标情况，选取标准值，这些标准值既考虑到监管要求，同时也具有一定的区分度，能够衡量各公司间的相对水平。

对于净资产收益率、主营业务收入增长率、投资回报率、股价波动率等指标，由于在这些指标上金融行业公司与其他企业具有可比性，因此，选择所有上市公司对应指标的优秀值、平均值为标准计算。

其他指标则选取相应金融类上市公司对应指标的优秀值和平均值为标准计算。

（三）金融行业上市公司业绩评价计分方法

业绩评价计分方法仍然采用功效系数法。

指标计分方法是指运用业绩评价的指标，将指标实际值对照相应的评价标准值，计算各项指标实际得分的方法。计算公式为：

指标总得分＝∑单项基本指标得分

单项指标得分＝［0.6+（实际值－平均值）÷（优秀值－平均值）×0.4］×权重

说明：对于部分行业监管部门规定了相应监管值的指标，由于各上市公司相关指标均较好地满足了监管标准，反映了金融类上市公司的稳健性，为了体现这种情况同时也考虑到增加公司区分度的需要，我们在计算单项指标得分过程中对计算系数进行了微调，即：单项指标得分 ＝［0.8+（实际值 － 平均值）÷（优秀值 － 平均值）× 0.2］× 权重。

对有关指标的分母为零或为负数的情况，作了相应的具体处理。

附录二

2022年度各板“中联价值100”业绩评价得分情况

2022年度A股上市公司“中联价值100”业绩评价得分情况

排序	股票代码	股票简称	评价得分	评价等级	排序	股票代码	股票简称	评价得分	评价等级
1	000983	山西焦煤	91.90	AAA	31	002466	天齐锂业	83.50	AA
2	601225	陕西煤业	91.20	AAA	31	600160	巨化股份	83.50	AA
3	600438	通威股份	89.80	AAA	31	600508	上海能源	83.50	AA
4	601919	中远海控	89.70	AAA	34	600803	新奥股份	83.30	AA
5	601699	潞安环能	89.60	AAA	35	600141	兴发集团	83.20	AA
5	600233	圆通速递	88.60	AAA	35	600995	南网储能	83.20	AA
7	600188	兖矿能源	88.30	AAA	37	002459	晶澳科技	83.00	AA
8	600426	华鲁恒升	87.90	AAA	38	600395	盘江股份	82.90	AA
9	601857	中国石油	87.80	AAA	39	002932	明德生物	82.70	AA
10	600809	山西汾酒	87.40	AAA	40	000408	藏格矿业	82.50	AA
11	600985	淮北矿业	86.70	AAA	40	002460	赣锋锂业	82.50	AA
12	603529	爱玛科技	86.40	AAA	42	000568	泸州老窖	82.40	AA
13	000933	神火股份	86.30	AAA	42	002311	海大集团	82.40	AA
13	601088	中国神华	86.30	AAA	44	603259	药明康德	82.30	AA
15	002714	牧原股份	85.90	AAA	45	000893	亚钾国际	82.20	AA
16	002432	九安医疗	85.80	AAA	45	600971	恒源煤电	82.20	AA
16	600089	特变电工	85.80	AAA	47	000596	古井贡酒	82.10	AA
18	601012	隆基绿能	85.50	AAA	48	600519	贵州茅台	82.00	AA
19	601666	平煤股份	85.40	AAA	49	000792	盐湖股份	81.60	AA
20	603599	广信股份	85.20	AAA	49	000822	山东海化	81.60	AA
21	601899	紫金矿业	85.00	AA	51	601298	青岛港	81.50	AA
22	600732	爱旭股份	84.80	AA	52	000937	冀中能源	81.30	AA
22	600873	梅花生物	84.80	AA	52	603185	弘元绿能	81.30	AA
24	600039	四川路桥	84.50	AA	54	002030	达安基因	81.20	AA
25	601898	中煤能源	84.40	AA	54	002497	雅化集团	81.20	AA
26	600256	广汇能源	84.30	AA	56	603288	海天味业	81.10	AA
27	000858	五粮液	83.80	AA	57	002129	TCL中环	80.90	AA
28	601872	招商轮船	83.70	AA	58	002594	比亚迪	80.80	AA
29	002756	永兴材料	83.60	AA	58	600309	万华化学	80.80	AA
30	600123	兰花科创	83.60	AA	58	603605	珀莱雅	80.80	AA

续　表

排序	股票代码	股票简称	评价得分	评价等级	排序	股票代码	股票简称	评价得分	评价等级
61	601838	成都银行	80.77	AA	82	601216	君正集团	79.30	A
62	600777	新潮能源	80.70	AA	83	002738	中矿资源	79.20	A
63	002128	电投能源	80.40	AA	84	600179	安通控股	79.10	A
63	600780	通宝能源	80.40	AA	84	601958	金钼股份	79.10	A
63	600989	宝丰能源	80.40	AA	84	603392	万泰生物	79.10	A
66	000552	甘肃能化	80.30	AA	87	002304	洋河股份	79.00	A
66	600096	云天化	80.30	AA	87	600236	桂冠电力	79.00	A
66	603077	和邦生物	80.30	AA	87	601156	东航物流	79.00	A
69	002517	恺英网络	80.10	AA	87	603369	今世缘	79.00	A
69	603195	公牛集团	80.10	AA	91	605117	德业股份	78.90	A
71	600600	青岛啤酒	80.00	A	92	603882	金域医学	78.80	A
72	000915	华特达因	79.90	A	92	605399	晨光新材	78.80	A
72	002709	天赐材料	79.90	A	94	000731	四川美丰	78.70	A
74	000807	云铝股份	79.70	A	94	603613	国联股份	78.70	A
74	603938	三孚股份	79.70	A	96	600030	中信证券	78.61	A
76	600328	中盐化工	79.60	A	97	600007	中国国贸	78.60	A
76	605499	东鹏饮料	79.60	A	98	600057	厦门象屿	78.50	A
78	000878	云南铜业	79.50	A	98	603345	安井食品	78.50	A
78	002136	安纳达	79.50	A	99	002603	以岭药业	78.30	A
78	600348	华阳股份	79.50	A	99	600546	山煤国际	78.30	A
81	603871	嘉友国际	79.40	A					

说明：当年 IPO 上市或借壳上市的公司未参与排序；查阅全部 A 股上市公司（含金融）业绩评价得分情况，请登录中联企业管理集团网页（https：//www.china-united.cn/）新闻动态之业绩评价。

2022 年度创业板“中联价值 100”业绩评价得分情况

排序	股票代码	股票简称	评价得分	评价等级	排序	股票代码	股票简称	评价得分	评价等级
1	300760	迈瑞医疗	87.10	AAA	19	300487	蓝晓科技	75.20	A
2	300498	温氏股份	81.20	AA	19	300957	贝泰妮	75.20	A
3	300124	汇川技术	80.90	AA	22	300037	新宙邦	74.90	BBB
4	300750	宁德时代	80.10	AA	22	300482	万孚生物	74.90	BBB
5	300639	凯普生物	80.00	A	24	300494	盛天网络	74.80	BBB
6	300015	爱尔眼科	79.70	A	24	300887	谱尼测试	74.80	BBB
7	300661	圣邦股份	79.40	A	26	300003	乐普医疗	74.70	BBB
7	300765	新诺威	79.40	A	26	300832	新产业	74.70	BBB
9	300390	天华新能	78.70	A	26	300855	图南股份	74.70	BBB
10	300910	瑞丰新材	78.40	A	26	300856	科思股份	74.70	BBB
11	300896	爱美客	78.20	A	30	300244	迪安诊断	74.60	BBB
12	300888	稳健医疗	77.80	A	31	300575	中旗股份	74.30	BBB
13	300316	晶盛机电	76.80	A	32	300395	菲利华	74.00	BBB
14	300628	亿联网络	76.50	A	33	300861	美畅股份	73.90	BBB
14	300761	立华股份	76.50	A	34	300274	阳光电源	73.80	BBB
16	300801	泰和科技	76.10	A	34	300452	山河药辅	73.80	BBB
17	300442	润泽科技	75.60	A	34	300833	浩洋股份	73.80	BBB
18	300012	华测检测	75.50	A	37	300917	特发服务	73.70	BBB
19	300122	智飞生物	75.20	A	38	300073	当升科技	73.30	BBB

续 表

排序	股票代码	股票简称	评价得分	评价等级	排序	股票代码	股票简称	评价得分	评价等级
39	300121	阳谷华泰	73.20	BBB	70	300363	博腾股份	70.60	BBB
39	300360	炬华科技	73.20	BBB	71	300481	濮阳惠成	70.50	BBB
41	300596	利安隆	73.10	BBB	71	300693	盛弘股份	70.50	BBB
42	300518	盛讯达	72.90	BBB	73	300938	信测标准	70.40	BBB
43	300533	冰川网络	72.80	BBB	73	300996	普联软件	70.40	BBB
44	300873	海晨股份	72.70	BBB	75	300505	川金诺	70.30	BBB
45	300146	汤臣倍健	72.30	BBB	75	300633	开立医疗	70.30	BBB
45	300196	长海股份	72.30	BBB	75	300820	英杰电气	70.30	BBB
45	300573	兴齐眼药	72.30	BBB	78	300002	神州泰岳	70.10	BBB
48	300839	博汇股份	72.20	BBB	78	300174	元力股份	70.10	BBB
49	300586	美联新材	72.10	BBB	78	300394	天孚通信	70.10	BBB
50	300014	亿纬锂能	71.90	BBB	78	300570	太辰光	70.10	BBB
50	300777	中简科技	71.90	BBB	78	300913	兆龙互连	70.10	BBB
50	300979	华利集团	71.90	BBB	83	300087	荃银高科	70.00	BB
53	300787	海能实业	71.70	BBB	83	300438	鹏辉能源	70.00	BB
53	300796	贝斯美	71.70	BBB	83	300532	今天国际	70.00	BB
55	300373	扬杰科技	71.60	BBB	83	300759	康龙化成	70.00	BB
56	300453	三鑫医疗	71.50	BBB	87	300496	中科创达	69.80	BB
56	300525	博思软件	71.50	BBB	87	300705	九典制药	69.80	BB
58	300354	东华测试	71.40	BBB	89	300751	迈为股份	69.70	BB
59	300347	泰格医药	71.30	BBB	89	300993	玉马遮阳	69.70	BB
59	300775	三角防务	71.30	BBB	91	300502	新易盛	69.60	BB
61	300568	星源材质	71.20	BBB	91	300763	锦浪科技	69.60	BB
61	300880	迦南智能	71.20	BBB	91	300852	四会富仕	69.60	BB
61	300916	朗特智能	71.20	BBB	94	300332	天壕环境	69.50	BB
64	300357	我武生物	71.10	BBB	95	300179	四方达	69.40	BB
64	300770	新媒股份	71.10	BBB	96	300450	先导智能	69.10	BB
64	300951	博硕科技	71.10	BBB	96	300882	万胜智能	69.10	BB
64	300653	正海生物	71.00	BBB	98	300795	米奥会展	69.00	BB
68	300927	江天化学	70.90	BBB	99	300595	欧普康视	68.90	BB
69	300138	晨光生物	70.80	BBB	100	300470	中密控股	68.80	BB

说明：当年 IPO 上市或者借壳上市的公司未参与排序。

2022 年度科创板“中联价值 100”业绩评价得分情况

排序	股票代码	股票简称	评价得分	评价等级	排序	股票代码	股票简称	评价得分	评价等级
1	688303	大全能源	87.20	AAA	11	688123	聚辰股份	75.80	A
2	688639	华恒生物	78.20	A	12	688575	亚辉龙	75.50	A
3	688599	天合光能	77.80	A	13	688196	卓越新能	74.90	BBB
4	688606	奥泰生物	77.40	A	14	688617	惠泰医疗	74.70	BBB
5	688399	硕世生物	77.30	A	15	688385	复旦微电	74.60	BBB
5	688722	同益中	77.30	A	16	688008	澜起科技	74.00	BBB
7	688075	安旭生物	77.10	A	16	688139	海尔生物	74.00	BBB
8	688278	特宝生物	76.60	A	18	688063	派能科技	73.90	BBB
9	688396	华润微	76.20	A	19	688390	固德威	73.40	BBB
10	688111	金山办公	76.10	A	20	688363	华熙生物	73.20	BBB

续 表

排序	股票代码	股票简称	评价得分	评价等级	排序	股票代码	股票简称	评价得分	评价等级
21	688707	振华新材	73. 10	BBB	61	688198	佰仁医疗	66. 60	BB
22	688677	海泰新光	72. 20	BBB	62	688513	苑东生物	66. 50	BB
23	688777	中控技术	72. 10	BBB	63	688789	宏华数科	66. 40	BB
24	688819	天能股份	72. 00	BBB	63	688799	华纳药厂	66. 40	BB
25	688019	安集科技	71. 90	BBB	65	688105	诺唯赞	66. 30	BB
25	688981	中芯国际	71. 90	BBB	65	688598	金博股份	66. 30	BB
27	688122	西部超导	71. 60	BBB	67	688005	容百科技	65. 80	BB
27	688556	高测股份	71. 60	BBB	68	688625	呈和科技	65. 70	BB
29	688200	华峰测控	71. 40	BBB	69	688068	热景生物	65. 60	BB
30	688269	凯立新材	71. 20	BBB	70	688568	中科星图	65. 50	BB
30	688289	圣湘生物	71. 20	BBB	70	688698	伟创电气	65. 50	BB
32	688335	复洁环保	71. 10	BBB	72	688169	石头科技	65. 40	BB
33	688621	阳光诺和	71. 00	BBB	72	688239	航宇科技	65. 40	BB
34	688016	心脉医疗	70. 90	BBB	74	688012	中微公司	65. 30	BB
35	688389	普门科技	70. 50	BBB	74	688032	禾迈股份	65. 30	BB
36	688050	爱博医疗	70. 00	BB	76	688009	中国通号	65. 10	BB
37	688059	华锐精密	69. 80	BB	77	688618	三旺通信	65. 00	B
38	688779	长远锂科	69. 50	BB	78	688181	八亿时空	64. 90	B
39	688301	奕瑞科技	69. 40	BB	79	688630	芯　微装	64. 60	B
40	688516	奥特维	69. 30	BB	80	688526	科前生物	64. 50	B
40	688668	鼎通科技	69. 30	BB	81	688085	三友医疗	64. 30	B
42	688767	博拓生物	69. 20	BB	81	688686	奥普特	64. 30	B
42	688800	瑞可达	69. 20	BB	83	688160	步科股份	64. 10	B
44	688268	华特气体	69. 00	BB	83	688248	南网科技	64. 10	B
45	688188	柏楚电子	68. 90	BB	83	688768	容知日新	64. 10	B
45	688317	之江生物	68. 90	BB	86	688100	威胜信息	64. 00	B
47	688690	纳微科技	68. 30	BB	86	688569	铁科轨道	64. 00	B
48	688308	欧科亿	68. 20	BB	88	688013	天臣医疗	63. 90	B
48	688697	纽威数控	68. 20	BB	88	688232	新点软件	63. 90	B
50	688201	信安世纪	68. 00	BB	90	688037	芯源微	63. 80	B
51	688099	晶晨股份	67. 90	BB	90	688560	明冠新材	63. 80	B
51	688314	康拓医疗	67. 90	BB	92	688036	传音控股	63. 70	B
51	688566	吉贝尔	67. 90	BB	92	688559	海目星	63. 70	B
54	688700	东威科技	67. 70	BB	92	688778	厦钨新能	63. 70	B
55	688187	时代电气	67. 50	BB	95	688161	威高骨科	63. 60	B
56	688298	东方生物	67. 40	BB	95	688588	凌志软件	63. 60	B
56	688786	悦安新材	67. 40	BB	97	688116	天奈科技	63. 50	B
58	688300	联瑞新材	67. 10	BB	98	688236	春立医疗	63. 40	B
59	688093	世华科技	67. 00	BB	99	688356	键凯科技	62. 90	B
60	688628	优利德	66. 70	BB	99	688456	有研粉材	62. 90	B

说明：当年 IPO 上市的公司未参与排序。

附录三

2022年度中国A股上市公司分类财务指标

2022 年度中国 A 股上市公司分类财务指标

序号	单位名称	带息负债比率（%）	累计保留盈余率（%）	三年营业收入平均增长率（%）	总资产增长率（%）	营业利润增长率（%）	扣除非经常性损益净资产收益率（%）
1	全国 A 股上市公司	41. 74	43. 64	11. 1	7. 88	0. 85	7. 31
2	一、按证监会行业划分（根据行业代码）	0	0	0	0	0	0
3	农林牧渔业 A01-05	60. 08	29. 48	16. 98	3. 07	0	2. 69
4	采矿业 B06-12	40. 19	65. 91	8. 68	8. 86	41. 35	15. 88
5	煤炭 B06	38. 74	63. 49	13. 58	7. 64	50. 23	23. 44
6	制造业 C13-43	40. 19	42. 58	13. 93	13. 15	-6. 27	8. 43
7	食品制造业 C14	45. 66	49. 69	12. 31	18. 41	7. 91	12. 33
8	酒、饮料喝精制茶制造业 C15	15. 98	84. 17	11. 38	6. 79	17. 13	23. 86
9	烟草制造业 C16	0	0	0	0	0	0
10	纺织业 C17	58. 03	38. 93	2. 23	4. 36	-35. 2	3. 45
11	纺织服装、服饰业 C18	43. 79	49. 8	-4. 26	-0. 28	-25. 92	4. 36
12	皮革、毛皮羽毛和制鞋业 C19	48. 14	37. 01	2. 4	3. 56	-33. 4	4. 4
13	造纸和纸制品业 C22	63. 47	48. 82	12. 66	6. 15	-51. 83	3. 67
14	石油加工、炼焦和核燃料加工 C25	42. 15	41. 57	5. 38	4. 25	-74. 09	1. 99
15	化学原料和化学制品 C26	51. 83	46. 01	17. 28	16. 34	-2. 14	14. 18
16	医药制造业 C27	40. 76	40. 44	8. 06	9. 3	-15. 17	7. 03
17	化学纤维制造业 C28	72. 45	37. 76	27. 7	13. 28	-78. 82	3. 16
18	橡胶和塑料制品业 C29	50. 87	45. 69	12. 26	14. 81	-31. 04	6. 3
19	非金属矿制品业 C30	50. 47	54. 88	11. 75	8. 45	-43. 73	5. 97
20	黑色金属冶炼和压延加工业 C31	43. 5	38. 92	10. 8	2. 03	-72. 26	3. 16
21	有色金属冶炼和压延加工业 C32	58. 38	37. 96	24. 38	17. 8	68. 23	18. 08

续 表

序号	单位名称	带息负债比率（%）	累计保留盈余率（%）	三年营业收入平均增长率（%）	总资产增长率（%）	营业利润增长率（%）	扣除非经常性损益净资产收益率（%）
22	金属制品业 C33	40.05	45.61	13.61	8.02	-20.89	7.14
23	通用设备制造业 C34	26.09	29.19	9.21	7.42	13.46	2.89
24	专用设备制造业 C35	31.51	42.32	15.11	20.83	11.13	9.29
25	汽车制造业 C36	26.88	45.51	6.32	12.89	2.11	4.22
26	铁路船舶航天航空和其他运输设备制造业 C37	15.92	31.55	6.21	5.64	8.52	3.36
27	电气机械和器材制造业 C38	30.36	48.17	21.52	27.99	42.35	14.48
28	计算机、通信和其他电子设备制造业 C39	45.9	31.08	13.24	10.99	-22.83	4.95
29	仪器仪表仪表 C40	35.57	38.08	11.04	12.66	0	5.33
30	其他制造业 C41	64.08	54.84	9.86	14.32	-3.56	11.51
31	电力热力燃气及水的生产和供应业 D44-46	76.1	29.98	14.91	7.17	73.27	5.29
32	电力、热力生产和供应业 D44	78.54	28.86	11.95	7.13	116.91	4.56
33	燃气生产和供应业 D45	54.42	33.29	36.41	7.65	7.53	11.83
34	水的生产和供应业 D46	62.38	41.84	15.5	7.29	5.92	7.27
35	建筑业 E47-50	31.14	39.73	12.48	10.23	2.56	6.64
36	批发和零售业 F51-52	38.66	33.55	7.13	3.83	12.61	3.02
37	批发 F51	31.85	37.84	13.82	7.82	-3.53	8.46
38	零售 F52	47.96	28.36	-7	-1.07	0	-3.56
39	交通运输、仓储业 G53-60	71.96	31.92	6.97	6.12	-28.64	4.31
40	铁路运输业 G53	77.03	27.75	-4.72	-0.41	-40.07	2.51
41	道路运输业 G54	75.61	48.17	9.31	9.2	-15.88	5.96
42	水上运输业 G55	61.76	45.62	21.17	11.33	25.17	21.34
43	航空运输业 G56	82.57	-42.26	-21.83	0.76	0	-55.17
44	管道运输业 G57	38.8	52.46	17.98	6.78	17.06	12.95
45	装卸搬运和运输代理业 G58	53.99	44.93	22.51	12.63	-9.73	4.19
46	仓储业 G60	52.31	43.59	24.11	4.68	71.95	7.77
47	住宿和餐饮业 H61-62	71.57	15.73	-10.55	-1.99	-244.38	-4.52
48	住宿业 H61	72.8	15.63	-11.11	-1.95	-163.71	-3.58
49	餐饮业 H62	48.19	16.69	-6.62	-2.53	0	-13.54
50	信息技术业 I63-65	21.95	54.17	6.39	5.53	-9.64	5.07
51	电信广播等传输服务 I63	20.28	68.68	7.39	5.67	5.44	7.38
52	互联网和相关服务 I64	29.24	22.18	-2.11	-3.33	-38.13	1.74
53	软件和信息技术服务 I65	24.82	25.16	8.31	7.71	-74.26	-0.05
54	房地产业 K	35.89	36.36	3.73	-5.86	-82.71	-2.83

续 表

序号	单位名称	带息负债比率（%）	累计保留盈余率（%）	三年营业收入平均增长率（%）	总资产增长率（%）	营业利润增长率（%）	扣除非经常性损益净资产收益率（%）
55	租赁和商务服务业 L	61.73	36.41	12.49	6.9	-48.87	2.9
56	科学研究和技术服务业 M	29.22	35.01	18.18	14.62	8.96	8.4
57	水利、环境和公共设施管理业 N	55.25	33.38	0.64	4.21	-54.85	-1.03
58	居民服务、修理和其他服务业 O	43.8	-82.27	-6.09	-19.09	-795.63	-20.57
59	教育 P	29.01	-4.36	-17.79	-10.54	0	-13.27
60	卫生和社会工作 Q	50.15	28.96	19.53	18.91	14.47	11.03
61	文化体育和娱乐 R	26.88	30.71	-1.77	0.86	-66.53	0.68
62	综合类 S	49.86	43.06	12.49	19.27	31.52	7.31
63	二、按照申万行业代码分类（按照汉字分类）	0	0	0	0	0	0
64	农林牧渔（申银）	64.28	35.02	16.77	6.77	0	2.87
65	采掘（申银）	39.28	43.06	9.27	9.09	-22.03	7.64
66	化工（申银）	47.43	60.57	9.98	10.3	8.93	12.38
67	化工+石油（申银）	53.27	45.96	16.87	16.2	-6.44	13.18
68	化工+石油+油气钻采（申银）	45.13	67.12	8.41	7.95	17.77	12.02
69	钢铁（申银）	43.64	38.76	10.49	2.33	-72.13	3.16
70	有色金属（申银）	58.08	41.37	22.65	21.25	64.14	18.11
71	建筑材料（申银）	48.55	57.25	9.41	4.61	-49.48	5.59
72	建筑装饰（申银）	32.81	40.13	13.13	12.24	3.45	6.52
73	电气设备（申银）	29.35	37.43	20.65	22.05	34.79	9.1
74	机械设备（申银）	29.67	39.16	10.3	12.06	-7.24	6.04
75	机械设备-不包括金属制品（申银）	28.63	39.01	9.66	12.62	-2.46	6
76	机械设备+非汽车交运设备-金属制品	28.63	39.01	9.66	12.62	-2.46	6
77	电气设备+机械设备+国防军工	18.83	28.05	11.73	7.65	-8.05	3.53
78	国防军工（申银）	31.55	39.14	30.96	34.92	78.4	13.53
79	汽车（申银）	29.17	43	5.53	11.17	-8.59	3.64
80	汽车整车和零部件（申银）	34.78	36.66	5.52	8.69	-7.91	4.52
81	家用电器（申银）	27.24	66.96	5.62	7.83	7.8	14.88
82	纺织服装（申银）	53.19	41.74	0.64	0.47	-36.16	3.49
83	轻工制造（申银）	52.68	46.23	11.29	4.72	-32.16	4.9
84	食品饮料（申银）	28.08	72.76	9.08	9.12	13.73	19.92
85	医药生物（申银）	38.48	42.31	9.91	12.24	-5.91	8.65
86	休闲服务（申银）	47.94	14.9	-11.34	-0.69	0	-7.59
87	电子（申银）	50.63	27.1	9.26	11.46	-35.55	3.99

续 表

序号	单位名称	带息负债比率（%）	累计保留盈余率（%）	三年营业收入平均增长率（%）	总资产增长率（%）	营业利润增长率（%）	扣除非经常性损益净资产收益率（%）
88	计算机（申银）	29.11	31.61	4.72	6.47	-43.87	2.08
89	传媒（申银）	31.02	30.17	0.04	0.37	-61.86	1.09
90	通信（申银）	22.67	64.57	8.26	6.4	12.87	7.44
91	交通运输（申银）	61.6	31.92	16.49	7.18	-25.14	4.68
92	房地产（申银）	33.7	38	3.68	-5.44	-75.73	-2.25
93	商业贸易（申银）	48.91	31.76	-2.1	-2.51	0	-2.11
94	公用事业（申银）	76.85	29.53	14.44	6.52	83.97	5.18
95	电力（申银，公共事业其中项）	78.54	29.19	11.55	6.5	111.66	4.67
96	非银金融（申银）	87.11	14.03	-4.83	5.75	-405.04	-5.43
97	综合（申银）	56.44	-4.81	-2.88	-1.71	-1237.15	-7.75
98	煤炭（申银，包含煤炭两字的）	38.81	59.7	13.97	7.25	46.33	22.15
99	环保（申银，包含环保两字的）	56.04	35.74	9.15	7.38	-8.19	4.01
100	节能（申银，包含节能两字的）	0	0	0	0	0	
101	三、按资产规模划分	0	0	0	0	0	
102	100亿元以上	42.12	47.52	11.53	7.54	3.02	8.21
103	50亿~100亿元	39.75	34.43	9.95	9.81	-12.5	4.86
104	10亿~50亿元	36.25	21.66	6.63	10.89	-16.72	2.13
105	10亿元以下	24.92	-17.14	-1.22	5.06	-74.4	-1.25
106	四、按上市地点划分	0	0	0	0	0	0
107	沪市（60开头或900）	41.54	47.26	10.42	8.01	3.9	8.23
108	深市（00开头或300）	41.85	49.04	10.02	7.13	3.85	8.36
109	科创板（688）	30.27	19.01	29.48	32.27	4.99	6.21
110	其中：深圳普通板（000，001，003）	42.15	36.89	12.56	7.53	-6.33	5.56
111	中小企业板（002）	42.77	37.73	11.67	4.77	-10.44	5.25
112	创业板（300）	38.39	33.94	17.09	22.3	9.6	6.65
113	北京板（8、4开头）	34.88	43.68	22.51	32.54	2.44	10.95
114	五、按上市时间	0	0	0	0	0	0
115	2022年上市	32.33	74.04	15	23.56	32.91	12.62
116	2021年上市	37.43	37.82	14.63	15.26	4.46	7.61
117	2020年上市	51.47	27.41	20.45	17.42	-12.44	5.93
118	2019年上市	45.86	40.41	20.7	13.56	1.79	10.45
119	2018年上市	33.1	53.31	20.64	29.09	27.34	14.14
120	2017年（含）前上市	42.07	42.21	10.28	6.14	-2.8	6.7

续 表

序号	单位名称	带息负债比率（%）	累计保留盈余率（%）	三年营业收入平均增长率（%）	总资产增长率（%）	营业利润增长率（%）	扣除非经常性损益净资产收益率（%）
121	六、按公司地点分类	0	0	0	0	0	0
122	北京	40.86	50.62	8.94	7.4	7.64	7.54
123	天津	43.58	49.08	4.5	13.75	29.58	24.31
124	河北	44.88	38.8	8.95	1.24	198.76	1.56
125	京津冀地区	41.28	49.93	8.72	7.25	13.01	8.14
126	山西	46.47	54.97	11.3	5.62	21.08	16.51
127	内蒙古	45.61	44.89	11.95	7.5	-11.47	12.03
128	辽宁	61.89	28.28	9	3.74	-59.11	0.84
129	吉林	49.91	33.34	2.53	0.52	-51.56	0.76
130	黑龙江	44.28	18.43	9.4	8.58	195.2	0.45
131	上海	42.23	39.88	4.23	5.26	-34.36	2.96
132	江苏	37.54	38.21	8.92	7.68	11.09	5.64
133	浙江	42.61	44.93	16.93	12.47	-17.28	7.57
134	安徽	43.09	51.88	9.26	12.76	-24.99	7.1
135	福建	35.88	33.35	24.25	16.52	12.19	7.74
136	江西	41.61	39.38	20.24	13.44	67	6.95
137	山东	42.85	49.22	9.74	6.89	-6.59	8.92
138	河南	47.6	40.72	19.45	11.15	18.02	10.77
139	湖北	43.45	36.14	9.6	9.8	-0.57	6.23
140	湖南	44.81	35.21	12.31	9.95	-15.23	5.23
141	广东	40.27	39.96	12.64	6.27	-12.26	5.9
142	广西	65.13	29.32	13.24	3.3	-87.84	0.2
143	海南	68.37	-94.51	-4.54	0.29	-833.9	-22.59
144	重庆	30.86	32.37	12.38	-1.48	-73.79	-0.09
145	四川	38.43	49.49	17.64	15.84	89.64	15.93
146	贵州	40.47	67.64	13.3	7.4	12.56	16.89
147	云南	62.12	30.57	16.19	6.96	26.5	9.75
148	西藏	49.61	46.35	10.93	11.7	21.17	12.15
149	陕西	20.14	38.38	32.74	16.77	31.94	14.63
150	甘肃	52.17	25.27	6.22	6.07	-31.5	0.75
151	青海	56.95	-13.37	9.55	14.62	209.69	44.14
152	宁夏	54.13	26.81	15.33	20.25	-17.01	11.29
153	新疆	53.06	38.04	17.88	10.36	29.27	12.01

续　表

序号	单位名称	带息负债比率（%）	累计保留盈余率（%）	三年营业收入平均增长率（%）	总资产增长率（%）	营业利润增长率（%）	扣除非经常性损益净资产收益率（%）
154	七、按公司属性分类	0	0	0	0	0	0
155	（一）中央国有企业	42.11	49.07	9.73	7.03	6.06	8.1
156	（二）地方国有企业	45.65	43.46	11.65	7.41	-4.74	7.56
157	（三）公众企业	35.86	34.32	7.08	1.31	-4.51	5.51
158	（四）民营企业	40.34	38.97	15.24	11.96	1.02	6.45
159	（五）外资企业	38.02	41.42	8.46	7.01	-10.63	7.82
160	（六）集体企业	27.05	57.59	11.74	4.93	2.72	11.2
161	（七）其他企业	35.86	14.85	-35.04	4.49	-71.57	2.64

后　　记

《中国上市公司业绩评价报告》研究与编辑工作是中联企业管理集团组建、由国务院国资委和中国上市公司协会等机构的专家组成的“中国上市公司业绩评价课题组”完成的。课题组充分借鉴了财政部、国务院国资委颁布的有关企业绩效评价办法，以财政部等五部委颁布的《企业绩效评价操作细则（修订）》为基础，结合中国上市公司的特点，构建了一套包含20多项财务指标的业绩评价体系。评价结果完全基于公开披露的上市公司信息。

2022年，面对风高浪急的国际环境和艰巨繁重的国内改革发展任务，我国坚持稳中求进的总基调，有效应对内外挑战，高效统筹疫情防控和经济社会发展，取得积极成效，经济总量持续扩大，国内生产总值比上年增长3%。上市公司作为我国经济盈利能力较强的群体，业绩保持韧性增长，境内上市公司共实现营业收入71.53万亿元，同比增长7.2%；实现净利润5.63万亿元，同比增长0.8%。2022年受疫情和主要经济体货币政策等因素影响，纳斯达克等全球大部分重要股指大幅下跌，A股四大指数也表现不佳，上证综指（代码：000001）报收于3689.26点，年下跌15.13%；深证综指（代码：399106）报收于1975.61点，年下跌21.92%；创业板指（代码：399006）报收于2346.77点，年下跌29.37%；科创50（代码：000688）报收于959.90点，年下跌31.34%。

基于连续22年对中国上市公司业绩的深刻研究，通过对2022年中国A股上市公司的研究，形成了丰富的研究成果。通过对2022年国内外宏观经济背景的分析，2022年上市公司评价报告对上市公司的经营业绩进行综合评价，在此基础上，结合各界专家的意见，最终推选出中国资本市场权威、科学的“中联价值”上市公司。课题组还深入研究煤炭、石油石化、有色等15个重点行业，所选行业覆盖了产业规划重点扶持行业和投资者关注的市场特点板块，同时对科创板和创业板进行了业绩评价。为提升业绩评价报告研究深度，组织召开部分行业的研讨会，丰富了中国上市公司业绩评价报告的内容。

本书分为三个部分和附录。第一部分：第一章由穆东升撰写，第二章由丁青超、赵玥撰写，第三章由李向亮撰写。第二部分：第四章由陶涛、石圣之撰写，第五章由王菊青撰写，第六章由刘杰撰写，第七章由艾雨薇撰写，第八章由金阳、张宝英撰写，第九章由俞文杰撰写，第十章由任喆撰写，第十一章由蒋霄骑撰写，第十二章由汪炫、蔡嘉露撰写，第十三章由黄永佳、周洁茹撰写，第十四章由胡超、邢正撰写，第十五章由徐晶晶撰写，第十六章由白杨昊男、沈梦婷撰写，第十七章由孙禄、刘欣然撰写，第十八章由田祥宇、戴昌浩撰写。第三部分：第十九章由李亮节撰写，第二十章由郝坤鹏撰写。附录：由穆东升、潘明、金阳撰写。穆东升负责总策划与组织撰写，并与潘明、金阳、陈志红、唐章奇、鲁杰钢、刘松、周良、王大鹏共同负责审稿与统稿工作。孙庆红负责本书框架设计、上市公司业绩评价指标体系指标的设计、上市公司评价标准值的测算、上市公司数据的采集、全部上市公司评价结果的计算，以及不同行业、不同类型分类数据汇总与行业评价结果分析等工作。刘志、张国丽分别负责金融行业和非金融行业上市公司评价指标的设计和评价结果计算、分析工作，洪方圆负责协助课题组的综合统筹、数据分析等工作，数据均来源于同花顺金融终端、Wind金融终端统计披露的上市公司年报。

课题研究和编纂工作得到了国务院国资委和中国上市公司协会的大力支持。国务院国资委原副主任孟建民、中国上市公司协会有关领导等为研究工作提供了诸多指导，在此谨表谢意！